Siegfried Unger/Fritz Wysotzki
Lernfähige Klassifizierungssysteme

Informatik · Kybernetik · Rechentechnik

Herausgegeben von der Akademie der Wissenschaften der DDR
Zentralinstitut für Kybernetik und Informationsprozesse

Band 2

Lernfähige Klassifizierungssysteme

von Siegfried Unger und Fritz Wysotzki

Lernfähige Klassifizierungssysteme

von Siegfried Unger und Fritz Wysotzki

Mit 77 Abbildungen und 8 Tabellen

Akademie-Verlag · Berlin · 1981

Verfasser: Dr. rer. nat. Siegfried Unger
Dr. sc. nat. Fritz Wysotzki

Zentralinstitut für Kybernetik und Informationsprozesse
der Akademie der Wissenschaften der DDR

Erschienen im Akademie-Verlag, DDR-1080 Berlin, Leipziger Str. 3–4
Lektor: Dipl.-Math. Gesine Reiher

Lizenznummer: 202 · 100/407/80
Gesamtherstellung: VEB Druckerei „Thomas Müntzer", 5820 Bad Langensalza
Bestellnummer: 762 356 3 (6372) · LSV 1085
Printed in GDR
DDR 48,– M

Vorwort

Das vorliegende Buch ist einem zentralen Teilproblem der automatischen Informationsverarbeitung gewidmet: der Klassifizierung von Objekt- oder Datenmengen. Dabei sollten — entsprechend den gestiegenen Anforderungen an universelle Klassifikationsverfahren — neue Wege gesucht und beschritten werden.

Insbesondere interessierten wir uns für Methoden, bei denen keine oder nur sehr allgemeine A-priori-Kenntnisse über Struktur und Verteilungsgesetze der zugrundeliegenden Datenmengen vorliegen. Dementsprechend orientierten wir uns an Klassifizierungsprozessen mit Lerncharakteristik, wie sie bei der organismischen Informationsverarbeitung eine fundamentale Rolle spielen. Die kybernetischen Grundlagen dieser Prozesse sollten — insofern sie über Bekanntes hinausgehen — untersucht, formalisiert und in für praktische Probleme anwendbare Rechenprogramme umgesetzt werden.

Das Buch wendet sich demgemäß einerseits an Kybernetiker, Mathematiker, Computerwissenschaftler und Psychologen, die an Grundlagenuntersuchungen zur induktiven Inferenz und algorithmischen Klassifikation interessiert sind, andererseits an Wissenschaftler, Mediziner und Techniker, die bei ihrer praktischen Forschungsarbeit, bei Problemen der Diagnose und Vorhersage oder bei der Rationalisierung geistiger Prozesse mit Aufgaben der automatischen Klassifikation und Parameterreduktion konfrontiert sind. Dabei ist der derzeitige Stand auf diesem Problemgebiet im wesentlichen berücksichtigt, aber nicht immer ausgewiesen worden. Vergleiche mit bekannten Verfahren, wie sie vor allem im Rahmen der automatischen Mustererkennung entwickelt worden sind, sind dort durchgeführt oder angesprochen worden, wo sie sich unmittelbar anbieten bzw. angebracht erscheinen.

Das Buch ist in zwei Themenkomplexe untergliedert. Im Teil A, „Metaalgorithmen zur Konstruktion von graphentheoretisch realisierten Klassifizierungsalgorithmen“ (verfaßt von F. Wysotzki), werden Klassifizierungsverfahren auf graphentheoretisch-logischer Grundlage untersucht, während im Teil B, „Verfahren (Metaalgorithmen) zur Konstruktion stetiger, insbesondere stückweise linearer Klassifikatoren“ (verfaßt von S. Unger) analytisch-wahrscheinlichkeitstheoretische Methoden im Vordergrund stehen.

Die vorliegenden Forschungsergebnisse sind in den Jahren 1970—1977 im Bereich „Künstliche Intelligenz“ des Zentralinstituts für Kybernetik und Informationsprozesse der Akademie der Wissenschaften der DDR entstanden. Sie gehen auf Anregungen von Prof. Dr. Friedhart Klix zurück, der auch die Fortführung der Arbeiten durch sein ständiges Interesse unterstützt hat. Ihm gilt an dieser Stelle unser besonderer Dank.

Ebenfalls möchten wir Prof. Dr. Horst Völz danken, der als damaliger Direktor des Zentralinstituts für Kybernetik und Informationsprozesse diese Arbeiten stets gefördert hat. Ohne die Mitarbeit unserer Kollegen Dr. Winfried Jentsch, Dr. Dieter Pötschke, Dipl.-Math. Fred Sobik, Dr. Gerd Stanke, Dipl.-Math. Michael Türschmann und Dipl.-Phys. Peter Ulbrich wäre der Ausbau des ursprünglichen Ansatzes zu einem anwendungsfähigen System nicht möglich gewesen. Von ihnen stammen sowohl wesentliche theoretische Beiträge als auch Umsetzungen von Teilprozeduren in Rechenprogramme. Unser besonderer Dank gilt auch Prof. Dr. Helmut Thiele, der ständig an der Problematik der Entscheidungsbäume interessiert war. Viele Überarbeitungen und Formulierungen gehen auf seine Anregungen zurück. Herrn Jörg Süss danken wir für zahlreiche programmtechnische Verbesserungen. Unser Dank gebührt weiterhin dem Verlag für die vorzügliche Bearbeitung des Manuskripts und der Druckerei für dessen präzise drucktechnische Umsetzung.

Berlin, im August 1980 Siegfried Unger / Fritz Wysotzki

Inhalt

A. Metaalgorithmen zur lernabhängigen Konstruktion von graphentheoretisch realisierten Klassifizierungsalgorithmen

1. Einleitung

In vielen Bereichen von Wissenschaft und Technik ist der Mensch heute mit der Aufgabe konfrontiert, riesige, von ihm selbst geschaffene, unübersichtliche Datenmengen zu verarbeiten. Trotz der heute zur Verfügung stehenden modernen Großrechenanlagen mit großer Speicherkapazität und Rechengeschwindigkeit erfordert diese Aufgabe ökonomische Techniken der Datenrepräsentation und -reduktion. In diesem Rahmen gewinnen Verfahren der aufgabenbezogenen automatischen Klassifizierung zunehmend an Bedeutung. So müssen z. B. in der automatischen Dokumentenrecherche in Abhängigkeit von fachspezifischen Anforderungen die im Speicher befindlichen Dokumente klassifiziert werden; eine Wetterprognose erfordert oft die Klassifizierung meteorologischer Daten, die aus vielen, von einem weltweiten Netz von Wetterstationen gemessenen und übermittelten Parametern bestehen. Bei vorbeugenden medizinischen Massenuntersuchungen müssen große Mengen von Befunden anhand vorgegebener Kriterien einer schnellen Diagnose zugeführt werden. Dabei sind für die Einordnung in eine Klasse, die Prognose bzw. Diagnose, meist gar nicht alle verfügbaren und gemessenen Parameter relevant; die Datenreduktion besteht dann in der Herausfilterung der relevanten Parameter und der Konstruktion geeigneter Klassifizierungsregeln mit Hilfe dieser Parameter. Es ist klar, daß bei umfangreichen Parametersätzen dieser Prozeß automatisch erfolgen muß.

Sind andererseits die für die Klassifizierung relevanten Merkmale (Parameter) des zu klassifizierenden Objektes bekannt, brauchen die übrigen nicht mehr gemessen zu werden. Das hat bei vielen Problemen eine Kostenreduktion bei der Gewinnung von Parametern (z. B. Einsparung von kostspieligen Laboruntersuchungen bei der medizinischen Diagnose) zur Folge.

Außer der Datenreduktion gewinnt eine zweite Forderung an automatische Klassifizierungsverfahren an Bedeutung: die Adaptivität an zeitlich veränderliche Bedingungen. So können sich die Datenstrukturen und die Klassifizierungsanforderungen zeitlich ändern: differenziertere Aufgabenstellungen und neu zugängliche Informationen machen eine Differenzierung der Klassenbildungen, wie z. B. bessere Trennung der Klassen oder Bildung von Unterklassen, notwendig. In der medizinischen Diagnostik können sich die A-priori-Wahrscheinlichkeiten des Auftretens von Erkrankungen zeitlich ändern.

Die genannten Probleme stellen neue Anforderungen an die Konstruktion von automatischen Klassifizierungsverfahren; die im Rahmen der statistischen Entscheidungstheorie bzw. automatischen Mustererkennung bisher entwickelten Verfahren erweisen sich dafür als unzureichend.

Betrachtet man nun bestimmte Aspekte der Informationsverarbeitung im menschlichen Zentralnervensystem, so stellt man einige auffallende Analogien zu den geschilderten Problemen fest. Auch hier spielen Prozesse der Klassifizierung und Datenreduktion eine fundamentale Rolle.

Die Notwendigkeit einer Klassenbildung bei der organismischen Informationsverarbeitung ergibt sich einmal daraus, daß es unterschiedliche Situationen und Umgebungszustände gibt, auf die der Organismus gleichartig reagieren muß (im einfachsten Fall etwa durch Zu- oder Abwendung).

Zum andern müssen schon infolge der begrenzten Aufnahme- und Verarbeitungskapazität des Nervensystems die unendlich vielfältigen Reize, die von den Sinnesorganen aufgenommen werden, zu Klassen zusammengefaßt und die diese Klassen charakterisierenden Invarianten (relevanten Merkmale) ausgefiltert und gedächtnismäßig fixiert werden. Es sind dann diese Invarianten, die unter gleichen oder ähnlichen Situationsbedingungen die gleiche Reaktion auslösen.

Andererseits werden durch innere Mangel- oder Bedürfniszustände (z. B. Nahrungsbedürfnis, Informationsbedürfnis, oder allgemeiner die Notwendigkeit der Lösung von bestimmten Aufgaben und Erreichung von Zielen) vom Gedächtnis her Sucheinstellungen aktiviert, die zu einer bevorzugten Herausfilterung derjenigen relevanten Merkmale aus der Umgebung führen, deren Träger eine Behebung des Mangelzustandes versprechen. Sind diese Merkmale nicht — wie etwa bei instinktgebundenem Verhalten — im Artgedächtnis fixiert, müssen sie durch Lernprozesse erworben werden.

Es ist nun gerade die Flexibilität dieser Lernprozesse, die den Menschen auszeichnet und ihn vom Tier unterscheidet, es ist die Fähigkeit, sich an eine Veränderung der Umweltbedingungen und den damit verbundenen Wechsel der klassifizierungsrelevanten Merkmalssätze anzupassen. Letztlich besteht darin auch die Möglichkeit, ständig neue Aufgaben zu lösen, die eine anforderungsabhängige Neuklassifizierung der Objekte eines Umweltbereiches erfordern.

Liegt keine A-priori-Erfahrung in einer neuen Situation vor, müssen zunächst hypothetisch Klassenbildungen vorgenommen werden, die dann über die Reaktionen der Umwelt auf die diesen Klassifizierungen entsprechenden Verhaltenseingriffe bekräftigt oder verworfen werden.

In diesen Lernprozessen sowie in einer rückmeldungsabhängigen und reversiblen Auswahl und Verknüpfbarkeit der relevanten Merkmale besteht auch der wesentliche Unterschied und die höhere Organisationsform der Informationsverarbeitung gegenüber den elementarsten Wahrnehmungsleistungen, die im wesentlichen eine Klassifizierung anhand relativ fixierter, durch angeborene neuronale Detektoren registrierbarer Merkmale gestatten.

Stabile, unter wechselnden Situationsbedingungen gleichartig bekräftigte Klassenbildungen werden anhand ihrer relevanten Merkmale und deren Verknüpfungen im Gedächtnis fixiert und nehmen die Form von *Begriffen* an, die u. U. feste Benennungen erhalten. Onto- und phylogenetisch vollziehen sich ständig Begriffsbildungsprozesse: Während der Individualentwicklung differenzieren sich die ursprünglich elementaren Klassenbildungen des Kindes durch sprachliche Kommunikation und eigenen Umgang mit den Dingen. Durch Hinzunahme differenzierender Merkmale werden Klassen in Teilklassen untergliedert, auf die unterschiedlich zu reagieren ist. Berufliche Spezialisierungen erfordern höchst differenzierte Klassenbildungen. Aber auch im großen Maßstab werden — bedingt durch den Fortschritt von Wissenschaft und Technik — ständig Neubildungen und Differenzierungen von Begriffen notwendig.

Es ist nun anzunehmen, daß sich unter dem Selektionsdruck der Evolution im menschlichen Zentralnervensystem optimale Strategien der Informationsverarbeitung und speziell der Klassenbildung entwickelt haben. In der Tat zeigt eine genauere Analyse des menschlichen Begriffserwerbs, daß hier offenbar Probleme der klassifizierenden Aufnahme, Speicherung und Wiedergewinnung von Information, wie sie in ganz analoger Weise auch bei unmittelbar praktischen Anforderungen in Industrie, Wissenschaft und Volkswirtschaft eine Rolle spielen, in recht effektiver Weise gelöst sind. Das ist auch der Grund dafür, daß sich in der letzten Zeit zunehmend Vertreter technischer Fachrichtungen für psychologische Untersuchungen zum begrifflichen Klassifizieren interessieren. Daher erscheint es unter dem Blickwinkel der eingangs formulierten Problemstellungen lohnend, Strategien der menschlichen Begriffsbildung zu studieren, zu objektivieren und dabei gewonnene Erkenntnisse über eventuelle Optimalitätsprinzipien für die Konstruktion automatisierbarer Klassifizierungsprozeduren auszunutzen.

Das Ziel besteht dabei vor allem darin, Verbesserungen gegenüber herkömmlichen, in der automatischen Mustererkennung entwickelten Klassifizierungsverfahren zu erzielen und den Bereich der Einsatzmöglichkeiten automatischer Erkennungs-, Klassifizierungs- und Diagnoseverfahren zu erweitern. Mit dieser Herangehensweise begeben wir uns auf das Fachgebiet der sogenannten *Künstlichen Intelligenz*, das sich in den letzten anderthalb Jahrzehnten als eigenständige Fachdisziplin herausgebildet hat, in der Psychologie, Mathematik, Computerwissenschaft und Kybernetik interdisziplinär zusammenwirken (einen kurzgefaßten Überblick findet man in Klix und Wysotzki (1976)).

Begriffsbildungsprozesse sind in der psychologischen Forschung mit Hilfe von Modellexperimenten seit langem untersucht (für einen Überblick s. Klix (1971)) und auch Gegenstand von Rechnersimulationen sowie Ausgangspunkt für die Konstruktion künstlicher lernfähiger Klassifizierungssysteme geworden (Hunt (1962); Hunt, Marin und Stone (1966); Dörner, Lutz und Meurer (1967)). Dabei wird versucht, die wesentlichen Bedingungen des Begriffslernens im Experiment nachzubilden und das beobachtete Lernverhalten in Form eines Algorithmus zu objektivieren.

Wir gehen in diesem Buch von einem speziellen Begriffslernexperiment aus, das u. E. die wesentlichen Eigenschaften der oben charakterisierten Lernprozesse aufweist, um daraus Prinzipien für den Aufbau in bestimmter Hinsicht optimaler künstlicher lernfähiger Klassifikationssysteme zu gewinnen. Nach einigen Präzisierungen über den Typ der von uns betrachteten Begriffe geben wir zunächst einen Überblick über Inhalt und Aufbau der Arbeit.

Ein *Begriff* ist — extensional aufgefaßt — eine Teilmenge (Teilklasse) $\mathbf{A}$ von Elementen (Objekten, Dingen) einer Grundklasse oder Bezugsklasse $\mathbf{V}$. Intensional kann man Begriffe durch Ausdrücke H charakterisieren, die mit Mitteln der Logik (Individuenkonstanten, Individuenvariablen, ein- und mehrstellige Prädikate, aussagenlogische Verknüpfungen, Quantoren usw.) aufgebaut sind. Der Zusammenhang zwischen extensionaler und intensionaler Begriffsdefinition läßt sich durch die Äquivalenz

$$\forall v (v \in \mathbf{A} \leftrightarrow H_{\mathbf{A}}(v))$$

darstellen, wobei $H_{\mathbf{A}}$ die intensionale Charakterisierung des Begriffes $\mathbf{A}$ ist.

Wir betrachten hier zunächst Begriffe, bei denen H_A eine aussagenlogische Verknüpfung einstelliger, aus einer vorgegebenen Menge $\mathfrak{A} = \{x_1, x_2, \dots, x_n\}$ festgelegter *Attribute* x_i, $i = 1, \dots, n$ ist bzw. darauf zurückgeführt werden kann. Weiterhin wird zunächst vorausgesetzt, daß jedes Objekt der Grundmenge V durch den vollständigen Satz von Attributen (Merkmals- oder Eigenschaftsvektor) beschrieben ist. Eine Präzisierung der Problemstellung erfolgt in Kapitel 2.

Durch eine experimentalpsychologische Untersuchung wurde nun von GOEDE und KLIX (1969) ein Algorithmus gefunden, nach dem hochintelligente Versuchspersonen beim Erlernen von künstlich konstruierten aussagenlogischen Begriffen vorgehen. Dieser Algorithmus wurde auf dem Digitalrechner simuliert und das Prozeß- und Optimalverhalten studiert. Die Ergebnisse der Simulation werden in Kapitel 3 dargestellt.

Durch entsprechende Verallgemeinerungen und Berücksichtigung der Möglichkeiten heutiger Digitalrechner wurde danach ein Algorithmus (im Sinne eines Verfahrens der Künstlichen Intelligenz) konstruiert, der in der Lage ist, im Prinzip beliebige aussagenlogisch beschreibbare Begriffe und Einteilungen der Objektmenge in mehr als zwei Klassen zu erlernen. Unter „Lernen" wird verstanden, daß das System nach einer Belehrung mit Objekten bekannter Klassenzugehörigkeit die Kenntnis der richtigen Klassifizierungsregel erwirbt. Diese Klassifizierungsregel entspricht der Abarbeitung eines logischen Ausdrucks H. Wir sprechen deshalb auch vom Aufbau logischer Klassifikatoren.

Der Algorithmus CAL 2 wird in Kapitel 4 beschrieben. Wesentlich ist dabei, daß die von diesem Algorithmus konstruierten logischen Klassifikatoren im allgemeinen *nicht von allen Attributen* $x_1, x_2, \dots, x_n$ *der Ausgangsmenge* $\mathfrak{A}$ *abhängen*. Dadurch wird der Klassifizierungsaufwand gegenüber Klassifikatoren, bei denen alle Attribute am Objekt geprüft werden müssen, im Mittel gesenkt.

Die Klassifikatoren werden intern in Form von *Entscheidungsbäumen* (*Klassifizierungsbäumen*) dargestellt, die sequentiell aufgebaut und während des Klassifizierungsprozesses sequentiell abgearbeitet werden. Verfahren zum automatischen Aufbau von Entscheidungsbäumen in Lernprozessen sind in der experimentalpsychologischen Literatur (FEIGENBAUM (1963), HINTZMAN (1968)) im Rahmen von Simulationsexperimenten zum Paarassoziationslernen und in der Literatur zur Künstlichen Intelligenz (HUNT, MARIN und STONE (1966)) und Zeichenerkennung (NADLER (1968), SHERMAN und ERNST (1966)) beschrieben worden. Diese Verfahren haben sich jedoch (z. T. wegen zu hohen Aufwandes an Rechenzeit und Speicherplatz) für praktische Zwecke als unzulänglich erwiesen.

Bei diesen Algorithmen, wie auch bei dem in Kapitel 4 dargestellten Algorithmus CAL 2 wird ferner vorausgesetzt, daß die Klassen disjunkt sind, d. h., daß jeder Merkmalsvektor genau einer Klasse angehört. Das ist in Wirklichkeit selten der Fall. Bei vielen praktischen Problemen (z. B. in der medizinischen Diagnostik oder in der Zeichenerkennung) und bei der Orientierung des Menschen in seiner natürlichen Umwelt können sich die Klassen statistisch überlappen, so daß ein und derselbe Merkmalsvektor mit bestimmten Wahrscheinlichkeiten mehreren Klassen zugeordnet werden muß. Das ist z. B. dann der Fall, wenn Messungen ungenau sind, wenn nicht (oder noch nicht) genügend die Klassen diskriminierende Attribute zur Verfügung stehen oder aus Aufwandsgründen nicht alle im Prinzip möglichen Messungen (z. B. Labortests) durchgeführt werden können. Dann ist oft nur eine Wahrscheinlichkeitsentscheidung über die Klassenzugehörigkeit eines Objektes möglich. Um für diese Probleme logische Klassifikatoren automatisch in einem Lernprozeß aufbauen zu können, mußte der in Kapitel 4 beschriebene Algorithmus CAL 2 modifiziert werden.

Das Resultat dieser Verallgemeinerung ist der in Kapitel 5 dargestellte Algorithmus CAL 3. Eine weitere Verallgemeinerung wird durch die Tatsache notwendig gemacht, daß es Attribute mit einem ursprünglich kontinuierlich variierenden Wertebereich gibt (z. B. Länge, Helligkeit, Blutdruck, Fieber). Um mit Hilfe solcher Attribute logische Klassifikatoren konstruieren zu können, muß eine Umwandlung in diskretwertige Attribute erfolgen (*Analog-Digitalkonversion*). Im allgemeinen erfolgte diese Diskretisierung bisher vor dem eigentlichen Lernprozeß und unabhängig davon durch einen menschlichen Beurteiler.

In Kapitel 7 werden dagegen die beiden Algorithmen CAL 4 und CAL 5 beschrieben, bei denen diese Intervallbildung automatisch und simultan mit dem Aufbau des logischen Klassifikators erfolgt. Das bedeutet mit anderen Worten, daß jede zu erlernende und durch einen logischen Ausdruck darzustellende Klassifizierung eine entsprechende Merkmalsbildung (Intervallbildung) auf den stetigen Dimensionen induziert. Die Existenz einer Wechselwirkung dieses Typs zwischen Klassifizierung und Merkmalsbildung, bei der in Abhängigkeit von der Klassifizierungsanforderung auf stetigen Dimensionen Intervalle gebildet werden, wurde ebenfalls in psychologischen Experimenten nachgewiesen (Hoffmann (1974)).

In Kapitel 8 gehen wir überblicksmäßig auf die lernabhängige Klassifizierung komplexer strukturierter Objekte ein. Unter einem strukturierten Objekt wird ein interpretierter Graph bzw. die diesem zugeordnete relationale Algebra verstanden. In engem Zusammenhang damit steht das Problem der kontextabhängigen Klassifizierung, das dann vorliegt, wenn die Klassifizierung eines Objektes von Beziehungen (Relationen) zu anderen Objekten und deren Eigenschaften abhängt. Dieser Fall wird abschließend in Kapitel 8 behandelt.

2. Problemstellung

2.1. Definitionen

Es sei eine Menge V von Objekten gegeben, über der eine Klasseneinteilung

$$\bar{f}_K: V \to K = \{k_1, k_2, \dots, k_M\},$$

definiert ist. $\bar{f}_K$ ordnet jedem $v \in V$ ein Klassensymbol $k \in K$ zu, $\bar{f}_K(v) = k$, wenn $v \in k$. Wir nehmen zunächst an, daß diese Klassifizierung disjunkt ist, d. h. $k_i \cap k_j = \emptyset$ für alle $i \neq j$, $1 \leq i, j \leq M$. Die Objekte $v \in V$ seien durch n Attribute oder Dimensionen $x_i(v)$, $i = 1, \dots, n$, beschrieben, die wir zu einem Merkmalsvektor $\boldsymbol{x}(v) = (x_1, \dots, x_n)$ zusammenfassen. Die Menge aller in V vorkommenden Wertetupel von $\boldsymbol{x}$ bezeichnen wir mit X, $X =_{Df} \boldsymbol{x}(V)$, und nehmen zunächst an, daß die Abbildung $\boldsymbol{x}: V \to X$ eineindeutig ist, d. h., daß alle Objekte durch ihre Merkmalsvektoren unterschieden werden können. Im folgenden werden wir daher die Objekte v auch mit diesen Merkmalsvektoren identifizieren. Wir bezeichnen feste Werte der Attribute mit $\tilde{x}_i$. Es sei $\tilde{\mathsf{X}}_i$ die Menge der Werte, die das Attribut x_i annehmen kann. Anstatt von Werten wird im folgenden auch von Merkmalen gesprochen. Zunächst wird vorausgesetzt, daß die x_i diskretwertig sind,

$$1 \leqq x_i \leqq m_i\,, \qquad i = 1, 2, \dots, n\,.$$

Beispiele für Attribute und deren Werte bei Objekten der natürlichen Umgebung sind: Farbe (rot, blau, ...), Form (rund, eckig, ...), Größe (groß, klein). In der medizinischen Diagnostik hat man z. B. Blutdruck (hoch, niedrig), Fieber ($<37°$, $37°-39°$, $>39°$).

Kontinuierlich variierende Attribute können mittels geeigneter Intervallbildung (Digitalisierung) durch diskretwertige approximiert werden.

Durch $\bar{f}_{\mathsf{K}}$ wird in X eine disjunkte Klasseneinteilung induziert

$$\boldsymbol{x}(v) \in \mathsf{k} \leftrightarrow \bar{f}_{\mathsf{K}}(v) = k \in \mathsf{K}\,.$$

Es existiert also eine klassifizierende Abbildung (Klassifizierungsfunktion) $\varphi_{\mathsf{K}}: \mathsf{X} \to \mathsf{K}$, so daß $\varphi_{\mathsf{K}}(x) = k \in \mathsf{K}$ gilt, wenn $\boldsymbol{x} \in \mathsf{k}$ ist. Die Klassen werden im folgenden auch mit den Symbolen A, B, C, ... bezeichnet. Beispiele für solche Klasseneinteilungen sind: Zuordnung von Symptomkombinationen zu Krankheiten, Einteilung von Umweltobjekten in die Klassen „gefährlich“ und „nicht gefährlich für den Menschen“. Im Fall von Zweiklasseneinteilungen wie im letzten Beispiel, wo es um die Definition bzw. Hervorhebung einer Klasse A geht, deren Auftreten eine bestimmte innere oder äußere Reaktion auslöst, sprechen wir von einem Begriff und sagen, daß die Objekte der Klasse A zum Begriff gehören und die Objekte der Klasse $\bar{\mathsf{A}} = \mathsf{B}$ nicht.

Eine den Begriff „Bären oder große Tiere sind gefährlich“ repräsentierende Klasseneinteilung ist in Tabelle 1 dargestellt (nach Hunt, Marin und Stone (1966)).

Tabelle 1

x_1 Größe	x_2 Farbe	x_3 Tier	Klasse
klein	braun	Bär	gefährlich
groß	schwarz	Bär	gefährlich
klein	braun	Hund	nicht gefährlich
groß	braun	Hund	gefährlich
klein	schwarz	Katze	nicht gefährlich
...	...	...	...

Es liegt ein echtes Klassifizierungsproblem vor, wenn

$$|\mathsf{X}| > |\mathsf{K}|$$

ist, d. h., wenn es Klassen gibt, die mehr als ein Objekt enthalten, andernfalls handelt es sich um die Identifizierung (Erkennung) von Einzelobjekten. Dann gibt es Attribute, die für die Klassifizierung *irrelevant* sind, d. h., die Klasseneinteilung kann durch Objektbeschreibungen mit weniger als n Attributen realisiert werden. Im letzten Beispiel ist die Farbe irrelevant.

Mit n Attributen können theoretisch

$$R = \prod_{i=1}^{n} m_i$$

verschiedene Objektbeschreibungen x konstruiert werden. Wir bezeichnen die Menge aller möglichen Objekte, d. h. Belegungen der logischen Variablen, im folgenden auch als *Universum* X_0, $X_0 = \tilde{X}_1 \times \tilde{X}_2 \times \ldots \times \tilde{X}_n$. Im allgemeinen kommen aber bei praktischen Problemen nicht alle möglichen $x \in X_0$ vor, da sich z. B. bestimmte Merkmale gegenseitig ausschließen oder gegenseitig bedingen, d. h., es ist im allgemeinen $|X| < R$. Dann liegt *Redundanz* im Merkmalsangebot vor. Auf das Problem der irrelevanten und redundanten Merkmale und ihre Rolle bei der Optimierung von Gedächtnis- bzw. Entscheidungsstrukturen wird noch eingegangen. Es sei nur noch einmal hervorgehoben, daß gerade die flexible, anforderungs- bzw. aufgabenbezogene Zusammenfassung der unendlich vielfältigen Reize der Umgebung zu Klassen, d. h. die Abstraktion von irrelevanten Merkmalen, ein Charakteristikum menschlicher Intelligenzleistungen ist. Eine eingehende Diskussion findet man in Klix (1971).

2.2. Klassifizierungslernen durch Hypothesenprüfen

Kinder erlernen Begriffe im allgemeinen induktiv anhand von Beispielen. So bildet sich der Begriff „Tisch“ im Gedächtnis dadurch aus, daß Tische unterschiedlicher Größe, Form und Farbe nacheinander mit dem Klassennamen „Tisch“ benannt werden und das Kind es lernt, von den irrelevanten Attributen zu abstrahieren und eine entsprechende Kombination (Verknüpfung) der relevanten mit dem Namen „Tisch“ zu belegen. Natürlich gehen dem komplizierte Prozesse der Merkmalsbildung voraus, die keineswegs genügend bekannt sind. Wir setzen hier zunächst stabile Merkmalsbildungen voraus, d. h. trennen die Merkmals- von der Klassenbildung ab.

Die im folgenden betrachtete Beschreibung von Begriffen durch eine aussagenlogische Verknüpfung einstelliger Attribute ist sicher eine grobe Vereinfachung und nur als eine erste Näherung zu betrachten. Im allgemeinen Fall müssen zur Beschreibung von Begriffen mehrstellige Prädikate (Relationen) hinzugenommen werden. Das ist dann der Fall, wenn

(1) die Objekte aus Elementarobjekten bestehen, über denen bestimmte Relationen definiert sind (*strukturierte Objekte*),
oder

(2) die Klasse durch einen *Kontext* definiert ist, d. h. durch Relationen zu anderen Begriffen (z. B. der Begriff „Vater“).
Wir gehen darauf noch in Kapitel 8 ein.

Wir nehmen nun an, daß der Lernprozeß sequentiell und etwa nach folgendem Schema für einen Lernschritt verläuft:

1. Darbietung eines Objekts $x = (x_1, \ldots, x_n)$ und Perzeption durch das lernende System.

2. Angabe der Klasse (allgemein: Auslösung der entsprechenden Reaktion) durch das lernende System anhand einer Hypothese über die Klassifizierungsregel.

3. Rückmeldung über die tatsächliche Klassenzugehörigkeit (z. B. in Form der Rückmeldung „richtig“ bzw. „falsch“ oder „Belohnung“ bzw. „Bestrafung“).

4. Bildung einer neuen Hypothese durch das lernende System mit Hilfe der in den Schritten 1 und 3 erhaltenen Information. Die neue Hypothese wird mit der alten übereinstimmen, wenn die Klassifizierung des Objektes richtig war.

Die Schritte 1 bis 4 werden in den hier untersuchten sequentiellen Lernprozessen zyklisch wiederholt. Das System kann im Anfangsschritt vollständige Unkenntnis über die Klasseneinteilung besitzen oder gewisse A-priori-Informationen.

Nun soll noch auf einige Folgerungen hinsichtlich einer einheitlichen kybernetischen Modellierung der in diesem Buch betrachteten experimentellen und künstlichen Begriffsbildungsprozesse hingewiesen werden.

Es wurde schon gesagt, daß es bei der Begriffsbildung um den Erwerb von Klassifizierungsregeln geht, nach denen die eintreffenden Reize interpretiert und mit einer entsprechenden Reaktion beantwortet werden. Der Lernprozeß bzw. der dabei verwendete Algorithmus besteht also in der Einarbeitung bzw. Auswahl eines bestimmten Verhaltensprogramms, das dann nach einer hinreichenden Anzahl positiver Bekräftigungen automatisch abläuft. Wir bezeichnen diesen übergeordneten Algorithmus daher als *Metaalgorithmus* zum Erwerb von Klassifizierungsalgorithmen. Mit Hilfe eines automatentheoretischen Modells kann der Vorgang bei Beschränkung auf zwei Klassen A, B als Blockdiagramm dargestellt werden (vgl. Abb. 1).

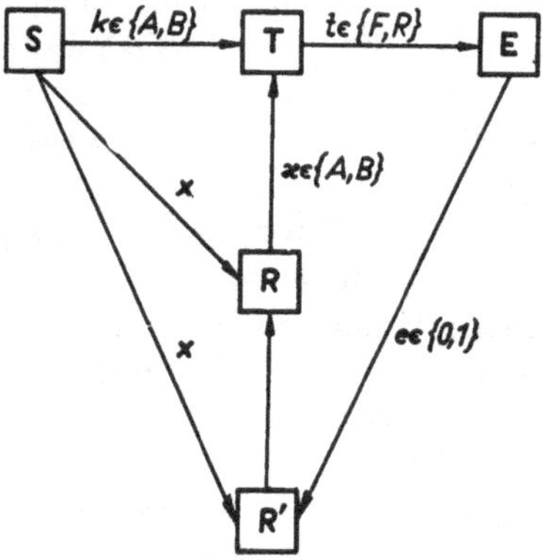

Abb. 1. Lernen durch Hypothesenprüfen als Prozeß der hierarchischen Regulation
$\boldsymbol{x}$: Objekt (Merkmalsvektor); k: vom Belehrungsalgorithmus mitgeteilte Klasse; $\varkappa$: vom Klassifizierungsalgorithmus ausgegebene Klasse; t Rückmeldung; e: Triggersignal für den Metaalgorithmus; $\mathfrak{S}$: Belehrungsalgorithmus; $\mathfrak{T}$: Vergleichsautomat, vergleicht die objektive Klasse k mit der subjektiven Klassenangabe $\varkappa$ des Systems; $\mathfrak{R}$: Klassifizierungsalgorithmus (Abarbeitung der „Hypothese"); $\mathfrak{R}'$: Metaalgorithmus, der die Hypothesen konstruiert.

$\mathfrak{S}$ ist ein *Belehrungsalgorithmus*, der eine Informationsquelle $\mathfrak{Q}$ enthält. $\mathfrak{Q}$ gibt einerseits eine *stationäre und unabhängige Folge von Klassensymbolen* $\bar{f}_{\mathsf{K}}(v^{(\varrho)}) = k^{(\varrho)} \in \mathsf{K}$ ($\varrho = 1, 2, \ldots$) aus. (Wir untersuchen in diesem Buch nicht den Einfluß unterschiedlicher Belehrungsstrategien und machen im folgenden immer die Annahme unabhängiger und stationärer Belehrungsfolgen. Eine endliche Belehrungsstichprobe wird als ein endliches Teilstück einer solchen Folge betrachtet.) Diese erreichen direkt den Automaten $\mathfrak{T}$. Andererseits werden die Objekte als Objektvektoren (Meßwertvektoren) $\boldsymbol{x}(v^{(\varrho)}) = \boldsymbol{x}^{(\varrho)}$ kodiert. Die Meßwertvektoren erreichen als Eingabesymbole (*Reize*) über einen Übertragungskanal das lernende System, das diese Reize mit einer adäquaten Reaktion (Klassenangabe) $\varkappa$ beantworten muß.

Das System ermittelt die Reaktion $\varkappa$ mit Hilfe seines *Klassifizierungsalgorithmus* $\mathfrak{R}$, der einen Decodierungsmechanismus für die Reize x enthält und dem jeweiligen Stand der Kenntnis (*Hypothese*) über die Klassenstruktur der Objektmenge entspricht. $\mathfrak{T}$ ist ein Vergleichsautomat, der die Reaktion mit der tatsächlichen Bedeutung (Klasse) des Reizes vergleicht und entsprechend ein Signal „F" (falsch) bzw. „R" (richtig) abgibt. Mit Hilfe eines Coders $\mathfrak{E}$ wird nun bei der Rückmeldung „F" über eine falsch gebildete Hypothese durch ein Triggersignal e der Metaalgorithmus $\mathfrak{R}'$ in Gang gesetzt, der mit Hilfe der Information des Reizes x und der Rückmeldung eine neue Hypothese, d. h. einen neuen Klassifizierungsalgorithmus, konstruiert bzw. auswählt. Das geht im Prinzip so lange, bis die richtige Hypothese gefunden ist, d. h. $\mathfrak{R}$ die Klassenstruktur von X richtig abbildet. Dann ist der Informationsfluß von $\mathfrak{T}$ nach $\mathfrak{E}$ und von $\mathfrak{E}$ nach $\mathfrak{R}'$ gleich Null. $\mathfrak{R}'$ wird nicht mehr benötigt, und der entsprechende Speicherplatz steht für neue Aufgaben zur Verfügung.

Es handelt sich hier also um ein System der hierarchischen Regelung (Ashby (1956)). Durch den Metaalgorithmus $\mathfrak{R}'$ ist das System in der Lage, sich auch an zeitlich veränderliche Quellenstrukturen, d. h. an eine veränderliche Umwelt, anzupassen. Mit einem Regler $\mathfrak{R}$ allein ließe sich nur eine optimale Anpassung an eine ganz bestimmte Quellenstruktur erreichen. Hierarchisch aufgebaute Reglermechanismen der Form $\mathfrak{R}' \to \mathfrak{R}$ scheinen gerade die hohe Flexibilität menschlichen Klassifizierungs- und Problemlösungsverhaltens zu bedingen.

$\mathfrak{T}$ kann als Gewinntabelle des (Nichtnullsummen-)Spiels von $\mathfrak{R}$ gegen $\mathfrak{S}$ aufgefaßt werden (vgl. Tabelle 2).

Tabelle 2

$\mathfrak{T}$: $\mathfrak{S}$ \ $\mathfrak{R}$	A	B
A	R	F
B	F	R

Im allgemeinen Fall hat man mehr als zwei Klassen, $\mathfrak{R}'$ muß dann zusätzlich die tatsächliche Klasse, die beim Zweiklassenproblem schon durch das Triggersignal festgelegt ist, rückgemeldet bekommen.

Außerdem werden im allgemeinen die Fehler verschieden bewertet, z. B. verursacht in der medizinischen Diagnostik die Fehlklassifikation verschiedener Krankheiten unterschiedliche (tatsächliche oder moralische) Kosten. Die allgemeine Gewinntabelle (die hier als Tabelle der Kosten angesetzt wird) ist in Tabelle 3 dargestellt. Dabei sind $C(k_i, k_j)$ die Kosten, die entstehen, wenn Klasse k_i vorliegt, aber auf Klasse k_j reagiert wird (Fehlzuordnung $k_i \to k_j$). In Abschnitt 5.5 wird gezeigt, wie durch solch eine Kostenmatrix die von $\mathfrak{R}'$ erzeugten Entscheidungsstrukturen $\mathfrak{R}$ modifiziert werden,

Tabelle 3

$\mathfrak{T}$: $\mathfrak{S}$ \ $\mathfrak{R}$	k_1	k_2	...	k_M
k_1	0	$C(k_1, k_2)$	...	$C(k_1, k_M)$
k_2	$C(k_2, k_1)$	0	...	$C(k_2, k_M)$
⋮	⋮			
k_M	$C(k_M, k_1)$		...	0

in dem Sinne, daß von der Quelle unabhängige Kostenbetrachtungen die Struktur von $\mathfrak{R}$ mitbestimmen und dadurch die „objektive" Struktur der Quelle verzerrt abgebildet wird.

Den in Abb. 1 dargestellten Prozeß kann man auch als Mechanismus zur „Dechiffrierung" der Struktur des Automaten $\mathfrak{S}$ auffassen. Man erhält dann einen Spezialfall der Dechiffrierungstheorie von TRACHTENBROT und BARSDIN (1970). Mit „Struktur" ist hier zunächst die Klassenstruktur, d. h. die Struktur der Zerlegung der Objektmenge X, gemeint. Es wird noch gezeigt werden (Abschnitt 5.7), daß man durch Metaalgorithmen auch die Struktur des X zugeordneten Merkmalsraums, d. h. auftretende Merkmalsabhängigkeiten, als logische Struktur dechiffrieren kann.

Nach diesen allgemeinen Bemerkungen über den Typ der in diesem Buch untersuchten Lernprozesse wenden wir uns der Beschreibung eines speziellen experimentell untersuchten Begriffslernprozesses zu. Ziel ist dabei die Gewinnung von Optimalitätskriterien für die vom Metaalgorithmus $\mathfrak{R}'$ zu leistende „Dechiffrierung" der Klassifizierungsregel.

3. Simulation eines experimentell beobachteten Metaalgorithmus zum Erlernen einfacher Begriffe

3.1. Vorbemerkungen

Von GOEDE und KLIX (1972) wurden Experimente zum Erlernen einfacher aussagenlogisch beschreibbarer Begriffe durchgeführt.[1]) Im Mittel gingen die Vpn (Oberschüler und Studenten) dabei nach einer optimalen Strategie vor, die dem in Kapitel 2 beschriebenen Lernen durch Hypothesenprüfen entspricht. Von GOEDE und KLIX wurde versucht, das mittlere Lernverhalten geschlossen in Form eines Metaalgorithmus darzustellen. Dieser Metaalgorithmus wurde auf dem Digitalrechner simuliert (ULBRICH und WYSOTZKI (1972)) und das simulierte mit dem tatsächlichen Lernverhalten verglichen. Wir geben in diesem Abschnitt die wichtigsten, in ULBRICH und WYSOTZKI (1972) dargelegten Ergebnisse wieder.

Das Schema der Versuche mit den Vpn bzw. mit dem Simulationsprogramm war stets das folgende, bereits in Abb. 1 formal dargestellte:

1. Es wird ein durch bestimmte Merkmalskombinationen repräsentiertes Objekt dargeboten. Bei den Experimenten waren die Merkmale einfache, auf Karten angeordnete geometrische Figuren, für die Simulation wurden diese Merkmale durch Zahlen kodiert, die zu Vektoren zusammengefaßt waren.

2. Das lernende System klassifiziert nach einem jeweiligen Klassifizierungsalgorithmus (Hypothese über den Begriff).

3. Das System erfährt durch Rückmeldung vom Experimentator die tatsächliche Klassenzugehörigkeit des Objekts.

4. Wenn die durch das System vorgenommene Klassifizierung richtig war, wird die Hypothese beibehalten, wenn falsch klassifiziert wurde, wird die Hypothese ge-

[1]) Genauer gesagt handelt es sich hier um Analogien zu den natürlichen Begriffen, da aus methodischen Gründen mit sinnleerem Material gearbeitet wurde.

ändert, d. h. ein neuer Klassifizierungsalgorithmus gewählt. Danach wird wieder zum 1. Schritt übergegangen.

Der Prozeß endet, wenn ein bestimmtes Lernkriterium erfüllt ist. Der Metaalgorithmus und die psychologischen Experimente sind ausführlich bei GOEDE und KLIX (1972) beschrieben. Wir geben die wichtigsten Ergebnisse in den nächsten Abschnitten vereinfacht und überblicksmäßig wieder.

3.2. Psychologische Experimente, aus denen der Metaalgorithmus abgeleitet wurde

Die zu klassifizierenden Objekte waren in die Klassen A und B unterteilt und durch vier Dimensionen (Attribute) mit je zwei Merkmalen (Werten) beschrieben. Die Vpn sollten den Begriff finden, d. h. die relevanten Merkmale und deren logische Verknüpfung, durch die die Klasse A charakterisiert war. Anders ausgedrückt: Gesucht war die Klassifizierungsregel für A-Objekte. Verwendet wurden einelementige Begriffe, konjunktive und disjunktive Begriffe, d. h. Begriffe mit genau einem relevanten Merkmal (im folgenden *Einerbegriffe* genannt) bzw. mit genau zwei konjunktiv oder disjunktiv verknüpften Merkmalen (*Zweierbegriffe*). Die Vpn wußten bei diesen Versuchen nicht, welche Merkmale relevant waren, und sie wußten auch nicht, welche Verknüpfungsart vorlag. In Abb. 2 sind Beispiele dargestellt.

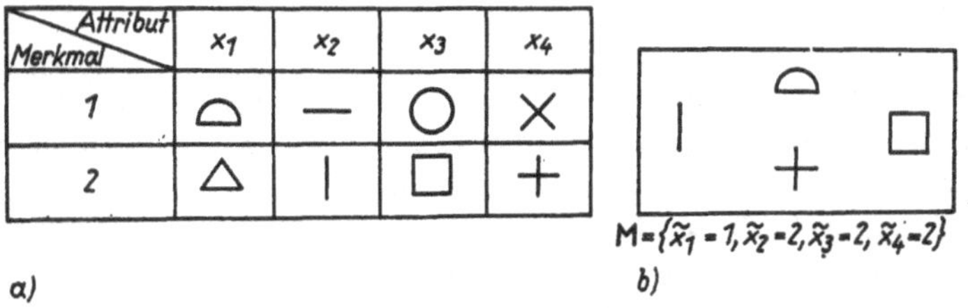

Abb. 2. Das in den Versuchen von GOEDE und KLIX verwendete Material.
a) Die Merkmale waren ein Satz einfacher geometrischer Figuren, von denen je zwei zu einem Attribut x_i zusammengefaßt wurden.
b) Jedes Objekt war eine Karte mit einem aus der Tabelle entnommenen Merkmalssatz $M = \{\tilde{x}_1, \tilde{x}_2, \tilde{x}_3, \tilde{x}_4\}$, $\tilde{x}_i \in \{1, 2\}$, wobei von jedem Attribut genau ein Merkmal gewählt wurde.

Aus den Versuchsprotokollen war zu erkennen, daß die meisten Vpn sowohl bei konjunktiven und disjunktiven Begriffen als auch bei Einerbegriffen mit Hypothesen beginnt, bei denen nur ein Merkmal relevant ist (*Einerhypothese*). In einem Experiment, bei dem der gesuchte Begriff eine Konjunktion aus zwei Merkmalen war, waren bei 80% der insgesamt 54 Vpn die ersten Hypothesen Einerhypothesen, bei 6% Zweierhypothesen, und bei den restlichen 14% wurden parallel gleichzeitig verschiedene Hypothesen verfolgt. Der Metaalgorithmus beschreibt das mittlere Verhalten von 80% der Vpn.

Ein vereinfachtes Schema ist in Abb. 3 dargestellt. Die Vp bildet zunächst eine Einerhypothese. Die Einerhypothese wird so lange beibehalten, bis sie sich als falsch erweist. Jeweils nach der Rückmeldung „falsch" wird eine neue Hypothese (ein neues Merkmal) gewählt.

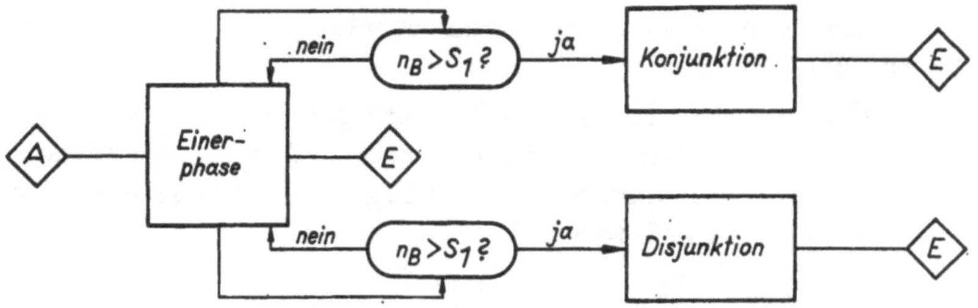

Abb. 3. Vereinfachtes Blockschema des Metaalgorithmus von GOEDE und KLIX (Übergang von einelementigen zu zweielementigen Begriffen) (n_B: Zahl der Bekräftigungen eines Merkmals; S_1: Schwelle)

War ein Einerbegriff gesucht, so kann er auf diese Weise gefunden werden, und der Prozeß endet. Wenn der gesuchte Begriff ein Zweierbegriff ist, bildet die Vp nach einer gewissen Zahl von Lernschritten Hypothesen, in denen zwei Merkmale konjunktiv oder disjunktiv verknüpft sind. Das erfolgt dann, wenn die Vp nach einer bestimmten Zahl S_1 von positiven Rückmeldungen für ein bestimmtes Merkmal als Hypothese plötzlich eine negative Rückmeldung erhält. Die Zahl der Lernschritte, nach der der Übergang erfolgt, hängt individuell von Schwellen ab, die Parameter des Metaalgorithmus darstellen.

3.3. Bemerkungen zur Optimalität

Der in den Experimenten gefundene Metaalgorithmus bildet das mittlere Verhalten von hochintelligenten Vpn bei Klassifizierungsaufgaben ab und enthält wesentliche Elemente einer optimalen Informationsverarbeitung.

Ein einfaches Beispiel dafür ist die Hypothesenwahl in der Lernphase, in der einelementige Hypothesen benutzt werden (*Einerphase*). In Abb. 4 ist dieser Teil des Metaalgorithmus etwas ausführlicher dargestellt als in Abb. 3.

Unter der (den Vpn in der Instruktion mitgeteilten) Voraussetzung, daß nur konjunktive, disjunktive oder Einerbegriffe auftreten können und daß die Merkmale „alternativ-diskret" (binär) sind, ist klar, daß in der Menge M der Merkmale (vgl. Abb. 2) jedes beliebigen A-Objektes immer wenigstens ein relevantes Merkmal enthalten ist. In der zu M komplementären Menge $\bar{\mathsf{M}}$ kann dagegen nur bei vorliegender Disjunktion ein relevantes Merkmal enthalten sein, sonst nicht. Bei B-Objekten ist es genau umgekehrt. Hier ist stets in der Menge $\bar{\mathsf{M}}$ ein relevantes Merkmal enthalten. Daher ist es zweckmäßig, bei einer neuen Hypothesenwahl (gesucht ist stets der Begriff für die Klasse A) bei einem vorliegenden A-Objekt ein Merkmal aus M und bei vorliegendem B-Objekt ein Merkmal aus $\bar{\mathsf{M}}$ als Hypothese zu wählen. Dieses Vorgehen wurde tatsächlich beobachtet. (Die Wahl eines neuen Merkmals erfolgt stochastisch aus der Menge der noch zur Verfügung stehenden Merkmale.)

Ein zweites Beispiel ist der Übergang von der Einerphase zur Phase der Konjunktion bzw. zur Phase der Disjunktion. Der Übergang von der Einerphase zur Phase der Konjunktion wurde im Mittel nur nach der Klassifizierung „Klasse A" durch die Vp mit der Rückmeldung „falsch" (abgekürzt *AF*) beobachtet und der zur Disjunktion nur nach *BF*.

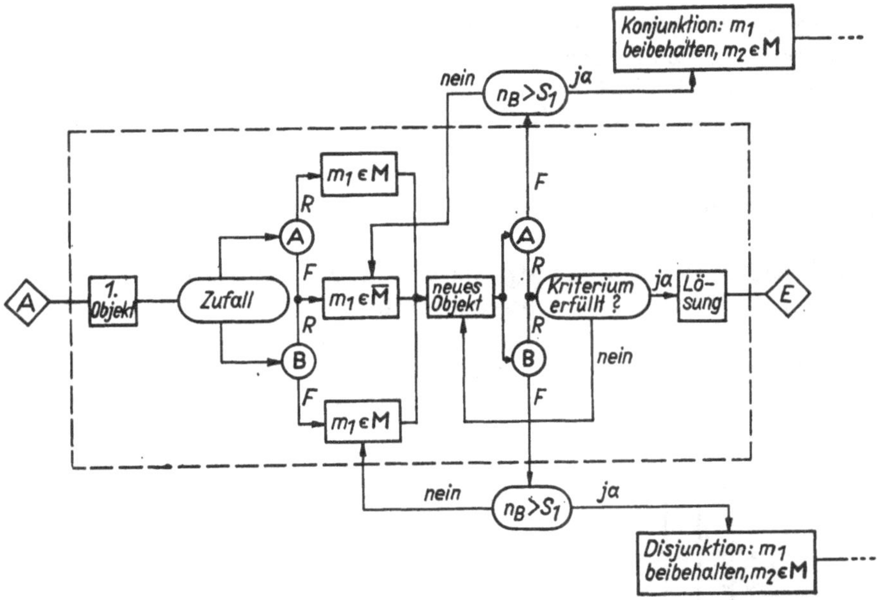

Abb. 4. Teildarstellung des Metaalgorithmus von Goede und Klix
(R: Rückmeldung „richtig"; F: Rückmeldung „falsch"; n_B: Anzahl der Bekräftigungen eines Merkmals, S_1: Schwelle; M bezeichnet die Menge der Merkmale des Belehrungsobjekts; m_1, $m_2 \in$ M sind die in der jeweiligen Hypothese vorkommenden Merkmale)

Befindet sich die Vp noch in der Einerphase, hat aber einen konjunktiven Begriff zu lernen, so wird sie mit *einem* relevanten Merkmal als Hypothese kein A-Objekt mehr als „B" klassifizieren, nur der umgekehrte Fall kann auftreten. Die Menge der als „A" klassifizierten Objekte würde also alle A-Objekte enthalten und noch einige B-Objekte. Die Menge muß durch eine geeignete Durchschnittsbildung eingeschränkt werden.

Der Übergang zur Konjunktion erfolgt, wenn nach einer Anzahl von aufeinanderfolgenden positiven Bekräftigungen (Rückmeldungen AR), die größer als eine Schwelle S_1 ist, plötzlich die Rückmeldung AF erfolgt (Abb. 4). Durch Hinzunahme eines weiteren Merkmals aus M, das mit dem ersten konjunktiv verknüpft wird, wird dann die Menge der als A zu klassifizierenden Objekte eingeschränkt.

Bei der Disjunktion gelten analoge Betrachtungen, wobei hier aber eine Erweiterung der Menge durch Vereinigung nötig ist. Die Vpn gehen also mit größerer Wahrscheinlichkeit zur Konjunktion als zur Disjunktion über, wenn tatsächlich eine Konjunktion vorliegt und umgekehrt.

3.4. Einige Ergebnisse der Simulation des Metaalgorithmus von Goede und Klix

Die Lerngeschwindigkeit des Metaalgorithmus hängt wesentlich von der Schwelle S_1 und einer zweiten Schwelle S_2 ab. Den größten Einfluß hat die Schwelle S_1, die den Übergang von der Einerphase zur Konjunktion bzw. Disjunktion steuert. Die Schwelle

S_2 steuert den Übergang in umgekehrter Richtung, wenn ein einelementiger Begriff zu erlernen war und fälschlicherweise zu einer zweielementigen Hypothese übergegangen wurde. Da solch ein Übergang selten erfolgt, ist ihr Einfluß gering. (Der Übergang von zweielementigen zu einelementigen Hypothesen ist in Abb. 4 nicht dargestellt.)

3.4.1. Einfluß der Schwellen

Abb. 5 und 6 zeigen die Häufigkeitsverteilungen der Gesamtlernlängen (Anzahl der gezeigten Objekte bis zum Eintreten des Lernerfolgs) von simulierten Lernverläufen bei sehr niedrigen Schwellen (Abb. 5) und sehr hohen Schwellen (Abb. 6). Der zu erlernende Begriff war eine Konjunktion. Es zeigte sich, daß unter dieser Bedingung (Konjunktion) kürzere Lernverläufe mit den niedrigen Schwellen erreicht wurden.

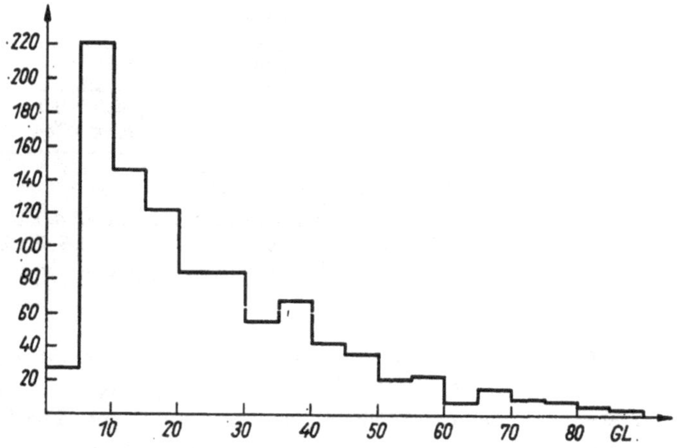

Abb. 5. Häufigkeitsverteilung der Gesamtlernlängen GL bei niedrigen Schwellen ($S_1 = 0$; $S_2 = 1$) (GL ist die Anzahl der bis zum Erlernen des Begriffs (Konjunktion) gezeigten Objekte)

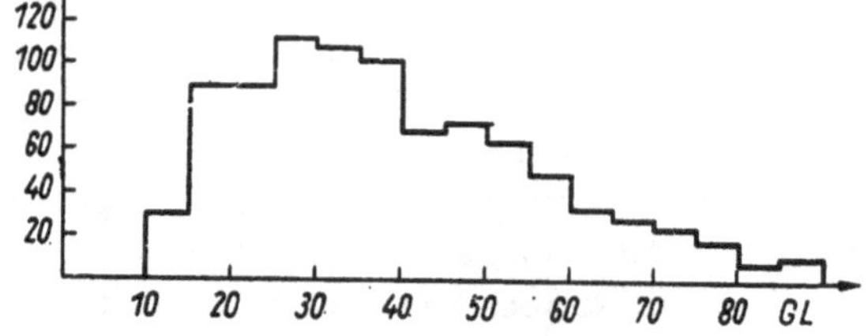

Abb. 6. Häufigkeitsverteilung der Gesamtlernlängen bei hohen Schwellen ($S_1 = 6$; $S_2 = 7$)

In Abb. 7 ist der Mittelwert der Gesamtlernlänge GL als Funktion der Schwellen für einelementige und konjunktive Begriffe dargestellt. Diese Darstellung zeigt, daß eine Konjunktion am besten mit niedrigen Schwellen gelernt wird, während es bei Einerbegriffen umgekehrt ist.

Die experimentellen Untersuchungen zeigten, daß bei den Vpn unterschiedliche Schwellen auftreten. Erst bei Kenntnis dieser Schwellenverteilung in der untersuchten

Gruppe von Vpn lassen sich die experimentellen Werte mit den Ergebnissen der Simulation vergleichen. Aus den Protokollen vom Erlernen von Zweierbegriffen (verwendet würde die Konjunktion) lassen sich die individuellen Werte der Schwelle S_1 bei den Vpn ermitteln[1]) (Abb. 8). Die Verteilung der Schwellen der Vpn (schraffiert)

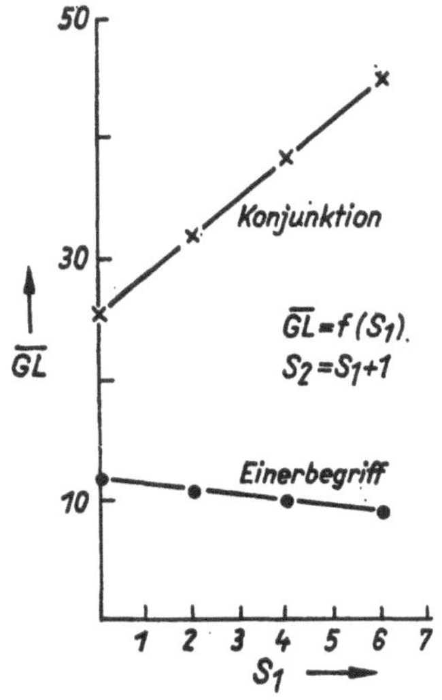

Abb. 7. Mittelwerte der Gesamtlernlängen als Funktion der Schwellen

wurde nach der Maximum-Likelihood-Methode durch eine Verteilung der Form

$$\mathbf{P}(S_1) = \frac{2}{a\sqrt{\pi}} \exp\left(-\frac{S_1^2}{a^2}\right)$$

angepaßt. Aus der Anpassung ergab sich $a^2 = 30{,}7$.

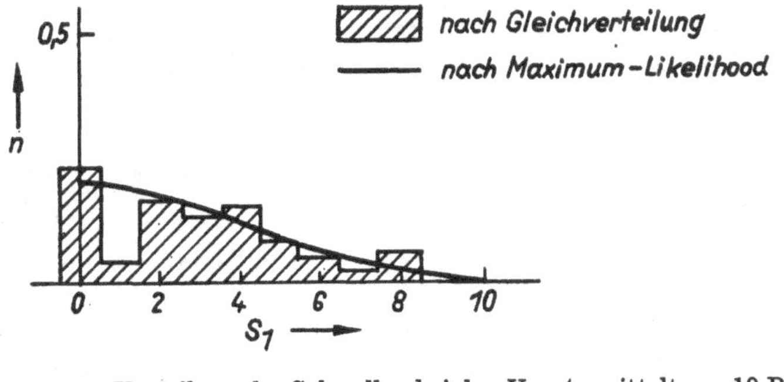

Abb. 8. Verteilung der Schwellen bei den Vpn (ermittelt aus 19 Protokollen; normiert)

[1]) Aus einigen Protokollen ließen sich nur Intervalle ermitteln, in denen S_1 liegen mußte. In diesen Fällen wurde innerhalb dieses Intervalls eine Gleichverteilung der Auftretenswahrscheinlichkeit der möglichen Schwellenwerte angenommen.

3.4.2. Vergleich zwischen Experiment und Simulation

Um aus der Simulation eine mit der experimentellen vergleichbare Lernkurve zu erhalten, gibt es zwei Möglichkeiten. Man kann entweder die mittlere Schwelle der Vpn ermitteln und diese zur Simulation verwenden oder die zu den verschiedenen Schwellen simulierten Lernverläufe mit entsprechenden, aus der Verteilung der natürlichen Schwellen gewonnenen Gewichten überlagern. Wir haben uns für die letzte Möglichkeit entschieden, weil dadurch ein differenzierterer Vergleich zwischen Experiment und Simulation möglich ist.

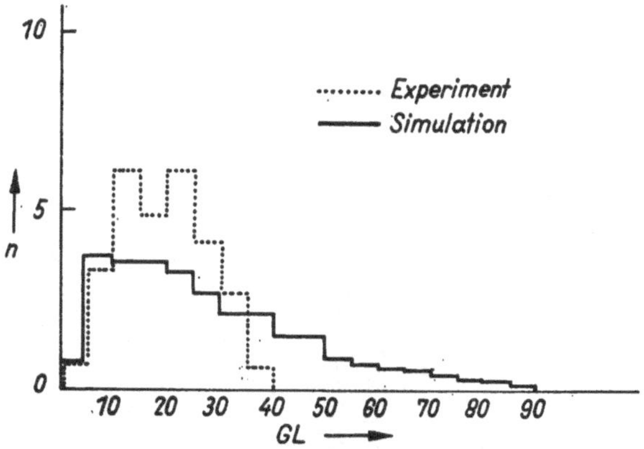

Abb. 9. Verteilung der Gesamtlernlängen (Konjunktion) bei gewichteter Überlagerung der simulierten Verläufe entsprechend der natürlichen Schwellenverteilung (normiert auf 41 Vpn)

Die entsprechenden Verteilungen zeigen Abb. 9, 10 und 11, zu erlernen war ein konjunktiver Begriff. Die Häufigkeiten sind auf die Anzahl der von den Experimenten verwendbaren Protokolle (41) normiert. Für die simulierten Verteilungen wurden etwa 8000 Lernverläufe zur Superposition verwendet. Die Häufigkeitsverteilungen der Gesamtlernlängen (Abb. 9) stimmen in ihrem Anfangsverlauf, insbesondere bezüglich ihrer Maxima, überein.

Das zeigt, daß der Metaalgorithmus die wesentlichen Komponenten des Lernverhaltens widerspiegelt. Man sieht aber, daß die experimentelle Verteilung im Unterschied zur Simulation keinen annähernd asymptotischen Verlauf zeigt, sondern praktisch bei Lernlängen von GL = 40 abbricht.

Die gleiche Erscheinung zeigt Abb. 10 mit der Häufigkeitsverteilung der Länge der Einerphasen[1]) und Abb. 11 mit der Häufigkeitsverteilung der Gesamtfehlerzahl[2]).

Das zeigt, daß der Metaalgorithmus zu Anfang des Lernverlaufs das Verhalten der Vpn gut abbildet, daß aber mit zunehmender Lernschrittanzahl beim Menschen Mechanismen wirksam werden, die in der vorliegenden Form des Algorithmus noch nicht berücksichtigt sind und die den Lernprozeß beschleunigen. Die wahrscheinlichste Erklärung hierfür ist eine zusätzliche Technik der Informationsverarbeitung beim

[1]) Die Länge der Einerphase ist gleich der Zahl der dargebotenen Objekte während des ersten Durchlaufs der Einerphase.

[2]) Die Gesamtfehlerzahl ist gleich der Gesamtzahl aller Rückmeldungen „falsch“ während eines Lernverlaufs.

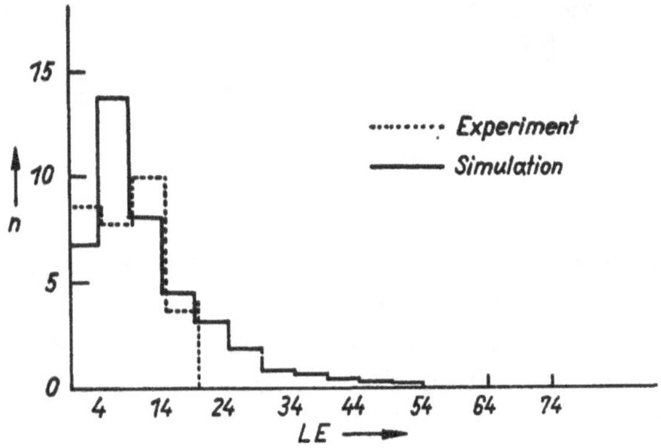

Abb. 10. Verteilung der Längen der Einerphasen, gewichtete Überlagerung entsprechend der natürlichen Schwellenverteilung (normiert auf 41 Vpn)

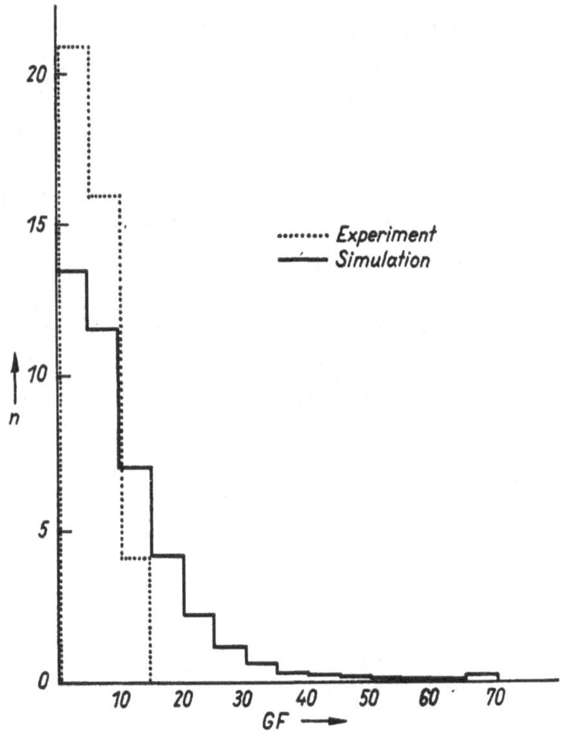

Abb. 11. Verteilung der Gesamtfehlerzahl (normiert auf 41 Vpn)

Menschen, die es ihm gestattet, bei der Wahl neuer Hypothesen mit größerer Wahrscheinlichkeit relevante Merkmale zu verwenden, während beim Metaalgorithmus stets eine gleiche Auswahlwahrscheinlichkeit angesetzt wurde. Um an unserem Material diese Hypothese zu prüfen, wurden die Häufigkeiten der Wahl relevanter Merkmale und irrelevanter Merkmale durch die Vpn an den entsprechenden Positionen des Metaalgorithmus überprüft.

Diese Analyse zeigte, daß mit zunehmender Länge des Lernverlaufs eine steigende Bevorzugung relevanter Merkmale bei der Hypothesenwahl auftritt, was die Hypothese eines zusätzlichen Gedächtnismechanismus bei den Vpn bekräftigt.

3.5. Diskussion

Zusammenfassend halten wir folgende Prinzipien der Vorgehensweise der Vpn fest, die in diesem Lernexperiment beobachtet wurden:

1. Zur Modifikation der Hypothese wird nur die Information eines einzigen (des jeweils am Eingang anliegenden) Belehrungsobjekts ausgenutzt. Das bedeutet minimalen Speicherbedarf für Objekte.

2. Die Vpn bilden zunächst einfache Hypothesen. Wenn diese nicht zum Erfolg führen, werden durch Hinzunahme neuer Merkmale und logischer Verknüpfungen kompliziertere Hypothesen gebildet (*Differenzierungsprinzip*). Nach demselben Prinzip werden in einem Simulationsmodell des Wort- und Paarassoziationslernens (EPAM, Elementary Perceiver and Memorizer von Feigenbaum (1963); vgl. dazu auch Hintzman (1968), der eine Weiterentwicklung des Modells beschreibt) die Diskriminationsnetze zur Unterscheidung von Silben im Lernprozeß aufgebaut. Als Ökonomieprinzip liegt offenbar die Forderung nach einer möglichst minimalen Speicherkapazität pro Hypothese zugrunde.

3. Für das Erlernen komplizierter Begriffsstrukturen erweisen sich niedrige Schwellen, d. h. ein schneller Übergang von einfachen zu komplexen Hypothesen, als effektiv.

4. Die Vpn erwerben durch einen Gewichtsbildungsprozeß eine zusätzliche Kenntnis (Bewertung) der Relevanz von Merkmalen. Das bedeutet, daß die mittlere Diskriminationsfähigkeit (in einem unten noch zu definierenden Sinn) eines Merkmals für sich genommen bei der Hypothesenbildung ausgenutzt wird. Es bildet sich dann intern eine Rangreihe der Merkmale für ihre Wahl als Hypothesenbestandteil aus.

Wir werden diese Prinzipien mit geeigneten Modifikationen im folgenden zum Aufbau von Metaalgorithmen benutzen, mit denen im Prinzip beliebige, durch Funktionen einer mehrwertigen Logik beschreibbare Klasseneinteilungen erlernt werden können.

4. Konstruktion eines Metaalgorithmus zum Erlernen disjunkter Klasseneinteilungen

4.1. Der Metaalgorithmus von Hunt, Marin und Stone (1966)

Wir gehen nun zur Konstruktion künstlicher Systeme über, die in der Lage sind, begriffliche Klassifizierungen zu erlernen. Dabei sollen Elemente der in den Versuchen von Goede und Klix beobachteten Prinzipien der Informationsverarbeitung (vgl. Abschnitt 3.5) ausgenutzt werden.

Zuvor soll jedoch der bekannteste in der künstlichen Intelligenz entstandene Metaalgorithmus zum induktiven Erwerb von Klassifizierungsregeln kurz besprochen werden, der Metaalgorithmus von HUNT, MARIN und STONE (1966). Voraussetzung für die Anwendbarkeit des Metaalgorithmus ist eine Zerlegung der Objektmenge in zwei disjunkte Klassen A und B. (Die zur Klasse A, d. h. zum Begriff, gehörenden Objekte werden im folgenden als *positive Beispiele* bezeichnet.) HUNT, MARIN und STONE greifen ein in Experimenten von BRUNER, GOODNOW und AUSTIN (1956) gefundenes heuristisches Vorgehen von Vpn auf, wonach das häufigste Merkmal positiver Beispiele als Klassifizierungsgrundlage dient, sofern keine gemeinsamen, die Klasse kennzeichnenden Merkmale gefunden werden konnten. Dabei wird vorausgesetzt, daß es ein häufigstes Merkmal gibt, denn sind alle Merkmale über alle Klassen gleich verteilt, dann ist keine Klassentrennung anhand dieser Merkmale möglich. Der Grundgedanke der Klassifikationsprogramme von HUNT, MARIN und STONE läßt sich kurz folgendermaßen charakterisieren:

1. Zunächst erfolgt eine Suche nach einem gemeinsamen Merkmal der positiven Beispiele. Gibt es ein solches, bleibt zu prüfen, ob irgendeines der negativen Beispiele ebenfalls dieses Merkmal aufweist. Ist dies nicht der Fall, kann die Klassentrennung mit Hilfe des betreffenden Merkmals vorgenommen werden.

2. Andernfalls wird in einem nächsten Schritt die Prüfung in umgekehrter Richtung vorgenommen, d. h. untersucht, ob die negativen Beispiele durch ein gemeinsames Merkmal zu charakterisieren sind und außerdem keines der positiven Beispiele unter diese Beschreibung fällt. Gibt es ein solches Merkmal, ist es wiederum für die Klassentrennung relevant.

3. Führt auch dieser Prüfschritt nicht zum Ziel, wird nach einem heuristischen, logisch nicht weiter begründbaren Verfahren vorgegangen: Es wird das häufigste Merkmal der positiven Beispiele als Klassifizierungsgrundlage benutzt, und die Objekte werden nach Vorhandensein oder Nichtvorhandensein dieses Merkmals in zwei Gruppen unterteilt, auf die das Verfahren erneut anzuwenden ist.

Indem in der beschriebenen Weise bestimmte Attribute als Knotenpunkte wirken, entstehen Entscheidungsbäume, die bis zur richtigen Einordnung aller Objekte aufgegliedert werden müssen. Dann bricht der Prozeß ab, und aus der Art der sequentiellen Aufspaltung der Objektmenge ist die Klassifikationsregel zu entnehmen.

Wesentliche Unterschiede zum menschlichen Begriffslernen ergeben sich bereits allein daraus, daß dem Menschen im allgemeinen infolge seiner unzureichenden Gedächtniskapazität für seine Hypothesenbildung nur eine sehr begrenzte Objektmenge zur Verfügung steht.

Der Metaalgorithmus von HUNT, MARIN und STONE arbeitet zwar sequentiell, indem die Objekte der Belehrungsfolge nacheinander angeboten und entsprechend der jeweiligen Hypothese klassifiziert werden, benötigt aber zur Konstruktion der Hypothese (Entscheidungsbaum) im n-ten Lernschritt zunächst alle bis dahin vorgezeigten Objekte der Belehrungsfolge, d. h., im n-ten Lernschritt müssen n Objektbeschreibungen zusätzlich zum Entscheidungsbaum gespeichert werden. Wenn im $n + 1$-ten Lernschritt die Hypothese nicht bestätigt, d. h. das $n + 1$-te Objekt damit falsch klassifiziert wird, wird die Hypothese vollständig verworfen (nicht modifiziert!) und eine neue Hypothese nach dem oben beschriebenen Verfahren mit den im Speicher befindlichen $n + 1$ Objekten konstruiert. Dadurch steigt der Speicherbedarf mit n

stark an.[1]) Modifikationen des Metaalgorithmus, die mit einem beschränkten, nach eine Schieberegisterprinzip arbeitenden Objektspeicher festgelegten Umfangs arbeiten, führen zu einer Vergrößerung der Fehlerrate des aufgebauten Klassifikators.

In einer Variante des Algorithmus wird eine gewisse Steigerung der Effektivität des Algorithmus dadurch erreicht, daß die Reihenfolge der Merkmale, die beim Durchlaufen des Entscheidungsbaumes getestet werden, nach bestimmten Kriterien festgelegt wird. Während des Lernprozesses wird an einem Endknoten jeweils dasjenige Attribut als nächstes Testattribut gewählt (und damit eine Verzweigung gebildet), das eine schon möglichst erschöpfende richtige Klassifizierung der diesen Knoten erreichenden Gruppe von Objekten gestattet, d. h. ein bestimmtes Gütekriterium optimiert („lokale" Optimierung). Die Optimalität des Verfahrens scheint von der gewählten Reihenfolge der Attribute in Kombination mit dem Gedächtnisumfang abzuhängen, allerdings sind die darüber erhaltenen Ergebnisse nicht statistisch signifikant. Der Einfluß der Gedächtniskapazität wird von den Autoren ausführlich diskutiert und die Konstruktion eines Algorithmus angeregt, bei dem im Gedächtnis jeweils nur ein Objekt gespeichert wird.

4.2. Der Metaalgorithmus CAL 2 zum Erlernen disjunkter Klasseneinteilungen

4.2.1. Heuristische Vorbetrachtungen

Der im folgenden dargestellte Metaalgorithmus (Wysotzki und Rössler (1973)) ist eine an die Möglichkeiten heutiger Digitalrechner angepaßte Verallgemeinerung des Optimalverhaltens von Vpn, die keine vollständigen Objektbeschreibungen, sondern nur Hypothesen über Klassifizierungsregeln im Gedächtnis speichern. Die Hypothesen werden bei Nichtbekräftigung nicht völlig verworfen, sondern mit Hilfe der neuen Information modifiziert. Der zu konstruierende Metaalgorithmus soll folgenden Forderungen genügen:

1. In jedem Lernschritt wird nur die Information des am Eingang anliegenden Objekts ausgenutzt.
2. Die Hypothesen werden pro Schritt möglichst minimal modifiziert.
3. Der durch den Konstruktionsprozeß aufgebaute Klassifikator hat eine möglichst geringe Kompliziertheit (enthält also z. B. keine irrelevanten Attribute).

Der Grund für diese Forderungen ist eine gewisse Optimierung des Speicher- und Rechenaufwands, wobei der Begriff der Optimierung vorläufig intuitiv gefaßt wird. Trennebenenverfahren z. B. verarbeiten immer parallel den vollständigen Objektvektor, es erfolgt keine Auswahl relevanter Attribute. Es müssen also auch irrelevante Attribute, die keine Information über die Klasseneinteilung tragen, am Objekt gemessen werden.

Bei den hier untersuchten Algorithmen wird in zweifacher Hinsicht ein sequentielles Prinzip angewendet: Einmal erfolgt der Aufbau der Klassifikatoren im Lernprozeß

[1]) Die Folge ist, daß Klassenbildungen von einer bestimmten Kompliziertheit ab nicht mehr erlernt werden können. (Wir verwenden hier zunächst irgendeinen intuitiven Kompliziertheitsbegriff, z. B. Zahl der Variablen in der logischen Funktion, die die Klasseneinteilung realisiert, oder Zahl der Knoten im Entscheidungsbaum.)

sequentiell, d. h., in den Klassifikator werden schrittweise klassifizierungsrelevante Attribute aufgenommen, bis eine hinreichende Klassentrennung erreicht ist, zum anderen brauchen aus diesem Grund während der Arbeitsphase des Klassifikators nicht alle Attribute $x_1, \ldots, x_n$ der Objektbeschreibung abgeprüft zu werden, sondern nur die klassifizierungsrelevanten, in den Klassifikator eingehenden. Es wird bei der folgenden Beschreibung der Klassifikatoren ersichtlich, daß sowohl Anzahl als auch Art der bei der Klassifikation zu prüfenden Attribute von der Objektbeschreibung selbst abhängen. Damit wird im Mittel der Klassifikationsaufwand (in den eventuelle Kosten für die Messung von Merkmalen eingehen) gegenüber parallelverarbeitenden Verfahren gesenkt.

Wir unterscheiden im folgenden nicht zwischen Objekten und Objektbeschreibungen (Objektvektoren), ferner bezeichnen wir ein Objekt $\boldsymbol{x} = (x_1, \ldots, x_n)$ einfach durch Hintereinanderschreiben der Werte der Attribute $x_1, \ldots, x_n$

$$\boldsymbol{x} = x_1\, x_2 \ldots x_n\,,$$

wobei die Art des Attributs durch die Position in der Kette festgelegt ist.

Die Objekte seien in M paarweise disjunkte Klassen eingeteilt, die mit den Symbolen $A, B, C, \ldots$ bezeichnet werden. Dem lernenden System, das das Prinzip dieser Klasseneinteilung erlernen soll, werden nacheinander Objekte angeboten; die Klassenzuordnung dieser Objekte erfolgt nach der jeweiligen Hypothese. Danach erfolgt die Rückmeldung, ob die Klassifizierung richtig, R, oder falsch, F, war. War sie richtig, wird die Hypothese beibehalten, andernfalls unter Ausnutzung der nun vom Belehrungsalgorithmus mitgeteilten tatsächlichen Klassenzugehörigkeit des gerade anliegenden Objekts modifiziert. Das Protokoll eines Lernschritts sieht dann folgendermaßen aus (Abschnitt 2.2):

Objekt (z. B. 1 1 1 2);
Klassenangabe anhand der alten Hypothese;
Rückmelduug (z. B. BF);
Angabe der tatsächlichen Klasse des Objekts durch den Belehrungsalgorithmus (z. B. A);
neue Hypothese.

Die Hypothesen werden intern durch Entscheidungsbäume dargestellt. Die Aufgabe des Metaalgorithmus besteht also darin, den der richtigen Klasseneinteilung entsprechenden Entscheidungsbaum zu entwickeln. Ein Beispiel für einen Entscheidungsbaum ist in Abb. 12 gegeben. Er stellt einen Klassifizierungsalgorithmus für die Objekte $\boldsymbol{x}$

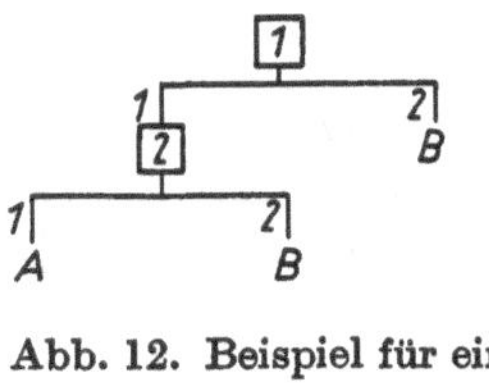

Abb. 12. Beispiel für einen Entscheidungsbaum

in Graphenform dar. Die mit Kästchen bezeichneten Knoten dieses Graphen geben Tests an, die Kanten stellen die Ausgänge dieser Tests dar. Im Beispiel bedeutet das: Prüfe den Wert der Eigenschaft x_1; ist dieser Wert gleich 2, dann gehört das Objekt zur Klasse B. Ist der Wert gleich 1, dann prüfe Eigenschaft x_2; ergibt sich $x_2 = 2$, dann gehört das Objekt zu B, bei $x_1 = 1$ zu A. Es handelt sich in diesem Beispiel also um die Darstellung eines sequentiellen Klassifizierungsalgorithmus für die Konjunktion, A: $x_1 = 1 \wedge x_2 = 1$. (Nach der oben eingeführten Schreibweise sind die Wahrheitswerte w und f der Aussagenlogik hier mit 1 und 2 bezeichnet.)

Existieren noch weitere Attribute $x_3, \ldots, x_n$ zur Beschreibung der Objekte, dann sind diese für die Klassifizierung irrelevant, d. h., sie brauchen zur Bestimmung der Klasse nicht geprüft zu werden. Die dem Baum entsprechende logische Funktion hängt dann nicht effektiv von diesen Variablen ab.

Irrelevante Attribute führen nun zu Symmetrien zwischen Verzweigungen im Entscheidungsbaum und können umgekehrt mit Hilfe solcher Symmetrien aufgefunden werden. Der Baum aus Abb. 13 ist der in Abb. 12 dargestellten Konjunk-

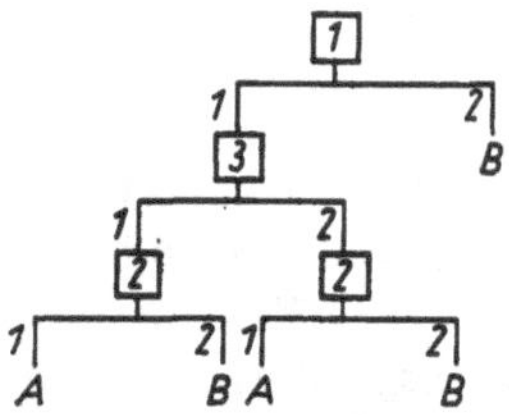

Abb. 13. Entscheidungsbaum mit einem irrelevanten Attribut (x_3 ist irrelevant)

tion mit minimaler Knotenzahl äquivalent. x_3 ist irrelevant, von dem mit dem Testattribut x_3 belegten Knoten gehen identische Teilverzweigungen aus (d. h., der weitere Verlauf des Klassifizierungsprozesses ist unabhängig vom Ausgang des Tests 3).

Entsprechend werden als bedingt irrelevant solche Attribute bezeichnet, die zu Symmetrien in bestimmten Teilverzweigungen führen. In dem in Abb. 14 dargestellten

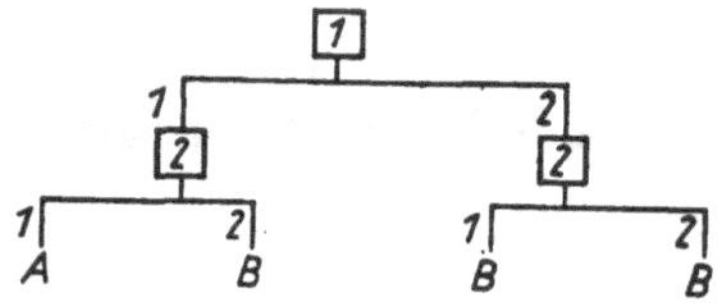

Abb. 14. Entscheidungsbaum mit einem bedingt irrelevanten Attribut (x_2 ist unter der Bedingung $x_1 = 2$ irrelevant)

Baum ist x_2 bedingt irrelevant unter der Bedingung $x_1 = 2$. Eine exakte Definition der bedingten Irrelevanz erfolgt in Abschnitt 4.2.3 bei der Darstellung des Reduktionsalgorithmus.

Der Metaalgorithmus zum schrittweisen Aufbau des Entscheidungsbaums besteht nun aus folgender Prozedur, die zunächst an einem Beispiel erläutert werden soll: Das lernende System habe a priori keinerlei Kenntnis über die Klasseneinteilung. In jedem Lernschritt wird ein stochastisch aus der zur Verfügung stehenden Belehrungsmenge[1]) ausgewähltes Objekt angeboten.

[1]) In praktischen Fällen hat man meist nur eine endliche Belehrungsmenge statt einer stationären Folge zur Verfügung (Abschnitt 2.2). Die Unabhängigkeit wird dann durch die stochastische Auswahl zu erreichen versucht. Bei einigen Problemen der medizinischen Diagnostik können allerdings auch ständig Objekte „nachgeliefert" werden.

1. *Anfangsschritte.* Das erste angebotene Objekt gehöre z. B. zur Klasse B. Dann wird der der vollständigen Unkenntnis entsprechende leere Baum durch das Symbol B ersetzt. Der Baum besteht nun nur aus einem mit dem Symbol B belegten Knoten. Die entsprechende Hypothese lautet „alle Objekte gehören zur Klasse B". Diese Hypothese wird so lange beibehalten, bis ein Objekt angeboten wird, das zu einer von B verschiedenen Klasse gehört. Dann wählt das System ein Testattribut aus einer vorgegebenen Reihenfolge Φ (zu dieser Reihenfolge vgl. Abschnitt 4.3) aus, prüft den Wert dieses Attributs am Objekt und ordnet dem entsprechenden Testausgang die tatsächliche, vom Belehrungsalgorithmus mitgeteilte Klasse des Objekts zu. Durch diesen Baum wird die Anfangshypothese „B" ersetzt.

Beispiel. Das Objekt und seine Klassenzugehörigkeit seien 1 1 2 2 A. Das System wählt z. B. x_3 als Testdimension, d. h. die 3. Position im Objektvektor. Der entstehende Baum ist in Abb. 15a dargestellt. Dabei bedeutet „*", daß die Klasse beim Ausgang $x_3 = 1$ nicht bekannt ist.

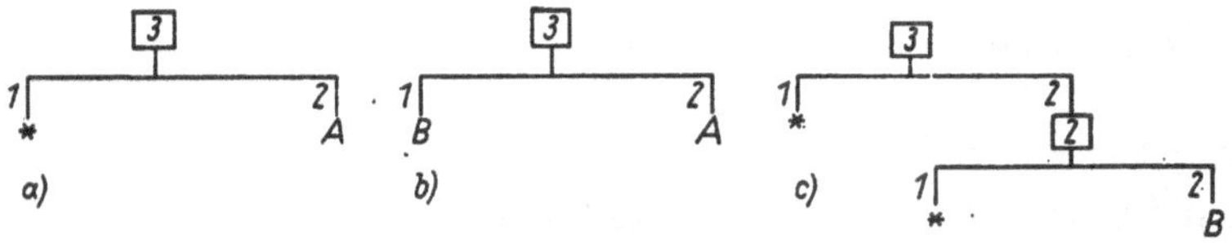

Abb. 15. Modifizierung eines Entscheidungsbaumes durch den Metaalgorithmus in Abhängigkeit von der Belehrung

2. *Differenzierung des Baumes im n-ten Lernschritt.* Im n-ten Lernschritt sei ein gewisser Baum entwickelt, an dessen Endknoten Klassenbezeichnungen bzw. * stehen. Das im $n + 1$-ten Lernschritt angebotene Objekt wird nun mit diesem Baum klassifiziert, d. h., es passiert im Entscheidungsgraphen einen durch die Werte der getesteten Eigenschaften bestimmten Weg $\tilde{x}$, der an einem Endknoten endet.

Fall 1. Der Endknoten ist mit dem Symbol * belegt. Dann erfolgt eine Rückweisung des Objekts, da eine Klassifizierung nicht möglich ist. Nach der Rückmeldung wird das Symbol * an diesem Knoten durch die tatsächliche Klasse des Objekts ersetzt.

Beispiel. Das Objekt sei 2 1 1 2 B. Dann ist der neue Baum der in Abb. 15b dargestellte.

Fall 2. Der Endknoten enthält eine Klassenbezeichnung. Dann wird diese als Klasse ausgegeben. Anschließend erfolgt der Vergleich mit der tatsächlichen Klassenzugehörigkeit. War die Klassifizierung richtig (Rückmeldung R), dann wird am Baum nichts geändert. War sie falsch, dann wird ein zweites Testattribut aus der vorgegebenen Folge Φ hinzugenommen und der Endknoten durch die damit wie im Anfangsschritt gebildete Verzweigung ersetzt. Der im $n + 1$-ten Schritt gebildete Baum enthält dann einen Testknoten mehr.

Beispiel. Das Objekt sei 1 2 2 2 B, das 2. Testattribut der vorgegebenen Folge Φ sei x_2. Der neue Baum ist dann der in Abb. 15c dargestellte.

Damit sind zunächst die Forderungen 1 und 2 erfüllt (vgl. S. 20).

Nach einem ähnlichen Prinzip wird im Simulationsmodell des Wort- und Paarassoziationslernens EPAM von Feigenbaum (1963) das Diskriminationsnetz zur Identifikation von Worten aufgebaut.

Nach diesen heuristischen Vorbemerkungen wenden wir uns einer formalen Darstellung der Bäume und des Metaalgorithmus zu.

4.2.2. Formale Darstellung

In den bisher bekannten Metaalgorithmen (z. B. bei HUNT, MARIN und STONE) wurden die Entscheidungsbäume in Form von Matrizen dargestellt. Diese Matrizen sind aber nur schwer durch den Metaalgorithmus manipulierbar. Daher führen wir eine Darstellung der Bäume durch lineare Ketten ein.[1]) Diese Ketten konstruieren wir mit Hilfe von Elementarsymbolen aus dem Alphabet

$$\{(,)\} \cup \{t : t = 1, 2, \dots, n\} \cup \{\varkappa : \varkappa = *, 0, A, B, C, \dots\}\,.$$

Die Klammern (und) sind voneinander verschiedene Hilfssymbole. Wir definieren induktiv: α ist ein *Entscheidungsbaum* genau dann, wenn

1. $\alpha = \varkappa \in \{*, 0, A, B, C, \dots\}$

oder

2. $\alpha = t(\alpha_1\alpha_2 \dots \alpha_{m_t})$

gilt, wobei die α_i $(1 \leqq i \leqq m_t)$ Bäume sind. t interpretieren wir als den Index des Attributs x_t. (Im folgenden werden die Bezeichnungen t und x_t für die Testattribute zweckentsprechend auch nebeneinander benutzt.) Mit $*$ bezeichnen wir den leeren Baum und gleichzeitig die Rückweisungsklasse, das Symbol 0 ordnen wir der leeren Klasse zu. (Darauf wird weiter unten noch näher eingegangen.) Der der Konjunktion entsprechende Baum wird dann z. B. dargestellt als

$$\alpha = 1\bigl(2(AB)\,B\bigr)\,.$$

4.2.2.1. Klassifikation

Die Abarbeitung dieser Ketten im Klassifizierungsprozeß geht dann folgendermaßen vor sich:

(1) Es sei $\alpha = \varkappa \in \{*, A, B, C, \dots\}$. Dann wird $\varkappa$ als Klasse ausgegeben.

(2) Es sei $\alpha = Z_1 t_j(\alpha_1\alpha_2 \dots \alpha_{m_{t_j}})\,Z_2$, die Zeichenkette Z_1 sei bereits abgearbeitet, und es werde am Objekt v das Attribut x_{t_j} geprüft. Es sei $x_{t_j}(v) = i$. Dann wird zur Abarbeitung von α_i, $1 \leqq i \leqq m_{t_j}$, übergegangen. Der Abarbeitungsprozeß bricht ab, wenn der Fall (1) eingetreten ist, was nach endlich vielen Schritten der Fall sein muß.

Diesem Abarbeitungsprozeß entspricht das Durchlaufen eines bestimmten Weges $\tilde{x}$ im Entscheidungsbaum. Nach Abarbeitung der Zeichenkette Z_1 ist der Weg $\tilde{x} = (\tilde{x}_{t_1}, \tilde{x}_{t_2}, \dots, \tilde{x}_{t_{j-1}})$ durchlaufen worden, wobei wir mit $\tilde{x}_{t_\varrho}$, $\varrho = 1, 2, \dots, j-1$, die Werte der Attribute $x_{t_1}, x_{t_2}, \dots, x_{t_{j-1}}$ bezeichnen, die am Objekt geprüft worden sind. Durch diesen Weg ist eindeutig ein Knoten des Baumes festgelegt. Die Wurzel des Baumes entspricht dem Weg der Länge 0. Einen Weg von der Wurzel zu einem Endknoten bezeichnen wir als *vollständigen Weg*, einen Weg zu einem Nichtendknoten als *unvoll-*

[1]) Diese Darstellung wird in der Theorie der kontextfreien Grammatiken und Baumautomaten häufig benutzt (vgl. z. B. THATCHER 1967).

ständigen Weg. Ist ein Endknoten mit dem Symbol *0* belegt, dann wird der zugehörige Weg von keinem Objekt durchlaufen. (Dieser Fall wird am Ende dieses Abschnitts diskutiert.)

4.2.2.2. Metaalgorithmus

Die Arbeit des Metaalgorithmus besteht nun in der Erzeugung und Reduktion von Bäumen. Die vorgegebene Folge der Tests sei

$$\Phi = x_{t_1}, x_{t_2}, \dots, x_{t_n},$$

wobei die x_{t_j} $(1 \leqq j \leqq n)$ paarweise verschieden sein mögen. Der Metaalgorithmus läßt sich induktiv folgendermaßen charakterisieren:

1. *Anfangsschritt*. Der Anfangsbaum ist der leere Baum

$$\alpha^{(0)} = * .$$

2. *Differenzierung* (*Induktionsschritt*). Diese erfolgt nach bestimmten Ersetzungsregeln, abhängig vom Ergebnis der Klassifikation im selben Lernschritt und von der Rückmeldung.

Die vom Klassifikator ausgegebene Klasse bezeichnen wir mit $\varkappa$, $\varkappa \in \{*, A, B, C, \dots\}$, die vom Belehrungsalgorithmus mitgeteilte Klasse, zu der das Objekt gehört, mit k, $k \in \mathsf{K} = \{A, B, C, \dots\}$. Die Objekte werden durch den Belehrungsalgorithmus aus der zur Verfügung stehenden Objektmenge X ausgewählt, wobei für X die in Abschnitt 2.1 getroffenen Voraussetzungen gelten mögen. $\mathsf{X} = \boldsymbol{x}(\mathsf{V})$ sei also das Bild einer disjunkt klassifizierten Objektmenge V bei der eineindeutigen Abbildung $\boldsymbol{x}$. (In praktischen Fällen sind meist nur Teilmengen $\mathsf{X}' \subset \mathsf{X}$ für die Belehrung verfügbar, so daß man mit dem Metaalgorithmus prinzipiell nur partiell definierte Klassifizierungsfunktionen erhalten kann.)

Ein Vergleichsautomat $\mathfrak{T}$ (vgl. Abschnitt 2.2) vergleicht das Klassifikationsergebnis $\varkappa$ mit der rückgemeldeten Klasse k und gibt eines der Symbole $*$ (Rückweisung), R („richtig") oder F („falsch") aus.

Fall 1. Der bei der Klassifikation erreichte Endknoten $E_{\tilde{x}}$ ist mit $\varkappa = *$ belegt. Dann wird $\varkappa \leftarrow k$ ersetzt. $\mathfrak{T}$ gibt das Symbol $*$ aus.

Fall 2. Es ist $\varkappa = k \in \mathsf{K}$. Dann bleibt der Baum unverändert. $\mathfrak{T}$ gibt das Symbol R aus.

Fall 3. Für den erreichten Endknoten ist $\varkappa \in \{A, B, C, \dots\}$ und $\varkappa \neq k$. Dann wird

$$\varkappa \leftarrow t_{j+1}(* \dots * \, k \, * \dots *)$$

ersetzt, wobei k an der i-ten Stelle in der Klammer steht, falls $x_{t_{j+1}}(v) = i$ gilt. $x_{t_{j+1}}$ ist das nächste in der während des Klassifikationsprozesses auf dem Weg $\tilde{\boldsymbol{x}}$ durchlaufenen Testfolge noch nicht enthaltene Testattribut der vorgegebenen Folge Φ. $\mathfrak{T}$ gibt das Symbol F aus.

Der Baum wird also zunächst so aufgebaut, daß alle Nichtendknoten des Ranges j $(0 \leqq j \leqq n-1)$ mit demselben Attribut $x_{t_{j+1}}$ belegt sind.

4.2.2.3. Abbruchbedingungen

Der Prozeß bricht ab, wenn eine der folgenden Bedingungen erfüllt ist:

1. Eine vorgegebene Lernschrittanzahl ist erreicht.

2. Es sind N aufeinanderfolgende richtige Klassifizierungen aufgetreten, wobei N eine vorgegebene natürliche Zahl ist. Oder anders ausgedrückt: Der Vergleichsautomat $\mathfrak{T}$ hat eine der Symbolketten

$$\ldots F \underbrace{R\, R \ldots R}_{N\text{-mal}}$$

oder

$$\ldots * \underbrace{R\, R \ldots R}_{N\text{-mal}}$$

ausgegeben. Unter der von uns getroffenen Voraussetzung disjunkter Klassen muß es eine natürliche Zahl N_0 geben, so daß für alle $N \geqq N_0$ nach N Symbolen R nur noch das Symbol R ausgegeben wird. N_0 ist nicht bekannt, durch Wahl eines hinreichend großen N kann aber die Wahrscheinlichkeit, daß nach N aufeinanderfolgenden Symbolen R noch einmal das Symbol F auftritt, d. h., daß ein Objekt falsch klassifiziert wird, hinreichend klein gemacht werden.

In beiden Fällen treten nach Beendigung des Lernprozesses im allgemeinen zwei Typen von Endknoten auf:

Typ 1. Der Endknoten ist mit $\varkappa \in \{A, B, C, \ldots\}$ belegt. Der entsprechende Weg $\tilde{x}$ definiert eine Teilmenge $\mathsf{X}_{\tilde{x}}$ der Objektmenge X, die in die Klasse $\varkappa$ eingeordnet wird.

Typ 2. Der Endknoten ist mit $\varkappa = *$ belegt. Wir interpretieren das jetzt so, daß die Menge $\mathsf{X}_{\tilde{x}}$ leer ist, d. h., es gibt keine Objektvektoren, die $\tilde{x}$ als Merkmalsteilfolge enthalten. Dann liegt Redundanz im Merkmalsraum vor, d. h., es kommen nicht alle $R = \prod_{i=1}^{n} m_i$ mit Hilfe der zur Verfügung stehenden Attribute bildbaren Wertkombinationen vor. (Es ist klar, daß diese Interpretation problematisch ist, da man in den Fällen 1 und 2 nie sicher sein kann, daß alle Objekte der Belehrungsmenge zum Aufbau des Baumes beigetragen haben. Diese Interpretation ist daher nur im Limes großer Lernschrittzahlen bzw. großer N richtig.)

Jetzt wird an allen Stellen im Baum

$$* \leftarrow 0$$

ersetzt. Im Endbaum sind also alle Endknoten mit einem Symbol $k \in \mathsf{K}$ oder 0 belegt. Das Symbol 0 kennzeichnet also lediglich den Abschluß des Lernprozesses und die Anwendbarkeit von Reduktionsprozeduren, denen wir uns im folgenden zuwenden wollen.

4.2.3. Reduktion der entwickelten Entscheidungsbäume

Wir befassen uns nun ausführlicher mit der 3. Forderung aus Abschnitt 4.2.1 (vgl. S. 20), nach der die konstruierten Entscheidungsbäume eine möglichst geringe Kompliziertheit haben sollen. Dazu definieren wir zunächst die *Äquivalenz* von Entscheidungsbäumen in bezug auf die Klassifizierung der Objektmenge X.

Durch einen Entscheidungsbaum α wird eine *klassifizierende Abbildung* φ_α von X in K definiert, die man folgendermaßen induktiv charakterisieren kann (vgl. dazu z. B. THIELE (1976)):

1. (*Anfangsschritt*)

$$\varphi_\alpha(x) =_{\mathrm{Df}} \varkappa \quad \text{für } x \in \mathsf{X} \text{ und } \alpha = \varkappa \in \mathsf{K} = \{A, B, C, \ldots\} .$$

2. (*Induktionsschritt*)

$$\varphi_\alpha(x) =_{\mathrm{Df}} \varphi_{\alpha_i}(x) \quad \text{für } x \in \mathsf{X} \text{ und } \alpha = t(\alpha_1 \ldots \alpha_i \ldots \alpha_{m_t}) \text{ und } x_t(v) = i .$$

(Es handelt sich hierbei um eine äquivalente Formulierung des in Abschnitt 4.2.2 dargestellten sequentiellen Abarbeitungsprozesses der Bäume bei der Klassifikation eines Objekts v.)

Definition. Zwei Entscheidungsbäume α_1 und α_2 heißen *äquivalent* (in bezug auf die Klassifizierung der Objektmenge X), wenn sie dieselbe klassifizierende Abbildung von X in K repräsentieren.

In Anlehnung an THIELE (1976) schreiben wir in diesem Fall

$$\alpha_1 \underset{\mathsf{X}}{\approx} \alpha_2 .$$

Im folgenden werden wir zweckentsprechend einen Entscheidungsbaum auch mit der durch ihn repräsentierten klassifizierenden Abbildung identifizieren und gelegentlich das Symbol φ statt α verwenden.

Durch den im Abschnitt 4.2.2 beschriebenen Konstruktionsprozeß können klassifizierungsirrelevante bzw. bedingt irrelevante Attribute (vgl. Abschnitt 4.2.1) zum Aufbau des Baumes verwendet werden. Sie werden nachträglich durch einen nun zu beschreibenden Reduktionsalgorithmus, der eine Äquivalenztransformation des entwickelten Baumes bewirkt, eliminiert. Das Reduktionsverfahren wurde zusammen mit F. SOBIK entwickelt (ULBRICH und WYSOTZKI (1972b); PÖTSCHKE, SOBIK, ULBRICH und WYSOTZKI (1973)) und beruht auf der Vertauschbarkeit von Tests im Baum (MCCARTHY (1962)). Ziel der Reduktion ist dabei die Herstellung eines Klassifikators, der in der Arbeitsphase, d. h. nach Beendigung des Konstruktionsprozesses, im Mittel eine möglichst geringe Zeit für die Klassifikation eines Objekts benötigt. Man könnte während des Lernprozesses reduzieren, dann besteht aber durch den sequentiellen Aufbau die Gefahr, daß klassifizierungsrelevante Attribute zunächst als irrelevant erscheinen und vorzeitig eliminiert werden. Das sind solche Attribute, die nur in Verknüpfung mit anderen eine Information über die Klassenzugehörigkeit liefern. Ein Beispiel ist das Bikonditional (Äquivalenz) der Aussagenlogik,

$$f_{\mathsf{A}} = (x_1 \wedge x_2) \wedge (\bar{x}_1 \wedge \bar{x}_2) ,$$

d. h.

$$x \in \mathsf{A} \leftrightarrow (x_1 = 1 \wedge x_2 = 1) \vee (x_1 = 2 \wedge x_2 = 2) .$$

Nach diesen heuristischen Vorüberlegungen wenden wir uns der Aufgabe der Reduktion zu. Wir verwenden zwei Kompliziertheitsbegriffe für Entscheidungsbäume. Der eine ist die *Gesamtlänge des Baumes*

$$K(\alpha) = |\alpha| .$$

Das ist einfach die Anzahl der zur Darstellung von α benötigten Symbole aus dem Alphabet

$$\{(,)\} \cup \{t : t = 1, 2, \dots, n\} \cup \{\varkappa : \varkappa = 0, A, B, C, \dots\}\,.$$

Für die Gesamtlänge ist es meist nur wichtig, daß sie innerhalb gewisser, durch den verfügbaren Speicherplatz festgelegter Grenzen bleibt. Daraus ergeben sich Einschränkungen für die Länge der Objektvektoren (zu Speicherplatzproblemen vgl. ULBRICH und WYSOTZKI (1972b)). Bei homogenen Bäumen, d. h. bei Bäumen, in denen jeder Test die gleiche Anzahl von Ausgängen besitzt ($m_t = m$; $t = 1, 2, \dots, n$), kann $K(\alpha)$ leicht aus der Knotenanzahl berechnet werden.

Als ein Kompliziertheitsmaß für Entscheidungsbäume, das in der Arbeitsphase eine Rolle spielt, verwenden wir die *mittlere Weglänge*, ein klassisches, in der Codierungstheorie benutztes Komplexitätsmaß (vgl. dazu z. B. PICARD (1965), wo dieses Maß zur Optimierung von Fragebäumen zur Identifizierung von Einzelobjekten verwendet wird). Für das folgende bezeichnen wir den Entscheidungsbaum und die von ihm vermittelte klassifizierende Abbildung mit demselben Symbol φ.

Es sei φ ein Entscheidungsbaum und $E(\varphi) = \{E_1, \dots, E_s\}$ die Menge der Endknoten von φ. Über der Menge der Objektvektoren existiere eine Wahrscheinlichkeitsverteilung $\mathbf{P}(\boldsymbol{x})$, $\boldsymbol{x} \in \mathsf{X}$. Dadurch wird über $E(\varphi)$ eine Wahrscheinlichkeitsverteilung $\mathbf{P}(E_1), \dots, \mathbf{P}(E_s)$ induziert. Jeder Weg in φ beschreibt genau einen Knoten. Zu jedem Endknoten E_i existiert genau ein vollständiger Weg $\tilde{\boldsymbol{x}}^{(i)}$, der zu E_i führt. Es sei $l(\tilde{\boldsymbol{x}})$ die Länge des Weges $\tilde{\boldsymbol{x}}$ in φ. Dann heißt

$$L(\varphi) =_{\mathrm{Df}} \sum_{i=1}^{s} \mathbf{P}(E_i)\, l(\tilde{\boldsymbol{x}}^{(i)}) \tag{4.1}$$

mittlere Weglänge von φ.

Es sei jetzt o. B. d. A. vorausgesetzt, daß $\mathbf{P}(E_i) > 0$ für $i = 1, \dots, s$ gilt und E_i mit $k \in \mathsf{K} = \{A, B, C, \dots\}$ belegt ist. (Endknoten mit der Wahrscheinlichkeit 0, die nach unserer Konstruktion mit dem Symbol *0* belegt sind, haben keinen Einfluß auf die mittlere Weglänge.)

Reduktionsverfahren[1]). Es sei $\tilde{\boldsymbol{x}} = (\tilde{x}_{t_1}, \dots, \tilde{x}_{t_b})$ ein Weg in φ, und X sei die Menge der Objektvektoren. Dann ist $\mathsf{X}_{\tilde{\boldsymbol{x}}} =_{\mathrm{Df}} \{\boldsymbol{x} : \boldsymbol{x} = (x_1, \dots, x_n) \in \mathsf{X}$ und $x_{t_1} = \tilde{x}_{t_1}, \dots, x_{t_b} = \tilde{x}_{t_b}\}$ die Teilmenge von Objekten, die bei Klassifikation mit φ den Weg $\tilde{\boldsymbol{x}}$ durchlaufen.

Es sei $\tilde{\boldsymbol{x}}$ ein unvollständiger Weg in φ. In dem durch $\tilde{\boldsymbol{x}}$ bestimmten Testknoten $N_{\tilde{\boldsymbol{x}}}$ stehe der Test x_i mit den Testausgängen $1, \dots, m_i$.

Definition. Der durch $\tilde{\boldsymbol{x}}$ bestimmte Testknoten $N_{\tilde{\boldsymbol{x}}}$ heißt *bedingt irrelevant* (unter der Bedingung $\tilde{\boldsymbol{x}}$) genau dann, wenn in dem mit ihm beginnenden Teilbaum φ' vollständige Wege $(\tilde{x}_i, \tilde{x}_{t_1}, \dots, \tilde{x}_{t_b})$ für $\tilde{x}_i = 1, \dots, m_i$ existieren, die eine der folgenden Bedingungen erfüllen:

(1) Für alle Objekte $\boldsymbol{x}^{(1)}, \boldsymbol{x}^{(2)} \in \mathsf{X}_{\tilde{\boldsymbol{x}}} \cap \mathsf{X}_{(\tilde{x}_{t_1}, \dots, \tilde{x}_{t_b})}$ gilt

$$\varphi(\boldsymbol{x}^{(1)}) = \varphi(\boldsymbol{x}^{(2)})$$

[1]) Die vorliegende Fassung des Reduktionsalgorithmus stammt von F. SOBIK.

oder

(2) $\tilde{x}_i$ ist vollständiger Weg (der Länge 1) in φ' für $\tilde{x}_i = 1, \dots, m_i$, und für alle $\boldsymbol{x}^{(1)}, \boldsymbol{x}^{(2)} \in \mathsf{X}_{\tilde{\boldsymbol{x}}}$ gilt

$$\varphi(\boldsymbol{x}^{(1)}) = \varphi(\boldsymbol{x}^{(2)}) .$$

Das bedeutet, daß von dem Testknoten $N_{\tilde{\boldsymbol{x}}}$ in φ' vollständige Wege ausgehen, die sich nur in $\tilde{x}_i$ unterscheiden und zu der gleichen Entscheidung führen, oder daß der Teilbaum die Form $x_i\,(\underbrace{\alpha \dots \alpha}_{m_i\text{-mal}})$ hat mit $\alpha = \varkappa \in \{A, B, C, \dots\} = \mathsf{K}$.

Beispiel. In dem folgenden Entscheidungsbaum ist der Testknoten mit dem Test 3 bedingt irrelevant:

$$\alpha = 1(2(A4(BA))\underline{3}(\underline{4}(5(CD)\underline{6}(\underline{E}A))\underline{4}(B\underline{6}(\underline{E}F))\underline{4}(C\underline{6}(\underline{E}C)))) .$$

Die entsprechenden Wege sind unterstrichen. Zur Veranschaulichung geben wir noch die graphische Darstellung dieses Baumes in Abb. 16 an. φ' sei der von $x_1 = 2$ be-

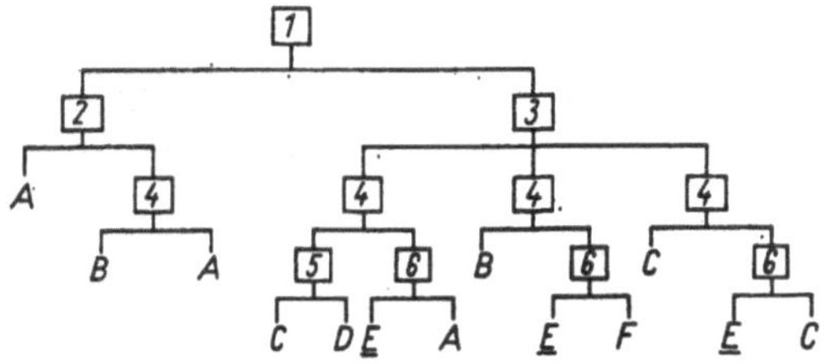

Abb. 16. Entscheidungsbaum mit einem bedingt irrelevanten Test

stimmte Teilbaum. Die in φ' vollständigen Wege $(x_3 = 1,\ x_4 = 2,\ x_6 = 1)$, $(x_3 = 2,\ x_4 = 2,\ x_6 = 1)$ und $(x_3 = 3,\ x_4 = 2,\ x_6 = 1)$ führen zur selben Entscheidung E.

Als Grundlage für die Reduktion von Entscheidungsbäumen dienen die folgenden Regeln (McCarthy (1962), Ulbrich und Wysotzki (1972), Pötschke, Sobik, Ulbrich und Wysotzki (1973)):

1. *Reduktionsregel*:

$$x_i(\underbrace{\alpha\,\alpha \dots \alpha}_{m_i\text{-mal}}) = \alpha . \tag{4.2}$$

2. *Vertauschungsregel für Testknoten*:

$$x_i\big(x_j(\alpha_{1,1} \dots \alpha_{1,m_j}) \dots x_j(\alpha_{m_i,1} \dots \alpha_{m_i,m_j})\big) = x_j\big(x_i(\alpha_{1,1} \dots \alpha_{m_i,1}) \dots x_i(\alpha_{1,m_j} \dots \alpha_{m_i,m_j})\big) . \tag{4.3}$$

Satz. *Existiert in φ ein bedingt irrelevanter Testknoten, so gibt es einen zu φ äquivalenten Entscheidungsbaum φ' mit $L(\varphi') < L(\varphi)$.*

Beweis

Hilfssatz. Wird auf einen Entscheidungsbaum die Vertauschungsregel angewendet, so hat der durch diese Äquivalenztransformation entstehende neue Baum die gleiche mittlere Weglänge wie der ursprüngliche.

Das ist leicht einzusehen, da sich durch die Vertauschung weder die Wahrscheinlichkeiten der Endknoten noch die Längen der zu ihnen führenden Wege verändern. Es handelt sich nur um eine Umordnungsoperation.

Wir betrachten jetzt einen der in φ vorkommenden bedingt irrelevanten Testknoten.

Fall 1. Der mit diesem Testknoten beginnende Teilbaum hat die Form $x_i(\underbrace{\alpha \dots \alpha}_{m_i\text{-mal}})$ mit $\alpha = \varkappa \in \{A, B, C, \dots\}$. Dann kann dieser Teilbaum nach der Reduktionsregel äquivalent durch α ersetzt werden. Der so erhaltene Entscheidungsbaum sei φ'. Es sei $E(\varphi) = E_1, \dots, E_s$, die in φ eliminierten Endknoten seien $E_{r_1}, \dots, E_{r_{m_i}}$, und der sie in φ' ersetzende Endknoten sei E_0. Die zugehörigen Wege seien $\tilde{\boldsymbol{x}}^{(r_1)}, \dots, \tilde{\boldsymbol{x}}^{(r_{m_i})}$ und $\tilde{\boldsymbol{x}}^{(0)}$. Weiterhin sei $l(\tilde{\boldsymbol{x}}^{(r_1)}) = \dots = l(\tilde{\boldsymbol{x}}^{(r_{m_i})}) = b$. Dann gilt

$$L(\varphi) = \sum_{j=1}^{s} \mathbf{P}(E_j)\, l(\tilde{\boldsymbol{x}}^{(j)}) = \sum_{\substack{j=1 \\ j \notin \{r_1, \dots, r_{m_i}\}}}^{s} \mathbf{P}(E_j)\, l(\tilde{\boldsymbol{x}}^{(j)}) + b \sum_{j \in \{r_1, \dots, r_{m_i}\}} \mathbf{P}(E_j)\,.$$

Da die Tests die Menge der Objektvektoren in disjunkte Teilmengen zerlegen, gilt $\mathbf{P}(E_0) = \sum_{j \in \{r_1, \dots, r_{m_i}\}} \mathbf{P}(E_j)$; außerdem ist $l(\tilde{\boldsymbol{x}}^{(0)}) = b - 1$. Daraus folgt

$$\begin{aligned} L(\varphi') &= \sum_{\substack{j=1 \\ j \notin \{r_1, \dots, r_{m_i}\}}}^{s} \mathbf{P}(E_j)\, l(\tilde{\boldsymbol{x}}^{(j)}) + \mathbf{P}(E_0)\, l(\tilde{\boldsymbol{x}}^{(0)}) \\ &= \sum_{\substack{j=1 \\ j \notin \{r_1, \dots, r_{m_i}\}}}^{s} \mathbf{P}(E_j)\, l(\tilde{\boldsymbol{x}}^{(j)}) + (b - 1) \sum_{j \in r_1, \dots, r_{m_i}} \mathbf{P}(E_j)\,. \end{aligned}$$

Also ist $L(\varphi') < L(\varphi)$.

Fall 2. Der Teilbaum hat nicht die obige Form. Der betrachtete bedingt irrelevante Testknoten sei durch den Weg $\tilde{\boldsymbol{x}}_0 = (\tilde{x}_{t_1}, \dots, \tilde{x}_{t_b})$ bestimmt. Es seien $(\tilde{x}_i, \tilde{x}_j, \tilde{x}_{t_b+1}, \dots, \tilde{x}_{t_{b+c}})$ für $\tilde{x}_i = 1, \dots, m_i$ die gemäß der Definition der bedingten Irrelevanz, Fall 1, existierenden Wege, die zu Endknoten mit gleichen Klassensymbolen führen. (Zur Veranschaulichung diene das Beispiel auf S. 31.) An den durch $(\tilde{x}_{t_1}, \dots, \tilde{x}_{t_b}, \tilde{x}_i)$ für $\tilde{x}_i = 1, \dots, m_i$ bestimmten Stellen steht jeweils der Test x_j. Man kann also die Vertauschungsregel anwenden. An den durch $(\tilde{x}_{t_1}, \dots, \tilde{x}_{t_b}, \tilde{x}_j)$, $\tilde{x}_j = 1, \dots, m_j$, bestimmten Stellen im neuen Baum steht dann wieder der Test x_i. Man sieht leicht, daß dieser Testknoten wieder bedingt irrelevant ist. Aufgrund der Endlichkeit des Baumes erhält man nach endlich vielen Schritten Fall 1. Damit ist die Behauptung bewiesen.

Von links beginnend wird nun jeder Testknoten durch Vergleich aller von ihm ausgehenden Wege systematisch auf bedingte Irrelevanz untersucht. Wird bedingte Irrelevanz festgestellt, wird die Vertauschungsregel so oft angewendet, bis Fall 1 erreicht ist. Durch die Reduktionsregel erfolgt dann die eigentliche Reduktion. Dies wird fortgesetzt, bis keine bedingte Irrelevanz mehr vorliegt.

Beispiel

$$
\begin{aligned}
&\underline{3}(\underline{1}(\underline{2}(\underline{4}(\underline{A}D)B)2(4(AB)B))\underline{1}(\underline{2}(\underline{4}(\underline{A}C)D)2(4(AB)B)))\\
&= 1(\underline{3}(\underline{2}(\underline{4}(\underline{A}D)B)2(\underline{4}(\underline{A}C)D))3(2(4(AB)B)2(4(AB)B)))\\
&= 1(2(\underline{3}(\underline{4}(\underline{A}D)\underline{4}(\underline{A}C))3(BD))3(2(4(AB)B)2(4(AB)B)))\\
&= 1(2(4(\underline{\underline{3(AA}})3(DC))3(BD))3(2(4(AB)B)2(4(AB)B)))\\
&= 1(2(4(A3(DC))3(BD))\underline{\underline{3(2(4(AB)B)2(4(AB)B}})))\\
&= \underline{1}(\underline{2}(\underline{4}(\underline{A}3(DC))3(BD))\underline{2}(\underline{4}(\underline{A}B)B))\\
&= 2(\underline{1}(\underline{4}(\underline{A}3(DC))\underline{4}(\underline{A}B))1(3(BD)B))\\
&= 2(4(\underline{\underline{1(AA}})1(3(DC)B))1(3(BD)B))\\
&= 2(4(A1(3(DC)B))1(3(BB)B))\,.
\end{aligned}
$$

4.2.4. Weitere Bemerkungen zur Reduktion

Die Reduktionsregeln (4.2) und (4.3) bilden kein vollständiges Regelsystem zur äquivalenten Umformung von Bäumen, die mit dem Symbol *0* belegte Endknoten enthalten, d. h., wenn Redundanz im Merkmalsraum vorliegt. Durch geschickte Ersetzung der mit dem Symbol *0* belegten Endknoten und nachfolgende Anwendung der Regeln (4.2) und (4.3) kann man u. U. Bäume mit geringerer Kompliziertheit $K(\varphi)$ bzw. $L(\varphi)$ erhalten als durch das in Abschnitt 4.2.3 beschriebene Reduktionsverfahren.

Folgendes Reduktionsverfahren kann im Rechenprogramm CAL 2 fakultativ angewendet werden:

(1) Regel zur Ersetzung von *0*. Es sei N ein mit dem Attribut x_j belegter Nichtendknoten mit der Eigenschaft, daß in dem mit ihm beginnenden Teilbaum φ' Wege $(\tilde{x}_j, \tilde{\mathbf{x}}')$ für $\tilde{x}_j = 1, \dots, m_j$ existieren (die sich also nur in $\tilde{x}_j$ unterscheiden), die zu Knoten führen, die entweder mit *0* belegt sind oder an denen identische Teilbäume β beginnen. Wir haben hier abgekürzt $\tilde{\mathbf{x}}'$ für einen Weg der Länge $\geqq 0$ geschrieben, $\tilde{\mathbf{x}}'$ kann auch der Nullweg sein. Dann wird in φ' an allen Knoten $E_{(\tilde{x}_j, \tilde{\mathbf{x}}')}$, die mit *0* belegt sind,

$$0 \leftarrow \beta \tag{4.4}$$

ersetzt. Diese Ersetzung ist möglich, da dadurch die klassifizierende Abbildung nicht geändert wird. Die Durchmusterung und Anwendung der Regel (4.4) erfolgt von links nach rechts.

(2) Danach erfolgt die Anwendung des in Abschnitt 4.2.3 beschriebenen Reduktionsverfahrens.

Die angegebenen Reduktionsverfahren garantieren nicht die Konstruktion bezüglich $K(\varphi)$ bzw. $L(\varphi)$ minimaler Bäume innerhalb der durch die Relation $\underset{\mathsf{X}}{\approx}$ definierten Äquivalenzklassen. Insbesondere hängt die Optimierung bezüglich $L(\varphi)$ vom Verteilungsgesetz über X ab.

Beispiel

$$\alpha_1 = x_1(x_2(\underset{0,4}{A}\ \underset{0}{0})\, x_2(\underset{0,3}{B}\ x_3(\underset{0,1}{C}\ \underset{0,2}{D})))\,,$$

$$L = 2 \cdot 0{,}4 + 2 \cdot 0{,}3 + 3 \cdot 0{,}1 + 3 \cdot 0{,}2 = 2{,}3\,.$$

(Die Wahrscheinlichkeiten sind unter die Endknoten geschrieben.) Ersetzt man *0* durch $x_3(CD)$ („top-down"-Strategie), dann erhält man

$$\alpha_2 = x_1\big(x_2(\underset{0,4}{A}\ \underset{0}{x_3(CD)})\, x_2(\underset{0,3}{B}\ x_3(\underset{0,1}{C}\ \underset{0,2}{D})\big)$$

$$= x_2\big(x_1(\underset{0,4}{A}\ \underset{0,3}{B})\, x_3(\underset{0,1}{C}\ \underset{0,2}{D})\big)\,,$$

$$L = 2 \cdot 0{,}4 + 2 \cdot 0{,}3 + 2 \cdot 0{,}1 + 2 \cdot 0{,}2 = 2{,}0\,.$$

Ersetzt man andererseits *0* in α_1 durch A („bottom-up"), dann erhält man

$$\alpha_3 = x_1(\underset{0,4}{A}\ x_2(\underset{0,3}{B}\ x_3(\underset{0,1}{C}\ \underset{0,2}{D})))\,,$$

$$L = 1 \cdot 0{,}4 + 2 \cdot 0{,}3 + 3 \cdot 0{,}1 + 3 \cdot 0{,}2 = 1{,}9\,.$$

In diesem Zusammenhang sei noch auf die Optimierungstheorie der Fragebögen (Picard (1965, 1973)) verwiesen.

4.2.5. Beziehungen zum Kalkül der bedingten Ausdrücke von McCarthy (1962, 1963) und zur Theorie der Recherchebäume (Thiele (1976))

J. McCarthy entwickelte Anfang der sechziger Jahre Ansätze zu einer mathematischen Theorie der Programmierung. Die wesentlichen Ziele dieses Ansatzes waren

- die Entwicklung einer universellen Programmiersprache,
- die Entwicklung einer Theorie der Äquivalenz von Programmen,
- die Darstellung von Programmen und Algorithmen durch einfache symbolische Ausdrücke, so daß Änderungen des Programms leicht durch Änderungen in den Ausdrücken erreicht werden können,[1])
- die Möglichkeit der Definition von Kompliziertheitsmaßen von Programmen bzw. von Algorithmen.

Dabei sind allerdings in den zitierten Arbeiten nur die ersten beiden Gedanken weiterverfolgt worden, während die beiden letzten erst in jüngerer Zeit in der Künstlichen Intelligenz (automatische Programmierung) und Kompliziertheitstheorie weiter ausgebaut wurden.

McCarthy verwendet zur Beschreibung von Programmen sogenannte *bedingte (Ziel-)Ausdrücke,* die auch eine praktikable Definition von berechenbaren Funktionen ermöglichen sollen. Die durch die Entscheidungsbäume repräsentierten Klassifizierungsprogramme enthalten nur Testbedingungen, es findet keine zusätzliche Informationsverarbeitung (z. B. Umcodierung der Merkmale, Ersetzung von Leerstellen

---

[1]) In diesem Zusammenhang taucht bei McCarthy auch der Gedanke auf, daß Verhaltenskorrekturen durch minimale Korrekturen des entsprechenden, das Verhalten repräsentierenden Programms erreicht werden müßten — ein Gedanke, der auch die Grundlage dieser Arbeit bildet.

im Merkmalsvektor u. ä.) statt, so daß wir uns hier auf die Diskussion bedingter logischer Ausdrücke beschränken können.

Die Bildung bedingter Zielausdrücke ist in allen modernen Programmiersprachen zulässig, sie wird insbesondere bei der Formulierung von Sprungbedingungen benutzt. Ein bedingter Zielausdruck in ALGOL 60 ist z. B.

$$\text{if } p_1 \text{ then } e_1 \text{ else if } p_2 \text{ then } e_2 \ldots \text{ else if } p_n \text{ then } e_n$$

oder in McCarthys Schreibweise

$$(p_1 \rightarrow e_1, p_2 \rightarrow e_2, \ldots, p_n \rightarrow e_n) .$$

$p_1, \ldots, p_n$ sind aussagenlogische Ausdrücke, der Wert des bedingten Ausdrucks ist e_i, $1 \leqq i \leqq n$, wenn p_i der erste Ausdruck in der Kette ist, der den Wahrheitswert w annimmt. Die e_i können Wahrheitswerte, Zahlen (z. B. Sprungadressen) oder wieder Ausdrücke sein. Man erhält dadurch die Möglichkeit, mit Ausdrücken zu rechnen.

Man kann die Kette auch als eine Folge von (hier sehr einfachen) Entscheidungsbäumen auffassen, die nacheinander abgearbeitet werden. Die Zusammenfassung zu einem einzigen Baum ergibt in der von uns benutzten Schreibweise

$$p_1(e_1 p_2(e_2 \ldots p_n(e_n u) \ldots)) ,$$

wobei u einen undefinierten Ausgang bezeichnet. McCarthy gibt nun eine induktive Definition bedingter logischer Ausdrücke an, die mit der von uns für Klassifizierungsbäume benutzten übereinstimmt. Da die bedingten Ausdrücke in beiden Fällen nicht zweiwertig zu sein brauchen, handelt es sich um eine gewisse Verallgemeinerung aussagenlogischer Ausdrücke.

Außerdem wird von McCarthy ein Axiomensystem zur Entscheidung der Äquivalenz von bedingten logischen Ausdrücken angegeben, das die von uns benutzten und für unser Problem allein wesentlichen Umformungsregeln (4.2) und (4.3) enthält. (Die Entscheidung der Äquivalenz wird bei McCarthy über die sogenannte *kanonische Form des bedingten Ausdrucks* durchgeführt, die in unserem Fall dem vollständigen Baum entspricht, der unter Benutzung aller zur Verfügung stehender Attribute der Folge Φ hergestellt wird. Jeder Weg in diesem Baum hat die Form $\tilde{x} = (\tilde{x}_{t_1}, \tilde{x}_{t_2}, \ldots, \tilde{x}_{t_n})$. Zwei bedingte Ausdrücke sind äquivalent, wenn sie dieselbe kanonische Form haben.)

Von Thiele (1976) werden Verallgemeinerungen des McCarthy-Kalküls betrachtet, die eine mathematische Formalisierung von Rechercheprozessen in Retrievalsystemen (Dokumentenrecherche) gestatten. Eine Menge von indexierten, d. h. durch Merkmalsvektoren beschriebenen Dokumenten d_0, d_1, ..., kann mit Hilfe einer Menge von Recherchebäumen im Speicher aufgefunden werden. Die Nichtendknoten der Bäume sind durch logische Ausdrücke interpretiert, die Endknoten durch eine Menge von Dokumentennamen, die bei Durchlaufen des zugehörigen Weges recherchiert werden. Dabei wird ein paralleles Durchlaufen mehrerer Wege zugelassen (multibranching).

Die „Anfragen" an das Retrievalsystem bestehen allgemein aus logischen Ausdrücken H einer Anfragesprache, die von den zu recherchierenden Dokumenten erfüllt werden müssen. Sind beispielweise die Dokumente durch die aussagenlogischen Variablen („Deskriptoren") $x_1, \ldots, x_n$ indexiert, dann sind bei einer Anfrage H alle

Belegungen dieser logischen Variablen gesucht, die H erfüllen. Die Menge der Recherchebäume beschreibt die Menge der logischen Bedingungen, unter denen die Dokumente abgespeichert sind. Bei der Recherche durchläuft der Anfrageausdruck in allen Recherchebäumen alle diejenigen Wege bis zum Ende, in denen nur Nichtendknoten vorkommen, deren logische Ausdrücke simultan mit H erfüllbar sind. Damit wird eine gewisse Parallelverarbeitung simuliert. Das von uns betrachtete Klassifizierungsproblem ist hierin als Spezialfall enthalten, wenn man als Anfragen nur Konjunktionen der Form

$$x_1^{\sigma_1} \wedge x_2^{\sigma_2} \wedge \ldots \wedge x_n^{\sigma_n}, \qquad x_i^{\sigma_i} = \begin{cases} x_i, & \text{falls} \quad \sigma_i = 1, \\ \bar{x}_i, & \text{falls} \quad \sigma_i = 0 \end{cases}$$

aus allen x_i oder deren Negationen zuläßt, die Nichtendknoten durch Variable x_i interpretiert sind und nur ein einziger Baum betrachtet wird. Die Dokumentennamen sind dann durch die Klassennamen zu ersetzen.

Betrachtet man eine *Menge* von Klassifizierungsbäumen simultan, dann wird dadurch eine *Menge* von Zerlegungen der Objektmenge beschrieben (*multiple Klassifizierung*), ein Objekt kann dann simultan in mehrere nicht notwendig disjunkte Klassen eingeordnet werden. Metaalgorithmen des Typs CAL 2 lassen sich leicht auf diesen Fall verallgemeinern, wenn man eine entsprechende Belehrungsmenge zur Verfügung hat, d. h., wenn für jedes Objekt alle Klassen angegeben sind, zu denen es gehört, jede Klasse aus einer Zerlegung.

Wesentlicher am Ansatz von Thiele erscheint uns aber für die Klassifizierungs- und Erkennungstheorie ein zweiter Aspekt.

Läßt man nämlich als Anfragen allgemeine logische Ausdrücke zu, dann setzt man gewisse A-priori-Kenntnisse über Merkmalsverknüpfungen bei Objekten einer Klasse (oder von Vereinigungen von Klassen) voraus, die in der Tat oft vorhanden sind. Dann braucht beispielsweise bei Diagnoseproblemen nicht immer der vollständige Merkmalssatz bei der Konstruktion von Klassifizierungsbäumen betrachtet zu werden. Dieser Aspekt ist bisher bei der Konstruktion automatischer Erkennungsprozeduren kaum berücksichtigt worden.

Thiele gibt ferner ein Axiomensystem zur Entscheidung der Äquivalenz von Recherchebäumen an, das eine der verallgemeinerten Problemstellung entsprechende Erweiterung des Systems von McCarthy darstellt.

Die in den Axiomensystemen von McCarthy und Thiele zusätzlich zu den Umformungsregeln (4.2) und (4.3) von Abschnitt 4.2.3 benutzten Axiome beziehen sich jedoch (soweit sie für die einfache Klassifizierung von Bedeutung sind) auf Bäume, deren Knoten mit allgemeineren logischen Ausdrücken anstelle von einfachen logischen Variablen interpretiert sind, auf Bäume, bei denen auf einem Weg Attribute mehrfach vorkommen können und auf den Fall, daß A-priori-Kenntnisse über die Attribute bestehen (z. B., daß Attribute über der Objektmenge konstant sind, daß Attribute wertverlaufsgleich sind, oder daß ein Attribut die Negation eines anderen ist). Bei den vom Metaalgorithmus CAL 2 aufgebauten Bäumen würden diese Regeln zu keinen weiteren Vereinfachungen führen, da wir keine A-priori-Kenntnisse über Zusammenhänge zwischen Attributen voraussetzen.

Wesentlicher für uns ist eine günstige Vorauswahl der zur Konstruktion der Bäume durch den Metaalgorithmus benutzten Ausgangsfolge Φ von Testattributen, der wir uns im folgenden Abschnitt zuwenden.

4.3. Auswahl der Testfolge

Über die zu wählende Testfolge $\Phi = (t_1, \dots, t_n)$ besteht keinerlei A-priori-Information. Die Länge des Lernprozesses sowie die Kompliziertheit des entwickelten Baumes hängt aber wesentlich von dieser Folge ab. Daher wurde nach einem Vorverarbeitungsverfahren gesucht, das es gestattet, eine Vorauswahl unter den möglichen Testfolgen zu treffen.

Um in unserem Fall zu solch einem Maß für die x_j zu kommen, verwenden wir den Transinformationsgehalt eines Attributs, der ein Maß für die Diskriminationsfähigkeit dieses Attributs für sich genommen darstellt (Meyer-Brötz und Schürmann (1970), Rössler und Wysotzki (1973); einen Überblick über weitere Trennmaße, die zur Merkmalsselektion verwendet werden können, findet man in Young und Calvert (1974)):

$$T_j = \sum_{k=1}^{M} \sum_{\tilde{x}_j=1}^{m_j} \mathrm{P}(\tilde{x}_j, k) \operatorname{ld} \frac{\mathrm{P}(\tilde{x}_j, k)}{\mathrm{P}(\tilde{x}_j)\,\mathrm{P}(k)}. \tag{4.5}$$

Hier wird über alle Klassen k und alle Werte $\tilde{x}_j$ von x_j summiert. Schreibt man

$$\begin{aligned} T_j &= -\sum_{\tilde{x}_j=1}^{m_j} \mathrm{P}(\tilde{x}_j) \operatorname{ld} \mathrm{P}(\tilde{x}_j) + \sum_{k=1}^{M} \mathrm{P}(k) \sum_{\tilde{x}_j=1}^{m_j} \mathrm{P}(\tilde{x}_j \mid k) \cdot \operatorname{ld} \mathrm{P}(\tilde{x}_j \mid k) \\ &= H(\tilde{\mathsf{X}}_j) - H_{\mathsf{K}}(\tilde{\mathsf{X}}_j) = H(\mathsf{K}) - H_{\tilde{\mathsf{X}}_j}(\mathsf{K}), \end{aligned} \tag{4.6}$$

dann sieht man, daß T_j verschwindet, wenn die Variable x_j von der Variable k unabhängig ist (keine Information über die Klasse liefert) und maximal wird, wenn eines der $\mathrm{P}(\tilde{x}_j \mid k) = 1$ ist (d. h. die Klasse durch den Wert $\tilde{x}_j$ von x_j eindeutig bestimmt ist). Die T_j lassen sich im Fall endlicher Belehrungsstichproben bei einem einmaligen Durchlauf der Objekte durch einen einfachen Summationsprozeß schätzen. Für vollständig irrelevante Attribute ist immer $T_j = 0$, allerdings kann das auch für relevante Attribute der Fall sein. Für das aussagenlogische Bikonditional sind z. B. alle $T_j = 0$, es läßt sich also dafür mit diesem Kriterium keine Rangfolge aufstellen, dazu müßten Paare von Attributen betrachtet werden (im allgemeinen Fall n-Tupel). Es ist aber in keiner Weise praktikabel, die entsprechenden Korrelationsmatrizen zu berechnen.

Um die Ausgangsfolge für den Metaalgorithmus herzustellen, werden die T_j berechnet und die Attribute x_j nach nichtwachsenden T_j angeordnet. Damit erhält man die Folge $(t_1, \dots, t_n)$. Allgemein kann gesagt werden, daß dadurch der Lernverlauf verkürzt werden kann, die tatsächliche Wirksamkeit des Verfahrens hängt von den praktisch vorkommenden Klasseneinteilungen ab.

Der Metaalgorithmus CAL 2 liegt als ein in FORTRAN geschriebenes Rechenprogramm für die BESM 6 vor. In Abb. 17 ist als Beispiel das Protokoll des Erlernens

ITEST = 2 3 1 4

1. 1 1 1 1 0 0 0 0 0 0 *A*
*
2 (*A*∗)
2. 1 1 1 2 0 0 0 0 0 0 *A*
AR
2(*A*∗)
3. 1 1 2 1 0 0 0 0 0 0 *A*
AR
2 (*A*∗)
4. 1 1 2 2 0 0 0 0 0 0 *A*
AR
2 (*A*∗)
5. 1 2 1 1 0 0 0 0 0 0 *B*
*
2 (*AB*)
6. 1 2 1 2 0 0 0 0 0 0 *B*
BR
2 (*AB*)
7. 1 2 2 1 0 0 0 0 0 0 *B*
BR
2 (*AB*)
8 1 2 2 2 0 0 0 0 0 0 *B*
BR
2 (*AB*)
9. 2 1 1 1 0 0 0 0 0 0 *B*
AF
2 (3 (*B*∗) *B*)
10. 2 1 1 2 0 0 0 0 0 0 *B*
BR
2 (3 (*B*∗) *B*)

11. 2 1 2 1 0 0 0 0 0 0 *B*
*
2 (3 (*BB*) *B*)
12. 2 1 2 2 0 0 0 0 0 0 *B*
BR
2(3(*BB*) *B*)
13 2 2 1 1 0 0 0 0 0 0 *A*
BF
2 (3 (*BB*) 3 (*A*∗))
14. 2 2 1 2 0 0 0 0 0 0 *A*
AR
2 (3 (*BB*) 3 (*A*∗))
15. 2 2 2 2 0 0 0 0 0 0 *A*
*
2 (3 (*BB*) 3 (*AA*))
16. 1 1 1 1 0 0 0 0 0 0 *A*
BF
2 (3 (1 (*A*∗) *B*) 3 (*AA*))
17. 1 1 1 2 0 0 0 0 0 0 *A*
AR
2 (3 (1 (*A*∗) *B*) 3 (*AA*))
18. 1 1 2 1 0 0 0 0 0 0 *A*
BF
2 (3 (1 (*A*∗) 1 (*A*∗)) 3 (*AA*))
19. 1 1 2 2 0 0 0 0 0 0 *A*
AR
2 (3 (1 (*A*∗) 1 (*A*∗)) 3 (*AA*))
20. 1 2 1 1 0 0 0 0 0 0 *B*
AF
2 (3 (1 (*A*∗) 1 (*A*∗)) 3 (1 (*B*∗) (*A*))

21. 1 2 1 2 0 0 0 0 0 0 *B*
BR
2 (3 (1 (*A*∗) 1 (*A*∗)) 3 (1 (*B*∗) (*A*))
22. 1 2 2 1 0 0 0 0 0 0 *B*
AF
2 (3 (1 (*A*∗) 1 (*A*∗)) 3 (1 (*B*∗) 1 (*B*∗)))
23. 1 2 2 2 0 0 0 0 0 0 *B*
BR
2 (3 (1 (*A*∗) 1 (*A*∗)) 3 (1 (*B*∗) 1 (*B*∗)))
24. 2 1 1 1 0 0 0 0 0 0 *B*
*
2 (3 (1 (*AB*) 1 (*A*∗)) 3 (1 (*B*∗) 1 (*B*∗)))
25. 2 1 1 2 0 0 0 0 0 0 *B*
BR
2 (3 (1 (*AB*) 1 (*A*∗)) 3 (1 (*B*∗) 1 (*B*∗)))
26. 2 1 2 1 0 0 0 0 0 0 *B*
*
2 (1 (*AB*) 3 (1 (*B*∗) 1 (*B*∗)))
27. 2 1 2 2 0 0 0 0 0 0 *B*
BR
2 (1 (*AB*) 3 (1 (*B*∗) 1 (*B*∗)))
28. 2 2 1 1 0 0 0 0 0 0 *A*
*
2 (1 (*AB*) 3 (1 (*BA*) 1 (*B*∗)))
29. 2 2 1 2 0 0 0 0 0 0 *A*
AR
2 (1 (*AB*) 3 (1 (*BA*) 1 (*B*∗)))
30. 2 2 2 2 0 0 0 0 0 0 *A*
*
2 (1 (*AB*) 1 (*BA*))

31. 1 1 1 1 0 0 0 0 0 0 *A*
AR
2 (1 (*AB*) 1 (*BA*))
32. 1 1 1 2 0 0 0 0 0 0 *A*
AR
2 (1 (*AB*) 1 (*BA*))
33. 1 1 2 1 0 0 0 0 0 0 *A*
AR
2 (1 (*AB*) 1 (*BA*))
34. 1 1 2 2 0 0 0 0 0 0 *A*
AR
2 (1 (*AB*) 1 (*BA*))
35. 1 2 1 1 0 0 0 0 0 0 *B*
BR
2 (1 (*AB*) 1 (*BA*))
36. 1 2 1 2 0 0 0 0 0 0 *B*
BR
2 (1 (*AB*) 1 (*BA*))
37. 1 2 2 1 0 0 0 0 0 0 *B*
BR
2 (1 (*AB*) 1 (*BA*))
38. 1 2 2 2 0 0 0 0 0 0 *B*
BR
2 (1 (*AB*) 1 (*BA*))
39. 2 1 1 1 0 0 0 0 0 0 *B*
BR
2 (1 (*AB*) 1 (*BA*))
40. 2 1 1 2 0 0 0 0 0 0 *B*
BR
2 (1 (*AB*) 1 (*BA*))

Abb. 17. Rechnerausdruck des Erlernens einer Äquivalenz $f_A = (x_1 \wedge x_2) \vee (\bar{x}_1 \wedge \bar{x}_2)$ durch den Metaalgorithmus CAL 2.
Zeichenerklärung am Beispiel des 2. Lernschritts:

2. 1 1 1 2 0 ... 0 A Objekt (4 Attribute) — mitgeteilte Klasse
AR Klassifizierung durch das System — Rückmeldung („richtig")
2(*A*∗) neue Hypothese (hier mit der alten übereinstimmend)
ITEST vorgegebene Testreihenfolge ($t_1, \ldots, t_n$) für den Aufbau des Entscheidungsbaums durch den Metaalgorithmus

des Bikonditionals (Äquivalenz) der Aussagenlogik

$$f_A = (x_1 \wedge x_2) \vee (\bar{x}_1 \wedge \bar{x}_2) ,$$

d. h.

$$x \in A \leftrightarrow (x_1 = 1 \wedge x_2 = 1) \vee (x_1 = 2 \wedge x_2 = 2)$$

durch den Metaalgorithmus dargestellt. Die Objekte sind durch vier Attribute $x_1, \ldots, x_4$ beschrieben, davon sind x_3 und x_4 irrelevant.

5. Der Metaalgorithmus CAL 3 zur Approximation statistischer Klassenbildungen durch Entscheidungsbäume

5.1. Vorbemerkungen

Im Kapitel 4 wurde ein nach einem ökonomischen Speicher- und Konstruktionsprinzip arbeitender Metaalgorithmus zur Entwicklung von Entscheidungsbäumen durch sequentielle Belehrung beschrieben, bei dem vorausgesetzt wurde, daß eine Einteilung der Menge X der Merkmalsvektoren in disjunkte Klassen vorliegt (vgl. Abschnitt 2.1).

In den meisten praktischen Anwendungen ist die Voraussetzung der disjunkten Klassen bezüglich der bei der Belehrung zur Verfügung stehenden Stichproben jedoch nicht erfüllt.

Wir schließen dabei von vornherein den in Abschnitt 4.2.5 erwähnten Fall aus, daß a priori mehrere Zerlegungen der Objektmenge V in Klassen existieren (multiple Klassifizierung). Es wird vielmehr für das folgende vorausgesetzt, daß eine hypothetische disjunkte Zerlegung der Objektmenge V in Klassen bei der Informationsquelle $\mathfrak{Q}$ (vgl. Abschnitte 2.2 und 5.6) vorliegt.

Die Gründe dafür, daß in der Menge der Merkmalsvektoren, die vom Metaalgorithmus verarbeitet werden (Belehrungsmenge), eine nicht disjunkte Klassenbildung auftritt, werden in einer unvollständigen Codierung der Objekte $v \in V$ in Merkmalsvektoren bzw. in Rauscheffekten bei der Gewinnung der Merkmale gesucht. Es kann z. B. sein, daß die zur Beschreibung (Codierung) der Objekte $v \in V$ verwendete Menge $\{x_i : i = 1, \ldots, n\}$ der Attribute zu einer vollständigen Trennung der Klassen nicht ausreicht. So können die dem Arzt mit einfachen Mitteln zugänglichen Symptome eines Patienten noch zu unspezifisch sein, um eine eindeutige Diagnose zu ermöglichen; es kann aber sein, daß er trotzdem zu einer Entscheidung, d. h. Behandlung, gezwungen ist.

Ein anderer Grund für sich statistisch überlappende Klassen kann einfach in stochastischen Meßfehlern bzw. Meßungenauigkeiten liegen. Die scheinbar diskreten

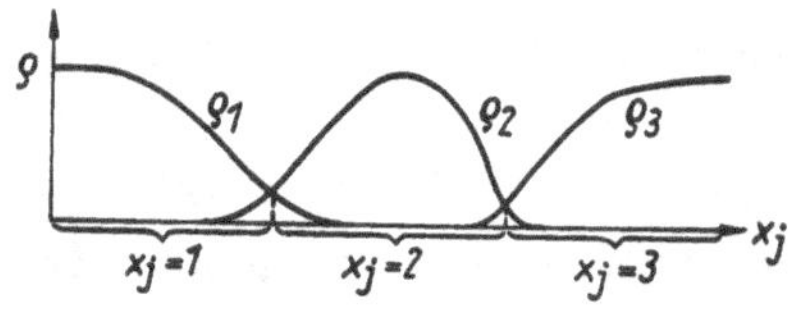

Abb. 18. Zur Bildung von diskreten Merkmalen mit Hilfe von Zugehörigkeitsfunktionen

Merkmale, mit denen wir es hier zu tun haben, kommen oft durch Intervallbildung auf stetigen Dimensionen zustande und sind damit von der Wahl der Entscheidungspunkte auf der Dimension abhängig. Ein Beispiel ist in Abb. 18 dargestellt. Die ϱ_i sind die „Zugehörigkeitsfunktionen“ (ZADEH (1965)) zur Ausprägung i der Eigenschaft x_j. Zum Beispiel kann x_j der aktuelle Blutdruck sein, der von einer Gruppe von Beurteilern als „niedrig“ ($x_j = 1$), „normal“ ($x_j = 2$) oder „hoch“ ($x_j = 3$) eingestuft werden muß. Die Zugehörigkeitsfunktionen stellen dann die mittlere subjektive Urteilsunsicherheit eines Beurteilers für die Einordnung in ein Intervall (Zuordnung zu einem diskreten Wert x_j) dar (vgl. Abb. 23b). Experimentalpsychologische Grundlagenuntersuchungen zum Problem der unscharfen Klassifizierung wurden von KUKLA durchgeführt, sie werden in Abschnitt 9.1 dargestellt.

Formal läßt sich der geschilderte Sachverhalt folgendermaßen darstellen (vgl. dazu Abschnitt 2.1). Bei der Quelle $\mathfrak{Q}$ liegt eine disjunkte Klassifizierung

$$\bar{f}_{\mathsf{K}}: \mathsf{V} \to \mathsf{K} = \{k_1, \ldots, k_M\}$$

der Objektmenge V vor, $\bar{f}_{\mathsf{K}}$ ist dem Belehrungsalgorithmus bekannt. Durch Messung der Attribute x_i, $i = 1, \ldots, n$, erfolgt eine „Codierung“ der Objekte $v \in \mathsf{V}$ in Merkmalsvektoren:

$$\boldsymbol{x}: \mathsf{V} \to \mathsf{X}\,.$$

Die Aufgabe des Metaalgorithmus (der keinen direkten Zugriff zu V und $\bar{f}_{\mathsf{K}}$ hat) besteht in der Konstruktion einer Klassifizierungsfunktion

$$\varphi_{\mathsf{K}}: \mathsf{X} \to \mathsf{K}$$

anhand der Merkmalsvektoren $\boldsymbol{x} \in \mathsf{X}$. Wir betrachten nun bezüglich der Codierung $\boldsymbol{x}(v)$ drei Fälle:

1. Das System $\mathfrak{A} = \{x_i : i = 1, \ldots, n\}$ ist vollständig, d. h., die Abbildung

$$\boldsymbol{x}: \mathsf{V} \to \mathsf{K}$$

ist eineindeutig. Dann läßt sich durch geeignete Wahl von φ_{K} durch den Metaalgorithmus $\bar{f}_{\mathsf{K}}$ rekonstruieren, d. h.

$$f_{\mathsf{K}} = \varphi_{\mathsf{K}} \circ \boldsymbol{x} = \bar{f}_{\mathsf{K}}$$

erreichen. Diesen Fall hatten wir in Kapitel 4 betrachtet.

2. Das System $\mathfrak{A}$ ist unvollständig, die Abbildung

$$\boldsymbol{x}: \mathsf{V} \to \mathsf{X}$$

ist nicht umkehrbar eindeutig. Dann kommt es vor, daß

$$\boldsymbol{x}(v_1) = \boldsymbol{x}(v_2) = \boldsymbol{x}^* \quad \text{für } v_1, v_2 \in \mathsf{V} \text{ und } v_1 \neq v_2$$

gilt. Ist jetzt $v_1 \in \mathsf{k}_i$ und $v_2 \in \mathsf{k}_j$ und $k_i \neq k_j$, dann tritt $\boldsymbol{x}^*$ während der Belehrung zusammen mit verschiedenen Klassensymbolen k_i, k_j auf. (Der Fall, daß $\bar{f}_{\mathsf{K}}(v_1) = \bar{f}_{\mathsf{K}}(v_2)$ für alle v_1, v_2 mit $\boldsymbol{x}(v_1) = \boldsymbol{x}(v_2)$ gilt, ist bezüglich der Klassifizierung Fall 1 äquivalent.)

3. Bei der Codierung treten Rauscheffekte (z. B. Meßungenauigkeiten) auf.

Die Fälle 2 und 3 — zu wenig Attribute zur Klassentrennung und Meßungenauigkeiten — können aber empfängerseitig, d. h. vom Metaalgorithmus, nicht unterschieden werden und müssen als Vorliegen eines diskreten Verteilungsgesetzes auf $\mathsf{X} \times \mathsf{K}$ interpretiert werden.

Wir haben hier die Problematik der statistischen Klassenbildungen nur in soweit diskutiert, als sie Relevanz für die Konstruktion von Metaalgorithmen besitzt. Auf damit verbundene tieferliegende erkenntnistheoretische Probleme, die teilweise noch ungeklärt sind — z. B. inwieweit es quellenseitig, d. h. über V echte stochastische Klassenbildungen gibt — kann im Rahmen dieses Buches nicht eingegangen werden. Auch dieser Fall (die Existenz eines Verteilungsgesetzes auf $\mathsf{V} \times \mathsf{K}$) könnte empfängerseitig nicht von den Fällen 2 und 3 unterschieden werden.

Es sei bemerkt, daß der Fall 2 schon beim Metaalgorithmus CAL 2 (während des Konstruktionsprozesses) immer dann vorliegt, wenn auf einem vollständigen Weg $\tilde{x}$ der letzte Testknoten mit x_{t_ν}, $\nu < n$, belegt ist (d. h., wenn noch nicht alle Attribute der Folge verbraucht sind) und eine Falschklassifizierung auftritt (Fall 3 in Abschnitt 4.2.2). Auf die von $\tilde{x}$ vermittelte Abbildung

$$\mathsf{V}_{\tilde{x}} \to \mathsf{X}_{\tilde{x}} \quad \text{und} \quad \mathsf{X}_{\tilde{x}} \not\subseteq \varkappa(E_{\tilde{x}})$$

($\varkappa(E_{\tilde{x}})$ bezeichnet dabei die Klassen am Endknoten $E_{\tilde{x}}$) trifft dann ebenfalls Fall 2 zu, das war in Abschnitt 4.2.2 Anlaß zur Differenzierung des Baumes bei $E_{\tilde{x}}$ mit Hilfe des nächsten Attributs $x_{t_{\nu+1}} \in \Phi$.

Kann man nun aus Komplexitätsgründen (Speicherplatz, Abarbeitungszeit, Kosten für die Messung von Merkmalen, vgl. Abschnitte 5.7, 6.1) nicht alle Attribute der Folge Φ zum Aufbau des Baumes verwenden, dann liegt auch hier eine „statistische“ Klassenbildung im oben diskutierten Sinne vor, für deren Behandlung der Metaalgorithmus CAL 2 ungeeignet ist. Denn in den von CAL 2 entwickelten Bäumen kann ein Endknoten $E_{\tilde{x}}$ mit höchstens einem Klassensymbol $\varkappa \in \mathsf{K}$ belegt werden. Im Fall eines Abbruchs des Lernprozesses geht die Information über das eventuelle Auftreten anderer Klassen bei $E_{\tilde{x}}$ verloren. Dann ist $\varkappa(E_{\tilde{x}})$ im Endbaum das letzte bei $E_{\tilde{x}}$ aufgetretene Klassensymbol.

Im folgenden wird ein Metaalgorithmus beschrieben, der mit Hilfe sequentieller Belehrung eine statistisch gegebene Klassenstruktur durch einen Entscheidungsbaum approximiert, der gewissen Optimalkriterien genügt. Dabei brauchen die bedingten Wahrscheinlichkeiten $\mathbf{P}(k \mid \tilde{x})$ nicht von vornherein bekannt zu sein, sondern sie werden während der Belehrung aus der Stichprobe geschätzt.

5.2. Erweiterung der Definition des Entscheidungsbaumes auf den Fall nichtdeterministischer Ausgabe

Mit der bereits in Abschnitt 4.2 benutzten linearen Schreibweise wird jetzt ein Entscheidungsbaum folgendermaßen induktiv definiert, wobei das in Abschnitt 4.2.2 benutzte Alphabet um das zusätzliche Hilfssymbol / erweitert wird:

α ist ein Entscheidungsbaum genau dann, wenn

1. $\alpha = \varkappa$, $\varkappa \in \{*, 0\}$

oder

$$\varkappa = k_1 k_2 \ldots k_\varrho \ldots k_r\,,$$

$$k_\varrho \in \mathsf{K} = \{A, B, C, \ldots\}\,, \qquad 1 \leqq \varrho \leqq r \quad \text{und} \quad 1 \leqq r \leqq M\,,$$

oder

2. $\alpha = t(/\alpha_1/ \, /\alpha_2/ \dots /\alpha_{m_t}/)$, wobei t eine natürliche Zahl (der Index des Testattributs) ist und die α_t Entscheidungsbäume sind.

Mit der 1. Definition wird jetzt die Bildung von Vereinigungsklassen zugelassen, die Symbolkette $k_1 k_2 \dots k_r$ bezeichnet die Vereinigungsmenge der Klassen $\mathsf{k}_1, \mathsf{k}_2, \dots, \mathsf{k}_r$, d. h. ein Element der Potenzmenge $\mathfrak{p}(\mathsf{K})$. Die Ausgabe der Symbolkette $k_1 \dots k_r$ durch den Klassifikator bedeutet, daß das Objekt v in die Vereinigung der Klassen $\mathsf{k}_1, \dots, \mathsf{k}_2$ eingeordnet wird, $v \in \mathsf{k}_1 \cup \mathsf{k}_2 \cup \dots \cup \mathsf{k}_r$. Damit realisiert der Entscheidungsbaum eine nichtdeterministische Klassifizierungsfunktion $\varphi \colon \mathsf{X} \to \mathfrak{p}(\mathsf{K})$.

Durch 1. werden die möglichen Belegungen $\varkappa$ der Endknoten des Baumes definiert. In der Definition 2 bedeutet t wieder, daß das Attribut x_t zu testen ist, wobei der Test x_t die möglichen Ausgänge $1, 2, \dots, m_t$ hat. Im folgenden werden wir Schrägstriche, die echte Teilbäume oder einzelne Klassensymbole einschließen, auch weglassen.

Ein Beispiel für den Fall, daß Vereinigungsklassen auftreten, ist in Abb. 19 dargestellt.

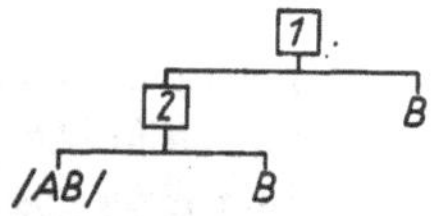

Abb. 19. Entscheidungsbaum mit nichtdeterministischer Ausgabe

Wir ordnen nun jeder Kante eines Entscheidungsbaumes eine bedingte Wahrscheinlichkeit auf folgende Weise zu: Es sei $N_{(\tilde{x}_{i_1}, \dots, \tilde{x}_{i_s-1})}$ ein Nichtendknoten, den wir wieder durch den von der Wurzel ausgehenden und diesen Knoten erreichenden Weg $(\tilde{x}_{i_1}, \dots, x_{i_s-1})$ bezeichnen. Der Knoten sei mit dem Attribut x_{i_s} belegt. Dann wird jeder von diesem Knoten ausgehenden und mit $\tilde{x}_{i_s}$ $(\tilde{x}_{i_s} = 1, \dots, m_{i_s})$ interpretierten Kante die bedingte Wahrscheinlichkeit

$$\mathbf{P}(\tilde{x}_{si} \mid \tilde{x}_{i_1}, \dots, \tilde{x}_{i_s-1})$$

zugeordnet. Das ist die Wahrscheinlichkeit, daß dieser Kante (bei Anwendung des Entscheidungsbaums auf eine repräsentative Stichprobe) von Objekten durchlaufen wird, die den Knoten $N_{(\tilde{x}_{i_1}, \dots, \tilde{x}_{i_s-1})}$ erreicht haben.

Es ist

$$\sum_{\tilde{x}_{i_s}} \mathbf{P}(\tilde{x}_{i_s} \mid \tilde{x}_{i_1}, \dots, \tilde{x}_{i_s-1}) = 1 \, .,$$

wobei über alle Werte des Testattributs x_{i_s} summiert wird. Wo Verwechslungen nicht zu befürchten sind, bezeichnen wir Teilfolgen des Merkmalsvektors, die einen Weg im Graphen festlegen, einfach wieder mit $\tilde{\boldsymbol{x}}$.

Steht an einem Endknoten $E_{\tilde{\boldsymbol{x}}}$ eine Vereinigungsklasse

$$\varkappa = k_1 \dots k_\varrho \dots k_r \, ,$$

dann wird für jede Klasse k_ϱ die Wahrscheinlichkeit $\mathbf{P}(k_\varrho \mid \tilde{x})$ (Auftretenswahrscheinlichkeit des Symbols k_ϱ bei $E_{\tilde{x}}$) angegeben mit

$$\sum_{\varrho=1}^{r} \mathbf{P}(k_\varrho \mid \tilde{x}) = 1 \,.$$ [1]

Beispiel

$$\alpha = \underset{1,0}{1} \left(\underset{0,3}{2} \left(\; / \underset{0,6}{} \; \underset{0,95}{A} \quad \underset{0,05}{B} \; / \underset{0,4}{B} \right) \underset{0,7}{B} \right).$$

(Die Wahrscheinlichkeiten sind unter die Knoten bzw. Klassensymbole geschrieben.) Es ist

$$\mathbf{P}(\tilde{x}_1 = 1) = 0{,}3 \,, \qquad \mathbf{P}(\tilde{x}_1 = 2) = 0{,}7 \,,$$

$$\mathbf{P}(\tilde{x}_2 = 1 \mid \tilde{x}_1 = 1) = 0{,}6 \,, \qquad \mathbf{P}(\tilde{x}_2 = 2 \mid \tilde{x}_1 = 1) = 0{,}4 \,,$$

$$\mathbf{P}(A \mid \tilde{x}_1 = 1 \wedge \tilde{x}_2 = 1) = 0{,}95 \,, \qquad \mathbf{P}(B \mid \tilde{x}_1 = 1 \wedge \tilde{x}_2 = 1) = 0{,}05 \,.$$

Aus rechentechnischen Gründen werden im folgenden statt der Wahrscheinlichkeiten nur die Anzahlen der Objekte gespeichert, die den betreffenden Knoten erreichen. Bei Vereinigungsklassen werden die Anzahlen für die elementaren Bestandteile angegeben. Wir ändern jetzt dementsprechend die zu Anfang des Abschnitts eingeführte Baumdefinition ab:

α ist ein Entscheidungsbaum genau dann, wenn

1. $\alpha = \varkappa, \varkappa \in \{*, \mathit{0}\}$ oder

$$\varkappa = k_1 n_1 \, k_2 n_2 \ldots k_\varrho n_\varrho \ldots k_r n_r \,,$$

$$k_\varrho \in \mathsf{K} \,, \qquad n_\varrho \in \mathsf{Nz} \,, \qquad 1 \leqq \varrho \leqq r \,, \qquad 1 \leqq r \leqq M \,,$$

oder

2. $\alpha = t(/\alpha_1/\, n_1 \,/\alpha_2/\, n_2 \ldots /\alpha_{m_t}/ n_{m_t})$, wobei $t \in \mathsf{Nz}$ und die α_i Entscheidungsbäume sind.

Die n_i bezeichnen die Anzahlen von Objekten, die den Knoten erreicht haben bzw. (bei Vereinigungsklassen) die absolute Häufigkeit des Auftretens eines Klassensymbols. Bei den Symbolen $*$ und $\mathit{0}$ wird die Häufigkeitsangabe 0 weggelassen. Die Schrägstriche werden wieder bei echten Teilbäumen und einzelnen Klassensymbolen weggelassen. Der Wurzel müßte die Gesamtzahl aller Objekte zugeordnet werden.

---

[1] In der Fragebogentheorie von PICARD (1965, 1973) werden Entscheidungsgraphen (im Spezialfall Bäume) zur Identifizierung von Einzelobjekten mit Hilfe von Sequenzen von Fragen verwendet. Die Nichtendknoten dieser Fragebäume sind mit Fragen belegt, denen Wahrscheinlichkeiten zugeordnet werden; die Endknoten mit den zu identifizierenden Objekten (Elementarereignissen), die von einer Quelle mit einem diskreten Verteilungsgesetz stammen. Die Zuordnung von Wahrscheinlichkeiten zu den Knoten erfolgt hier im Unterschied zu unseren Klassifizierungsbäumen so, daß einem Frageknoten (Testknoten in unserem Sinne) die Summe der Wahrscheinlichkeiten derjenigen Endknoten (Elementarereignisse) zugeordnet wird, die in der Nachfolgermenge des Knotens liegen. Dadurch sind bei PICARD die Wahrscheinlichkeiten über alle Knoten eines Ranges normiert, bei uns über alle Kanten, die von einem Knoten ausgehen. Beide Definitionen sind aber äquivalent, da bei Bäumen die von einem Nichtendknoten ausgehenden Kanten eindeutig auf die unmittelbaren Nachfolger des Knotens abgebildet werden können, man durch einfache Umrechnungen aus den absoluten Wahrscheinlichkeiten der Endknoten alle bedingten Wahrscheinlichkeiten erhalten kann und umgekehrt.

Da diese Zahl leicht aus den Anzahlen in der ersten Verzweigung berechnet werden kann und im weiteren nicht benötigt wird, verzichten wir auf die Angabe.

Beispiel

$$\alpha = 1 \underset{100}{(} \underset{60}{2} \underset{57}{(} / A \underset{3}{B} / \underset{40}{B}\,)\, \underset{233}{B}\,)$$

wird dargestellt als

$$\alpha = 1\,(\,2\,(\,/\,A\;57\;B\;3\,/\,60\;B\;40\,)\;100\;B\;233\,)\,.$$

Mit diesen Angaben können die oben definierten Wahrscheinlichkeiten sowie die A-priori-Wahrscheinlichkeiten der Klassen durch einfache Summations- und Normierungsprozeduren geschätzt werden, vorausgesetzt, daß die Statistik groß genug ist, um die relativen Häufigkeiten durch Wahrscheinlichkeiten ersetzen zu können.

Nach diesen definitorischen Vorbetrachtungen wenden wir uns der Darstellung des Metaalgorithmus zu.

5.3. Metaalgorithmus

Die vorgegebene Testreihenfolge sei $\Phi = (t_1, t_2, \ldots, t_n)$; d. h., es werden nacheinander die Attribute $x_{t_1}, x_{t_2}, \ldots, x_{t_n}$ zum Aufbau des Baumes durch den Metaalgorithmus herangezogen. Der Konstruktionsprozeß ist dem beim Metaalgorithmus CAL 2 in Abschnitt 4.2 beschriebenen analog.

1. *Anfangsschritt*

Der Metaalgorithmus beginnt mit vollständiger Unkenntnis, d. h., der Anfangsbaum ist

$$\alpha^{(0)} = * \,.$$

2. *Differenzierung des Baumes im ν-ten Lernschritt*

Im ν-ten Belehrungsschritt liege ein bestimmter Entscheidungsbaum $\alpha^{(\nu)}$ vor. Mit diesem Baum wird der angebotene Objektvektor $\mathfrak{x}^{(\nu)}$ klassifiziert. Die Bäume $\alpha^{(\nu)}$ liefern bei kleinem ν im allgemeinen eine unvollständige und fehlerhafte Klassifikation der Objektmenge. Wir bezeichnen daher die vom Klassifikator ausgegebene Klasse, die an dem vom Objekt erreichten Endknoten des Baumes steht, wieder mit $\varkappa$ (Entscheidungsvariable), im Unterschied zur Klasse k, die nach der Klassifikation vom Belehrungsalgorithmus rückgemeldet wird, wobei jetzt $\varkappa \in \{*, A, B, C, \ldots, AB, ABC, \ldots\}$ und $k \in \mathsf{K} = \{A, B, C, \ldots\}$ gilt.

Fall 1. Der bei der Klassifikation von $\mathfrak{x}^{(\nu)}$ erreichte Endknoten ist mit $\varkappa = *$ belegt (Rückweisung). Dann wird $* \leftarrow k1$ ersetzt (Auffüllung von Leerstellen).[1])

---

[1]) Ist eine Rückweisung nicht zugelassen, kann man eine Klassifizierung z. B. dadurch erzwingen, daß man als Klasse die Belegung $\varkappa(E_{\tilde{\mathfrak{x}}*})$ desjenigen Endknotens $E_{\tilde{\mathfrak{x}}*}$ ausgibt, für den

$$d(\tilde{\mathfrak{x}}^{(\nu)}, \tilde{\mathfrak{x}}^*) = \min_{\substack{\tilde{\mathfrak{x}} \in \tilde{\mathsf{X}} \\ \tilde{\varkappa}(E_{\tilde{\mathfrak{x}}}) \neq *}} d(\tilde{\mathfrak{x}}, \tilde{\mathfrak{x}}^{(\nu)})$$

ist. Dabei bedeutet $\tilde{\mathfrak{x}}^{(\nu)}$ den vom Objekt durchlaufenen Weg, $\tilde{\mathsf{X}}$ die Menge aller vollständigen Wege und d ein geeignetes Abstandsmaß.

Fall 2. Der erreichte Endknoten ist mit $\varkappa = k_1 n_1 \ldots k_\varrho n_\varrho \ldots k_r n_r$ belegt, mit $k_\varrho \in \{A, B, C, \ldots\}$, $1 \leqq \varrho \leqq r$, $1 \leqq r \leqq M$ und $k \notin \{k_1, \ldots, k_r\}$, d. h., die rückgemeldete Klasse ist in der vom Klassifikator ausgegebenen Vereinigungsklasse nicht enthalten. Dann wird

$$\varkappa \leftarrow \varkappa k 1 = k_1 n_1 \ldots k_\varrho n_\varrho \ldots k_r n_r \, k 1$$

ersetzt, d. h., k wird mit an den Endknoten angeschrieben. Für alle auf dem durchlaufenen Weg liegenden Knoten wird die Anzahl um 1 erhöht.

Beispiel

$$\alpha^{(\nu)} = \underset{100}{1} \, (\underset{60}{2} \, (\underset{57}{/} \, \underset{3}{A} \; B \, / \, \underset{40}{B}\,)\, \underset{233}{B})$$

oder

$$\alpha^{(\nu)} = 1 \, (2 \, / \, A \; 57 \; B \; 3 \, / \, 60 \; B \; 40 \,) \; 100 \; B \; 233 \,) \, ,$$

$$\boldsymbol{x}^{(\nu)} = 1\,1\,2\,2\,C \, ,$$

$$\alpha^{(\nu+1)} = \underset{101}{1} \, (\underset{61}{2} \, (\underset{57}{/} \, \underset{3}{A} \; \underset{1}{B} \; C \, / \, \underset{40}{B}\,)\, \underset{233}{B})$$

oder

$$\alpha^{(\nu+1)} = 1 \, (2 \, (\, / \, A \; 57 \; B \; 3 \; C \; 1 \, / \, 61 \; B \; 40 \,) \; 101 \; B \; 233 \,) \, .$$

Fall 3. Der erreichte Endknoten ist mit

$$\varkappa = k_1 n_1 \ldots k_\varrho n_\varrho \ldots k_r n_r$$

belegt und $k \in \{k_1, k_2, \ldots, k_r\}$, d. h., die Klasse, zu der das Objekt gehört, ist unter den möglichen Klassen, deren Symbole der Klassifikator ausgibt. Es sei $k = k_\varrho$. Zunächst wird

$$n_\varrho \leftarrow n_\varrho + 1$$

gesetzt. Die bei den auf dem durchlaufenen Weg liegenden Nichtendknoten stehenden Anzahlen werden entsprechend um 1 erhöht. Dann werden die in $\varkappa$ stehenden Anzahlen summiert, und es wird geprüft, ob die so erhaltene Summe $\Sigma_\varkappa = \sum_{\varrho=1}^{r} n_\varrho$ größer ist als eine vorgegebene Schwelle S_1. Die Größe von S_1 entscheidet darüber, wann die Statistik an einem Knoten als groß genug angesehen werden kann, um aus den Anzahlen bzw. den daraus berechneten relativen Häufigkeiten die Wahrscheinlichkeiten schätzen zu können. Auf genauere Konfidenzabschätzungen wird an dieser Stelle zunächst verzichtet (vgl. dazu Abschnitt 7.2).

Bei $\Sigma_\varkappa \rightarrow S_1$ wird ohne Änderung des Baumes zum nächsten Lernschritt übergegangen, bei $\Sigma_\varkappa \geqq S_1$ werden aus den Anzahlen die bedingten Wahrscheinlichkeiten der Klassen für diesen Knoten

$$\mathbf{P}(k_1 \mid \tilde{\boldsymbol{x}}), \ldots, \mathbf{P}(k_r \mid \tilde{\boldsymbol{x}})$$

geschätzt.

Wir führen jetzt eine Schwelle S_2 ein, $0{,}5 < S_2 \leqq 1$, und unterscheiden zwei Fälle:

a) Es existiert ein i, $1 \leqq i \leqq r$, mit $\mathbf{P}(k_i \mid \tilde{\boldsymbol{x}}) \geqq S_2$, also $\sum_{\substack{\varrho=1 \\ \varrho \neq i}}^{r} \mathbf{P}(k_\varrho \mid \tilde{\boldsymbol{x}}) < 1 - S_2$.

Wegen der Voraussetzung $S_2 > 0{,}5$ existiert dann auch genau ein i mit dieser Eigenschaft. Dann wird

$$\varkappa \leftarrow k_i n_\varkappa \, , \qquad n_\varkappa \leftarrow \Sigma_\varkappa$$

ersetzt. Mit anderen Worten: Wenn an einem Endknoten die Wahrscheinlichkeit einer Klasse eine bestimmte Schwelle überschreitet, wird ein für allemal zur Entscheidung für diese Klasse übergegangen. Es handelt sich hier um dasselbe Prinzip, das von Bychowski (1962, 1964) für die Auffindung einer Diagnose mit Hilfe der bedingten Wahrscheinlichkeiten der Krankheiten verwendet wird (Methode der *Wahrscheinlichkeitslogik*).

b) Die Bedingung a) ist nicht erfüllt. Dann reichen die bisher verwendeten Testattribute noch nicht zu einer genügenden Diskriminierung der Klassen aus. Ist x_{t_j} der letzte in diesem Zweig des Baumes verwendete Test aus der vorgegebenen Folge Φ, dann wird der nächste Test $x_{t_{j+1}}$ hinzugenommen und der Baum damit differenziert:

$$\varkappa \leftarrow t_{j+1}(*' \dots * k1 * \dots *)\, n_\varkappa .$$

$n_\varkappa = \Sigma_\varkappa$ wird hinter die neugebildete Verzweigung geschrieben.

Diese Differenzierung entspricht derjenigen beim Metaalgorithmus CAL 2 für disjunkte Klassen, nur daß sie dort sofort bei einer Rückmeldung „falsch" erfolgt.

Beispiel. $S_1 = 60$, $S_2 = 0{,}8$,

$$\alpha^{(\nu)} = 1\,\big(\underset{99}{2}\,\underset{59}{(}\;/\,\underset{30}{A}\;\;\underset{29}{B}\;/\;\underset{40}{B}\,)\;\underset{233}{B}\big)$$

oder

$$\alpha^{(\nu)} = 1\;(\;2\;/\;A\;30\;B\;29\;/\;59\;B\;40\;)\;99\;B\;233\;)\;,$$

$$\boldsymbol{x}^{(\nu)} = 1\;1\;2\;2\;B\,.$$

Da im Knoten mit $\varkappa = A\;30\;B\;29$ jetzt die Schwelle S_1 erreicht und die Bedingung a) nicht erfüllt ist, wird, wenn der nächste Test $t = 3$ ist:

$$\alpha^{(\nu+1)} = 1\,\big(\underset{100}{2}\,\underset{60}{(}\;3\;(\;*\;\underset{1}{B}\;)\;\underset{40}{B}\;)\;\underset{233}{B}\big)$$

oder

$$\alpha^{(\nu+1)} = 1\;\big(\;2\;(\;3\;(\;*\;B\;1\;)\;60\;B\;40\;)\;100\;B\;233\;\big)\;.$$

$n_\varkappa = \Sigma_\varkappa$ wird hinter die neugebildete Verzweigung geschrieben, also erhalten, um die Häufigkeitsverteilung über die Knoten des Baumes nicht zu verfälschen. Der Grund dafür ist folgender: Man braucht die bedingten Wahrscheinlichkeiten aller Knoten zur Berechnung der Wahrscheinlichkeiten $\mathbf{P}(k_\varrho, \tilde{\boldsymbol{x}})$ des Auftretens eines Klassensymbols k_ϱ zusammen mit der Merkmalsteilfolge $\tilde{\boldsymbol{x}} = (\tilde{x}_{i_1}, \tilde{x}_{i_2}, \dots, \tilde{x}_{i_s})$, die durch den durchlaufenen Weg $\tilde{\boldsymbol{x}}$ festgelegt ist.

Diese Verbundwahrscheinlichkeiten werden für die Schätzung des mittleren Klassifikationsfehlers des durch den Entscheidungsbaum repräsentierten Klassifikators benötigt (vgl. Abschnitt 5.6). Sie ergeben sich rekursiv durch

$$\begin{aligned}\mathbf{P}(k_\varrho, \tilde{\boldsymbol{x}}) &= \mathbf{P}(k_\varrho \mid \tilde{\boldsymbol{x}}) \cdot \mathbf{P}(\tilde{\boldsymbol{x}}) \\ &= \mathbf{P}(k_\varrho \mid \tilde{\boldsymbol{x}}) \cdot \mathbf{P}(\tilde{x}_{i_s} \mid \tilde{x}_{i_{s-1}} \dots \tilde{x}) \cdot \ldots \cdot \mathbf{P}(\tilde{x}_{i_2} \mid \tilde{x}_{i_1}) \cdot \mathbf{P}(\tilde{x}_{i_1})\end{aligned}$$

aus den bedingten Wahrscheinlichkeiten der auf dem Wege $\tilde{\boldsymbol{x}}$ liegenden Knoten.

Bemerkung zum Fall 3b). Im Fall 3b) geht durch die Differenzierungsprozedur die bereits bezüglich der bedingten Verteilungsdichte der Klassen

$$k_1, \dots, k_r$$

in diesem Endknoten akkumulierte Information verloren, da die $\mathsf{P}(k_\varrho \mid \tilde{\boldsymbol{x}})$, $\varrho = 1, \dots, r$, gelöscht werden. Die Hinzunahme jedes neuen Tests verringert aber bei endlichen Belehrungsstichproben im allgemeinen die Anzahl der Objekte, die einen Nachfolgerknoten dieses Testknotens erreichen. Es kann dann sein, daß unterhalb dieses neuen Tests keine statistisch verläßlichen Entscheidungen im Sinne der Schwelle S_1 mehr möglich sind (d. h. immer $\Sigma_\varkappa < S_1$ bleibt) und dadurch die Hinzunahme des neuen Tests wertlos war.

Es empfiehlt sich daher, die Vereinigungsklasse

$$\mathsf{k}_1 \ldots \mathsf{k}_r$$

mit den zugehörigen Anzahlen nicht zu löschen, sondern zusätzlich im Knoten beizubehalten, was auch bei der praktischen Realisierung des Algorithmus getan wird. Ich wurde auf diese Problematik von H. Thiele aufmerksam gemacht. Durch den von Thiele eingeführten Formalismus (Thiele (1976), vgl. Abschnitt 4.2.5) werden Bäume mit Multiverzweigungen zugelassen, dabei kann ein Objekt parallel mehrere von einem Testknoten ausgehende Kanten durchlaufen. Die 3b) entsprechende Ersetzungsregel lautet dann

$$\varkappa \leftarrow \varkappa t_{j+1}(* \ldots * k1 * \ldots *)$$

oder

$$\varkappa \leftarrow k_1 n_1 \ldots k_r n_r t_{j+1}(* \ldots * k1 * \ldots *) .$$

Erweist sich nachträglich das Hinzunehmen eines neuen Tests aus statistischen Gründen als nicht sinnvoll, kann für die Klassenentscheidung auf die Vereinigungsklasse zurückgegriffen werden (vgl. Abschnitt 5.6).

Abbruchbedingungen. Der Konstruktionsprozeß bricht ab, wenn eine der folgenden Bedingungen erfüllt ist (vgl. dazu die Abbruchbedingungen des Metaalgorithmus CAL 2 in Abschnitt 4.2.2):

1. Alle Attribute der Folge Φ sind in allen Zweigen des Baumes verbraucht.
2. Es ist eine vorgegebene Lernschrittanzahl erreicht.
3. In einem Teilstück vorgegebener Länge der vom Vergleichsautomaten T ausgegebenen Folge von Symbolen aus dem Alphabet $\{R, F, *\}$ ist die relative Häufigkeit des Auftretens von R größer als eine vorgegebene Schranke $1 - \varepsilon$.
4. Alle Endknoten sind mit (eindeutigen) Klassensymbolen belegt.

Nach Abbruch des Konstruktionsprozesses treten nun wieder verschiedene Typen von Endknoten auf. Wir führen aber die diesbezügliche, zu Abschnitt 4.2.2 analoge Diskussion erst in Abschnitt 5.6 durch und schieben einige Erläuterungen zu der zunächst mehr ad hoc eingeführten Schwelle S_2 ein.

5.4. Entscheidungstheoretische Interpretation der Schwelle S_2

Wir betrachten die Kosten $C(k_i, \varkappa_j)$, die entstehen, wenn $k = k_i$ vorliegt und vom Klassifikator $\varkappa = \varkappa_j$ ausgegeben wird mit $k_i \in \{A, B, C, \ldots\}$, $\varkappa \in \{\varkappa_0\} \cup \mathsf{K}$. Dabei bedeute $\varkappa_0$ die Entscheidung für eine Rückweisung und $\varkappa_j$, $j > 0$, die Entscheidung $\varkappa = k_j$. Der optimale Klassifikator ist derjenige, der den Erwartungswert

$$R = \mathbf{E}[C(k_i, \varkappa_j)] = \sum_{i,j} C(k_i, \varkappa_j)\, \mathbf{P}(k_i, \varkappa_j)$$

der Kosten minimiert. Wir betrachten jetzt R *lokal* für einen Endknoten $E_{\tilde{x}}$.

Im Fall 3 muß eine Entscheidung getroffen werden, ob dem Endknoten eine (eindeutige) Klasse zugeordnet wird (3a) oder ob eine Rückweisung (keine eindeutige Klassifizierung) mit nachfolgender Differenzierung des Baumes zu erfolgen hat (3b). Mit der Merkmalsteilfolge $\tilde{x}$, auf deren Grundlage die Entscheidung getroffen wird, erhält man (vgl. z. B. MEYER-BRÖTZ (1970), S. 14 ff.)

$$R = \sum_{j=0}^{k} \sum_{i=1}^{k} C(k_i, \varkappa_j)\, \mathbf{P}(k_i, \varkappa_j, \tilde{\boldsymbol{x}}) .$$

Da die Entscheidung aufgrund der Kenntnis von $\tilde{\boldsymbol{x}}$ allein getroffen wird, sind die zufälligen Variablen k und $\varkappa$ unabhängig, und man erhält nach Einführung der bedingten Wahrscheinlichkeiten:

$$R = \sum_{j=0}^{k} \sum_{i=1}^{k} C(k_i, \varkappa_j)\, \mathbf{P}(k_i \mid \tilde{\boldsymbol{x}})\, \mathbf{P}(\tilde{\boldsymbol{x}})\, \mathbf{P}(\varkappa_j \mid \tilde{\boldsymbol{x}}) . \tag{5.1}$$

Die Wahl der $\mathbf{P}(\varkappa_j \mid \tilde{\boldsymbol{x}})$ bestimmt die Entscheidungsregel, die so zu finden ist, daß R zum Minimum wird. Da wir uns im Fall 3 immer auf Entscheidungen für genau eine Klasse beziehen, müssen wir $\varkappa = \varkappa_0$, d. h. eine Rückweisung, einsetzen, wenn der Fall 3b) vorliegt, d. h., die Ausgabe von Vereinigungsklassen wird als Rückweisung betrachtet. Wir betrachten den einfachsten Fall der Kostenfunktion

$$C(k_i, \varkappa_j) = \begin{cases} C & i \neq j , \quad j \neq 0 , \\ 0 & i = j , \\ C_0 & j = 0 , \end{cases} \tag{5.2}$$

d. h. Kosten C für einen beliebigen Fehler, Kosten C_0 für eine Rückweisung. Die Entscheidungsregel, mit der R minimiert wird, lautet dann (vgl. MEYER-BRÖTZ und SCHÜRMANN (1970), S. 88 ff.):

Entscheide $\varkappa_j$, $j > 0$, d. h. $\mathbf{P}(\varkappa_j \mid \tilde{\boldsymbol{x}}) = 1$, wenn

$$\left.\begin{array}{l} 1.\quad \mathbf{P}(k_j \mid \tilde{\boldsymbol{x}}) \geqq \mathbf{P}(k_i \mid \tilde{\boldsymbol{x}}) \quad \text{für alle } i \neq j \\ \text{und} \\ 2.\quad \mathbf{P}(k_j \mid \tilde{\boldsymbol{x}}) \geqq \beta = \dfrac{C - C_0}{C} \end{array}\right\} \tag{5.3}$$

gilt. Entscheide $\varkappa_0$, d. h. $\mathbf{P}(\varkappa_0 \mid \tilde{\boldsymbol{x}}) = 1$, wenn

$$\mathbf{P}(k_j \mid \tilde{\boldsymbol{x}}) < \beta \quad \text{für alle } j = 1, 2, \ldots, M$$

gilt. β sind die relativen Kosten. Für $\beta > 0{,}5$ ist 1. automatisch erfüllt, wenn 2. erfüllt ist.

Unsere in Abschnitt 5.3, Fall 3a) eingeführte Entscheidungsregel ist also mit (5.3) identisch, und die Schwelle S_2 ist gleich den relativen Kosten:

$$S_2 = \beta \quad \text{für} \quad \beta > 0{,}5 .$$

5.5. „Subjektive" Entscheidungsstrukturen

Nach der Entscheidungsregel (5.3) kann es vorkommen, daß im Entscheidungsbaum seltene Klassen, deren Wahrscheinlichkeiten kleiner als $1 - S_2$ sind, unterdrückt werden. Das kann dazu führen, daß z. B. in der medizinischen Diagnostik seltene, aber gefährliche Krankheiten nicht erkannt werden können. In solchen Fällen muß von der Definition (5.2) der Kosten abgegangen werden, wir betrachten stattdessen den etwas allgemeineren Fall

$$C(k_i, \varkappa_j) = \begin{cases} C_i & i \neq j\,, \quad j \neq 0\,, \\ 0 & i = j\,, \\ C_0 & j = 0\,. \end{cases} \tag{5.4}$$

Hier entstehen die Kosten C_i, wenn die Klasse k_i nicht erkannt wird. R wird dann durch folgende Entscheidungsregel minimiert:

Entscheide $\varkappa_j$, $j > 0$, wenn

$$\left.\begin{aligned} &1.\quad C_j\mathbf{P}(k_j \mid \tilde{\boldsymbol{x}}) \geqq C_i\mathbf{P}(k_i \mid \tilde{\boldsymbol{x}}) \quad \text{für alle } i \neq j \\ &\text{und} \\ &2.\quad C_j\mathbf{P}(k_j \mid \tilde{\boldsymbol{x}}) \geqq \sum_{i=1}^{M} (C_i - C_0)\,\mathbf{P}(k_i \mid \tilde{\boldsymbol{x}}) \\ &\qquad = \sum_{i=1}^{M} C_i\mathbf{P}(k_i \mid \tilde{\boldsymbol{x}}) - C_0 \end{aligned}\right\} \tag{5.5}$$

gilt.

Mit der Entscheidungsregel (5.3) erhält man einen Entscheidungsbaum, der die „objektive“ (Klassen-)Struktur der Quelle approximativ abbildet und den bedingten Auftretenswahrscheinlichkeiten der Klassen entspricht.

Die Regel (5.5) führt zu einem „subjektiven“ Abbild in dem Sinne, daß von der Quelle unabhängige Nutzenbetrachtungen die Entscheidungsstruktur mitbestimmen.

Ersetzt man in (5.5) näherungsweise die Bedingung 2 durch

$$\mathbf{P}(k_j \mid \tilde{\boldsymbol{x}}) \geqq S_2^{(j)} \approx \frac{\text{const.}}{C_j}\,, \tag{5.6}$$

dann sieht man, daß es vorkommen kann, daß an einem Knoten relativ häufige Klassen zugunsten einer seltenen, aber mit hohen Kosten behafteten, unterdrückt werden können, so daß u. U. verzerrte Abbildungen der Quellenstruktur entstehen. Einfache Experimente über die Ontogenese menschlichen Entscheidungsverhaltens in bezug auf das Zusammenwirken von Wahrscheinlichkeit und Nutzen sind bei Schmidt (1972), S. 149 ff., beschrieben.

Die vorangehenden Überlegungen zeigen, wie durch die Einführung von Bewertungen der Lernprozeß und das dadurch erzeugte Abbild der (Klassen-)Struktur der Quelle modifiziert werden. Die Rückmeldung besteht jetzt aus einer Bewertung C_i der Klassifikation und der (neutralen) Angabe der richtigen Klassenzugehörigkeit des Objekts (vgl. Abschnitt 2.2). Das ist bei realen menschlichen Lernprozessen immer der Fall. Über das Zustandekommen der C_i bzw. allgemeiner der Matrix $C_{ij} = C(k_i, \varkappa_j)$ macht die Entscheidungstheorie keine Aussagen. Es ist anzunehmen, daß Bewertungen beim Menschen als zeitliche Mittelwerte ebenfalls durch Lernprozesse gebildet werden. Die Prozesse des Einflusses, Erwerbs und der Speicherung von Bewertungen sind bisher noch weitgehend ungeklärt.

5.6. Informationstheoretische Interpretation und Fehlerabschätzungen

Wir betrachten jetzt den vom Metaalgorithmus entwickelten Entscheidungsbaum φ nach Abschluß des Lernprozesses und setzen damit die Diskussion vom Ende des Abschnitts 5.3 fort.

Nach Abschluß des vom Metaalgorithmus CAL 3 durchgeführten Konstruktionsprozesses können zunächst folgende Typen von Endknoten auftreten:

Typ 1. Es existiert ein k_i mit $\mathbf{P}(k_i \mid \tilde{\mathfrak{x}}) \geqq S_2$. Dann wird ein für allemal für diese Klasse entschieden, der Endknoten wird mit dem Symbol k_i belegt.

Typ 2. Der Endknoten enthält ein Symbol $*$, d. h., es gibt keine Objekte, die den zugehörigen Weg $\tilde{\mathfrak{x}}$ durchlaufen haben, die Menge $\mathsf{X}_{\tilde{\mathfrak{x}}}$ ist leer. Dann wird wieder

$$* \leftarrow 0$$

ersetzt.

Typ 3. Der Endknoten enthält eine echte Vereinigungsklasse $k_1 n_1 \ldots k_r n_r$, und es existiert kein k_i, $1 \leqq i \leqq r$, mit $\mathbf{P}(k_i \mid \tilde{\mathfrak{x}}) \geqq S_2$.[1])

Wenn Endknoten des Typs 3 auftreten, realisiert der Entscheidungsbaum eine nichtdeterministische klassifizierende Abbildung in die Potenzmenge der Klassen

$$\varphi \colon \mathsf{X} \to \mathfrak{p}(\mathsf{K}) \,.$$

Man kann φ in eine deterministische Klassifizierungsfunktion verwandeln, indem man für die Endknoten des Typs 3 ersetzt

$$k_1 n_1 \ldots k_r n_r \leftarrow k_i n_\varkappa \quad \text{mit} \quad \mathbf{P}(k_i \mid \tilde{\mathfrak{x}}) = \max_{1 \leqq \varrho \leqq r} \mathbf{P}(k_\varrho \mid \tilde{\mathfrak{x}}) \,,$$

d. h. nach Bayes entscheidet. Man könnte auf die Umwandlung in einen deterministischen Klassifikator verzichten und beim Auftreten von Endknoten des Typs 3 alle Klassen und deren bedingte Wahrscheinlichkeiten ausgeben. Wir werden uns aber im folgenden auf die Herstellung deterministischer Klassifikatoren beschränken, auf die dann auch die in Abschnitt 4.2.3 und 4.2.4 angegebenen Reduktionsverfahren angewendet werden können.

Wegen $\sum\limits_{\substack{\varrho=1 \\ \varrho \neq i}}^{r} \mathbf{P}(k_\varrho \mid \tilde{\mathfrak{x}}) < 1 - S_2 = e$ ist für Objekte, die bei der Klassifikation einen Endknoten des Typs 1 erreichen, der mittlere Fehler $\mathbf{P}_e$ (d. h. die Wahrscheinlichkeit einer Fehlklassifikation)

$$\mathbf{P}_e(\tilde{\mathsf{X}}_1) = \sum_{\tilde{\mathfrak{x}} \in \tilde{\mathsf{X}}_1} \sum_{\substack{\varrho=1 \\ \varrho \neq i}} \mathbf{P}(k_\varrho \mid \tilde{\mathfrak{x}})$$

$$= \sum_{\tilde{\mathfrak{x}} \in \tilde{\mathsf{X}}_1} \mathbf{P}(\tilde{\mathfrak{x}}) \sum_{\substack{\varrho=1 \\ \varrho \neq i}}^{r} \mathbf{P}(k_\varrho \mid \tilde{\mathfrak{x}}) < e \sum_{\tilde{\mathfrak{x}} \in \tilde{\mathsf{X}}_1} \mathbf{P}(\tilde{\mathfrak{x}}) \,,$$

wobei $\tilde{\mathsf{X}}_1$ die Menge der Wege, die an Endknoten des Typs 1 enden, bedeutet. Für Endknoten des Typs 3 ist, wenn nach Bayes entschieden wird:

$$\mathbf{P}_e(\tilde{\mathsf{X}}_3) = \sum_{\tilde{\mathfrak{x}} \in \tilde{\mathsf{X}}_3} \mathbf{P}(\tilde{\mathfrak{x}}) \sum_{\substack{\varrho=1 \\ \varrho \neq i}} \mathbf{P}(k_\varrho \mid \tilde{\mathfrak{x}}) \,.$$

---

[1]) Bei endlichen Belehrungsstichproben hat man noch den Fall zu betrachten, daß nach Abbruch des Belehrungsprozesses Endknoten mit $\Sigma_\varkappa < S_1$ auftreten, d. h. Endknoten, an denen keine statistisch verläßliche Schätzung der Wahrscheinlichkeiten möglich ist. Dieser Fall kommt bei praktischen Problemen häufig vor. Nach heuristischen Regeln werden dann Teilbäume, die solche Endknoten enthalten, wieder weggelassen, bis man zu Knoten mit $\Sigma_\varkappa \geqq S_1$ gelangt (vgl. die Bemerkung zum Fall 3b) in Abschnitt 5.3).

$\tilde{X}_3$ ist die Menge der Wege zu Endknoten des Typs 3. Insgesamt erhält man also für die globale mittlere Fehlerrate des Klassifikators

$$\mathbf{P}_e \leqq e \sum_{\tilde{x} \in \tilde{X}_1} \mathbf{P}(\tilde{x}) + \sum_{\tilde{x} \in \tilde{X}_3} \mathbf{P}(\tilde{x}) \sum_{\substack{\varrho=1 \\ \varrho \neq i}} \mathbf{P}(k_\varrho \mid x) \,. \tag{5.7}$$

Treten nur Knoten des Typs 1 auf, dann hat man eine einheitliche Fehlerschranke e für den ganzen Baum, und es ist $\mathbf{P}_e < e$. Die $\mathbf{P}(\tilde{x}) \cdot \mathbf{P}(k_\varrho \mid \tilde{x})$ lassen sich aus den an den Knoten während des Konstruktionsprozesses akkumulierten absoluten Häufigkeiten leicht berechnen (vgl. Abschnitt 5.3). Nicht berücksichtigt sind hierbei die statistischen Unsicherheiten, die durch Schätzung der Wahrscheinlichkeiten aus den relativen Häufigkeiten entstehen. $\mathbf{P}_e$ ist selbst eine zufällige Variable, deren Streuung bei Wahl einer hinreichend großen Schwelle S_1 hinreichend klein gemacht werden kann. Auf dieses Problem gehen wir in Kapitel 7 noch genauer ein. Dort wird ein Verfahren zur Entscheidung der Klassenzugehörigkeit mit Hilfe eines statistischen Tests zu vorgegebenem Konfidenzniveau angegeben.

Für die weiteren Betrachtungen ist eine informationstheoretische Interpretation des Klassifikationsprozesses zweckmäßig. Man kann das Auftreten eines Klassensymbols $k \in \mathsf{K}$ als das Auftreten eines Ereignisses an der Quelle $\mathfrak{Q}$ und den Meßprozeß mit der Wahrscheinlichkeit $\mathbf{P}(\tilde{x} \mid k)$ als einen Kanal (Meßkanal) τ auffassen. Der Klassifikationsprozeß besteht dann in der Arbeit des Decoders, aus dem erhaltenen Vektor $\tilde{x}$ das vorliegende Signal $k \in \mathsf{K}$ zu bestimmen (vgl. Abb. 20). Man sieht, daß

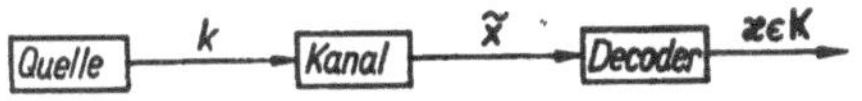

Abb. 20. Zur informationstheoretischen Interpretation des Klassifizierungsprozesses

das Grundmodell der Klassifikationstheorie dem der Informationstheorie analog ist und beide Theorien zunächst vor dem gleichen Problem stehen, nämlich mit minimaler Fehlerwahrscheinlichkeit die Wiedererkennung eines Symbols $k \in \mathsf{K}$ zu gewährleisten.

Wir definieren zunächst die von einem Entscheidungsbaum übertragene Information (Pötschke, Sobik, Ulbrich und Wysotzki (1973), vgl. auch Picard (1965, 1973) für den Fall der Identifizierung von Einzelobjekten) und betrachten dazu einen in Abschnitt 5.2 definierten Baum φ, der mit den entsprechenden Wahrscheinlichkeiten interpretiert ist. Die dem leeren Baum entsprechende anfängliche Unbestimmtheit für das Auftreten einer Klasse läßt sich durch die Entropie

$$H(\mathsf{K}) = - \sum_{\mathsf{K}} \mathbf{P}(k) \log \mathbf{P}(k)$$

charakterisieren, wobei $\mathsf{K} = \{k_1, \dots, k_M\}$ die Menge der Klassen und $\mathbf{P}(k)$ die Auftretenswahrscheinlichkeit (A-priori-Wahrscheinlichkeit) des Klassensymbols k bedeutet.

Die nach Durchlaufen des Weges $\tilde{x}$ im Entscheidungsbaum φ noch bestehende Unsicherheit über die Klassen ist

$$H_{\tilde{x}}(\mathsf{K}) =_{\mathrm{Df}} - \sum_{k \in \mathsf{K}} \mathbf{P}(k \mid \tilde{x}) \log \mathbf{P}(k \mid \tilde{x}) \,. \tag{5.8}$$

Die mittlere bedingte Unsicherheit, gemittelt über alle Endknoten, ist

$$\begin{aligned} H_{\tilde{\mathsf{X}}(\varphi)}(\mathsf{K}) &=_{\mathrm{Df}} \sum_{\tilde{x} \in \tilde{\mathsf{X}}} \mathbf{P}(\tilde{\boldsymbol{x}})\, H_{\tilde{x}}(\mathsf{K}) \\ &= - \sum_{\tilde{x} \in \tilde{\mathsf{X}}} \sum_{k \in \mathsf{K}} \mathbf{P}(\tilde{\boldsymbol{x}})\, \mathbf{P}(k \mid \tilde{\boldsymbol{x}}) \log \mathbf{P}(k \mid \tilde{\boldsymbol{x}}) \,. \end{aligned} \tag{5.9}$$

$\tilde{\mathsf{X}}$ bedeutet die Menge aller vollständigen Wege in φ. Damit liefert der Entscheidungsbaum φ im Mittel die Information

$$I(\tilde{\mathsf{X}}(\varphi), \mathsf{K}) = H(\mathsf{K}) - H_{\tilde{\mathsf{X}}(\varphi)}(\mathsf{K}) \,. \tag{5.10}$$

Die Aufgabe des Metaalgorithmus CAL 3 bestand nun darin, einen Entscheidungsbaum (Decoder) zu konstruieren, dessen mittlere Fehlerrate $\mathbf{P}_e < e = 1 - S_2$ ist. Wir haben gesehen, daß diese Forderung infolge des Auftretens der Endknoten von Typ 3 nicht immer erfüllbar ist und wollen die Bedingungen dafür untersuchen.

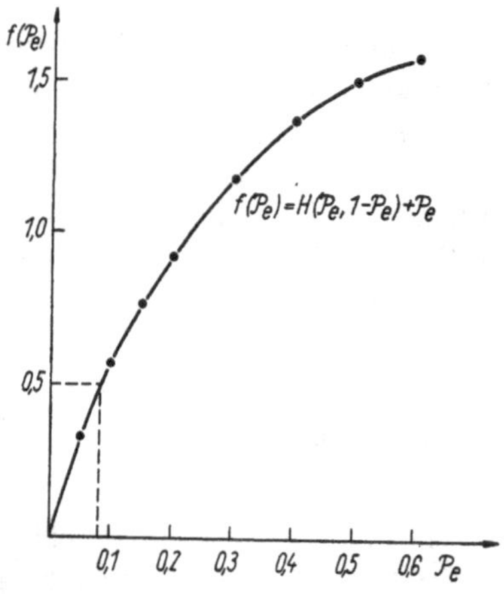

Abb. 21. FANO-Schranke für $\mathbf{P}_e$ bei zwei Klassen ($M = 2$). Für einen Kanal mit $H_{\tilde{\mathsf{X}}}(\mathsf{K}) = 0{,}5$ kann $\mathbf{P}_e$ nicht kleiner als 0,08 werden. Für $e = 1 - S_2 < 0{,}08$ müssen Endknoten vom Typ 3 auftreten

Dazu benutzen wir die folgende, von FANO (1952) stammende Ungleichung (vgl. FEINSTEIN (1958), S. 37)

$$\begin{aligned} H_{\tilde{\mathsf{X}}(\varphi)}(\mathsf{K}) &\leqq -(1 - \mathbf{P}_e) \log (1 - \mathbf{P}_e) - \mathbf{P}_e \log \mathbf{P}_e + \mathbf{P}_e(M - 1) \\ &= H(\mathbf{P}_e, 1 - \mathbf{P}_e) + \mathbf{P}_e(M - 1) = f(\mathbf{P}_e) \,, \end{aligned} \tag{5.11}$$

$$f(\mathbf{P}_e) \geqq H(\mathsf{K}) - I(\tilde{\mathsf{X}}(\varphi), \mathsf{K})$$

(M = Anzahl der Klassen). Für kleine $\mathbf{P}_e$ ist $f(\mathbf{P}_e)$ eine monoton wachsende Funktion von $\mathbf{P}_e$. Für einen vorgegebenen Entscheidungsbaum φ ist durch die Ungleichung von FANO also eine untere Schranke für $\mathbf{P}_e$ festgelegt (Abb. 21).

Wir betrachten jetzt den vollständigen Baum φ_0, der unter Verwendung aller Attribute $x_1, \ldots, x_n$, d. h. aller Messungen, die zur Verfügung stehen, konstruiert wird und in dem alle vollständigen Wege $\tilde{\boldsymbol{x}}$ die Länge n haben. φ_0 überträgt dann maximale

Information

$$I(\tilde{X}(\varphi_0), K) = \max_{\varphi} I(\tilde{X}(\varphi), K)$$

in bezug auf die zur Verfügung stehenden Messungen (Tests) $x_1, \ldots, x_n$. Dann stellt $H_{\tilde{X}(\varphi_0)}(K)$ die absolute Äquivokation des Kanals τ dar, die durch keinen Decoder φ unterschritten werden kann, und es gilt für alle φ

$$f(\mathbf{P}_e) \geqq H(K) - I(\tilde{X}(\varphi), K) \geqq H(K) - I(\tilde{X}(\varphi_0), K) = H_{\tilde{X}(\varphi_0)}(K),$$

$$\mathbf{P}_e \geqq f^{-1}(H_{\tilde{X}(\varphi_0)}(K)) = c.$$

Ist nun $c > e$, dann ist auch $\mathbf{P}_e > e$, d. h., bedingt $H_{\tilde{X}(\varphi_0)}(K)$ eine untere Schranke für $\mathbf{P}_e$, die größer als $e = 1 - S_2$ ist (vgl. Abb. 23), dann müssen Endknoten vom Typ 3 auftreten, die Messungen $x_1, \ldots, x_n$ reichen nicht zur Konstruktion eines Entscheidungsbaums mit einheitlicher Fehlerschranke (uniform error bound) e aus. Damit ist sozusagen eine absolute „Erkenntnisschranke" gegeben, die nur durch Messung weiterer Attribute $x_{n+1}, \ldots$ eventuell unterschritten werden kann.

In praktischen Fällen ist $\mathbf{P}_e$ eine Fehlerschätzung, die auf der Trainingsstichprobe beruht. Es handelt sich also genaugenommen um eine Schätzung des „Wiedererkennungsfehlers", und diese ist infolge der Endlichkeit der Stichprobe im allgemeinen zu optimistisch. Teilt man andererseits die Belehrungsmenge in eine „Trainingsmenge" und eine „Testmenge", dann verliert man die in der Testmenge enthaltene Information für den Aufbau des Klassifikators.

Eine fast erwartungstreue Fehlerschätzung mit maximaler Informationsausnutzung, d. h. eine Schätzung mit minimalem Bias, liefert die U-Methode von Lachenbruch. (Eine Bibliographie und Diskussion der verschiedenen Methoden der Fehlerschätzung bei Klassifikationsalgorithmen findet man z. B. bei Toussaint (1974).) Dabei wird aus der Belehrungsstichprobe jeweils ein Objekt entfernt, mit den übrigen durch den Metaalgorithmus der Klassifikator aufgebaut und mit diesem Klassifikator das herausgelassene Objekt klassifiziert. Auf diese Weise wird mit allen Objekten der Stichprobe verfahren. (Man bemerke, daß man dabei streng genommen in jedem Schritt im allgemeinen einen anderen Klassifikator benutzt.) Der dabei erhaltene, über die herausgelassenen Objekte gemittelte Klassifizierungsfehler ist dann eine Fehlerschätzung mit minimalem Bias. Es handelt sich also hier genaugenommen um einen Güteparameter für den Metaalgorithmus und nicht für einen einzelnen Klassifikator.

Da die U-Methode für große Stichproben rechenaufwendig ist, kann man einen Kompromiß schließen und jeweils n Objekte aus der Stichprobe herauslassen, wobei n zweckmäßig kleiner als der halbe Stichprobenumfang sein sollte (π-Methode).

Die U-Methode ist für die in diesem Buch beschriebenen Klassifikatoren programmiert worden und wird bei allen praktischen Problemen zusätzlich zur Fehlerschätzung angewandt (vgl. Abschnitt 13.6).

5.7. Vorerfahrung und Kompliziertheit

Wir verwendeten in Abschnitt 4.2.3 zwei Kompliziertheitsbegriffe für Entscheidungsbäume. Der eine war die Gesamtlänge des Baumes in der linearen Darstellung

$$K(\alpha) = |\alpha|.$$

Für den Klassifikator in der Arbeitsphase war ein zweiter Kompliziertheitsbegriff wichtiger; nämlich die in Abschnitt 4.2.3 mit Hilfe der klassifizierenden Abbildung φ definierte mittlere Weglänge

$$L(\varphi) = \sum_{\tilde{x} \in \tilde{X}} P(\tilde{x})\, l(\tilde{x})$$

(vgl. (4.1)), die ein Maß für den mittleren Klassifikationsaufwand ist. $\tilde{X}$ bezeichnet wieder die Menge aller vollständigen Wege in φ. Zum Beispiel können die Attribute x_i aufwendige Labortests in der medizinischen Diagnostik sein, die bei der routinemäßigen Anwendung des Klassifikators immer wieder durchgeführt werden müssen (vgl. dazu auch PICARD (1973)). Auf eine Erweiterung der Definition von $L(\varphi)$ für den Fall unterschiedlicher Kosten für die Messungen der x_i verzichten wir hier, da die damit zusammenhängenden Probleme noch nicht genügend geklärt sind. Im einfachsten Fall ist $L(\varphi)$ ein Maß für die mittlere Abarbeitungszeit von φ (Rechenzeit).

Die Kompliziertheiten $K(\alpha)$ und $L(\varphi)$ der durch den Metaalgorithmus CAL 3 entwickelten Bäume hängen wesentlich von der „Vorerfahrung", die das lernende System zur Verfügung hat, ab.

Eine Form der Vorerfahrung ist die in Abschnitt 4.3 beschriebene günstige Ausgangstestfolge Φ. Zur Herstellung der Ausgangstestfolge wurde die durch jedes Testattribut x_j global übertragene Information

$$I_0(\tilde{X}_j, K) = H(K) - H_{\tilde{X}_j}(K)$$

(vgl. (4.6))) berechnet und die x_j nach fallenden Werten von I_0 geordnet. $\tilde{X}_j$ bezeichnet die Wertemenge von x_j. Abb. 24, S. 56, zeigt den Einfluß der mit Hilfe von I_0 berechneten Prävalenzfolge auf die Kompliziertheit der durch den Metaalgorithmus entwickelten Bäume an einem Beispiel aus der medizinischen Diagnostik (vgl. Abschnitt 6.1).

Eine zweite Form der Vorerfahrung stellt die Kenntnis von Merkmalsabhängigkeiten (Redundanz im Merkmalsangebot) dar. Redundanz im Merkmalsangebot liegt immer vor, wenn keine Gleichverteilung über der Menge X_0 aller $\prod_{i=1}^{n} m_i$ möglichen Objektvektoren besteht.

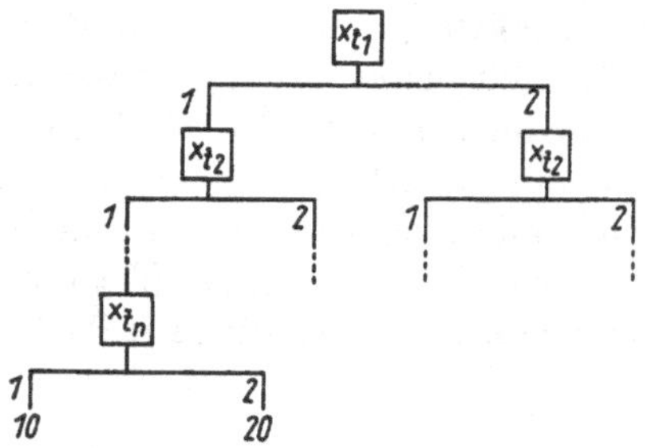

Abb. 22. Baum zum Auffinden von Merkmalsabhängigkeiten

Zum Auffinden von Merkmalsabhängigkeiten wurde ein als Vorverarbeitungsprozedur einsetzbarer Algorithmus entwickelt. Mit den sukzessiv einlaufenden Objekten wird ein Baum unter Benutzung zunächst aller Testattribute aufgebaut, wobei von der Klassenzugehörigkeit der Objekte abgesehen wird und an den Endknoten nur die

Objektanzahlen registriert werden (vgl. Abb. 22). Teilbäume, die von keinem Objekt durchlaufen werden, werden weggelassen. Wir definieren: x_{t_ν} ist ein unter der Bedingung $\tilde{\boldsymbol{x}}$ (wobei $\tilde{\boldsymbol{x}}$ der Weg zu einem Nichtendknoten ist) ***bedingt redundantes Attribut,*** wenn

$$H_{\tilde{\boldsymbol{x}}}(\tilde{\mathsf{X}}_{t_\nu}) = -\sum_{\tilde{x}_{t_\nu}=1}^{m_{t_\nu}} \mathbf{P}(\tilde{x}_{t_\nu} \mid \tilde{\boldsymbol{x}}) \log \mathbf{P}(\tilde{x}_{t_\nu} \mid \tilde{\boldsymbol{x}}) = 0 \qquad (5.12)$$

gilt. Dann gibt es einen Wert $\tilde{x}_{t_\nu}^*$ von x_{t_ν} mit $\mathbf{P}(\tilde{x}_{t_\nu}^* \mid \tilde{\boldsymbol{x}}) = 1$, und wir schreiben

$$\tilde{\boldsymbol{x}} = (\tilde{x}_{t_1}, \tilde{x}_{t_2}, \dots, \tilde{x}_{t_{\nu-1}}) \Rightarrow \tilde{x}_{t_\nu}^*, \qquad (5.13)$$

die Merkmalsfolge $\tilde{\boldsymbol{x}}$ legt $x_{t_\nu} = \tilde{x}_t^*$ fest, d. h., der Ausgang des Tests x_{t_ν} ist durch $\tilde{\boldsymbol{x}}$ vollständig festgelegt.

Nach jedem neu angebotenen und verarbeiteten Objekt wird nun der von diesem Objekt durchlaufene Zweig daraufhin durchgemustert, ob für einen Testknoten die Bedingung (5.12) näherungsweise erfüllt ist, d. h., ob an einer Stelle $\tilde{x}$ im Baum eine der bedingten Wahrscheinlichkeiten $\mathbf{P}(\tilde{x}_{t_\nu} \mid \tilde{\boldsymbol{x}})$ größer als eine vorgegebene Schwelle S_R ist. Wenn das der Fall ist, wird das Testattribut x_{t_ν} an der Stelle $\tilde{\boldsymbol{x}}$ eliminiert und die gefundene Merkmalsabhängigkeit gespeichert, so daß im Speicher eine Matrix von Ausdrücken der Form (5.13) entsteht. In der darauffolgenden Phase des Aufbaus des Klassifikators wird vor Hinzunahme eines neuen Tests anhand dieser Matrix geprüft, ob der Test redundant ist und daher nicht zum Aufbau des Baumes an der Stelle $\tilde{x}$ benutzt zu werden braucht.

Die Matrix der redundanten Attribute kann dazu benutzt werden, um fehlerhafte (genauer gesagt: mit einer vorgegebenen Mindestwahrscheinlichkeit fehlerhafte) Messungen zu korrigieren bzw. den Wert nicht gemessener Attribute zu extrapolieren (Ergänzung von Leerstellen in der Objektbeschreibung). Es handelt sich dann offenbar um das diskretwertige eindimensionale Analogon zu stabilen „Gestaltbildungen", die von Klix (1971) als Mechanismen der Selbstkorrektur anhand gespeicherter Merkmalsredundanz gedeutet werden.

5.8. Bemerkungen zur Optimalität von Entscheidungsbäumen

Die Aufgabe, für eine gegebene Stichprobe und eine gegebene Menge von Tests einen optimalen Entscheidungsbaum, der das mittlere Risiko für Fehlentscheidungen minimiert, zu konstruieren, läßt sich theoretisch exakt durch dynamische Programmierung lösen (Fu (1968), Persoon (1971)). Das Verfahren ist aber meist schon bei kleinen Anzahlen von Attributen nicht durchführbar, da es die Möglichkeiten heutiger Rechner in bezug auf Speicherplatz und Rechenzeit übersteigt. (Es müssen sämtliche bedingten Wahrscheinlichkeiten für Abhängigkeiten aller Ordnungen der Merkmale untereinander und Abhängigkeiten der Klassen von den Merkmalen aus der Stichprobe berechnet werden!) Dann wird meist zu suboptimalen Prozeduren übergegangen, wobei die einschränkenden Voraussetzungen wie Unabhängigkeit der Merkmale oder Markow-Abhängigkeiten erster Ordnung für praktische Fälle meist nicht akzeptabel sind.

Der Metaalgorithmus CAL 3 ist im Vergleich zu diesen Verfahren eine „Vorwärtsprozedur". Der Aufbau des Baumes geschieht nach einfachen Ersetzungsregeln; die für die Entscheidungen in den jeweiligen Endknoten notwendigen bedingten Wahrscheinlichkeiten werden durch den Lernprozeß selbst ermittelt und brauchen nicht vorher aus der Stichprobe geschätzt zu werden. Dadurch wird der Aufwand an Rechenzeit gering (er liegt bei den in Abschnitt 6.1 beschriebenen Beispielen mit neun binären Merkmalen in der Größenordnung von einigen Sekunden Zentraleinheitszeit der BESM 6), eine stochastische Suche nach optimalen Bäumen durch Änderung der Ausgangstestfolge erscheint als möglich.

Zusätzliche Annahmen über Merkmalsabhängigkeiten brauchen nicht gemacht zu werden. Durch Veränderung der Schwelle S_2 kann man die Kompliziertheit der konstruierten Bäume steuern und dem vorhandenen Speicherplatz anpassen.

Andererseits ist klar, daß durch eine Vorwärtsprozedur prinzipiell keine vollständige Optimierung in bezug auf die Testreihenfolge in den Zweigen des Baumes möglich ist. Schwierigkeiten ergeben sich ferner, wenn die Kosten für Fehlentscheidungen klassenabhängig sind. Dann lassen sich keine für den ganzen Baum einheitlichen Fehlerschranken $S_2^{(j)}$ definieren. Die bei der Konstruktion des Baumes lokal anzuwendende Entscheidungsregel (5.5) in Abschnitt 5.5 liefert Schwellen $S_2^{(j)}(\tilde{x})$, die vom jeweiligen Knoten $\tilde{x}$ abhängen.

6. Anwendungen

6.1. Berechnung von Entscheidungsbäumen mit dem Rechenprogramm CAL 3. Anwendungsbeispiel aus der medizinischen Diagnostik

Die zur Belehrung verwendeten Merkmalsvektoren der Trainingsmenge und die zugehörigen Parameter S_1 und S_2 bilden den Ausgangsdatensatz für das Rechenprogramm CAL 3. Da die Trainingsmenge endlich ist, hat man es in Wirklichkeit nicht mit einer stationären Quelle zu tun. Damit der Prozeß der Differenzierung des Baumes nicht zu zeitig abbricht, muß man bei kleinen Stichproben einen Kompromiß schließen und die Belehrungsstichprobe mehrmals durchlaufen lassen. Dadurch nimmt man u. U. einen Bias in der Wahrscheinlichkeitsverteilung im Baum in Kauf. (Das ist ein generelles Problem bei sequentiellen Belehrungsverfahren!) Praktisch wird so vorgegangen, daß die maximale Lernschrittanzahl als Parameter vorgegeben wird. Der Lernprozeß bricht dann nach dieser Anzahl von Schritten ab. Wenn durch neue Messungen zusätzliche neue Daten gewonnen werden, kann der Baum damit weiter differenziert werden, eine Unterteilung des Gesamtprozesses in „Lernphase“ und „Kannphase“ ist also nicht nötig, die Güte des Klassifikators entspricht dem jeweiligen Kenntnisstand.

Mit CAL 3 wurden Entscheidungsbäume für ein Problem der Röntgendiagnostik entwickelt (Abb. 24 bis 26). Die fünf Klassen A, B, C, D, E waren vier Gruppen von pathologischen Veränderungen der auf dem Röntgenbild sichtbaren Herzkontur und eine Gruppe von Normalbefunden. Einzelheiten über diese Klassifizierung findet man in Richter et al. (1968). Die Attribute $x_1, \dots, x_9$ waren bestimmte charakteristische Parameter der Herzkontur, die von den Röntgenärzten zur Diagnosestellung benutzt werden. Zum Beispiel ist das Attribut x_1 die „Herztaille“ (Einbuchtung der Kontur an einer bestimmten Stelle). $x_1 = 1$ bedeutet: „Herztaille vertieft“, $x_1 = 2$ „Herztaille normal“, $x_1 = 3$ „Herztaille ausgefüllt“ (vgl. Abb. 23a)).

Im Fall stetig variierender Größen, wie in diesem Beispiel, muß also zunächst eine Analog-Digitalkonversion erfolgen, um diskrete Merkmale zu erhalten. Im vorliegenden Fall geschah das subjektiv durch eine Kategorisierung der Ausprägungsgrade durch erfahrene Röntgenärzte (Abb. 23b)).

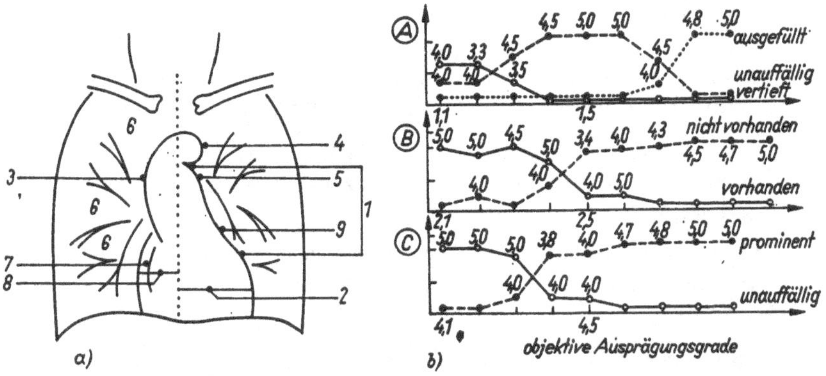

Abb. 23a). Schematische Darstellung der 9 röntgenmorphologischen Kriterien der Herzkontur, mit denen die differentialdiagnostischen Klassen beschrieben werden. Ihre Verknüpfung in unterschiedlichen Mustern bildet die Grundlage für die Trennung der Klassen

b) Subjektive Entscheidungsschwellen für die Beurteilung objektiver Ausprägungsgrade der Kriterien A: Nr. 1 (Herztaille), B: Nr. 2 (Linksverbreiterung des Herzens) und C: Nr. 4 (Aortenknopf). Die mittlere subjektive Urteilssicherheit ist jeweils als Zahl über den Kurvenpunkten vermerkt (nach Richter et al. (1974))

Die Belehrungsstichprobe bestand aus 450 Objektvektoren, von denen bis auf drei alle eindeutig einer Klasse zugeordnet waren. Die Klasseneinteilung war also im wesentlichen disjunkt. Die Fano-Schranke für $\mathbf{P}_e$ ist also 0, es läßt sich bei hinreichend langer Belehrung vollständige Auflösung erreichen. Trotzdem wurde mit Schwellen $S_2 < 1$ gerechnet, um nicht zu komplizierte Bäume zu erhalten. (Ziel war die Berechnung von optimalen Entscheidungsbäumen für vorbeugende Massenuntersuchungen, bei denen für die Auswertung eines Schirmbilds nur begrenzte Zeit zur Verfügung steht.) Durch Vorgabe von S_2 kann also die Kompliziertheit der entwickelten Bäume begrenzt werden — natürlich durch Inkaufnahme größerer Fehler $\mathbf{P}_e$.

Abb. 24a) zeigt einen von CAL 3 entwickelten Entscheidungsbaum, zur Belehrung wurden die 450 in der beschriebenen Art als Merkmalsvektoren codierten Röntgenbefunde verwendet (ca. vier Durchläufe der Trainingsstichprobe). Die Eingangsfolge $\Phi = (x_1, x_2, \ldots, x_9)$ war die von den Ärzten vorgegebene, subjektiv eingeschätzte Relevanzrangreihe. Die Schwellen waren $S_1 = 30$, $S_2 = 0{,}8$, d. h., es sollte ein mittlerer Fehler $<20\%$ durch den entwickelten Klassifikator erreicht werden.

Abb. 24a) zeigt, daß selbst nach vier Durchläufen der Belehrungsstichprobe noch Endknoten auftreten, deren Anzahlen die Signifikanzschwelle S_1 nicht erreichen, so daß an diesen Endknoten keine statistisch verläßlichen Diagnosen gestellt bzw. Klassenwahrscheinlichkeiten angegeben werden können.

In solchen Fällen wurden vorläufig von den Endknoten aufwärts wieder Tests weggelassen (Vereinigung von Teilverzweigungen), bis ein Niveau erreicht ist, für das statistisch verläßliche Entscheidungen möglich sind (vgl. Fußnote S. 48).

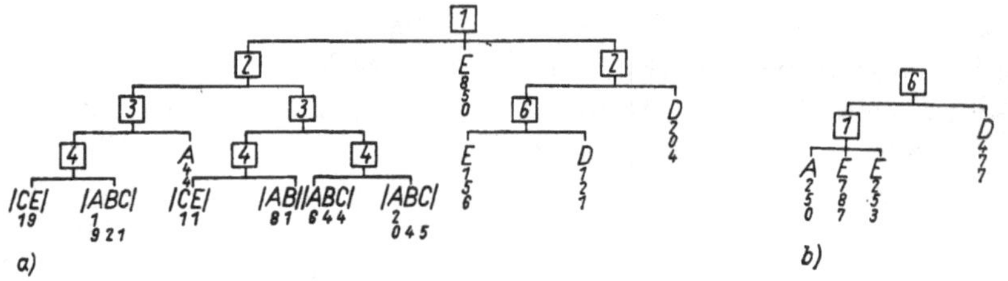

Abb. 24. Abhängigkeit der Kompliziertheit der entwickelten Bäume von der Testreihenfolge (Schwellen $S_1 = 30$, $S_2 = 0.8$). Beispiel aus der medizinischen Diagnostik (9 Attribute). Die Testknoten sind durch die Indizes der Attribute gekennzeichnet. Die Anzahlen unter den Klassensymbolen sind vertikal geschrieben.

a) Vorgegebene Reihenfolge (Anordnung im Objektvektor)

$\Phi = (x_1, x_2, \dots, x_9)$

b) Mit dem globalen Relevanzmaß I_0 berechnete Folge

$\Phi = (x_6, x_1, x_5, x_7, x_2, x_3, x_9, x_4, x_8)$

Abb. 25 zeigt den mit Hilfe von Bayes-Entscheidungen an den Endknoten des Typs 3 hergestellten deterministischen Klassifikator. Dabei wurden Reduktionsregeln (Abschnitt 4.2.3) angewendet.

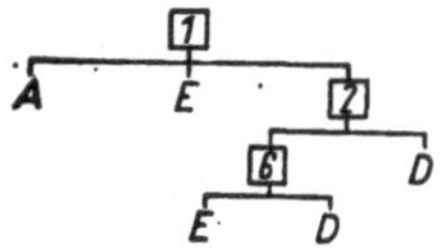

Abb. 25. Herstellung des Klassifikators, wenn Endknoten auftreten, bei denen die Schwelle S_1 bzw. S_2 nicht erreicht wird (Baum von Abb. 24a))

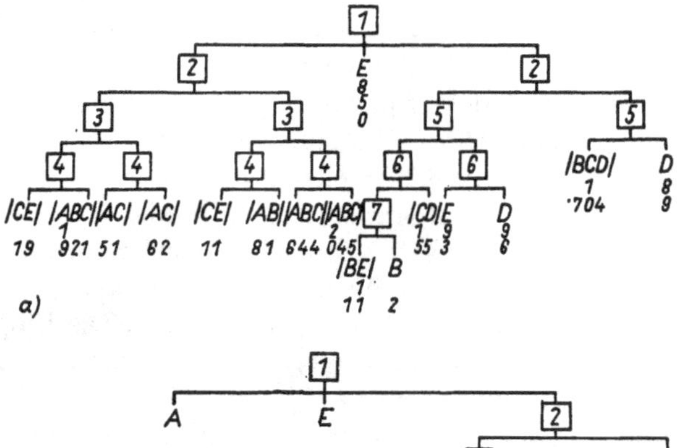

Abb. 26. Auswirkung der Erhöhung der Schwelle S_2. $S_1 = 30$, $S_2 = 0.9$.

a) Baum mit Anzahlangaben, vorgegebene Testreihenfolge $\Phi = (x_1, x_2, x_3, \dots, x_9)$

b) Klassifikator zu a)

In Abb. 24b ist, um den Einfluß der Vorerfahrung auf die Kompliziertheit zu zeigen, ein mit der Ausgangsfolge $\Phi = (x_6, x_1, x_5, x_7, x_2, x_3, x_9, x_4, x_8)$ entwickelter Baum dargestellt. Diese Folge wurde mit Hilfe des globalen Relevanzmaßes (4.6)

$$I_0(\tilde{\mathsf{X}}_j, \mathsf{K}) = H(\mathsf{K}) - H_{\tilde{\mathsf{X}}_j}(\mathsf{K})$$

hergestellt. Der entstehende Baum hat eine überraschend geringe Kompliziertheit, an allen Endknoten werden die Schwellen S_1 und S_2 erreicht.

Über die für den speziellen Fall der Röntgendiagnostik der Herzkrankheiten günstigste Reihenfolge der Abprüfung der Attribute soll aus diesen Ergebnissen zunächst noch nichts ausgesagt werden. Hier spielen noch subjektive Faktoren eine Rolle, wie Sichtbarkeit der Merkmale auf dem Röntgenbild und Kontextabhängigkeit.

In Abb. 26 ist die Auswirkung einer Erhöhung der Schwelle S_2 dargestellt. Es ergibt sich ein Baum mit größerer Kompliziertheit, d. h. größerer Knotenzahl. Der geschätzte Klassifikationsfehler $\mathbf{P}_e$ hat sich erwartungsgemäß verringert.

6.2. Weitere Anwendungen

In der medizinischen Diagnostik, insbesondere bei Routine- und Massenuntersuchungen, besteht oft das Bedürfnis, mit einer minimalen Anzahl von Tests auszukommen, um die entstehenden Kosten gering zu halten. Wie an dem Beispiel in Abschnitt 6.1 gezeigt wurde, kann mit dem Programmsystem CAL 3 ein Beitrag zur Lösung dieser Aufgabe geleistet werden. Die Einführung einer zusätzlichen Bewertung des Tests nach ihren Kosten bzw. nach ihrer Gefährlichkeit für den Patienten erscheint als möglich. Der Algorithmus gestattet ferner die Einführung krankheits- (d. h. klassen-) spezifischer Detektionsschwellen $S_2^{(j)}$. Damit kann das Verhältnis von Unter- und Überbewertungsfehlern reguliert werden (Unterbewertungsfehler: nicht erkannte Kranke; Überbewertungsfehler: als krank diagnostizierte Gesunde).

Die entwickelten Entscheidungsbäume stellen die logische Struktur des Diagnoseproblems in übersichtlicher Weise dar und gestatten durch die explizit sichtbaren Abhängigkeiten der Symptome untereinander und von den Krankheiten möglicherweise Rückschlüsse auf kausale Abhängigkeiten.

Auf die Bedeutung lernfähiger logischer Klassifikatoren der hier entwickelten Art als Entscheidungsstufe in hierarchischen Systemen der Schriftzeichenerkennung wird von Nadler (1968) hingewiesen. In Abb. 27 und 28 sind vorläufige Ergebnisse für ein Beispiel aus der Schriftzeichenerkennung dargestellt.

Ein weiteres bedeutsames Anwendungsgebiet liegt vor bei Klassifikationsaufgaben in Datenbanken. Erste Erfahrungen mit CAL 2 bei der Klassifizierung von Konstruktionsaufgaben nach bereits im Speicher befindlichen Prinziplösungen liegen vor. Der Einsatz von Metaalgorithmen als Hilfsmittel bei Contentanalysen und Kontraststudien von Texten wird bei Hunt, Marin und Stone (1966) beschrieben. Hier ergeben sich interessante weiterführende Aspekte, wie z. B. Kontext- und Semantikprobleme.

Bei vielen Anwendungsproblemen liegen reellwertige Meßwertvektoren vor. Um diese direkt, d. h. ohne vorherige Diskretisierung durch einen menschlichen Beurteiler (vgl. Abschnitt 5.1), mit Entscheidungsbaumklassifikatoren verarbeiten zu können, müssen Metaalgorithmen entwickelt werden, die automatisch Intervalle (Testausgänge) auf den stetigen Dimensionen bilden. Solchen Metaalgorithmen wenden wir uns im nächsten Kapitel zu.

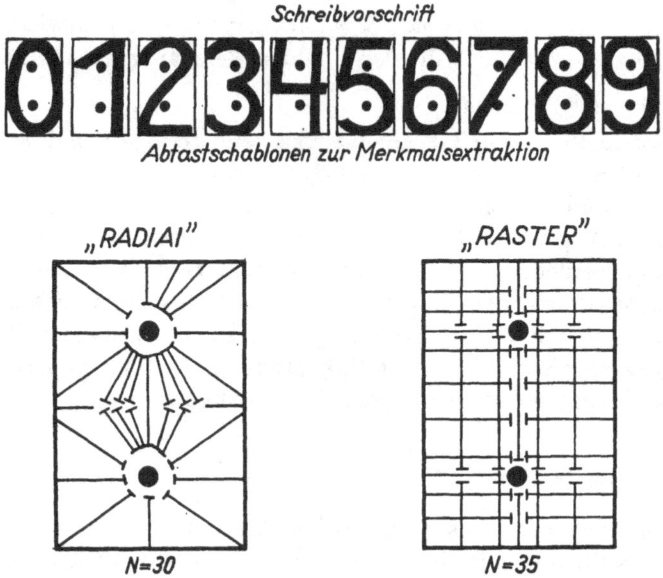

Abb. 27. Beschreibung numerischer Schriftzeichen durch binäre Merkmale. Schreibvorschrift und Abtastschablonen für die Verfahren „RADIAL" und „RASTER" (nach K. WLOKA, ZKI-Informationen 3/1976).
Die Merkmale sind durch das Vorhandensein ($x_i = 1$) bzw. Fehlen ($x_i = 0$) einer Schnittstelle der „Sonde" Nr. i mit dem Zeichen definiert. Beim Verfahren „RADIAL" sind die Sonden radial, bei „RASTER" vertikal und horizontal angeordnet. Ein für das Verfahren „RASTER" entwickelter Klassifikator ist in Abb. 28 dargestellt

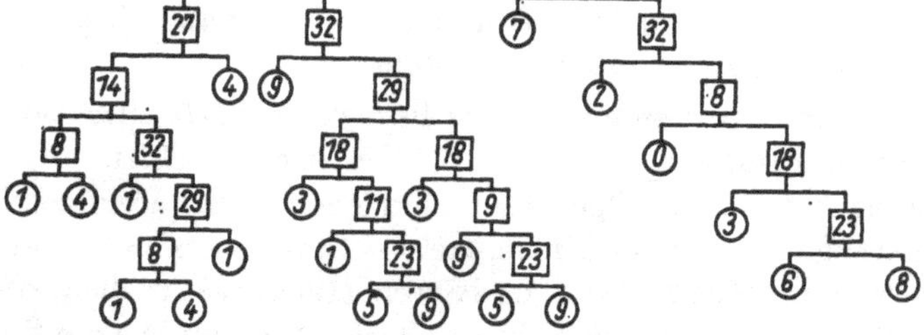

Abb. 28. Entscheidungsbaum für die Erkennung der Ziffern 0, ..., 9 anhand der in Abb. 27 dargestellten Merkmale nach 2000 Lernschritten und Reduktion. Die Wiedererkennungsrate betrug 4%.
Die PI-Methode lieferte eine fast erwartungsgetreue Fehlerschätzung von 6%. Eine weitere Senkung der Fehlerrate läßt sich durch Erhöhung der Lernschrittanzahl erreichen.
(Die Daten wurden uns von G. STANKE und K. WLOKA zur Verfügung gestellt.)

7. Metaalgorithmen zur Entwicklung von Entscheidungsbäumen bei reellwertigen Attributen

7.1. Vorbemerkungen

Bisher waren Attribute mit diskreten Werten (Merkmalen) vorausgesetzt worden, bei kontinuierlich variierenden Meßgrößen mußte eine vorherige Diskretisierung (Analog-Digitalkonversion) vorgenommen werden, z. B. durch einen Beurteilungsprozeß. Durch diesen werden auf den Dimensionen x_i disjunkte Intervalle festgelegt und diese Intervalle den Testausgängen x_i zugeordnet, d. h., der Definitionsbereich der kontinuierlich variierenden Meßgröße x_i wird als

$$\bigcup_{\tilde{x}_i=1}^{m_i} I(\tilde{x}_i)\,, \qquad I(\varrho) \cap I(\sigma) = \emptyset\,, \qquad \varrho \neq \sigma\,,$$

dargestellt, wo $I(\tilde{x}_i)$ das dem Testausgang $\tilde{x}_i$ zugeordnete Intervall bedeutet. Bezeichnen wir die der reellwertigen Variablen x_i zugeordnete diskretwertige Variable mit x_i^d, dann ist also

$$x_i^d = \tilde{x}_i\,, \quad \text{wenn} \quad x_i \in I(\tilde{x}_i)\,.$$

Wir wollen uns im folgenden auf den Fall beschränken, daß die $I(\tilde{x}_i)$ eine Überdeckung eines zusammenhängenden Gebiets auf der x_i-Achse bilden und daß der Endpunkt von $I(\varrho)$ mit dem Anfangspunkt von $I(\varrho + 1)$ übereinstimmt $(1 \leqq \varrho < m_i)$.

Im folgenden werden Metaalgorithmen betrachtet, bei denen die Voraussetzung einer von vornherein vorgegebenen Zerlegung in Intervalle nicht gemacht zu werden braucht. *Der Metaalgorithmus findet automatisch eine der Klasseneinteilung der Objekte angepaßte Zerlegung*, wobei wieder versucht wird, mit so wenig wie möglich Testattributen auszukommen, d. h. irrelevante Attribute nicht zu benutzen bzw. sie zu eliminieren.

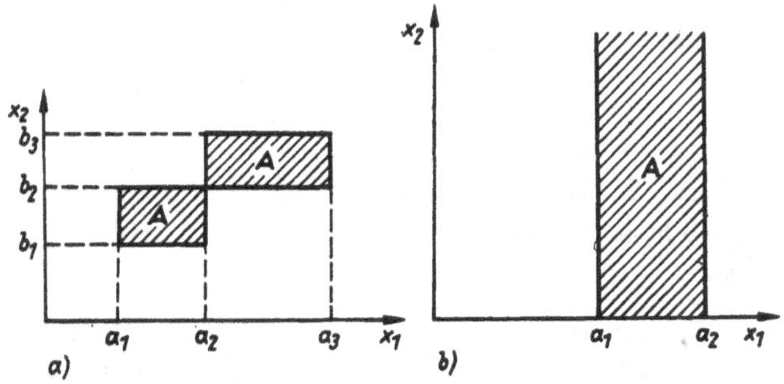

Abb. 29. Approximation von Klassen durch Intervalle

Die Aufgabe des Metaalgorithmus bestehe darin, das Gebiet einer Klasse im $\mathbf{R}^n$ durch eine Vereinigung disjunkter Intervalle zu approximieren, so daß in jedem Intervall die bedingte Wahrscheinlichkeit für diese Klasse größer als S_2 ist:

$$\mathbf{P}(k \mid \boldsymbol{x} \in I(\tilde{\boldsymbol{x}})) \geqq S_2\,.$$

$\tilde{\boldsymbol{x}}$ bezeichnet wieder einen Weg im Entscheidungsbaum, der durch die Testausgänge definiert ist. $I(\tilde{\boldsymbol{x}})$ ist das dem Weg $\tilde{\boldsymbol{x}}$ zugeordnete r-dimensionale Intervall (vgl. Abschnitt 7.2), wobei r die Länge von $\tilde{\boldsymbol{x}}$ bedeutet und $r \leqq n$ ist.

Beispiele

Entscheidungsgebiet für Klasse A (vgl. Abb. 29a)):

$$(a_1 \leqq x_1 \leqq a_2) \wedge (b_1 \leqq x_2 \leqq b_2) \vee (a_2 \leqq x_1 \leqq a_3) \wedge (b_2 \leqq x_2 \leqq b_3)$$

Entscheidungsgebiet für Klasse A (vgl. Abb. 29b)):

$$(a_1 \leqq x_1 \leqq a_2)\,.$$

Im zweiten Beispiel (vgl. Abb. 29b)) ist x_2 irrelevant und tritt im Entscheidungsbaum nicht explizit auf. Das führt zu einem Klassifikator mit geringerer Kompliziertheit im Vergleich z. B. mit Trennebenenverfahren. Im Mittel brauchen bei der Klassifikation nicht alle Attribute abgearbeitet, d. h. gemessen zu werden.

$I(\tilde{x})$ ist also im allgemeinen ein r-dimensionales Intervall mit $r \leqq n$. Durch Einsetzen der Grenzen $-\infty$, ∞ für die auf dem Weg $\tilde{x}$ nicht vorkommenden Attribute aus der Menge $\{x_1, \dots, x_n\}$ kann man es zu einem n-dimensionalen ergänzen.

Anwendungsbeispiel. Man betrachte etwa die Herstellung eines Artikels in einem Produktionsprozeß. Es seien $x_1, \dots, x_n$ die Variablen, die den Herstellungsprozeß steuern. Ein Stück wird als A klassifiziert, wenn es keinen Fehler aufweist, sonst als B. Man ist dann daran interessiert, einen geeigneten Bereich (Intervall) für die $x_1, \dots, x_n$ so einzustellen, daß die Klasse A (fehlerfreie Produkte) eingehalten wird. Wir kommen auf eine Anwendungsaufgabe dieser Art in Abschnitt 7.2.4 zurück.

Im folgenden werden zwei Metaalgorithmen zur Entwicklung von Entscheidungsbäumen bei Objektbeschreibungen durch reellwertige Attribute dargestellt. Die „Schwellen" (Intervallgrenzen) auf den Dimensionen x_i werden von den Metaalgorithmen während des Lernprozesses bestimmt. Über die bedingten Wahrscheinlichkeiten der Klassen und Merkmale brauchen keine Voraussetzungen gemacht zu werden.

Ausgangspunkt dafür waren experimentelle Untersuchungen von Hoffmann (1974), in denen gezeigt wurde, daß der Mensch in der Lage ist, logische Funktionen (Prädikate) dieses Typs (gleichzeitige Bestimmung der Intervalle und der Art der logischen Verknüpfung der Attribute) in Lernprozessen zu entwickeln, wobei der Typ der logischen Verknüpfung nach ähnlichen Prinzipien wie im Algorithmus von Goede und Klix erworben wird.

Der zunächst zu beschreibende Metaalgorithmus CAL 5 hat eine gewisse Ähnlichkeit mit dem sequentiellen Quotiententest von Wald (vgl. z. B. Rao (1973), Fu (1968), eine ausführlichere Diskussion erfolgt in Abschnitt 7.3.2), Unterschiede ergeben sich daraus, daß bei CAL 5 die Wahrscheinlichkeitsverteilungen mitgeschätzt werden. Es wird in diesem Zusammenhang noch einmal das Problem einer konfidenten Schätzung der A-posteriori-Wahrscheinlichkeiten (bedingten Klassenwahrscheinlichkeiten) aufgegriffen, das in Kapitel 5 approximativ durch Einführung der Statistikschwelle S_1 gelöst worden war. Der Metaalgorithmus CAL 5 wurde zusammen mit F. Sobik (Pötschke, Sobik, Ulbrich und Wysotzki (1974)) entwickelt. Auf ein zweites, von P. Ulbrich (Pötschke, Sobik, Ulbrich und Wysotzki (1974)) entwickeltes Verfahren (CAL 4) wird in Abschnitt 7.3 eingegangen.

7.2. Der Metaalgorithmus CAL 5

7.2.1. Darstellung der Entscheidungsbäume

Gegenüber der in Abschnitt 5.2 gegebenen Definition eines Entscheidungsbaums ergeben sich folgende Abänderungen:

1. Jeder echte Teilbaum wird in Schrägstriche /,/ eingeschlossen.

2. Die Schrägstriche bezeichnen die Intervallgrenzen auf der entsprechenden Dimension, die numerischen Werte der Intervallgrenzen werden über die Schrägstriche geschrieben.

3. Dem i-ten Intervall ($i = 1, 2, \ldots, m_t$) auf der Dimension x_t wird der (diskrete) Testausgang $\tilde{x}_t = i$ zugeordnet.

4. Ein Weg von der Wurzel des Baumes bis zu einem Endknoten ist durch eine Kantenfolge $\tilde{x}_{t_1}\,\tilde{x}_{t_2} \ldots \tilde{x}_{t_\nu}$ festgelegt. Dieser Weg wird wieder mit $\tilde{\boldsymbol{x}}$ bezeichnet, ihm ist ein ν-dimensionales Intervall $I(\tilde{\boldsymbol{x}})$ zugeordnet ($1 \leqq \nu \leqq n$), dessen Begrenzungen durch achsenparallele Ebenen sich aus der Zuordnungsvorschrift 3 ergeben, nachdem die Intervalle durch den Metaalgorithmus konstruiert und nach der Zuordnungsvorschrift 2 bezeichnet sind.

Beispiel

$$\alpha = 1\,(\,\overset{-\infty}{\underset{25}{/}}\,\underset{25}{A}\,\overset{0,3}{/}\;\overset{0,3}{\underset{100}{/}}\,2\,(\,\overset{-\infty}{\underset{50}{/}}\,\underset{50}{A}\,\overset{-0,7}{/}\;\;\overset{-0,7}{\underset{50}{/}}\,\underset{25}{A}\,\underset{25}{B}\,\overset{\infty}{/}\,)\,\overset{1,7}{/}\;\overset{1,7}{\underset{9}{/}}\,\underset{9}{A}\,\overset{\infty}{/}\,)$$

oder, wenn man die Anzahlangaben mit in die syntaktische Definition aufnimmt:

$$\alpha = 1\,(\,\overset{-\infty}{/}\,A\,25\,\overset{0,3}{/}\,25\,\overset{0,3}{/}\,2\,(\,\overset{-\infty}{/}\,A\,50\,\overset{-0,7}{/}\,50\,\overset{-0,7}{/}\,A\,25\,B\,25\,\overset{\infty}{/}\,50\,)\,\overset{1,7}{/}\,100\,\overset{1,7}{/}\,A\,9\,\overset{\infty}{/}\,9\,)\,.$$

Zum Beispiel hat x_1 drei Testausgänge, die durch die Intervalle $(-\infty, 0{,}3]$, $(0{,}3, 1{,}7]$ und $(1{,}7, \infty)$ gebildet werden. Unter den Knoten des Baumes stehen die Anzahlen der Objekte, die diesen Knoten durchlaufen haben, bei Vereinigungsklassen aufgeschlüsselt auf die Klassensymbole. (Wir werden die Anzahlangaben im folgenden auch weglassen.) Beispielsweise wird mit dem obigen Baum das Objekt $\boldsymbol{x} = (1, -0{,}8)$ als A klassifiziert, und der durchlaufene Weg ist

$$\tilde{\boldsymbol{x}} = (\tilde{x}_1 = 2, \tilde{x}_2 = 1)\,,$$

$$I(\tilde{\boldsymbol{x}})\colon (0{,}3 < x_1 \leqq 1{,}7) \wedge (-\infty < x_2 \leqq -0{,}7)\,.$$

Bemerkung zur syntaktischen Darstellung. Man könnte in Erweiterung der in Abschnitt 5.2 gegebenen Definition einen Entscheidungsbaum jetzt folgendermaßen induktiv definieren, wenn man zum Alphabet der Elementarsymbole die reellen Zahlen $b \in \mathsf{R}^1$ hinzunimmt:

1. $\alpha = \varkappa$ ist ein Entscheidungsbaum, wobei

$$\varkappa = k_1 n_1 k_2 n_2 \ldots k_\varrho n_\varrho \ldots k_r n_r$$

($k_\varrho \in \mathsf{K}$, $n_\varrho \in \mathsf{Nz}$, $\varrho = 1, \ldots, r$ und $1 \leqq r \leqq M$)
oder $\varkappa = *$ ist.

2. $\alpha = t(b_1/\alpha_1\, b_1'/n_1 b_2/\alpha_2\, b_2'/n_2 \ldots b_{m_t}/\alpha'_{m_t}\, b_{m_t}/n_{m_t})$

ist ein Entscheidungsbaum, wobei t und α_i ($i = 1, \ldots, m_t$) die übliche Bedeutung haben und die b_i, b_i' ($i = 1, \ldots, m_t$) reelle Zahlen sind.

Wir verzichten auf diese Darstellung zugunsten der oben benutzten, um die Lesbarkeit der die Bäume beschreibenden Ketten in den Beispielen nicht zu sehr zu erschweren. Ferner hatten wir uns auf den Fall aneinander angrenzender Intervalle beschränkt, so daß immer $b_{j+1} = b_j'$ ist ($j = 1, \ldots, m_t - 1$).

7.2.1.1. Ersetzungsregel

Folgende Ersetzungsregel zur Vereinigung von aneinander angrenzenden Intervallen wird verwendet:

$$\overset{b_\varrho}{/}\alpha\overset{b_{\varrho+1}}{/}\;\overset{b_{\varrho+1}}{/}\alpha\overset{b_{\varrho+2}}{/}\;\overset{b_{\varrho+2}}{/}\ldots\overset{b_{\varrho+\sigma-1}}{/}\alpha\overset{b_{\varrho+\sigma}}{/}\leftarrow\overset{b_\varrho}{/}\alpha\overset{b_{\varrho+\sigma}}{/} \tag{7.1}$$

für beliebige Teilbäume α. Durch diese Regel wird die Zahl der Testausgänge nachträglich reduziert, das führt im allgemeinen zu einer erheblichen Vereinfachung der Bäume durch Bildung größerer Intervalle.

7.2.2. Metaalgorithmus

Ohne Beschränkung der Allgemeinheit sei die Testreihenfolge $\Phi = (x_1, x_2, \ldots, x_n)$ vorgegeben. Wieder wird vorausgesetzt, daß die Objekte der Trainingsstichprobe von einer unabhängigen stationären Quelle stammen. Die Trainingsstichprobe wird als endliches Teilstück einer von dieser Quelle erzeugten Folge betrachtet.

Es wurde schon darauf hingewiesen, daß die zur Belehrung zur Verfügung stehenden endlichen Stichproben ein generelles Problem bei Verfahren der Zeichenerkennung darstellen. Die konstruierten Klassifikatoren sind damit immer an die Trainingsstichprobe angepaßt. Nun sind allerdings (z. B. in der medizinischen Diagnostik) Fälle denkbar, bei denen die Trainingsstichprobe ständig erweitert werden kann, z. B. wenn diagnostizierte Befunde nachgeliefert werden. Dann besteht die Möglichkeit einer ständigen Verbesserung der Klassifikatoren. Auf dieses Problem gehen wir noch kurz in Abschnitt 7.2.5 ein.

Der Metaalgorithmus CAL 5 arbeitet, was die Differenzierung des Baumes betrifft, wie der Metaalgorithmus CAL 3: Wenn Endknoten des Typs 3 auftreten, die mit einer Vereinigungsklasse belegt sind und keine Klasse dominiert (vgl. Abschnitt 5.3, Fall 3b)), dann werden diese Endknoten durch einen neuen Test ersetzt. Die wesentliche Erweiterung gegenüber dem Metaalgorithmus CAL 3 stellt die Bildung der Testausgänge (Intervalle) und das Kriterium für die Dominanz einer Klasse an einem Endknoten dar.

Wir beschreiben zunächst das Prinzip des Metaalgorithmus und der Intervallbildung. (Dabei handelt es sich um eine an endliche Belehrungsstichproben angepaßte Variante.)

7.2.2.1. Metaalgorithmus

1. *Anfangsschritt.* Der Anfangsbaum ist der leere Baum

$$\alpha^{(0)} = * .$$

2. *Induktionsschritt.* Der Baum sei bis zum Niveau (Rang) ν entwickelt ($0 \leqq \nu < n$, $\nu = 0$ wird dem Anfangsbaum zugeordnet). Zur Veranschaulichung diene z. B. das unterste Niveau des Baumes in Abb. 31 a). *Die Knoten des Niveaus werden von links beginnend durchgemustert.* Es werde der Knoten $E_{\tilde{x}} = E_{(\tilde{x}_{t_1}, \tilde{x}_{t_2}, \ldots, \tilde{x}_{t_\nu})}$ betrachtet. Jetzt kann $1 \leqq \nu \leqq t_\nu$ sein, da bei der Intervallbildung irrelevante Attribute mit nur einem Testausgang gebildet werden können, die nicht in den Baum aufgenommen werden (vgl. unten).

Fall 1. Der Knoten ist mit einem Klassensymbol k belegt (Typ 1). Dann ist bereits für die Dominanz dieser Klasse entschieden worden, es wird zum nächsten Knoten übergegangen.

Fall 2. Der Knoten ist mit $\varkappa = *$ oder mit einer Vereinigungsklasse $\varkappa = k_1 k_2 \ldots k_l$ belegt. (Der Fall $\varkappa = *$ kann hier nur für den Anfangsbaum auftreten.) In diesem Fall wird $\varkappa$ durch eine Zeichenkette ersetzt, die durch den nun zu beschreibenden Intervallbildungsalgorithmus konstruiert wird. (Wir lassen in der Darstellung der Bäume von hier ab aus Gründen der Übersichtlichkeit die Anzahlangaben weg, ihre Verwendung wird in Abschnitt 7.2.3 ersichtlich.)

7.2.2.2. Intervallbildung[1])

Es sei $X_{\tilde{z}}$ die Menge der Objektvektoren der Trainingsstichprobe, die bei einer Klassifikation den Knoten $E_{\tilde{z}}$ erreichen. Es seien $a_1, \ldots, a_r$ die in $X_{\tilde{z}}$ vorkommenden Werte von $x_{t_\nu+1}$ und o. B. d. A. sei

$$a_j \leqq a_{j+1} \quad (1 \leqq j \leqq r-1)\,,$$

d. h., die Objektvektoren seien nach nichtfallenden Werten von $x_{t_\nu+1}$ geordnet. Die Testausgänge (Intervalle) auf der Dimension $x_{t_\nu+1}$ werden nun folgendermaßen durch sukzessive Zusammenfassung von Meßwerten bestimmt:

1. *Anfangsschritt.* Im Anfangsschritt wird das Intervall $(-\infty, a_1]$ betrachtet.

2. *Induktionsschritt.* Auf das jeweils betrachtete Intervall wird das folgende Verfahren angewendet: Mit Hilfe der Objekte der Trainingsmenge in der obigen Anordnung auf der Dimension $x_{t_\nu+1}$ wird geprüft, ob in diesem Intervall eine Klasse dominiert. Das Dominanzkriterium wird in Abschnitt 7.2.3 beschrieben. Es gibt folgende Möglichkeiten:

A) Eine Klasse dominiert.

B) Keine Klasse dominiert.

C) Keine der Entscheidungen A), B) kann durch den Metaalgorithmus getroffen werden (aufgrund statistischer Unsicherheit, vgl. Abschnitt 7.2.3).

Dann wird wie folgt verfahren:

Fall A) Durch das betrachtete Intervall wird ein Testausgang definiert. Diesem Testausgang wird die dominierende Klasse zugeordnet.

Fall B) Durch das Intervall wird ebenfalls ein Testausgang definiert. Diesem Testausgang wird die Vereinigungsklasse aller im Intervall vorkommenden Klassen zugeordnet.

Fall C) I. Die obere Intervallgrenze a_j ist kleiner als a_r. Als obere Intervallgrenze wird jetzt a_{j+1} verwendet und das Verfahren wiederholt (Vergrößerung des Intervalls zur Erhöhung der Statistik).

II. Die obere Intervallgrenze ist a_r. Dann wird wie im Fall B) verfahren.

Nun sei einer der Fälle A), B) oder C) II eingetreten, und es sei a_j die obere Intervall-

---

[1]) Die Formulierung des Intervallbildungsalgorithmus und des Dominanzkriteriums stammt von F. Sobik.

grenze. Ist $a_j < a_r$, dann wird das Verfahren der Intervallbildung, ausgehend von $(a_j, a_{j+1}]$, zur Bildung des nächsten Testausgangs wiederholt. Ist $a_j = a_r$, so wird das betrachtete Intervall $(a_s, a_r]$ durch das Intervall (a_s, ∞) ersetzt. Damit sind alle Intervalle gebildet.

Endet der Algorithmus mit dem Fall C) (keine statistisch verläßliche Entscheidung für A) oder B)), was bei endlichen Belehrungsstichproben beim zuletzt gebildeten Intervall (a_s, ∞) auftreten kann, dann kann das Intervall (a_s, ∞) mit dem vorhergehenden vereinigt oder der Test weggelassen werden. Steht eine stationäre Quelle zur Verfügung, dann kann man durch Vergrößerung der Belehrungsstichprobe immer erreichen, daß mindestens zwei Testausgänge gebildet werden und daß für alle gebildeten Testausgänge die Entscheidung A) oder B) getroffen werden kann.

(Der Metaalgorithmus CAL 5 läßt sich in bezug auf die Belehrung streng sequentiell in Analogie zum Metaalgorithmus CAL 3 aufbauen. Der oben beschriebene, bei der Intervallbildung verwendete Zugriff zur Trainingsmenge ist lediglich eine rechentechnische Vereinfachung zur Abkürzung des Intervallbildungsprozesses bei endlichen Stichproben.)

Auf nebeneinanderliegende Intervalle mit identischen Klassen- bzw. Vereinigungsklassen wird nun noch die Ersetzungsregel (7.1)

$$\overset{b_\varrho}{/}\ \varkappa\ \overset{b_{\varrho+1}}{/}\quad \overset{b_{\varrho+1}}{/}\ \varkappa\ \overset{b_{\varrho+2}}{/}\ \dots\ \overset{b_{\varrho+\sigma-1}}{/}\ \varkappa\ \overset{b_{\varrho+\sigma}}{/} \leftarrow \overset{b_\varrho}{/}\ \varkappa\ \overset{b_{\varrho+\sigma}}{/}$$

angewendet. Erhält man durch das Verfahren infolge der endlichen Belehrungsmenge nur einen Testausgang, wird der Test zunächst als (lokal) irrelevant weggelassen, da er keinen Beitrag zur Klassentrennung liefert.

Erhält man einen Test t (d. h. ein diskretwertiges Attribut x_t^d) mit mehreren Ausgängen, dann wird die ursprüngliche Zeichenkette $\varkappa$ am Knoten $E_{\bar{x}}$ im Fall 2. durch die neue Kette

$$\sigma = t(\ \overset{-\infty}{/}\ \varkappa_1 \overset{b_1}{/}\ \overset{b_1}{/} \varkappa_2 \overset{b_2}{/} \dots \overset{b_{m_t}}{/} \varkappa_{m_t} \overset{\infty}{/}\ ), \qquad b_i \in \{a_1, \dots, a_r\},$$

ersetzt. Die b_i $(i = 1, \dots, m_t - 1)$ bezeichnen die Grenzen der neugebildeten Intervalle, $\varkappa_i$ ist entweder ein Klassensymbol oder eine Vereinigungsklasse, d. h. $\varkappa_i \in \mathfrak{P}(\{k_1, k_2, \dots, k_M\})$. Die Ersetzungsregel für Knoten des Typs 3 lautet also:

$$\varkappa \leftarrow \sigma .$$

Wird kein neuer Test gebildet, findet keine Ersetzung statt. Sind alle Tests verbraucht und treten noch Endknoten des Typs 3 auf, dann kann in diesen Endknoten wieder nach maximaler relativer Häufigkeit entschieden werden (Abschnitt 5.6), oder es können die bedingten relativen Klassenhäufigkeiten direkt als Information ausgegeben werden.

Es empfiehlt sich auch bei diesem Algorithmus, die Informationen über Vereinigungsklassen (Symbolfolge mit Anzahlangaben) bei Ersetzung durch einen neuen Test nicht zu löschen, sondern beizubehalten (vgl. dazu die Bemerkungen in Abschnitt 5.3, S. 66), um im Fall der Nichtverwendbarkeit des neuen Tests damit zu entscheiden. Man ordnet dann im Sinne der Theorie von H. Thiele einem Testausgang (Intervall) zwei Kanten zu, die bei der Abarbeitung parallel durchlaufen werden.

Auf einen weiteren Vorteil dieses Verfahrens gehen wir in Abschnitt 7.2.5 ein.

7.2.3. Entscheidung über die Dominanz einer Klasse durch Berechnung von Konfidenzintervallen

Beim Metaalgorithmus CAL 3 war die Entscheidung über die Dominanz einer Klasse k* innerhalb einer Vereinigungsklasse mit Hilfe der bedingten Wahrscheinlichkeiten $P(k \mid \tilde{x})$ getroffen worden. Dazu mußte die Anzahl der Objekte am Endknoten $E_{\tilde{x}}$ für die Schätzung der bedingten Wahrscheinlichkeiten aus den Häufigkeiten eine Schwelle S_1 überschreiten. Diese Schwelle S_1 konnte weitgehend willkürlich vorgegeben werden. Hier wird von dieser Willkür abgegangen und gefordert, daß die durch den Metaalgorithmus zu treffende Entscheidung über die Dominanz bzw. Nichtdominanz einer Klasse an einem Endknoten $E_{\tilde{x}}$ mit vorgegebener statistischer Sicherheit erfolgt.

Wir betrachten ein durch den Metaalgorithmus nach dem in Abschnitt 7.2.2 beschriebenen iterativen Verfahren auf der Dimension x_t gebildetes Intervall $I_t(\tilde{x})$ und eine Klasse k. Die zu schätzende Auftretenswahrscheinlichkeit von k in diesem Intervall sei p. Es sei wieder die Schwelle S_2 (vgl. Abschnitt 5.3) vorgegeben $0{,}5 < S_2 \leqq 1$.

Aus der Trainingsmenge mögen n Elemente auf I entfallen, und c dieser Elemente seien der Klasse k zugeordnet (wir schreiben abkürzend I für $I_t(\tilde{x})$). Aus der vorausgesetzten Unabhängigkeit und Stationarität folgt, daß c eine binomialverteilte Zufallsvariable ist.

Dann ist die relative Häufigkeit des Auftretens von k in I

$$q = \frac{c}{n}.$$

q ist eine Schätzung für p.

Wir prüfen die Hypothese

$$H_0 = \{p : 0 \leqq p < S_2\} \qquad \text{(Nichtdominanz von k in } I)$$

gegen die Alternativhypothese

$$H_1 = \{p : S_2 \leqq p \leqq 1\} \qquad \text{(Dominanz von k in } I).$$

Nun sei eine Irrtumswahrscheinlichkeit α vorgegeben. Das hier verwendete Verfahren besteht in der Bestimmung eines Konfidenzintervalls (δ_1, δ_2), in dem p mit mindestens der Wahrscheinlichkeit $1 - \alpha$ liegt.

Das Verfahren zur Entscheidung über die Dominanz einer Klasse im Intervall I besteht dann in folgendem:

a) Es wird geprüft, ob es eine Klasse k_i ($i = 1, \ldots, M$) gibt, so daß die untere Grenze δ_1 des Konfidenzintervalls für diese Klasse größer als S_2 ist. Gibt es solch eine Klasse k_i, dann dominiert k_i in I.

b) Ist die obere Intervallgrenze δ_2 für alle Klassen k_j ($j = 1, \ldots, M$) kleiner als S_2, dann dominiert keine Klasse.

c) Tritt keiner der Fälle a) oder b) ein, dann kann durch den Metaalgorithmus keine Entscheidung getroffen werden, und I wird dann nach dem in Abschnitt 7.2.2 beschriebenen Verfahren erweitert.

Nach der TSCHEBYSCHEFFschen Ungleichung ist

$$\mathbf{P}(|c - E(c)| \leqq \varepsilon) \geqq 1 - \frac{\sigma^2}{\varepsilon^2}, \tag{7.2}$$

wobei σ^2 die Varianz von c bedeutet. Da c binomialverteilt ist, erhält man

$$\left.\begin{aligned} &\mathbf{P}(|c - np| \leqq \varepsilon) \geqq 1 - \frac{np(1-p)}{\varepsilon^2} = 1 - \alpha\,, \\ &\mathbf{P}\left(\frac{2\alpha c + 1}{2n\alpha + 2} - \frac{1}{2n\alpha + 2}\sqrt{4\alpha c\left(1 - \frac{c}{n}\right) + 1} \leqq p \right. \\ &\qquad \left. \leqq \frac{2\alpha c + 1}{2n\alpha + 2} + \frac{1}{2n\alpha + 2}\sqrt{4\alpha c\left(1 - \frac{c}{n}\right) + 1}\right) \geqq 1 - \alpha\,. \end{aligned}\right\} \tag{7.3}$$

Die (von der betrachteten Klasse abhängigen) Grenzen des Konfidenzintervalls sind also

$$\delta_{1,2}(\alpha, n, c) = \frac{2\alpha c + 1}{2n\alpha + 2} \mp \frac{1}{2n\alpha + 2}\sqrt{4\alpha c\left(1 - \frac{c}{n}\right) + 1}\,. \tag{7.4}$$

In Abb. 30 ist für $\alpha = 0{,}2$ für die Spezialfälle $n = c$ und $c = n/2$ der Verlauf von δ_1 bzw. δ_2 als Funktion von n dargestellt.

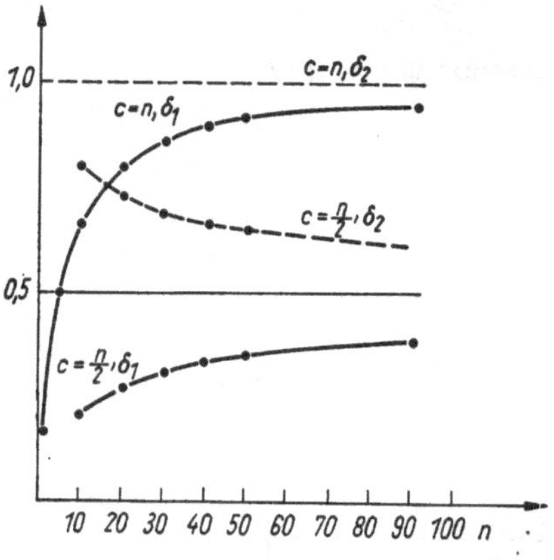

Abb. 30. Konfidenzintervallgrenzen δ_1, δ_2 für $\alpha = 0{,}2$ zur Entscheidung für die Dominanz einer Klasse in einem Intervall (Spezialfälle $c = n$ und $c = n/2$)

Es ist klar, daß die Diskriminationsfähigkeit der durch den Metaalgorithmus entwickelten Bäume mit der Größe der Belehrungsstichprobe ansteigt, denn je größer die Stichprobe ist, desto mehr Testausgänge (Intervalle) können pro Dimension gebildet werden. Die Länge der gebildeten Intervalle verkleinert sich bei festem α im Mittel bei Vergrößerung der Stichprobe.

7.2.4. Anwendungsbeispiel

In Abb. 31 sind vorläufige Ergebnisse für ein Anwendungsbeispiel aus der Magnetbandproduktion dargestellt.[1]) Aufgabe war die Vorhersage des Auftretens von be-

[1]) Die Daten wurden uns von H. LÄUTER, Zentralinstitut für Mathematik und Mechanik der AdW, zur Verfügung gestellt.

stimmten Fehlertypen (A, B, C) bei Stücken, die in einem von den Parametern $x_1, \dots, x_9$ gesteuerten Produktionsprozeß hergestellt wurden. Ziel ist es, den Parameterbereich einzustellen, bei dem Fehlertyp A (bestmögliche Qualität) auftritt.

Die Belehrungsstichprobe bestand aus 112 Objekten, beschrieben durch die bei der Produktion gemessenen bzw. eingestellten Parameterwerte und den aufgetretenen Fehlertyp als Klasse. Abb. 31 zeigt die für verschiedene Schwellen S_2 entwickelten Entscheidungsbäume, aus denen die über den relevanten Dimensionen definierten Klassengebiete approximativ abgelesen werden können.

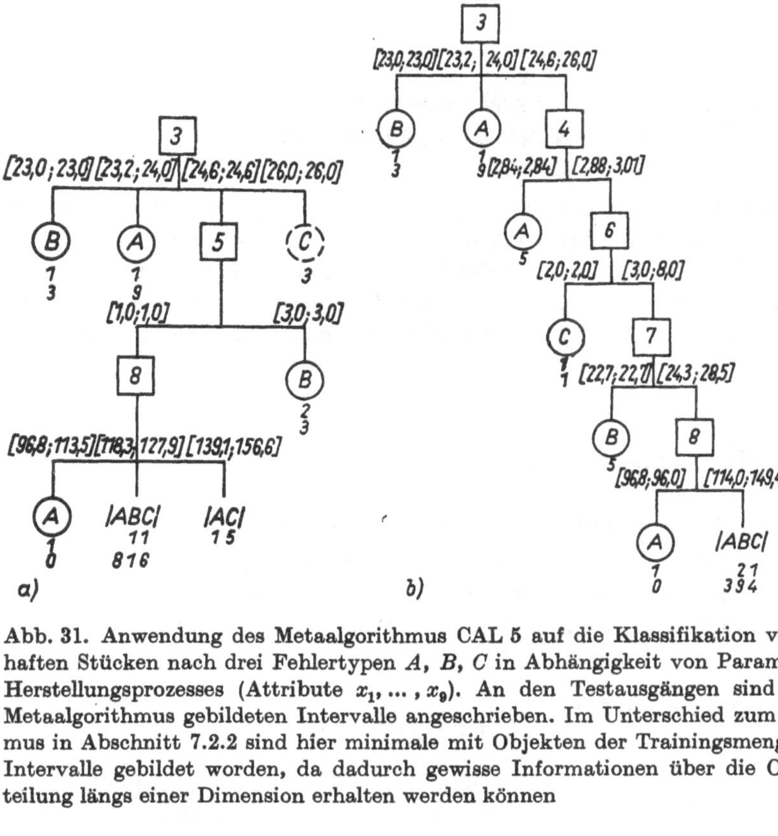

Abb. 31. Anwendung des Metaalgorithmus CAL 5 auf die Klassifikation von fehlerhaften Stücken nach drei Fehlertypen A, B, C in Abhängigkeit von Parametern des Herstellungsprozesses (Attribute $x_1, \dots, x_9$). An den Testausgängen sind die vom Metaalgorithmus gebildeten Intervalle angeschrieben. Im Unterschied zum Algorithmus in Abschnitt 7.2.2 sind hier minimale mit Objekten der Trainingsmenge belegte Intervalle gebildet worden, da dadurch gewisse Informationen über die Objektverteilung längs einer Dimension erhalten werden können

7.2.5. Bemerkungen zur Adaptivität der Metaalgorithmen CAL3 und CAL5

In den vorhergehenden Abschnitten war bereits darauf hingewiesen worden, daß man es im allgemeinen bei der Belehrung nicht mit einer stationären Quelle zu tun hat, die unbegrenzt Objekte liefert, sondern mit begrenzten Belehrungsstichproben, und daß die entwickelten Klassifikatoren deshalb an die zur Verfügung stehende Stichprobe angepaßt sind.

Nun sind aber Fälle denkbar, bei denen in der Tat eine stationäre Quelle vorliegt, z. B. wenn in der medizinischen Diagnostik ständig neue diagnostizierte Befunde nachgeliefert werden können. In diesem Fall können die von CAL 3 bzw. CAL 5 entwickelten Bäume ständig weiter differenziert werden, falls noch nicht alle Testattribute der

Folge Φ in den entsprechenden Zweigen verbraucht sind. Endknoten des Typs 3, die mit Vereinigungsklassen belegt sind, können jetzt infolge der vergrößerten Statistik weiter aufgespalten werden. Man kann hier mit Vorteil die in Abschnitt 5.3, S. 44 diskutierte Strategie des Beibehaltens der an allen Knoten über Vereinigungsklassen akkumulierten Information ausnutzen. Damit ist es u. U. sogar möglich, den Konstruktionsprozeß der Bäume an zeitlich veränderliche Verteilungsgesetze anzupassen, indem in größeren Abständen Umstrukturierungen der Bäume zugelassen werden, wenn diese Veränderungen gewissen Voraussetzungen genügen. Verfahren dieser Art sind bisher nicht untersucht worden.

7.3. Vergleich des Metaalgorithmus CAL 5 mit anderen Verfahren der Zeichenerkennung

Im folgenden geht es uns darum, den Klassifikator, der vom Metaalgorithmus CAL 5 hergestellt wird, mit zwei bekannten Klassifikationsverfahren, die mit Voraussetzungen über die Wahrscheinlichkeitsverteilungen arbeiten, am Beispiel eines einfachen Klassifizierungsproblems zu vergleichen und geometrisch zu veranschaulichen. Wir beginnen mit der häufig bei Klassifizierungsproblemen angewendeten Diskriminanzanalyse.

7.3.1. Diskriminanzanalyse

Es werden folgende vereinfachende Voraussetzungen gemacht:

a) Die Objektmenge sei in zwei Klassen k_1 und k_2 eingeteilt, die Objekte jeder Klasse seien normalverteilt mit den Mittelwertvektoren $\boldsymbol{\mu}_i$ ($i = 1, 2$) und gleichen Kovarianzmatrizen $\Sigma_1 = \Sigma_2 = \Sigma$. Die Wahrscheinlichkeitsdichten der Klassen sind dann

$$\mathbf{P}(\boldsymbol{x} \mid k_i) =_{\mathrm{Df}} f_i(\boldsymbol{x}) = \frac{1}{\sqrt{(2\pi)^n |\Sigma|}} \exp\left\{-\frac{1}{2}(\boldsymbol{x} - \boldsymbol{\mu}_i)^T \Sigma^{-1} (\boldsymbol{x} - \boldsymbol{\mu}_i)\right\}. \quad (7.5)$$

b) Es steht eine hinreichend große Stichprobe (stationäre Quelle) zur Belehrung von CAL 5 zur Verfügung, so daß die durch den in Abschnitt 7.2.2 beschriebenen Intervallbildungsprozeß für eine feste Irrtumswahrscheinlichkeit α erzeugten und den Testausgängen entsprechenden Elementarintervalle hinreichend klein sind und die Klassengebiete durch Vereinigung von Elementarintervallen nach der Regel (7.1) genügend gut approximiert (überdeckt) werden können.

Unsere bisher benutzte Entscheidungsregel war (vgl. Abschnitt 5.4 für den diskreten und Abschnitt 7.2.3 für den stetigen Fall, für den das Konfidenzintervall jeweils als hinreichend klein vorausgesetzt sei):

Entscheide für Klasse k_i, wenn

$$\mathbf{P}(k_i \mid \boldsymbol{x}) \geqq S_2\,, \qquad 0{,}5 < S_2 \leqq 1\,,$$

gilt, andernfalls erfolgt eine Rückweisung.

Nun ist

$$\mathrm{P}(k_1 \mid \boldsymbol{x}) = \frac{\mathrm{P}_1 f_1(\boldsymbol{x})}{\mathrm{P}_1 f_1(\boldsymbol{x}) + \mathrm{P}_2 f_2(\boldsymbol{x})} = \frac{1}{1 + \dfrac{\mathrm{P}_2 f_2(\boldsymbol{x})}{\mathrm{P}_1 f_1(\boldsymbol{x})}}, \tag{7.6}$$

wobei P_i die A-priori-Wahrscheinlichkeit der Klasse k_i bedeutet. Nach unserer Entscheidungsregel wird für k_1 entschieden, wenn

$$\log \frac{\mathrm{P}_2 f_2}{\mathrm{P}_1 f_1} = (\boldsymbol{\mu}_2^T - \boldsymbol{\mu}_1^T)\,\Sigma^{-1}\boldsymbol{x} + \frac{1}{2}(\boldsymbol{\mu}_1^T\Sigma^{-1}\boldsymbol{\mu}_1 - \boldsymbol{\mu}_2^T\Sigma^{-1}\boldsymbol{\mu}_2)$$
$$+ \log\frac{\mathrm{P}_2}{\mathrm{P}_1} \leqq \log\frac{1 - S_2}{S_2} \tag{7.7}$$

gilt.

Im folgenden wird stets $\mathrm{P}_1, \mathrm{P}_2 > 0$ und $0{,}5 < S_2 < 1$ vorausgesetzt. Die Funktion

$$v' = (\boldsymbol{\mu}_2^T - \boldsymbol{\mu}_1^T)\,\Sigma^{-1}\boldsymbol{x}$$

ist die bekannte Fisher-Diskriminante (vgl. z. B. Rao (1973), S. 489f.). Sie wird durch eine lineare Transformation der Ausgangsmerkmale $x_1, \ldots, x_n$ erhalten und kann als neues, abgeleitetes Merkmal interpretiert werden. (Die Fisher-Diskriminante kann auch mit Hilfe eines Minimierungsproblems erhalten werden, vgl. z. B. Young und Calvert (1974).)

Wir dividieren in (7.7) noch durch $|(\boldsymbol{\mu}_2^T - \boldsymbol{\mu}_1^T)\,\Sigma^{-1}|$. Mit dem neuen Merkmal

$$v = \frac{(\boldsymbol{\mu}_2^T - \boldsymbol{\mu}_1^T)\,\Sigma^{-1}\boldsymbol{x}}{|(\boldsymbol{\mu}_2^T - \boldsymbol{\mu}_1^T)\,\Sigma^{-1}|} + \frac{1}{2}\,\frac{(\boldsymbol{\mu}_1^T\Sigma^{-1}\boldsymbol{\mu}_1 - \boldsymbol{\mu}_2^T\Sigma^{-1}\boldsymbol{\mu}_2)}{|(\boldsymbol{\mu}_2^T - \boldsymbol{\mu}_1^T)\,\Sigma^{-1}|}$$

und

$$-\lambda_n = \frac{1}{|(\boldsymbol{\mu}_2^T - \boldsymbol{\mu}_1^T)\Sigma^{-1}|}\log\left(\frac{\mathrm{P}_1}{\mathrm{P}_2}\cdot\frac{1 - S_2}{S_2}\right) \tag{7.8}$$

lautet unsere Entscheidungsregel

Entscheide für Klasse k_1, wenn $v \leqq -\lambda_n$ gilt.
Entscheide für Klasse k_2, wenn $v \geqq \lambda_n$ gilt. (7.9)
Rückweisung, wenn $-\lambda_n < v < \lambda_n$ gilt.

Da der maximal zulässige Fehler durch die Schwelle S_2 von vornherein festgelegt ist, benutzen wir als Gütekriterium zum Vergleich des Entscheidungsbaum- und des Diskriminantenverfahrens die Rückweisungsrate bei Verwendung von n Merkmalen. Die Rückweisungsrate hängt vom zulässigen Fehler und von der Zahl und Trennfähigkeit der Merkmale ab. (Es sei noch einmal darauf hingewiesen, daß wir entsprechend der zu Beginn des Abschnitts gemachten Voraussetzung b) annehmen, daß in jedem Raumbereich genügend Stichproben aus der Population erhoben werden können und damit statistische Unsicherheiten der Fehler- und Rückweisungsraten vernachlässigt werden können.) Die Rückweisungsrate des Diskriminantenverfahrens ist demnach

$$\mathrm{RW_D} = \int_{-\lambda_n}^{\lambda_n} (\mathrm{P}_1 f_{1v} + \mathrm{P}_2 f_{2v})\,\mathrm{d}v\,, \tag{7.10}$$

wobei f_{1v} und f_{2v} die in die Richtung $\frac{(\boldsymbol{\mu}_2^T - \boldsymbol{\mu}_1^T)\,\Sigma^{-1}}{|(\boldsymbol{\mu}_2^T - \boldsymbol{\mu}_1^T)\,\Sigma^{-1}|}$ des Merkmals v projizierten Wahrscheinlichkeitsdichten der Klassen bedeuten.

Um die Rückweisungsraten einfach berechnen und die Rückweisungsgebiete geometrisch veranschaulichen zu können, betrachten wir folgenden Spezialfall:

$$\left.\begin{aligned} &\boldsymbol{\mu}_1 = (\underbrace{-\mu, \dots, -\mu}_{n\text{-mal}}) = -\boldsymbol{\mu}\,, \qquad \mu > 0\,, \\ &\boldsymbol{\mu}_2 = (\underbrace{\mu, \dots, \mu}_{n\text{-mal}}) = \boldsymbol{\mu}\,, \\ &\Sigma = I \quad \text{(Einheitsmatrix)}\,, \qquad \mathrm{P}_1 = \mathrm{P}_2 = \tfrac{1}{2}\,, \end{aligned}\right\} \tag{7.11}$$

$$f_1(\boldsymbol{x}) = \frac{1}{\sqrt{(2\pi)^n}} \exp\left\{-\frac{1}{2}(\boldsymbol{x} + \boldsymbol{\mu})^2\right\},$$

$$f_2(\boldsymbol{x}) = \frac{1}{\sqrt{(2\pi)^n}} \exp\left\{-\frac{1}{2}(\boldsymbol{x} - \boldsymbol{\mu})^2\right\}.$$

Die den x_ν $(\nu = 1, 2, \dots, n)$ entsprechenden Meßgrößen sind also unabhängige und identisch normalverteilte Variable mit den Verteilungsdichten $f_1(x_\nu) \sim N_1(-\mu, 1)$ und $f_2(x_\nu) \sim N_1(\mu, 1)$ für die Klassen k_1 und k_2.

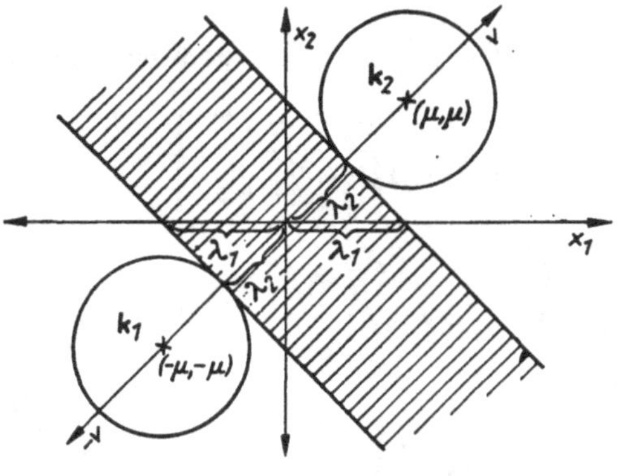

Abb. 32. Rückweisungsgebiet des Diskriminanzverfahrens

Für $n = 2$ und $\lambda_1 = \mu$ ergibt sich dann für das Diskriminantenverfahren das in Abb. 32 dargestellte Bild (die $f_i(\boldsymbol{x})$ sind durch Höhenlinien angedeutet, das Rückweisungsgebiet des Diskriminantenverfahrens ist schraffiert). Die projizierten Dichten sind

$$\left.\begin{aligned} &f_{1v} = \frac{1}{\sqrt{2\pi}} \exp\left\{-\frac{1}{2}(v + \sqrt{n}\,\mu)^2\right\}, \\ &f_{2v} = \frac{1}{\sqrt{2\pi}} \exp\left\{-\frac{1}{2}(v - \sqrt{n}\,\mu)^2\right\} \\ &\text{mit} \quad v = \frac{\boldsymbol{\mu}}{|\boldsymbol{\mu}|}\,\boldsymbol{x} = \frac{1}{\sqrt{n}} \sum_{\nu=1}^{n} x_\nu\,. \end{aligned}\right\} \tag{7.12}$$

Die Entscheidungsschwelle auf der neuen Dimension ist

$$\lambda_n = \frac{1}{2\sqrt{n}\,\mu}\log\frac{S_2}{1-S_2}.$$

Damit erhält man für die Rückweisungsrate des Diskriminantenverfahrens

$$\mathrm{RW_D} = \tfrac{1}{2}\int_{-\lambda_n}^{\lambda_n}(f_{1v}+f_{2v})\,\mathrm{d}v = \Phi(\lambda_n+\sqrt{n}\,\mu) - \Phi(-\lambda_n+\sqrt{n}\,\mu)\,, \tag{7.13}$$

wobei Φ die Verteilungsfunktion der Normalverteilung $N_1(0, 1)$ bedeutet,

$$\Phi(x) = \frac{1}{\sqrt{2\pi}}\int_{-\infty}^{x}\exp\left\{-\frac{1}{2}t^2\right\}\mathrm{d}t\,.$$

Es ist $\lim_{n\to\infty}\mathrm{RW_D} = 0$, d. h., bei Messung hinreichend vieler Attribute x_ν kann die Rückweisungsrate beliebig klein gemacht werden. Dabei wird $\mu > 0$ vorausgesetzt, für $\mu = 0$ sind die Klassen nicht trennbar.

Der durch den Metaalgorithmus CAL 5 hergestellte Entscheidungsbaum würde nun in diesem Beispiel sequentiell mit Hilfe der Stichproben entscheiden, die den auf die Koordinatenachsen projizierten Verteilungsdichten

$$f_{1x_\nu} \sim \exp\{-\tfrac{1}{2}(x_\nu+\mu)^2\}\,,\quad f_{2x_\nu} \sim \exp\{-\tfrac{1}{2}(x_\nu-\mu)^2\}\,,\qquad \nu = 1, \dots, n\,,$$

entsprechen. Die Entscheidungsregel auf dem ν-ten Niveau lautet im vorliegenden Spezialfall:

$$\left.\begin{array}{l}\text{Entscheide für Klasse } k_i\ (i = 1, 2), \text{ wenn}\\ \mathbf{P}(k_i \mid x_\nu \in I_\nu(\tilde{x}),\ -\lambda_1 < x_{\nu-1} < \lambda_1, \dots, -\lambda_1 < x_1 < \lambda_1) \geqq S_2\\ \text{mit } \lambda_1 = \dfrac{1}{2\mu}\log\dfrac{S_2}{1-S_2} \text{ gilt.}\end{array}\right\} \tag{7.14}$$

$I_\nu(\tilde{x})$ bezeichnet das dem betrachteten Endknoten $E_{\tilde{x}}$ (vgl. Abschnitt 7.2.2), in dem die Entscheidbarkeit für eine Klasse geprüft wird, auf der Dimension x_ν zugeordnete, durch den Metaalgorithmus gebildete Elementarintervall. Wegen der vorausgesetzten Möglichkeit einer unbegrenzten Stichprobenerhebung kann dieses Intervall als hinreichend klein angenommen werden. Die übrigen Intervalle $I_\varrho(\tilde{x}) = (-\lambda_1 < x_\varrho < \lambda_1)$, $\varrho = 1, 2, \dots, \nu-1$, die das Rückweisungsgebiet im $\mathsf{R}^{\nu-1}$ definieren, sind durch Vereinigung von Elementarintervallen nach der Regel (7.1) entstanden.[1]) Eine Entscheidung mit Hilfe von x_ν erfolgt also nur im Rückweisungsgebiet von $x_{\nu-1}, \dots, x_1$, d. h. im Intervall

$$(-\lambda_1 < x_1 < \lambda_1) \wedge (-\lambda_1 < x_2 < \lambda_1) \wedge (-\lambda_1 < x_{\nu-1} < \lambda_1)\,.$$

Außerhalb des Rückweisungsgebiets braucht x_ν nicht mehr gemessen zu werden, hier war bereits eine Entscheidung mit Hilfe von $x_{\nu-1}, \dots, x_1$ möglich, und zwar mit einer Fehlerrate $\leqq 1 - S_2$. Es werden also im Mittel gegenüber dem Diskriminantenverfahren Messungen eingespart.

[1]) Im Unterschied zu Abschnitt 7.2 benutzen wir hier aus Symmetriegründen für die Definition von Rückweisungsgebieten beiderseits offene Intervalle.

Wir berechnen nun die Rückweisungsrate eines Entscheidungsbaums mit n Niveaus (d. h. unter Verwendung von $x_1, \ldots, x_n$). Wir haben im Rahmen des Beispiels den für CAL 5 ungünstigsten Fall gewählt, bei dem alle Attribute gleich relevant sind und zum Aufbau des Baumes benutzt werden müssen.

Abb. 33 zeigt das Rückweisungsgebiet für $n = 2$ und $\lambda_1 = \mu$ (schraffiert, die gestrichelte Linie begrenzt das Entscheidungsgebiet für die Klasse k_1). Der dazugehörige Entscheidungsbaum ist

$$1(\overset{-\infty}{/}\; k_1 \overset{-\lambda_1}{/}\;\overset{-\lambda_1}{/}\; 2(\overset{-\infty}{/}\; k_1 \overset{-\lambda_1}{/}\;\overset{-\lambda_1}{/}\; k_1k_2 \overset{\lambda_1}{/}\;\overset{\lambda_1}{/}\; k_2 \overset{\infty}{/}\,)\overset{\lambda_1}{/}\;\overset{\lambda_1}{/}\; k_2 \overset{\infty}{/}\,)\,.$$

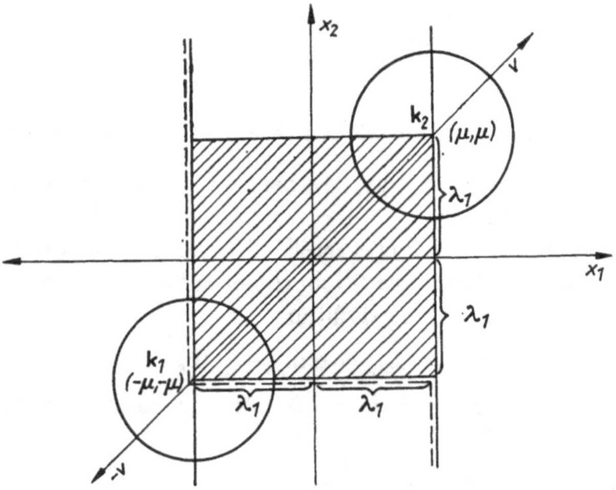

Abb. 33. Rückweisungsgebiet des Metaalgorithmus CAL 5

Durch Integration der Verteilungsdichte von $\boldsymbol{x} = (x_1, x_2, \ldots, x_n)$ über das Rückweisungsgebiet ergibt sich die Rückweisungsrate von CAL 5 zu

$$\mathrm{RW}_{\mathrm{CAL\,5}} = \big(\Phi(\lambda_1 + \mu) - \Phi(-\lambda_1 + \mu)\big)^n\,, \tag{7.15}$$

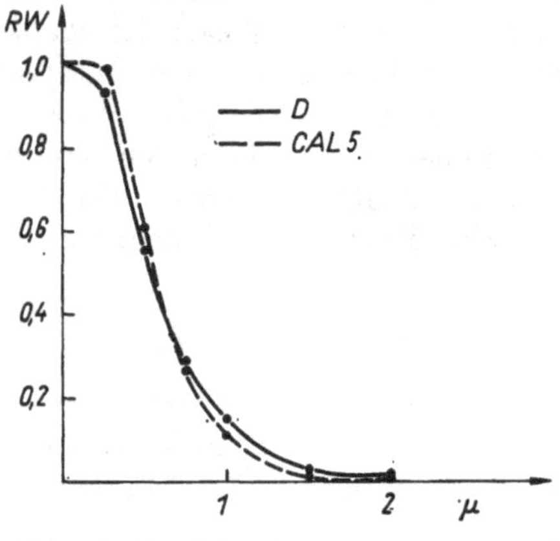

Abb. 34. Vergleich der theoretischen Rückweisungsraten $\mathrm{RW_D}$ (Diskriminanzanalyse) und $\mathrm{RW_{CAL\,5}}$ für ein spezielles Zweiklassenproblem, zwei Merkmale ($n = 2$) und $S_2 = 0{,}8$.

und es ist ebenfalls für alle μ

$$\lim_{n\to\infty} \mathrm{RW}_{\mathrm{CAL\,5}} = 0 .$$

Abb. 34 zeigt für $n = 2$ einen Vergleich der Rückweisungsraten $\mathrm{RW_D}$ und $\mathrm{RW_{CAL\,5}}$ als Funktion von μ. Im gewählten Beispiel ist μ ein Maß für die Trennbarkeit der Klassen. Es besteht kein wesentlicher Unterschied, der Entscheidungsbaum liefert trotz der im Mittel geringeren Anzahl von Messungen keine größeren Rückweisungsraten.

7.3.2. Vergleich mit dem sequentiellen Quotiententest (Sequential Probability Ratio-Test, SPRT) von Wald

Von Fu (1968) wird die Sequentialanalyse auf Probleme der Zeichenerkennung angewendet, mit dem Ziel, durch die Verwendung sequentieller Methoden im Mittel Messungen von Attributen einzusparen. Die x_ν ($\nu = 1, 2, \dots, n$) werden dabei zunächst als unabhängig und identisch verteilt vorausgesetzt. Wir gehen hier nicht auf eine Kritik dieser Voraussetzungen ein, die in dem von uns betrachteten einfachen Beispiel erfüllt sind. (Man bemerke aber, daß beim Metaalgorithmus CAL 5 im allgemeinen keine Voraussetzungen wie Kenntnis der Verteilungsgesetze oder Unabhängigkeit der Merkmale gemacht werden.)

Beim sequentiellen Quotiententest (vgl. z. B. Rao (1973)) wird von vornherein für die Entscheidung das Likelihood-Verhältnis

$$R_\nu = \frac{\mathbf{P}(x_1, \dots, x_\nu \mid k_1)}{\mathbf{P}(x_1, \dots, x_\nu \mid k_2)} = \frac{f_1(x_1, \dots, x_\nu)}{f_2(x_1, \dots, x_\nu)}, \qquad \nu = 1, 2, \dots,$$

betrachtet, wobei die Verteilungsdichten f_i der Klassen als bekannt vorausgesetzt werden. Es werden zwei Konstanten A und B mit $0 < B < 1 < A < \infty$ vorgegeben. Dann werden die zufälligen Variablen $x_1, x_2, \dots$ nacheinander beobachtet, und nach jedem Schritt ν wird R_ν berechnet. Falls nach dem ν-ten Schritt $R_\nu \leqq B$ ist, wird das Objekt mit Hilfe der ersten Komponenten des Meßwertvektors $(x_1, \dots, x_\nu)$ der Klasse 2 zugeordnet, wenn $R_\nu \geqq A$ ist der Klasse 1. Bei $B < R_\nu < A$ erfolgt eine Rückweisung, und es wird die Stichprobenerhebung durch Messung des Attributs $x_{\nu+1}$ fortgesetzt. Der Entscheidungsregel

$$\mathbf{P}(k_1 \mid x_1, \dots, x_\nu) \geqq S_2 \to k_1 ,$$

$$\mathbf{P}(k_2 \mid x_1, \dots, x_\nu) \geqq S_2 \to k_2$$

würde nach (7.6) bei Anwendung des SPRT eine Wahl der Konstanten A und B

$$A = \frac{\mathbf{P}_2}{\mathbf{P}_1} \cdot \frac{S_2}{1 - S_2}, \qquad B = \frac{\mathbf{P}_2}{\mathbf{P}_1} \cdot \frac{1 - S_2}{S_2} \tag{7.16}$$

entsprechen.

Die in einem vom Metaalgorithmus CAL 5 aufgebauten Entscheidungsbaum an einem Endknoten E_z benutzte Entscheidungsregel ist, wenn man sie auf die Form des SPRT bringt:

Entscheide k_1, wenn

$$\tilde{R}_\nu(\tilde{x}) = \frac{\mathbf{P}\big(x_1 \in I_1(\tilde{\boldsymbol{x}}) \wedge x_2 \in I_2(\tilde{\boldsymbol{x}}) \wedge x_{\nu-1} \in I_{\nu-1}(\tilde{\boldsymbol{x}}) \wedge x_\nu \in I_\nu(\tilde{\boldsymbol{x}})/k_1\big)}{\mathbf{P}\big(x_1 \in I_1(\tilde{\boldsymbol{x}}) \wedge x_2 \in I_2(\tilde{\boldsymbol{x}}) \wedge x_{\nu-1} \in I_{\nu-1}(\tilde{\boldsymbol{x}}) \wedge x_\nu \in I_\nu(\tilde{\boldsymbol{x}})/k_2\big)} \geqq$$

$$\geqq \frac{\mathbf{P}_2}{\mathbf{P}_1} \cdot \frac{S_2}{1 - S_2} = A \,, \qquad \nu = 1, 2, \dots, n \,, \tag{7.17}$$

gilt.

Dabei bezeichnet wieder $I(\tilde{\boldsymbol{x}}) = \big(I_1(\tilde{\boldsymbol{x}}), I_2(\tilde{\boldsymbol{x}}), \dots, I_{\nu-1}(\tilde{\boldsymbol{x}})\big)$ das dem Weg $\tilde{\boldsymbol{x}}$ zugeordnete Rückweisungsintervall (d. h., für $x_1 \in I_1$, $x_2 \in I_2, \dots, x_{\nu-1} \in I_{\nu-1}$ sind nur Vereinigungsklassen aufgetreten). $I_\nu(\tilde{\boldsymbol{x}})$ ist das auf der Dimension x_ν durch den Metaalgorithmus gebildete Elementarintervall.

Für unser Beispiel (7.11) normalverteilter Klassen mit

$$\mu_2 = \mu = -\mu_1 \,, \qquad \boldsymbol{\Sigma}_{1,2} = \boldsymbol{I} \,, \qquad \mathbf{P}_1 = \mathbf{P}_2$$

liefert der SPRT nach dem ν-ten Schritt die Entscheidungsregel:

Entscheide k_1, wenn

$$\left.\begin{aligned}
&\log R_\nu = -2\boldsymbol{\mu}^{(\nu)}\boldsymbol{x}^{(\nu)} \geqq \log A = \log \frac{S_2}{1 - S_2} \\
&\text{oder} \quad -2\sqrt{\nu}\, \mu v^{(\nu)} \geqq \log \frac{S_2}{1 - S_2} \\
&\text{oder} \quad v^{(\nu)} \leqq -\frac{1}{2\sqrt{\nu}\,\mu} \log \frac{S_2}{1 - S_2} = -\lambda_\nu \\
&\text{mit} \quad \boldsymbol{\mu}^{(\nu)} = \underbrace{(\mu, \dots, \mu)}_{\nu\text{-mal}} \,, \qquad \boldsymbol{x}^{(\nu)} = (x_1, \dots, x_\nu) \\
&\text{und} \quad v^{(\nu)} = \frac{\boldsymbol{\mu}^{(\nu)}}{|\boldsymbol{\mu}^{(\nu)}|} \boldsymbol{x}^{(\nu)} = \frac{1}{\sqrt{\nu}} \sum_{k=1}^{\nu} x_k \quad (\text{vgl. } 7.12) \quad \text{gilt.} \\
&\text{Entscheide } k_2 \text{, wenn } v^{(\nu)} \geqq \lambda_\nu \text{ gilt.} \\
&\text{Rückweisung, wenn } -\lambda_\nu < v^{(\nu)} < \lambda_\nu \text{ gilt.}
\end{aligned}\right\} \tag{7.18}$$

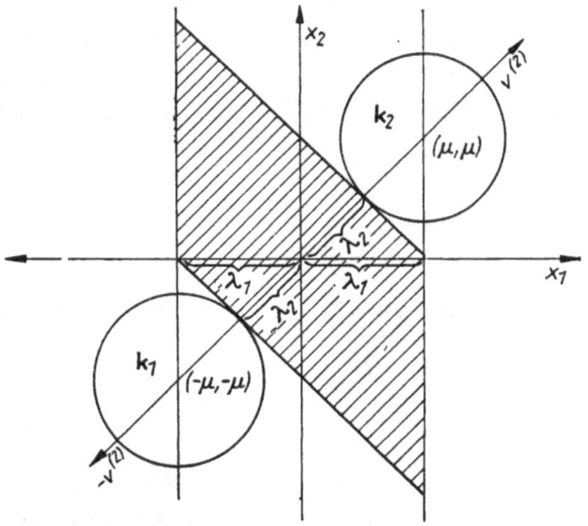

Abb. 35. Rückweisungsgebiet beim SPRT

Das heißt, für alle ν ($\nu = 2, \ldots, n$) wird mit der FISHER-Diskriminante entschieden, und zwar im Rückweisungsgebiet von $x_1, \ldots, x_{\nu-1}$.

In Abb. 35 ist das Rückweisungsgebiet für $\nu = 2$ schraffiert. Die Rückweisungsrate läßt sich nicht elementar berechnen. Vergleicht man dieses Rückweisungsgebiet mit den entsprechenden Rückweisungsgebieten für das Diskriminantenverfahren und den Entscheidungsbaum, dann sieht man, daß der SPRT eine gewisse Zwischenstellung zwischen dem Diskriminantenverfahren und dem durch den Metaalgorithmus CAL 5 erzeugten Klassifikator einnimmt.

7.4. Der Metaalgorithmus CAL 4

Dieser von P. ULBRICH entwickelte Metaalgorithmus (PÖTSCHKE, SOBIK, ULBRICH und WYSOTZKI (1974)) geht von der in den Experimenten von HOFFMANN (1974) beobachteten Tatsache aus, daß die Vpn die (in den Experimenten vorgegebenen) Ausgangsintervalle, in denen die Variablen x_i variieren können, zunächst halbieren, d. h. Tests mit zwei Ausgängen bilden.

Durch eine Normierungsprozedur wird zunächst erreicht, daß die Meßgrößen x_i auf das Ausgangsintervall $[0, 1)$ beschränkt sind

$$0 \leqq x_i < 1 \,, \qquad 1 \leqq i \leqq n \,.$$

Die Differenzierung des Baumes geht hier folgendermaßen vor sich: Es wird entweder ein neuer Test $x_{\nu+1}$, der im Baum noch nicht vorgekommen ist, hinzugenommen mit den beiden Ausgängen

$$0 \leqq x_{\nu+1} \leqq 0{,}5 \quad \text{und} \quad 0{,}5 < x_{\nu+1} < 1 \,,$$

oder aber es kann ein schon benutzter Test x_ϱ, $1 \leqq \varrho \leqq \nu$, noch einmal verwendet werden. In diesem Fall erfolgt eine Intervallteilung (Verfeinerung) auf der Dimension x_ϱ. Tritt auf einem Weg $\tilde{x}$ im Baum k_ϱ-mal das Testattribut x_ϱ auf, dann ist auf der Dimension x_ϱ k_ϱ-mal eine Intervallhalbierung erfolgt. Der 1. Testausgang entspricht dabei der linken, der 2. Testausgang der rechten Intervallhälfte.

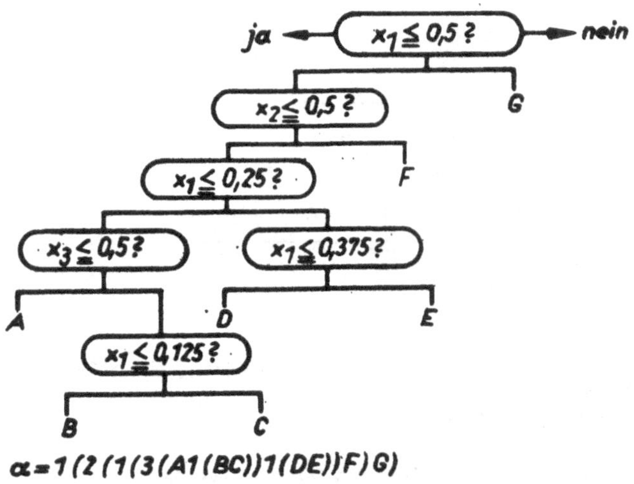

Abb. 36. Vom Metaalgorithmus CAL 4 entwickelter Entscheidungsbaum

Abb. 36 zeigt einen auf diese Weise konstruierten Entscheidungsbaum.

Zum Beispiel wird die Klasse B durch folgendes Prädikat beschrieben

$$\mathsf{B}: \quad I_B(\tilde{x}) = (0 \leqq x_1 \leqq 0{,}5) \wedge (0 \leqq x_2 \leqq 0{,}5) \wedge (0 \leqq x_1 \leqq 0{,}25) \wedge$$
$$\wedge\, (0{,}5 < x_3 < 1) \wedge (0 \leqq x_1 \leqq 0{,}125) =$$
$$= (0 \leqq x_1 \leqq 0{,}125) \wedge (0 \leqq x_2 \leqq 0{,}5) \wedge (0{,}5 < x_3 < 1)\,.$$

Auf diese Weise kann man wie beim Metaalgorithmus CAL 5 jedes Klassengebiet approximativ durch eine Vereinigung von Intervallen darstellen. Die Vereinigung wird dabei über alle Intervalle $I(\tilde{x})$ gebildet, für die die Wege $\tilde{x}$ im Baum zu einem Endknoten mit der Klassenbezeichnung führen.

Die Entscheidung über die Dominanz einer Klasse in einem im ν-ten Lernschritt gebildeten Intervall erfolgt wie beim Metaalgorithmus CAL 3 mit den Schwellen S_1 und S_2: Wenn die Anzahl der Objekte die Schwelle S_1 erreicht hat und für keine Klasse die geschätzte bedingte Wahrscheinlichkeit die Schwelle S_2 übersteigt, wird der Baum verzweigt. Hier muß aber der Metaalgorithmus eine Entscheidung treffen, ob ein neuer Test hinzugenommen oder ein schon benutzter verfeinert wird. Eine Verfeinerung ist immer dann angezeigt, wenn sich die bedingten Wahrscheinlichkeiten $\mathbf{P}(k_i \mid \tilde{x})$ im Mittel längs der Dimension x_ν hinreichend gut unterscheiden. Von Ulbrich werden dafür verschiedene Kriterien angegeben.

Anwendungsbeispiel. In einer Klassifizierungsaufgabe aus der Meteorologie waren Wolken zu klassifizieren in solche, die Wolkenbruch hervorrufen, und in Hagelwolken. Es standen 80 Meßwertvektoren (Trainingsstichprobe) der Klasse A (Hagelwolken) und 417 Meßwertvektoren der Klasse B (Schauerwolken) zur Verfügung. Jeder Vektor enthielt acht Meßwerte (Attribute). Abb. 37 zeigt den mit $S_1 = 50$ und $S_2 = 0{,}9$ erhaltenen Entscheidungsbaum und die Klassengebiete in dem von x_5 und x_7 aufgespannten Raum.

7 (7(A5(B5(5(B5(BA))A)))B)

a)

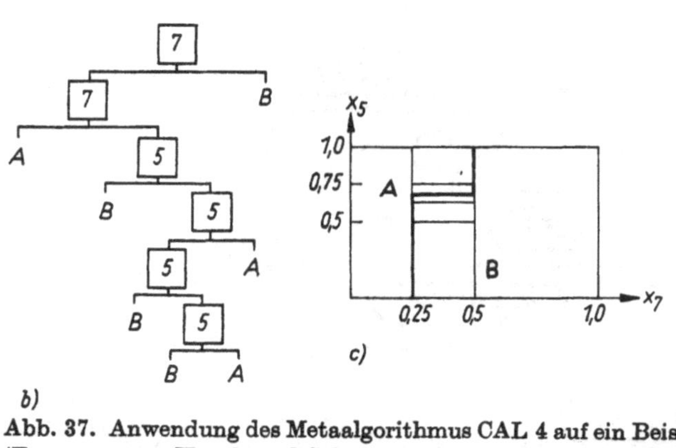

Abb. 37. Anwendung des Metaalgorithmus CAL 4 auf ein Beispiel aus der Meteorologie (Trennung von Hagel- und Schauerwolken), $S_1 = 50$, $S_2 = 0{,}9$

a) Entscheidungsbaum nach dem 2000. Lernschritt

b) graphische Baumdarstellung zu a)

c) Darstellung der Klassengebiete im $R^2(x_5, x_7)$. Die Approximation der Klassengrenze ist stark ausgezogen

8. Klassifizierung von strukturierten Objekten und kontextabhängige Klassifizierung

8.1. Einleitung

In den vorangegangenen Kapiteln hatten wir uns mit der Klassifizierung von Objekten beschäftigt, die sich durch einen Satz von einstelligen Attributen $x_1, \dots, x_n$ beschreiben ließen. Wir werden diese Objekte im folgenden als *Elementarobjekte* bezeichnen.

Beschreibungen der Objekte unserer natürlichen Umwelt bestehen aber im allgemeinen aus relational verknüpften Beschreibungen von Elementarobjekten, diese sind auf einer anderen Hierarchieebene wieder strukturiert usw., wobei der Grad der jeweils notwendigen Strukturierung, die durch das erkennende System vorgenommen wird (d. h. die gewählte Ebene der Beschreibung), von der jeweiligen kognitiven Anforderung abhängt.

Bei fest gewählter Hierarchieebene lassen sich strukturierte Objekte (in der Künstlichen Intelligenz wird dafür auch der Begriff *Szene* gebraucht) durch Ausdrücke eines Prädikatenkalküls bzw. durch entsprechende *Relationsgraphen* beschreiben. Abb. 38 zeigt zwei „Tore", wie sie etwa aus den Bausteinen (Blöcke, Prismen) eines Spielzeugbaukastens zusammengesetzt werden können (WINSTON (1970)). Darunter sind die zugehörigen Darstellungen als kanten- und knoteninterpretierte Graphen angegeben. Dabei nehmen wir an, daß die Identifikation der Elementarobjekte und

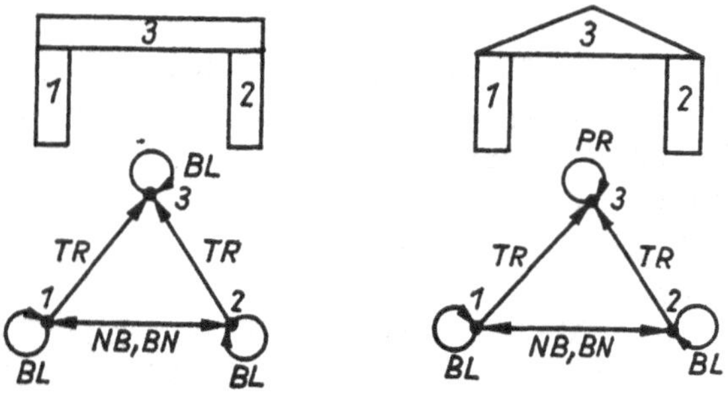

Abb. 38. Beispiele für strukturierte Objekte

der Relationen bereits durch einen Vorverarbeitungsprozeß erfolgt ist (GUZMAN (1968)). Die Knoten des Graphen entsprechen den Elementarobjekten, die Eigenschaften der Elementarobjekte sind als interpretierte Schlingen und die Relationen zwischen den Elementarobjekten als interpretierte Kanten dargestellt. Es bedeuten

BL (i) — Objekt i ist ein Block,
PR (k) — Objekt k ist ein Prisma,
TR (j, k) — Objekt j *trägt* Objekt k,
NB (j, k) — Objekt j steht *neben* Objekt k,
BN (j, k) — Objekt j *berührt nicht* Objekt k.

BL und PR sind einstellige Relationen (*Elementareigenschaften*), TR ist eine zweistellige asymmetrische Relation, NB und BN sind zweistellige symmetrische Relationen.

Wir betrachten parallelkantenfreie Graphen und lassen dafür wie im obigen Beispiel Interpretationen einer Kante durch mehrere Relationen zu. Eine Präzisierung erfolgt in Abschnitt 8.2.

Unter einem ***strukturierten Objekt*** wollen wir im folgenden immer einen interpretierten Graphen dieser Art verstehen. Wir befassen uns im folgenden nicht mit den Vorverarbeitungsprozeduren zur Identifikation der Elementarobjekte und der Relationen zwischen diesen (eine Reihe solcher Vorverarbeitungsprozeduren sind — weitgehend auf spezielle Anwendungen orientiert — in der Bildverarbeitung entwickelt worden). Im obigen Beispiel sind die Elementarobjekte selbst wieder durch interpretierte Graphen darstellbar, wir haben es daher mit dem oben erwähnten Problem der ***hierarchischen Klassifikation*** zu tun, das sich ebenfalls mit dem in den folgenden Abschnitten entwickelten Formalismus behandeln läßt.

Weitere Beispiele für strukturierte Objekte, die in praktischen Anwendungen eine Rolle spielen, sind chemische Strukturen, Schaltpläne, elektrische Netzwerke und Soziogramme.

Das Klassifizierungsproblem für strukturierte Objekte wird nun in Analogie zum Klassifizierungsproblem für Elementarobjekte formuliert:

Es ist eine Menge $\mathfrak{S}$ von strukturierten Objekten $\Sigma^{(i)}$, $i = 1, \dots, N$, gegeben (Trainingsmenge). Über $\mathfrak{S}$ ist eine Einteilung in M Klassen definiert. Gesucht ist eine Klassifizierungsfunktion

$$\varphi_{\mathsf{K}} : \mathfrak{S} \to \mathsf{K} ,$$

die von den ***klassifizierungsrelevanten*** ein- und zweistelligen Relationen abhängt und die Objekte $\Sigma^{(i)} \in \mathfrak{S}$ nach einem vorgegebenen Gütekriterium (Komplexität, minimaler mittlerer Fehler) klassifiziert. Im Unterschied zum bisher behandelten Klassifizierungsproblem können jetzt außer den einstelligen Relationen (Elementarmerkmale, Eigenschaften der Elementarobjekte) auch Relationen zwischen Elementarobjekten klassifizierungsrelevant sein.

Das Problem der formalen begrifflichen Repräsentation und lernabhängigen Erkennung und Klassifizierung strukturierter Objekte ist bisher erst in Ansätzen und unter Zugrundelegung sehr einfacher Modellwelten behandelt worden, wenn man von einigen speziellen praxisorientierten Verfahren, die in der Bildverarbeitung und Szenenanalyse entwickelt wurden, absieht. Hervorzuheben sind hier die im Rahmen der Roboterforschung entstandenen Arbeiten von WINSTON (1970), der die Begriffsbildung in einer aus Blöcken verschiedenen Typs bestehenden Spielzeugwelt untersucht. Beim Verfahren von WINSTON wird aus Beispielen und Gegenbeispielen für die Klasse (den Begriff) ein „Modell" für die Klasse konstruiert, d. h. ein Graph, der die klassifizierungsrelevante Information enthält. Zunächst wird dem lernenden System durch den Belehrungsalgorithmus ein prototypisches Beispiel der Klasse (z. B. „Tor") angeboten. Dieses Beispiel dient als Ausgangsmodell für das zu generierende Konzept, es enthält im allgemeinen noch irrelevante Merkmale (Relationen). Durch die Darbietung weiterer Beispiele und Gegenbeispiele für die Klasse wird das Ausgangsmodell schrittweise modifiziert, bis eine die Klasse beschreibende Struktur gefunden worden ist. Ein Gegenbeispiel für die Klasse „Tor" zeigt die Abb. 39. Durch Vergleich mit einem prototypischen Tor bzw. mit dem bis zu diesem Lernschritt entwickelten Modell lernt das System, daß die Relation BN („berührt nicht") zwischen den beiden Torpfeilern 1 und 2 klassifizierungsrelevant ist. Aus den in der ersten Skizze dieses

Abschnitts dargestellten positiven Beispielen ist erkennbar, daß die Form des getragenen Objekts irrelavent ist.

Das Verfahren von WINSTON geht also immer vom ersten (positiven) Beispiel als Ausgangsmodell aus, das mit Hilfe von heuristischen Ersetzungsregeln im Lernprozeß modifiziert wird. Schwierigkeiten ergeben sich für den Algorithmus, wenn

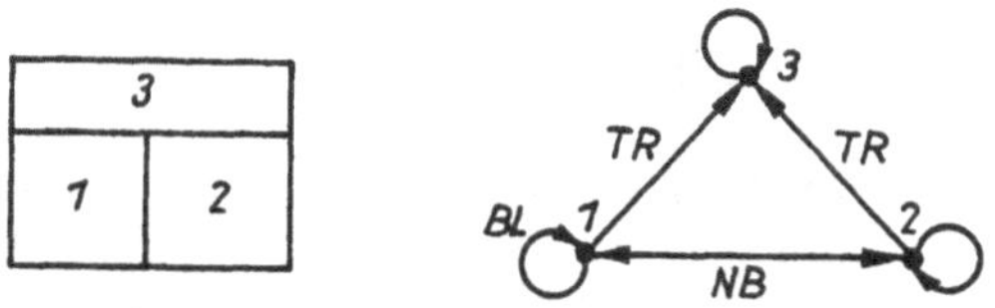

Abb. 39. Gegenbeispiel für die Klasse „Tor“

eine Klasse durch mehrere Modelle im Sinne einer Disjunktion beschrieben werden muß. (Das ist eine generelle Schwierigkeit bei diesen in der Begriffsbildungstheorie als *Fokussierungsstrategien* bezeichneten Verfahren.) Auf praktische Probleme, bei denen Graphen mit größeren Knotenzahlen als sie von WINSTON betrachtet werden, eine Rolle spielen, dürfte das Verfahren kaum anwendbar sein.

Von HAYES-ROTH (1976, 1977) sind ebenfalls Algorithmen der Identifizierung und Klassifizierung strukturierter Objekte entwickelt worden, die auf dem paarweisen Vergleich von Strukturbeschreibungen („all-or-none-matching“) beruhen.

Auch auf prädikatenlogischer Grundlage ist das Problem der induktiven Generalisierung über Mengen von Beispielen zu Klassenbeschreibungen durch Ausdrücke $H_A(v)$ des Prädikatenkalküls der ersten Stufe behandelt worden (PLOTKIN (1970, 1971); VERE (1975); BLUTNER (1977)). Wir wollen in den Abschnitten 8.2 und 8.3 im Überblick einen anderen Zugang darstellen, der auf der Abbildung der strukturierten Objekte (interpretierten Graphen) auf Merkmalsvektoren beruht. Der Vorteil dieser Herangehensweise besteht darin, daß die durch die Abbildung erzeugten Merkmalsvektoren durch die bekannten und gut ausgearbeiteten lernfähigen Klassifizierungsverfahren für Merkmalsvektoren verarbeitet werden können und damit das Problem auf die Klassifizierung von Merkmalsvektoren zurückgeführt werden kann. Insbesondere werden sich Entscheidungsbaumklassifikatoren als geeignet erweisen.

Ein anderes wichtiges Problem, das — jedenfalls im Rahmen der Begriffsbildungsforschung, Mustererkennung und Bildverarbeitung — erst in Ansätzen behandelt worden ist, ist die *kontextabhängige Klassifikation* (vgl. z. B. BAIRD und KELLY (1974)). Viele Begriffe sind erst durch Relationen zu anderen Begriffen vollständig definiert (z. B. die Begriffe „Dach“, „Vater“, „Haustier“). In der formalen intensionalen Beschreibung (vgl. Kapitel 1)

$$\forall v(v \in A \leftrightarrow H_A(v))$$

hängt dann H_A noch von anderen eventuell quantifizierten Individuenvariablen ab. Der Kontext kann auch bei bestimmter funktionaler Zusammenhang sein, so daß perzeptiv bestimmbare Merkmale (die *Oberflächenstruktur*) eine untergeordnete Rolle für die Begriffsbildung spielen. Die kontextabhängige Begriffsbildung steht in engem Zusammenhang mit der Klassifikation strukturierter Objekte.

In den folgenden Abschnitten 8.2 und 8.3 geben wir zunächst eine Präzisierung der bisherigen vorbereitenden und heuristischen Überlegungen zum Problem der Klassifikation strukturierter Objekte und gehen dann in Abschnitt 8.4 zur Darstellung eines Algorithmus für die kontextabhängige Klassifikation über.

8.2. Beschreibung strukturierter Objekte durch Merkmalsvektoren

8.2.1. Definition und Repräsentation strukturierter Objekte

Wir betrachten eine Grundmenge V von Elementarobjekten, eine Menge von einstelligen Attributen $x_1, \dots, x_{s_1}$ über V und eine Menge von zweistelligen Attributen $y_1, \dots, y_{s_2}$, die über gewissen Teilmengen von $\mathsf{V} \times \mathsf{V}$ definiert sind. Aus später ersichtlichen Gründen möge in der Menge $\{y_1, \dots, y_{s_2}\}$ mit jedem Attribut y_j auch das dazu *konverse* Attribut y_j^T enthalten sein, das durch

$$y_j^T(v, v') \leftrightarrow y_j(v', v)\,, \qquad v', v \in \mathsf{V}\,,$$

definiert ist. Bei $y_j^T = y_j$ (Symmetrie) entfällt diese Angabe.
Die Attribute x_i, y_j, die wir als meßbare oder bestimmbare Eigenschaften von Elementarobjekten bzw. von geordneten Paaren von Elementarobjekten interpretieren, werden zunächst als zweiwertig vorausgesetzt, die Verallgemeinerung der folgenden Überlegungen auf Attribute mit mehr als zwei Werten bereitet keine Schwierigkeiten.

Die Werte von x_i bzw. y_j bezeichnen wir wieder mit $\tilde{x}_i$ bzw. $\tilde{y}_j$, wobei $\tilde{x}_i, \tilde{y}_j \in \{0, 1\}$ ist. Weiter setzen wir

$$\boldsymbol{x} =_{\mathrm{Df}} (x_1, \dots, x_{s_1})\,, \qquad \boldsymbol{y} =_{\mathrm{Df}} (y_1, \dots, y_{s_2})$$

und bezeichnen feste Wertetupel von $\boldsymbol{x}$ bzw. $\boldsymbol{y}$ mit $\tilde{\boldsymbol{x}}$ bzw. $\tilde{\boldsymbol{y}}$, $\tilde{\boldsymbol{x}} \in \tilde{\mathsf{X}} \subseteqq \{0, 1\}^{s_1}$, $\tilde{\boldsymbol{y}} \in \tilde{\mathsf{Y}} \subseteqq \{0, 1\}^{s_2}$.

Definition. Ein *strukturiertes Objekt* $\boldsymbol{\Sigma}$ ist gegeben durch eine Trägermenge $\mathsf{V}_\Sigma \subseteqq \mathsf{V}$ und durch die in V_Σ durch die Attribute $x_1, \dots, x_{s_1}$ bzw. $y_1, \dots, y_{s_2}$ induzierten Relationen $\mathsf{P}_1, \dots, \mathsf{P}_{s_1}; \mathsf{Q}_1, \dots, \mathsf{Q}_{s_2}$:

$$\boldsymbol{\Sigma} =_{\mathrm{Df}} (\mathsf{V}_\Sigma; \mathsf{P}_1, \dots, \mathsf{P}_{s_1}; \mathsf{Q}_1, \dots, \mathsf{Q}_{s_2}) \tag{8.1}$$

mit $v \in \mathsf{P}_i \leftrightarrow x_i(v) = 1$ und $(v, v') \in \mathsf{Q}_j \leftrightarrow y_j(v, v') = 1$, $v \in \mathsf{V}_\Sigma$, $(v, v') \in \mathsf{V}_\Sigma \times \mathsf{V}_\Sigma$.

Damit ist ein strukturiertes Objekt eine relationale Algebra (Relativ), der in eineindeutiger Weise ein (abstrakter) Graph $\mathfrak{G}(\boldsymbol{\Sigma})$ zugeordnet werden kann. Man kann sich $\mathfrak{G}(\boldsymbol{\Sigma})$ z. B. als einen Graphen mit multiplen, durch die Relationen $\mathsf{P}_1, \dots, \mathsf{P}_{s_1}$; $\mathsf{Q}_1, \dots, \mathsf{Q}_{s_2}$ interpretierten Schlingen und Kanten vorstellen, d. h., am Knoten v wird eine mit P_i interpretierte Schlinge angebracht, wenn $v \in \mathsf{P}_i$ ist, und es werden v und v', $v \neq v'$, durch eine mit Q_j interpretierte, von v nach v' gerichtete Kante verbunden, wenn $(v, v') \in \mathsf{Q}_j$ gilt. Wir werden im folgenden den Graphen $\mathfrak{G}(\boldsymbol{\Sigma})$ auch mit $\boldsymbol{\Sigma}$ identifizieren. (In Abschnitt 8.1 hatten wir alle möglichen Knoten bzw. Kanteninterpretationen an eine einzige Schlinge bzw. Kante angeschrieben, wir werden diese Darstellungsweise auch im folgenden benutzen.)

Wir bilden jetzt die Menge der Elementarobjekte $\mathsf{V}_\Sigma = \{v_1, \dots, v_n\}$ eines strukturierten Objekts $\boldsymbol{\Sigma}$ auf die Menge der natürlichen Zahlen $\{1, 2, \dots, n\}$ ab. Diese Numerierung ist willkürlich und bedeutet lediglich eine formale Unterscheidung der Elementarobjekte. Es gibt $n!$ mögliche Numerierungen.

Nehmen wir an, daß durch $v_1, \dots, v_n$ beispielsweise Objekte der natürlichen Umwelt des Menschen bezeichnet werden, dann lassen sich diese Objekte im allgemeinen durch die Gesamtheit ihrer Eigenschaften vollständig unterscheiden (*intensionale Unterscheidung*). Es existiert also eine eineindeutige Abbildung (Codierungsfunktion) von einer gewissen, die Objekte unterscheidenden Menge von Merkmalssätzen auf die Symbole $v_1, \dots, v_n$. Im allgemeinen ist diese Codierungsfunktion dem informationsverarbeitenden System nicht vollständig verfügbar. Die Menge der Attribute $x_1, \dots, x_{s_1}$; $y_1, \dots, y_{s_2}$ ist nur eine Teilmenge aller möglichen Eigenschaften von Elementarobjekten bzw. Beziehungen von Elementarobjekten zu anderen Elementarobjekten. Sie ist durch die (aktuellen oder prinzipiellen) Meßmöglichkeiten des Systems gegeben (vgl. dazu die Diskussion in Abschnitt 5.1). Beispiele für diesen Fall sind chemische Strukturformeln (etwa der Benzolring).

Man kann sich auch vorstellen, daß bei der Überführung einer vom Sensorium aufgenommenen Struktur in das Gedächtnis eines informationsverarbeitenden Systems nicht alle eingangsseitig prinzipiell verfügbaren Merkmale abgespeichert werden und a priori (z. B. über eine Bewertungs- und Filterfunktion) eine Merkmalsselektion erfolgt. Es ist dann nur noch eine partielle Unterscheidbarkeit der Elementarobjekte mit Hilfe der noch verfügbaren Attribute $x_1, \dots, x_{s_1}$ (vgl. Abschnitt 8.2.2) oder mit Hilfe der durch die $y_1, \dots, y_{s_2}$ vermittelten strukturellen Beziehungen (Abschnitt 8.3) möglich.

Ein Beispiel für nicht mehr mit Hilfe der Attribute $x_1, \dots, x_{s_1}$; $y_1, \dots, y_{s_1}$ unterscheidbare Objekte sind die beiden Torpfeiler in Abb. 38, S. 77. Die intensionale Unterscheidbarkeit könnte durch Hinzunahme des Attributs $y_{s_2+1} = \mathit{LINKS\ VON}$ wiederhergestellt werden.

Man wird also bei der Klassifikation strukturierter Objekte auf Probleme geführt, wie sie bei der Entscheidung der *Isomorphie von Graphen* auftreten. Die Existenz von intensional ununterscheidbaren Elementarobjekten in einer Struktur Σ führt dazu, daß man eine *Menge* von möglichen Beschreibungen (Merkmalsvektoren) für Σ erhält, was beim Aufbau von Klassifikatoren berücksichtigt werden muß.

Wir wenden uns nun einer Präzisierung der eben skizzierten heuristischen Überlegungen zu.

Die Folge des Verlustes an Unterscheidbarkeit der Elementarobjekte durch Merkmale ist, daß man einem strukturierten Objekt eine Menge von Beschreibungen zuordnen kann, d. h. die Beschreibung nicht eindeutig bestimmt ist. Wir ordnen jedem strukturierten Objekt Σ eine Menge $\mathfrak{A}(\Sigma)$ von $n \times n$-Matrizen (*Adjazenzmatrizen*) auf folgende Weise zu: Es sei $f_0\colon \mathsf{V}_\Sigma \to \{1, \dots, n\} = \mathsf{N}$, $f_0(v_j) = j \in \mathsf{N}$ eine feste Numerierung (Anordnung) der Trägermenge $\{v_1, \dots, v_n\} = \mathsf{V}_\Sigma$. Wir definieren eine Matrix $\boldsymbol{A}_0(\Sigma)$ durch

$$\left.\begin{aligned} &\boldsymbol{A}_0(\Sigma) = (a_{jk})\,, \\ &a_{jk} =_{\mathrm{Df}} \begin{cases} \boldsymbol{x}(v_j) = \big(x_1(v_j), \dots, x_{s_1}(v_j)\big)\,, & \text{falls } j = k\,, \\ \boldsymbol{y}(v_j, v_k) = \big(y_1(v_j, v_k), \dots, y_{s_2}(v_j, v_k)\big)\,, & \text{falls } j \neq k\,, \end{cases} \\ &\qquad\qquad\qquad\qquad\qquad\qquad j, k = 1, \dots, n\,. \end{aligned}\right\} \tag{8.2}$$

Das heißt, die Diagonalelemente sind die (vektoriellen) Knoteninterpretationen und die Nichtdiagonalelemente die Kanteninterpretationen.[1]) $n = n(\boldsymbol{\Sigma}) = |\mathsf{V}_\Sigma|$ heiße der *Grad* von $\boldsymbol{\Sigma}$. Die Menge $\mathfrak{A}(\boldsymbol{\Sigma})$ aller möglichen Beschreibungen $\boldsymbol{A}(\boldsymbol{\Sigma})$ von $\boldsymbol{\Sigma}$ ist

$$\mathfrak{A}(\boldsymbol{\Sigma}) =_{\mathrm{Df}} \{\boldsymbol{P}\boldsymbol{A}_0(\boldsymbol{\Sigma})\,\boldsymbol{P}^{-1} : \boldsymbol{P} \in \mathfrak{P}_n\}\,, \tag{8.3}$$

wobei $\mathfrak{P}_n$ die Menge aller $n \times n$-Permutationsmatrizen bedeutet. $\boldsymbol{A}(\boldsymbol{\Sigma}) \in \mathfrak{A}(\boldsymbol{\Sigma})$ ist die Adjazenzmatrix eines vollständigen Graphen $\mathfrak{G}_A(\boldsymbol{\Sigma}) = (\mathsf{N}, \mathsf{N} \times \mathsf{N} \setminus \mathsf{D}, \boldsymbol{x}_A, \boldsymbol{y}_A)$ mit der Knotenmenge $\mathsf{N} = \{1, \dots, n\}$, der Kantenmenge $\mathsf{N} \times \mathsf{N} \setminus \mathsf{D}$, der (vektoriellen) Knoteninterpretationsfunktion $\boldsymbol{x}_A$ und der Kanteninterpretationsfunktion $\boldsymbol{y}_A$; $\boldsymbol{x}_A : \mathsf{N} \to \tilde{\mathsf{Y}}$, $\boldsymbol{y}_A : \mathsf{N} \times \mathsf{N} \setminus \mathsf{D} \to \tilde{\mathsf{X}}$, $\mathsf{D} =_{\mathrm{Df}} \{(j, j) : j \in \mathsf{N}\}$. Die Zuordnung $\boldsymbol{A} \leftrightarrow \mathfrak{G}_A$ ist eineindeutig.

Definition. Zwei strukturierte Objekte $\boldsymbol{\Sigma}$ und $\boldsymbol{\Sigma}'$ vom Grad n heißen *isomorph* zueinander, wenn zwei Matrizen $\boldsymbol{A}(\boldsymbol{\Sigma}) \in \mathfrak{A}(\boldsymbol{\Sigma})$ und $\boldsymbol{A}'(\boldsymbol{\Sigma}') \in \mathfrak{A}(\boldsymbol{\Sigma}')$ und eine Permutationsmatrix $\boldsymbol{P} \in \mathfrak{P}_n$ existieren mit

$$\boldsymbol{P}\boldsymbol{A}(\boldsymbol{\Sigma})\,\boldsymbol{P}^{-1} = \boldsymbol{A}'(\boldsymbol{\Sigma}')\,. \tag{8.4}$$

(Wegen der Gruppeneigenschaften von $\mathfrak{P}_n$ existiert dann für jedes beliebige Paar von Matrizen aus $\mathfrak{A} \times \mathfrak{A}'$ eine Permutation mit dieser Eigenschaft, so daß die hier benutzte Isomorphiedefinition nicht von den gewählten Beschreibungen abhängt. Da andererseits aus jeder Adjazenzmatrix $\boldsymbol{A}(\boldsymbol{\Sigma})$ der (abstrakte) Graph $\mathfrak{G}(\boldsymbol{\Sigma})$ eindeutig rekonstruierbar ist, ist diese Isomorphiedefinition der für Graphen in der Literatur üblicherweise verwendeten äquivalent.)

Definition. Eine Permutation $\boldsymbol{P}$ heißt ein *Automorphismus* von $\boldsymbol{\Sigma}$, wenn

$$\boldsymbol{P}\boldsymbol{A}(\boldsymbol{\Sigma})\,\boldsymbol{P}^{-1} = \boldsymbol{A}(\boldsymbol{\Sigma})$$

gilt.

Bei der Konstruktion von Merkmalsvektoren $\boldsymbol{z}(\boldsymbol{\Sigma})$ für die strukturierten Objekte werden wir von den Matrizen $\boldsymbol{A}(\boldsymbol{\Sigma}) \in \mathfrak{A}(\boldsymbol{\Sigma})$ ausgehen. Hier ergibt sich nun folgendes Problem: Da man von vornherein nicht weiß, welche Beschreibung $\boldsymbol{A}(\boldsymbol{\Sigma})$, d. h. welche Numerierung der Elementarobjekte, vom Belehrungsalgorithmus gewählt wird, muß man einem strukturierten Objekt eine Menge $\tilde{\mathsf{Z}}(\boldsymbol{\Sigma})$ von Merkmalsvektoren zuordnen. Man läßt gewissermaßen zu, daß der Belehrungsalgorithmus seine „Codierungsstrategie" wechselt und daß während der Belehrung oder in der „Kannphase" ein und dasselbe Objekt mit verschiedenen Beschreibungen angeboten wird. Eine im Prinzip mögliche Transformation auf eine Standardform (etwa bezüglich einer lexikographischen Ordnung der Menge $\tilde{\mathsf{Z}}(\boldsymbol{\Sigma})$) erweist sich als ungünstig, da dann u. U. Ähnlichkeiten zwischen strukturierten Objekten nicht erkannt werden und die Generalisierung erschwert bzw. unmöglich gemacht wird. (Allerdings kann die Benutzung genau einer Beschreibung zum Aufbau des Klassifikators aus Speicherplatzgründen bei großen Knotenzahlen n angezeigt sein. Die Transformation auf die im Klassifikator enthaltene Beschreibung muß dann während des Klassifikationsvorgangs erfolgen.

[1]) Die über der Diagonale $\{(v_j, v_j)\}$ definierten zweistelligen Prädikate y_l, $1 \leq l \leq s_2$, die im folgenden keine Rolle spielen werden, können mit in die Definition von $\boldsymbol{x}(v_j)$ aufgenommen werden) (vgl. Abschnitt 8.3.2., (8.15)). Aus Gründen der Übersichtlichkeit (insbesondere der Beispiele verzichten wir zunächst auf ihre Angabe.

Man verschiebt dann den für die Erzeugung verschiedener Beschreibungen zu treibenden Aufwand nur auf den Verbrauch von Rechenzeit bei der Klassifikation.)

Unser Ziel wird es im folgenden sein, die Menge $\tilde{\mathsf{Z}}(\boldsymbol{\Sigma})$ *soweit wie möglich unter Ausnutzung der Attribute* $x_1, \ldots, x_{s_1}, y_1, \ldots, y_{s_2}$ *einzuschränken, um im günstigsten Fall zu einer eindeutigen Codierung von* $\boldsymbol{\Sigma}$ *durch genau einen Merkmalsvektor zu gelangen.* Das ist genau dann der Fall, wenn sich alle Elementarobjekte in $\boldsymbol{\Sigma}$ mit Hilfe der Attribute $x_1, \ldots, x_{s_1}, y_1, \ldots, y_{s_2}$ unterscheiden lassen. (Die Unterscheidbarkeit mit Hilfe der $y_1, \ldots, y_{s_2}$ wird in Abschnitt 8.3 dargestellt.) Zunächst befassen wir uns aber mit dem *Prinzip der Transformation der Matrizen* $\boldsymbol{A}(\boldsymbol{\Sigma})$ *in Merkmalsvektoren.*

8.2.2. Transformation der Matrizen $A(\Sigma)$ in Merkmalsvektoren

Es sei eine Menge $\mathfrak{S} = \{\Sigma^{(1)}, \Sigma^{(2)}, \ldots, \Sigma^{(N)}\}$ von strukturierten Objekten gegeben. $\tilde{\mathsf{X}}$ sei die Menge der in $\mathfrak{S}$ vorkommenden Knotenbelegungen (Merkmalsvektoren der Elementarobjekte) und $\tilde{\mathsf{Y}}$ sei die Menge der in $\mathfrak{S}$ vorkommenden Kantenbelegungen. Im allgemeinen ist

$$r_1 = |\tilde{\mathsf{X}}| < 2^{s_1} \quad \text{und} \quad r_2 = |\tilde{\mathsf{Y}}| < 2^{s_2},$$

da nicht alle möglichen Belegungen in $\mathfrak{S}$ vorkommen müssen. Wir führen zwei willkürliche, aber feste Numerierungen (Anordnungen) ein

$$\left.\begin{aligned} \varphi_x &: \tilde{\mathsf{X}} \to \mathsf{U} = \{1, \ldots, r_1\}, & \varphi_x(\tilde{x}) &= u \in \mathsf{U}, \\ \varphi_y &: \tilde{\mathsf{Y}} \to \mathsf{W} = \{1, \ldots, r_2\}, & \varphi_y(\tilde{y}) &= w \in \mathsf{W}, \end{aligned}\right\} \tag{8.5}$$

die wir als *Knoten-* bzw. *Kantenbenennungsfunktionen* (*Anordnungsfunktionen*) bezeichnen. $\varphi_x|_\Sigma$ und $\varphi_y|_\Sigma$ seien die Einschränkungen von φ_x und φ_y auf $\boldsymbol{\Sigma}$. Für $\boldsymbol{\Sigma} \in \mathfrak{S}$ betrachten wir eine Beschreibung $\boldsymbol{A}(\boldsymbol{\Sigma})$. Die Funktion

$$f_x =_{\mathrm{Df}} \varphi_x|_\Sigma \circ \boldsymbol{x}, \qquad f_x(j) = \varphi_x(\boldsymbol{x}(j)), \qquad j \in \mathsf{N},$$

ordnet den Knoten des Graphen $\mathfrak{G}_A(\boldsymbol{\Sigma})$ eine Zahl $u \in \mathsf{U}$ zu, die Funktion

$$f_y =_{\mathrm{Df}} \varphi_y|_\Sigma \circ \boldsymbol{y}, \qquad f_y(j, k) = \varphi_y(\boldsymbol{y}(j, k)), \qquad (j, k) \in \mathsf{N} \times \mathsf{N} \setminus \mathsf{D}$$

den Kanten eine Zahl $w \in \mathsf{W}$. (Die Indizierung durch $\boldsymbol{A}$ bei $\boldsymbol{x}, \boldsymbol{y}, f_x, f_y$ haben wir weggelassen.) f_x und f_y werden auch als *Indikatorfunktionen* bezeichnet (Abschnitt 8.3.2).

Es handelt sich hier also um eine Numerierung (Benennung) aller in $\mathfrak{S}$ vorkommenden verschiedenen Knoten- bzw. Kantenbelegungen. Es kann auch sein, daß φ_x und φ_y bereits erlernte Klassifizierungsfunktionen für Elementarobjekte bzw. geordnete Paare von Elementarobjekten sind. Im allgemeinen brauchen dann nicht alle verschiedenen Knoten- bzw. Kantenbelegungen unterschieden zu werden, φ_x und φ_y hängen dann nur von den klassifizierungsrelevanten Merkmalen ab. Wie bereits in Abschnitt 8.1 erwähnt, kann φ_x auch eine Klassifizierungsfunktion für strukturierte Objekte auf einer niedrigeren Hierarchieebene sein, d. h., die Knoten unserer strukturierten Objekte repräsentieren selbst wieder strukturierte Objekte oder Klassen strukturierter Objekte (Begriffe). Das spielt eine wichtige Rolle beim Aufbau semantischer Netze, deren Knoten meistens Begriffe darstellen.

Sind die $\boldsymbol{x}$ bzw. $\boldsymbol{y}$ reellwertige Meßwertvektoren, kann man φ_x bzw. φ_y als Abbildungen von $\tilde{\mathsf{X}}$ bzw. $\tilde{\mathsf{Y}}$ in eine Menge U bzw. W von Clustern oder Klassengebieten im

Merkmalsraum definieren. (Auch bestimmte Klassen von segmentierten linienhaften Objekten, die in der Zeichenerkennung und Bildverarbeitung eine Rolle spielen, lassen sich als Graphen beschreiben. Die Segmente dieser Objekte entsprechen den Kanten, als Kantenmerkmale y_i können z. B. Winkel, Längen und mittlere Krümmungen der Segmente verwendet werden.)

Durch φ_x und φ_y werden über der Knotenmenge N von $\mathfrak{G}_A(\Sigma)$ neue Relationen definiert, die wir mit

$$\mathsf{S}_u =_{\mathrm{Df}} \mathsf{P}_1^{\tilde{x}_1} \cap \mathsf{P}_2^{\tilde{x}_2} \cap \dots \cap \mathsf{P}_{s_1}^{\tilde{x}_{s_1}} \subseteq \mathsf{N}\,, \qquad \tilde{\boldsymbol{x}} \in \tilde{\mathsf{X}}\,, \qquad \varphi_x(\tilde{\boldsymbol{x}}) = u\,,$$

$$\mathsf{R}_w =_{\mathrm{Df}} \mathsf{Q}_1^{\tilde{y}_1} \cap \mathsf{Q}_2^{\tilde{y}_2} \cap \dots \cap \mathsf{Q}_{s_2}^{\tilde{y}_{s_2}} \subseteq \mathsf{N} \times \mathsf{N}\,, \qquad \tilde{\boldsymbol{y}} \in \tilde{\mathsf{Y}}\,, \qquad \varphi_y(\tilde{\boldsymbol{y}}) = w\,,$$

bezeichnen, wobei

$$\mathsf{P}_i^{\tilde{x}_i} =_{\mathrm{Df}} \begin{cases} \mathsf{P}_i, & \text{falls } \tilde{x}_i = 1\,, \\ \mathsf{P}_i, & \text{falls } \tilde{x}_i = 0 \end{cases} \quad \text{und} \quad \mathsf{Q}_j^{\tilde{y}_j} =_{\mathrm{Df}} \begin{cases} \mathsf{Q}_j, & \text{falls } \tilde{y}_j = 1\,, \\ \mathsf{Q}_j, & \text{falls } \tilde{y}_j = 0 \end{cases}$$

gilt. Wir ersetzen jetzt die Vektoren $\tilde{\boldsymbol{x}}$ und $\tilde{\boldsymbol{y}}$ in der Matrix $\boldsymbol{A}(\Sigma)$ durch die Funktionswerte $\varphi_x(\tilde{\boldsymbol{x}})$ und $\varphi_y(\tilde{\boldsymbol{y}})$, indem wir $\boldsymbol{A}$ neu definieren durch

$$a_{jk} =_{\mathrm{Df}} \begin{cases} f_x(j) = \varphi_x(\boldsymbol{x}(j))\,, & \text{falls } j = k\,, \\ f_y(j,k) = \varphi_y(\boldsymbol{y}(j,k))\,, & \text{falls } j \neq k\,. \end{cases} \tag{8.6}$$

Beispiel. Es sei

$x_1 = \mathrm{BL}$ (Block), $x_2 = \mathrm{PR}$ (Prisma), $y_1 = \mathrm{TR}$ (trägt),

$y_2 = \mathrm{TR}^T$ (wird getragen), $y_3 = \mathrm{NB}$ (neben), $y_4 = \mathrm{BN}$ (berührt nicht).

y_3 und y_4 sind symmetrische Attribute.[1])

$\mathfrak{G}_A(\Sigma^{(1)})$:

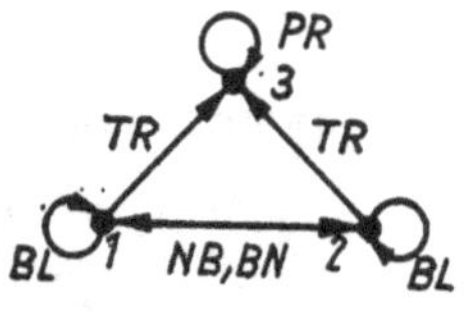

$$\boldsymbol{A}(\Sigma^{(1)}) = \begin{pmatrix} (1,0) & (0,0,1,1) & (1,0,0,0) \\ (0,0,1,1) & (1,0) & (1,0,0,0) \\ (0,1,0,0) & (0,1,0,0) & (0,1) \end{pmatrix}$$

$\mathfrak{G}_A(\Sigma^{(2)})$:

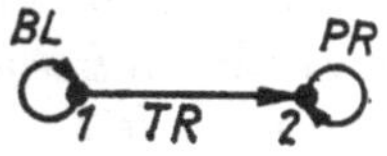

$$\boldsymbol{A}(\Sigma)^{(2)} = \begin{pmatrix} (1,0) & (1,0,0,0) \\ (0,1,0,0) & (0,1) \end{pmatrix}$$

$\mathfrak{G}_A(\Sigma^{(3)})$:

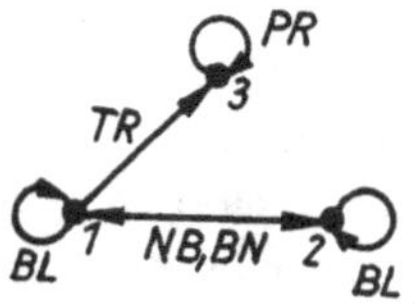

$$\boldsymbol{A}(\Sigma)^{(3)} = \begin{pmatrix} (1,0) & (0,0,1,1) & (1,0,0,0) \\ (0,0,1,1) & (1,0) & (0,0,0,0) \\ (0,1,0,0) & (0,0,0,0) & (0,1) \end{pmatrix}.$$

---

[1]) Wir haben die zweistelligen Prädikate $y_j(v, v)$ über der Diagonale $\{(v, v) : v \in \mathsf{V}_\Sigma\}$ bisher mit in die Definition der x_i aufgenommen. Im Beispiel sind y_1, y_2 und y_3 irreflexiv und y_4 reflexiv für alle $\Sigma \in \mathfrak{S}$. Sie liefern daher keine Unterscheidung der Diagonalelemente, und ihre Angabe für die Diagonale wird im folgenden weggelassen.

Dabei haben wir aus jeder Menge $\mathfrak{A}(\Sigma^{(i)})$, $i = 1, 2, 3$, einen Repräsentanten gewählt. φ_x und φ_y sind unter Anwendung der Reduktionsregeln für redundante Attribute (vgl. Abschnitt 4.7) in Abb. 40 dargestellt.

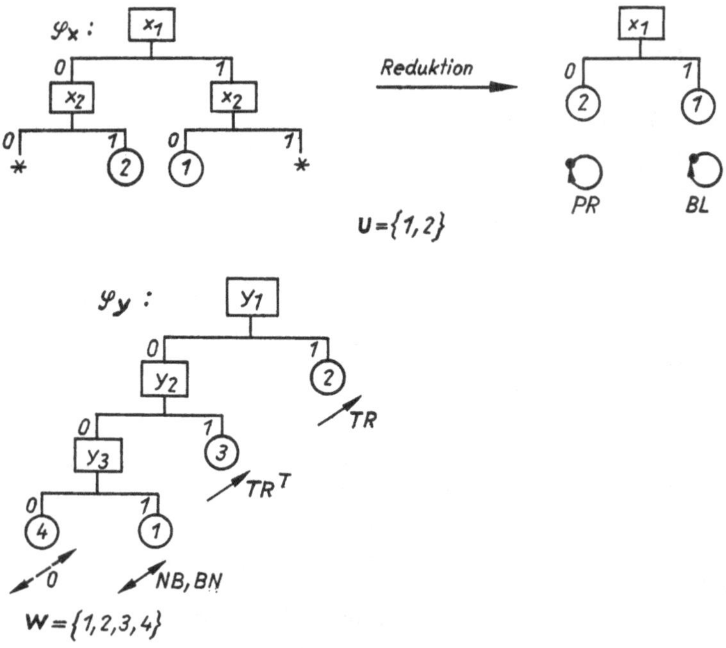

Abb. 40. Knoten- und Kantenbenennungsfunktion

Zur Veranschaulichung sind unter die u- bzw. w-Werte an den Endknoten die entsprechenden interpretierten Graphenelemente geschrieben. Die mit Hilfe von φ_x und φ_y transformierten Matrizen sind

$$A(\Sigma^{(1)}) = \begin{pmatrix} 1 & 1 & 2 \\ 1 & 1 & 2 \\ 3 & 3 & 2 \end{pmatrix}$$

mit den in N induzierten Relationen

$$S_1 = \{1, 2\}, \qquad S_2 = \{3\}, \qquad R_1 = \{(1, 2), (2, 1)\},$$

$$R_2 = \{(1, 3), (2, 3)\}, \qquad R_3 = \{(3, 1), (3, 2)\}, \qquad R_4 = \emptyset;$$

$$A(\Sigma^{(2)}) = \begin{pmatrix} 1 & 2 \\ 3 & 2 \end{pmatrix}, \qquad S_1 = \{1\}, \qquad S_2 = \{2\},$$

$$R_1 = \emptyset, \qquad R_2 = \{(1, 2)\}, \qquad R_3 = \{(2, 1)\}, \qquad R_4 = \emptyset;$$

$$A(\Sigma^{(3)}) = \begin{pmatrix} 1 & 1 & 2 \\ 1 & 1 & 4 \\ 3 & 4 & 2 \end{pmatrix}, \qquad S_1 = \{1, 2\}, \qquad S_2 = \{3\},$$

$$R_1 = \{(1, 2), (2, 1)\}, \quad R_2 = \{(1, 3),\} \quad R_3 = \{(3, 1)\}, \quad R_4 = \{(2, 3), (3, 2)\}.$$

Man stellt leicht fest, daß

$$P = \begin{pmatrix} 0 & 1 & 0 \\ 1 & 0 & 0 \\ 0 & 0 & 1 \end{pmatrix}$$

einen Automorphismus von $\mathfrak{G}_A(\Sigma^{(1)})$ und damit einen Automorphismus von $\Sigma^{(1)}$ liefert.

Definition. Zwei Knoten j, k von $\mathfrak{G}_A(\Sigma)$ heißen (*elementar*, d. h. durch die *Elementarattribute* $x_1, \ldots, x_{s_1}$) *unterscheidbar*, wenn $f_x(j) \neq f_x(k)$ gilt. Zwei Kanten (j, k), (j', k') heißen (*elementar*) *unterscheidbar*, wenn $f_y(j, k) \neq f_y(j', k')$ gilt.

Wir betrachten in $\mathfrak{G}_A$ die Äquivalenzklassen

$$\mathsf{S}_u = \{j : f_x(j) = u\}\,, \qquad u \in \mathsf{U}|_{A(\Sigma)}$$

nicht unterscheidbarer Knoten. $\mathsf{U}|_{A(\Sigma)}$ bedeutet die Menge der in A vorkommenden Werte aus U. Diese Menge hängt nicht von der Beschreibung A ab, so daß wir dafür U_Σ schreiben können. Auf der Menge der Äquivalenzklassen sei eine Ordnung $\leqq$ durch

$$\mathsf{S}_{u_r} \leqq \mathsf{S}_{u_s} \leftrightarrow u_r \leqq u_s$$

definiert. In den Matrizen $A \in \mathfrak{A}(\Sigma)$ führen wir eine gewisse *Normierung* durch, indem wir eine simultane Permutation von Zeilen und Spalten so vornehmen, daß die Diagonalelemente nach nichtfallender Größe geordnet sind. Die Matrizen im letzten Beispiel sind bereits in dieser Weise normiert. Wir nehmen nur noch solcherart normierte Matrizen in $\mathfrak{A}(\Sigma)$ auf.

Die Folge $(\mathsf{S}_{u_1}, \mathsf{S}_{u_2}, \ldots, \mathsf{S}_{u_\sigma})$ mit $\sigma = |\mathsf{U}_\Sigma|$ bildet eine geordnete Partition der Knoten von $\mathfrak{G}_A(\Sigma)$ in Klassen nicht elementar unterscheidbarer Knoten. *Diese geordnete Partition ist für alle* $\mathfrak{G}_A(\Sigma)$, $A \in \mathfrak{A}(\Sigma)$, *gleich*. Durch die S_u sind daher auch Äquivalenzklassen ξ_u von Elementarobjekten $v \in \mathsf{V}_\Sigma$ definiert. Wir werden im folgenden daher auch die S_u mit den ξ_u identifizieren.

Beispiel. Wir betrachten wieder das Beispiel von S. 85 und geben die vollständigen Mengen $\mathfrak{A}(\Sigma^{(i)})$, $i = 1, 2, 3$, normierter Adjazenzmatrizen mit den zugehörigen Äquivalenzklassen ξ_u an.

$$\mathfrak{A}(\Sigma^{(1)}) = \left\{\begin{pmatrix} 1 & 1 & 2 \\ 1 & 1 & 2 \\ 3 & 3 & 2 \end{pmatrix}\right\}, \qquad \xi_1 = \{1, 2\}\,, \qquad \xi_2 = \{3\}\,.$$

$P = \begin{pmatrix} 0 & 1 & 0 \\ 1 & 0 & 0 \\ 0 & 0 & 1 \end{pmatrix}$ liefert den einzigen nichttrivialen Automorphismus von $\Sigma^{(1)}$, und (ξ_1, ξ_2) ist die Automorphiepartition der Knoten von $\Sigma^{(1)}$.

$$\mathfrak{A}(\Sigma^{(2)}) = \left\{\begin{pmatrix} 1 & 2 \\ 3 & 2 \end{pmatrix}\right\}, \qquad \xi_1 = \{1\}\,, \qquad \xi_2 = \{2\}\,.$$

Es gibt keinen nichttrivialen Automorphismus.

$$\mathfrak{A}(\Sigma^{(3)}) = \left\{\begin{pmatrix} 1 & 1 & 2 \\ 1 & 1 & 4 \\ 3 & 4 & 2 \end{pmatrix}, \begin{pmatrix} 1 & 1 & 4 \\ 1 & 1 & 2 \\ 4 & 3 & 2 \end{pmatrix}\right\} = \{A_1(\Sigma^{(3)}), A_2(\Sigma^{(3)})\}\,,$$

$$\xi_1 = \{1, 2\}\,, \qquad \xi_2 = \{3\}\,.$$

Es gibt keinen nichttrivialen Automorphismus, $\Sigma^{(3)}$ hat zwei voneinander verschiedene Darstellungen (Beschreibungen) A_1 und A_2.

Die ξ_u, $u \in U_\Sigma$, bilden Vereinigungen von transitiven Klassen der Automorphismengruppe $\mathrm{AUT}(\Sigma)$ von Σ bzw. $\mathfrak{G}_A(\Sigma)$[1]) und sind invariant gegenüber den Automorphismen aus $\mathrm{AUT}(\Sigma)$, d. h., für $a \in \mathrm{AUT}(\Sigma)$ gilt $a(\xi_u) = \xi_u$.

Sind zwei strukturierte Objekte Σ und Σ' isomorph, dann müssen ihre Automorphismengruppen übereinstimmen. Folglich müssen auch die geordneten Partitionen

$$\Pi_\Sigma = (\xi_1, \dots, \xi_\sigma) \quad \text{und} \quad \Pi_{\Sigma'} = (\xi'_1, \dots, \xi'_{\sigma'}), \qquad \sigma = \sigma',$$

gleich sein, sie stellen also eine Isomorphieinvariante dar.

Zur Erzeugung aller verschiedenen Beschreibungen eines strukturierten Objekts aus einer (normierten) Anfangsbeschreibung A_0 braucht man also nur noch innerhalb der ξ_u zu permutieren. Anstatt von $n!$ Permutationen hat man nur noch $\prod_{u \in U_\Sigma} l_u!$ Permutationen durchzuführen, wobei $l_u = |\xi_u|$, $\sum_{u \in U_\Sigma} l_u = n(\Sigma)$, gilt.

An dieser Stelle sei noch einmal an den Zweck dieser Überlegungen erinnert: Ein und dasselbe strukturierte Objekt könnte während der Belehrungs- und Kannphase mit unterschiedlichen Beschreibungen (isomorphe Varianten) dargeboten werden und würde dann nicht wiedererkannt werden, eine Transformation auf eine feste Beschreibung erweist sich als ungünstig für die Generalisierungsfähigkeit. Aus diesem Grund sollen bei der Belehrung alle voneinander verschiedenen Beschreibungen aus der angebotenen erzeugt und verwendet werden. In Abschnitt 8.3 werden Verfahren zur Verfeinerung der Ausgangspartition Π_Σ angegeben, durch die man u. U. zur Automorphiepartition gelangt. Diese Verfeinerung beruht auf einer weiteren Unterscheidung der Elementarobjekte in den Äquivalenzklassen ξ_u mit Hilfe der zweistelligen Attribute $y_1, \dots, y_{s_2}$. (Diese Verfahren werden bei der Prüfung der Isomorphie zweier Graphen angewendet, vgl. z. B. TINHOFER (1975, 1976, 1977).) Dadurch wird die Zahl der Beschreibungen auf das mögliche Minimum reduziert. Hätte man einen vollständigen Satz von Isomorphieinvarianten, dann könnte man diesen als eineindeutige Beschreibung von Σ durch einen Merkmalsvektor verwenden. Aber bis jetzt ist ein vollständiger Satz von Isomorphieinvarianten nur für Spezialfälle bekannt.

Man könnte nun zu einer Beschreibung durch Merkmalsvektoren gelangen, indem man die Matrixelemente a_{ij} als (im allgemeinen mehrwertige) Attribute auffaßt und die Matrizen $A(\Sigma)$ linear hinschreibt. Unser Ziel ist es jedoch, eine von der Matrixdarstellung unabhängige lineare Darstellung des Graphen zu erhalten, deren Komponenten das Vorhandensein bestimmter Tripel anzeigen, die aus einer (interpretierten) Kante und den mit dieser Kante inzidenten (interpretierten) Knoten bestehen. Verwendet man nämlich Entscheidungsbaumklassifikatoren, dann entsprechen bei dieser Darstellung den Wegen im Baum die klassifizierungsrelevanten Teilstrukturen (Modelle), die aus den auf dem Wege vorkommenden Merkmalen (Tripeln) leicht zusammengesetzt werden können (vgl. das Beispiel unten). Wir führen daher noch weitere Transformationen der Matrizen durch.

---

[1]) $V' \subseteq V_\Sigma$ heißt *transitive Klasse*, wenn für ein beliebiges Paar $(v_1, v_2) \in V' \times V'$ ein Automorphismus a existiert mit $a(v_1) = v_2$.

Innerhalb einer Äquivalenzklasse ξ_u führen wir eine neue Numerierung $\lambda = 1, 2, \dots, l_u$ der Knoten von $\mathfrak{G}_A$ ein und definieren für alle $j \in \mathsf{N}$

$$\left.\begin{aligned} & f_\lambda(j) =_{\mathrm{Df}} \big(f_x(j), \lambda\big)\,, \qquad \lambda =_{\mathrm{Df}} j - \sum_{u' < f_x(j)} l_u\,, \\ & f_\lambda\colon \mathsf{N} \to \bigcup_{u \in \mathsf{U}_\Sigma} \{u\} \times \{1, \dots, l_u\}\,. \end{aligned}\right\} \tag{8.7}$$

f_λ ist eineindeutig. $\bar{\varphi}_x$ sei wieder eine Benennung aller in $\mathfrak{S}$ vorkommenden Paare (u, λ),

$$\begin{aligned} & \bar{\varphi}_x\colon \bigcup_{\Sigma \in \mathfrak{S}} \bigcup_{u \in \mathsf{U}_\Sigma} \{u\} \times \{1, \dots, l_u\} \to \bar{\mathsf{U}} = \{1, \dots, l\}\,, \\ & \bar{\varphi}_x(u, \lambda) = \bar{u} \in \bar{\mathsf{U}}\,. \end{aligned} \tag{8.8}$$

l ist die Anzahl aller verschiedenen Paare in $\mathfrak{S}$. Man erhält damit die Indikatorfunktion

$$\bar{f}_x =_{\mathrm{Df}} \bar{\varphi}_x|_\Sigma \circ f_\lambda\,, \qquad \bar{f}(j) = \bar{\varphi}_x\big(f_\lambda(j)\big)\,, \qquad \bar{f}_x\colon \mathsf{N} \to \bar{\mathsf{U}}_\Sigma\,.$$

$\bar{f}_x$ ist eineindeutig und für alle $A \in \mathfrak{A}(\Sigma)$ gleich.
Wir ersetzen nun jede Matrix $A(\Sigma) \in \mathfrak{A}(\Sigma)$ durch die Matrix

$$\left.\begin{aligned} & \bar{A}(\Sigma) = (\bar{a}_{ij}) \\ \text{mit} \qquad & \bar{a}_{ij} =_{\mathrm{Df}} \begin{cases} \bar{f}_x(j)\,, & \text{falls } i = j\,, \\ f_y(i, j)\,, & \text{falls } i \neq j\,. \end{cases} \end{aligned}\right\} \tag{8.9}$$

(Es handelt sich hier wieder um das Prinzip, nur mit Matrizen aus Zahlen zu arbeiten, die leichter und übersichtlicher manipulierbar sind; die Zuordnung der Zahlen zu den Merkmalsvektoren ist immer durch die Codierungsfunktionen φ gegeben, durch Einsetzen von $\varphi^{-1}(a_{ij})$ kann die ursprüngliche vektorielle Darstellung wieder erhalten werden.)

Damit hat man alle Knoten $j \in \mathsf{N}$ durch Benennungen $\bar{f}_x(j)$ unterschieden, wobei natürlich die Unterscheidung durch λ innerhalb einer Äquivalenzklasse ξ_u nur eine formale ist, d. h. nicht auf meßbaren Merkmalen beruht. Man kann λ auch als ein systeminternes „virtuelles" Merkmal auffassen, das die Menge ξ_u extensional, d. h. durch Aufzählung, charakterisiert. (Man beachte, daß f_y im Unterschied zu $\bar{f}_x$ von der Beschreibung A abhängt.)

Beispiel

$$\mathfrak{A}(\Sigma^{(1)}) = \left\{\begin{pmatrix} (1,1) & 1 & 2 \\ 1 & (1,2) & 2 \\ 3 & 3 & (2,1) \end{pmatrix}\right\}, \quad \mathfrak{A}(\Sigma^{(2)}) = \left\{\begin{pmatrix} (1,1) & 2 \\ 3 & (2,1) \end{pmatrix}\right\},$$

$$\mathfrak{A}(\Sigma^{(3)}) = \left\{\begin{pmatrix} (1,1) & 1 & 2 \\ 1 & (1,2) & 4 \\ 3 & 4 & (2,1) \end{pmatrix}, \quad \begin{pmatrix} (1,1) & 1 & 4 \\ 1 & (1,2) & 2 \\ 4 & 3 & (2,1) \end{pmatrix}\right\}.$$

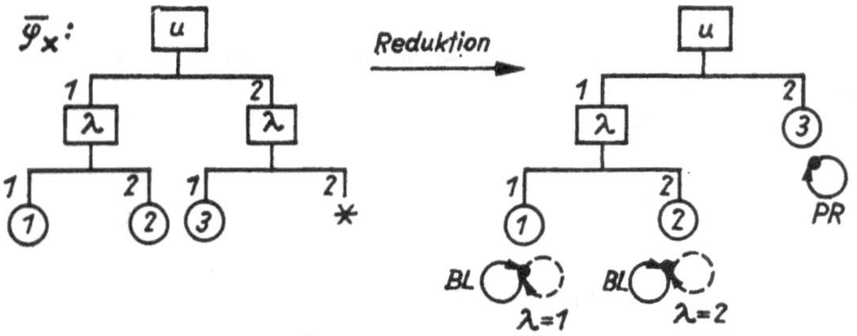

Abb. 41. Darstellung der Knotenbenennungsfunktion $\bar{\varphi}_x$

Mit Hilfe des in Abb. 41 dargestellten $\bar{\varphi}_x$ erhält man:

$$\bar{\mathfrak{A}}(\boldsymbol{\Sigma}^{(1)}) = \left\{\begin{pmatrix} 1 & 1 & 2 \\ 1 & 2 & 2 \\ 3 & 3 & 3 \end{pmatrix}\right\}, \qquad \bar{\mathfrak{A}}(\boldsymbol{\Sigma}^{(2)}) = \left\{\begin{pmatrix} 1 & 2 \\ 3 & 3 \end{pmatrix}\right\},$$

$$\bar{\mathfrak{A}}(\boldsymbol{\Sigma}^{(3)}) = \left\{\begin{pmatrix} 1 & 1 & 2 \\ 1 & 2 & 4 \\ 3 & 4 & 3 \end{pmatrix}, \begin{pmatrix} 1 & 1 & 4 \\ 1 & 2 & 2 \\ 4 & 3 & 3 \end{pmatrix}\right\}.$$

Um zu einer für unsere Zwecke geeigneten linearen Darstellung der Graphen $\mathfrak{G}_A(\boldsymbol{\Sigma})$ zu gelangen, definieren wir noch eine Matrix $\boldsymbol{A}'(\boldsymbol{\Sigma})$ durch

$$a'_{jk} =_{\mathrm{Df}} \begin{cases} \bar{f}_x(j)\,, & \text{falls } j = k\,, \\ (f_y(j, k), \bar{f}_x(j), \bar{f}_x(k))\,, & \text{falls } j \neq k \end{cases} \tag{8.10}$$

und führen wieder eine Benennung $\bar{\varphi}_y$,

$$\bar{\varphi}_y(w, \bar{u}_1, \bar{u}_2) = \bar{w} \in \overline{\mathsf{W}}\,, \qquad \overline{\mathsf{W}} = \{1, \ldots, m\}\,, \tag{8.11}$$

aller verschiedenen Tripel $(w, \bar{u}_1, \bar{u}_2)$ durch, die in allen Matrizen $\boldsymbol{A}'(\boldsymbol{\Sigma})$ für alle $\boldsymbol{\Sigma} \in \mathfrak{S}$ vorkommen. Dabei ist m die Anzahl verschiedener Tripel. Man erhält somit die Indikatorfunktion $\bar{f}_y$,

$$\bar{f}_y(j, k) =_{\mathrm{Df}} \bar{\varphi}_y((f_y(j, k), \bar{f}_x(j), \bar{f}_x(k)))\,, \qquad (j, k) \in \mathsf{N} \times \mathsf{N} \setminus \mathsf{D}$$

für alle $\boldsymbol{A}'(\boldsymbol{\Sigma})$ und alle $\boldsymbol{\Sigma} \in \mathfrak{S}$. Mit $\bar{\varphi}_y$ werden wieder alle Vektoren in $\boldsymbol{A}'$ beseitigt, man erhält dadurch die Transformation

$$\boldsymbol{A}' \xrightarrow{\bar{\varphi}_y} \boldsymbol{A}'' = (a''_{jk})\,, \qquad a''_{jk} =_{\mathrm{Df}} \begin{cases} \bar{f}_x(j)\,, & \text{falls } j = k\,, \\ \bar{f}_y(j, k)\,, & \text{falls } j \neq k\,. \end{cases} \tag{8.12}$$

Wir betrachten jetzt für $\boldsymbol{A}'' \in \bar{\mathfrak{A}}''(\boldsymbol{\Sigma})$ den Vektor

$$z = (z_1, \ldots, z_l, z_{l+1}, \ldots, z_{l+m})\,, \qquad l = |\overline{\mathsf{U}}|\,, \qquad m = |\overline{\mathsf{W}}|\,,$$

und setzen für $1 \leqq i \leqq l$

$$z_i = \begin{cases} 1, & \text{wenn ein } j \in \mathsf{N} \text{ existiert mit } a''_{jj} = i\,, \\ 0 & \text{sonst} \end{cases}$$

und für $l < i \leqq l + m$

$$z_i = \begin{cases} 1, & \text{wenn ein Paar } (j, k) \in \mathsf{N} \times \mathsf{N} \setminus \mathsf{D} \text{ existiert mit } a''_{jk} = i - l \\ 0 & \text{sonst}\,. \end{cases} \tag{8.13}$$

Tabelle 4

$(w, \bar{u}_1, \bar{u}_2)$	(1,1,2)	(1,2,1)	(2,1,3)	(2,2,3)	(3,3,1)
$\bar{w}$	①	①	②	③	④
Graphen-element	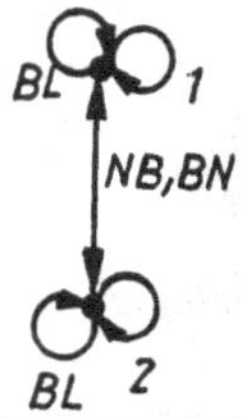				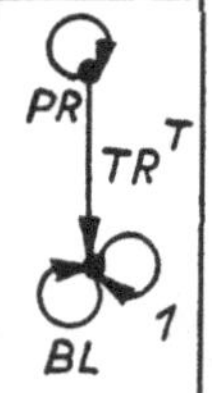

Nach Konstruktion (wir hatten alle Knoten unterschieden) kann der Wert $\bar{u} = i$, $1 \leqq i \leqq l$, bzw. $\bar{w} = j$, $1 \leqq j \leqq m$, in $A''(\Sigma)$ höchstens einmal auftreten. Dem strukturierten Objekt wird jetzt die Menge der Wertetupel (Merkmalsvektoren) $\{\tilde{z}_A: A \in \mathfrak{A}(\Sigma)\} = \tilde{\mathsf{Z}}(\Sigma)$ zugeordnet, die man aus den Matrizen $A(\Sigma) \in \mathfrak{A}(\Sigma)$ (8.2) mit Hilfe der Transformationen (8.5), (8.7), (8.8), (8.10), (8.11) und (8.13) erhält.

Da die Abbildung $\bar{f}_x = \bar{\varphi}_x|_\Sigma \circ f_\lambda$ der Knotenmenge N eines Graphen $\mathfrak{G}_A$ in die Menge $\bar{\mathsf{U}}$ (vgl. (8.7), (8.8)) eineindeutig ist (es handelt sich lediglich um eine Umnumerierung), ergibt sich folgender

Satz. *Die Abbildung*

$$\zeta: \mathfrak{A}(\Sigma) \to \tilde{\mathsf{Z}}(\Sigma) = \{\tilde{z}_A: A \in \mathfrak{A}(\Sigma)\}, \qquad \zeta(A) = \tilde{z}_A$$

ist eineindeutig. Zwei strukturierte Objekte Σ und Σ' sind genau dann isomorph, wenn gilt

$$\tilde{\mathsf{Z}}(\Sigma) = \tilde{\mathsf{Z}}(\Sigma').$$

Beispiel. (vgl. Tabelle 4)

$$\mathfrak{A}'(\Sigma^{(1)}) = \left\{\begin{pmatrix} 1 & (1,1,2) & (2,1,3) \\ (1,2,1) & 2 & (2,2,3) \\ (3,3,1) & (3,3,2) & 3 \end{pmatrix}\right\}, \quad \mathfrak{A}'(\Sigma^{(2)}) = \left\{\begin{pmatrix} 1 & (2,1,3) \\ (3,3,1) & 3 \end{pmatrix}\right\},$$

$$\mathfrak{A}'(\Sigma^{(3)}) = \left\{\begin{pmatrix} 1 & (1,1,2) & (2,1,3) \\ (1,2,1) & 2 & (4,2,3) \\ (3,3,1) & (4,3,2) & 3 \end{pmatrix}, \begin{pmatrix} 1 & (1,1,2) & (4,1,3) \\ (1,2,1) & 2 & (2,2,3) \\ (4,3,1) & (3,3,2) & 3 \end{pmatrix}\right\}.$$

Die Tripelpaare (1, 1, 2) und (1, 2, 1), (4, 1, 3) und (4, 3, 1), (4, 3, 2) und (4, 2, 3) bezeichnen infolge der Symmetrie der Relationen R_1 und R_4 jeweils identische Graphenelemente, denen der gleiche $\bar{w}$-Wert zugeordnet werden kann. Mit $\bar{\varphi}_y$ erhält man

$$\mathfrak{A}''(\Sigma^{(1)}) = \left\{\begin{pmatrix} 1 & 1 & 2 \\ 1 & 2 & 3 \\ 4 & 5 & 3 \end{pmatrix}\right\}, \qquad \mathfrak{A}''(\Sigma^{(2)}) = \left\{\begin{pmatrix} 1 & 2 \\ 4 & 3 \end{pmatrix}\right\},$$

$$\mathfrak{A}''(\Sigma^{(3)}) = \left\{\begin{pmatrix} 1 & 1 & 2 \\ 1 & 2 & 7 \\ 4 & 7 & 3 \end{pmatrix}, \begin{pmatrix} 1 & 1 & 6 \\ 1 & 2 & 3 \\ 6 & 5 & 3 \end{pmatrix}\right\}.$$

(3,3,2)	(4,1,3)	(4,2,3)	(4,3,1)	(4,3,2)
⑤	⑥	⑦	⑥	⑦
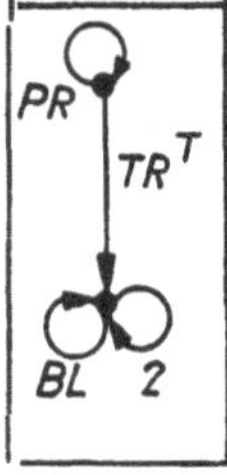	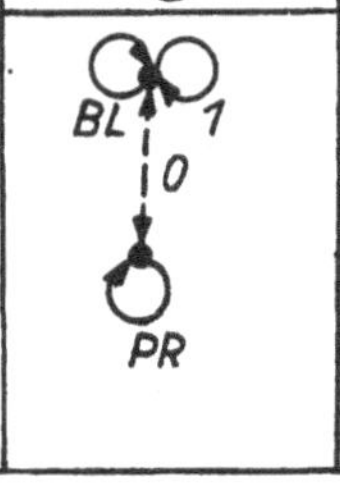	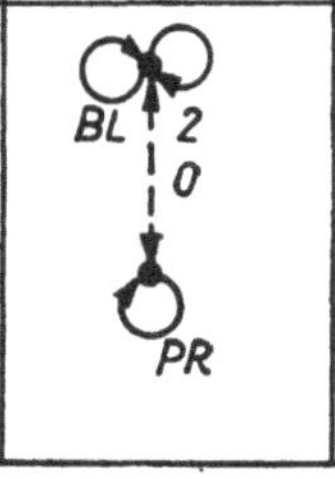		

Es sei $z = (z_1, z_2, z_3, z_4, \ldots, z_{10})$, dann erhält man

$$\tilde{Z}(\Sigma^{(1)}) = \{(1, 1, 1, 1, 1, 1, 1, 1, 0, 0)\}\ ,$$

$$\tilde{Z}(\Sigma^{(2)}) = \{(1, 0, 1, 0, 1, 0, 1, 0, 0, 0)\}\ ,$$

$$\tilde{Z}(\Sigma^{(3)}) = \{(1, 1, 1, 1, 1, 0, 1, 0, 0, 1), (1, 1, 1, 1, 0, 1, 0, 1, 1, 0)\}\ .$$

8.2.2.1. Klassifizierung

Jetzt sei eine Klasseneinteilung über $\mathfrak{S} = \{\Sigma^{(1)}, \Sigma^{(2)}, \Sigma^{(3)}\}$ gegeben. $\Sigma^{(1)}$ möge zur Klasse T gehören, $\Sigma^{(2)}$ und $\Sigma^{(3)}$ zur Klasse $\overline{\mathrm{T}}$. Ein Entscheidungsbaum, der diese Klassifizierung leistet, ist, wenn man nur Attribute z_j mit $j > 3$ (Tripel) benutzt, in Abb. 42a) dargestellt. Ein Modell (im Sinne von Winston (1970)) für die Klasse T ist, wenn man die Graphenelemente, die den z_j entsprechen, wieder zu einem Graphen zusammensetzt, durch den Graphen in Abb. 42b) gegeben. In unserem einfachen Beispiel ist das Modell mit $\Sigma^{(1)}$ identisch. Im allgemeinen kann natürlich auch das Fehlen von Merkmalen, d. h. $z_i = 0$, klassifizierungsrelevant sein.

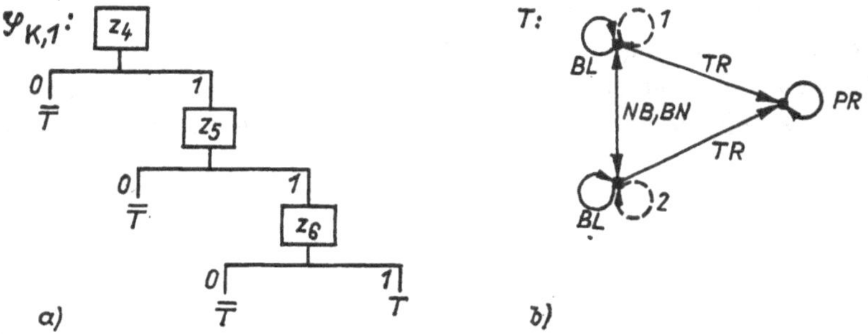

Abb. 42. a) Entscheidungsbaum φ_k, der unter Benutzung von Attributen z_j mit $j > 3$ entwickelt wurde
b) Modell für die Klasse T

Verwendet man zusätzlich Merkmale z_i mit $i \leqq 3$ (Diagonalelemente), dann erhält man den in Abb. 43a) dargestellten Klassifikator.

Ein „Modell" für eine Klasse ist also ein durch einen Weg $\tilde{z}$ im Baum definierter Graph. Im allgemeinen wird eine Klasse disjunktiv durch eine Menge von Modellen (Wegen im Baum) beschrieben.

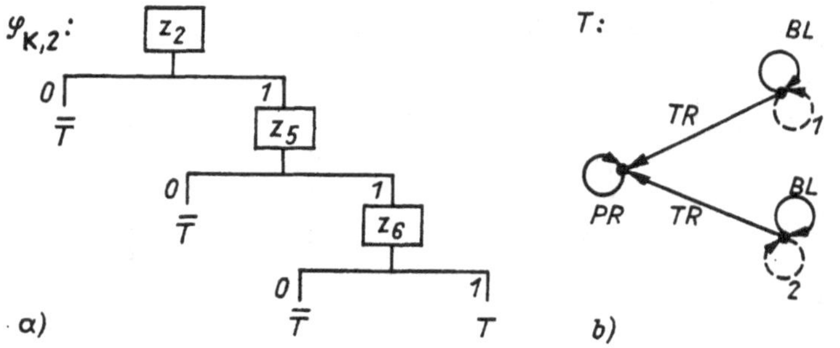

Abb. 43. a) Entscheidungsbaum φ_K, der unter zusätzlicher Verwendung von Attributen z_i mit $i \leq 3$ entwickelt wurde
b) Modell für die Klasse T

Wesentlich ist nun, daß bei den hier betrachteten sequentiellen Belehrungsverfahren nicht alle vollständigen Beschreibungen $\tilde{z}_A \in \tilde{Z}(\Sigma)$ eines strukturierten Objekts explizit abgespeichert werden müssen. Jede aus der vom Belehrungsalgorithmus angebotenen Ausgangsbeschreibung $A_0(\Sigma)$ durch Permutation erzeugte Beschreibung wird sofort zur Belehrung verwendet und danach gelöscht. Für den Aufbau des Baumes werden alle Beschreibungen benutzt, es werden aber im allgemeinen nur Teilmengen von Merkmalen zur Klassentrennung benötigt. (Wie groß diese Teilmengen sind, hängt vom Klassifizierungsproblem ab.)

Durch Umkehrung der durchgeführten Transformationen kann man das Modell der Klasse als Listenstruktur darstellen, im ersten Beispiel wird die Klasse T durch die BOOLEsche Funktion

$$f_T = z_4 \wedge z_5 \wedge z_6$$

beschrieben. Das liefert die Listenstruktur

$$T\colon \big(((NB, BN), (BL, 1), (BL, 2)), (TR, (BL, 1), PR), (TR, (BL, 2), PR)\big)\,,$$

die auch durch Anwendung entsprechender syntaktischer Regeln in eine sprachliche Oberflächenstruktur transformiert werden kann. Die Numerierung λ innerhalb der Äquivalenzklassen ξ_u spielt also hier die Rolle der Ordinalzahlen.

8.2.2.2. Bemerkungen zur Generalisierung

Wie im Fall einfacher Objekte können auch bei der Klassifizierung strukturierter Objekte Reduktionsprozeduren definiert werden. Diese Verallgemeinerung der Generalisierung beruht im wesentlichen auf der Zusammenfassung von Gruppen einander ausschließender z_i (d. h. solcher z_i, die nicht zusammen in einem strukturierten Objekt vorkommen können) zu neuen Attributen z_k' mit mehr als zwei Werten. Im Klassifikator φ_K können dann Testausgänge, die zu in bestimmtem Sinne analogen Teilverzweigungen führen, zusammengelegt werden, und diese Zusammenlegung kann auf die unteren Hierarchieebenen (d. h. auf $\bar{\varphi}_x$, $\bar{\varphi}_y$, φ_x, φ_y) übertragen werden, so daß nicht mehr alle Merkmalsvektoren $\boldsymbol{x}$ und $\boldsymbol{y}$ unterschieden werden müssen. Dadurch wird die Komplexität der Codierungsfunktionen φ und des Klassifikators verringert.

Eine A-priori-Merkmalsauswahl kann nach statistischen Verfahren (vgl. die Abschnitte 4.3 und 5.7) oder unter Ausnutzung von A-priori-Wissen und einer darauf beruhenden Definition geeigneter Bewertungsfunktionen über den Attributen erfolgen. (Eine Form des A-priori-Wissens ist z. B. die Kenntnis von Abhängigkeiten zwischen den Relationen. So sind im obigen Klassifikationsbeispiel die Merkmale z_7 bzw. z_8 durch z_5 bzw. z_6 bereits festgelegt.)

Der Aufbau der Codierungsfunktionen φ_x, φ_y, φ_x, $\bar{\varphi}_y$ und des Klassifikators φ_K erfolgt sequentiell, eventuell neu hinzukommende, nicht in der Trainingsstichprobe $\mathfrak{S}$ enthaltene strukturierte Objekte $\boldsymbol{\Sigma}^{(N+1)}$, $\boldsymbol{\Sigma}^{(N+2)}$, ... führen zur Erweiterung der Codierungsfunktionen bzw. des Klassifikators, können also in das Schema eingebaut werden. Man hat dadurch jeweils nur die Matrix genau eines Objekts im Speicher zu halten. Entsprechend ist für den Merkmalsvektor $\boldsymbol{z}$ nur ein gewisser maximaler Speicherplatz bereitzuhalten, der durch die während der Belehrungsphase einlaufenden Objekte sukzessive mit den Merkmalen z_i aufgefüllt wird.

Es wurde bereits bemerkt, daß man den Klassifikator auch mit der jeweils vom Belehrungsalgorithmus gegebenen Beschreibung eines strukturierten Objekts aufbauen kann, ohne gleich alle Beschreibungen zu erzeugen. Dann müssen jedoch bei der *Klassifikation* im allgemeinen mehrere Beschreibungen nach dem beschriebenen Verfahren erzeugt werden, bis die passende, im Klassifikator enthaltene (Teil-)Beschreibung gefunden ist. Dadurch wird der für den Klassifikator benötigte Speicherplatz verringert, im allgemeinen aber auch die Anwendbarkeit von Reduktionsverfahren (Generalisierungsfähigkeit) eingeschränkt.

Im nächsten Abschnitt befassen wir uns mit der Reduktion der Zahl der Beschreibungen $\boldsymbol{A}(\boldsymbol{\Sigma})$ (Permutationen) durch Aufspaltung der Äquivalenzklassen ξu der Knoten mit Hilfe von *Kontextmerkmalen* (*nichtelementare Unterscheidbarkeit von Knoten*).

8.3. Einschränkung der Zahl der Permutationen

8.3.1. Vorbemerkungen

Im folgenden stellen wir uns die Aufgabe, die Knoten der Graphen $\mathfrak{G}(\boldsymbol{\Sigma})$ weiter durch Merkmale zu unterscheiden, d. h. die durch $\boldsymbol{x}$ und φ_x definierte Knotenpartition

$$\boldsymbol{\Pi}_{\Sigma} = (\xi_1, \dots, \xi_\sigma)$$

zu verfeinern, um die Zahl der Permutationen und damit die Anzahl der Merkmalsvektoren $\tilde{\boldsymbol{z}}_A(\boldsymbol{\Sigma})$, die zur Beschreibung von $\boldsymbol{\Sigma}$ benötigt werden, zu verringern. Im günstigsten Fall erhält man durch die zu konstruierende Verfeinerungsprozedur die Automorphiezerlegung

$$\tilde{\boldsymbol{\Pi}}_{\Sigma} = \{\tilde{\xi}_1, \dots, \tilde{\xi}_\sigma\}$$

von $\mathsf{V}_{\Sigma} = \{v_1, \dots, v_n\}$, d. h. die Zerlegung in die transitiven Klassen der Automorphismengruppe $\mathsf{AUT}(\boldsymbol{\Sigma})$.

($\mathsf{V}' \subseteq \mathsf{V}_\Sigma$ heißt *transitive Klasse*, wenn für $(v_1, v_2) \in \mathsf{V}' \times \mathsf{V}'$ ein Automorphismus $a \in \mathsf{AUT}(\Sigma)$ existiert mit $v_2 = a(v_1)$.) Die Automorphiepartition ist die feinstmögliche Zerlegung der Knotenmenge mit Hilfe von Merkmalen.

Die Verfeinerung soll mit Hilfe von Eigenschaften der *Umgebung* oder des *Kontextes* eines Knotens, d. h. mit Hilfe von (interpretierten) Wegen zu Nachbar- oder entfernten Knoten und deren Eigenschaften, gewonnen werden. Wir stützen uns im folgenden auf Verfeinerungsverfahren, wie sie von TINHOFER (1975, 1976, 1977) und HINTEREGGER (1976) systematisiert bzw. verbessert worden sind. (Wir können diese Verfahren und ihre Anwendung auf das Klassifikationsproblem hier nur skizzieren, ein detaillierteres Eingehen auf die algebraischen Grundlagen würde den Rahmen dieses Buches überschreiten.)

Die Verfeinerung kann mit Hilfe der Ausgangsrelationen Q_j oder der daraus durch Komplement- und Durchschnittsbildung erzeugten Relationen $\mathsf{R}_w = \mathsf{Q}_1^{\tilde{y}_1} \cap \mathsf{Q}_2^{\tilde{y}_2} \cap \dots \cap \mathsf{Q}_{s_2}^{\tilde{y}_{s_2}}$, $w = \varphi_y(\tilde{y}_1, \dots, \tilde{y}_{s_2})$ vorgenommen werden (vgl. Abschnitt 8.2.1). (Wir erinnern daran, daß in der Menge $\{\mathsf{Q}_j : j = 1, \dots, s_2\}$ zu jeder Relation die konverse Relation enthalten ist.) Einige der in der Literatur beschriebene Algorithmen zur Isomorphieentscheidung arbeiten nach diesem Prinzip. Im allgemeinen gelangt man aber dadurch nicht zur Automorphiepartition der Knoten von $\mathfrak{G}(\Sigma)$, d. h. zur feinstmöglichen Zerlegung der Knotenmenge und damit in unserem Fall nicht zur kleinstmöglichen Zahl von Permutationen.

Von TINHOFER (1975) wurde gezeigt: Führt man die in Abschnitt 8.3.2 beschriebene iterative Verfeinerungsprozedur bezüglich der Relationnenmenge

$$\mathfrak{M}_\Sigma = \{\mathsf{R} : \mathsf{R} \subseteq \mathsf{V}_\Sigma \times \mathsf{V}_\Sigma \wedge \mathsf{AUT}(\Sigma) \subseteq \mathsf{AUT}(\mathsf{V}_\Sigma, \mathsf{R})\}$$

durch, dann gelangt man zur Automorphiepartition von V_Σ. Die Menge $\mathfrak{M}_\Sigma$ ist die Menge aller Relationen R (bzw. Graphen $\mathfrak{G}_\mathsf{R}(\Sigma) = (\mathsf{V}_\Sigma, \mathsf{R} \subseteq \mathsf{V}_\Sigma \times \mathsf{V}_\Sigma)$), deren Automorphismengruppe die Automorphismengruppe von $\mathfrak{G}(\Sigma)$ umfaßt. Im allgemeinen hat man $\mathfrak{M}_\Sigma$ nicht zur Verfügung, es ist dann optimal, statt mit $\mathfrak{M}_\Sigma$ mit der Relationenmenge (Graphenmenge) $\mathfrak{H}_\Sigma$ zu arbeiten, die folgendermaßen konstruktiv definiert wird:

1. $\mathsf{Q}_1', \dots, \mathsf{Q}_s' \in \mathfrak{H}_\Sigma$, $\mathsf{D} \in \mathfrak{H}_\Sigma$, wobei $\mathsf{Q}_1', \dots, \mathsf{Q}_s'$ die gegebenen Ausgangsrelationen und D die Diagonale, $\mathsf{D} = \{(v, v) : v \in \mathsf{V}_\Sigma\}$, bedeuten. Die einstelligen Relationen P_i, $1 \leqq i \leqq s_1$, werden dabei formal mit in die Menge der zweistelligen aufgenommen, d. h., wir setzen $s = s_1 + s_2$ und definieren für $1 \leqq i \leqq s_1$

$$(v, v) \in \mathsf{Q}_i' \leftrightarrow v \in \mathsf{P}_i$$

und für $s_1 < i \leqq s$

$$\mathsf{Q}_i' = \mathsf{Q}_{i-s_1} .$$

(vgl. Abschnitt 8.3.2).

2. Mit $\mathsf{R}_1, \mathsf{R}_2 \in \mathfrak{H}_\Sigma$ sind $\mathsf{R}_1 \cap \mathsf{R}_2$, $\mathsf{R}_1 \cup \mathsf{R}_2 \in \mathfrak{H}_\Sigma$.

3. Mit $\mathsf{R} \in \mathfrak{H}_\Sigma$ ist $\mathsf{R}^T \in \mathfrak{H}_\Sigma$ und $\overline{\mathsf{R}} \in \mathfrak{H}_\Sigma$. Dabei bedeutet R^T die zu R konverse Relation

$$\mathsf{R}^T =_{\mathrm{Df}} \{(v_1, v_2) : (v_2, v_1) \in \mathsf{R}\} .$$

4. Mit $\mathsf{R}_1, \mathsf{R}_2 \in \mathfrak{H}_\Sigma$ ist das Produkt $\mathsf{R}_1(j)\, \mathsf{R}_2 \in \mathfrak{H}_\Sigma$, $0 \leqq j \leqq v$, wobei $\mathsf{R}_1(j)\, \mathsf{R}_2$ definiert ist durch

$$(v_1, v_2) \in \mathsf{R}_1(j)\, \mathsf{R}_2 \leftrightarrow |\{v_3 : (v_1, v_3) \in \mathsf{R}_1 \wedge (v_3, v_2) \in \mathsf{R}_2\}| = j .$$

$\mathfrak{H}_\Sigma = \mathfrak{H}_\Sigma(\mathsf{D}, \mathsf{Q}_1', \dots, \mathsf{Q}_s')$ kann also aus den Ausgangsrelationen $\mathsf{D}, \mathsf{Q}_1', \dots, \mathsf{Q}_s'$ durch Bildung von Komplementen, Konversen, Durchschnitten, Vereinigungen und j-Produkten konstruiert werden.

Es genügt nun, statt mit $\mathfrak{H}_\Sigma$ mit einem Erzeugendensystem von $\mathfrak{H}_\Sigma$ zu arbeiten, d. h. die Verfeinerung bezüglich eines Erzeugendensystems vorzunehmen. Ein System $\mathfrak{E} = \{\mathsf{Y}_1, \dots, \mathsf{Y}_t\}$ von Mengen Y_i, $\mathsf{Y}_i \neq \emptyset$, $(i = 1, \dots, t)$ heiße *Erzeugendensystem* von $\mathfrak{H}_\Sigma$, genau dann, wenn

$$\left.\begin{array}{l} \text{a) } \mathsf{Y}_i \in \mathfrak{H}_\Sigma,\ 1 \leqq i \leqq t; \\ \text{b) } \mathsf{Y}_i \cap \mathsf{Y}_j = \emptyset,\ i \neq j,\ 1 \leqq i, j \leqq t; \\ \text{c) für alle } \mathsf{Z} \in \mathfrak{H}_\Sigma \text{ existiert eine Indexmenge } \mathsf{I}_\mathsf{Z} \subseteq \{1, 2, \dots, t\} \text{ mit } \mathsf{Z} = \bigcup\limits_{j \in \mathsf{I}_\mathsf{Z}} \mathsf{Y}_j\,. \end{array}\right\} \quad (8.14)$$

Hinteregger (1976) und Tinhofer (1977) geben ein Verfahren zur Konstruktion eines Erzeugendensystems $\mathfrak{E}$ für $\mathfrak{H}_\Sigma$ an, das wir im nächsten Abschnitt mit einigen für unsere Zwecke geeigneten Modifikationen skizzieren.

8.3.2. Verfeinerungsalgorithmus

Wir hatten in Abschnitt 8.2.1 den Vektor

$$\boldsymbol{x} = (x_1, \dots, x_{s_1})$$

der Elementarattribute (Knotenattribute) und den Vektor

$$\boldsymbol{y} = (y_1, \dots, y_{s_2})$$

der Kantenattribute betrachtet. In $\boldsymbol{y}$ war mit jedem Attribut das dazu konverse enthalten, d. h., für jedes $i_1 \in \{1, \dots, s_2\}$ existiert ein $i_2 \in \{1, \dots, s_2\}$ mit $y_{i_2} = y_{i_1}^T$. Die $x_i|_\Sigma$ bzw. $y_j|_\Sigma$ waren die charakteristischen Funktionen der Relationen P_i bzw. Q_j über der Trägermenge V_Σ eines strukturierten Objekts $\boldsymbol{\Sigma}$,

$$x_i(v) = 1 \leftrightarrow v \in \mathsf{P}_i\,, \qquad v \in \mathsf{V}_\Sigma\,,$$

$$y_j(v_1, v_2) = 1 \leftrightarrow (v_1, v_2) \in \mathsf{Q}_j\,, \qquad (v_1, v_2) \in \mathsf{V}_\Sigma \times \mathsf{V}_\Sigma \backslash \mathsf{D}_\Sigma\,.$$

Weiter hatten wir die Benennungsfunktionen

$$\varphi_{\boldsymbol{x}}\colon \tilde{\mathsf{X}} \to \mathsf{U} = \{1, \dots, |\mathsf{U}|\} \quad \text{und} \quad \varphi_{\boldsymbol{y}}\colon \tilde{\mathsf{Y}} \to \mathsf{W} = \{1, \dots, |\mathsf{W}|\}\,,$$

betrachtet, die alle in $\mathfrak{S}$ vorkommenden verschiedenen Wertetupel $\tilde{\boldsymbol{x}}$ von $\boldsymbol{x}$ bzw. $\tilde{\boldsymbol{y}}$ von $\boldsymbol{y}$ durchnumerieren. $\varphi_{\boldsymbol{x}}$ und $\varphi_{\boldsymbol{y}}$ wurden zweckmäßig als Entscheidungsbäume realisiert, da dadurch die Komplexität des Identifizierungsprozesses im allgemeinen verringert wird und Reduktionsverfahren angewendet werden können (Elimination von Endknoten, an denen leere Mengen auftreten, Auffinden von Merkmalsabhängigkeiten).

Um den Verfeinerungsalgorithmus übersichtlich darstellen zu können, erweitern wir die Definition von $\boldsymbol{y}$ für alle $\boldsymbol{\Sigma} \in \mathfrak{S}$ auf ganz $\mathsf{V}_\Sigma \times \mathsf{V}_\Sigma$, indem wir setzen

$$\left.\begin{array}{l} \boldsymbol{y}'(v_1, v_2) =_{\mathrm{Df}} \begin{cases} \big(1, x_1(v_1), \dots, x_{s_1}(v_1), y_1(v_1, v_2), \dots, y_{s_2}(v_1, v_2)\big)\,, & v_1 = v_2\,, \\ \big(\underbrace{0, \dots, 0}_{s_1+1\text{-mal}}, y_1(v_1, v_2), \dots, y_{s_2}(v_1, v_2)\big)\,, & v_1 \neq v_2\,, \end{cases} \\ \boldsymbol{x}'(v) =_{\mathrm{Df}} \boldsymbol{y}'(v, v)\,. \end{array}\right\} \quad (8.15)$$

Dadurch wird erreicht, daß die Merkmalsvektoren der Diagonalelemente immer von denen der Nichtdiagonalelemente unterschieden werden können. Die Benennungsfunktionen $\varphi_{\boldsymbol{x}'}(\tilde{\boldsymbol{x}}')$ und $\varphi(\tilde{\boldsymbol{y}}')$ wählen wir so, daß

$$\left.\begin{array}{l} \varphi_{\boldsymbol{x}'}\colon \tilde{\mathsf{X}}' \to \mathsf{U}' = \{1, \dots, |\mathsf{U}'|\}\,, \\ \varphi\colon \tilde{\mathsf{Y}}' \to \mathsf{W}' = \{1, \dots, |\mathsf{U}'|, |\mathsf{U}'| + 1, \dots, |\mathsf{W}'|\}\,, \\ |\mathsf{U}'| = |\tilde{\mathsf{X}}'|\,, \qquad |\mathsf{W}'| = |\tilde{\mathsf{Y}}'|\,, \\ \varphi(\tilde{y}') = \varphi_{\boldsymbol{x}'}(\tilde{\boldsymbol{x}}')\,, \quad \text{falls } \tilde{y}_1' = 1 \end{array}\right\} \tag{8.16}$$

gilt. Das heißt, die Merkmalsvektoren der Diagonalelemente werden zuerst durchnumeriert. $\tilde{\mathsf{X}}'$ bzw. $\tilde{\mathsf{Y}}'$ bedeuten wieder die Mengen aller in $\mathfrak{S}$ vorkommenden Wertetupel von $\boldsymbol{x}'$ bzw. $\boldsymbol{y}'$.

Wir schreiben im folgenden wieder $\boldsymbol{x}$ statt $\boldsymbol{x}'$, $\boldsymbol{y}$ statt $\boldsymbol{y}'$, U statt U' und W statt W'.

Definition. $f_{\boldsymbol{\Sigma}} =_{\mathrm{Df}} \varphi|_{\boldsymbol{\Sigma}} \circ \boldsymbol{y}|_{\boldsymbol{\Sigma}}$ heißt *Kantenindikatorfunktion* von $\boldsymbol{\Sigma}$, d. h.

$$\left.\begin{array}{l} f_{\boldsymbol{\Sigma}}(v_1, v_2) = \varphi\big(\boldsymbol{y}(v_1, v_2)\big) \quad \text{für alle } (v_1, v_2) \in \mathsf{V}_{\boldsymbol{\Sigma}} \times \mathsf{V}_{\boldsymbol{\Sigma}} \quad \text{und alle } \boldsymbol{\Sigma} \in \mathfrak{S}\,, \\ f_{\boldsymbol{\Sigma}}\colon \mathsf{V}_{\boldsymbol{\Sigma}} \times \mathsf{V}_{\boldsymbol{\Sigma}} \to \mathsf{W}_{\boldsymbol{\Sigma}}\,. \end{array}\right\} \tag{8.17}$$

(Wir lassen im folgenden aus Gründen der Übersichtlichkeit bei f den Index $\boldsymbol{\Sigma}$ weg.)
$f_{\boldsymbol{x}} =_{\mathrm{Df}} \varphi_{\boldsymbol{x}} \circ \boldsymbol{x}$ heißt *Knotenindikatorfunktion* von $\boldsymbol{\Sigma}$,

$$\left.\begin{array}{l} f_{\boldsymbol{x}}(v) = f(v, v) = \varphi\big(\boldsymbol{y}(v, v)\big) \quad \text{für alle } v \in \mathsf{V}_{\boldsymbol{\Sigma}} \quad \text{und alle } \boldsymbol{\Sigma} \in \mathfrak{S}\,, \\ f_{\boldsymbol{x}}\colon \mathsf{V}_{\boldsymbol{\Sigma}} \to \mathsf{U}_{\boldsymbol{\Sigma}}\,. \end{array}\right\} \tag{8.18}$$

(Die zusätzlichen Definitionen für die Knoten werden in Abschnitt 8.4 für die Darstellung der kontextabhängigen Klassifikation benötigt.) Die durch $f_{\boldsymbol{x}}$ erzeugte Knotenpartition war

$$\boldsymbol{\Pi}_{\boldsymbol{\Sigma},\boldsymbol{x}}(f_{\boldsymbol{x}}) = \{\xi_u : u \in \mathsf{U}_{\boldsymbol{\Sigma}}\}\,, \qquad \xi_u = \{v : v \in \mathsf{V}_{\boldsymbol{\Sigma}} \wedge f_{\boldsymbol{x}}(v) = u\}\,, \qquad \xi_u \neq \emptyset\,,$$

entsprechend definieren wir die Kantenpartition, die durch f erzeugt wird:

$$\boldsymbol{\Pi}_{\boldsymbol{\Sigma}}(f) =_{\mathrm{Df}} \{\eta_w : w \in \mathsf{W}_{\boldsymbol{\Sigma}}\}\,,$$

$$\eta_w =_{\mathrm{Df}} \{(v_1, v_2) \mid (v_1, v_2) \in \mathsf{V}_{\boldsymbol{\Sigma}} \times \mathsf{V}_{\boldsymbol{\Sigma}} \wedge f(v_1, v_2) = w\}\,, \qquad \eta_w \neq \emptyset\,.$$

(Der Index $\boldsymbol{\Sigma}$ wird auch bei $\boldsymbol{\Pi}$ im folgenden weggelassen.)

Der Verfeinerungsalgorithmus (Hinteregger (1976), Tinhofer (1976, 1977)), in einer für unsere Zwecke modifizierten Darstellung, die sich insbesondere zum Zwecke einer bequemen Darstellung der kontextabhängigen Klassifikation in Abschnitt 8.4 notwendig macht, beruht auf der Konstruktion neuer, kontextabhängiger Merkmalsvektoren $\boldsymbol{y}^{(i)}$, $\boldsymbol{x}^{(i)}$ für die Kanten und Knoten und wird folgendermaßen induktiv definiert:

1. *Anfangsschritt.* $\boldsymbol{x}^{(0)} =_{\mathrm{Df}} \boldsymbol{x}$, $\boldsymbol{y}^{(0)} =_{\mathrm{Df}} \boldsymbol{y}$, $\mathsf{U}^{(0)} =_{\mathrm{Df}} \mathsf{U}$, $\mathsf{W}^{(0)} =_{\mathrm{Df}} \mathsf{W}$, $\varphi_{\boldsymbol{x}}^{(0)} =_{\mathrm{Df}} \varphi_{\boldsymbol{x}}$, $\varphi^{(0)} =_{\mathrm{Df}} \varphi$, $f_{\boldsymbol{x}}^{(0)} =_{\mathrm{Df}} f_{\boldsymbol{x}}$, $f^{(0)} =_{\mathrm{Df}} f$, $\boldsymbol{\Pi}_{\boldsymbol{x}}^{(0)} =_{\mathrm{Df}} \boldsymbol{\Pi}_{\boldsymbol{x}}$, $\boldsymbol{\Pi}^{(0)} =_{\mathrm{Df}} \boldsymbol{\Pi}$.
Nach (8.18), (8.17) und (8.16) ist $f^{(0)}(v, v) = f_{\boldsymbol{x}}^{(0)}(v) \in \mathsf{U}^{(0)}$ für alle $v \in \mathsf{V}_{\boldsymbol{\Sigma}}$ und alle $\boldsymbol{\Sigma} \in \mathfrak{S}$ und $f^{(0)}(v_1, v_2) \in \mathsf{W}^{(0)} \setminus \mathsf{U}^{(0)}$ für alle $(v_1, v_2) \in \mathsf{V}_{\boldsymbol{\Sigma}} \times \mathsf{V}_{\boldsymbol{\Sigma}} \setminus \mathsf{D}_{\boldsymbol{\Sigma}}$.
2. *Induktionsschritt.* Es seien $\boldsymbol{x}^{(i)}$, $\boldsymbol{y}^{(i)}$, $\mathsf{U}^{(i)}$,

$$\mathsf{W}^{(i)} = \{1, \dots, |\mathsf{U}^{(i)}|, |\mathsf{U}^{(i)}| + 1, \dots, |\mathsf{W}^{(i)}|\}\,.$$

$\varphi_x^{(i)}, \varphi^{(i)}, f_x^{(i)}, f^{(i)}, \boldsymbol{\Pi}_x^{(i)}, \boldsymbol{\Pi}^{(i)}$ schon konstruiert, mit der Interpretation dieser Größen als Merkmalsvektoren, Benennungs- und Indikatorfunktionen sowie Partitionen wie oben, und es gelte:

$$\left.\begin{array}{l} f^{(i)} = \varphi^{(i)} \circ \boldsymbol{y}^{(i)}\,, \qquad f_x^{(i)} = \varphi_x^{(i)} \circ \boldsymbol{x}^{(i)}\,, \qquad f_x^{(i)}(v) = f^{(i)}(v, v) \in \mathsf{U}^{(i)}\,, \\ f^{(i)}(v_1, v_2) \in \mathsf{W}^{(i)} \setminus \mathsf{U}^{(i)} \quad \text{für } v_1 \neq v_2\,. \end{array}\right\} \tag{8.19}$$

Wir definieren neue (kontextabhängige) Kantenattribute $n_{w_1 w_2}^{(i)}$ für alle $(v_1, v_2) \in \in \mathsf{V}_\Sigma \times \mathsf{V}_\Sigma$ und alle $\boldsymbol{\Sigma} \in \mathfrak{S}$ durch

$$n_{w_1 w_2}^{(i)}(v_1, v_2) =_{\mathrm{Df}} |\{v_3 : v_3 \in \mathsf{V}_\Sigma \wedge f^{(i)}(v_1, v_3) = w_1 \in \mathsf{W}^{(i)} \wedge f^{(i)}(v_2, v_3) = w_2 \in \mathsf{W}^{(i)}\}|. \tag{8.20}$$

Hilfssatz. a) $n_{w_1 w_2}^{(i)}(v, v) = 0$, *wenn* $w_1 \neq w_2$.

b) *Für* $v \in \mathsf{V}_\Sigma$ *existiert genau ein* $w^* \in \mathsf{U}^{(i)}$, *für das gilt* $n_{w^* w^*}^{(i)}(v, v) = 1$ *und* $n_{ww}^{(i)}(v, v) = 0$ *für alle* $w \in \mathsf{U}^{(i)}$ *mit* $w \neq w^*$.

c) *Es sei* $v_1 \neq v_2$. *Dann ist* $n_{w_1 w_2}^{(i)}(v_1, v_2) = 1$ *für genau ein Paar*

$$(w_1^*, w_2^*) \in (\mathsf{W}^{(i)} \setminus \mathsf{U}^{(i)}) \times \mathsf{U}^{(i)}$$

und $n_{w_1 w_2}^{(i)}(v_1, v_2) = 0$ *für alle* $(w_1, w_2) \in (\mathsf{W}^{(i)} \setminus \mathsf{U}^{(i)}) \times \mathsf{U}^{(i)}$ *mit* $(w_1, w_2) \neq (w_1^*, w_2^*)$.

Entsprechend gilt $n_{w_1 w_2}^{(i)}(v_1, v_2) = 1$ *für genau ein Paar* $(w_1^*, w_2^*) \in \mathsf{U}^{(i)} \times (\mathsf{W}^{(i)} \setminus \mathsf{U}^{(i)})$. *und* $n_{w_1 w_2}^{(i)}(v_1, v_2) = 0$ *für alle* $(w_1, w_2) \in \mathsf{U}^{(i)} \times (\mathsf{W}^{(i)} \setminus \mathsf{U}^{(i)})$ *mit* $(w_1, w_2) \neq (w_1^*, w_2^*)$.

Beweis. a) Aus

$$n_{w_1 w_2}^{(i)}(v, v) = |\{v_3 : v_3 \in \mathsf{V}_\Sigma \wedge f^{(i)}(v, v_3) = w_1 \wedge f^{(i)}(v, v_3) = w_2\}| \neq 0$$

folgt $w_1 = w_2$, da $f^{(i)}$ eindeutig ist.

b) Es sei $v \in (f_x^{(i)})^{-1}(w^*) = \xi_{w^*} \in \boldsymbol{\Pi}_x$. Dann ist $f^{(i)}(v, v) = f_x^{(i)}(v) = w^* \in \mathsf{U}^{(i)}$ (nach Induktionsvoraussetzung).

$$n_{w^* w^*}^{(i)} = |\{v_3 : f^{(i)}(v, v_3) = w^*\}| = 1\,,$$

da nach Induktionsvoraussetzung $v = v_3$, wenn $f^{(i)}(v, v_3) \in \mathsf{U}^{(i)}$ gilt. Wäre $n_{ww}^{(i)}(v, v) \neq 0$ für ein $w \neq w^*$, $w \in \mathsf{U}^{(i)}$, dann wäre $f^{(i)}(v, v) = w = f_x^{(i)}(v)$, d. h. $v \in \xi_w \in \boldsymbol{\Pi}_x$ im Widerspruch dazu, daß $\boldsymbol{\Pi}_x$ Partition ist.

c) Es sei $f^{(i)}(v_1, v_2) = w_1^* \in \mathsf{W}^{(i)} \setminus \mathsf{U}^{(i)}$, also $(v_1, v_2) \in \eta_{w_1^*}^{(i)} \in \boldsymbol{\Pi}^{(i)}$ und $f^{(i)}(v_2, v_2) = f_x^{(i)}(v_2) = w_2^* \in \mathsf{U}^{(i)}$, also $v_2 \in \xi_{w_2^*} \in \boldsymbol{\Pi}_x^{(i)}$. Dann ist

$$n_{w_1^* w_2^*}^{(i)}(v_1, v_2) = |\{v_3 \mid f^{(i)}(v_1, v_3) = w_1^* \wedge f^{(i)}(v_2, v_3) = w_2^*\}| = 1\,,$$

da $f^{(i)}(v_2, v_3) = w_2^* \in \mathsf{U}^{(i)} \leftrightarrow v_2 = v_3$ gilt (Induktionsvoraussetzung).

Wäre $n_{w_1 w_2}^{(i)}(v_1, v_2) \neq 0$ für $(w_1, w_2) \in (\mathsf{W}^{(i)} \setminus \mathsf{U}^{(i)}) \times \mathsf{U}^{(i)}$ und $(w_1, w_2) \neq (w_1^*, w_2^*)$, dann wäre $f^{(i)}(v_1, v_2) = w_1$ und $f^{(i)}(v_2, v_2) = f_x(v_2) = w_2$. Also wäre $(v_1, v_2) \in \eta_{w_1}$ und $v_2 \in \xi_{w_2}, \eta_{w_1} \neq \eta_{w_1^*}$ oder $\xi_{w_2} \neq \xi_{w_2^*}$, im Widerspruch dazu, daß $\boldsymbol{\Pi}^{(i)}$ bzw. $\boldsymbol{\Pi}_x^{(i)}$ Partition ist.

Entsprechend beweist man den zweiten Teil der Behauptung c).

Die $n^{(i)}_{w_1 w_2}$ geben also die Anzahlen von Teilgraphen (bei festem v_1 und v_2) folgenden Typs an:

$v_1 \neq v_2$:

$v_3 = v_1,\ v_3 \neq v_2$

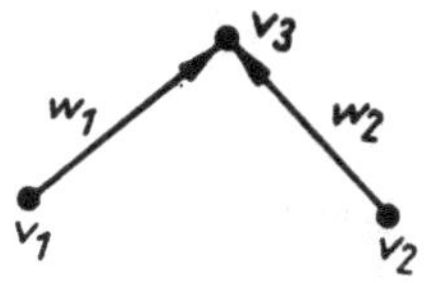

$w_1, w_2 \in \mathsf{W}^{(i)} \setminus \mathsf{U}^{(i)}$

$v_1 = v_3$

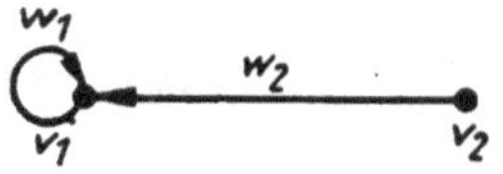

$w_1 \in \mathsf{U}^{(i)},\ w_2 \in \mathsf{W}^{(i)} \setminus \mathsf{U}^{(i)}$

$v_2 = v_3$

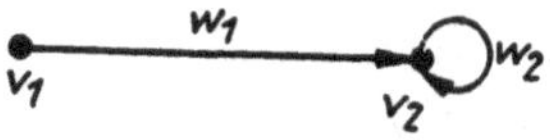

$w_1 \in \mathsf{W}^{(i)} \setminus \mathsf{U}^{(i)},\ w_2 \in \mathsf{U}^{(i)}$

$v_1 = v_2$:

$v_1 \neq v_3$

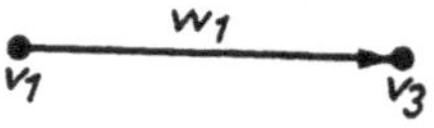

$w_1 \in \mathsf{W}^{(i)} \setminus \mathsf{U}^{(i)}$

$v_1 = v_3$

$w_1 \in \mathsf{U}^{(i)}$

Mit Hilfe der $n^{(i)}_{w_1 w_2}$ definieren wir nun neue Merkmalsvektoren für die Kanten bzw. Knoten durch

$$\left.\begin{aligned} \boldsymbol{y}^{(i+1)}(v_1, v_2) &=_{\mathrm{Df}} (f^{(i)}(v_1, v_2), \{n^{(i)}_{w_1 w_2}(v_1, v_2) : (w_1, w_2) \in \mathsf{W}^{(i)} \times \mathsf{W}^{(i)}\})\,, \\ \boldsymbol{x}^{(i+1)}(v) &=_{\mathrm{Df}} (f^{(i)}_{\boldsymbol{x}}(v), \{n^{(i)}_{ww}(v, v) : w \in \mathsf{W}^{(i)}\})\,, \end{aligned}\right\} \quad (8.21)$$

wobei wir uns die Mengen $\{n^{(i)}_{w_1 w_2}\}$ bzw. $\{n^{(i)}_{ww}\}$ geordnet denken. Diese Anordnung nehmen wir so vor, daß $\boldsymbol{x}^{(i+1)}(v)$ Anfangsstück von $\boldsymbol{y}^{(i+1)}(v, v)$ für alle $v \in \mathsf{V}_{\Sigma}$ und alle $\Sigma \in \mathfrak{S}$ ist. Da (nach Induktionsvoraussetzung) $f^{(i)}_{\boldsymbol{x}}(v) = f^{(i)}(v, v)$ ist, ist

$$\left.\begin{aligned} \boldsymbol{y}^{(i+1)}(v_1, v_2) &= (f^{(i)}(v_1, v_2), n_{11}, n_{22}, \dots, n_{rr}, n_{r+1,\,r+1}, \dots, n_{ss}, \dots)\,, \\ \boldsymbol{x}^{(i+1)}(v) &= (f^{(i)}_{\boldsymbol{x}}(v), n_{11}, n_{22}, \dots, n_{rr}, n_{r+1,\,r+1}, \dots, n_{ss})\,, \\ & \qquad r = |\mathsf{U}^{(i)}|\,,\ s = |\mathsf{W}^{(i)}|\,, \end{aligned}\right\} \quad (8.22)$$

eine solche Anordnung.

Es sei $\tilde{\mathsf{X}}^{(i+1)}$ die Menge aller in $\mathfrak{S}$ vorkommenden Wertetupel $\tilde{\boldsymbol{x}}^{(i+1)}$ und $\varphi^{(i+1)}_{\boldsymbol{x}}$ eine Numerierung:

$$\varphi^{(i+1)}_{\boldsymbol{x}} : \tilde{\mathsf{X}}^{(i+1)} \to \mathsf{U}^{(i+1)}\,, \qquad \mathsf{U}^{(i+1)} = \{1, \dots, |\tilde{\mathsf{X}}^{(i+1)}|\}\,.$$

Die Benennung der $\tilde{\boldsymbol{y}}_{(i+1)}$

$$\varphi^{(i+1)} : \tilde{\mathsf{Y}}^{(i+1)} \to \mathsf{W}^{(i+1)}\,, \qquad \mathsf{W}^{(i+1)} = \{1, \dots, |\tilde{\mathsf{Y}}^{(i+1)}|\}\,,$$

wählen wir so, daß

$$\varphi^{(i+1)}(\tilde{\boldsymbol{y}}^{(i+1)}) = \varphi^{(i+1)}_{\boldsymbol{x}}(\tilde{\boldsymbol{x}}^{(i+1)})$$

gilt, falls $\tilde{\boldsymbol{x}}^{(i+1)}$ Anfangsstück von $\tilde{\boldsymbol{y}}^{(i+1)}$ ist, d. h., die Vektoren der Diagonalelemente werden zuerst durchnumeriert. ($\varphi^{(i+1)}_{\boldsymbol{x}}$ und $\varphi^{(i+1)}$ werden zweckmäßig als Entscheidungsbäume realisiert.)

Die neue Kantenindikatorfunktion wird definiert durch

$$f^{(i+1)} =_{\mathrm{Df}} \varphi^{(i+1)} \circ \boldsymbol{y}^{(i+1)}\,, \qquad f^{(i+1)}\colon \mathsf{V}_\Sigma \times \mathsf{V}_\Sigma \to \mathsf{W}^{(i+1)}$$

und die Knotenindikatorfunktion durch

$$f_x^{(i+1)} =_{\mathrm{Df}} \varphi_x^{(i+1)} \circ \boldsymbol{x}^{(i+1)}\,, \qquad f_x^{(i+1)}(v) = f^{(i+1)}(v, v)\,,$$

$$f_x^{(i+1)}\colon \mathsf{V}_\Sigma \to \mathsf{U}^{(i+1)}\,.$$

Dadurch ist wieder gewährleistet, daß $f^{(i+1)}(v_1, v_2) \in \mathsf{U}^{(i+1)}$ gilt, wenn $v_1 = v_2$, und $f^{(i+1)}(v_1, v_2) \in \mathsf{W}^{(i+1)} \setminus \mathsf{U}^{(i+1)}$, wenn $v_1 \neq v_2$ ist.

Satz. *Die Partition der Kanten von* $\boldsymbol{\Sigma}$

$$\boldsymbol{\Pi}^{(i+1)} = \boldsymbol{\Pi}(f^{(i+1)}) =_{\mathrm{Df}} \{\eta_w^{(i+1)} : w \in \mathsf{W}_\Sigma^{(i+1)}\}\,,$$

$$\eta_w^{(i+1)} =_{\mathrm{Df}} \{(v_1, v_2) : (v_1, v_2) \in \mathsf{V}_\Sigma \times \mathsf{V}_\Sigma \wedge f^{(i+1)}(v_1, v_2) = w\}$$

stellt eine Verfeinerung von $\boldsymbol{\Pi}^{(i)}$ *dar.* (Eine Partition $\boldsymbol{\Pi}_1$ heißt *feiner* als $\boldsymbol{\Pi}_2$, $\boldsymbol{\Pi}_1 \leqq \boldsymbol{\Pi}_2$, wenn gilt:

$$\forall \xi \in \boldsymbol{\Pi}_1\ \exists \eta \in \boldsymbol{\Pi}_2 : \xi \subseteq \eta\,.)$$

Beweis. Es sei $(a, b) \in \eta_w^{(i+1)}$, d. h. $f^{(i+1)}(a, b) = \varphi^{(i+1)}\big(\boldsymbol{y}^{(i+1)}(a, b)\big) = w$. Es war $\boldsymbol{y}^{(i+1)}(a, b) = \big(f^{(i)}(a, b), \ldots\big)$. Es sei $f^{(i)}(a, b) = w^* \in \mathsf{W}^{(i)}$. Für alle $(v_1, v_2) \in \eta_w^{(i+1)}$ gilt

$$f^{(i+1)}(v_1, v_2) = f^{(i+1)}(a, b)\,,$$

also auch $\boldsymbol{y}^{(i+1)}(v_1, v_2) = \boldsymbol{y}^{(i+1)}(a, b)$ (da $\varphi^{(i+1)}$ eineindeutig ist). Daher ist $f^{(i)}(v_1, v_2) = f^{(i)}(a, b) = w^*$. Damit sind alle $(v_1, v_2) \in \eta_w^{(i+1)}$ auch $\in \eta_{w^*}^{(i)}$, $\eta_w^{(i+1)} \subseteq \eta_{w^*}^{(i)}$, q.e.d.

Entsprechend definieren wir für alle $\boldsymbol{\Sigma} \in \mathfrak{S}$

$$\boldsymbol{\Pi}_x^{(i+1)} = \boldsymbol{\Pi}_x(f_x^{(i+1)}) =_{\mathrm{Df}} \{\xi_u^{(i+1)} : u \in U_\Sigma^{(i+1)}\}\,,$$

$$\xi_u^{(i+1)} =_{\mathrm{Df}} (v : v \in \mathsf{V} \wedge_\Sigma f_x^{(i+1)}(v) = u\}\,,$$

und es gilt genauso

$$\boldsymbol{\Pi}_x^{(i+1)} \leqq \boldsymbol{\Pi}_x^{(i)}\,.$$

Damit ist der Induktionsschritt beschrieben.

Ausgehend von $\boldsymbol{x}^{(0)}$, $\boldsymbol{y}^{(0)}$, $f_x^{(0)}$, $f^{(0)}$ wird nun der Induktionsschritt iteriert angewendet. Wegen der Endlichkeit aller betrachteten Mengen muß ein Index i^* existieren mit

$$f^{(i)} = f^{(i^*)} \quad \text{und} \quad f_x^{(i)} = f_x^{(i^*)} \quad \text{für alle } i > i^* \quad \text{(Stationarität).}$$

Von Hinteregger (1976) wurde gezeigt:

1. $\mathfrak{E}(\mathfrak{H}_\Sigma) = \boldsymbol{\Pi}^{(i^*)}$, d. h., das Iterationsverfahren liefert nach Erreichen des stationären Zustands das gesuchte Erzeugendensystem von $\mathfrak{H}_\Sigma$.

2. $\boldsymbol{\Pi}_x^{(i^*)}$ läßt sich bezüglich keiner Relation $\mathsf{K} \in \mathfrak{H}_\Sigma$ durch eine Nachfolgerfunktion weiter verfeinern, stellt also bereits die gesuchte optimale Verfeinerung der Knotenpartition dar.

Im günstigsten Fall ist $\boldsymbol{\Pi}_x^{(i^*)}$ die gesuchte Automorphiepartition von $\boldsymbol{\Sigma}$. Hinteregger gibt außerdem Komplexitätsabschätzungen bezüglich der Rechenzeit für das Verfahren an, die Komplexität ist polynomial beschränkt.

Das beschriebene Iterationsverfahren wird nun für jedes $\boldsymbol{\Sigma} \in \mathfrak{S}$, ausgehend von einer festen Ausgangsbeschreibung $\boldsymbol{A}^{(0)}(\boldsymbol{\Sigma})$ (d. h. vor Durchführung der Transformationen f_λ, $\bar{\varphi}_x$, $\bar{\varphi}_y$, vgl. (8.7), (8.8), (8.11)), so lange angewendet, bis $A^{(i)}(\Sigma)$ stationär geworden ist. $\Pi_x^{(i^*)}$ ist dann die feinste durch das Verfahren zu erreichende Knotenpartition, und es braucht nur noch innerhalb der $\xi_w^{(i^*)} \in \Pi_x^{(i^*)}$ permutiert zu werden, die Zahl der durchzuführenden Permutationen ist auf das im Rahmen des angewendeten Verfahrens erreichbare Mindestmaß eingeschränkt.

Ein Verfahren zur Berechnung von $A^{(i^*)}$, das auf einer formalen Matrizenmultiplikation beruht, gibt WEISFEILER (1976) an.

Beispiel. Wir betrachten wieder die strukturierten Objekte $\Sigma^{(1)}$, $\Sigma^{(2)}$, $\Sigma^{(3)}$ (Abschnitt 8.2, S. 84ff.). Dort war

$$x_1^{(0)} = \mathrm{BL}, \quad x_2^{(0)} = \mathrm{PR}, \quad y_1^{(0)} = \mathrm{TR}, \quad y_2^{(0)} = \mathrm{TR}^T, \quad y_3^{(0)} = \mathrm{NB} = \mathrm{NB}^T,$$
$$y_4^{(0)} = \mathrm{BN} = \mathrm{BN}^T$$

und $\varphi_x^{(0)}$ und $\varphi_y^{(0)}$ wie in Abb. 44 gegeben (vgl. auch Abb. 40, S. 85).

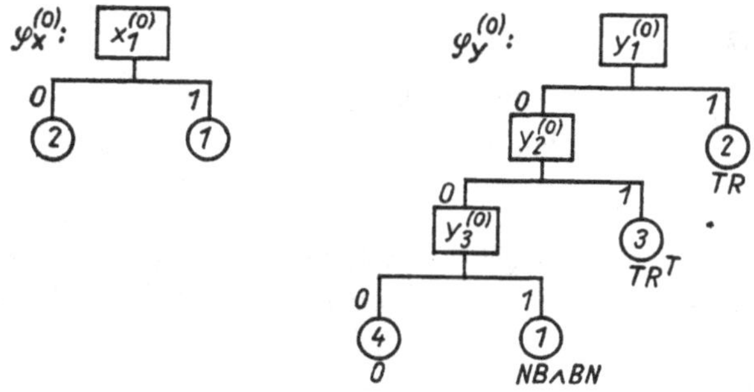

Abb. 44. Knoten- und Kantenbenennungsfunktion $\varphi_x^{(0)}$ bzw. $\varphi_y^{(0)}$ für den Anfangsschritt

In den durch die Transformationen $\varphi_x^{(0)}$ und $\varphi_y^{(0)}$ erhaltenen Beschreibungen (8.6) haben wir zu den Nichtdiagonalelementen $|\mathsf{U}^{(0)}| = 2$ zu addieren (vgl. (8.16)) und erhalten

$$A^{(0)}(\Sigma^{(1)}) = \begin{pmatrix} 1 & 3 & 4 \\ 3 & 1 & 4 \\ 5 & 5 & 2 \end{pmatrix}, \qquad \Pi_x^{(0)} = \{\xi_1, \xi_2\} = \{\{1, 2\}, \{3\}\},$$

$$A^{(0)}(\Sigma^{(2)}) = \begin{pmatrix} 1 & 4 \\ 5 & 2 \end{pmatrix}, \qquad \Pi_x^{(0)} = \{\{1\}, \{2\}\},$$

$$A_1^{(0)}(\Sigma^{(3)}) = \begin{pmatrix} 1 & 3 & 4 \\ 3 & 1 & 6 \\ 5 & 6 & 2 \end{pmatrix}, \qquad \Pi_x^{(0)} = \{\{1, 2\}, \{3\}\}.$$

Wir betrachten nur die Diagonalelemente und versuchen, die Ausgangspartitionen $\Pi_x^{(0)}$ zu verfeinern. Dazu berechnen wir die

$$x^{(1)}(v) = (f_x(v), \{n_{vw}^{(0)} : w \in \mathsf{W}^{(0)}\}), \qquad \mathsf{W}^{(0)} = \{1, 2, \dots, 6\},$$

wobei wir nur die von 0 verschiedenen $n_{vw}^{(0)}$ angeben, die man aus den Matrizen abliest.

Für $\Sigma^{(1)}$ erhalten wir:

$$\boldsymbol{x}^{(1)}(1) = (1, n_{11}^{(0)} = 1, n_{33}^{(0)} = 1, n_{44}^{(0)} = 1)\,,$$
$$\boldsymbol{x}^{(1)}(2) = (1, n_{11}^{(0)} = 1, n_{33}^{(0)} = 1, n_{44}^{(0)} = 1)\,,$$
$$\boldsymbol{x}^{(1)}(3) = (2, n_{22}^{(0)} = 1, n_{55}^{(0)} = 2)\,.$$

Es ergibt sich keine echte Verfeinerung ($\Pi_{\boldsymbol{x}}^{(0)}$ ist die Automorphiepartition). Für $\Sigma^{(2)}$ folgt:

$$\boldsymbol{x}^{(1)}(1) = (1, n_{11}^{(0)} = 1, n_{44}^{(0)} = 1)\,, \qquad \boldsymbol{x}^{(1)}(2) = (2, n_{22}^{(0)} = 1, n_{55}^{(0)} = 1)\,.$$

Trivialerweise ergibt sich ebenfalls keine Verfeinerung. Für $\Sigma^{(3)}$ hat man

$$\boldsymbol{x}^{(1)}(1) = (1, n_{11}^{(0)} = 1, n_{33}^{(0)} = 1, n_{44}^{(0)} = 1)\,,$$
$$\boldsymbol{x}^{(1)}(2) = (1, n_{11}^{(0)} = 1, n_{33}^{(0)} = 1, n_{66}^{(0)} = 1)\,,$$
$$\boldsymbol{x}^{(1)}(3) = (2, n_{22}^{(0)} = 1, n_{55}^{(0)} = 1, n_{66}^{(0)} = 1)\,.$$

Da $\boldsymbol{x}^{(1)}(1) \neq \boldsymbol{x}^{(1)}(2)$ gilt, ist auch $f_{\boldsymbol{x}}^{(1)}(1) \neq f_{\boldsymbol{x}}^{(1)}(2)$, und man hat alle Knoten von $\Sigma^{(3)}$ (nichtelementar) unterschieden. $\mathfrak{A}^{(1)}(\Sigma^{(3)})$ enthält genau eine Beschreibung, und es müssen keine Permutationen mehr durchgeführt werden.

8.4. Kontextabhängige Erkennung und Klassifizierung

8.4.1. Vorbemerkungen

Wir hatten bisher Klassenbildungen von Objekten (Elementarobjekten oder strukturierten Objekten) ohne Berücksichtigung der Eigenschaften der Umgebung, in die diese Objekte eingebettet sind und die wir im folgenden als *Kontext* bezeichnen werden, betrachtet. Umgebungseigenschaften bzw. Beziehungen zu anderen Objekten können aber klassifizierungsrelevant sein. Viele Begriffe, d. h. Klasseneinteilungen von Objekten der natürlichen Umwelt des Menschen, sind kontextabhängig, z. B. solche Begriffe wie „Vater", „Arzt", „Wissenschaftler". Hier handelt es sich um einen funktionalen Kontext, durch den der Begriff definiert wird.

Eine wichtige Rolle spielt der Kontext bei der Objekterkennung auf Bildern. Ein Objekt mit in unserem Sinne gleichen Elementarattributen, kann in verschiedenen Situationen unterschiedliche Bedeutung haben. (Diese Problematik ist zuerst von BAIRD und KELLY 1974 ausführlich diskutiert worden.) Abb. 45 zeigt ein Beispiel.

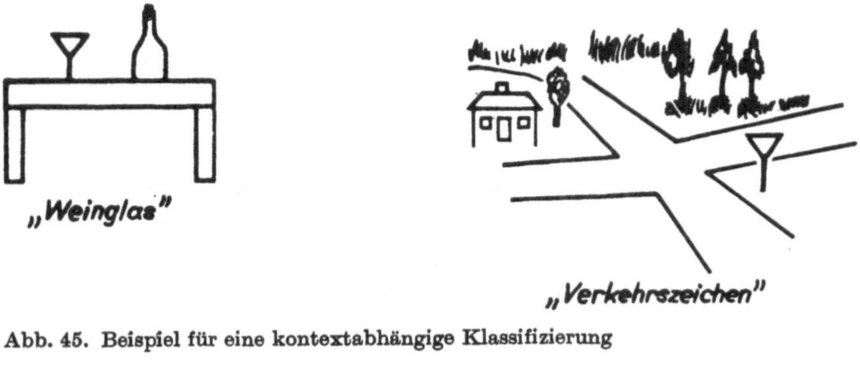

Abb. 45. Beispiel für eine kontextabhängige Klassifizierung

Wir werden im folgenden zeigen, wie die in Abschnitt 8.3 entwickelten Verfahren der kontextabhängigen Merkmalsbildung zur kontextabhängigen Klassifikation von *Elementarobjekten* verwendet werden können. Die Verallgemeinerung auf den Fall der kontextabhängigen Klassifizierung *strukturierter Objekte* bietet im Rahmen des entwickelten Formalismus keine prinzipiellen Schwierigkeiten.

8.4.2. Kontextabhängige Klassifizierung

Wir betrachten wieder eine Menge von strukturierten Objekten $\mathfrak{S} = \{\Sigma^{(1)}, \dots, \Sigma^{(N)}\}$, die wir jetzt als Situationen oder Szenen interpretieren (Trainingsmenge). Ein strukturiertes Objekt wurde in Abschnitt 8.2 als relationale Algebra

$$\Sigma = \{\mathsf{V}_\Sigma, \mathsf{P}_1, \dots, \mathsf{P}_{s_1}; \mathsf{Q}_1, \dots, \mathsf{Q}_{s_2}\}, \qquad \mathsf{V}_\Sigma \subseteq \mathsf{V},$$

bzw. als entsprechender Graph $\mathfrak{G}(\Sigma)$ dargestellt. $\mathsf{P}_1, \dots, \mathsf{P}_{s_1}$ waren die durch die Messung der einstelligen Attribute (Elementarattribute) $x_1, \dots, x_{s_1}$ in der Trägermenge V_Σ induzierten einstelligen Relationen, $\mathsf{Q}_1, \dots, \mathsf{Q}_{s_2}$ bedeuteten die in V_Σ durch Messung der zweistelligen Attribute $y_1, \dots, y_{s_2}$ induzierten zweistelligen Relationen.

Für jedes strukturierte Objekt Σ der Trainingsmenge $\mathfrak{S}$ sei jetzt eine Klasseneinteilung der *Elementarobjekte* $v \in \mathsf{V}_\Sigma$ vorgegeben, d. h. eine klassifizierende Abbildung

$$\bar{f}_\mathsf{K}: \mathsf{V}_\Sigma \to \mathsf{K} = \{k_0, k_1, \dots, k_M\} \quad \text{für alle } \Sigma \in \mathfrak{S}.$$

k_0 bedeute die Komplementärklasse von $\bigcup_{i=1}^{M} \mathsf{k}_i$, $\mathsf{k}_0 = \overline{\bigcup_{i=1}^{M} \mathsf{k}_i}$. Die Funktion $\bar{f}_\mathsf{K}$ ist die dem Belehrungsalgorithmus bekannte Klassifizierung. Im Fall einer kontextabhängigen Klassenbildung wird $\bar{f}_\mathsf{K}$ außer von den Elementarobjekten $v \in \mathsf{V}_\Sigma$ noch von gewissen Konstellationen, d. h. Teilgraphen $\mathfrak{T}$, in die v eingebettet ist, abhängen.

Zur Definition einer kontextabhängigen Klassifizierungsfunktion betrachten wir Mengen $\mathbf{\mathfrak{T}}_k$ von strukturierten Objekten (interpretierten Graphen) $\mathfrak{T}_k$ mit

$$\mathfrak{T}_k = (\mathsf{V}_{\mathfrak{T}_k}, \mathsf{P}_1, \dots, \mathsf{P}_{s_1}, \mathsf{Q}_1, \dots, \mathsf{Q}_{s_2}), \qquad \mathsf{V}_{\mathfrak{T}_k} \subseteq \mathsf{V},$$

die wir als Mengen der die Klasse $\mathsf{k} \in \{\mathsf{k}_1, \mathsf{k}_2, \dots, \mathsf{k}_M\}$ charakterisierenden *Kontexte* interpretieren. Es sei

$$\tilde{\Pi}_{\mathfrak{T}_k} = \{\tilde{\xi}_1, \dots, \tilde{\xi}_{\tilde{\sigma}}\}$$

die Automorphiepartition von $\mathsf{V}_{\mathfrak{T}_k}$ (vgl. Abschnitt 8.3.1).

Definition. Die Funktion

$$f_\mathsf{K}(v, \mathfrak{T}_k) =_{\mathrm{Df}} \begin{cases} k \in \{k_1, k_2, \dots, k_M\}, & \text{wenn } v \in \mathsf{V}_{\mathfrak{T}_k} \text{ und } v \in \tilde{\xi}_{u(k)}, \\ k_0 & \text{sonst} \end{cases} \tag{8.23}$$

heißt *kontextabhängige Klassifizierungsfunktion*.

Das heißt, es wird für die Klasse k entschieden, wenn v Knoten eines Graphen $\mathfrak{T}_k \in \mathbf{\mathfrak{T}}_k$ ist und außerdem v in einer bestimmten, von k abhängigen Äquivalenzklasse $\tilde{\xi}_{u(k)}$ der Automorphiepartition der Knoten von $\mathfrak{T}_k$ liegt. Die letzte Bedingung verlangt, daß v ein bezüglich seiner Merkmalscharakteristik bestimmter Knoten von $\mathfrak{T}_k$ ist. (Wir erinnern daran, daß die Knoten von $\tilde{\xi}_u$ intensional, d. h. durch

Graphenmerkmale nicht unterscheidbar sind.) Einfache Beispiele für kontextabhängige Klassifizierungen werden in Abschnitt 8.4.3 angegeben.

Gesucht ist wieder ein Metaalgorithmus, der anhand von Graphenmerkmalen der $\Sigma \in \mathfrak{S}$ einen Klassifizierungsalgorithmus φ_{K} konstruiert, so daß ein bestimmtes Gütefunktional (mittlerer Fehler, Komplexität) optimal wird, und der überdies eine gewisse Generalisierungsfähigkeit besitzt. Es kann aber auch nach einer „natürlichen" Klassifizierung der Elementarobjekte gefragt sein, ohne daß eine A-priori-Klassifizierung $\bar{f}_{\mathsf{K}}$ vorgegeben ist, so daß Clusterverfahren eingesetzt werden müssen. Das im folgenden zu beschreibende Verfahren der kontextabhängigen Merkmalsbildung ist gleichermaßen auf diesen Fall anwendbar.

Wir behandeln hier nur die Konstruktion der Klassifizierungsfunktion φ_{K} durch Entscheidungsbaumverfahren vom Typ CAL 2 (disjunkte Klassen, vgl. Abschnitt 4.2) mit der Abbruchbildung, daß alle Elementarobjekte der Trainingsmenge richtig klassifiziert werden sollen. Dazu müssen wir fordern, daß die $\mathfrak{T}_k$ Teilgraphen der Σ sind, d. h.

$$v \in \mathsf{V}_{\Sigma} \wedge v \in \mathsf{k} \rightarrow \mathfrak{T}_k \subseteq \Sigma .$$

Wir fordern also, daß die vollständige Information bezüglich der kontextabhängigen Klassifizierung in der Trainingsmenge enthalten ist. Da aber nur das Prinzip der kontextabhängigen Merkmalsbildung neu ist, können mit geringfügigen Abänderungen andere bekannte lernfähige Klassifizierungsverfahren (also im Fall statistischer Klassenbildungen (Abschnitt 5.1) z. B. CAL 3 und Trennebenenverfahren) verwendet werden.

Der Metaalgorithmus benutzt das in Abschnitt 8.3.2 beschriebene iterative Verfahren zur Verfeinerung der Knotenpartitionen, das durch die Forderung des Erlernens einer von außen vorgegebenen Klassifizierung nur dadurch modifiziert wird, daß der Abbruch (stationäre Zustand) u. U. schon früher erreicht wird, nämlich dann, wenn die vorgegebene Klassifizierung realisiert ist.

1. *Anfangsschritt.* Wie in Abschnitt 8.3 sei $\tilde{\mathsf{X}}^{(0)}$ die Menge aller in $\mathfrak{S}$ vorkommenden Wertetupel von $\boldsymbol{x}^{(0)} = (x_1^{(0)}, \ldots, x_{s_1}^{(0)})$, d. h. die Menge aller *elementaren Merkmalsvektoren* (Eigenschaften von Elementarobjekten wie Größe, Form, Farbe u. dgl.).

Durch $\bar{f}_{\mathsf{K}}$ wird in $\tilde{\mathsf{X}}^{(0)}$ eine im allgemeinen nichtdisjunkte Klassifizierung im üblichen Sinne (d. h. kontextunabhängig) induziert. Wir setzen

$$\boldsymbol{x}^{(0)}(v) \in \mathsf{k} \leftrightarrow \bar{f}_{\mathsf{K}}(v) = k \in \mathsf{K} \quad \text{für alle } v \in \mathsf{V}_{\Sigma} \text{ und alle } \Sigma \in \mathfrak{S} .$$

Man hat also eine von den Situationen $\Sigma \in \mathfrak{S}$ unabhängig klassifizierte Stichprobe von Merkmalsvektoren. Durch einen Metaalgorithmus konstruieren wir damit einen Klassifikator $\varphi_{\mathsf{K}}^{(0)}$ für die Merkmalsvektoren. Ist

$$f_{\mathsf{K}}^{(0)}(v) =_{\mathrm{Df}} \varphi_{\mathsf{K}}^{(0)}(\boldsymbol{x}^{(0)}(v)) = \bar{f}_{\mathsf{K}}(v) \quad \text{für alle } v \in \mathsf{V}_{\Sigma} \text{ und alle } \Sigma \in \mathfrak{S} ,$$

endet der Prozeß, $\bar{f}_{\mathsf{K}}(v)$ ist dann eine kontextunabhängige Klassifizierung im alten Sinne.

Ist $f_{\mathsf{K}}^{(0)} \neq \bar{f}_{\mathsf{K}}$, d. h., treten noch Fehler oder Rückweisungen auf und sind alle Attribute $x_i^{(0)}$ verbraucht, so nehmen wir an, daß $\bar{f}_{\mathsf{K}}$ echt vom Kontext, d. h. von gewissen Teilgraphen $\mathfrak{T}_k$ der $\Sigma \in \mathfrak{S}$, abhängt.

Wir konstruieren dann die Numerierungsfunktion (Benennungsfunktion) $\varphi_x^{(0)}$,

$$\varphi_x^{(0)}: \tilde{X}^{(0)} \to U^{(0)} = \{1, 2, \ldots, |\tilde{X}^{(0)}|\},$$

die allen $\tilde{x}^{(0)} \in \tilde{X}^{(0)}$ eine natürliche Zahl zuordnet. Es sei $f_x^{(0)}(v) = \varphi_x^{(0)}(x^{(0)}(v))$ die Knotenindikatorfunktion (Abschnitt 8.3.2), dann ist

$$\Pi_x(f_x^{(0)}) \leqq \Pi_K(f_K^{(0)}),$$

da durch die Klassifizierung u. U. verschiedene Merkmalsvektoren zusammengefaßt werden; die Partition Π_x ist eine Verfeinerung der Partition Π_K. Entsprechend Abschnitt 8.3.2 betrachten wir die Kantenvektoren $y^{(0)}$ und berechnen die Kantenbenennungsfunktion $\varphi^{(0)}$ und die Kantenindikatorfunktion $f^{(0)}$ (vgl. (8.16), (8.17)) mit den dort gemachten Voraussetzungen.

2. *Induktionsschritt.* Induktionsvoraussetzung: wie in Abschnitt 8.3.2 (vgl. (8.19)). Wir benutzen nun die neuen (kontextabhängigen) Knotenattribute

$$n_{ww}^{(i)}(v, v) =_{\mathrm{Df}} |\{v_3 : v_3 \in V_\Sigma \wedge f^{(i)}(v, v_3) = w \in W^{(i)}\}|$$

(vgl. (8.20)) zur kontextabhängigen Charakterisierung von v. Die $n_{ww}^{(i)}$ waren die Anzahlen von Teilgraphen des Typs

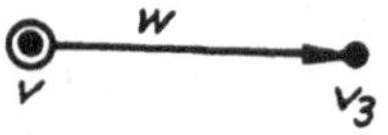

$w \in W^{(i)} \setminus U^{(i)}$

bzw. (Trivialfall)

$w \in U^{(i)}$.

(Man beachte, daß $f^{(i)}$ und nicht nur $f_x^{(i)}$ zur Definition von $n_{ww}^{(i)}$ benötigt wird!) Oder: $n_{ww}^{(i)}(v, v)$ ist die Anzahl aller Nachbarobjekte von v, die durch einen mit w interpretierten Weg der Länge 1 erreichbar sind. Das ist gemeint, wenn von einer kontextabhängigen Charakterisierung von v gesprochen wird. (Durch die iterative Anwendung von Schritt 2 werden nacheinander auch die Eigenschaften weiter entfernter Knoten in die Charakterisierung von v einbezogen. „Entfernt" bezieht sich dabei auf die Erreichbarkeit durch bestimmte interpretierte Wege mit einer Länge >1.)

Die $n_{ww}^{(i)}$ wurden zusammen mit $f_x^{(i)}$ zu den neuen Merkmalsvektoren $x^{(i+1)}$ zusammengefaßt:

$$x^{(i+1)}(v) = (f_x^{(i)}(v), \{n_{ww}^{(i)}(v, v) : w \in W^{(i)}\})$$

(vgl. (8.21)), wobei die $n_{ww}^{(i)}$ geordnet zu denken sind. Die Menge $\{n_{ww}^{(i)} : w \in U^{(i)}\}$ reproduziert $f_x^{(i)}$, die $n_{ww}^{(i)}$ sind daher für $w \in U^{(i)}$ redundant und brauchen nicht angegeben zu werden (vgl. Hilfssatz in Abschnitt 8.3.2). Die im i-ten Schritt gewonnene Information (und damit $x^{(0)}$) geht durch $f_x^{(i)}$ in die Definition von $x^{(i+1)}(v)$ ein, wird also erhalten.

Durch die Belehrung $\bar{f}_K$ wird in der Menge $\tilde{X}^{(i+1)}$ der in $\mathfrak{S}$ vorkommenden Merkmalsvektoren $\tilde{x}^{(i+1)}$ eine Klassifizierung induziert

$$x^{(i+1)}(v) \in k \leftrightarrow \bar{f}_K(v) = k.$$

Wir konstruieren einen Klassifikator $\varphi_K^{(i+1)}$ über $\tilde{X}^{(i+1)}$ und unterscheiden zwei Fälle:

1. $\varphi_K^{(i+1)}(x^{(i+1)}(v)) =_{\mathrm{Df}} f_K^{(i+1)}(v) = \bar{f}_K(v)$ für alle $v \in V_\Sigma$ und alle $\Sigma \in \mathfrak{S}$.

Dann werden alle Elementarobjekte $v \in \bigcup_{x} V_x$ richtig klassifiziert, und der Algorithmus bricht ab.

2. Alle Attribute $x_j^{(i+1)}$ seien verbraucht (Abschnitt 4.2.2), und es sei noch

$$f_K^{(i+1)} \neq \bar{f}_K .$$

Dann ist

$$\varphi_K^{(i+1)}: \tilde{X}^{(i+1)} \to \mathfrak{P}(K) ,$$

d. h., $\varphi_K^{(i+1)}$ vermittelt eine Abbildung in die Potenzmenge von K. Die Attribute $x_j^{(i+1)}$ reichen nicht zur vollständigen Klassentrennung anhand der Merkmalsvektoren $\tilde{x}^{(i+1)}$ aus, und der „Kontext“ muß vergrößert werden. Dazu wird der Induktionsschritt 2 wiederholt. Er wird so lange wiederholt, bis $f_x^{(i)}$ stationär geworden ist, d. h. $f_x^{(i)} = f_x^{(i^*)}$ für $i > i^*$ ist. Liefert $f_x^{(i^*)}$ die Automorphiepartition und setzt man voraus, daß die Klassifizierung $\bar{f}_K$ disjunkt ist, dann ist $f_K^{(i^*)} = \bar{f}_K$ erreichbar. Andernfalls erhält man lediglich nichtdeterministische bzw. statistische Klassifikatoren φ_K.

8.4.3. Beispiele

Im folgenden soll der entwickelte Formalismus an zwei einfachen Beispielen demonstriert werden. Wir benutzen die Attribute

$$y_1^{(0)} = x_1^{(0)} = \text{BL (Block)} , \qquad y_2^{(0)} = x_2^{(0)} = \text{PR (Prisma)} ,$$

$$y_3^{(0)} = \text{TR (trägt)} , \qquad y_4^{(0)} = \text{TR}^T \text{ (wird getragen)} ,$$

$$y_5^{(0)} = \text{NB} \wedge \text{BN (neben und berührt nicht)}$$

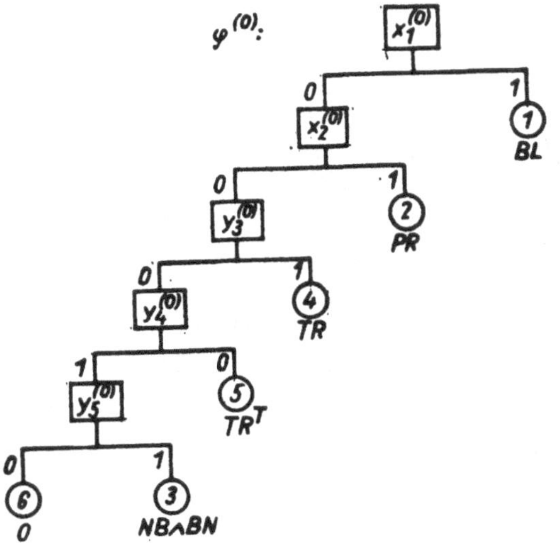

Abb. 46. Zusammenfassung der Knoten- und Kantenbenennungsfunktionen $\varphi_x^{(0)}$ und $\varphi_y^{(0)}$ zu $\varphi^{(0)}$ (vereinfacht)

und die Numerierungsfunktion (Benennungsfunktion) $\varphi^{(0)}$ aus Abb. 46. Die Beispiele wurden durch formale Multiplikation der Adjazenzmatrizen (WEISFEILER (1976)) berechnet, wir geben nur die Ergebnisse (Klassifizierungsfunktionen φ_K) an.

8.4.3.1. Erlernen des Konzepts „Träger“

Wir setzen $k_1 = A$, $k_0 = B = \bar{A}$.

Trainingsmenge

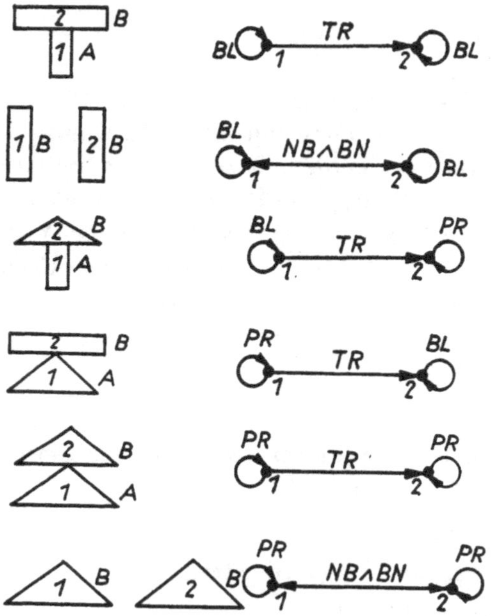

$\Sigma^{(1)}$: $A^{(0)} = \begin{pmatrix} 1 & 4 \\ 5 & 1 \end{pmatrix}$

$\Sigma^{(2)}$: $A^{(0)} = \begin{pmatrix} 1 & 3 \\ 3 & 1 \end{pmatrix}$

$\Sigma^{(3)}$: $A^{(0)} = \begin{pmatrix} 1 & 4 \\ 5 & 2 \end{pmatrix}$

$\Sigma^{(4)}$: $A^{(0)} = \begin{pmatrix} 2 & 4 \\ 5 & 1 \end{pmatrix}$

$\Sigma^{(5)}$: $A^{(0)} = \begin{pmatrix} 2 & 4 \\ 5 & 2 \end{pmatrix}$

$\Sigma^{(6)}$: $A^{(0)} = \begin{pmatrix} 2 & 3 \\ 3 & 2 \end{pmatrix}$

In Abb. 47 ist die Konstruktion von Klassifizierungsbäumen über dieser Trainingsmenge dargestellt.

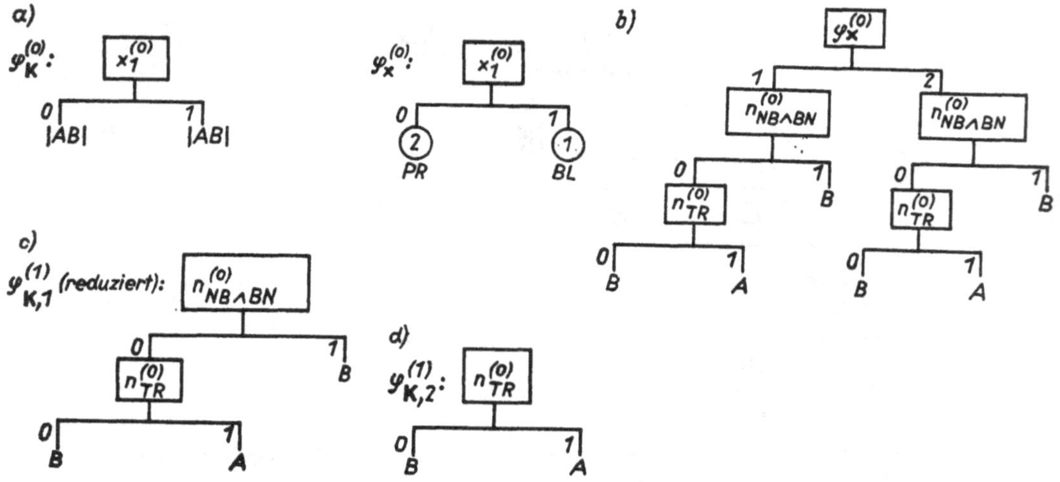

Abb. 47. Erlernen des Konzepts „Träger“

1. Anfangsschritt. Klassifizierungsfunktion $\varphi_K^{(0)}$ und Benennungsfunktion $\varphi_x^{(0)}$ zeigt Abb. 47a).

2. Erste Iteration. Mit der Testfolge

$$\Phi_1 = (n^{(0)}_{33}, n^{(0)}_{44}, n^{(0)}_{55}) = (n^{(0)}_{\mathrm{NB}\wedge\mathrm{BN}}, n^{(0)}_{\mathrm{TR}}, n^{(0)}_{\mathrm{TR}^T})$$

erhält man $\varphi^{(1)}_{\mathrm{K},1}$ wie in Abb. 47b) dargestellt und nach Reduktion den in Abb. 47c) gezeigten Baum. Mit der Testfolge $\Phi_2 = (n^{(0)}_{\mathrm{TR}}, n^{(0)}_{\mathrm{NB}\wedge\mathrm{BN}}, n^{(0)}_{\mathrm{TR}^T})$ erhält man $\varphi^{(1)}_{\mathrm{K},2}$ wie in Abb. 47d).

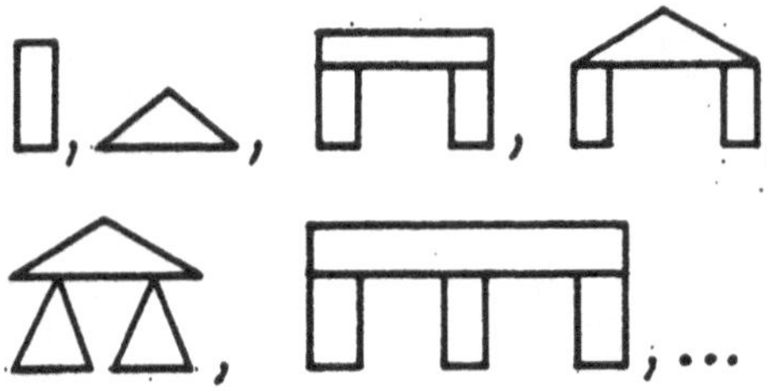

Abb. 48. Zur Generalisierungsfähigkeit der Klassifizierungsfunktion $\varphi^{(1)}_{\mathrm{K},2}$

Durch $\varphi^{(1)}_{\mathrm{K},2}$ werden die Elementarobjekte der in Abb. 48 dargestellten Szenen richtig klassifiziert (Generalisierungsfähigkeit).

8.4.3.2. Erlernen des Konzepts „Torpfeiler“

Trainingsmenge

$\Sigma^{(1)}$:

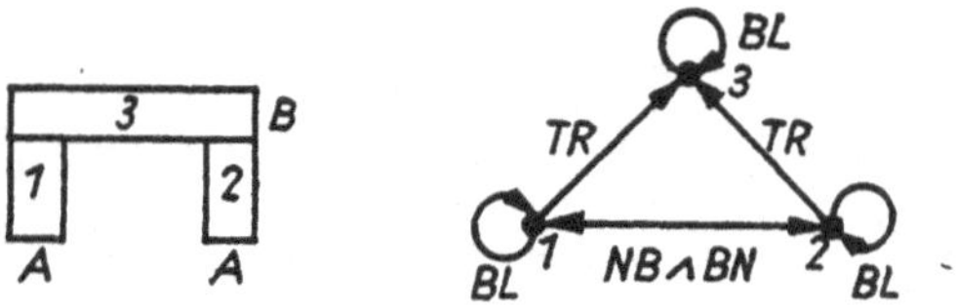

$$A^{(0)} = \begin{pmatrix} 1 & 3 & 4 \\ 3 & 1 & 4 \\ 5 & 5 & 1 \end{pmatrix}$$

$\Sigma^{(2)}$:

$$A^{(0)} = \begin{pmatrix} 1 & 3 \\ 3 & 1 \end{pmatrix}$$

$\Sigma^{(3)}$:

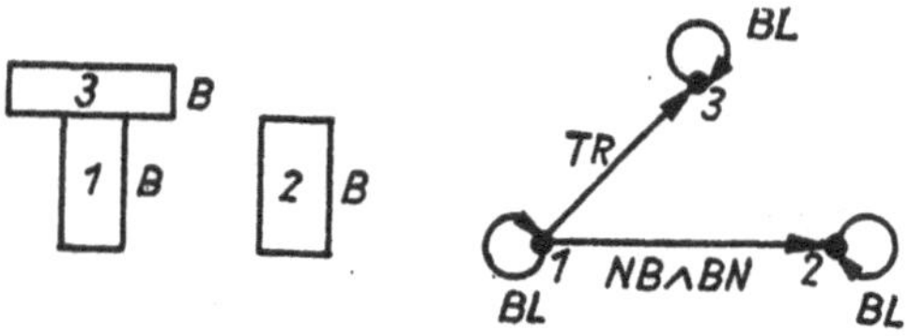

$$A^{(0)} = \begin{pmatrix} 1 & 3 & 4 \\ 3 & 1 & 6 \\ 5 & 6 & 1 \end{pmatrix}$$

$\Sigma^{(4)}$:

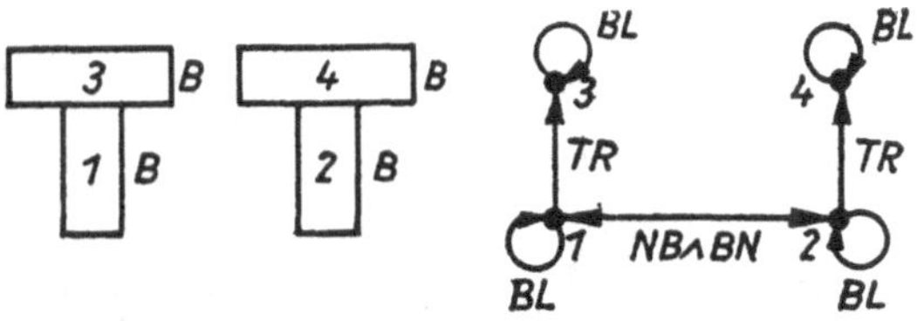

$$A^{(0)} = \begin{pmatrix} 1 & 3 & 4 & 6 \\ 3 & 1 & 6 & 4 \\ 5 & 6 & 1 & 6 \\ 6 & 5 & 6 & 1 \end{pmatrix}$$

$\Sigma^{(5)}$:

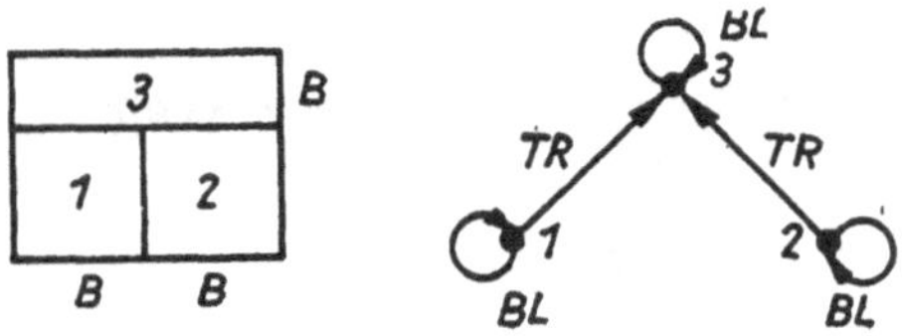

$$A^{(0)} = \begin{pmatrix} 1 & 6 & 4 \\ 6 & 1 & 4 \\ 5 & 5 & 1 \end{pmatrix}$$

1. Anfangsschritt. $\varphi_x^{(0)} = 1$.

2. Erste Iteration. $\Phi = (n^{(0)}_{\mathrm{NB}\wedge\mathrm{BN}}, n^{(0)}_{\mathrm{TR}}, n^{(0)}_{\mathrm{TR}T}, n_0^{(0)})$, $n_0^{(0)} =_{\mathrm{Df}} n_{66}^{(0)}$. Der Klassifizierungsbaum $\varphi_{\mathsf{K}}^{(1)}$ ist in Abb. 49a) dargestellt. (Nicht vorkommende Testausgänge sind weggelassen worden.)

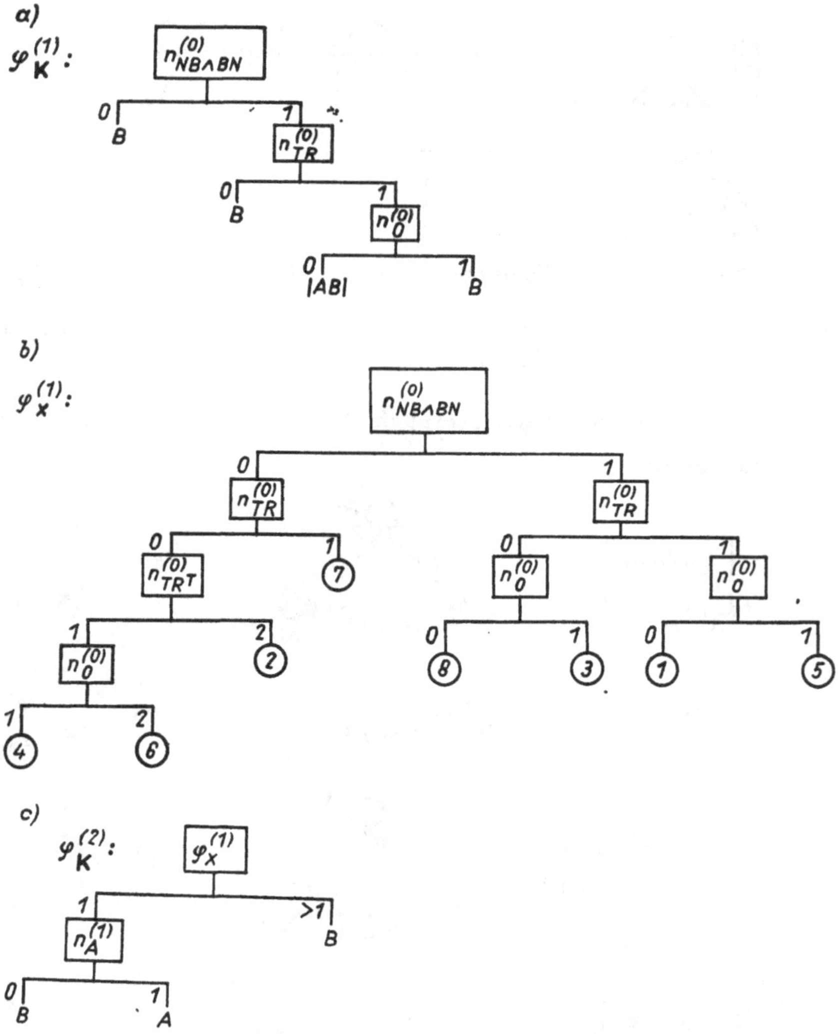

Abb. 49. Erlernen des Konzepts „Torpfeiler“

$\varphi_{\mathsf{K}}^{(1)}$ liefert noch keine vollständige Klassentrennung, es müssen $\varphi_x^{(1)}$ und $f_x^{(1)}$ berechnet werden. $\varphi_x^{(1)}$ ist in Abb. 49b) dargestellt.

3. Zweite Iteration. $\varphi_{\mathsf{K}}^{(2)}$ zeigt Abb. 49c). Der Knoten v gehört zur Klasse A, wenn

$$\varphi_x^{(1)}\left(x^{(1)}(v)\right) = f_x^{(1)}(v) = 1 \text{ und } n_{\mathsf{A}}^{(1)}(v, v) = 1$$

gilt. Dabei bedeuten $\varphi_x^{(1)} = 1$ und $n_A^{(1)} = 1$ die in Abb. 50 dargestellten Konstellationen, in die v eingebettet ist.

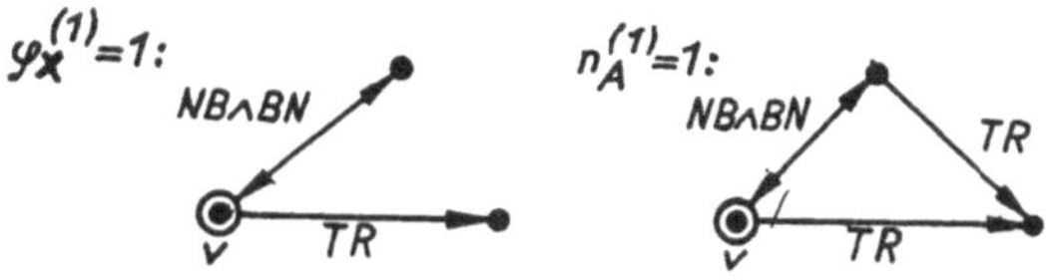

Abb. 50. Klassifizierungsrelevante Teilgraphen für die Klasse „Torpfeiler"

Durch $n_A^{(1)}$ ist der klassifizierungsrelevante Teilgraph $\mathfrak{T}_A$ gegeben, wobei das für alle Elementarobjekte gleiche Elementarmerkmal BL weggelassen worden ist.

B. Verfahren (Metaalgorithmen) zur Konstruktion stetiger, insbesondere stückweise linearer Klassifikatoren

9. Ausgangspunkte heutiger Klassifizierungsverfahren

9.1. Das Perzeptron von Rosenblatt

Das Perzeptron von F. ROSENBLATT war das erste qualitativ richtig funktionierende Modell der organismischen lernfähigen Erkennung/Wahrnehmung sensorisch aufgenommener physikalischer Signale (z. B. optischer, akustischer). Grundlage und Ausgangspunkt hierzu war das von MCCULLOCH und PITTS entwickelte Neuronenmodell, in dem die folgenden Thesen formuliert sind (ROSENBLATT (1962)):

— Ein Neuron befindet sich entweder im Zustand der Aktivierung oder in Ruhe („Alles oder Nichts"-Theorie).

— Unabhängig von der Vorgeschichte seiner Aktivität wird ein Neuron nur dann aktiv, wenn eine bestimmte Mindestanzahl von Synapsen gleichzeitig (genauer, innerhalb einer gewissen Abklingzeit) erregt wird.

— Die Aktivierung eines Neurons wird jedoch unterdrückt, sobald auch nur eine einzige hemmende Synapse erregt ist.

— Die Struktur eines Neuronennetzes ist zeitunabhängig.

— Alle psychologischen Phänomene können im Modell eines Netzes logischer Elemente (den Neuronen) mit zwei Zuständen verstanden und analysiert werden.

Das Perzeptron ist ein dreischichtiges Netz aus sogenannten *sensorischen, assoziativen* und *reaktiven Elementen* (Neuronen). Die Funktionen der *einfachen* S-, A-, R-Elemente sind wie folgt definiert (x bezeichne die Eingangs-, y die Ausgangsgröße eines Elements)

$$\left.\begin{array}{lll} \text{S-Elemente:} & y_{(1)} = H(x_{(1)} - \theta_{(1)})\,,^{1)} & \\ \text{A-Elemente:} & y_{(2)} = H(\alpha_{(2)} - \theta_{(2)})\,, & \\ \text{R-Elemente:} & y_{(3)} = \operatorname{sgn}(\alpha_{(3)})\,, \quad \alpha_{(j)} = \sum_{i=8}^{n_{(j)}} x_{(j),i}\,, & j = 2, 3\,. \end{array}\right\} \quad (9.1)$$

Ersichtlich besitzen alle Elemente nur einen Ausgang, das S-Element hat nur einen Eingang, jedoch A- und R-Elemente haben im allgemeinen mehrere Eingänge. Ein reihengeschaltetes Perzeptron (series-coupled perceptron) enthält nur Verbindungen S-A und A-R, wobei nur Ausgänge von S bzw. A mit Eingängen von A bzw. R verbunden sind und Verbindungen anderer Art nicht auftreten. Die Verbindungen selbst sind als Kanäle im informationstheoretischen Sinne zu verstehen. Insbesondere können die Signale bei ihrer Weiterleitung in definierter Weise zeitabhängige Änderungen erfahren: Sind $y_{(i)}$ das Eingangssignal und $x_{(i+1)}$ das Ausgangssignal eines Kanals V — der den Ausgang eines Elements der i-ten Schicht mit dem Eingang eines Elements

---

[1]) Die sog. HEAVISIDE-Funktion $H(a)$ ist gleich 1, wenn $a \geqq 1$ ist, und sonst gleich Null.

der $i + 1$-ten Schicht verbindet — so ist

$$x_{(i+1)} = f_V(y_{(i)}, t) ,$$

wenn t die Zeitvariable bedeutet.

Die Gesamtheit der Eingangsgrößen der S-Schicht ist im Fall der visuellen Erkennung mit dem von der Retina empfangenen Helligkeitsmuster zu identifizieren, die Gesamtheit der Ausgangsgrößen dieser Schicht mit dem zugeordneten Schwarz-Weiß-Bild. Ein sogenanntes einfaches Perzeptron ist wie folgt definiert (vgl. Abb. 51):

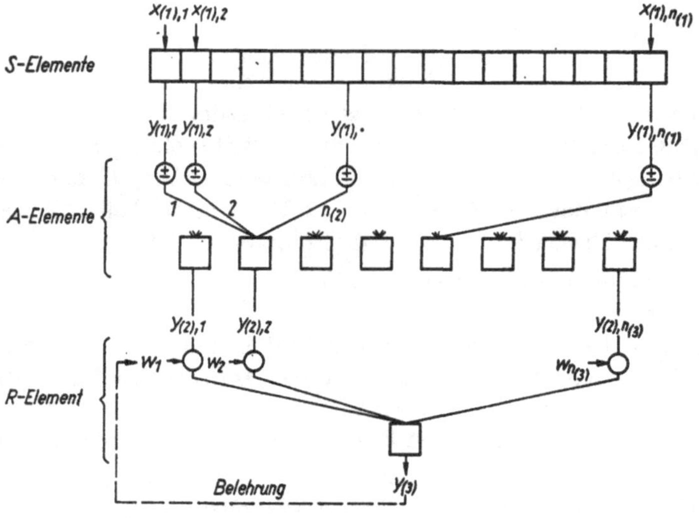

Abb. 51. „Einfaches" Perzeptron

— Die Elemente A, S und R sind *einfach*, im oben definierten Sinne.
— Es gibt nur ein R-Element.
— Jede Verbindung V verändert das weitergeleitete Signal $y_{(i)}$ proportional, d. h., es gilt

$$x_{(i+1)} = w_V(t) y_{(i)} .$$

— Nur die Verbindungen zwischen den A-Elementen und dem R-Element sind zeitabhängig.

Ein so definiertes einfaches Perzeptron kann — zwar im allgemeinen nur näherungsweise — die Klassifizierung einer Menge X von Helligkeitsmustern in zwei Klassen erlernen. Hierzu wird das Perzeptron mit der Zielstellung belehrt, daß möglichst viele Muster der Klasse 1 zu einer positiven Ausgangsgröße $y_{(3)}$ des R-Elements, und möglichst viele Helligkeitsmuster $x_{(1)}$, die der zweiten Klasse angehören, zu einer negativen Ausgangsgröße $y_{(3)}$ führen.

Für die Verbindungen der ersten mit der zweiten Schicht sind die *Gewichte* $w_{(2)}$ entweder $+1$ oder -1 oder 0 (keine Verbindung). Ein so definiertes Perzeptron realisiert in den einzelnen Schichten etwa folgende Aufgaben:

1. und 2. Schicht, einschließlich ihrer Verbindungen:	Merkmalsbildung (nicht lernfähig)
Verbindungen der 2. Schicht mit dem R-Element, einschließlich desselben:	Klassifizierung (lernfähig).

Dementsprechend laufen die Ableitungen mehrerer S-Elemente an genau einem A-Element zusammen. Seien die Ausgangssignale der mit dem j-ten A-Element verbundenen S-Elemente die Zahlen

$$y_{(1),1}, \dots, y_{(1),n_{(j)}},$$

so reagiert das A-Element mit

$$y_{(2),j} = H(\pm y_{(1),1} \pm y_{(1),2} \pm \dots \pm y_{(1),n_{(2),j}} - \theta_{(2)}) .$$

Welche S-Elemente mit welchen A-Elementen zu verbinden sind, wird durch zufällige Auswahl entschieden, ebenso wird die Verteilung der Vorzeichen gleichwahrscheinlich nach dem Zufall festgelegt. Allgemeingültige Vorschriften für die Wahl der Zahlen n_j und $\theta_{(2)}$ sind nicht bekannt. Die im Perzeptron auf solche Weise realisierte Merkmalsbildung ist im allgemeinen nicht sehr effektiv. Insgesamt bewirken die ersten beiden Stufen des Perzeptrons nichts anderes als eine feste Abbildung der Gesamtheit der Eingangssignale $x_{(1)}$ der ersten Schicht auf eine Gesamtheit von positiven oder Nullsignalen, d. h. auf die Menge der verschiedenen möglichen Konstellationen von Ausgangssignalen der 2. Schicht, wobei die Dimension des Vektors $y_{(2)}$, der Konfiguration der Ausgangssignale der 2. Schicht, kleiner ist als die Dimension von $x_{(1)}$.[1])

In der 3. Schicht, bestehend aus dem einzigen R-Element und seinen Zuleitungskanälen, geht ein iteratives Verfahren zur optimalen Einstellung des Satzes der Proportionalitätsfaktoren w_j, $j = 1, \dots, n_{(3)}$, dieser Kanäle vor sich. Diese Faktoren bestimmen die Eingänge der 3. Schicht nach der Gleichung

$$x_{(3),j} = w_j \cdot y_{(2),j}, \qquad j = 1, \dots, n_{(3)} . \tag{9.2}$$

Hierzu werden in den diskreten Zeitpunkten $t = 1, 2, \dots$ Helligkeitsmuster $x_{(1)}$ aus den Klassen präsentiert. Die sogenannte *Fehlerkorrektur-Belehrungsregel* (eines α-Perzeptrons) lautet

$$w_j(t+1) = w_j(t) + \gamma \cdot \sigma \cdot y_{(2),j}(t+1), \qquad j = 1, \dots, n_{(3)},$$

$$\sigma = \begin{cases} 1, & \text{wenn } k = 1 \text{ und } y_{(2)} = -1 , \\ -1, & \text{wenn } k = 2 \text{ und } y_{(3)} = 1 , \\ 0 & \text{sonst} . \end{cases}$$

Hierin bedeutet k die Klasse des vorgewiesenen Objekts $x_{(1)}(t+1)$ und γ eine Konstante. Diese Regel unterscheidet sich von der aus dem Funktional G_2 (siehe Abschnitt 11.4.2.1.1) ableitbaren nur dadurch, daß die Größe $\theta_{(2)}$ nicht mit in die Belehrung eingeschlossen ist, wodurch die Effektivität des — hier nur für zwei Klassen und diskrete Probleme ausgeführten Verfahrens — beinträchtigt wird.

9.2. Experimentalpsychologische Ergebnisse zur gewichteten Merkmalsüberlagerung bei der Klassifizierung

Die Diskriminanzfunktion $\alpha_{(3)}$ ist eine nach (9.1) und (9.2) mit den Faktoren w_j gewichtete Überlagerung (Summe) der den Retinalinput (oder das Muster) beschreiben-

[1]) Die durch die A-Elemente insgesamt bewirkte Transformation kann störend sein, wenn zwei Helligkeitsmuster $x_{(1)}$, die unterschiedlichen Klassen angehören, auf dasselbe $y_{(2)}$-Muster abgebildet werden. In diesem Fall kann es besser sein, die zweite Schicht fortzulassen und anstelle des Vektors $y_{(2)}$ den Vektor $y_{(1)}$ mit dem R-Element zu verschalten oder, wenn die Dimension von $y_{(1)}$ zu groß ist, eine effektivere Methode der Merkmalsbildung anzuwenden (vgl. hierzu z. B. Fritzsch (1973)).

den Merkmale $x_j \equiv y_{(2),j}$. Von KUKLA (1972, 1973, 1974) sind nun in experimentellen Untersuchungen beim Menschen Prozesse nachgewiesen worden, bei denen eine gewichtete Überlagerung von Ausgangs- oder Elementarmerkmalen zur Bildung neuer, dann für die Klassenentscheidung benutzter Dimensionen erfolgt. Wir gehen kurz auf diese Experimente ein.

Die zu klassifizierenden Objekte waren sinnfreie geometrische Figuren, die in einer Vielzahl geometrisch bestimmbarer Eigenschaften x_i variierten (Abb. 52a). Solche Eigenschaften sind z. B. Anzahl der Richtungsänderungen in der Formkontur, Anteil konvexer Krümmungen, Umfang und Fläche der Figur, Anteil gerader Konturstücke am Gesamtumfang, Mittelwert und Streuung der Längen der gekrümmten Konturstücke und Streuung der im Verlauf der Kontur auftretenden Winkel. Diese Merkmale sind miteinander korreliert, durch Faktorenanalyse kann man aus den Ausgangsmerkmalen x_i neue unkorrelierte Merkmale erhalten. Diese Komplexmerkmale entstehen durch eine lineare Transformation der Ausgangsmerkmale und definieren ein neues Koordinatensystem.[1] In den von KUKLA durchgeführten Experimenten wurde nun eine Klasseneinteilung der Objektmenge in zwei Klassen k und $\bar{k}$ so defi-

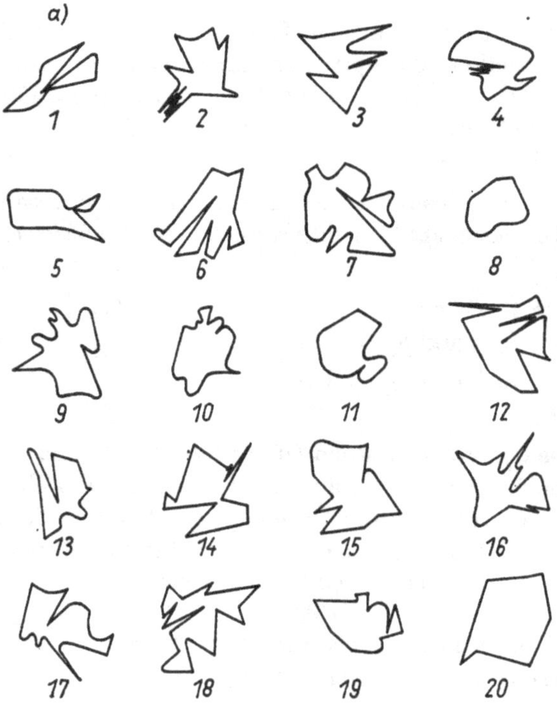

Abb. 52. a) In den Experimenten von KUKLA zur Klassifikation verwendete Objekte (nach KUKLA (1974))

[1] Eine lineare Transformation auf unkorrelierte Merkmale mit Streuung gleich 1 wird (vgl. Abschnitt 13.3) durch eine Hauptachsentransformation der Kovarianzmatrix mit beliebiger, sich anschließender Rotation (orthogonaler Transformation) erreicht. Die Faktorenanalyse definiert diese Rotation darüber hinaus noch durch das zusätzliche Kriterium der Einfachstruktur (vgl. WEBER (1974)).

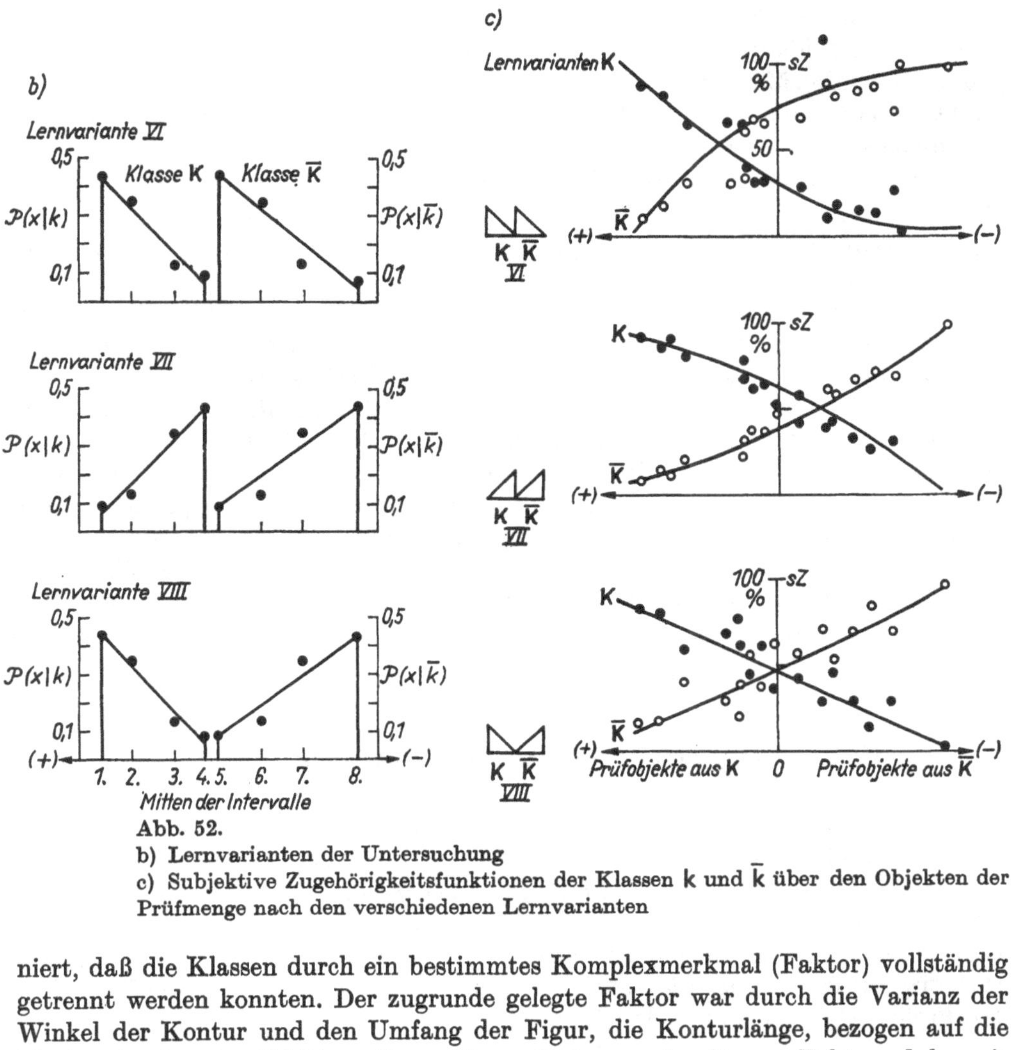

Abb. 52.
b) Lernvarianten der Untersuchung
c) Subjektive Zugehörigkeitsfunktionen der Klassen k und $\bar{k}$ über den Objekten der Prüfmenge nach den verschiedenen Lernvarianten

niert, daß die Klassen durch ein bestimmtes Komplexmerkmal (Faktor) vollständig getrennt werden konnten. Der zugrunde gelegte Faktor war durch die Varianz der Winkel der Kontur und den Umfang der Figur, die Konturlänge, bezogen auf die Fläche, bestimmt. Objekte mit positiven Ladungen in diesem Faktor, d. h. mit positiven Werten des Komplexmerkmals, wurden der einen, Objekte mit negativen Ladungen der anderen Klasse zugeordnet.

Die Objektmenge wurde in eine Lernmenge und in eine Prüfmenge unterteilt. Im Belehrungsprozeß wurden die Objekte der Lernmenge sequentiell angeboten und die zugehörige (mit einem sinnfreien Namen belegte) Klasse mitgeteilt. Um den Einfluß unterschiedlicher Wahrscheinlichkeitsverteilungen der Objekte in den Klassen auf den Lernprozeß zu untersuchen, wurden in verschiedenen Belehrungsvarianten verschiedene Verteilungsdichten auf der komplexen Merkmalsdimension realisiert (Abb. 52b)), von denen die ersten beiden in Abb. 52b) dargestellten Sprünge an der Klassengrenze aufwiesen (dargestellt sind die Wahrscheinlichkeiten $\mathbf{P}(x \mid k)$ bzw. $\mathbf{P}(x \mid \bar{k})$, daß unter der Bedingung einer bestimmten Klasse (k bzw. $\bar{k}$) Objekte aus den Intervallen der komplexen Eigenschaft auftreten). In einer anschließenden Prüfphase mußten die Vpn die Objekte der Prüfmenge klassifizieren. Dabei war einmal eine eindeutige Entscheidung für eine Klasse verlangt, zum anderen konnten (in einer zweiten Serie) subjektive Zugehörigkeitsgrade zu einer Klasse auf einer vorgegebenen Skala angegeben werden. Abb. 52c) zeigt die subjektiven Zugehörigkeitsfunktionen (Diskriminanzfunktionen im Sinne der automatischen Zeichenerkennung) über der komplexen Merkmalsdimension für die drei Einlernvarianten aus Abb. 52a) (in Abb. 52c) sind die in Prozent angegebenen subjektiven Zugehörigkeitswerte (sZ) der anhand der komplexen Eigenschaft dargestellten Prüfobjekte für die Klassen k und $\bar{k}$ dargestellt). Sie weisen an der Klassengrenze starke Überlappungen auf, spiegeln jedoch noch global die bei der Belehrung benutzten Ausgangsverteilungen wider.

Die disjunkte Klasseneinteilung der Belehrungsmenge wird subjektiv als unscharfe Klassenbildung (vgl. Abschnitte 13.1.10 und 14.3) repräsentiert. Die Ursachen dieses Informationsverlustes sollen an dieser Stelle nicht diskutiert werden.

Wichtig ist hier nur, daß durch die Experimente wahrscheinlich gemacht wird, daß das klassifizierungsrelevante, klassentrennende Komplexmerkmal subjektiv auch für die Klassifizierung benutzt wird. Dazu muß aber angenommen werden, daß auch subjektiv eine Verrechnung (z. B. eine gerichtete Überlagerung) der perzeptiv leicht zugänglichen Elementarmerkmale zum Komplexmerkmal erfolgt. Die Ausgangsmerkmale können sich also gewissermaßen hinsichtlich ihrer klassifizierenden Wirkung in ihren Ausprägungen kompensieren. Der Grad der Klassifizierungsrelevanz eines Ausgangsmerkmals wird, falls man als Verrechnungsregel eine lineare Transformation annimmt, durch die Größe des Gewichtskoeffizienten des Merkmals bestimmt.

9.3. Klassifizierungsansätze der mathematischen Statistik

Zur Zeit der Erfindung des Perzeptrons war von Wald (1944) im Rahmen mathematisch-statistischer Betrachtungen bereits eine Diskriminanzfunktion in Form einer gewichteten Überlagerung der Merkmale gefunden und theoretisch untersucht worden. Es handelt sich dabei um die erste fundierte mathematische Formulierung und Lösung eines Klassifizierungsproblems der von uns behandelten Art auf der Grundlage der statistischen Testtheorie. Die von Wald angegebene Formalisierung des Zwei-Klassen-Problems gliedern wir in drei Teile:

a) Von einem zu klassifizierenden Merkmalsvektor $\boldsymbol{x}$ sei bekannt, daß er die Realisierung eines von zwei mehrdimensional normalverteilten Zufallsvektoren $\boldsymbol{X}_1$ oder $\boldsymbol{X}_2$ ist. Die beiden Verteilungsgesetze seien

$$F(\boldsymbol{x}_1) = N(\boldsymbol{\eta}_1, \boldsymbol{C}) \quad \text{und} \quad F(\boldsymbol{x}_2) = N(\boldsymbol{\eta}_2, \boldsymbol{C}) \,. \tag{9.3}$$

$\boldsymbol{\eta}_1$, $\boldsymbol{\eta}_2$ sind die Mittelvektoren der betreffenden Normalverteilungen, deren Kovarianzmatrizen $\boldsymbol{C}_1$ und $\boldsymbol{C}_2$ als gleich vorausgesetzt werden.

Bezeichnet man die unbekannte Verteilung, der $\boldsymbol{x}$ angehört, mit $N(\boldsymbol{\eta}, \boldsymbol{C}) = F(\boldsymbol{x})$, so ist also voraussetzungsgemäß entweder $\boldsymbol{\eta} = \boldsymbol{\eta}_1$ oder $\boldsymbol{\eta} = \boldsymbol{\eta}_2$ erfüllt. Diesem Sachverhalt entsprechen im Sinne der Testtheorie die zwei sich gegenseitig logisch ausschließenden Hypothesen

$$H_1\colon \ \boldsymbol{\eta} = \boldsymbol{\eta}_1 \,, \qquad H_2\colon \ \boldsymbol{\eta} = \boldsymbol{\eta}_2 \,,$$

deren Alternativhypothesen $\overline{H}_1 = H_2$ und $\overline{H}_2 = H_1$ sind.

b) Die Parameter η_1, η_2, und C sind unbekannt. Es seien jedoch eine N_1-stellige Folge

$$\mathfrak{s}_1 := (x_1^{(1)}, \ldots, x_1^{(N_1)})$$

von statistisch unabhängigen Realisierungen der Zufallsvariablen X_1 und eine N_2-stellige Folge statistisch unabhängiger und von $\mathfrak{s}_1$ unabhängiger Realisierungen

$$\mathfrak{s}_2 := (x_2^{(1)}, \ldots, x_2^{(N_2)})$$

der Zufallsvariablen X_2 gegeben.

c) Unter gleichzeitiger Berücksichtigung von a) und b) lassen sich die Hypothesen H_1 und H_2 wie folgt formulieren:

H_i: Die Folge $\mathfrak{s}_i := (\mathfrak{s}_i, x)$, d. h. die Folge $\mathfrak{s}_i$, verlängert um das Element x, ist eine Folge von Realisierungen der normalverteilten Zufallsvariablen X_i, $i = 1, 2$, ergänzt durch die Voraussetzung $C_1 = C_2$.

Von WALD wurde zunächst das Problem a) gelöst. Aufgrund des Lemmas von NEYMAN und PEARSON (1936) ist der kritische Bereich zur Testung der Hypothese H_1 gegen die Alternativhypothese H_2 durch

$$\frac{\varrho_1(x)}{\varrho_2(x)} \geqq k \tag{9.4}$$

gegeben, wobei ϱ_i die Dichte der Normalverteilung $N(\eta_i, C)$, $i = 1, 2$, sei. Nach Übergang zum Logarithmus und Einsetzen der Verteilungsfunktion der Normalverteilung (siehe z. B. Abschnitt 11.4.2.2 oder 11.6.1) erhält man die Ungleichung

$$(x - \eta_1)^T C^{-1}(x - \eta_1) - (x - \eta_2)^T C^{-1}(x - \eta_2) \geqq 2 \log k\,. \tag{9.5}$$

Die Aussagen zu b) werden von WALD durch Übergang von η_1, η_2, C zu den besten Schätzungen dieser Verteilungsparameter, gewonnen auf der Grundlage der Stichproben $\mathfrak{s}_1$, $\mathfrak{s}_2$, erhalten (vgl. zu diesen Schätzungen die Abschnitte 11.3.1.1 und 11.1.3.3). Wir bezeichnen diese Schätzungen durch

$$\hat{\eta}_1(\mathfrak{s}_1)\,, \qquad \hat{\eta}_2(\mathfrak{s}_2)\,, \qquad \hat{C}(\mathfrak{s}_1, \mathfrak{s}_2)\,.$$

Da diese Schätzungen unabhängig von x sind, läßt sich die Annahme oder Ablehnung z. B. der Hypothese H_1 bei gegebenen Stichproben $\mathfrak{s}_1$, $\mathfrak{s}_2$ auch auf der Grundlage der Statistik

$$U := (\hat{\eta}_2 - \hat{\eta}_1)^T \hat{C}^{-1} x \tag{9.6}$$

entscheiden, wobei die kritische Region (9.4), (9.5) durch

$$U \geqq 2 \log k - (\hat{\eta}_1 - \hat{\eta}_2)^T C^{-1}(\hat{\eta}_1 - \hat{\eta}_2)$$

gegeben ist.

Diese *U-Statistik* hat, wie auch von WALD betont, enge Beziehung zu der sogenannten *diskriminatorischen Funktion*

$$D = (\hat{\eta}_2 - \hat{\eta}_1)^T C^{-1}(\hat{\eta}_2 - \hat{\eta}_1) \tag{9.7}$$

von FISHER (1936), die ein Maß für die Trennbarkeit der Verteilungen F_1, F_2 darstellt. D geht in U über, wenn man den letzten Faktor auf der rechten Seite von (9.7) durch x ersetzt.

Die Lösung des Testproblems auf der Basis normalverteilter Gesamtheiten für das M-Klassen-Problem ist Gegenstand der Diskriminanzanalyse (vgl. AHRENS und

Läuter (1974)) als eines Problemkreises der mathematischen Statistik. Aus dem von Wald aufgezeigten engen Zusammenhang zwischen Test- und Schätztheorie resultiert ein analoger Zusammenhang zwischen der Lösung des testtheoretischen Ansatzes und den auf der Grundlage von Gütekriterien erhaltenen Ergebnissen im Rahmen des statistischen Modells normalverteilter Klassen (siehe Abschnitt 11.6.1), was jedoch hier nicht im Einzelnen ausgeführt werden soll.

Bei der Funktion U handelt es sich um eine gewichtete Überlagerung der Merkmale, d. h. um einen Ausdruck der Form

$$\sum_{i=1}^{n} w_i x_i = \boldsymbol{w}^T \boldsymbol{x}\,, \tag{9.8}$$

wenn n die Dimension des Vektors $\boldsymbol{x}$ ist. Man ersieht das unmittelbar an dem Ausdruck auf der rechten Seite von (9.6), den man aus (9.8) ableiten kann, indem man $\boldsymbol{w}$ durch $\boldsymbol{C}^{-1}(\hat{\eta}_2 - \hat{\eta}_1)$ ersetzt.

10. Deterministische Klassifikationen

Sei X die Menge der zu klassifizierenden Objekte und K die Menge der Klassen, so ist ein deterministisches Klassifizierungsproblem (Klassenbildung) (vgl. hierzu auch Abschnitt 2.1) durch X, K und eine eindeutige Abbildung

$$\varphi_{00} := \mathsf{X} \to \mathsf{K}$$

von X auf K definiert. Jedes Objekt $x \in \mathsf{X}$ gehört also genau einer Klasse $k \in \mathsf{K}$ an. Die optimale Klassifizierungsfunktion $\varphi_0(x)$, durch die jedem $x \in \mathsf{X}$ eine (optimale) Entscheidung $e \in \mathsf{K}$ zugeordnet wird, fällt hier mit φ_{00} zusammen (vgl. Abschnitt 11.2).

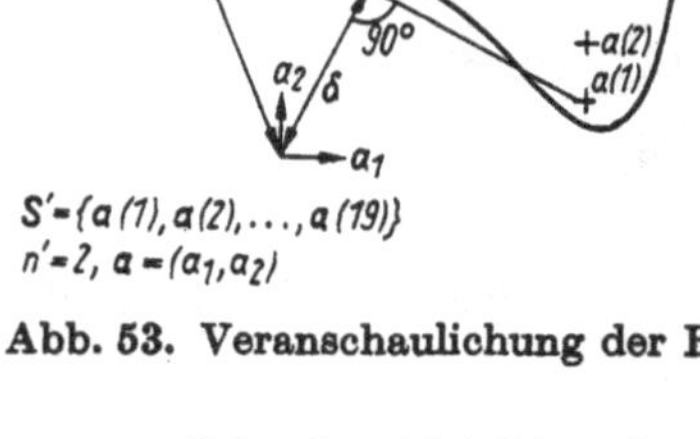

Abb. 53. Veranschaulichung der Begriffe *Durchmesser* und *Lücke*

Die Mengen $\varphi_{00}^{-1}(k)$ der Urbilder der Klassen $k \in \mathsf{K}$ bilden eine Zerlegung Z der Menge X: $Z = (\mathsf{X}_1, \ldots, \mathsf{X}_M)$, wenn $\mathsf{X}_i := \varphi_{00}^{-1}(i)$ und $\mathsf{K} = \{1, 2, \ldots, M\}$ gesetzt werden. Ist die Menge X endlich, so auch die Mengen X_i,

$$\mathsf{X} = \bigcup_{i=1}^{M} \mathsf{X}_i\,, \qquad \mathsf{X}_i \cap \mathsf{X}_j = \emptyset \quad \text{für} \quad i \neq j\,, \qquad i, j = 1, \ldots, M\,.$$

Die Mengen X_i können vollständig in Form geordneter Mengen (Folgen ohne Wiederholung von Elementen) oder als Folgen s_i, gegebenenfalls mit Wiederholung von Elementen (konkret) gegeben sein. Es entsteht dann das Problem der Konstruktion der Abbildung φ_0: Sei $s = (s_1, \ldots, s_M)$ eine Folge, die alle Elemente aus X enthält, und s_i eine Teilfolge, welche alle Elemente aus X_i enthält, so ist also eine Abbildung $\varphi \equiv \varphi_0$ zu konstruieren, so daß gilt

$$\varphi(x) = i\,, \quad \text{falls} \quad x \in s_i\,.$$

Wir beschränken uns auf den Fall, daß $X \subset R^n$ ist und die X_i, $i = 1, \ldots, M$, in noch zu definierender Weise gegenseitig linear separierbar sind.

10.1. Lineare Separierung von M Punktmengen

Zur Lösung dieses Problems betrachten wir eine abstrakte Problemstellung, auf die sich eine Reihe von Problemen der linearen Separierung zurückführen läßt:

Sei A eine endliche Menge abstrakter Objekte, $A \subset R^{n'}$, und s' eine Folge, in der jedes Element $\boldsymbol{a} \in A$ mindestens einmal auftritt. Dann werde ein Element $\boldsymbol{b} \in R^{n'}$ gesucht, so daß für alle $\boldsymbol{a} \in s'$ das Skalarprodukt $\boldsymbol{b}^T\boldsymbol{a} > 0$ ist, d. h.

$$\boldsymbol{b}^T\boldsymbol{a} > 0 \quad \text{für alle} \quad \boldsymbol{a} \in R^{n'} \tag{10.1}$$

gilt. Zur Formulierung eines Satzes über die Lösung des Systems (10.1) von Ungleichungen werden die Begriffe (vgl. Abb. 53)

$$\textit{Durchmesser von } A = D := \sup_{e \in R^{n'}} \max_{a \in A} \boldsymbol{e}^T\boldsymbol{a} \tag{10.2}$$

und

$$\textit{Lücke } \delta := \sup_{e \in R^{n'}} \min_{a \in A} \boldsymbol{e}^T\boldsymbol{a} \tag{10.3}$$

benötigt, wo $\boldsymbol{e} \in R^{n'}$ einen n'-dimensionalen Einheitsvektor bedeutet. Eine Lösung $\boldsymbol{b}_0$ des Systems (10.1) von Ungleichungen wird dann mit einem Iterationsverfahren, das durch

$$\left.\begin{aligned} &\boldsymbol{b}(1) = \boldsymbol{O}\,, \\ &\boldsymbol{b}(t+1) = \boldsymbol{b}(t) + \gamma H\big(-\boldsymbol{b}(t)^T \cdot \boldsymbol{a}(t)\big)\, \boldsymbol{a}(t) \end{aligned}\right\} \tag{10.4}$$

definiert werde, erhalten. Hierin ist t die Schrittzahl des Iterationsverfahrens und

$$H(r) = \begin{cases} 1, & \text{falls} \quad r \geqq 0\,, \\ 0 & \text{sonst} \end{cases}$$

die Heaviside-Sprungfunktion. Durch wiederholtes Aneinanderfügen der N-stelligen Folge s' kann eine unendliche Folge

$$s'' := (s', s', \ldots)$$

erhalten werden. s'' ist dann eine Folge der Form

$$s'' = (\boldsymbol{a}(1), \ldots, \boldsymbol{a}(N), \boldsymbol{a}(N+1), \ldots, \boldsymbol{a}(2N), \boldsymbol{a}(2N+1), \ldots)\,,$$

wobei $\boldsymbol{a}(kN + r) = \boldsymbol{a}(r)$ für alle natürlichen Zahlen k gilt. Eine solche Folge oder aber auch eine andere, zufällige unendliche Folge von Elementen aus A, in der jedes Element aus A in jeder Teilfolge $(\boldsymbol{a}(t+1), \boldsymbol{a}(t+2), \ldots)$ dieser Folge für jedes t, das größer als eine beliebige Zahl ist, beliebig oft vorkommt, ist mit dem Ausdruck $(\boldsymbol{a}(1), \boldsymbol{a}(2), \ldots)$ gemeint.

Führt man noch die *effektive Schrittanzahl* t^* für t Schritte ein als die Anzahl der Schritte oder diskreten Zeitpunkte, in denen $H(-\boldsymbol{b}(t)^T \cdot \boldsymbol{a}(t))$ gleich 1 ist, d. h. $\boldsymbol{b}(t)^T \boldsymbol{a}(t) \leqq 0$ ist (in denen also $\boldsymbol{b}(t)$ das System (10.1) mit $\boldsymbol{a}(t)$ verletzt), d. h.

$$t^*(t) = \sum_{f=1}^{t} H\left(-\boldsymbol{b}(f)^T \cdot \boldsymbol{a}(f)\right),$$

so kann man die folgende Aussage formulieren:

Satz (Theorem von Novikoff). *Existiert eine Lösung des Systems* (10.1) *und sind* $\delta > 0$ *und* $D < \infty$, *so wird mit dem Iterationsverfahren* (10.4) *für* $\gamma = 1$ *nach höchstens*

$$t^* = \frac{D^2}{\delta^2}$$

effektiven Schritten (Korrekturen) ein Lösungsvektor $\boldsymbol{b}_0$ *des Systems* (10.1) *von Ungleichungen erhalten.*

Beweis. Sei t ein Zeitpunkt, in dem eine Korrektur vorgenommen wird. Dann sind also

$$\boldsymbol{b}(t)^T \cdot \boldsymbol{a}(t) \leqq 0 \tag{10.5}$$

und $H(-\boldsymbol{b}(t)^T \cdot \boldsymbol{a}(t)) = 1$. Durch Bildung der Quadrate auf beiden Seiten der Iterationsgleichung in (10.4) erhält man dann

$$\boldsymbol{b}(t+1)^T \boldsymbol{b}(t+1) = \left(\boldsymbol{b}(t) + \boldsymbol{a}(t)\right)^T \left(\boldsymbol{b}(t) + \boldsymbol{a}(t)\right)$$

bzw.

$$|\boldsymbol{b}(t+1)|^2 = |\boldsymbol{b}(t)|^2 + 2\boldsymbol{b}(t)^T \cdot \boldsymbol{a}(t) + |\boldsymbol{a}(t)|^2 . \tag{10.6}$$

Setzt man $\boldsymbol{e} = \boldsymbol{a}(t)/|\boldsymbol{a}(t)|$, so wird $\boldsymbol{e}^T \cdot \boldsymbol{a}(t) = |\boldsymbol{a}(t)|$ und wegen (10.2) somit $|\boldsymbol{a}(t)|^2 \leqq D^2$, also wegen (10.5) und (10.6)

$$|\boldsymbol{b}(t+1)|^2 \leqq |\boldsymbol{b}(t)|^2 + D^2 .$$

Daraus folgt für die erste Korrektur ($t^* = 1$) wegen $\boldsymbol{b}(1) = \boldsymbol{O}$

$$|\boldsymbol{b}_{t^*=1}|^2 \leqq 0^2 + D^2 = D^2$$ [1])

und für $t^* = 2$

$$|\boldsymbol{b}_{t^*=2}|^2 \leqq |\boldsymbol{b}_{t^*=1}|^2 + D^2 \leqq 2D^2$$

usw., also allgemein

$$|\boldsymbol{b}_{t^*}|^2 \leqq t^* \cdot D^2 . \tag{10.7}$$

Entsprechend der Voraussetzung des Satzes existiert ein Einheitsvektor $\boldsymbol{e}_0$, der die Gleichung (10.3) erfüllt, so daß also

$$\boldsymbol{e}_0^T \cdot \boldsymbol{a} \geqq \delta \geqq 0 \quad \text{für alle} \quad \boldsymbol{a} \in \mathsf{A} \tag{10.8}$$

gilt. Betrachten wir das Skalarprodukt $\boldsymbol{e}_0^T \boldsymbol{b}(t)$, so ist für $t = 1$ nach (10.4) $\boldsymbol{e}_0^T \boldsymbol{b}(1) = 0$ und für die erste Korrektur ($t^* = 1$) nach (10.4) folglich $\boldsymbol{e}_0^T \boldsymbol{b}_{t^*=1} = \boldsymbol{e}_0^T \boldsymbol{a}_{t^*=1}$. Wegen

[1]) Es sei $\boldsymbol{b}_{t^*=r}$ der Wert von $\boldsymbol{b}(t)$ für den Zeitpunkt t, für den $t^*(t) = r$ ist.

(10.8) ist damit

$$e_0^T \cdot b_{t^*=1} \geqq \delta \, . \tag{10.9}$$

Für $t^* = 2$ gilt $e_0^T \cdot b_{t^*=2} = e_0^T \cdot b_{t^*=1} + e_0^T \cdot a_{t^*=2}$, und analog wird wegen (10.9) und (10.8)

$$e_0^T b_{t^*=2} \geqq 2\delta$$

oder allgemein

$$e_0^T b_{t^*} \geqq t^* \delta \, .$$

Durch Anwendung der SCHWARZschen Ungleichung in der Form $|b_{t^*}| = |e_0| \cdot |b_{t^*}| \geqq \geqq e_0^T \cdot b_{t^*}$ folgt hieraus $|b_{t^*}| \geqq t^* \cdot \delta$. Mit (10.7) wird schließlich

$$t^* \leqq \frac{1}{\delta} |b_{t^*}| \leqq \frac{1}{\delta} t^{*1/2} \cdot D \, ,$$

also $t^* \leqq t^{*1/2} \cdot D$ oder $t^{*1/2} \leqq (1/\delta) \, D$ bzw. $t^* \leqq D^2/\delta^2$, w. z. b. w.

Auf die durch den Satz beschriebene Lösung des Problems (10.1) lassen sich eine Reihe linearer Klassifizierungsansätze zurückführen. Wir betrachten ein Schema für eine solche Zurückführung, das mit einer zweifach indizierten Menge von Abbildungen

$$\alpha_{ij} \colon \mathsf{X} \to \mathsf{R}^{n'} \quad (\text{bzw. } \mathsf{R}^n \to \mathsf{R}^{n'}) \, , \qquad j = 1, \dots, r_i ; \qquad i = 1, \dots, M \, ,$$

operiert. Aus einer Folge $\mathsf{s} = (x^{(1)}, \dots, x^{(N)})$ werde dann eine Folge s' von Abbildern $\alpha_{ij}(x)$ durch

$$\mathsf{s}' = \big(\alpha_{\varphi_0(x^{(1)}),1}(x^{(1)}), \dots, \alpha_{\varphi_0(x^{(1)}),\, r_{\varphi_0(x^{(1)})}}(x^{(1)}) \dots \\ \alpha_{\varphi_0(x^{(N)}),1}(x^{(N)}), \dots, \alpha_{\varphi_0(x^{(N)}),\, r_{\varphi_0(x^{(N)})}}(x^{(N)})\big) \tag{10.10}$$

gebildet, d. h., es wird eine Lernfolge s' gebildet, in der ein Objekt x der ursprünglichen Folge s, das der Klasse i angehören möge, durch die Folge seiner Bilder $\alpha_{i1}(x), \dots, \alpha_{ir_i}(x)$ vertreten wird. Ein Objekt x wird also durch eine r_i-stellige Folge von Objekten, die ihrerseits als neue, selbständige Objekte in die (neue) Folge s' eingehen, vertreten.

Für die Folge s' wird sodann (z. B. mit Hilfe des Iterationsverfahrens (10.4)) ein Lösungsvektor $b_0 \in \mathsf{R}^{n'}$ bestimmt.

Für ein beliebiges Objekt $x \in \mathsf{X}$, dessen Klassifizierung $\varphi(x)$ unbekannt ist, wird diese Klassifizierung dann wie folgt definiert:

(x) sei als Objekt der Klasse i erkannt, wenn es genau eine Klasse $i \in \mathsf{N}_M$[1]) gibt, für die

$$b_0^T \cdot \alpha_{i,j}(x) > 0 \text{ [2])} \quad \text{ist für alle } j = 1, \dots, r_i \, . \tag{10.11}$$

In allen anderen Fällen wird x als unklassifizierbar zurückgewiesen.

Als Beispiel wählen wir das Entscheidungsschema des STEINBUCH-Klassifikators. Hier werden M Gewichtsvektoren $w_1, \dots, w_M$ mit $w_i \in \mathsf{R}^{n+1}$ eingeführt, und es wird ein Objekt x als der Klasse i angehörend klassifiziert, wenn es genau ein $i \in \mathsf{N}_M$ gibt,

[1]) Voraussetzungsgemäß ist $\mathsf{K} = \{1, 2, \dots, M\}$, also mit der Menge N_M der natürlichen Zahlen von 1 bis M identisch.

[2]) $\alpha_{ij}(x)$ ist wie b_0 als n'-dimensionaler Spaltenvektor aufzufassen.

so daß

$$\sum_{j=1}^{n} (w_{ij}x_j + w_{i,n+1}) = \max_{k\in N_M} \left(\sum_{j'=1}^{n} (w_{kj'}x_{j'} + w_{k,n+1}) \right)$$

gilt. Indem man den durch $y^T = (x_1, \dots, x_n, 1)$ definierten Vektor $y \in R^{n+1}$ einführt, kann man auch

$$w_i^T \cdot y = \max_{i\in N_M} w_i^T \cdot y$$

schreiben. Die Maximum-Bedingung ist erfüllt, wenn für ein $i \in N_M$ alle

$$(w_i^T - w_j^T) \cdot y > 0 \quad \text{für} \quad j = 1, \dots, M, \qquad j \neq i, \tag{10.12}$$

sind. Man ersieht daraus, daß mit $n' = M \cdot (n + 1)$ und

$$b^T = (w_1^T \,\vdots\, \dots \,\vdots\, w_M^T) \tag{10.13}$$

(vgl. Abschnitt 11.1 über Teilmatrizen) sowie mit

$$r_i = M - 1^{1)}, \qquad i = 1, \dots, M,$$

im Fall des STEINBUCH-Klassifikators die Abbildung α_{ij} durch

$$\alpha_{ij}(x)^T = (\underset{1}{O^T} \,\vdots\, \dots \,\vdots\, \underset{i-1}{O^T} \,\vdots\, \underset{i}{y^T} \,\vdots\, \underset{i+1}{O^T} \,\vdots\, \dots \,\vdots\, \underset{j-1}{O^T} \,\vdots\, \underset{j}{-y^T} \,\vdots\, \underset{j+1}{O^T} \,\vdots\, \dots \,\vdots\, \underset{M}{O^T})^{2)} \tag{10.14}$$

definiert werden muß, d. h., daß $\alpha_{ij}(x)$ aus $M(n + 1)$-dimensionalen Teilvektoren besteht, von denen der i-te der Vektor y und der j-te der Vektor $-y$ ist und alle anderen $M - 2$ Teilvektoren mit dem $(n + 1)$-dimensionalen Nullvektor identisch sind (vgl. hierzu DUDA und HART (1973)). Die Bedingung (10.12) geht mit (10.13) und (10.14) in

$$b^T\alpha_{ij}(x) < 0 \quad \text{für alle} \quad j = 1, \dots, M \qquad (j \neq i\text{, vgl. Fußnote }^{1)})$$

über, womit die Reduktion gezeigt ist.

Analog läßt sich auch die paarweise lineare Separierung aller Klassen behandeln (vgl. hierzu auch Abschnitt 11.6.3).

Das dargestellte Reduktionsschema für den STEINBUCH-Klassifikator läßt sich noch ein wenig vereinfachen, wenn man anstelle der w_i als neue Vektoren $v_1 := w_1 - w_M$, $v_{M-1} := w_{M-1} - w_M$ verwendet.

Im vorliegenden Fall werden $r_i = M - 1$ und $n' = (M - 1) \cdot (n + 1)$ sowie

$$\alpha_{i,j}(x)^T = \begin{cases} (\underset{1}{O^T} \,\vdots\, \dots \,\vdots\, \underset{i-1}{O^T} \,\vdots\, \underset{i}{y^T} \,\vdots\, \underset{i+1}{O^T} \,\vdots\, \dots \,\vdots\, \underset{j-1}{O^T} \,\vdots\, \underset{j}{-y^T} \,\vdots\, \underset{j+1}{O^T} \,\vdots\, \dots \,\vdots\, \underset{M-1}{O^T}), \\ \quad \text{wenn } 1 \leqq i < M \text{ und } j \neq i, j = 1, \dots, M-1 \\ (\underset{1}{O^T} \,\vdots\, \dots \,\vdots\, \underset{i-1}{O^T} \,\vdots\, \underset{i}{y^T} \,\vdots\, \underset{i+1}{O^T} \,\vdots\, \dots \,\vdots\, \underset{M-1}{O^T}), \\ \quad \text{wenn } 1 \leqq i < M \quad \text{und } j = i, \\ (\underset{1}{O^T} \,\vdots\, \dots \,\vdots\, \underset{j-1}{O^T} \,\vdots\, \underset{j}{-y^T} \,\vdots\, \underset{j+1}{O^T} \,\vdots\, \dots \,\vdots\, \underset{M-1}{O^T}), \quad \text{wenn } i = M \end{cases} \tag{10.15}$$

und $b^T = (v_1^T \,\vdots\, \dots \,\vdots\, v_{M-1}^T)$.

---

1) Die in (10.11) getroffene Festlegung: $j = 1, \dots, r_i$ ist hier, ohne Mißverständnisse befürchten zu müssen, nicht streng eingehalten, da j die Nummer i überspringt, r_i ist hier nur die Anzahl der verschiedenen Werte (natürliche Zahlen), die j durchläuft.

2) In (10.14) ist $j > i$ vorausgesetzt. Wenn $j < i$ ist, sind j und i zu vertauschen.

Besonders einfach wird diese Darstellung für $M = 2$. Dann sind $n' = n + 1$, $r_1 = r_2 = 1$, $\alpha_{1,1}(\boldsymbol{x}) = y$, $\alpha_{2,1}(\boldsymbol{x}) = -y$, d. h.

$$\alpha_i(\boldsymbol{x}) := \alpha_{i1}(\boldsymbol{x}) = (-1)^{(i-1)} \cdot \boldsymbol{y}\,, \tag{10.16}$$

und $\boldsymbol{b} = \boldsymbol{v}_1 =: \boldsymbol{v}$. Sind also

$$\mathfrak{s} = (\boldsymbol{x}^{(1)}, \dots, \boldsymbol{x}^{(N)})\,,$$

$$(\varphi_0(\boldsymbol{x}^{(1)}) =: i^{(1)}, \dots, \varphi_0(\boldsymbol{x}^{(N)}) =: i^{(N)})$$

gegeben, so wird nach (10.10) und (10.16)

$$\mathfrak{s}' = \left((-1)^{i^{(1)}-1} \cdot \boldsymbol{y}^{(1)}, \dots, (-1)^{i^{(N)}-1} \cdot \boldsymbol{y}^{(N)}\right).$$

Auf diese Folge wird dann das Iterationsschema (10.4) angewandt. Es liefert eine Lösung $\boldsymbol{b}_0 = \boldsymbol{v}_0$, wenn sie existiert. Die Entscheidungsregel lautet damit nach (10.15) und (10.16)

> Entscheide $\boldsymbol{x} \in$ Klasse 1, wenn $\boldsymbol{v}_0^T \cdot \boldsymbol{y} > 0$ und entscheide $\boldsymbol{x} \in$ Klasse 2, wenn $\boldsymbol{v}_0^T \cdot \boldsymbol{y} < 0$, weise zurück sonst.

Es ist unmittelbar zu sehen, daß sich hier die beiden Alternativen (Klasse 1 oder Klasse 2) gegenseitig ausschließen.

11. Statistische (generalisierende) Klassifikation

11.1. Bezeichnungen und mathematische Grundlagen

Es sollen hier in gedrängter Form die verwendeten mathematischen Symbole erklärt und wichtige Formeln zusammengestellt werden.

11.1.1. Symbole

Zufallsvariablen werden mit Großbuchstaben bezeichnet, ihre Realisierungen mit Kleinbuchstaben. So ist z. B. t eine Realisierung der Zufallsvariablen T.

$b := a$ soll heißen: Der Ausdruck a wird mit b bezeichnet — im Sinne einer Definition von b.

Matrizen

$\boldsymbol{I}_n$: Einheitsmatrix der Ordnung n,
$\boldsymbol{O}_{n,m}$: Nullmatrix mit n Zeilen und m Spalten,
$\boldsymbol{1}_n$: n-dimensionaler Spaltenvektor, dessen Komponenten alle gleich 1 sind,
δ_{ik}: KRONECKER-Symbol; $\delta_{ik} = 0$, wenn $i \neq k$, $\delta_{ik} = 1$, wenn $i = k$.

Mehrdimensionales Integral. Sei

$$f(x_1, \dots, x_n) = \left(f_1(x_1, \dots, x_n), \dots, f_m(x_1, \dots, x_n)\right)$$

eine vektorielle Funktion, d. h. ein Vektor von m Funktionen der n-dimensionalen Variablen $\boldsymbol{x} = (x_1, \dots, x_n)$, so wird die simultane Ausführung der Integrationen

$$\int \mathrm{d}x_1 \dots \int \mathrm{d}x_n f_i(x_1, \dots, x_n)\,, \qquad i = 1, \dots, m\,,$$

über einen Bereich $B \subseteqq \mathsf{R}^n$ durch

$$\int_B \mathrm{d}\boldsymbol{x}\, f(\boldsymbol{x}) \tag{11.1}$$

abgekürzt.

11.1.2. Matrizenrechnung

Die Matrix $\boldsymbol{A}$ werde eine (n, m)-*Matrix* genannt, wenn sie n Zeilen und m Spalten besitzt. Ein Element von $\boldsymbol{A}$ wird mit A_{ik}, $i = 1, \dots, n$, $k = 1, \dots, m$, bezeichnet oder, wenn $\boldsymbol{A}$ ein aus mehreren Matrizen zusammengesetzter Ausdruck ist, auch mit $(\boldsymbol{A})_{ik}$. Es bedeutet $\boldsymbol{A}^T$ die transponierte Matrix $\boldsymbol{A}$. Also gilt

$$(\boldsymbol{A}^T)_{ki} = A_{ik} .$$

$\boldsymbol{A}^{-1}$ ist die Inverse von $\boldsymbol{A}$. Sie wird durch

$$\boldsymbol{A}^{-1}\boldsymbol{A} = \boldsymbol{I}$$

($\boldsymbol{A}$ sei hierfür als quadratische Matrix vorausgesetzt) definiert. Sind $\boldsymbol{A}$, $\boldsymbol{B}$ zwei Matrizen, so besteht der Zusammenhang

$$(\boldsymbol{AB})^{-1} = \boldsymbol{B}^{-1}\boldsymbol{A}^{-1} ,$$

falls die betreffenden Matrizen existieren. Ferner gilt

$$(\boldsymbol{AB})^T = \boldsymbol{B}^T\boldsymbol{A}^T .$$

Für die Determinante gilt

$$\det(\boldsymbol{A}^{-1}) = (\det \boldsymbol{A})^{-1}$$

und

$$\det(\boldsymbol{AB}) = (\det \boldsymbol{A})(\det \boldsymbol{B}) , \qquad \det \boldsymbol{A}^T = \det \boldsymbol{A} .$$

Wir führen noch die wichtige Inversionsformel

$$(\boldsymbol{I} + \boldsymbol{UV}^T)^{-1} = \boldsymbol{I} - (1 + \boldsymbol{V}^T\boldsymbol{U})^{-1}\, \boldsymbol{V}^T\boldsymbol{U}$$

und die Formel

$$\det(\boldsymbol{I} + \boldsymbol{UV}^T) = 1 + \boldsymbol{VU}^T$$

an, wo $\boldsymbol{U}$ und $\boldsymbol{V}$ $(n, 1)$-Matrizen (Spaltenvektoren) sind.

11.1.2.1. Zerlegte Matrizen

Durch schachbrettartiges Zusammenfügen mehrerer Matrizen entstehen neue Matrizen. Wichtig ist der Fall

$$\boldsymbol{E} = \begin{pmatrix} \boldsymbol{A} & \boldsymbol{C} \\ \boldsymbol{B} & \boldsymbol{D} \end{pmatrix}$$

mit der (n, n)-Matrix $\boldsymbol{A}$, der (n, m)-Matrix $\boldsymbol{C}$, der (m, n)-Matrix $\boldsymbol{B}$ und der (m, m)-Matrix $\boldsymbol{D}$. Dann ist $\boldsymbol{E}$ eine $(n + m, n + m)$-Matrix. Es ist

$$\det \begin{pmatrix} \boldsymbol{A} & \boldsymbol{C} \\ \boldsymbol{B} & \boldsymbol{D} \end{pmatrix} = \det \boldsymbol{A} \det(\boldsymbol{D} - \boldsymbol{BA}^{-1}\boldsymbol{C}) . \tag{11.2}$$

Zum Beweis multipliziere man $\begin{pmatrix} A & C \\ B & D \end{pmatrix}$ von links mit der Matrix $\begin{pmatrix} I & O \\ -BA^{-1} & I \end{pmatrix}$[1]), deren Determinante gleich 1 ist, und benutze das Multiplikationstheorem

$$\begin{pmatrix} A_1 & C_1 \\ B_1 & D_1 \end{pmatrix}\begin{pmatrix} A_2 & C_2 \\ D_2 & D_2 \end{pmatrix} = \begin{pmatrix} A_1A_2 + C_1D_2 & A_1C_2 + C_1D_2 \\ B_1A_2 + D_1D_2 & B_1C_2 + D_1D_2 \end{pmatrix},$$

das eine strenge Analogie zur gewöhnlichen Matrizenmultiplikation aufweist. Das Inversionstheorem lautet

$$\left.\begin{aligned} A^{-1} =: \begin{pmatrix} A_{(11)} & A_{(12)} \\ A_{(21)} & A_{(22)} \end{pmatrix}^{-1} &=: \begin{pmatrix} (A^{-1})_{(11)} & (A^{-1})_{(12)} \\ (A^{-1})_{(21)} & (A^{-1})_{(22)} \end{pmatrix} \\ (A^{-1})_{(11)} &= (A_{(11)} - A_{(12)}A_{(22)}^{-1}A_{(21)})^{-1}, \\ (A^{-1})_{(12)} &= -(A^{-1})_{(11)} \cdot A_{(12)}A_{(22)}^{-1}, \\ (A^{-1})_{(21)} &= -A_{(22)}^{-1}A_{(21)}(A^{-1})_{(11)}, \\ (A^{-1})_{(22)} &= A_{(22)}^{-1}[A_{(22)} + A_{(21)}(A^{-1})_{(11)}A_{(12)}]A_{(22)}^{-1}. \end{aligned}\right\} \tag{11.3}$$

11.1.2.2. Differentiation nach Vektoren und Matrizen

Wir führen einige Formeln ohne Beweis an:

$$\frac{\partial}{\partial A_{ik}} \det A = (\det A) \cdot (A^{-1})_{ki} \tag{11.4}$$

oder, wenn die Matrix A voraussetzungsgemäß symmetrisch ist,

$$\frac{\partial}{\partial A_{ik}} \det A = \frac{2}{1 + \delta_{ik}} (\det A) \cdot (A^{-1})_{ki}.$$

Ist f eine Funktion, die von den Elementen einer Matrix A abhängt, so bezeichne $\nabla_A f(A)$ die Matrix, deren Elemente durch

$$(\nabla_A f(A))_{ik} := \frac{\partial}{\partial A_{ik}} f(A)$$

erklärt sind. Mit dieser Vereinbarung wird (11.4)

$$\nabla_A \det A = (\det A)\,(A^{-1})^T.$$

Weiter sind $\nabla_A |Ax|^2 = \nabla_A(x^TAA^Tx) = 2Axx^T$. Für eine symmetrische Matrix A gilt

$$\frac{\partial}{\partial A_{ij}} ((A^{-1})_{\sigma\varrho}) = -\frac{1}{1 + \delta_{ij}} [(A^{-1})_{\sigma j}(A^{-1})_{i\varrho} + (A^{-1})_{\sigma i}(A^{-1})_{j\varrho}].$$

11.1.2.3. Entwicklung einer symmetrischen Matrix nach ihren Eigenvektoren (Spektralzerlegung)

Zu jeder symmetrischen (n, n)-Matrix A existiert eine Matrix U mit den Eigenschaften

$$(A = A^T \quad \text{(Symmetrie)}),$$

$$UU^T = U^TU = I_n \quad \text{(Orthogonalität)}, \tag{11.5}$$

$$UAU^T = \begin{pmatrix} \lambda_1 & & O \\ & \ddots & \\ O & & \lambda_n \end{pmatrix} \quad \text{(Diagonalmatrix)}. \tag{11.6}$$

---

[1]) Die Anzahlen der Zeilen und Spalten der Teilmatrizen dieser Matrix sind mit jenen der entsprechenden Teilmatrizen der Matrix E identisch. So ist die links oben stehende Einheitsmatrix $I \equiv I_n$, die rechts unten stehende $I \equiv I_m$.

Mit (11.5) und (11.6) folgt

$$A = U^T \begin{pmatrix} \lambda_1 & & O \\ & \ddots & \\ O & & \lambda_n \end{pmatrix} U .$$

Die Zeilenvektoren von U seien mit $a^{(1)T}, \dots, a^{(n)T}$ bezeichnet, dann ist also

$$(U)_{ik} = a_k^{(i)} .$$

Damit wird $A_{ik} = \sum_{j,r} a_i^{(j)} \delta_{jr} \lambda_j a_k^{(r)} = \sum_j \lambda_j a_i^{(j)} a_k^{(j)}$ bzw.

$$A = \sum_j \lambda_j \, a^{(j)} a^{(j)T} . \tag{11.7}$$

Der Vektor $a^{(j)}$ ist der Eigenvektor der Matrix A zum Eigenwert λ_j. (11.7) ist die Spektralzerlegung der Matrix A. Die λ_j sind die n Nullstellen des charakteristischen Polynoms, d. h. die n Lösungen der Gleichung

$$\det (A - I) = 0 .$$

11.1.2.4. Doppelsumme über die obere Dreiecksmatrix

Sei eine vierfach indizierte Größe $F_{ij,kl}$ gegeben, wobei die Indizes Werte von 1 bis n annehmen können. Wir betrachten die Summe

$$S = \sum_{i=1}^{n} \sum_{j=1}^{n} \sum_{k=1}^{n} \sum_{l=1}^{n} F_{ij,kl} . \tag{11.7a}$$

Die Indexpaare i, j bzw. k, l bezeichnen wir mit ϱ bzw. σ. Sie sind die Elemente der Matrix

$$M = \begin{pmatrix} (1, 1) & \dots & (1, n) \\ \vdots & & \vdots \\ (n, 1) & \dots & (n, n) \end{pmatrix},$$

die wir in die obere bzw. untere Dreiecksmatrix Q bzw. U und die Diagonale zerlegen können:

$$M = \begin{pmatrix} \ddots & & Q \\ & D & \\ U & & \ddots \end{pmatrix}.$$

Wir können (11.7a) durch Einführung von ϱ und σ in die Form

$$S = \sum_{\varrho \in \mathsf{M}} \sum_{\sigma \in \mathsf{M}} F_{\varrho\sigma}$$

überführen. Für die den Matrizen M, Q, D und U zugeordneten Mengen von Indexpaaren

$$\mathsf{M} = \{(i, j) : i, j = 1, 2, \dots, n\} , \qquad \mathsf{Q} = \{(i, j) : i = 1, 2, \dots, n; j > i\} ,$$
$$\mathsf{D} = \{(i, j) : i = 1, 2, \dots, n; i = j\} , \quad \mathsf{U} = \{(i, j) : i = 1, 2, \dots, n; j < i\}$$

gilt $\mathsf{M} = \mathsf{Q} \cup \mathsf{D} \cup \mathsf{U}$, so daß mit $(\varrho, \sigma) =: \varkappa$

$$S = \sum_{\varkappa \in \mathsf{Q} \times \mathsf{Q}} F_\varkappa + \sum_{\varkappa \in \mathsf{Q} \times \mathsf{D}} F_\varkappa + \sum_{\varkappa \in \mathsf{Q} \times \mathsf{U}} F_\varkappa + \sum_{\varkappa \in \mathsf{D} \times \mathsf{Q}} F_\varkappa + \sum_{\varkappa \in \mathsf{D} \times \mathsf{D}} F_\varkappa + \sum_{\varkappa \in \mathsf{D} \times \mathsf{U}} F_\varkappa +$$
$$+ \sum_{\varkappa \in \mathsf{U} \times \mathsf{Q}} F_\varkappa + \sum_{\varkappa \in \mathsf{U} \times \mathsf{D}} F_\varkappa + \sum_{\varkappa \in \mathsf{U} \times \mathsf{U}} F_\varkappa \tag{11.7b}$$

wird. Eine Vereinfachung ergibt sich, wenn die Funktion F gewisse Symmetrien aufweist. Wir betrachten den Fall, daß F die Gleichung

$$F_{\varrho,\sigma} = F_{\bar{\varrho},\sigma} = F_{\varrho,\bar{\sigma}} = F_{\bar{\varrho},\bar{\sigma}}$$

erfüllt, wo $\bar{\varrho}$ bzw. $\bar{\sigma}$ die zu ϱ bzw. σ an der Diagonale von M gespiegelten Elemente bedeuten. In diesem Fall kann man nun die Summation über U durch die über Q ersetzen und erhält anstelle von (11.7b)

$$S = \sum_{\varkappa \in \mathsf{D}\times\mathsf{D}} F_\varkappa + 2 \sum_{\varkappa \in \mathsf{D}\times\mathsf{Q}} F_\varkappa + 2 \sum_{\varkappa \in \mathsf{Q}\times\mathsf{D}} F_\varkappa + 4 \sum_{\varkappa \in \mathsf{Q}\times\mathsf{Q}} F_\varkappa .$$

Diese Summe erstreckt sich nur über Q und D, d. h. über die (eigentliche) obere Dreiecksmatrix.

Ist umgekehrt eine Funktion $\varphi_\varkappa$ nur für $\varkappa \in \mathsf{Q} \cup \mathsf{D}$ erklärt, so kann man eine Funktion (F_φ) durch

$$(F_\varphi)_\varkappa = \begin{cases} \varphi_\varkappa, & \text{wenn} \quad \varkappa \in \mathsf{D}\times\mathsf{D}, \\ \frac{1}{2}\varphi_\varkappa, & \text{wenn} \quad \varkappa \in \mathsf{D}\times\mathsf{Q}, \\ \frac{1}{4}\varphi_\varkappa, & \text{wenn} \quad \varkappa \in \mathsf{Q}\times\mathsf{Q} \end{cases}$$

ergänzt durch die Belegung

$$(F_\varphi)_{\varrho,\bar{\sigma}} = (F_\varphi)_{\varrho,\sigma}, \qquad (F_\varphi)_{\bar{\varrho},\bar{\sigma}} = (F_\varphi)_{\varrho,\sigma}$$

definieren, so daß gilt

$$\sum_{\varkappa \in (\mathsf{D}\cup\mathsf{Q})\times(\mathsf{D}\cup\mathsf{Q})} \varphi_\varkappa = \sum_{\varkappa \in \mathsf{M}\times\mathsf{M}} (F_\varphi)_\varkappa .$$

11.1.2.5. Existenz der Matrix $C^{1/2}$ zu einer symmetrischen, nichtnegativ definiten Matrix C

Zu jeder symmetrischen Matrix C existiert nach Abschnitt 11.1.2.3 eine orthogonale Matrix U (C und U vom Typ (n, n)), so daß

$$U^T C U =: \Lambda$$

eine Diagonalmatrix ist, wobei wegen der vorausgesetzten Orthogonalität von U

$$U^T U = U U^T = I_n \tag{11.7c}$$

gilt. Bildet man nun mit einem n-dimensionalen Vektor a die quadratische Form

$$a^T U^T C U a = a^T \Lambda a = a^T \begin{pmatrix} \lambda_1 & & O \\ & \ddots & \\ O & & \lambda_n \end{pmatrix} a = \sum \lambda_i a_i^2 ,$$

so zeigt sich, daß diese genau dann nicht negativ ist, wenn alle $\lambda_i \geqq 0$ sind. Dann aber, und zwar genau dann, ist die quadratische Form $b^T C b$ für alle $b \neq O$ nichtnegativ, da sich wegen der Invertierbarkeit von U (aus (11.7c) folgt $U^{-1} = U^T$) jeder Vektor b in der Form

$$b = Ua \quad \text{mit} \quad a = U^{-1} b$$

darstellen läßt.

Ist also C nichtnegativ definit, so sind alle $\lambda_i \geqq 0$, und es läßt sich die Diagonalmatrix

$$\Lambda^{1/2} = \begin{pmatrix} \lambda_1^{1/2} & & O \\ & \ddots & \\ O & & \lambda_n^{1/2} \end{pmatrix},$$

deren Elemente reell sind, bilden. Die Matrix

$$C^{1/2} := U^T \Lambda^{1/2} U$$

hat dann die Eigenschaft

$$C^{1/2}C^{1/2} = U^T\Lambda^{1/2}UU^T\Lambda^{1/2}U = U^T\Lambda^{1/2}I_n\Lambda^{1/2}U = U^T\Lambda^{1/2}\Lambda^{1/2}U$$
$$= U^T\Lambda U = C\,.$$

11.1.2.6. Eigenschaften von Kovarianzmatrizen

Wir bezeichnen als *Kovarianzmatrix* eine (n, n)-Matrix der Gestalt

$$C = \sum_{i=1}^{N} x^{(i)} x^{(i)T}\,,$$

wo $x^{(i)}$ ein n-dimensionaler Vektor ist. Diese Matrix ist symmetrisch, da

$$(xx^T)^T = xx^T$$

ist, und sie ist nicht negativ definit, wie man aus dem Ausdruck

$$a^T C a = \sum_{i=1}^{N} a^T x^{(i)} x^{(i)T} a = \sum_{i=1}^{N} (a^T x^{(i)})^2$$

ersieht, der sich als eine Summe von Quadraten erweist.

Ist $N = n$ und sind mindestens n der Vektoren $x^{(i)}$ linear unabhängig, dann gibt es keinen Vektor a, der zu allen $x^{(i)}$ orthogonal wäre, somit ist $a^T C a > 0$ für alle $a \neq O$, C also positiv definit. Damit sind nach Abschnitt 11.1.2.5 alle Eigenwerte λ_i von C positiv. Nach Abschnitt 11.1.2.3 existiert eine Matrix U, so daß

$$C = U^T \begin{pmatrix} \lambda_1 & & O \\ & \ddots & \\ O & & \lambda_n \end{pmatrix} U$$

ist. Da alle $\lambda_i > 0$ sind, ist C invertierbar (regulär) mit

$$C^{-1} = U^T \begin{pmatrix} \lambda_1^{-1} & & O \\ & \ddots & \\ O & & \lambda_n^{-1} \end{pmatrix} U\,.$$

Seien nun

$$C = \begin{pmatrix} A_{11} & A_{12} \\ A_{12}^T & A_{22} \end{pmatrix}, \qquad C^{-1} = \begin{pmatrix} B_{11} & B_{12} \\ B_{12}^T & B_{22} \end{pmatrix} \tag{11.8}$$

„kongruente" Zerlegungen von C bzw. C^{-1} und sei D die Matrix

$$D := \begin{pmatrix} A_{11}^{-1} & O \\ O & O \end{pmatrix},$$

dann gilt $D \leqq C^{-1}$, d. h., für alle Vektoren a ist $a^T D a \leqq a^T C^{-1} a$ oder, wenn man eine entsprechende Zerlegung

$$a = \begin{pmatrix} a_1 \\ \hdashline a_2 \end{pmatrix}$$

von a in Teilvektoren einführt,

$$a_1^T A_{11}^{-1} a_1 = a^T D a \leqq a^T C^{-1} a\,.$$

Beweis. Es genügt zu zeigen, daß die Matrix

$$E := C^{-1} - D \tag{11.9}$$

positiv definit oder semidefinit ist. Wendet man das Inversionstheorem (11.3) aus Abschnitt 11.1.2.1 auf C^{-1} nach (11.8) an, so folgt

$$A_{11} = (B_{11} - B_{12}B_{22}^{-1}B_{12}^T)^{-1},$$

und damit gilt

$$A_{11}^{-1} = B_{11} - B_{12}B_{22}^{-1}B_{12}^T.$$

Setzt man dies in (11.9) und (11.8) ein, so folgt

$$E = \begin{pmatrix} B_{12}B_{22}^{-1}B_{22}^T & B_{12} \\ B_{12}^T & B_{22} \end{pmatrix}$$

und also $a^T E a = a_1^T B_{12} B_{22}^{-1} B_{12}^T a_1 + a_1^T B_{12} a_2 + a_2^T B_{12} a_1 + a_2^T B_{22} a_2$. Dies aber ist mit dem Betragsquadrat des Vektors

$$b := B_{22}^{-1/2} B_{12}^T a_1 + B_{22}^{1/2} a_2$$

identisch und damit positiv oder Null. Die Existenz der Matrix $B_{22}^{1/2}$ ist nach Abschnitt 11.1.2.5 gesichert, falls C (und damit C^{-1}) positiv definit ist, was vorausgesetzt war.[1])

11.1.3. Mathematische Statistik

11.1.3.1. Verteilungsfunktion einer linear transformierten vektoriellen normalverteilten Zufallsvariablen X

Sei die n-dimensionale Zufallsvariable X normal mit dem *Mittelvektor* η und der Kovarianzmatrix C, d. h. X nach $N(\eta, C)$ verteilt. Dann ist die durch Multiplikation von X mit der (m, n)-Matrix A definierte Zufallsvariable $Z := AX$ nach $N(A\eta + bACA^T)$ verteilt.

11.1.3.2. Bedingte Verteilungen

Ist die Dichte eines Zufallsvektors $X = (X_1, \dots, X_n)$ eine bekannte Funktion

$$\varrho(x_1, \dots, x_n),$$

so ist die Dichte der k ersten Komponenten von x unter der Bedingung, daß die restlichen Komponenten von x feste Werte haben, durch

$$\varkappa(z \mid y) = \frac{\varrho(x)}{\nu(y)}, \quad \nu(y) = \text{Dichte von } y$$

gegeben, wenn Z bzw. Y die k- bzw. $(n-k)$-dimensionalen Zufallsvektoren

$$Z := (X_1, \dots, X_k) \quad \text{bzw.} \quad Y := (X_{k+1}, \dots, X_n)$$

[1]) Die Vertauschung von Zeilen und/oder Spalten läßt die Definitheit einer Matrix invariant. Man kann so erreichen, daß die Teilmatrix B_{22} in die linke obere Ecke der Matrix C^{-1} gelangt. Eine Matrix ist nun aber genau dann positiv definit, wenn ihre Abschnittsmatrizen — das sind alle linken oberen quadratischen Teilmatrizen — sämtlich positiv definit sind.

sind. Ist speziell $\boldsymbol{X}$ nach $N(\boldsymbol{\eta}, \boldsymbol{C})$ verteilt und sind die zur Zerlegung $\boldsymbol{X}^T = (\boldsymbol{Z}^T \mid \boldsymbol{Y}^T)$ korrespondierenden Zerlegungen des Vektors $\boldsymbol{\eta}$ und der Matrix $\boldsymbol{C}$ durch

$$\boldsymbol{\eta}^T = (\boldsymbol{\eta}_1^T \mid \boldsymbol{\eta}_2^T), \qquad \boldsymbol{C} = \begin{pmatrix} \boldsymbol{C}_{(11)} & \boldsymbol{C}_{(12)} \\ \boldsymbol{C}_{(12)}^T & \boldsymbol{C}_{(22)} \end{pmatrix}$$

beschrieben, so gilt, daß $\boldsymbol{Z}$ nach $N(\boldsymbol{\eta}_1, \boldsymbol{C}_{11})$ und $\boldsymbol{Y}$ nach $N(\boldsymbol{\eta}_2, \boldsymbol{C}_{22})$ verteilt ist und $\boldsymbol{Z}$ unter der Bedingung $\boldsymbol{Y} = \text{const.}$ die Dichte

$$\varkappa(\boldsymbol{z} \mid \boldsymbol{y}) = \frac{\text{Dichte der Verteilung } N(\boldsymbol{\eta}, \boldsymbol{C})}{\text{Dichte der Verteilung } N(\boldsymbol{\eta}_2, \boldsymbol{C}_{22})}$$

hat. Mit Hilfe der Theoreme für zerlegte Matrizen kann man zeigen, daß $\varkappa(\boldsymbol{z} \mid \boldsymbol{y})$ mit der Dichte der Normalverteilung

$$N[\boldsymbol{\eta}_1 + \boldsymbol{C}_{12}\boldsymbol{C}_{22}^{-1}(\boldsymbol{y} - \boldsymbol{\eta}_2), \boldsymbol{C}_{11} - \boldsymbol{C}_{12}\boldsymbol{C}_{22}^{-1}\boldsymbol{C}_{12}^T] \tag{11.10}$$

identisch ist.

11.1.3.3. Erwartung über der Grundmenge $\mathsf{X} \times \mathsf{K}$[1])

Die Erwartung einer von dem Zufallsvektor $\boldsymbol{X}$ mit Realisierungen $\boldsymbol{x} \in \mathsf{X}$ und von einer diskreten Zufallsvariablen K mit Realisierungen $k \in \mathsf{K}$ abhängenden Zufallsvariablen A in bezug auf das Wahrscheinlichkeitsfeld mit der Grundmenge $\mathsf{X} \times \mathsf{K}$ läßt sich in der Form

$$\mathbf{E}[A] = \sum_{k \in \mathsf{K}} \mathbf{P}_k \mathbf{E}_k[A]$$

schreiben, wo $\mathbf{E}_k$ den Erwartungsoperator für die Zufallsvariable A in bezug auf ein Wahrscheinlichkeitsfeld mit der Grundmenge X und die Wahrscheinlichkeitsverteilung mit der Dichte $\varrho_k(\boldsymbol{x}) = \varrho(\boldsymbol{x} \mid K = k)$, also eine Erwartungsbildung bei einem festen Wert der Variablen K — bedeute. $\mathbf{P}_k$ ist dabei die totale Wahrscheinlichkeit, mit der K den Wert k annimmt.

11.1.3.4. Charakteristische Funktionen und höhere Momente der n-dimensionalen Normalverteilung

Die charakteristische Funktion der n-dimensionalen Normalverteilung $N(\boldsymbol{\eta}, \boldsymbol{C})$ ist

$$\varphi_{\boldsymbol{X}}(\boldsymbol{t}) = \exp\left(\mathrm{i}\, \boldsymbol{t}^T\boldsymbol{\eta} - \tfrac{1}{2}\, \boldsymbol{t}^T\boldsymbol{C}\boldsymbol{t}\right),$$

wo $\boldsymbol{t}$ einen Vektor aus R^n bedeutet. Mit φ läßt sich das k-te Moment der Komponenten der n-dimensionalen Zufallsvariablen $\boldsymbol{X}$, d. h. $\mathbf{E}[X_{r_1} \cdot X_{r_2} \dots X_{r_k}]$ in der Form

$$\mathbf{E}[X_{r_1} \cdot X_{r_2} \dots X_{r_k}] = \mathrm{i}^{-k} \frac{\partial^k}{\partial t_{r_1} \dots \partial t_{r_k}} \varphi_{\boldsymbol{X}}(\boldsymbol{t})|_{\boldsymbol{t}=\boldsymbol{0}}$$

darstellen.

---

[1]) Als „Erwartung" einer Zufallsmatrix wird die Matrix der Erwartungswerte ihrer Elemente bezeichnet.

Hiermit findet man für die ersten bis vierten Momente die Ausdrücke

$$\mathrm{E}[X_{r_1}] = \eta_{r_1}\,, \tag{11.11}$$

$$\mathrm{E}[X_{r_1} \cdot X_{r_2}] = C_{r_1 r_2} + \eta_{r_1}\eta_{r_2}\,,$$

$$\mathrm{E}[X_{r_1} \cdot X_{r_2} \cdot X_{r_3}] = \eta_{r_1} C_{r_2 r_3} + \eta_{r_2} C_{r_1 r_3} + \eta_{r_3} C_{r_1 r_2} + \eta_{r_1}\eta_{r_2}\eta_{r_3}\,, \tag{11.12}$$

$$\mathrm{E}[X_{r_1} \cdot X_{r_2} \cdot X_{r_3} \cdot X_{r_4}] = C_{r_1 r_2} C_{r_3 r_4} + C_{r_1 r_3} C_{r_2 r_4} + C_{r_1 r_4} C_{r_2 r_3}$$
$$+ \eta_{r_1}\eta_{r_2}\eta_{r_3}\eta_{r_4} + \eta_{r_1}\eta_{r_2} C_{r_3 r_4} + \eta_{r_1}\eta_{r_3} C_{r_2 r_4} + \eta_{r_1}\eta_{r_4} C_{r_2 r_3} + \eta_{r_2}\eta_{r_3} C_{r_1 r_4} + \eta_{r_2}\eta_{r_4} C_{r_1 r_3}$$
$$+ \eta_{r_3}\eta_{r_4} C_{r_1 r_2}\,.$$

Normalverteilungen besitzen die Eigenschaften:

(1) $\boldsymbol{Y} = \boldsymbol{X} + \boldsymbol{R}$ ist nach $N(\boldsymbol{\eta} + \boldsymbol{R}, \boldsymbol{C})$ verteilt, wenn $\boldsymbol{R}$ ein konstanter Vektor ist.
(2) Falls $\boldsymbol{\eta} = \boldsymbol{O}$ ist, so stimmen die sogenannten *zentralen Momente*

$$\mathrm{E}[(X_{r_1} - \eta_{r_1}) \ldots (X_{r_k} - \eta_{r_k})]$$

und die k-ten Momente überein.

Aus Eigenschaft (1) und (2) folgt, daß die zentralen Momente aus den Momenten durch Nullsetzen von $\boldsymbol{\eta}$ hervorgehen. So zeigt sich (vgl. (11.11) und (11.12)), daß die ersten und dritten zentralen Momente (und darüber hinaus alle ungeraden zentralen Momente) einer Normalverteilung verschwinden.

11.1.3.4. Kovarianzmatrizen (Matrizen der zweiten zentralen Momente), Momentenmatrizen und Mittelvektoren linear transformierter Zufallsvektoren

Sei $\boldsymbol{X}$ eine n-dimensionale Zufallsvariable, $\boldsymbol{R}$ und $\boldsymbol{Q}$ konstante m-dimensionale Vektoren und $\boldsymbol{A}, \boldsymbol{B}$ konstante (n, n)-Matrizen. Dann seien m-dimensionale Zufallsvektoren $\boldsymbol{U}, \boldsymbol{V}$ durch

$$\boldsymbol{U} = \boldsymbol{AX} + \boldsymbol{R}\,, \qquad \boldsymbol{V} = \boldsymbol{BX} + \boldsymbol{Q}$$

definiert. Es gilt

$$\boldsymbol{KOV}(\boldsymbol{U}, \boldsymbol{V}) := \mathrm{E}[(\boldsymbol{U} - \mathrm{E}[\boldsymbol{U}])\,(\boldsymbol{V} - \mathrm{E}[\boldsymbol{V}])^T] = \boldsymbol{ACB}^T\,, \tag{11.13}$$

wenn $\boldsymbol{C} = \boldsymbol{KOV}(\boldsymbol{X}, \boldsymbol{X}^T)$ ist.

Wir bezeichnen mit $\boldsymbol{MOM}(\boldsymbol{U}, \boldsymbol{V}^T)$ die Matrix

$$\boldsymbol{MOM}(\boldsymbol{U}, \boldsymbol{V}^T) = \mathrm{E}[\boldsymbol{UV}^T]\,.$$

Es gilt $\boldsymbol{MOM}(\boldsymbol{U}, \boldsymbol{V}^T) = \boldsymbol{KOV}(\boldsymbol{U}, \boldsymbol{V}^T) + \mathrm{E}[\boldsymbol{U}]\,\mathrm{E}[\boldsymbol{V}^T]$. Folglich wird mit (11.13)

$$\boldsymbol{MOM}(\boldsymbol{U}, \boldsymbol{V}^T) = \boldsymbol{A}\,\boldsymbol{MOM}(\boldsymbol{X}, \boldsymbol{X}^T)\,\boldsymbol{B}^T\,.$$

Ferner folgt $\boldsymbol{MOM}(\boldsymbol{U} + \boldsymbol{R}, \boldsymbol{V}^T + \boldsymbol{Q}^T) = \boldsymbol{KOV}(\boldsymbol{U}, \boldsymbol{V}^T) + \mathrm{E}[\boldsymbol{U} + \boldsymbol{R}]\,\mathrm{E}([\boldsymbol{V} + \boldsymbol{Q})^T]$ sowie $\mathrm{E}[\boldsymbol{AX} + \boldsymbol{R}] = \boldsymbol{A\eta} + \boldsymbol{R}$.

11.1.3.5. Statistische Eigenschaften wichtiger Schätzstatistiken

Die N unabhängig identisch nach derselben Verteilungsfunktion F verteilten n-dimensionalen Zufallsvariablen $\boldsymbol{X}^{(1)}, \ldots, \boldsymbol{X}^{(N)}$ bilden eine Zufallsmatrix $\boldsymbol{S}$ mit n Zeilen und N Spalten, diese ist eine mehrdimensionale Zufallsvariable, deren Realisierung als eine einfache, unabhängige Stichprobe der Verteilung F von der Länge N bezeichnet werde. Es ist

$$\boldsymbol{S}^T = (\boldsymbol{X}^{(1)^T} \ldots \boldsymbol{X}^{(N)^T}) .$$

Über $\boldsymbol{S}$ sind die Statistiken

$$\hat{H} = \frac{1}{N} \sum_{i=1}^{N} \boldsymbol{X}^{(i)} \tag{11.14}$$

mit

$$\hat{\boldsymbol{C}} = \frac{1}{N-1} \sum_{i=1}^{N} (\boldsymbol{X}^{(i)} - \hat{H})\, (\boldsymbol{X}^{(i)} - \hat{H}^{(i)})^T \tag{11.15}$$

erklärt. $\hat{H}$ ist die ML-Schätzung des Parameters $\boldsymbol{\eta}$ für $F(\cdot) \equiv N(\boldsymbol{x}, \boldsymbol{\eta}, \boldsymbol{C})$[1]. $\hat{\boldsymbol{C}}$ ist die auf Erwartungstreue korrigierte ML-Schätzung des Parameters $\boldsymbol{C}$ von $F \equiv N(\boldsymbol{\eta}, \boldsymbol{C})$; sie ist *beste Schätzung* von $\boldsymbol{C}$. Auch $\hat{H}$ ist erwartungstreu. Für die Kovarianzen gelten die Beziehungen

$$\boldsymbol{KOV}(\hat{H}, \hat{H}^T) = \frac{1}{N} \boldsymbol{KOV}(\boldsymbol{X}, \boldsymbol{X}^T) = \frac{1}{N} \boldsymbol{C} ,$$

$$\boldsymbol{KOV}(\hat{C}_{ij}, \hat{C}_{kl}) = \frac{1}{N-1} (\hat{C}_{ik}\hat{C}_{jl} + \hat{C}_{il}\hat{C}_{jk}) .$$

11.1.3.6. Schätzungen unter Zusatzhypothese, ausgeführt über Stichproben aus mehreren Gesamtheiten

Liegen Gesamtheiten (Populationen) $\Pi_1, \ldots, \Pi_M$ vor und aus jeder derselben eine Stichprobe $\mathfrak{s}_i$ und soll für jede Population der Modellparameter $\boldsymbol{C}$ geschätzt werden, wobei bekannt sei, daß diese Modellparameter untereinander übereinstimmen, d. h. $\boldsymbol{C}^{(1)} = \boldsymbol{C}^{(2)} = \ldots = \boldsymbol{C}^{(M)}$ gilt, so ist

$$\hat{\boldsymbol{C}} = \sum_{i=1}^{M} \frac{N^{(i)} - 1}{\sum_{j=1}^{M} (N^{(j)} - 1)} \hat{\boldsymbol{C}}^{(i)} \tag{11.16}$$

die beste Schätzung. Das arithmetische Mittel der Einzelschätzungen wäre dagegen $\hat{\boldsymbol{C}}_m = \frac{1}{M} \sum_{i=1}^{M} \hat{\boldsymbol{C}}^{(i)}$. Nur wenn alle $N^{(i)}$ gleich sind, gilt $\hat{\boldsymbol{C}}_m = \hat{\boldsymbol{C}}$.

---

[1]) $N(\boldsymbol{x}, \boldsymbol{\eta}, \boldsymbol{C})$ bezeichnet den Wert der Verteilungsfunktion $N(\boldsymbol{\eta}, \boldsymbol{C})$ für $\boldsymbol{X} = \boldsymbol{x}$.

11.1.3.7. Gemeinsame Verteilung von $\hat{H}$ und $\hat{C}$

Die Normalverteilung besitzt folgende Reproduktionseigenschaft: Sind X_i, $i = 1, \ldots, k$, voneinander unabhängig verteilte n-dimensionale Zufallsvariablen, die die Verteilungen $N(\eta_i, C_i)$, $i = 1, \ldots, k$, besitzen, so ist ihre mit den konstanten Koeffizienten a_i gewichtete Summe

$$X = \sum_{i=1}^{k} a_i X_i$$

nach $N\left(\sum_{i=1}^{k} a_i \eta_i, \sum_{i=1}^{k} a_i^2 C_i\right)$ verteilt.

Daraus folgt sofort, daß $\hat{H}$ nach Gleichung (11.14) die Verteilung $N\left(\eta, \frac{1}{N} C\right)$ besitzt.

Die oben genannte Schätzung $\hat{C}$ ist WISHART-verteilt. Diese Verteilung ist als die gemeinsame Verteilung der Elemente der Matrix

$$||A_{ij}|| = A = \sum_{i=1}^{k} X_i X_i^{\mathrm{T}} \tag{11.17}$$

definiert, falls die Vektoren X_i unabhängig nach $N(\eta_i, C)$ verteilt sind. Sie wird mit $W_n(k, C, M)$ bezeichnet, wo n die Dimension der X_i und $||M_{rs}|| = ||(\eta_s)_r||$ die Matrix der Vektoren η_i bedeuten. Wir können uns hier auf den Sonderfall, daß alle η_i gleich einem Vektor η sind, beschränken. Es genügt dann, in $W(\cdot, \cdot, \cdot)$ an die Stelle von M den Vektor η zu setzen.

Aufgrund ihrer Definition hat die WISHART-Verteilung die folgende Reproduktionseigenschaft: Sei a ein nichtnegativer Faktor und seien die Zufallsmatrizen A_i, $i = 1, \ldots, r$, unabhängig nach $W_n(k_i, C, \eta)$ verteilt, dann besitzt die Summe $A = a \cdot \sum_{i=1}^{k} A_i$ die Verteilung $W_n\left(\sum_{i=1}^{r} k_i, aC, a^{1/2}\eta\right)$. $(N - 1)\,\hat{C}$ nach (11.15) ist nun eine nach $W_n(N - 1, C, O)$ verteilte Zufallsmatrix (vgl. z. B. RAO (1973)). Aufgrund dessen folgt, daß die Matrix $(N - M) \cdot \hat{C}$ mit $\hat{C}$ nach (11.16) die Verteilung $W_n(N - M, C, O)$ hat (Benutzung der Reproduktionseigenschaft mit $a = 1$, $N := \sum_{i=1}^{r} N^{(i)}$). Wiederum mit (11.17) $\left(r = 1, a = (N - M)^{-1}\right)$ folgt hieraus, daß $\hat{C}$ nach (11.16) die Verteilung $W_n\left(N - M, (N - M)^{-1} \cdot C, O\right)$ besitzt. Wie ebenfalls in RAO (1973) dargestellt, sind $\hat{H}$ und $\hat{C}$ — als Schätzungen über einer oder mehreren Populationen — voneinander statistisch unabhängig verteilt.

11.1.3.8. FISHER-Trenngüte für zwei mit gleicher Kovarianzmatrix normalverteilte Gesamtheiten und die Verteilungsfunktion ihrer Schätzstatistik

Als FISHER-Trenngüte (MAHALANOBIS-Distanz) bezeichnet man in diesem Fall die Größe α, die durch

$$\alpha^2 = \tfrac{1}{4}\,(\eta_1 - \eta_2)^T\, C^{-1}(\eta_1 - \eta_2)$$

definiert ist. Durch Einsetzen der Schätzungen nach (11.14) und (11.16) folgt die Schätzstatistik für α zu

$$\hat{\alpha}^2 = \tfrac{1}{4}\,(\hat{\boldsymbol{H}}_1 - \hat{\boldsymbol{H}}_2)^T\,\hat{\boldsymbol{C}}^{-1}(\hat{\boldsymbol{H}}_1 - \hat{\boldsymbol{H}}_2)\,. \tag{11.18}$$

Für die Verteilung von $\hat{\alpha}^2$ ist folgender Satz von Bedeutung (vgl. RAO (1973)):

Satz. *Sei $\boldsymbol{Y}$ normalverteilt nach $N(\boldsymbol{\eta}, \boldsymbol{B})$ und habe $\boldsymbol{A}$ die Wishart-Verteilung mit den Parametern $W_n(k, \boldsymbol{B}, \boldsymbol{O})$ und seien $\boldsymbol{Y}$ und $\boldsymbol{A}$ statistisch unabhängig, dann besitzt die Zufallsvariable*

$$F := \frac{k - n + 1}{n} \cdot \boldsymbol{Y}^T\boldsymbol{A}^{-1}\boldsymbol{Y} \tag{11.19}$$

eine (Fishersche) F-Verteilung mit n und $k - n + 1$ Freiheitsgraden und dem Dezentralitätsparameter $D = \boldsymbol{\eta}^T\boldsymbol{B}^{-1}\boldsymbol{\eta}$.

Der Erwartungswert von B ist

$$\mathrm{E}[F] = \frac{m_2}{m_2 - 2}(1 + D)\,. \tag{11.20}$$

Wendet man diese Ergebnisse auf $\hat{\alpha}$ an, so ergibt sich folgendes: $\hat{\boldsymbol{H}}_1$ und $\hat{\boldsymbol{H}}_2$ sind unabhängig verteilt. Infolgedessen ist aufgrund der Reproduktionseigenschaft der Normalverteilung die Differenz $\hat{\boldsymbol{H}}_1 - \hat{\boldsymbol{H}}_2$ nach $N(\boldsymbol{\eta}_1 - \boldsymbol{\eta}_2, (2/N)\,\boldsymbol{C})$ bzw. ist $2^{-1/2}(\hat{\boldsymbol{H}}_1 - \hat{\boldsymbol{H}}_2)$ nach $N(2^{-1/2}(\boldsymbol{\eta}_1 - \boldsymbol{\eta}_2), (1/N)\,\boldsymbol{C})$ verteilt. Da die beiden Populationen statistisch unabhängig sind, so ist wegen der oben genannten Unabhängigkeit von $\hat{\boldsymbol{H}}$ und $\hat{\boldsymbol{C}}$ auch $\hat{\boldsymbol{H}}_1 - \hat{\boldsymbol{H}}_2$ unabhängig von $\hat{\boldsymbol{C}}$. Aber $\hat{\boldsymbol{C}}$ nach (11.16) ist für $M = 2$ und $N^{(1)} = N^{(2)} = N$ nach $W_n(N - 2, (1/N - 2)\,\boldsymbol{C}, \boldsymbol{O})$ verteilt.

Damit können in (11.19) $\boldsymbol{Y} = (N/2(N-2))^{1/2}\,(\hat{\boldsymbol{H}}_1 - \hat{\boldsymbol{H}}_2)$ und $\boldsymbol{A} = \hat{\boldsymbol{C}}$ mit $k = N-2$, $\boldsymbol{\eta} = (N/2(N-2))^{1/2}\,(\boldsymbol{\eta}_1 - \boldsymbol{\eta}_2)$, $\boldsymbol{B} = (N-2)^{-1}\,\boldsymbol{C}$ und $D = 2N\alpha^2$ gesetzt werden, so, daß

$$F = \frac{N - n - 1}{n}\,\frac{N}{N-2}\,\hat{\alpha}^2 \tag{11.21}$$

dezentral nach F mit den Freiheitsgraden $m_1 = n$ und $m_2 = N - n - 1$ verteilt ist. Durch Bildung des Erwartungswertes auf beiden Seiten von (11.21) und Vergleich mit (11.20) wird nach Einsetzen von D

$$\mathrm{E}[\hat{\alpha}^2] = \frac{N-2}{N-n-3}\,n\alpha^2 + \frac{1}{2}\,\frac{N-2}{N-n-3}\,\frac{1}{N}\,. \tag{11.22}$$

11.1.4. Mehrdimensionale Taylor-Entwicklung

Die TAYLOR-Entwicklung einer Funktion $f(x_1, \ldots, x_n)$ im Punkt $(x_{10}, \ldots, x_{n0})$ lautet — falls die partiellen Differentialquotienten existieren und stetig sind —

$$f(x_1, \ldots, x_n) = \sum_{\nu_1=0}^{\infty} \ldots \sum_{\nu_n=0}^{\infty} K_{\nu_1,\ldots,\nu_n}(x_1 - x_{10})^{\nu_1} \ldots (x_n - x_{n_0})^{\nu_n}$$

mit

$$K_{\nu_1,\ldots,\nu_n} := \frac{1}{\nu_1!\,\ldots\,\nu_n!}\,\frac{\partial^{\nu_1+\ldots+\nu_n} f}{\partial x_1^{\nu_1}\ldots\partial x_n^{\nu_n}}\bigg|_{\substack{x_1=x_{10}\\ x_n=x_{n_0}}} \tag{11.23}$$

11.2. Problemstellung, Definition der Güteverluste γ und ν

Charakteristisch für die statistische Betrachtungsweise des Klassifizierungsproblems ist die Interpretation der vorgegebenen Objektmengen der einzelnen Klassen als Stichproben aus den diesen Klassen entsprechenden Grundgesamtheiten. Dementsprechend ist das Anliegen der Klassifizierung hier nicht in erster Linie die Trennung der vorgegebenen Punktmengen, sondern die Trennung der „dahinterliegenden" Gesamtheiten.

Ein Klassifizierungsverfahren χ bestimmt auf der Grundlage einer Menge klassifizierter Objekte (Lernmenge, Beispielmenge) eine Vorschrift φ (Klassifizierungsfunktion) für die Zuordnung der Objekte $\boldsymbol{x}$ aus der Grundgesamtheit X zu den Klassen k der Klassenmenge K. Die Klassifizierungsfunktion φ ist damit eine eindeutige Abbildung $\varphi: \mathsf{X} \to \mathsf{K}$ der Objektmenge X auf die Klassenmenge K.

Im deterministischen Fall sind die in der Beispielmenge realisierten Zuordnungen von Objekten zu Klassen verbindlich und in sich widerspruchsfrei. Damit realisiert die Beispielmenge bereits eine mit φ kompatible *partielle* Abbildung $\varphi_s: \mathsf{X}_s \to \mathsf{K}$, wo X_s die Menge der in s wirklich vorkommenden Objekte, d. h.

$$\mathsf{X}_s := \{\boldsymbol{x} \in \mathsf{X} : \boldsymbol{x} \text{ „}\in\text{" } \mathsf{s}\} ,$$

bedeutet ($\boldsymbol{x}$ „$\in$" s soll heißen, daß in $\mathsf{s} := \{\omega^{(1)}, \omega^{(2)}, \dots, \omega^{(N)}\}$ ein Paar ω existiert, in dem $\boldsymbol{x}$ als Partner einer Klasse $k \in \mathsf{K}$ vorkommt ($\omega := (\boldsymbol{x}, k)$)). φ_s ist damit wie folgt durch s erklärbar:

> Sei $\boldsymbol{x}_0 \in \mathsf{X}_s$, so existiert definitionsgemäß ein $\omega_0 \in \mathsf{s}$, so daß $\omega_0 = (\boldsymbol{x}_0, k_0)$ ist. Sodann werde $\varphi_s(\boldsymbol{x}_0) = k_0$ gesetzt.

Die Klassifizierungsaufgabe, d. h. das Problem, die Abbildung χ zu finden, kann dann auch als die Aufgabe verstanden werden, die partielle Abbildung φ_s zu einer vollständigen Abbildung φ zu erweitern, wobei im deterministischen Fall φ und φ_s auf X_s identisch sind. Im stochastischen Fall ist eine derartige Forderung im allgemeinen nicht zulässig.

Natürlich ist von vornherein in der Menge der möglichen Erweiterungen der Abbildungen φ_s auf φ keine bestimmte ausgezeichnet. Soll das Verfahren zur Erweiterung der Abbildung φ_s begründet sein, so müssen deshalb zusätzliche Annahmen eingeführt werden — oder es muß noch weiteres, über die durch die Beispielsfolge s selbst bereitgestellte Information hinausgehendes Wissen, wenn verfügbar, genutzt werden (vgl. hierzu Kapitel 15). Akzeptiert man die Existenz eines Wahrscheinlichkeitsmaßes W, dann besitzen statistische Denkweisen das Primat: X sei die Grundmenge eines Wahrscheinlichkeitsfeldes, über dem jeder Klasse ein Wahrscheinlichkeitsmaß zugeordnet ist, das eine Wahrscheinlichkeitsdichte

$$p(\boldsymbol{x}, k) = \mathbf{P}_k \varrho_k(\boldsymbol{x}) \tag{11.24}$$

besitzt, die das Auftreten des Objekts $\boldsymbol{x}$ — d. h. die Realisierung $\boldsymbol{X} = \boldsymbol{x}$ der mehrdimensionalen Objekt(zufalls)variablen $\boldsymbol{X}$ im Verbund mit der Realisierung $K = k$ der diskreten Klassenzufallsvariablen K — regelt. $\mathbf{P}_k$ ist dabei die Wahrscheinlichkeit für das Auftreten der Klasse $K = k$ schlechthin, $\varrho_k(\boldsymbol{x})\,\mathrm{d}\boldsymbol{x}$ die Wahrscheinlichkeit dafür, daß die Ungleichungen

$$x_i - \tfrac{1}{2}\,\mathrm{d}x_i \leqq (\boldsymbol{X})_i \leqq x_i + \tfrac{1}{2}\,\mathrm{d}x_i \quad \text{für alle } i = 1, \dots, n$$

unter der Bedingung, daß $K = k$ realisiert wurde, gelten. Mit $p(\boldsymbol{x}, k)$ existieren auch die Erwartungswerte

$$\mathbf{E}F = \sum_{k \in \mathsf{K}} \mathbf{P}_k \cdot \int_{\mathsf{R}^n} \mathrm{d}x\, \varrho_k(\boldsymbol{x})\, f(\boldsymbol{x}, k) \tag{11.25}$$

der funktionalen Zufallsvariablen $F = f(\boldsymbol{X}, K)$.

Die *Güte* eines Klassifikators definieren wir mit Hilfe einer Gütefunktion ζ; eine sehr einfache ist

$$\zeta_B(\varphi(\boldsymbol{x}), k) := \begin{cases} 1, & \text{wenn } \varphi(\boldsymbol{x}) = k\,, \\ 0 & \text{sonst}\,, \end{cases} \tag{11.26}$$

die wir als *Bayessche Gütefunktion* bezeichnen wollen. ζ_B nimmt den Wert 1 an, wenn die Klassifizierung (Entscheidung) $\varphi(\boldsymbol{x})$ mit der (tatsächlichen) Klasse k übereinstimmt, und sonst den Wert Null. Durch ζ wird eine funktionale Zufallsvariable

$$G := \zeta(\varphi(\boldsymbol{X}), K) \tag{11.27}$$

erzeugt. Ihr Erwartungswert

$$g(\varphi;\, W) := \mathbf{E}(G;\, W) = \sum_{k=1}^{M} \mathbf{P}_k \int_{\mathsf{R}^n} \mathrm{d}\boldsymbol{x}\, \zeta(\varphi(\boldsymbol{x}), k)\, \varrho_k(\boldsymbol{x}) \tag{11.28}$$

ist ein Maß zur Bewertung der Güte einer beliebigen Klassifizierungsfunktion $\varphi(\boldsymbol{x})$, wenn W bzw. die Maße W_i der einzelnen Klassen und die Klassenwahrscheinlichkeiten $\mathbf{P}_i$ bekannt sind.

Voraussetzung 1. Das Wahrscheinlichkeitsmaß W sei so beschaffen, daß die Maximierung der Gütefunktion $g(\varphi;\, W)$ nach φ in einer Menge E von Klassifizierungsfunktionen eindeutig eine optimale Funktion φ_0 durch

$$g(\varphi_0;\, W) = \sup_{\varphi \in \mathsf{E}} g(\varphi;\, W) \tag{11.29}$$

auszeichnet. E kann z. B. als die Menge der quadratischen oder die der linearen Klassifikatoren erklärt sein. E kann jedoch auch das Universum $\boldsymbol{U}_\varphi$ aller Klassifizierungsfunktionen sein. Auf diese Weise hängt φ_0 nicht nur von W, sondern auch von E ab. Wir schreiben deshalb symbolisch

$$\varphi_0 = \xi_g(W, \mathsf{E})\,, \tag{11.30}$$

wobei $\mathsf{E} = \boldsymbol{U}_\varphi$ als ein wichtiger Spezialfall erscheint. Die Differenz

$$\begin{aligned} \nu(W, \mathsf{E}) &:= \sup_{\varphi \in \mathsf{U}_\varphi} g(\varphi;\, W) - \sup_{\varphi \in \mathsf{E}} g(\varphi;\, W) \\ &= g(\xi_g(W, \boldsymbol{U}_\varphi);\, W) - g(\xi_g(W, \mathsf{E});\, W) \end{aligned}$$

beschreibt den aus der Einschränkung $\mathsf{E} \subset \boldsymbol{U}_\varphi$ des Universums $\boldsymbol{U}_\varphi$ auf E resultierenden Güteverlust.

Diese Betrachtungen führen noch zu keinem Verfahren, da sie die Kenntnis der Wahrscheinlichkeitsdichten $\mathbf{P}(\boldsymbol{x}, k)$ bzw. des Wahrscheinlichkeitsmaßes W voraussetzen, die man nicht besitzt. Informationen hierüber enthält lediglich die Beispielfolge $\mathbf{s}$. Es gibt verschiedene Wege, auf dieser Grundlage zu einem Klassifizierungsverfahren, d. h. zu einer eindeutigen Abbildung

$$\chi\colon \mathsf{Q} \to \mathsf{E} \tag{11.31}$$

des Stichprobenraumes Q auf die Menge E der Klassifizierungsfunktionen, zu gelangen. Nach (11.31) ist

$$\varphi = \chi(\mathsf{s})$$

die durch das Verfahren χ definierte Klassifizierungsfunktion zur Stichprobe s. Sie ist mit der für E und g definierten besten Klassifizierungsfunktion $\varphi_0 = \xi_g(W, \mathsf{E})$ zu vergleichen. Die Erwartung des aus der Suboptimalität von $\varphi = \chi(s)$ gegenüber φ_0 resultierenden Güteverlustes ist

$$\begin{aligned}\gamma &:= \mathbf{E}\Big(\sup_{\varphi\in\mathsf{E}} g(\varphi, W) - g(\chi(\mathsf{S}), W)\Big) \\ &= \mathbf{E}\big(g(\xi_g(W, \mathsf{E}), W) - g(\chi(\mathsf{S}), W)\big) \,. \end{aligned} \tag{11.32}$$

Hierin betrifft die Erwartungsbildung die Verteilung der Stichprobe S als einer Folge der festen Länge N, aufgefaßt als Zufallsvariable mit der Realisierung s. γ kann als der durch Informationsmangel, d. h. durch die mangelnde Repräsentativität der Stichprobe s für die wahre Klassifizierung der Population X — unter der Voraussetzung, daß die Menge E von Entscheidungsregeln zur Auswahl steht — gedeutet werden. Wir besprechen jetzt einige prinzipielle Ansätze zur Gewinnung von Verfahrensweisen χ.

11.3. Statistische Modelle

Dem klassischen Vorgehen gemäß wird formal $\mathsf{E} = \mathsf{U}_\varphi$ gesetzt, so daß die optimale Klassifizierungsfunktion φ_0 nach (11.30) nur noch von W bestimmt wird.[1]) W selbst wird auf der Basis eines abstrakten statistischen Modells und einer konkreten Stichprobe s geschätzt, d. h., es wird eine Zuordnung

$$W = \mu(\mathsf{s}) \tag{11.33}$$

hergestellt. Die Funktion μ kann im wesentlichen auf zwei Wegen gewonnen werden:

11.3.1. Parametrische Modelle

Als *statistisches Modell* bezeichnet man in diesem Fall eine mit Hilfe eines Vektorparameters $\boldsymbol{\theta}$ indizierte Familie

$$\{W_{\boldsymbol{\theta}} : \boldsymbol{\theta} \in \Gamma_\mu\}$$

von Wahrscheinlichkeitsmaßen W.

---

[1]) Die unter Abschnitt 11.3.1.3 vorzunehmende Einschränkung der zulässigen Menge Γ von Maßen W gegenüber dem Universum U_W aller Maße bringt unter der Voraussetzung 1 auch eine Einschränkung des Universums U_φ auf E hervor. Dementsprechend wird mit (11.30)

$$\mathsf{E}(\Gamma) := \{\varphi_0 \in \mathsf{U}_\varphi\text{: Es existiert } W \in \Gamma \text{, so daß } \varphi_0 = \xi_{gB}(W, \mathsf{U}_\varphi)\} \,.$$

Die Auswahl eines bestimmten Maßes W aus μ auf der Grundlage einer Stichprobe s, wie sie im Abschnitt 11.3.1 behandelt wird, führt damit zugleich zur Auswahl einer bestimmten Entscheidungsregel φ_0 aus $\mathsf{E}(\Gamma)$ (vgl. hierzu Abschnitt 11.4).

11.3.1.1. Punktschätzungen

Die Methoden der statistischen Punktschätzungen zur Schätzung einer vorgegebenen, ggf. vektoriellen Funktion $\boldsymbol{v}(\boldsymbol{\theta})$ des unbekannten Parametervektors $\boldsymbol{\theta}$ stellen geeignete vektorielle Schätzfunktionen $\boldsymbol{f}(\mathsf{s})$ bereit. In dem Spezialfall, daß $\boldsymbol{v}(\boldsymbol{\theta}) = \boldsymbol{\theta}$ ist, soll $\boldsymbol{f}(\mathsf{s})$, d. h. die Realisierung der durch $\boldsymbol{f}(\mathsf{S})$ installierten Zufallsvariablen $\boldsymbol{U}$, mit $\boldsymbol{t}$ bezeichnet werden und die Zufallsvariable $\boldsymbol{U}$ selbst mit $\boldsymbol{T}$. Durch $\boldsymbol{t}$ wird dann in Abhängigkeit von der konkreten Stichprobe s das Wahrscheinlichkeitsmaß W_t aus der Familie μ ausgewählt, wobei definitionsgemäß $\boldsymbol{t}$ Element von Γ_η ist.

Die Stichprobe s als Realisierung der Zufallsvariablen $\mathsf{S} = (\Omega^{(1)}, \dots, \Omega^{(N)})$ mit $\Omega^{(i)} := (\boldsymbol{X}^{(i)}, K^{(i)})$ ist somit zufällig; sie werde außerdem als *unabhängig* vorausgesetzt, was bedeuten soll, daß die Zufallsvariablen Ω_i statistisch unabhängig verteilt sind.

Damit wird die Verteilungsdichte von S, die sogenannte *Likelihoodfunktion*

$$L(\mathsf{S}; \boldsymbol{\theta}, N) = \varrho(\mathsf{s}; \boldsymbol{\theta}, N) = p(\omega^{(1)}, \boldsymbol{\theta}) \cdot p(\omega^{(2)}, \boldsymbol{\theta}) \dots p(\omega^{N}; \boldsymbol{\theta}) ,$$

das Produkt aus den Verteilungsdichten

$$p(\omega^{(i)}; \boldsymbol{\theta}) := \mathrm{P}_{k^{(i)}} \varrho_{k^{(i)}}(\boldsymbol{x}^{(i)}; \boldsymbol{\theta})$$

der Einzelvariablen Ω_i. Die Verteilungsdichte L von S induziert ihrerseits die Verteilungsdichte

$$h(\boldsymbol{u}; \boldsymbol{\theta}, N)$$

der Schätzvariablen (Schätzstatistik)

$$\boldsymbol{U} = \boldsymbol{f}(\mathsf{S}) .$$

Durch h sind der Vektor der ersten und die Matrix der zweiten Momente von $\boldsymbol{U}$ um $\boldsymbol{v}(\boldsymbol{\theta})$, das sind die Größen

$$\boldsymbol{M}_1(\boldsymbol{U}; \boldsymbol{v}) = \mathrm{bias}_u(\boldsymbol{v}) = \mathrm{E}[\boldsymbol{U} - \boldsymbol{v}(\boldsymbol{\theta}); h(\boldsymbol{u}; \boldsymbol{\theta}, N)]\ ^{1})$$

$$\boldsymbol{M}_2(\boldsymbol{U}, \boldsymbol{U}^T; \boldsymbol{v}, \boldsymbol{v}^T) := \mathrm{E}[(\boldsymbol{U} - \boldsymbol{v}(\boldsymbol{\theta})) \cdot (\boldsymbol{U} - \boldsymbol{v}(\boldsymbol{\theta}))^T; h(\boldsymbol{u}; \boldsymbol{\theta}, N)] ,$$

erklärt. Auf der Grundlage dieser statistischen Momente als Kriterien werden gute Schätzfunktionen f ausgewählt. So wird im allgemeinen die Erwartungstreue von $\boldsymbol{U}$, also $\boldsymbol{M}_1(\boldsymbol{U}; \boldsymbol{v}(\boldsymbol{\theta})) = \boldsymbol{O}$ für alle $\boldsymbol{\theta} \in \Gamma_\mu$, gefordert und in der Menge dementsprechender Schätzfunktionen diejenige ausgewählt, deren Matrix der zweiten Momente im Sinne der durch

$$\boldsymbol{A} \leqq \boldsymbol{B} , \quad \text{genau dann wenn } \boldsymbol{B} - \boldsymbol{A} \text{ nicht negativ definit ist,} \qquad (11.34)$$

definierten Halbordnungsrelation zwischen zwei Matrizen $\boldsymbol{A}$ und $\boldsymbol{B}$ *minimal* ist. Bei Erwartungstreue ist die Matrix $\boldsymbol{M}_2$ der zweiten Momente um $\boldsymbol{v}$ mit der Kovarianzmatrix identisch. Damit läßt sich das angegebene Kriterium für $\boldsymbol{U}$ durch

$$\boldsymbol{KOV}(\boldsymbol{U}, \boldsymbol{U}^T) \leqq \text{Kovarianzmatrix jeder beliebigen erwartungstreuen Schätzfunktion für } \boldsymbol{v}(\boldsymbol{\theta}) \qquad (11.35)$$

ausdrücken. Diese Minimalitätseigenschaft geht für skalare (nicht vektorielle) Schätzfunktionen, d. h. für $q = 1$, in die minimale skalare Varianz über. Die durch (11.34) erklärte Bedingung (11.35) garantiert z. B., daß jede mit der vektoriellen Schätzfunktion $\boldsymbol{U}$ durch Multiplikation mit einem konstanten Vektor $\boldsymbol{a}$ und durch Addition

[1]) $\mathrm{E}[\boldsymbol{U}; h]$ bedeutet den Erwartungswert der Zufallsvariablen $\boldsymbol{U}$ für die Verteilungsdichte $h(\boldsymbol{u})$.

einer Konstanten c gebildete lineare Funktion

$$\boldsymbol{a}^T \boldsymbol{U} + c$$

wieder eine erwartungstreue Schätzfunktion, und zwar für die lineare Funktion

$$\boldsymbol{a}^T \cdot \boldsymbol{v}(\boldsymbol{\theta}) + c$$

des Parametervektors $\boldsymbol{\theta}$, mit minimaler Varianz ist.

Die im Sinne von (11.35) von einer erwartungstreuen, vektoriellen Schätzfunktion $\boldsymbol{U}$ nicht mehr unterschreitbare Kovarianzmatrix — als Verallgemeinerung der unteren Varianzschranke für skalare Schätzfunktionen nach RAO-CRAMÉR — ergibt sich durch Bildung der Kovarianzmatrix des zusammengesetzten Zufallsvektors (vgl. 11.1.2.1)

$$\boldsymbol{R}^T := (\boldsymbol{U}^T \mid (\nabla_\theta \log L(\cdot))^T) .$$

Aufgrund der Rechenregeln für Teilmatrizen ergibt sich

$$\boldsymbol{KOV}(\boldsymbol{R}, \boldsymbol{R}^T) = \begin{pmatrix} \boldsymbol{KOV}(\boldsymbol{U}, \boldsymbol{U}^T) & \boldsymbol{KOV}(\boldsymbol{U}, (\nabla_\theta \log L(\cdot))^T) \\ \boldsymbol{KOV}(\nabla_\theta \log L(\cdot), \boldsymbol{U}^T) & \boldsymbol{KOV}(\nabla_\theta \log L, (\nabla_\theta \log L(\cdot))^T) \end{pmatrix} . \tag{11.36}$$

Hierin wird

$$\boldsymbol{J} := \boldsymbol{KOV}(\nabla_\theta \log L(\cdot), (\nabla_\theta \log L(\cdot))^T) \tag{11.37}$$

die FISHER-Informationsmatrix genannt. Aus der Normierungsbedingung

$$\int_S \mathrm{ds}\, L(\cdot) = 1\text{ [1]}$$

für die Dichtefunktion $L(\cdot)$ folgt durch Differenzieren nach $\boldsymbol{\theta}$

$$\mathrm{E}(\nabla_\theta \log L(\cdot)) = \int_S \mathrm{ds}\, L(\cdot)\, \nabla_\theta \log L(\cdot) = \int_S \mathrm{ds}\, \nabla_\theta L(\cdot) = \nabla_\theta \int_S \mathrm{ds}\, L(\cdot) = 0 .$$

Damit vereinfacht sich der Ausdruck (11.37) zu

$$\boldsymbol{J} = \int_S \mathrm{ds} (\nabla_\theta \log L(\cdot))\, (\nabla_\theta \log L(\cdot))^T .$$

Die Berechnung der Teilmatrix von (11.86) $\boldsymbol{KOV}(\boldsymbol{U}, (\nabla_\theta \log L(\cdot))^T)$ führt auf

$$\begin{aligned} \boldsymbol{KOV}(\boldsymbol{U}, (\nabla_\theta \log L(\cdot))^T) &= \int_S \mathrm{ds} (\boldsymbol{u} - \boldsymbol{v})\, (\nabla_\theta \log L(\cdot))^T L \\ &= \int_S \mathrm{ds} (\boldsymbol{u} - \boldsymbol{v})\, (\nabla_\theta L(\cdot))^T \\ &= \nabla_\theta \int_S \mathrm{ds}\, \boldsymbol{u} L(\cdot)\text{ [2]} - \boldsymbol{v} \cdot \int_S \mathrm{ds}\, \nabla_\theta L(\cdot) = \nabla_\theta \boldsymbol{v} - \boldsymbol{O} , \end{aligned}$$

da wegen der vorausgesetzten Erwartungstreue von $\boldsymbol{U}$

$$\int_S \mathrm{ds}\, \boldsymbol{u} L(\cdot) = \boldsymbol{v}$$

ist. Damit wird (11.36)

$$\boldsymbol{KOV}(\boldsymbol{R}, \boldsymbol{R}^T) = \begin{pmatrix} \boldsymbol{KOV}(\boldsymbol{U}, \boldsymbol{U}^T) & \nabla_\theta \boldsymbol{v} \\ (\nabla_\theta \boldsymbol{v})^T & \boldsymbol{I} \end{pmatrix} . \tag{11.38}$$

---

[1] Falls s auch diskrete Zufallsvariablen enthält, existiert die Dichte L nicht eigentlich, vielmehr nur die Verteilungsfunktion, die mit F_L bezeichnet sei. Dieses und die folgenden Integrale müssen dann als LEBESGUE-Integrale verstanden werden und sind in der Form $\int_S f(\mathrm{s})\, \mathrm{d}F_L(\mathrm{s})$ zu schreiben.

[2] $\boldsymbol{U}$ ist als (parameterfreie) Statistik (nur von s, aber) nicht von $\boldsymbol{\theta}$ abhängig.

Diese Kovarianzmatrix ist als solche nicht negativ definit, so daß

$$\det \boldsymbol{KOV}(\boldsymbol{R}, \boldsymbol{R}^T) \geqq 0$$

ist. Nach der Formel (11.1) für zerlegte Matrizen der Form (11.38) ist

$$\det \boldsymbol{KOV}(\boldsymbol{R}, \boldsymbol{R}^T) = \det [\boldsymbol{J}(\boldsymbol{KOV}(\boldsymbol{U}, \boldsymbol{U}^T) - (\nabla_\theta \boldsymbol{v})^T \boldsymbol{J}^{-1}(\nabla_\theta \boldsymbol{v}))] .$$

Für positiv definite Informationsmatrizen $\boldsymbol{J}$ folgt hieraus

$$\det (\boldsymbol{KOV}(\boldsymbol{U}, \boldsymbol{U}^T) - (\nabla_\theta \boldsymbol{v})^T \boldsymbol{J}^{-1}(\nabla_\theta \boldsymbol{v})) \geqq 0 .$$

Das gilt ebenso für beliebige, aus l-elementigen Untermengen der Komponentenmengen von $\boldsymbol{U}$ bzw. $\boldsymbol{v}$ gebildete Vektoren

$$\boldsymbol{U}_* = (U_{i_1}, U_{i_2}, \dots , U_{il}) \quad \text{und} \quad \boldsymbol{v}_* = (\boldsymbol{v}_{i_1}, \boldsymbol{v}_{i_2}, \dots , \boldsymbol{v}_{il}) .$$

Dieser Sachverhalt kann zur Führung des Beweises, daß

$$\boldsymbol{KOV}(\boldsymbol{U}, \boldsymbol{U}^T) - (\nabla_\theta \boldsymbol{v})^T \boldsymbol{J}^{-1}(\nabla_\theta \boldsymbol{v})$$

nicht negativ definit ist, benutzt werden (vgl. z. B. Rao (1973)), woraus unmittelbar die Aussage

$$\boldsymbol{KOV}(\boldsymbol{U}, \boldsymbol{U}^T) \geqq (\nabla_\theta \boldsymbol{v})^T \boldsymbol{J}^{-1}(\nabla_\theta \boldsymbol{v}) \tag{11.39}$$

mit „$\geqq$" im Sinne von (11.34) folgt. Die Gleichheit gilt in der Form

$$\det \boldsymbol{KOV}(\boldsymbol{U}, \boldsymbol{U}^T) = \frac{\det (\nabla_\theta \boldsymbol{v} \, (\nabla_\theta \boldsymbol{v})^T)}{\det \boldsymbol{J}}$$

genau dann, wenn eine von $\mathfrak{s}$ unabhängige Matrix $\boldsymbol{C}$ gefunden werden kann, so daß

$$\nabla_\theta \log L(\cdot) = \boldsymbol{C}(\boldsymbol{u} - \boldsymbol{v})$$

wird. Dabei sei $\boldsymbol{C}$ eine (Q, q)-Matrix und die Dimension von $\boldsymbol{\theta}$ gleich Q.

Das ist im allgemeinen eine sehr einschneidende Forderung an eine Schätzfunktion. Wird diese Forderung erfüllt, so heißt die betreffende Schätzfunktion *wirksam* oder auch *effizient*; diese Schätzungen werden auch MVB-Schätzungen (minimum variance bound) genannt.

Für nicht erwartungstreue Schätzungen mit der bias-Funktion

$$\text{bias}\,(\boldsymbol{\theta}) := \boldsymbol{M}_1(\boldsymbol{U}; \boldsymbol{v})$$

kann man analog eine untere Varianzschranke ableiten. Hier gehen wir, um eine Aussage über die in diesem Fall interessierende Größe

$$\boldsymbol{M}_2(\boldsymbol{U}, \boldsymbol{U}^T; \boldsymbol{v}, \boldsymbol{v}^T) = \int_S L \mathrm{d}\mathfrak{s}(\boldsymbol{u} - \boldsymbol{v})\,(\boldsymbol{u} - \boldsymbol{v})^T$$

zu erhalten, von $\boldsymbol{M}_2(\boldsymbol{R}, \boldsymbol{R}^T; \mathbf{c}, \mathbf{c}^T)$ mit $\mathbf{c}^T := (\boldsymbol{v}^T \mid \boldsymbol{O}^T)$ aus. Damit wird

$$\boldsymbol{M}_2(\boldsymbol{R}, \boldsymbol{R}^T; \mathbf{c}, \mathbf{c}^T) = \begin{pmatrix} \boldsymbol{M}_2(\boldsymbol{U}, \boldsymbol{U}; \boldsymbol{v}, \boldsymbol{v}^T) & \boldsymbol{M}_2(\boldsymbol{U}, (\nabla_\theta \log L(\cdot))^T; \boldsymbol{v}, \boldsymbol{O}^T) \\ \boldsymbol{M}_2(\nabla_\theta \log L(\cdot), \boldsymbol{U}^T; \boldsymbol{O}, \boldsymbol{v}^T) & \boldsymbol{I} \end{pmatrix}$$

und hierin

$$\begin{aligned} \boldsymbol{M}_2(\boldsymbol{U}, (\nabla_\theta \log L(\cdot))^T; \boldsymbol{v}, \boldsymbol{O}^T) &= \int_S \mathrm{d}\mathfrak{s}(\boldsymbol{u} - \boldsymbol{v})\,(\nabla_\theta \log L(\cdot))^T L(\cdot) \\ &= \int_S \mathrm{d}\mathfrak{s}(\boldsymbol{u} - \boldsymbol{v})\,(\nabla_\theta L(\cdot))^T = \nabla_\theta \mathbf{E}\boldsymbol{U} - \boldsymbol{v}\nabla_\theta \int_S L(\cdot)\,\mathrm{d}\mathfrak{s} \\ &= \nabla_\theta(\boldsymbol{v} + \boldsymbol{b}) - \boldsymbol{O} . \end{aligned}$$

Wir erhalten so analog zu (11.39) die Ungleichung

$$\boldsymbol{M}_2(\boldsymbol{U}, \boldsymbol{U}; \boldsymbol{v}, \boldsymbol{v}^T) \geqq (\nabla_\theta(\boldsymbol{v} + \boldsymbol{b}))^T \boldsymbol{J}^{-1} \nabla_\theta(\boldsymbol{v} + \boldsymbol{b}) .$$

Es zeigt sich, daß MVB-Schätzungen die von FISHER definierte Eigenschaft der Suffizienz haben. *Suffiziente* oder *hinreichende* Schätzungen $\boldsymbol{T}_h$ extrahieren die gesamte, über $\boldsymbol{\theta}$ in der Stichprobe s enthaltene Information in dem Sinne, daß die bedingte Verteilungsdichte

$$\varrho(\mathsf{s} \mid \boldsymbol{T}_h = \boldsymbol{t}_h)$$

unabhängig von $\boldsymbol{\theta}$ wird. Eine solche Statistik $\boldsymbol{T}_h$ existiert genau dann, wenn sich die Likelihood-Funktion in der Form

$$L(\mathsf{s} \mid \boldsymbol{\theta}, N) = F(\boldsymbol{T}_h(\mathsf{s}), \boldsymbol{\theta}, N) \cdot G(\mathsf{s}, N) \tag{11.40}$$

faktorisieren läßt. Die Information von s über $\boldsymbol{\theta}$ ist nur in der Abhängigkeit der Dichte $L(\mathsf{s} \mid \boldsymbol{\theta})$ von $\boldsymbol{\theta}$ enthalten. Bei festem $\boldsymbol{T}_h(\mathsf{s})$ verschwindet jedoch diese Abhängigkeit und damit auch jede (über $\boldsymbol{T}_h$ hinausgehende) Information von s über $\boldsymbol{\theta}$.

Die Bedingung (11.40) ist weniger restriktiv als die Bedingung (11.39). So ist eine MVB-Statistik zugleich auch hinreichend, während das Umgekehrte nicht der Fall sein muß.

Es ist unmittelbar einleuchtend, daß jede umkehrbar eindeutige Transformation $\boldsymbol{\Phi}$, simultan auf die Vektoren $\boldsymbol{T}_h$ und $\boldsymbol{\theta}$ angewandt, wieder auf eine hinreichende Schätzstatistik $\boldsymbol{T}'_h$ für $\boldsymbol{\theta}'$ führt:

$$\boldsymbol{T}'_h = \boldsymbol{\Phi}(\boldsymbol{T}_h) , \qquad \boldsymbol{\theta}' = \boldsymbol{\Phi}(\boldsymbol{\theta}) .$$

Bei der Auswahl einer besten Schätzfunktion $\boldsymbol{U}$ für eine zu schätzende Funktion $\boldsymbol{v}(\boldsymbol{\theta})$ genügt es (vgl. BURY (1975)), sich auf die Gesamtheit der eindeutigen Funktionen einer hinreichenden Statistik $\boldsymbol{T}_h$ zu beschränken, wenn eine solche existiert. Jede der so erhaltenen Schätzstatistiken extrahiert die gesamte Information über $\boldsymbol{v}(\boldsymbol{\theta})$ aus der Stichprobe s. In der Menge der so in Betracht kommenden Schätzfunktionen kann man wiederum die Erwartungstreue als Auswahlkriterium heranziehen. Falls eine derartige erwartungstreue Schätzstatistik existiert, so ist sie eindeutig bestimmt. Sie heißt *beste Schätzung* der Funktion $\boldsymbol{v}(\boldsymbol{\theta})$. Ihre Optimalität formuliert das RAO-BLACKWELL-Prinzip, wonach jede erwartungstreue Schätzstatistik minimaler Varianz eine Funktion von $\boldsymbol{T}_h$ ist.

Auf diese Weise sind die Suche einer erwartungstreuen Schätzstatistik innerhalb der Menge der hinreichenden Schätzfunktionen und die Auswahl einer varianzminimalen Schätzstatistik in der Menge der erwartungstreuen äquivalent.

Mit Hilfe der Maximum-Likelihood-Methode (ML-Methode) erzeugte Schätzungen sind Funktionen einer hinreichenden Statistik $\boldsymbol{T}_h$, wenn eine solche existiert. Dann sind diese ML-Schätzungen von minimaler Varianz. Gelingt es dann, eine erwartungstreue Funktion dieser ML-Schätzung zu finden, so ist diese, da sie als Funktion einer Funktion von $\boldsymbol{T}_h$ selbst Funktion von $\boldsymbol{T}_h$ ist nach obigem die eindeutig bestimmte, *beste* Schätzung der unbekannten Parameterfunktion $\boldsymbol{v}(\boldsymbol{\theta})$. Nach RAO kann man hierzu von einer beliebigen erwartungstreuen Schätzfunktion $\boldsymbol{U}$ für $\boldsymbol{v}(\boldsymbol{\theta})$ ausgehen. Ist dann $\boldsymbol{T}_h$ bekannt, so erhält man die gesuchte varianzminimale erwartungstreue Schätzfunktion in der Form

$$\boldsymbol{U}_h = f(\boldsymbol{T}_h) \quad \text{mit} \, f(\boldsymbol{t}) = \mathrm{E}[U \mid \boldsymbol{T}_h = \boldsymbol{t}; \boldsymbol{\theta}]$$

als bedingten Erwartungswert von $\boldsymbol{U}$ unter der Bedingung $\boldsymbol{T}_h = \boldsymbol{t}$ wie angegeben. Daß f nur von $\boldsymbol{t}$ und nicht von $\boldsymbol{\theta}$ abhängt, ist eine Konsequenz von (11.40), d. h. eine Eigenschaft von $\boldsymbol{T}_h$.

Eine andere Möglichkeit, zu $\boldsymbol{U}_h$ zu gelangen, besteht darin, daß man primär von einer Funktion von $\boldsymbol{T}_h$ ausgeht und eine Funktion dieser Funktion sucht, so daß die resultierende Gesamtfunktion erwartungstreu wird. Nach dem RAO-BLACKWELL-Prinzip ist diese resultierende Funktion die gesuchte varianzminimale erwartungstreue Schätzfunktion für $\boldsymbol{v}(\boldsymbol{\theta})$. Ausgangsfunktion kann eine mit Hilfe der ML-Methode erzeugte Schätzstatistik sein, da eine solche eine eindeutige Funktion einer erschöpfenden Statistik ist, wenn eine solche existiert. Nach dem soeben Gesagten ist dann lediglich eine erwartungstreue Funktion dieser ML-Statistik zu finden.

Aufgrund des Invarianzprinzips der ML-Schätzung (vgl. BURY (1975)) „vererbt" sich die Eigenschaft, ML-Schätzung zu sein, bei einer eindeutigen (nicht unbedingt umkehrbar eindeutigen) funktionalen Transformation, so daß mit der Bezeichnung $\hat{\boldsymbol{v}}$:= ML-Schätzfunktion für $\boldsymbol{v}(\boldsymbol{\theta})$

$$\widehat{\Phi(\boldsymbol{v})} = \Phi(\hat{\boldsymbol{v}}) \quad \text{(Invarianzprinzip)}$$

gilt. Die so erhaltenen Schätzungen müssen aber, wie alle ML-Schätzungen, nicht unbedingt erwartungstreu sein. Gelingt es, eine erwartungstreue Funktion dieser Schätzungen zu finden, so sind diese erneut beste Schätzungen und eindeutig bestimmt usw. In der Menge der erwartungstreuen Schätzfunktionen einer vorgegebenen Parameterfunktion $\boldsymbol{v}(\boldsymbol{\theta})$ ist die für die Erwartungstreue zutreffende RAO-CRAMÉR-Schranke eine untere Schranke der Varianz, die nur für genau eine Parameterfunktion (oder für überhaupt keine) die minimale Varianz einer gleichmäßig varianzminimalen Schätzstatistik jener Funktion ist. Die untere Varianzschranke einer gleichmäßig varianzminimalen, erwartungstreuen Schätzstatistik einer vorgegebenen Parameterfunktion ist deshalb im allgemeinen größer als die betreffende RAO-CRAMÉR-Schranke und von der jeweiligen Parameterfunktion abhängig. Diesem Sachverhalt entspricht der Begriff *beste Schätzung.*

Damit sind im wesentlichen alle benötigten Begriffe zur Diskussion der Anwendung statistischer Modelle in der Erkennung/Klassifizierung bereitgestellt.

Wendet man die ML-Methode zur Maßschätzung im Sinne von (11.33) an, so soll das durch

$$\hat{W} = \mu(\mathsf{s})$$

zum Ausdruck gebracht werden.

W wird explizit durch den geschätzten Parametervektor $\hat{\boldsymbol{\theta}} = \boldsymbol{t}$ indiziert; so kann man das geschätzte Maß nach (11.24) in der Form

$$\hat{p}(\boldsymbol{x}, k) \doteq \mathbf{P}_k(t)\, \varrho_k(\boldsymbol{x}; t)$$

schreiben. Damit wird, nach Gleichung (11.28) mit $f \equiv \zeta_B$, entsprechend dem Invarianzprinzip

$$\begin{aligned}\hat{g}_B = g_B(\varphi; \boldsymbol{t}) &= \sum_{k\in\mathsf{K}} \mathbf{P}_k(\boldsymbol{t}) \int_{\boldsymbol{x}\in\mathsf{R}^n} \mathrm{d}\boldsymbol{x}\, \varrho_k(\boldsymbol{x}; \boldsymbol{t})\, \delta_{\varphi(\boldsymbol{x}),k} \\ &= \int_{\mathsf{R}^n} \mathrm{d}\boldsymbol{x}\, \mathbf{P}_{\varphi(\boldsymbol{x})}(\boldsymbol{t}) \cdot \varrho_{\varphi(\boldsymbol{x})}(\boldsymbol{x}; \boldsymbol{t})\,. \qquad (11.41)\end{aligned}$$

11.3.1.2. Menge der Klassifizierungsfunktionen nicht eingeschränkt

Wir betrachten, wie eingangs bemerkt, zunächst den klassischen Fall $\mathsf{E} \equiv \mathsf{U}_\varphi$ und maximieren $\hat{g}_B$ nach φ. Wegen $\mathsf{E} = \mathsf{U}_\varphi$ kann $\varphi(\boldsymbol{x})$ für ein bestimmtes Objekt $\boldsymbol{x} = \boldsymbol{x}_0$ — unabhängig von den Belegungen in allen anderen Objektpunkten — jedes beliebige Element der Klassenmenge zugeordnet werden. Somit läßt sich der Integrand von (11.41) für jeden Objektvektor $\boldsymbol{x}$ gesondert maximieren. Das führt auf

$$\sup_{\varphi \in \mathsf{U}_\varphi} \hat{g}_B = \int_{\boldsymbol{x} \in \mathsf{R}^n} \mathrm{d}\boldsymbol{x} \cdot \max \left(\mathbf{P}_1 \varrho_1(\boldsymbol{x}; \boldsymbol{t}), \dots, \mathbf{P}_M \varrho_M(\boldsymbol{x}; \boldsymbol{t})\right),$$

und es wird

$$\hat{\varphi}_0(\boldsymbol{x}) = \xi_{g_B}(\hat{W}, \mathsf{U}_\varphi) = e_0(\boldsymbol{x}), \tag{11.42}$$

wobei e_0 die Lösung des Systems von Ungleichungen

$$\mathbf{P}_{e_0} \varrho_{e_0}(\boldsymbol{x}; \boldsymbol{t}) > \mathbf{P}_i \varrho_i(\boldsymbol{x}; \boldsymbol{t}) \quad \text{für alle} \quad i = 1, \dots, M, \qquad i \neq e_0,$$

st, falls ein solches e_0 existiert. Existiert es nicht, d. h., gibt es zwei oder mehr gleich große Produkte $\mathbf{P}_i \varrho_i$, so muß $\hat{\varphi}_0$ geeignet definiert werden (vgl. Anhang). Bei einem „vernünftigen" statistischen Modell ist die Menge derartiger Punkte vom Wahrscheinlichkeitsmaß Null, so daß eine beliebige Festlegung der Entscheidung in diesen Punkten getroffen werden kann, z. B.

$$\hat{\varphi}_0(\boldsymbol{x}) = e_0^*(\boldsymbol{x}) \tag{11.43}$$

mit $\mathbf{P}_{e_0^*} \varrho_{e_0^*}(\boldsymbol{x}; \boldsymbol{t}) \geqq \mathbf{P}_i \varrho_i(\boldsymbol{x}; \boldsymbol{t})$ für alle $i = 1, \dots, M$, wobei e_0^* die kleinste natürliche Zahl $\in \mathsf{K}$ sei, für die (11.43) erfüllt ist. Diese Zahl e_0^* existiert stets.[1])

Die Abweichung

$$\Delta \hat{g} := g_B(\hat{\varphi}_0, \boldsymbol{t}) - g(\varphi_0, \boldsymbol{\theta})$$

der nach Maximum-Likelihood geschätzten Güte $g(\hat{\varphi}_0; \boldsymbol{t})$ von der tatsächlichen Güte $g(\hat{\varphi}_0, \boldsymbol{\theta})$ läßt sich in die beiden Bestandteile Δg_1 und Δg_2 zerlegen:

$$\Delta g_1 := g_B(\hat{\varphi}_0, \boldsymbol{t}) - g_B(\varphi_0, \boldsymbol{t})$$

ist die Güteabweichung zwischen der für $\boldsymbol{\theta}$ optimalen Klassifizierungsfunktion φ_0 und der für $\boldsymbol{t}$ optimalen Funktion $\hat{\varphi}_0$, während

$$\Delta g_2 := g_B(\varphi_0, \boldsymbol{t}) - g_B(\varphi_0, \boldsymbol{\theta})$$

die Abweichung der Güte von φ_0 für den Parametervektor $\boldsymbol{t}$ gegenüber $\boldsymbol{\theta}$ ist. In

$$\Delta g = \Delta g_1 + \Delta g_2$$

ist Δg_1 stets positiv, da $\hat{\varphi}_0$ definitionsgemäß die Gütefunktion g_B bei $\boldsymbol{t}$ maximiert, während Δg_2 bei nicht zu großen Streuungen des Vektors $\boldsymbol{t}$ um $\boldsymbol{\theta}$ (d. h. bei nicht zu kleinen Stichprobenumfängen N) verschwinden wird. Infolgedessen wird man im allgemeinen von der Schätzstatistik $g_B(\hat{\varphi}_0, \boldsymbol{t})$ eine zu optimistische Schätzung der wahren Güte $g_B(\varphi_0, \boldsymbol{\theta})$ erwarten dürfen (vgl. auch die R-Methode der Güteschätzung im Rahmen nicht parametrischer verteilungsfreier Schätzverfahren für die Klassifizierungsgüte im Abschnitt 13.5). Dieser Effekt soll an folgendem Beispiel des Bias'

---

[1]) $\hat{\varphi}_0$ nach (11.43) kann nur eine Funktion aus der Klasse der für Wahrscheinlichkeitsverteilungen aus μ optimalen Klassifizierungsfunktionen sein. Diese Einschränkung des Universums U_φ resultiert aus der Vorkenntnis oder Annahme, daß das statistische Modell μ zutreffe.

einer Güte-Schätzstatistik für zwei mit gleicher Kovarianzmatrix $\boldsymbol{Z}$ normalverteilte Klassen (bei $\mathbf{P}_1 = \mathbf{P}_2 = \frac{1}{2}$) gezeigt werden: In diesem Fall läßt sich die Güte g_B in der Form

$$g_B(\varphi_0, \boldsymbol{\theta}) = F(\xi)^{1)}$$

darstellen, wo

$$\xi := \Delta\boldsymbol{\eta}^T \boldsymbol{Z}^{-1} \Delta\boldsymbol{\eta}$$

und F eine streng monoton wachsende Funktion ist. Der Parametervektor $\boldsymbol{\theta}$ hat hier die Gestalt $\boldsymbol{\theta} = (\Delta\eta, \boldsymbol{Z})$, worin $\Delta\eta$ den Differenzvektor der Schwerpunkte $\boldsymbol{\eta}_1$, $\boldsymbol{\eta}_2$ der beiden Klassen, d. h. $\Delta\boldsymbol{\eta} := \boldsymbol{\eta}_1 - \boldsymbol{\eta}_2$, und $\boldsymbol{Z}$ ihre gemeinsame Kovarianzmatrix bedeutet. Nach dem Invarianzprinzip reduziert sich die Schätzung von g_B auf die von ξ.

Wir bezeichnen die Abweichungen der Schätzungen von den zu schätzenden wahren Größen mit

$$\boldsymbol{h} := \Delta\hat{\eta} - \Delta\boldsymbol{\eta}\,, \qquad \boldsymbol{A} := \hat{\boldsymbol{Z}} - \boldsymbol{Z}\,.$$

Die „besten" Schätzungen der Größen $\Delta\eta$ und $\boldsymbol{Z}$ sind voneinander statistisch unabhängig (und per definitionem erwartungstreu). Damit werden

$$\mathbf{E}\boldsymbol{h} = 0\,, \qquad \mathbf{E}\boldsymbol{A} = 0\,, \qquad \mathbf{E}\boldsymbol{A}\boldsymbol{h} = (\mathbf{E}\boldsymbol{A})\,(\mathbf{E}\boldsymbol{h}) = 0\,,$$

$$\mathbf{E}\boldsymbol{A}\boldsymbol{h}\boldsymbol{h}^T = (\mathbf{E}\boldsymbol{A})\,(\mathbf{E}\boldsymbol{h}\boldsymbol{h}^T) = 0\,,$$

und unter Verwendung der Näherungsformel $(\boldsymbol{I} + \boldsymbol{\Delta})^{-1} \cong \boldsymbol{I} - \boldsymbol{\Delta} + \boldsymbol{\Delta}^2$ wird die Erwartung

$$\mathbf{E}(\hat{\xi} - \xi_0) = \mathbf{E}\boldsymbol{h}^T\boldsymbol{Z}^{-1}\boldsymbol{h} + \mathbf{E}\Delta\boldsymbol{\eta}^T\boldsymbol{Z}^{-1}\boldsymbol{A}\boldsymbol{Z}^{-1}\boldsymbol{A}\boldsymbol{Z}^{-1}\Delta\boldsymbol{\eta}$$

mit $\xi_0 := \Delta\boldsymbol{\eta}^T\boldsymbol{Z}^{-1}\Delta\boldsymbol{\eta}$. Diese Formel kann mit der folgenden Gleichungskette erhalten werden:

$$\begin{aligned}
\mathbf{E}(\hat{\xi} - \xi_0) &= \mathbf{E}(\Delta\boldsymbol{\eta} + \boldsymbol{h})^T (\boldsymbol{Z} + \boldsymbol{A})^{-1} (\Delta\boldsymbol{\eta} + \boldsymbol{h}) - \xi_0 \\
&= \mathbf{E}(\Delta\boldsymbol{\eta} + \boldsymbol{h})^T (\boldsymbol{I} + \boldsymbol{Z}^{-1}\boldsymbol{A})^{-1} \boldsymbol{Z}^{-1}(\Delta\boldsymbol{\eta} + \boldsymbol{h}) - \xi_0 \\
&= \mathbf{E}(\Delta\boldsymbol{\eta} + \boldsymbol{h})^T (\boldsymbol{I} - \boldsymbol{Z}^{-1}\boldsymbol{A} + \boldsymbol{Z}^{-1}\boldsymbol{A}\boldsymbol{Z}^{-1}\boldsymbol{A})\, \boldsymbol{Z}^{-1}(\Delta\boldsymbol{\eta} + \quad) - \xi_0 \\
&= (\Delta\boldsymbol{\eta} + \boldsymbol{h})^T \boldsymbol{Z}^{-1}(\Delta\boldsymbol{\eta} + \boldsymbol{h}) - (\Delta\boldsymbol{\eta} + \boldsymbol{h})^T \boldsymbol{Z}^{-1}\boldsymbol{A}\boldsymbol{Z}^{-1}(\boldsymbol{A}\Delta\boldsymbol{\eta} + \boldsymbol{h}) \\
&\quad + (\Delta\boldsymbol{\eta} + \boldsymbol{h})^T \boldsymbol{Z}^{-1}\boldsymbol{A}\boldsymbol{Z}^{-1}\boldsymbol{A}\boldsymbol{Z}^{-1}(\Delta\boldsymbol{\eta} + \boldsymbol{h}) - \xi_0 \\
&= 0 + 0 + 0 + \boldsymbol{h}^T\boldsymbol{Z}^{-1}\boldsymbol{h} - (0 + 0 + 0 + 0) \\
&\quad + \Delta\boldsymbol{\eta}^T \boldsymbol{Z}^{-1}\boldsymbol{A}\boldsymbol{Z}^{-1}\boldsymbol{A}\boldsymbol{Z}^{-1}\Delta\boldsymbol{\eta} + \text{Glieder höherer als zweiter Ordnung.}
\end{aligned}$$

Hierin sind die Matrix $\boldsymbol{Z}$ und mit ihr $\boldsymbol{Z}^{-1}$ positiv definit. Damit ist die Größe $\boldsymbol{h}^T\boldsymbol{Z}^{-1}\boldsymbol{h}$ positiv, somit auch ihr Erwartungswert.

Das zweite Glied läßt sich mit den Bezeichnungen

$$\boldsymbol{a} := \boldsymbol{Z}^{-1/2}\Delta\boldsymbol{\eta}\,, \qquad \boldsymbol{H} := \boldsymbol{Z}^{-1/2}\boldsymbol{A}\boldsymbol{Z}^{-1/2}$$

in die Form

$$\boldsymbol{a}^T\boldsymbol{H}^2\boldsymbol{a}$$

---

[1]) Siehe S. 148 (11.55)

überführen. Hierin ist $\boldsymbol{H}$ eine symmetrische Matrix, zu der folglich eine orthogonale Matrix $\boldsymbol{U}$ existiert, mit der sie durch die Ähnlichkeitstransformation $\boldsymbol{U}^{-1}\boldsymbol{H}\boldsymbol{U}$ diagonalisiert werden kann. Da der Zahlenwert einer quadratischen Form gegenüber orthogonalen Transformationen invariant ist und die Matrix $\boldsymbol{H}^2$ simultan mit $\boldsymbol{H}$ durch $\boldsymbol{U}^{-1}\boldsymbol{H}^2\boldsymbol{U}$ diagonal wird und als Quadrat einer Diagonalmatrix nur positive oder verschwindende Spurelemente haben kann, ist $\boldsymbol{a}^T\boldsymbol{H}^2\boldsymbol{a}$ positiv oder Null und damit $\mathrm{E}(\hat{\xi} - \xi_0)$ für $\Delta\eta \neq \boldsymbol{O}$ echt positiv.

11.3.1.2.1. Minimalität des Güteverlustes γ

Der durch Informationsmangel, d. h. durch den beschränkten Umfang der Stichprobe entstehende Güteverlust, war durch

$$\gamma = g(\varphi_0, \boldsymbol{\theta}) - \mathrm{E}g(\hat{\varphi}_0, \boldsymbol{\theta}) \tag{11.44}$$

definiert, wobei sich die Erwartungswertbildung wieder auf die Verteilung der Schätzvariablen $\boldsymbol{T}$ und die durch sie induzierte Verteilung der geschätzten optimalen Klassifizierungsfunktion $\hat{\varphi}_0$ bezieht. γ ist keine Schätzstatistik, sondern eine theoretische, nicht direkt beobachtbare Größe, da sie den Parameter $\boldsymbol{\theta}$ explizit enthält.

Ausgehend von der verallgemeinerten Rao-Cramér-Varianzschranke gilt jedoch folgendes:

Eigenschaft von γ. Für erwartungstreue Schätzstatistiken ist γ — in der Approximation bis zu quadratischen Gliedern in $\boldsymbol{t} - \boldsymbol{\theta}$ — genau dann minimal, wenn $\boldsymbol{T}$ eine MVB-Schätzung ist.

Beweis. Wir können $g_B(\hat{\varphi}_0, \boldsymbol{\theta})$ nach $\boldsymbol{t}$ in eine Taylor-Reihe entwickeln, indem wir schreiben (vgl. Abschnitt 11.1.4)

$$\begin{aligned} g_B(\varphi_0(\boldsymbol{t}), \boldsymbol{\theta}) &=: g_B(\boldsymbol{t}, \boldsymbol{\theta}) \\ &\cong g_B(\boldsymbol{\theta}, \boldsymbol{\theta}) + (\nabla_{\boldsymbol{t}} g_B(\boldsymbol{t}, \boldsymbol{\theta}))^T (\boldsymbol{t} - \boldsymbol{\theta}) + \tfrac{1}{2} (\boldsymbol{t} - \boldsymbol{\theta})^T (\nabla_{\boldsymbol{t}} g_B)\big|_{\boldsymbol{t}=\boldsymbol{\theta}} (\boldsymbol{t} - \boldsymbol{\theta}) . \end{aligned}$$

Dabei ist $\nabla_{\boldsymbol{t}} g_B(\boldsymbol{t}, \boldsymbol{\theta})|_{\boldsymbol{t}=\boldsymbol{\theta}} = 0$, da ja definitionsgemäß

$$g_B(\boldsymbol{\theta}, \boldsymbol{\theta}) = \sup_{\boldsymbol{t} \in \Gamma} g_B(\boldsymbol{t}, \boldsymbol{\theta})$$

sein sollte. Folglich wird

$$\begin{aligned} \gamma &= -\mathrm{E}[g_B(\boldsymbol{T}, \boldsymbol{\theta}) - g_B(\boldsymbol{\theta}, \boldsymbol{\theta})] \\ &= \tfrac{1}{2} \mathrm{E}[(\boldsymbol{T} - \boldsymbol{\theta})^T \cdot \boldsymbol{A} \cdot (\boldsymbol{T} - \boldsymbol{\theta})] , \end{aligned} \tag{11.45}$$

mit

$$\boldsymbol{A} := -\nabla_{\boldsymbol{t}}^2 g_B\big|_{\boldsymbol{t}=\boldsymbol{\theta}} .$$

Hier ist $\boldsymbol{A}$, da ja g_B bei $\boldsymbol{t} = \boldsymbol{\theta}$ ein Maximum hat, nicht negativ definit. Die Eigenwerte λ_i der symmetrischen Matrix $\boldsymbol{A}$ sind somit positiv oder Null. Mit den Eigenvektoren $\boldsymbol{a}_1, \dots, \boldsymbol{a}_Q$ der symmetrischen Matrix $\boldsymbol{A}$, die eine orthogonale Basis des R^Q bilden, lautet die sogenannte *Spektraldarstellung* von $\boldsymbol{A}$ (vgl. Abschnitt 11.1.2.3)

$$\boldsymbol{A} = \sum_{i=1}^{Q} \lambda_i \boldsymbol{a}_i \boldsymbol{a}_i^T . \tag{11.46}$$

Gleichung (11.45) geht durch Einsetzen von $\boldsymbol{A}$ nach (11.46) in

$$\gamma = \frac{1}{2}\sum_{i=1}^{Q}\lambda_i \, \mathrm{E}[(\boldsymbol{T}-\boldsymbol{\theta})^T \boldsymbol{a}_i\boldsymbol{a}_i^T(\boldsymbol{T}-\boldsymbol{\theta})]$$

$$= \frac{1}{2}\sum_{i=1}^{Q}\lambda_i\boldsymbol{a}_i^T \, \mathrm{E}[(\boldsymbol{T}-\boldsymbol{\theta})\,(\boldsymbol{T}-\boldsymbol{\theta})^T]\,\boldsymbol{a}_i = \frac{1}{2}\sum_{i=1}^{Q}\lambda_i\boldsymbol{a}_i^T\cdot(\boldsymbol{KOV}(\boldsymbol{T},\boldsymbol{T}))\cdot\boldsymbol{a}_i$$

über. Da für beliebige Vektoren $\boldsymbol{a}$ und Matrizen $\boldsymbol{C}$, $\boldsymbol{B}$ definitionsgemäß aus $\boldsymbol{C} \leqq \boldsymbol{B}$

$$\boldsymbol{a}^T\boldsymbol{C}\boldsymbol{a} \leqq \boldsymbol{a}^T\boldsymbol{B}\boldsymbol{a}$$

folgt und alle λ_i positiv oder gleich Null sind, ist γ in der angewandten Näherung offensichtlich genau dann minimal, wenn $\boldsymbol{KOV}(\boldsymbol{T}, \boldsymbol{T}^T)$ minimal im Sinne von (11.34) ist.

Setzen wir $\boldsymbol{KOV}(\boldsymbol{T}, \boldsymbol{T}^T)$ nach (11.39) ein und beachten, daß für beliebige Matrizen $\boldsymbol{B}$ und Vektoren $\boldsymbol{a}$

$$\boldsymbol{a}^T\boldsymbol{B}\boldsymbol{a} = \mathrm{Spur}\ \boldsymbol{B}\boldsymbol{a}\boldsymbol{a}^T$$

ist, so wird bei Umkehrung der Zerlegung (11.46)

$$\gamma = \frac{1}{2}\sum_{i=1}^{Q}\lambda_i\,\mathrm{Spur}\,(\boldsymbol{KOV}(\boldsymbol{T},\boldsymbol{T}^T))\,\boldsymbol{a}_i\boldsymbol{a}_i^T$$

$$= \frac{1}{2}\,\mathrm{Spur}\,\boldsymbol{KOV}(\boldsymbol{T},\boldsymbol{T}^T)\sum_{i=1}^{Q}\lambda_i\boldsymbol{a}_i\boldsymbol{a}_i^T = \frac{1}{2}\,\mathrm{Spur}\,[(\boldsymbol{KOV}(\boldsymbol{T},\boldsymbol{T}^T))\cdot\boldsymbol{A}]\,.$$

Wendet man hierauf die Ungleichung (11.39) an mit $\boldsymbol{v} \equiv \boldsymbol{\theta}$, woraus $\nabla_{\boldsymbol{\theta}}\boldsymbol{v} = \nabla_{\boldsymbol{\theta}}\boldsymbol{\theta} = \boldsymbol{I}_Q$ folgt, so ergibt sich

$$\gamma \geqq \frac{1}{2}\,\mathrm{Spur}\,\boldsymbol{J}^{-1}\boldsymbol{A}\,. \tag{11.47}$$

11.3.1.2.2. Zum Güteverlust ν durch mangelnde Modellfähigkeit

Wenn das gewählte statistische Modell die konkrete Verteilung als Element enthält, ist ν definitionsgemäß gleich Null. In dieser Voraussetzung liegt die eigentliche Schwäche des Weges in Abschnitt 11.3.1, weshalb andere Lösungswege in Betracht gezogen werden müssen.

11.3.1.3. Menge E der Klassifizierungsfunktionen parametrisch beschrieben

Wir betrachten den Fall, daß E eine mit dem Vektorparameter $\boldsymbol{w} \in \mathsf{R}^Q$ indizierte Familie

$$\mathsf{E} = \{\varphi(\boldsymbol{x}, \boldsymbol{w})\colon \boldsymbol{w} \in \mathsf{R}^Q\}$$

von Klassifizierungsfunktionen ist und schreiben (11.28) in der Form

$$g(\boldsymbol{w}, \boldsymbol{\theta}) = \mathrm{E}(G; \boldsymbol{\theta}) \quad \text{mit} \quad G = \zeta(\boldsymbol{X}, K; \boldsymbol{w})\,, \tag{11.48}$$

wo anstelle von W und φ deren Indizierungen $\boldsymbol{\theta}$ und $\boldsymbol{w}$ eingesetzt sind. Der durch (11.29) definierte optimale Parametervektor $\boldsymbol{w}_0$ erfüllt die Bedingung

$$g(\boldsymbol{w}_0, \boldsymbol{\theta}) = \sup_{\boldsymbol{w} \in \mathsf{R}^Q} g(\boldsymbol{w}, \boldsymbol{\theta})\,. \tag{11.49}$$

Indem wir in (11.30) anstelle von W dessen Indizierung $\boldsymbol{\theta}$ einsetzen und E unterdrücken, schreiben wir

$$\boldsymbol{w}_0 = \xi_g(\boldsymbol{\theta}) .$$

Aus der mehrdimensionalen TAYLOR-Entwicklung von g nach $\boldsymbol{w}_0$ und $\boldsymbol{\theta}$ in den Punkten $\boldsymbol{\theta} = \boldsymbol{\theta}_0$ und $\boldsymbol{w}_0 = \boldsymbol{w}_{00}$ kann man ablesen, daß

$$\nabla_\theta \boldsymbol{w}_0 = \nabla_w g = -(\nabla_w^2 g)^{-1} \nabla_w \nabla_\theta g$$

gilt. Das Invarianzprinzip der ML-Schätzung führt dazu, daß wieder $\hat{\boldsymbol{w}}_0 = \xi_g(\hat{\boldsymbol{\theta}}) = \xi_g(\boldsymbol{t})$ zu setzen ist. Die numerische Auswertung der Gleichung (11.48) führt im allgemeinen auf nicht analytisch lösbare Maximierungsaufgaben, so z. B. wenn E die Menge der linearen Klassifizierungsfunktionen ist und Γ die der normalverteilten 2-Klassen-Probleme mit nicht notwendig übereinstimmenden Kovarianzmatrizen.

Güteverlust γ

Aus der Definition des Güteverlustes γ durch (11.32) folgt als Approximation von γ bis zu Gliedern zweiter Ordnung in der Differenz $\boldsymbol{w}_0 - \boldsymbol{w}_{00}$ der Ausdruck (mit $g = g(\boldsymbol{w}, \boldsymbol{\theta})$)

$$\gamma = -(\nabla_w g)^T \Big|_{\substack{w=w_{00}\\ \theta=\theta_0}} \mathrm{E}[(\boldsymbol{w}_0 - \boldsymbol{w}_{00})] - \tfrac{1}{2}\mathrm{E}(\boldsymbol{w}_0 - \boldsymbol{w}_{00})^T \cdot (\nabla_w^2 g) \Big|_{\substack{w=w_{00}\\ \theta=\theta_{00}}} (\boldsymbol{w}_0 - \boldsymbol{w}_{00}) .$$

Wegen (11.49) ist wieder $(\nabla_w g)\big|_{w_0=w_{00}} = 0$ zu setzen. Damit wird

$$\gamma = -\tfrac{1}{2}\mathrm{E}(\boldsymbol{w}_0 - \boldsymbol{w}_{00})^T (\nabla_w^2 g)\Big|_{\substack{w=w_{00}\\ \theta=\theta_0}} (\boldsymbol{w}_0 - \boldsymbol{w}_{00}) .$$

Hier setzen wir $\boldsymbol{w}_0 - \boldsymbol{w}_{00}$ als Entwicklung bis zu Gliedern zweiter Ordnung nach $\boldsymbol{T} - \boldsymbol{\theta}_0$ ein, d. h.

$$\boldsymbol{w}_0 - \boldsymbol{w}_{00} = -(\nabla_w^2 g)^{-1} (\nabla_w \nabla_\theta g)\Big|_{\substack{w=w_{00}\\ \theta=\theta_0}} \cdot (\boldsymbol{T} - \boldsymbol{\theta}_0) ,$$

und erhalten

$$\gamma = -\tfrac{1}{2}\mathrm{E}[(\boldsymbol{T} - \boldsymbol{\theta}_0)^T \boldsymbol{B}(\boldsymbol{T} - \boldsymbol{\theta}_0)]$$

mit der Matrix

$$\boldsymbol{B} := (\nabla_w \nabla_\theta g)^T (\nabla_w^2 g)^{-1} \nabla_w \nabla_\theta g\Big|_{\substack{w=w_{00}\\ \theta=\theta_{00}}} .$$

Die Matrix $\boldsymbol{B}$ hat die Form $\boldsymbol{B} = \boldsymbol{V}^T\boldsymbol{A}^{-1}\boldsymbol{V}$, wo $\boldsymbol{A}$ (vgl. (11.45) ff.) eine nicht negativ definite Matrix ist. Wir setzen darüber hinaus voraus, daß $\boldsymbol{A}$ nichtsingulär ist, also $\boldsymbol{A}^{-1}$ existiert. Dann ist auch $\boldsymbol{A}^{-1}$ nicht negativ definit. Daraus folgt aber, daß auch $\boldsymbol{B}$ nicht negativ definit ist. Das sieht man, wenn man mit einem beliebigen Vektor $\boldsymbol{b} \neq \boldsymbol{O}$ die quadratische Form

$$\boldsymbol{b}^T\boldsymbol{B}\boldsymbol{b} = \boldsymbol{b}^T\boldsymbol{V}^T\boldsymbol{A}^{-1}\boldsymbol{V}\boldsymbol{b} = (\boldsymbol{V}\boldsymbol{b})^T \boldsymbol{A}^{-1}\boldsymbol{V}\boldsymbol{b}$$

bildet. Da $\boldsymbol{V}\boldsymbol{b}$ ein Vektor ist und $\boldsymbol{A}^{-1}$ eine nicht negativ definite Matrix, gilt

$$\boldsymbol{b}^T\boldsymbol{B}\boldsymbol{b} \geqq 0 ,$$

w.z.b.w.

Damit kann man alle Schlüsse, die von (11.45) zu (11.47) führten, wiederholen und die Ungleichung

$$\gamma \geqq \mathrm{Spur}\ \boldsymbol{J}^{-1}\boldsymbol{B} = \mathrm{Spur}\ (\boldsymbol{V}\boldsymbol{J}^{-1}\boldsymbol{V}^T)\,\boldsymbol{A}^{-1}$$

mit

$$V := \nabla_{w}\nabla_{\theta}g\Big|_{\substack{w=w_{00}\\ \theta=\theta_0}}$$

bestätigen.

11.3.1.4. Beispiel für die Verringerung des Gesamtgüteverlustes $\gamma + \boldsymbol{v}$ durch nicht erwartungstreue und nicht konsistente Parameterschätzung

Wir betrachten hier den linearen Klassifikator im Modell der Normalverteilungen gleicher Kovarianzmatrix (2 Klassen).

11.3.1.4.1. Die Wahrscheinlichkeit korrekter Klassifikation

Die Wahrscheinlichkeit korrekter Klassifikation (BAYESsche Güte) eines durch $\boldsymbol{w}$ definierten linearen Klassifikators für zwei mit gleichen Wahrscheinlichkeiten $\mathbf{P}_1 = \mathbf{P}_2 = 1/2$ und gleicher Kovarianzmatrix $\boldsymbol{C}$ sowie mit den Mittelvektoren $\boldsymbol{\eta}_1$ und $\boldsymbol{\eta}_2$ normalverteilte Klassen ist durch

$$G_B(\boldsymbol{w}) = \tfrac{1}{2}\,[\Phi(\xi_1) + \Phi(-\xi_2)]$$

gegeben, wo

$$\left.\begin{aligned} &\xi_i := a_i/s\,, && a_i := \boldsymbol{w}^T\begin{pmatrix}\boldsymbol{\eta}_i\\ 1\end{pmatrix}, && i = 1, 2\,,\\ &s = (\boldsymbol{w}^T\boldsymbol{B}\boldsymbol{w})^{1/2}\,, && \boldsymbol{B} = \begin{pmatrix}\boldsymbol{C} & \boldsymbol{O}_1\\ \boldsymbol{O}_1^T & 0\end{pmatrix}, && \boldsymbol{w}^T = (\boldsymbol{w}^{*T}, w_{n+1})\end{aligned}\right\} \qquad (11.50)$$

sind.

Beweis. Sei $\boldsymbol{w}$ ein $n + 1$-dimensionaler Trennvektor, und seien die Entscheidungsgebiete für Klasse 1 bzw. 2 durch die Regel

$$\boldsymbol{w}^T\boldsymbol{y} = \boldsymbol{w}^{*T}\boldsymbol{x} + w_{n+1}\begin{cases} > 0: & \text{entscheide Klasse 1}\,,\\ < 0: & \text{entscheide Klasse 2}\end{cases}$$

bestimmt. $\boldsymbol{w}^T\boldsymbol{Y}$ ist wieder normalverteilt, und zwar nach $N(a_i, s)$ für Klasse i, $i = 1, 2$. Die Wahrscheinlichkeiten einer richtigen Klassifizierung sind dann, wenn F_i die Verteilungsfunktionen von $\boldsymbol{w}^T\boldsymbol{Y}$ für die nach W_i, $i = 1, 2$, verteilte n-dimensionale Zufallsvariable $\boldsymbol{X}$ sind,

$$\text{für Klasse 1: } 1 - F_1(0)\,,$$

$$\text{für Klasse 2: } F_2(0)\,.$$

Dabei ist die Verteilungsfunktion der eindimensionalen Normalverteilung $N(\mu, \sigma)$ durch

$$F(r) = \Phi\left(\frac{r - \mu}{\sigma}\right)$$

gegeben, wenn Φ die Verteilungsfunktion der normierten Normalverteilung ist.

11.3.1.4.2. Gütemaximum des linearen Klassifikators für die Wahrscheinlichkeitsverteilungen nach 11.3.1.4.1

Um das Maximum von G_B zu finden, berechnen wir den Vektor der ersten Ableitungen. Wir erhalten

$$\nabla_w G_B(w) = \frac{1}{2}\left[\Phi'(\xi_1)\left(\frac{1}{s}\begin{pmatrix}\eta_1\\1\end{pmatrix} - \frac{a_1}{s^3}Bw\right) - \Phi'(-\xi_2)\left(\frac{1}{s}\begin{pmatrix}\eta_2\\1\end{pmatrix} - \frac{a_2}{s^3}Bw\right)\right]. \tag{11.51}$$

Die letzte Komponente der Vektorgleichung $\nabla_w G_B = 0$ lautet hiernach

$$\frac{1}{s}\left(\Phi'(\xi_1) - \Phi'(-\xi_2)\right) = 0\,. \tag{11.52}$$

Da $\Phi'(a)$ eine gerade Funktion, also

$$\Phi'(a) = \Phi'(-a)\,, \qquad a \in \mathsf{R}^1\,,$$

ist, wird, wenn man $\eta_1 \neq \eta_2$ voraussetzt, Gleichung (11.52) durch

$$\xi_1 = -\xi_2\ (:= \alpha) \tag{11.53}$$

erfüllt. Unter Berücksichtigung von (11.53) verbleibt als Bedingung für das Verschwinden der ersten n Komponenten von (11.51) der Ausdruck

$$\frac{1}{2s}\Phi'(\alpha)\left(\eta_1 - \frac{a_1}{s^2}Cw^* - \left(\eta_2 - \frac{a_2}{s^2}Cw^*\right)\right) = 0\,.$$

Da für alle $\alpha \in \mathsf{R}^1$ die Funktion $\Phi'(\alpha) > 0$ ist, folgt mit (11.52) und (11.50)

$$\eta_1 - \eta_2 = 2\frac{\alpha}{s}Cw^*$$

und damit

$$w_0^* = \frac{s}{2\alpha}C^{-1}\Delta\eta\,, \tag{11.54}$$

$\Delta\eta := \eta_1 - \eta_2$. Durch Einsetzen von (11.54) in (11.50) und (11.53) erhält man $s = 1$ und damit

$$\left.\begin{aligned} w_0^* &= \frac{1}{2\alpha}C^{-1}\Delta\eta\,,\\ (w_0)_{n+1} &= -\frac{1}{4\alpha}\Delta\eta^T C^{-1}(\eta_1 + \eta_2)\,,\\ \alpha &= \frac{1}{2}(\Delta\eta^T C^{-1}\Delta\eta)^{1/2}\,,\\ G_B &= \Phi(\alpha) = \Phi\left(\frac{1}{2}(\Delta\eta^T C^{-1}\Delta\eta)^{1/2}\right). \end{aligned}\right\} \tag{11.55}$$

Zur Berechnung des Güteverlustes γ im Punkt w_0 benötigen wir die Matrix der zweiten Ableitungen von G_B im Punkt w_0. Wir gehen von der Formel

$$\begin{aligned}\nabla_w^2 G_B = \tfrac{1}{2}[&\Phi'(\xi_1)\nabla_w^2\xi_1 + \Phi''(\xi_1)(\nabla_w\xi_1)(\nabla_w\xi_1)^T\\ &-\Phi'(-\xi_2)\nabla_w^2\xi_2 + \Phi''(-\xi_2)(\nabla_w\xi_2)(\nabla_w\xi_2)^T]\end{aligned}$$

aus. Die 2. Ableitung $\Phi''(a)$ ist eine ungerade Funktion, d. h., es gilt

$$\Phi''(a) = -\Phi''(-a) \quad \text{für alle} \quad a \in \mathsf{R}^1 .$$

So ergibt sich

$$\nabla_{w}^2 G = \tfrac{1}{2}\,[\Phi'(\alpha)\,(\nabla_{w}^2\xi_1 - \nabla_{w}^2\xi_2) + \Phi''(\alpha)\,((\nabla_{w}\xi_1)\,(\nabla_{w}\xi_1)^T - (\nabla_{w}\xi_2)\,(\nabla_{w}\xi_2)^T)] . \tag{11.55a}$$

Hierin sind im Punkt $\boldsymbol{w}_0$

$$\nabla_{w}\xi_1 = \begin{pmatrix}\eta_1\\1\end{pmatrix} - \alpha\boldsymbol{B}\boldsymbol{w}_0 , \quad \nabla_{w}\xi_2 = \begin{pmatrix}\eta_2\\1\end{pmatrix} + \alpha\boldsymbol{B}\boldsymbol{w}_0 ,$$

$$\boldsymbol{B}\boldsymbol{w}_0 = \begin{pmatrix}\boldsymbol{C} & \boldsymbol{O}\\ \boldsymbol{O} & 0\end{pmatrix}\begin{pmatrix}\dfrac{1}{2\alpha}\boldsymbol{C}^{-1} & \Delta\eta\\ -\dfrac{1}{4\alpha}\Delta\eta^T & \boldsymbol{C}^{-1}(\eta_1+\eta_2)\end{pmatrix} = \frac{1}{2\alpha}\begin{pmatrix}\Delta\eta\\0\end{pmatrix},$$

also

$$\nabla_{w}\xi_1 = \begin{pmatrix}\eta_1\\1\end{pmatrix} - \begin{pmatrix}\frac{1}{2}\Delta\eta\\0\end{pmatrix} = \begin{pmatrix}\eta\\1\end{pmatrix}, \qquad \nabla_{w}\xi_2 = \begin{pmatrix}\eta\\1\end{pmatrix}, \qquad \eta := \frac{1}{2}(\eta_1+\eta_2) .$$

Weiter ist $\nabla_{w}^2\xi_i = \nabla_{w}\left(\dfrac{1}{s}\nabla_{w}a_i - \dfrac{\xi_i}{s}\nabla_{w}s\right)$, worin

$$\nabla_{w}a_i = \begin{pmatrix}\eta_i\\1\end{pmatrix}, \qquad \nabla_{w}^2 a_i = 0 ,$$

$$\nabla_{w}s = \frac{1}{s}\boldsymbol{B}\boldsymbol{w} , \qquad \nabla_{w}^2 s = \frac{1}{s}\boldsymbol{B} - \frac{1}{s^2}(\nabla_{w}s)\,(\boldsymbol{B}\boldsymbol{w})^T$$

sind.

Im Maximumpunkt und mit $s = 1$ werden damit

$$\nabla_{w}s = \boldsymbol{B}\boldsymbol{w}_0 = \frac{1}{2\alpha}\begin{pmatrix}\Delta\eta\\0\end{pmatrix}, \qquad \nabla_{w}^2 s = \boldsymbol{B} - \frac{1}{4\alpha^2}\begin{pmatrix}\Delta\eta\\0\end{pmatrix}\begin{pmatrix}\Delta\eta\\0\end{pmatrix}^T ,$$

$$\nabla_{w}^2\xi_1 = -\frac{1}{2\alpha}\left(\begin{pmatrix}\Delta\eta\\0\end{pmatrix}\begin{pmatrix}\eta\\1\end{pmatrix}^T + \begin{pmatrix}\eta_2\\1\end{pmatrix}\begin{pmatrix}\Delta\eta\\0\end{pmatrix}^T\right) - \alpha\boldsymbol{B} ,$$

$$\nabla_{w}^2\xi_2 = -\frac{1}{2\alpha}\left(\begin{pmatrix}\Delta\eta\\0\end{pmatrix}\begin{pmatrix}\eta\\1\end{pmatrix}^T + \begin{pmatrix}\eta_1\\1\end{pmatrix}\begin{pmatrix}\Delta\eta\\0\end{pmatrix}^T\right) + \alpha\boldsymbol{B} .$$

Damit wird nach (11.55a)

$$\nabla_{w}^2 G_B = \frac{1}{2}\left[\Phi'(\alpha)\left(\frac{1}{2\alpha}\begin{pmatrix}\Delta\eta\\0\end{pmatrix}\begin{pmatrix}\Delta\eta\\0\end{pmatrix}^T - 2\alpha\boldsymbol{B}\right)\right]$$

bzw.

$$\nabla_{w}^2 G_B \,|= -\alpha\Phi'(\alpha)\cdot\begin{pmatrix}\boldsymbol{C} - \dfrac{1}{4\alpha^2}\Delta\eta\,\Delta\eta^T & \boldsymbol{O}\\ \boldsymbol{O}^T & 0\end{pmatrix} . \tag{11.56}$$

Die Matrix $\nabla_{w}^2 G_B$ ist negativ semidefinit, wenn $\boldsymbol{C}$ als positiv definit vorausgesetzt wird.

Beweis. $\nabla^2_{w} G_B$ ist wegen $\Phi'(\alpha) > 0$, $\alpha > 0$, genau dann negativ semidefinit, wenn $\boldsymbol{A} := \boldsymbol{C} - (1/4\alpha^2)\,\Delta\boldsymbol{\eta}\,\Delta\boldsymbol{\eta}^T$ positiv semidefinit ist. In diesem Fall müßte

$$\inf_{\substack{\boldsymbol{a}\in\mathrm{R}^n\\ \boldsymbol{a}\neq\boldsymbol{O}}} \left(\boldsymbol{a}^T\boldsymbol{C}\boldsymbol{a} - \frac{1}{4\alpha^2}(\Delta\boldsymbol{\eta}^T\boldsymbol{a})^2\right) = 0$$

bzw., da $\boldsymbol{C}$ als positiv definit vorausgesetzt war,

$$\sup_{\substack{\boldsymbol{a}\in\mathrm{R}^n\\ \boldsymbol{a}\neq\boldsymbol{O}}} \frac{(\Delta\boldsymbol{\eta}^T\boldsymbol{a})^2}{\boldsymbol{a}^T\boldsymbol{C}\boldsymbol{a}} = 4\alpha^2 \tag{11.57}$$

sein. Das Maximum des Operanden von „sup" liegt bei einem Vektor $\boldsymbol{a}$, für den

$$\nabla_{\boldsymbol{a}} \frac{(\Delta\boldsymbol{\eta}^T\boldsymbol{a})^2}{\boldsymbol{a}^T\boldsymbol{C}\boldsymbol{a}} = \frac{2}{\boldsymbol{a}^T\boldsymbol{C}\boldsymbol{a}}(\Delta\boldsymbol{\eta}^T\boldsymbol{a})\,\Delta\boldsymbol{\eta} - \frac{(\Delta\boldsymbol{\eta}^T\boldsymbol{a})^2}{(\boldsymbol{a}^T\boldsymbol{C}\boldsymbol{a})^2}\cdot 2\cdot\boldsymbol{C}\boldsymbol{a} = \boldsymbol{O}$$

gilt. Diese Bedingung wird von

$$\boldsymbol{a} = \boldsymbol{C}^{-1}\,\Delta\boldsymbol{\eta} \tag{11.58}$$

erfüllt. Durch Einsetzen von (11.58) in (11.57) folgt (vgl. RAO (1973), S. 48)

$$\sup_{\substack{\boldsymbol{a}\in\mathrm{R}^n\\ \boldsymbol{a}\neq\boldsymbol{O}}} \frac{(\Delta\boldsymbol{\eta}^T\boldsymbol{a})^2}{\boldsymbol{a}^T\boldsymbol{C}\boldsymbol{a}} = \Delta\boldsymbol{\eta}^T\,\boldsymbol{C}^{-1}\,\Delta\boldsymbol{\eta}\,.$$

Durch Vergleich mit (11.55) ergibt sich die Richtigkeit der Behauptung.

11.3.1.4.3. Güteverlust in quadratischer Näherung im Modell der Normalverteilungen bei erwartungstreuer Parameterschätzung

Die TAYLOR-Entwicklung der Differenz $G_B(\boldsymbol{w}) - G_B(\boldsymbol{w}_0)$ bis zu bilinearen Gliedern in $2\alpha(\boldsymbol{w} - \boldsymbol{w}_0)$ lautet mit (11.56)

$$\delta G = -\frac{\Phi'(\alpha)}{8\alpha}\,\mathrm{Spur}\left(\boldsymbol{C} - \frac{1}{4\alpha^2}\Delta\boldsymbol{\eta}\,\Delta\boldsymbol{\eta}^T\right)2\alpha(\boldsymbol{w}^* - \boldsymbol{w}_0^*)\,2\alpha(\boldsymbol{w}^* - \boldsymbol{w}_0^*)^T,$$

und damit folgt unter Einführung der Bezeichnungen

$$\boldsymbol{v}_0^* := 2\alpha\boldsymbol{w}_0^*\,, \qquad (v_0)_{n+1} = 2\alpha w_{0\,n+1}$$

für den Güteverlust γ in dieser Näherung der Ausdruck

$$\gamma = \frac{\Phi'(\alpha)}{8\alpha}\,\mathrm{Spur}\left[\left(\boldsymbol{C} - \frac{1}{4\alpha^2}\Delta\boldsymbol{\eta}\,\Delta\boldsymbol{\eta}^T\right)\mathrm{E}(\hat{\boldsymbol{v}}_0^* - \boldsymbol{v}_0^*)\,(\hat{\boldsymbol{v}}_0^* - \boldsymbol{v}_0^*)^T\right]. \tag{11.59}$$

Mit (11.54) werden

$$\boldsymbol{v}_0^* = \boldsymbol{C}^{-1}(\Delta\boldsymbol{\eta})\,, \qquad v_{0\,n+1} = -\Delta\boldsymbol{\eta}^T\,\boldsymbol{C}^{-1}\boldsymbol{\eta}\,. \tag{11.60}$$

Wir verwenden hier die besten (erwartungstreuen) Schätzungen

$$\boldsymbol{S}_i := \frac{1}{N_i - 1}\cdot\sum_{\boldsymbol{x}\in s_i}(\boldsymbol{x} - \boldsymbol{H}_i)\,(\boldsymbol{x} - \boldsymbol{H}_i)^T\,,$$

$$\boldsymbol{S} := \frac{1}{N-2}\left((N_1 - 1)\cdot\boldsymbol{S}_1 + (N_2 - 1)\cdot\boldsymbol{S}_2\right),$$

$$\boldsymbol{H}_i := \frac{1}{N_i}\sum_{\boldsymbol{x}\in s_i}\boldsymbol{x}\,, \qquad i = 1, 2\,,$$

für $\boldsymbol{C}_1$, $\boldsymbol{C}_2$, $\boldsymbol{C}$ und η_1, η_2. Die Größen $\boldsymbol{S}_1$, $\boldsymbol{S}_2$, $\boldsymbol{H}_1$, $\boldsymbol{H}_2$ sind voneinander statistisch unabhängig verteilt. Wir betrachten die aus diesen Schätzungen invariant aufgebaute abgeleitete Schätzung

$$\hat{\boldsymbol{v}}_0^* = \boldsymbol{S}^{-1}(\boldsymbol{H}_1 - \boldsymbol{H}_2) \tag{11.61}$$

für $\boldsymbol{v}_0^*$ und definieren eine Matrix $\boldsymbol{U}$ und einen Vektor $\boldsymbol{Z}$ durch

$$\boldsymbol{S} = \boldsymbol{C} + \boldsymbol{U}\,, \qquad \boldsymbol{H}_1 - \boldsymbol{H}_2 = \Delta\eta + \boldsymbol{Z}\,.$$

Die Zufallsvariablen $\boldsymbol{U}$ und $\boldsymbol{Z}$ sind die Abweichungen der Schätzungen $\boldsymbol{S}$ bzw. $\boldsymbol{H}_1 - \boldsymbol{H}_2$ von den zu schätzenden Parametern $\boldsymbol{C}$ ($= \boldsymbol{C}_1 = \boldsymbol{C}_2$) bzw. $\Delta\eta$.

Sei Δ eine „kleine" Matrix so kann man die Näherungsformel

$$(\boldsymbol{I} + \Delta)^{-1} \approx \boldsymbol{I} - \Delta + \Delta^2\,,$$

d. h. einen bis zu Gliedern 2. Ordnung in Δ korrekten Ausdruck, anwenden. Man erhält so

$$\begin{aligned}\boldsymbol{S}^{-1} &= (\boldsymbol{C} + \boldsymbol{U})^{-1} = (\boldsymbol{I} + \boldsymbol{C}^{-1}\boldsymbol{U})^{-1} \cdot \boldsymbol{C}^{-1}\\ &= \boldsymbol{C}^{-1} - \boldsymbol{C}^{-1}\boldsymbol{U}\boldsymbol{C}^{-1} + \boldsymbol{C}^{-1}\boldsymbol{U}\boldsymbol{C}^{-1}\boldsymbol{U}\boldsymbol{C}^{-1}\,.\end{aligned}$$

Damit wird, ebenfalls bis zu Gliedern 2. Ordnung in $\boldsymbol{U}$ und $\boldsymbol{Z}$,

$$\hat{\boldsymbol{v}}_0^* - \boldsymbol{v}_0^* = -\boldsymbol{U}_1\,\Delta\eta + \boldsymbol{U}_2\,\Delta\eta + \boldsymbol{C}^{-1}\boldsymbol{Z} - \boldsymbol{U}_1\boldsymbol{Z} + \boldsymbol{U}_2\boldsymbol{Z}$$

mit den Bezeichnungen $\boldsymbol{U}_1 := \boldsymbol{C}^{-1}\boldsymbol{U}\boldsymbol{C}^{-1}$ und $\boldsymbol{U}_2 := \boldsymbol{C}^{-1}\boldsymbol{U}\boldsymbol{C}^{-1}\boldsymbol{U}\boldsymbol{C}^{-1}$. Unter Berücksichtigung der Erwartungstreue der Schätzungen in der Gestalt

$$\mathrm{E}[\boldsymbol{U}_1] = 0\,, \qquad \mathrm{E}[\boldsymbol{Z}] = 0\,,$$

und unter Berücksichtigung der statistischen Unabhängigkeit von $\boldsymbol{U}_1$ und $\boldsymbol{Z}$ sowie von $\boldsymbol{U}_2$ und $\boldsymbol{Z}$ wird damit

$$\begin{aligned}&\mathrm{E}(\hat{\boldsymbol{v}}_0^* - \boldsymbol{v}_0^*)\,(\hat{\boldsymbol{v}}_0^* - \boldsymbol{v}_0^*)^T = \mathrm{E}[\boldsymbol{U}_1\,\Delta\eta\,\Delta\eta^T\,\boldsymbol{U}_1 + \boldsymbol{C}^{-1}\boldsymbol{Z}\boldsymbol{Z}^T\boldsymbol{C}^{-1}]\\ &= \mathrm{E}[\boldsymbol{C}^{-1}\boldsymbol{U}\boldsymbol{v}_0^*\boldsymbol{v}_0^{*T}\boldsymbol{U}\boldsymbol{C}^{-1}] + \boldsymbol{C}^{-1}\mathrm{E}[\boldsymbol{Z}\boldsymbol{Z}^T]\,\boldsymbol{C}^{-1}\,.\end{aligned} \tag{11.61a}$$

Nach Abschnitt 11.1.3.5 gelten die Gleichungen

$$\boldsymbol{KOV}(\boldsymbol{H}_\iota, \boldsymbol{H}_\iota) = \frac{1}{N_\iota}\,\boldsymbol{C}_\iota\,,$$

$$\boldsymbol{KOV}\big((\boldsymbol{S}_\iota)_{rj}, (\boldsymbol{S}_\iota)_{kl}\big) = \frac{1}{N_\iota - 1}\,[(\boldsymbol{C}_\iota)_{rk}\,(\boldsymbol{C}_\iota)_{jl} + (\boldsymbol{C}_\iota)_{rl}\,(\boldsymbol{C}_\iota)_{jk}]\,.$$

Hiermit folgen unter Berücksichtigung der oben genannten statistischen Unabhängigkeiten durch

$$\boldsymbol{KOV}(\boldsymbol{S}_1, \boldsymbol{S}_2) = \boldsymbol{KOV}(\boldsymbol{S}_2, \boldsymbol{S}_1) = 0\,, \qquad \boldsymbol{KOV}(\boldsymbol{H}_1, \boldsymbol{H}_2) = \boldsymbol{KOV}(\boldsymbol{H}_2, \boldsymbol{H}_1) = 0$$

sowie unter der Voraussetzung $N_1 = N_2 = N$

$$\begin{aligned}\mathrm{E}[U_{rj}U_{kl}] &= \boldsymbol{KOV}(S_{rj}, S_{kl}) = \tfrac{1}{4}\,\boldsymbol{KOV}\big((\boldsymbol{S}_1 + \boldsymbol{S}_2)_{rj}\,(\boldsymbol{S}_1, + \boldsymbol{S}_2)_{kl}\big)\\ &= \tfrac{1}{4}\,\big(\boldsymbol{KOV}((\boldsymbol{S}_1)_{rj}, (\boldsymbol{S}_1)_{kl}) + \boldsymbol{KOV}((\boldsymbol{S}_2)_{rj}, (\boldsymbol{S}_2)_{kl})\big)\\ &= \frac{1}{2(N-1)}\,(C_{rj}C_{kl} + C_{rl}C_{jk})\end{aligned}$$

sowie

$$\mathrm{E}[Z_r Z_j] = \boldsymbol{KOV}((\boldsymbol{H}_1 - \boldsymbol{H}_2)_r, (\boldsymbol{H}_1 - \boldsymbol{H}_2)_j)$$

$$= \boldsymbol{KOV}((\boldsymbol{H}_1)_r, (\boldsymbol{H}_1)_j) + \boldsymbol{KOV}((\boldsymbol{H}_2)_r, (\boldsymbol{H}_2)_j) = \frac{1}{N}(\boldsymbol{C}_1 + \boldsymbol{C}_2)_{rj} = \frac{2}{N}\boldsymbol{C}_{rj}\,.$$

Durch Einsetzen in (11.61 a) und (11.59) folgt

$$\gamma = \frac{\Phi'(\alpha)}{8\alpha}\,\mathrm{Spur}\left(\left(\boldsymbol{C} - \frac{1}{4\alpha^2}\Delta\boldsymbol{\eta}\,\Delta\boldsymbol{\eta}^T\right)\mathrm{E}[(\hat{\boldsymbol{v}}_0^* - \boldsymbol{v}_0^*)\,(\hat{\boldsymbol{v}}_0^* - \boldsymbol{v}_0^*)^T]\right),$$

$$\mathrm{E}[(\hat{\boldsymbol{v}}_0^* - \boldsymbol{v}_0^*)\,(\hat{\boldsymbol{v}}_0^* - \boldsymbol{v}_0^*)^T] = \frac{1}{2(N-1)}(\boldsymbol{v}_0^*\boldsymbol{v}_0^{*T} + 4\alpha^2\boldsymbol{C}^{-1}) + \frac{2}{N}\boldsymbol{C}^{-1}\,.$$

Hierin ist

$$\mathrm{Spur}\left[\left(\boldsymbol{C} - \frac{1}{4\alpha^2}\Delta\boldsymbol{\eta}\,\Delta\boldsymbol{\eta}^T\right)\cdot\boldsymbol{v}_0^*\boldsymbol{v}_0^{*T}\right] = 0\,,$$

so bleibt also

$$\gamma = \frac{\Phi'(\alpha)}{8\alpha}\,\mathrm{Spur}\left[\left(\boldsymbol{C} - \frac{1}{4\alpha^2}\Delta\boldsymbol{\eta}\,\Delta\boldsymbol{\eta}^T\right)\left(\frac{4\alpha^2}{2(N-1)}\boldsymbol{C}^{-1} + \frac{2}{N}\boldsymbol{C}^{-1}\right)\right]$$

$$= \left(\frac{\alpha^2}{N-1} + \frac{1}{N}\right)\frac{\Phi'(\alpha)}{4\alpha}\,\mathrm{Spur}\left(\boldsymbol{I}_n - \frac{1}{4\alpha^2}\Delta\boldsymbol{\eta}\,\Delta\boldsymbol{\eta}^T\,\boldsymbol{C}^{-1}\right)$$

$$= \left(\frac{\alpha^2}{N-1} + \frac{1}{N}\right)\frac{\Phi'(\alpha)}{4\alpha}\,(n-1)\,, \tag{11.62}$$

wobei noch $\mathrm{Spur}\,(\Delta\boldsymbol{\eta}\,\Delta\boldsymbol{\eta}^T\,\boldsymbol{C}^{-1}) = \Delta\boldsymbol{\eta}^T\,\boldsymbol{C}^{-1}\,\Delta\boldsymbol{\eta} = 4\alpha^2$, $\mathrm{Spur}\,\boldsymbol{I}_n = n$ berücksichtigt wurden.

11.3.1.4.4. Optimalität nichterwartungstreuer (und inkonsistenter) Parameterschätzungen am Beispiel der Elimination von Merkmalen im Modell der Normalverteilungen nach 11.3.1.4.3

Eliminiert man alle Merkmale außer den ersten n_1 Merkmalen, so kann man auf den n_1-dimensionalen Unterraum der ersten n_1 Merkmale die Formel (11.60) anwenden, wobei die Objektverteilungen der Klassen die Randverteilungen der betreffenden Originalverteilungen bezüglich dieses Unterraumes und damit wieder Normalverteilungen mit den Mittelvektoren $\boldsymbol{\eta}_{1(1)}$ und $\boldsymbol{\eta}_{2(1)}$ und der gemeinsamen Kovarianzmatrix $\boldsymbol{C}_{(11)}$ der Klassen sind. Diese Größen und die zugeordneten besten Schätzungen sind durch die folgenden Zerlegungen der entsprechenden Matrizen bzw. Vektoren im Originalraum nach den ersten n_1 Merkmalen definiert:

$$\boldsymbol{C} = \begin{pmatrix}\boldsymbol{C}_{(11)} & \boldsymbol{C}_{(12)}\\ \boldsymbol{C}_{(12)}^T & \boldsymbol{C}_{(22)}\end{pmatrix}, \qquad \boldsymbol{S} = \begin{pmatrix}\boldsymbol{S}_{(11)} & \boldsymbol{S}_{(12)}\\ \boldsymbol{S}_{(12)}^T & \boldsymbol{S}_{(22)}\end{pmatrix},$$

$$\Delta\boldsymbol{H} = \begin{pmatrix}\Delta\boldsymbol{H}_{(1)}\\ \Delta\boldsymbol{H}_{(2)}\end{pmatrix}, \qquad \boldsymbol{H} = \begin{pmatrix}\boldsymbol{H}_{(1)}\\ \boldsymbol{H}_{(2)}\end{pmatrix}.$$

Der Güteverlust γ_1 im Unterraum der ersten n_1 Merkmale ist damit nach (11.62)

$$\gamma_1 = \left(\frac{\alpha_1^2}{N-1} + \frac{1}{N}\right)\frac{\Phi'(\alpha_1)}{4\alpha_1}(n_1 - 1) \quad \text{mit} \quad \alpha_1 = \frac{1}{2}\left(\Delta\boldsymbol{\eta}_{(1)}^T \boldsymbol{C}_{(11)}^{-1} \Delta\boldsymbol{\eta}_{(1)}\right)^{1/2}.$$

Wir müssen die Fehlerbetrachtung jedoch im Raum aller Merkmale durchführen. Der Lösungsvektor (11.61) ist in diesem Raum durch den $n+1$-dimensionalen Vektor

$$\boldsymbol{u}_0^* = \boldsymbol{m}^{-1} \cdot \boldsymbol{d} =: \begin{pmatrix} \boldsymbol{u}_{0(1)}^* \\ \boldsymbol{O} \end{pmatrix}, \qquad u_{0,n+1} = -\Delta\boldsymbol{d}^T \cdot \boldsymbol{m}^{-1} \cdot \boldsymbol{d}$$

zu ersetzen, der mit den neuen Schätzstatistiken

$$\boldsymbol{m} := \begin{pmatrix} \boldsymbol{S}_{(11)} & \boldsymbol{O} \\ \boldsymbol{O} & \boldsymbol{S}_{(22)} \end{pmatrix}, \qquad \Delta\boldsymbol{d} := \begin{pmatrix} \Delta\boldsymbol{h}_{(1)} \\ \boldsymbol{O} \end{pmatrix}, \qquad \boldsymbol{d} := \begin{pmatrix} \boldsymbol{h}_{(1)} \\ \boldsymbol{O} \end{pmatrix}$$

dargestellt werden kann. Diese neuen Schätzungen $\boldsymbol{m}$ für $\boldsymbol{C}$, $\Delta\boldsymbol{d}$ für $\Delta\boldsymbol{\eta}$ und $\boldsymbol{d}$ für $\boldsymbol{\eta}$ sind nicht mehr erwartungstreu, sie sind auch nicht konsistent, da

$$\lim_{N\to\infty} \boldsymbol{u}_0^* = \begin{pmatrix} \boldsymbol{v}_{0(1)}^* \\ \boldsymbol{O} \end{pmatrix} \neq \boldsymbol{v}_0^* = \begin{pmatrix} \boldsymbol{v}_{0(1)}^* \\ \boldsymbol{v}_{0(2)}^* \end{pmatrix},$$

$$\lim_{N\to\infty} u_{0,n+1} = -\Delta\boldsymbol{\eta}_{(1)}^T \boldsymbol{C}_{(11)}^{-1} \Delta\boldsymbol{\eta}_{(1)} \neq -\Delta\boldsymbol{\eta}^T \boldsymbol{C}^{-1} \Delta\boldsymbol{\eta} = v_{0,n+1}$$

sind, so daß ein Modellierungsfehler vom Betrag $\nu = \Phi(\alpha) - \Phi(\alpha_1)$ entsteht.

Daß α_1 stets kleiner ist als α oder höchstens gleich α — und damit ν stets größer als Null ist — ergibt sich aus der Ungleichung vor (11.9) von Abschnitt 11.1.2.6, wenn man dort $\boldsymbol{A}_{11}$ mit $\boldsymbol{C}_{(11)}$, $\boldsymbol{a}_1$ mit $\Delta\boldsymbol{\eta}_{(1)}$ und $\boldsymbol{a}$ mit $\Delta\boldsymbol{\eta}$ identifiziert.

Die bei einem Übergang von n auf n_1 Merkmale eintretende Verringerung des Gesamtgüteverlustes $(\gamma + \nu)$ ist dann durch den Ausdruck

$$b := \gamma - (\nu + \gamma_1) = \left(\frac{\alpha^2}{N-1} + \frac{1}{N}\right)\frac{n-1}{4\sqrt{2\pi}\,\alpha}\exp\left(-\frac{\alpha^2}{2}\right)$$
$$- \left(\frac{\alpha_1^2}{N-1} + \frac{1}{N}\right)\frac{n_1-1}{4\sqrt{2\pi}\,\alpha_1}\exp\left(-\frac{\alpha_1^2}{2}\right) + \Phi(\alpha_1) - \Phi(\alpha)$$

bestimmt. In Abb. 54 ist die zulässige Trenngüteminderung $\Delta\alpha := \alpha - \alpha_1$ in Abhängigkeit von α für eine konstante relative Verlustsenkung c, wobei c mit Hilfe von b durch

$$c = \left(1 - \Phi(\alpha)\right)^{-1} b$$

definiert sei für $n = 2\,N/3$, $n_1 = n/6$, $N \to \infty$, dargestellt.

Die Abbildung zeigt damit die maximal zulässige Verringerung der Trenngüte durch Reduktion der Dimensionalität von n auf n_1, wenn eine Güteerhöhung von mindestens $c \cdot \left(1 - \Phi(\alpha)\right)$ garantiert sein soll, d. h. die ursprüngliche Fehlerrate $1 - G_B(w_0)$ um mindestens $100 \cdot c\%$ sinken soll.

Offenbar existiert eine Funktion f, so daß für feste Werte N, n, n_1

$$c = f(\alpha_1, \alpha)$$

wird. Die Funktion f ist bei $\alpha = \text{const.}$ mit α_1 monoton wachsend, d. h., es gilt

$$f(\alpha_1', \alpha) > f(\alpha_1'', \alpha), \quad \text{falls} \quad \alpha_1' > \alpha_1''.$$

Die Trenngüten α, α_1 können jedoch nur als statistische Schätzungen bestimmt werden. Wir bezeichnen diese Schätzungen mit $\hat{\alpha}$ bzw. $\hat{\alpha}_1$. Die durch

$$\hat{c} := f(\hat{\alpha}_1, \hat{\alpha})$$

definierte Größe sei die resultierende Schätzung für c. Diese Ergebnisse können wie folgt zur Verlustsenkung durch Reduktion der Kompliziertheit von n auf n_1 Merkmale

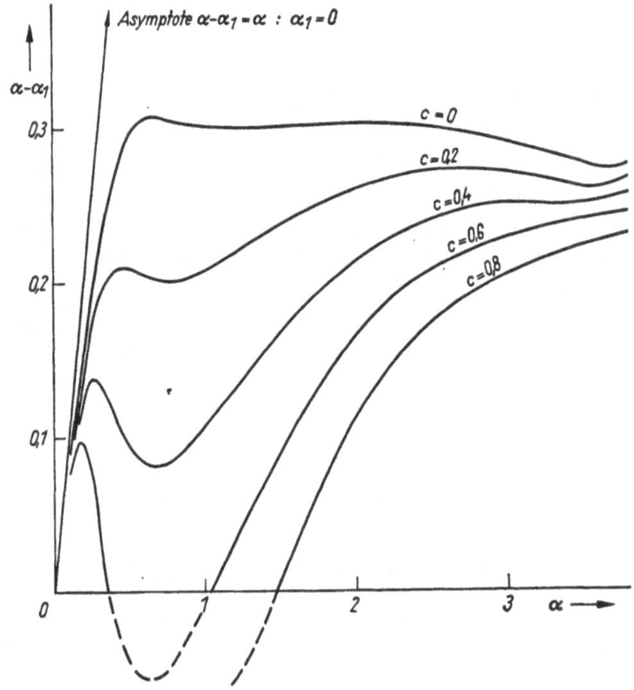

Abb. 54. Zur Erhöhung der Klassifikationsgüte durch Dimensionsreduktion

genutzt werden: Man wählt eine geeignete Schranke für c, z. B. den Wert Null, und prüft, ob $\hat{c}$ oberhalb dieser Schranke liegt. Ist das der Fall, so wollen wir sagen, das Ereignis Q sei eingetreten, andernfalls sagen wir, $\bar{Q}$ sei eingetreten. Bezüglich der Beziehung zwischen $\hat{c}$ und c gibt es dann die folgenden Fälle:

1. Q und $c \geqq 0$; 2. Q und $c < 0$;

3. $\bar{Q}$ und $c \geqq 0$; 4. $\bar{Q}$ und $c < 0$.

Über die Reduktion des Merkmalssatzes werde nun in Abhängigkeit von den experimentell beobachteten Ereignissen Q bzw. $\bar{Q}$ entschieden, bei Q positiv, bei $\bar{Q}$ negativ. Damit tritt gegenüber dem Güteverlust bei Verwendung des vollen Merkmalssatzes ein Gewinn im 1. Fall, ein Verlust im 2. Fall ein. Die Fälle 3 und 4 sind gegenüber Gewinn und Verlust indifferent — im 3. Fall wäre bei Reduktion ein Gewinn möglich, im 4. Fall träte jedoch ein Verlust ein. Es sollten deshalb $\mathbf{P}(Q \mid c \geqq 0)$ möglichst groß, $\mathbf{P}(Q \mid c < 0)$ möglichst klein, $\mathbf{P}(\bar{Q} \mid c > 0)$ nicht zu groß sein, letzteres, um die sich bietenden Möglichkeiten für eine Verlustsenkung weitgehend nutzen zu können. Wie groß diese Wahrscheinlichkeiten sind, hängt von der Verteilungsfunktion von $\hat{\alpha}$ bzw. $\hat{\alpha}_1$ ab, vgl. hierzu Abschnitt 11.1.3.8.

Zum Problem der Merkmalsreduktion bei unbekannten Verteilungsgesetzen vgl. Abschnitt 13.1.8 in Verbindung mit Abschnitt 13.5.

11.3.2. Nichtparametrische Modelle

Ebenso wie im vorangegangenen Abschnitt mit Hilfe eines parametrischen statistischen Modells werden auch hier auf der Grundlage gewisser Modellannahmen Verteilungsdichten anhand einer konkreten Stichprobe geschätzt.

In Abschnitt 11.3.1 war das statistische Modell vom Stichprobenumfang N unabhängig und damit auch die Klasse der zur Auswahl gestellten, durch den Vektorparameter $\boldsymbol{\theta}$ beschriebenen Dichtefunktionen $\varrho_k(\boldsymbol{x}; \boldsymbol{\theta})$, $k = 1, \ldots, M$. Enthält diese Klasse von Dichtefunktionen die konkret vorliegende nicht, so kann auch durch beliebige Vergrößerung des Stichprobenumfangs N der Güteverlust nicht unter den Modellierungsfehler $\boldsymbol{v}$ herabgedrückt werden.

Das von Parzen eingesetzte Approximationsverfahren hat diesen Nachteil nicht. Es benutzt für die Approximation der Objektdichte einer Klasse k, die durch eine Stichprobe des Umfangs $L = N_k$ in der Gesamtstichprobe vertreten sei, den Ansatz

$$\hat{\varrho}(\boldsymbol{x}) = \frac{1}{L} \sum_{i=1}^{L} (\alpha_L)^{-n} K^{(n)} \left(\frac{\boldsymbol{x} - \boldsymbol{x}^{(i)}}{\alpha_L} \right), ^{1)} \tag{11.63}$$

wo α_L eine vom Umfang der Stichprobe $N_k \equiv L$ der Klasse k abhängige Konstante ist.

Um zu gewährleisten, daß $\hat{\varrho}$ die tatsächliche Dichte ϱ asymptotisch erreicht, muß die Funktion K gewisse Eigenschaften besitzen. Hierüber gilt, falls $K^{(n)}(\boldsymbol{a}) = \prod_{i=1}^{n} K(a_i)$, $\boldsymbol{a} = (a_1, \ldots, a_n)$ gesetzt wird:

Satz. *Wenn $K(a)$ die Bedingungen*

1. *für alle* $a \in \mathsf{R}^+$ *ist* $0 \leqq K(a) \leqq b < \infty$;
2. $\int_{\mathsf{R}^n} K(a) \, \mathrm{d}a = 1$;
3. $\lim_{a \to \pm\infty} aK(a) = 0$;
4. $\lim_{L \to \infty} \alpha_L = 0$;
5. $\lim_{L \to \infty} L \cdot \alpha_L = \infty$

erfüllt, dann gilt in jedem Punkt $\boldsymbol{x}$, in dem die Dichtefunktion $\varrho(\boldsymbol{x})$ stetig ist,

$$\lim_{L \to \infty} \mathbf{E}\hat{\varrho}_L(\boldsymbol{x}) = \varrho(\boldsymbol{x}), \qquad \lim_{L \to \infty} \boldsymbol{KOV}(\hat{\varrho}_L, \hat{\varrho}_L) = 0 .$$

Die so geschätzten Dichtefunktionen der Klassen konstituieren das geschätzte Wahrscheinlichkeitsmaß W des Problems und auf dieser Grundlage, in gleicher Weise wie oben aufgezeigt, die optimale Klassifizierungsfunktion φ_0.

---

1) Die Objektfolge $\boldsymbol{x}^{(1)}, \ldots, \boldsymbol{x}^{(L)}$ ist eine Teilfolge der Stichprobe $\mathfrak{s}$ und enthält alle Objekte, deren Klassenzugehörigkeit gleich k ist.

Kritisch ist zu dieser Vorgehensweise zu bemerken, daß der Vorteil des Ansatzes (11.63), die korrekte Dichtefunktion asymptotisch anzunähern, bei den meist praktisch recht kleinen Stichprobenumfängen noch nicht wirksam wird. Dazu kommt, daß der Modellansatz (11.63) für kleine Stichproben im allgemeinen zu ungenau ist, so daß mit recht großen Güteverlusten des Typs γ zu rechnen ist.

So entsteht die Dichte $\varrho(\boldsymbol{x})$ nach (11.63) durch Superposition der Elementarverteilung

$$\varrho(\boldsymbol{x}) := (\alpha_L)^{-n} K\left(\frac{\boldsymbol{x} - \boldsymbol{x}^{(i)}}{\alpha_L}\right), \tag{11.64}$$

die wegen der 2. Bedingung des Satzes der Normierungsbedingung

$$\int_{\mathsf{R}^n} \mathrm{d}\boldsymbol{x}\, \varrho(\boldsymbol{x}) = \alpha_L^{-n} \int_{\mathsf{R}^n} \mathrm{d}\boldsymbol{x}\, K\left(\frac{\boldsymbol{x} - \boldsymbol{x}^{(i)}}{\alpha_L}\right) = 1$$

genügt — was bei Übergang zur neuen Variable $\boldsymbol{x}' := \alpha_L^{-1}\boldsymbol{x}$, wobei $\mathrm{d}\boldsymbol{x} = \alpha_L^n\, \mathrm{d}\boldsymbol{x}'$ gilt, zu sehen ist. Der Ausdruck (11.64) ist die Dichte eines Location-Scale-Modells (vgl. Fraser (1976)), deren Lokalisation $\boldsymbol{\eta}$ im Raum R^n der Merkmale als Resultat einer statistischen Schätzung auf der Grundlage der *Einer-Stichprobe* $\boldsymbol{x}^{(i)}$ interpretiert werden kann, wobei $\boldsymbol{\eta} = \hat{\boldsymbol{\eta}} = \boldsymbol{x}^{(i)}$ gesetzt wird. Die Verteilung $\varrho(\boldsymbol{x})$ nach (11.64) ist im übrigen kugelsymmetrisch mit dem Skalenfaktor α_L^{-1}, von dem alle Kovarianzen umgekehrt proportional quadratisch, d. h. proportional zu α_L^2, abhängen:

$$\begin{aligned} \boldsymbol{KOV}(\boldsymbol{X}, \boldsymbol{X}^T) &= \int \varrho(\boldsymbol{x})\, (\boldsymbol{x} - \boldsymbol{x}^{(i)})\, (\boldsymbol{x} - \boldsymbol{x}^{(i)})^T\, \mathrm{d}\boldsymbol{x} \\ &= \int \mathrm{d}\boldsymbol{x}'\, \varrho(\boldsymbol{x}')\, \alpha_L \cdot \boldsymbol{x}'(\alpha_L \cdot \boldsymbol{x}')^T \\ &= \alpha_L^2 \int \varrho(\boldsymbol{x}')\, \boldsymbol{x}'\boldsymbol{x}'^T\, \mathrm{d}\boldsymbol{x}' = \text{const.} \cdot \alpha_L^2\,. \end{aligned}$$

Die Forderung nach Verkleinerung der Kovarianzen des Elementarmodells und damit seiner „Reichweite“ im R^n mit wachsendem Stichprobenumfang, wie sie in Bedingung 4 des Satzes formuliert ist, ist notwendig für die Konvergenz des Verfahrens (vgl. Abb. 55).

Diese geforderte L-Abhängigkeit hat andererseits die Konsequenz, daß bei kleinem Stichprobenumfang L, d. h. bei geringer Dichte der Belehrungsobjekte im Merkmalsraum R^n, die zu schätzende Dichte in unzulässig hohem Grade lokal die Form und den Verlauf der Elementardichtefunktion K annimmt, die selbst im allgemeinen eine völlig unzureichende Näherung konkreter Dichtefunktionen ist.

Ferner ist zu bemerken, daß die Abspeicherung des Ansatzes (11.63) in einem Rechner einen mit dem Stichprobenumfang proportional wachsenden Aufwand erfordert — im Unterschied zu parametrischen Modellen, bei denen Anzahl und Art der abzuspeichernden Größen als die Komponenten des Vektors $\boldsymbol{\theta}$ unveränderlich und fest vorgegeben sind.

Der Umfang der zur Ausrechnung von $\hat{\varrho}$ nach (11.63) zu verarbeitenden Parametermenge — das sind im wesentlichen die Objekte $\boldsymbol{x}^{(i)}$, $i = 1, \ldots, N$ — und ihre Speicherung im Rechner stehen der Ausschöpfung der Vorteile des Verfahrens bei großen Werten L entgegen. Hinzu kommt, daß in manchen Anwendungen der Stichprobenumfang u. U. nicht auf die für das Verfahren nötige Größenordnung erhöht werden kann (z. B. bei Klassen von seltenen Krankheiten in der medizinischen Diagnostik), so daß besser mit wohlfundierten statistischen Modellen gearbeitet wird.

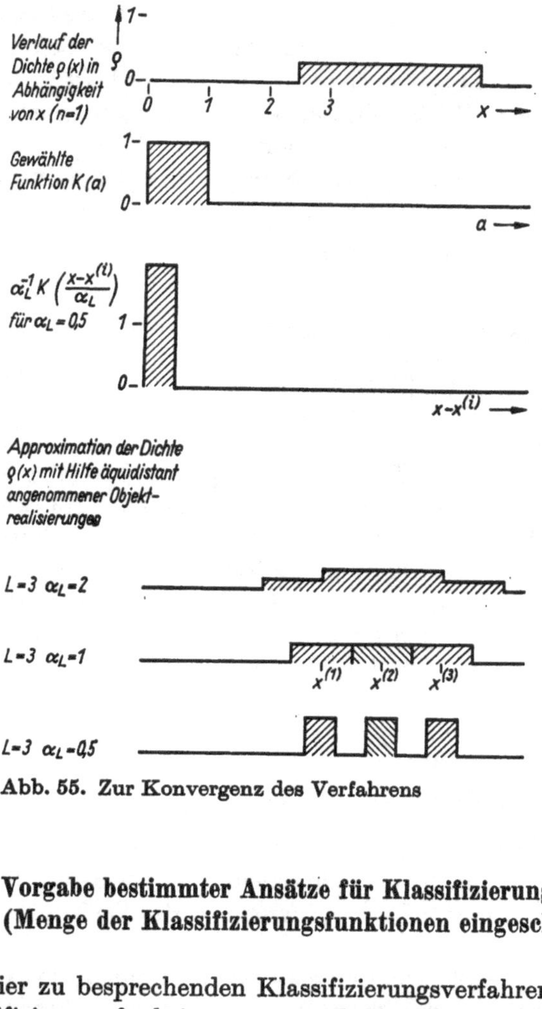

Abb. 55. Zur Konvergenz des Verfahrens

11.4. Vorgabe bestimmter Ansätze für Klassifizierungsfunktionen (Menge der Klassifizierungsfunktionen eingeschränkt)

Bei den hier zu besprechenden Klassifizierungsverfahren wird primär eine Menge E von Klassifizierungsfunktionen vorgegeben, im Unterschied zur Vorgabe einer Menge (Familie) von Wahrscheinlichkeitsmaßen wie im Abschnitt 11.3.1. In der Menge E, die sich sowohl durch ihre Modellierungseigenschaften wie durch bestimmte Vorzüge bei der Realisierung der Klassifikatoren (lineare, stückweise lineare Klassifizierungsfunktionen) auszeichnen wird, ist eine g-optimale Klassifizierungsfunktion zu bestimmen, ohne im eigentlichen Sinne statistische Modellannahmen und die damit möglicherweise verbundenen Modellierungsfehler ν in Kauf nehmen zu müssen. Modellierungsfehler vom Typ ν verschwinden zwar deshalb nicht generell, aber sie sind nur noch durch die Tatsache bedingt, daß E eine Teilmenge des Universums U_φ ist. So erzeugt z.B. das statistische Modell $\mu_{N,l}$ zweier mit gleicher Kovarianzmatrix normalverteilten Klassen im Sinne von (11.42) die Menge E_{2l} der linearen Klassifizierungsfunktionen. Umgekehrt erzeugt E_{2l} die Menge

$$\mathsf{W}_{2l} := \{W \in \mathsf{U}_W : \varphi_0 = \xi(W) \in \mathsf{E}_{2l}\}$$ [1])

[1]) Mit $\xi(W)$ sei die Funktion $\xi_g(W, \mathsf{E})$ von (11.30) für den Fall $\mathsf{E} \equiv \mathsf{U}_\varphi$ bezeichnet.

aller Wahrscheinlichkeitsmaße für die Objektverteilung eines Zwei-Klassen-Problems, deren optimale Klassifizierungsfunktion linear ist. Es ist

$$\mu_{N_2 l} \subset \mathsf{W}_{2l} ,$$

also W_{2l} eine echte Obermenge von $\mu_{N_2 l}$, so daß der Modellierungsfehler durch Vorgabe von E_{2l} im Vergleich zur Vorgabe des statistischen Modells $\mu_{N_2 l}$ (vgl. hierzu die Abb. 56) verringert wird.

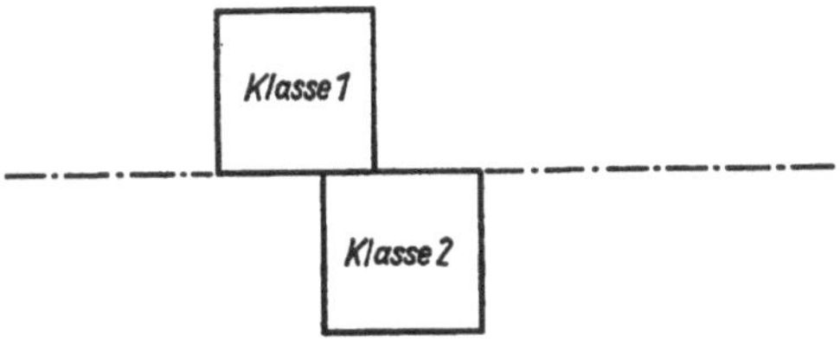

Abb. 56. Nicht*normale* Wahrscheinlichkeitsverteilung eines Zwei-Klassen-Problems, dessen optimale Trennfläche eben ist

Die Konsequenz einer Abkehr von statistischen Modellannahmen führt auf eine Lösung des Problems in den folgenden zwei Schritten:

1. Verteilungsfreie Schätzung der Gütefunktion $g_B(\boldsymbol{w})$, vgl. (11.26) ff., durch die sogenannte *empirische Schätzung* $g_{B_{\text{emp}}}(\varphi)$;
2. Maximierung der Schätzung $g_{B_{\text{emp}}}(\varphi)$ nach φ in der Klasse E.

Zu 1. Die empirische Schätzung von g_B lautet

$$g_{B_{\text{emp}}}(\varphi) = \frac{1}{N} \sum_{i=1}^{N} \delta_{\varphi(\boldsymbol{x}^{(i)}) k^{(i)}} .$$

Die Verteilungsfreiheit von $g_{B_{\text{emp}}}$ wird durch Vergrößerung des Güteverlustes vom Typ γ erkauft. Trotzdem kann die gleichzeitige Berücksichtigung von ν und γ zu einer Verbesserung führen (vgl. Kapitel 12).

Zu 2. Die Klasse E von Klassifizierungsfunktionen wird hier als parametrisch beschriebene Familie

$$\mathsf{E} = \{\varphi(\boldsymbol{w}) \in \mathsf{U}_\varphi : \boldsymbol{w} \in \mathsf{R}^Q\} \tag{11.65}$$

von Klassifizierungsfunktionen mit indizierendem Parametervektor $\boldsymbol{w} \in \mathsf{R}^Q$ vorausgesetzt. Die Maximierung in E geht damit in eine solche in R^Q über, so daß

mit

$$\left.\begin{aligned} \varphi_{0_{\text{emp}}}(\boldsymbol{x}) &= \varphi(\boldsymbol{x}, \boldsymbol{w}_0) \\ g_{B_{\text{emp}}}(\varphi(\boldsymbol{x}, \boldsymbol{w}_0)) &= \sup_{\boldsymbol{w} \in \mathsf{R}^Q} g_{B_{\text{emp}}}(\varphi(\boldsymbol{x}, \boldsymbol{w})) \end{aligned}\right\} \tag{11.66}$$

zu schreiben ist. Die Lösung des Maximierungsproblems (11.66), z. B. in der Klasse E_{2l} der linearen Klassifizierungsfunktionen, ist (vgl. Abb. 57) nur in Ausnahmefällen eindeutig. Eine Eigenschaft analog der für statistische Modelle mit der Voraussetzung 1, Abschnitt 11.2. geforderten gilt hier also nicht.

Die Mehrdeutigkeit der Lösung möchte man gern durch Zusatzannahmen beseitigen, da man annehmen muß, daß in der Vielzahl von Lösungen eine als die beste ausgezeichnet werden kann. Diese Erwartung stützt sich im Grunde wieder auf bestimmte plausible Eigenschaften der eingangs als existierend postulierten Wahrscheinlichkeitsverteilung W der Klassen. Dies führt zu einer Philosophie, anstelle von g_B bestimmte plausible Gütefunktionale g zu maximieren. Dabei unterscheidet sich g von g_B nur durch die zugrunde gelegte Gütefunktion ζ. Während der Wert von g_B nur von der Wertebelegung der (unstetigen) Funktion $\varphi(\boldsymbol{x})$ und der Realisierung k der diskreten Klassenvariablen K abhängt, ist ζ eine stetige Funktion von $\boldsymbol{x}$. Dies

Abb. 57. Zwei Trenngeraden

wird z. B. dadurch erreicht, daß eine Abhängigkeit der Funktion ζ nicht von φ, sondern von einem Satz stetiger Funktionen $d_1(\boldsymbol{x}), \ldots, d_M(\boldsymbol{x})$ postuliert wird, von denen seinerseits φ eindeutig abhängt. Wegen dieser letzteren Eigenschaft werden die $d_i(\boldsymbol{x})$ auch *Unterscheidungsfunktionen* oder auch *Diskriminanzfunktionen* genannt. Diese Rolle der Diskriminanzfunktionen läßt sich wie folgt mit Hilfe des Begriffes *Entscheidungsgebiet* R_i einer Klasse i erklären: Die R_i, $i = 1, \ldots, M$, mögen bis auf W-Nullmengen eine Zerlegung des R^n in Teilbereiche bilden, dann ist definitionsgemäß

$$\varphi(\boldsymbol{x}) = i\,, \quad \text{falls} \quad \boldsymbol{x} \in \mathsf{R}_i\,,$$

wobei jedes $\boldsymbol{x} \in \mathsf{R}^n$ genau in einem Gebiet R_i liegt. Die Komponenten einer Vektorfunktion

$$\boldsymbol{d}(\boldsymbol{x}) = \big(d_1(\boldsymbol{x}), \ldots, d_M(\boldsymbol{x})\big)\,, \qquad d_i\colon \mathsf{R}^n \to \mathsf{R}^1\,,$$

heißen genau dann *Diskriminanzfunktionen* zur Klassifizierungsfunktion $\varphi(\boldsymbol{x})$, wenn sie stetig sind und wenn — bis auf Lebesgue-Borelsche Nullmengen des R^n — die Implikation

$$\Big(d_i(\boldsymbol{x}) = \max_j d_j(\boldsymbol{x})\Big) \Rightarrow \boldsymbol{x} \in \mathsf{R}_i$$

gilt. An die Stelle der Funktion $\zeta_B\big(\varphi(\boldsymbol{x}), k\big) = \delta_{\varphi(\boldsymbol{x}),k}$ soll dann ein Ansatz $\zeta(\boldsymbol{x}, k) = f\big(d_k(\boldsymbol{x})\big)$ treten.

Unter allen Diskriminanzfunktionen für eine Funktion φ sind diejenigen ausgezeichnet, die auf dem Rand des betreffenden Gebietes R_i verschwinden — und damit zwangsläufig im Innern desselben positiv sind. Funktionen mit dieser Eigenschaft lassen sich aus einem beliebigen Satz $\boldsymbol{d}(\boldsymbol{x})$ z. B. durch die Transformation

$$\left.\begin{aligned} d_{*i}(\boldsymbol{x}) &:= \min_{j \neq i} \big(d_i(\boldsymbol{x}) - d_j(\boldsymbol{x})\big)\,, \qquad i = 1, \ldots, M\,, \\ \text{mit} \qquad \boldsymbol{d}_*(\boldsymbol{x}) &:= \big(d_{*_1}(\boldsymbol{x}), \ldots, d_{*_M}(\boldsymbol{x})\big) \end{aligned}\right\} \tag{11.67}$$

gewinnen. Die Familie E von Entscheidungsfunktionen nach (11.65) ist durch eine Familie

$$\mathsf{D} := \{d(\boldsymbol{x}, \boldsymbol{w}) : \boldsymbol{w} \in \mathsf{H}\}$$

erzeugbar, wobei H die Menge der Parametervektoren $\boldsymbol{w}$ dieser Familie sei und für jede der Funktionen $d_i(\boldsymbol{x})$, $i = 1, \dots, M$, ein Parameter $\boldsymbol{w}_i \in \mathsf{H}$ existiert, so daß

$$d_i(\boldsymbol{x}) = d(\boldsymbol{x}, \boldsymbol{w}_i)$$

gilt. Das Funktional G zur Optimierung der Parametersätze $\boldsymbol{w}_i$ erhält dann die Form

$$G(\mathsf{s}, \boldsymbol{w}) = f\big(d(x^{(1)}, \boldsymbol{w}_{k(1)}), \dots, d(x^{(N)}, \boldsymbol{w}_{k(N)})\big) \tag{11.68}$$

mit dem Gesamtvektor

$$\boldsymbol{w}^T = (\boldsymbol{w}_1^T \mid \boldsymbol{w}_2^T \mid \dots \mid \boldsymbol{w}_M^T)$$

der Parameter. Die Stetigkeit der Diskriminanzfunktionen d führt bei geeigneter Wahl der Funktion ζ zur Aufhebung der Mehrdeutigkeit des Lösungsvektors $\boldsymbol{w}_0$ der Maximierungsaufgabe

$$G(\mathsf{s}, \boldsymbol{w}_0) = \sup_{\boldsymbol{w} \in \mathsf{H}} G(\mathsf{s}, \boldsymbol{w}) \,, \tag{11.69}$$

vgl. die folgenden Beispiele.

Wir betrachten im folgenden einige konkrete Funktionale G für Zwei-Klassen-Probleme und geben wahrscheinlichkeitstheoretische Interpretationen derselben.

Bei zwei Klassen ist $\boldsymbol{d}(\boldsymbol{x}) = \big(d_1(\boldsymbol{x}), d_2(\boldsymbol{x})\big)$, und es wird nach (11.67)

$$\boldsymbol{d}_*(\boldsymbol{x}) = \big(d(\boldsymbol{x}), -d(\boldsymbol{x})\big) \tag{11.70}$$

mit $d(\boldsymbol{x}) := d_1(\boldsymbol{x}) - d_2(\boldsymbol{x})$. Damit werden — wie schon oben erwähnt, bis auf W-Nullmengen —

$$\mathsf{R}_1 = \{\boldsymbol{x} \in \mathsf{R}^n : d(\boldsymbol{x}) > 0\} \,, \qquad \mathsf{R}_2 = \{\boldsymbol{x} \in \mathsf{R}^n : d(\boldsymbol{x}) < 0\} \,. \tag{11.71}$$

Wählt man für D die Familie D_l der linearen Diskriminanzfunktionen

$$d(\boldsymbol{x}, \boldsymbol{w}) = \boldsymbol{w}^T \begin{pmatrix} \boldsymbol{x} \\ \hdashline 1 \end{pmatrix} = \boldsymbol{w}^T \cdot \boldsymbol{y}$$

mit $\boldsymbol{y}^T = (\boldsymbol{x}^T \mid 1)$ und $\mathsf{H} = \mathsf{R}^{n+1}$, so ist wegen $d_i(\boldsymbol{x}) = \boldsymbol{w}_i^T \boldsymbol{y}$, $i = 1, 2$,

$$d(\boldsymbol{x}) = d_{*1}(\boldsymbol{x}) = -d_{*1}(\boldsymbol{x}) = (\boldsymbol{w}_1^T - \boldsymbol{w}_2^T)\, \boldsymbol{y} = \boldsymbol{w}^T \boldsymbol{y} \tag{11.72}$$

mit $\boldsymbol{w} = \boldsymbol{w}_1 - \boldsymbol{w}_2$, d. h., mit d_i sind auch d^* und d aufgrund der in H erklärten Vektoralgebra Elemente derselben Familie D_l. Damit ist $\boldsymbol{w}$ ein zur eindeutigen Bestimmung der Funktion d hinreichender Parametervektor. Zur Unterscheidung der Klassen aufgrund von d genügt dann die Vorzeichenaussage, da nach (11.70)

$$d_{*1}(\boldsymbol{x}) = d(\boldsymbol{x}) \,, \qquad d_{*2}(\boldsymbol{x}) = -d(\boldsymbol{x}) \tag{11.73}$$

ist. Wir lassen im folgenden den Stern in (11.73) fort, da andere Diskriminanzfunktionen nicht mehr betrachtet werden sollen. Mit (11.73) kann man (11.68) in der Form

$$G(\mathsf{s}, \boldsymbol{w}) = f\big((-1)^{k(1)-1}\, d(\boldsymbol{x}^{(1)}; \boldsymbol{w}), \dots, (-1)^{k(N)-1}\, d(\boldsymbol{x}^{(N)}, \boldsymbol{w})\big)$$

schreiben.

11.4.1. Minimax-Gütefunktional G_1

Nach (11.71) ist $d(\boldsymbol{x})$ positiv für Objekte $\boldsymbol{x}$, die im Bereich R_1 der Klasse 1 liegen und negativ im Bereich R_2 der Klasse 2, so daß

$$d_k(\boldsymbol{x}, \boldsymbol{w}) := (-1)^{k-1}\, d(\boldsymbol{x}, \boldsymbol{w}) = d_k(\boldsymbol{x}) \tag{11.73a}$$

— in Übereinstimmung mit der Bemerkung zu (11.67) — genau dann positiv ist, wenn das der Klasse k angehörende Objekt $\boldsymbol{x}$ richtig klassifiziert wird — d. h. im Innern des Gebietes R_k liegt. Dadurch wird nahegelegt, $d_k(\boldsymbol{x})$ als *Grad der korrekten Klassifizierung des der Klasse k angehörenden Objekts $\boldsymbol{x}$* zu deuten. Hiernach erhielte das in der Stichprobe s vom Klassifikator — bzw. der Klassifizierungsfunktion

$$\varphi(\boldsymbol{x}, \boldsymbol{w}) = \begin{cases} 1, & \text{falls} \quad d(\boldsymbol{x}, \boldsymbol{w}) > 0\,, \\ 2, & \text{falls} \quad d(\boldsymbol{x}, \boldsymbol{w}) < 0 \end{cases}$$

— am „schlechtesten" klassifizierte Objekt als den Grad seiner korrekten Klassifizierung die Zahl

$$G_1(\mathsf{s}, \boldsymbol{w}) := \min_{\omega = (\boldsymbol{x}, k) \in \mathsf{s}} (-1)^{k-1}\, d(\boldsymbol{x}, \boldsymbol{w}) \tag{11.74}$$

zugeordnet. Man kann deshalb erwarten, daß sich durch Einsetzen von G_1 für G in (11.69) ein optimaler Parametervektor $\boldsymbol{w}_0 \in \mathsf{H}$ sinnvoll definieren läßt. Hierbei ist jedoch folgende Eigenschaft 1 von G_1 zu beachten.

11.4.1.1. Eigenschaften von G_1

Eigenschaft 1. Es existiert keine Lösung der Maximierungsaufgabe

$$G_1(\mathsf{s}, \boldsymbol{w}_0) = \sup_{\boldsymbol{w} \in \mathsf{H} = \mathsf{R}^{n+1}} G_1(\mathsf{s}, \boldsymbol{w}) \tag{11.75}$$

mit $G_1(\mathsf{s}, \boldsymbol{w}_0) \neq 0$ und $\boldsymbol{w}_0 \neq \boldsymbol{O}$.

Beweis. Wir führen die Annahme, es existiere ein $\boldsymbol{w}_0 \neq \boldsymbol{O}$, das die Gleichung (11.75) mit $G_1(\mathsf{s}, \boldsymbol{w}_0) \neq 0$ erfüllt, zum Widerspruch. Hierzu ordnen wir die Elemente $\omega^{(i)}$ der Stichprobe s nach wachsenden Werten der Funktion $d_{k^{(i)}}(\boldsymbol{x}^{(i)}, \boldsymbol{w}_0)$ an und bezeichnen diese Werte mit $h_1(\boldsymbol{w}_0) := d_{k^{(i)}}(\boldsymbol{x}^{(i)}, \boldsymbol{w}_0)$, $\omega^{(i)} = (\boldsymbol{x}^{(i)}, k^{(i)})$, so daß

$$h_1(\boldsymbol{w}_0) \leqq h_2(\boldsymbol{w}_0) \leqq \ldots \leqq h_N(\boldsymbol{w}_0)$$

gilt. Definitionsgemäß, d. h. nach (11.74), ist $G_1(\mathsf{s}, \boldsymbol{w}) = h_1(\boldsymbol{w})$ für alle $\boldsymbol{w} \in \mathsf{R}^{n+1}$. Aufgrund von (11.72) und (11.73a) gilt dieselbe Ordnung ebenfalls für jedes

$$\boldsymbol{w}_0' := \lambda \boldsymbol{w}_0\,,$$

$\lambda > 0$ beliebig. Also ist

$$h_1(\lambda \boldsymbol{w}_0) \leqq h_2(\lambda \boldsymbol{w}_0) = \ldots = h_N(\lambda \boldsymbol{w}_0)$$

und somit

$$G_1(\mathsf{s}, \lambda \boldsymbol{w}_0) = h_1(\lambda \boldsymbol{w}_0) = \lambda h_1(\boldsymbol{w}_0)\,.$$

Bezüglich $G_1(\mathsf{s}, \boldsymbol{w}_0)$ unterscheiden wir die beiden Fälle

(1) $h_1(\boldsymbol{w}_0) > 0$. In diesem Fall wählen wir $\lambda > 1$. Damit wird $G_1(\mathsf{s}, \lambda\boldsymbol{w}_0) > G_1(\mathsf{s}, \boldsymbol{w}_0)$ im Widerspruch zur Voraussetzung, wonach $\boldsymbol{w}_0$ die Gleichung (11.75) erfüllt.

(2) $h_1(\boldsymbol{w}_0) < 0$. Wir wählen $0 < \lambda < 1$ und erhalten wieder $G_1(\mathsf{s}, \lambda\boldsymbol{w}_0) > G_1(\mathsf{s}, \boldsymbol{w}_0)$ im Widerspruch zur Voraussetzung.

Damit ist die Eigenschaft gezeigt.

Es bleibt noch der Fall $G_1(\mathsf{s}, \boldsymbol{w}_0) = 0$ zu betrachten. Man sieht sofort, daß für alle $\lambda \geqq 0$ aus $G_1(\mathsf{s}, \boldsymbol{w}_0) = 0$ auch $G_1(\mathsf{s}, \lambda\boldsymbol{w}_0) = 0$ folgt, d. h. eine unendliche Vieldeutigkeit der Lösung. Eine eigentliche und eindeutige Lösung im Fall $G_1(\mathsf{s}, \boldsymbol{w}_0) = 0$ erhält man durch Einschränkung des R^{n+1} auf den (Hyper-)Hohlzylinder

$$\mathsf{H}' := \{\boldsymbol{w} \in \mathsf{R}^{n+1} \colon 1 - \delta \leqq |\boldsymbol{w}^*| \leqq 1\} ,$$

$\boldsymbol{w}^*$ bedeutet den Vektor der ersten n Komponenten von $\boldsymbol{w}$.

Unter der Voraussetzung, daß von jeder Klasse wenigstens ein Objekt in der Stichprobe enthalten ist, gilt die

Eigenschaft 2

(1) Falls der Wert des Funktionals $G_1(\mathsf{s}, \boldsymbol{w}_0')$ in einem Lösungspunkt $\boldsymbol{w}_0'$ der Maximierungsaufgabe

$$G_1(\mathsf{s}, \boldsymbol{w}_0') = \sup_{\boldsymbol{w} \in \mathsf{H}'} G_1(\mathsf{s}, \boldsymbol{w}) > 0$$

ist, wie es für linear separierbare Klassen zutrifft, so liegt $\boldsymbol{w}_0'$ auf dem äußeren Rand von H', d. h., es ist $|\boldsymbol{w}_0'^*| = 1$.

(2) Falls $G_1(\mathsf{s}, \boldsymbol{w}_0') = 0$ ist, so gibt es Lösungspunkte sowohl auf dem Rand als auch im Innern von H'.

(3) Falls $G_1(\mathsf{s}, \boldsymbol{w}_0') < 0$ (nicht linear separierbare Klassen) gilt, so liegt jede Lösung $\boldsymbol{w}_0'$ auf dem inneren Rand von H', d. h., es ist $|\boldsymbol{w}_0'^*| = 1 - \delta$.

Beweis. Zunächst zur Existenz einer Lösung im Endlichen: Man kann den Zylinder H' als Produkt einer Hyperkugel R_K und eines $\bar{\mathsf{R}}$, d. h. als

$$\mathsf{H}' = \mathsf{R}_K \times \bar{\mathsf{R}}$$

mit $\boldsymbol{w}^* \in \mathsf{R}_K$, $\mathsf{R}_K = \{\boldsymbol{w}^* \in \mathsf{R}^n \colon |\boldsymbol{w}^*| = 1\}$ und $w_{n+1} \in \mathsf{R}^1$ schreiben. $\bar{\mathsf{R}}$ sei der durch die Punkte $\pm\infty$ abgeschlossene R^1. Da in dieser Definition H' eine abgeschlossene Menge ist, wird in ihr der Wert

$$G_1(\mathsf{s}, \boldsymbol{w}_0') = \sup_{\boldsymbol{w} \in \mathsf{H}'} G_1(\mathsf{s}, \boldsymbol{w})$$

angenommen. Man kann

$$h^{(i)}(\boldsymbol{w}) = (-1)^{k(i)-1} (\boldsymbol{w}^{*T}\boldsymbol{x}^{(i)} + w_{n+1}) \tag{11.76}$$

in die Bestandteile $h^{(i)*}(\boldsymbol{w}) := (-1)^{k(i)-1} \boldsymbol{w}^{*T}\boldsymbol{x}^{(i)}$ und

$$h^{(i)\,(n+1)}(\boldsymbol{w}) := (-1)^{k(i)-1} w_{n+1}$$

zerlegen, so daß

$$h^{(i)}(\boldsymbol{w}) = h^{(i)*}(\boldsymbol{w}) + h^{(i)\,(n+1)}(\boldsymbol{w})$$

wird. Da $1 - \delta \leqq |\boldsymbol{w}^*| \leqq 1$ ist, gilt

$$|h^{(i)*}(\boldsymbol{w})| \leqq |\boldsymbol{x}^{(i)}| \leqq \max_j |\boldsymbol{x}^{(i)}| =: A .$$

Wegen $a + b \leqq |a| + b$ wird damit

$$h^{(i)}(\boldsymbol{w}) \leqq |h^{(i)*}(\boldsymbol{w})| + h^{(i)(n+1)}(\boldsymbol{w})$$

und

$$G_1(\mathfrak{s}, \boldsymbol{w}) \leqq A + \min_i h^{(i)(n+1)}(\boldsymbol{w}) .$$

Nun ist

$$\min_i h^{(i)(n+1)}(\boldsymbol{w}) = \min_i (-1)^{k(i)-1} w_{n+1} = -|w_{n+1}| ,$$

falls, wie vorausgesetzt, von jeder Klasse mindestens ein Objekt in $\mathfrak{s}$ enthalten ist. Damit wird

$$G_1(\mathfrak{s}, \boldsymbol{w}) \leqq A - |w_{n+1}|$$

und

$$\lim_{w_{n+1} \to \pm\infty} G_1(\mathfrak{s}, \boldsymbol{w}) = -\infty .$$

Damit ist gezeigt, daß der Lösungsvektor im Endlichen liegt, daß also $|\boldsymbol{w}_0'| < \infty$, $\boldsymbol{w}_0' \in \mathsf{H}'$, gilt.

Der Nachweis der behaupteten Eigenschaften (1) bis (3) läßt sich in Analogie zum Beweis der Eigenschaft 1 führen.

Zu (1). Die Annahme, daß es entgegen der Behauptung eine Lösung mit $|\boldsymbol{w}_0'^*| < 1$ gibt, führt zum Widerspruch, da durch Multiplikation mit $\lambda = |\boldsymbol{w}_0'^*|^{-1}$ ein Vektor erhalten wird, der auf dem äußeren Rand liegt und für den $G_1(\mathfrak{s}, \lambda\boldsymbol{w}_0')$ entgegen der Voraussetzung von (1) größer als $G_1(\mathfrak{s}, \boldsymbol{w}_0')$ ist.

Zu (2). Da eine Lösung existiert, existiert auch die Lösung $\lambda\boldsymbol{w}_0$, d. h. ein Lösungsstrahl. Dieser durchstößt den inneren und den äußeren Rand von H'.

Zu (3). Die Annahme, daß es eine Lösung mit $|\boldsymbol{w}_0'^*| < 1 - \delta$ gibt, führt zum Widerspruch, da durch Multiplikation von $\boldsymbol{w}_0'^*$ mit $\lambda = (1 - \delta)/|\boldsymbol{w}_0'^*| < 1$ ein Vektor erhalten wird, der auf dem inneren Rand liegt und für den $G_1(\mathfrak{s}, \lambda\boldsymbol{w}_0'^*) > G_1(\mathfrak{s}, \boldsymbol{w}_0'^*)$ ist, entgegen der Voraussetzung, wonach $\boldsymbol{w}_0'^*$ Lösung ist, w. z. b. w.

Eigenschaft 3 (Konvexität). Das Funktional $G_1(\mathfrak{s}, \boldsymbol{w})$ ist eine konvexe Funktion der Variablen $\boldsymbol{w}$ im Raum R^{n+1}, d. h., es gilt

$$G_1(\mathfrak{s}, \varkappa\boldsymbol{w}_1 + (1 - \varkappa)\, \boldsymbol{w}_2) \geqq \varkappa G_1(\mathfrak{s}, \boldsymbol{w}_1) + (1 - \varkappa)\, G_1(\mathfrak{s}, \boldsymbol{w}_2) \tag{11.77}$$

für alle $\varkappa \in [0, 1]$.

Beweis. Es ist

$$G_1(\mathfrak{s}, \boldsymbol{w}) = \min \left((-1)^{k(1)-1} \boldsymbol{w}^T\boldsymbol{y}^{(1)}, \dots, (-1)^{k(N)-1} \boldsymbol{w}^T\boldsymbol{y}^{(N)}\right) .$$

Also ist wegen $\varkappa \in [0, 1]$

$$G_1(\mathfrak{s}, \varkappa\boldsymbol{w}_1) = \varkappa G_1(\mathfrak{s}, \boldsymbol{w}_1) ,$$

$$G_1(\mathfrak{s}, (1 - \varkappa)\, \boldsymbol{w}_2) = (1 - \varkappa)\, G_1(\mathfrak{s}, \boldsymbol{w}_2) ,$$

wegen $\min (a_1 + b_1, \dots, a_N + b_N) \geqq \min (a_1, \dots, a_N) + \min (b_1, \dots, b_N)$ wird damit

$$G_1(\mathfrak{s}, \varkappa\boldsymbol{w}_1 + (1 - \varkappa)\, \boldsymbol{w}_2) \geqq G_1(\mathfrak{s}, \varkappa\boldsymbol{w}_1) + G_1(\mathfrak{s}, (1 - \varkappa)\, \boldsymbol{w}_2)$$

$$= \varkappa G_1(\mathfrak{s}, \boldsymbol{w}_1) + (1 - \varkappa)\, G_1(\mathfrak{s}, \boldsymbol{w}_2) ,$$

w. z. b. w.

Eigenschaft 4 (Eindeutigkeit der Lösung bei $G_1(\mathrm{s}, \boldsymbol{w}_0) > 0$ (linear separierbare Klassen)). Die Lösung der Maximierungsaufgabe (11.76) ist im Fall $G_1(\mathrm{s}, \boldsymbol{w}_0)$ ein eindeutig bestimmter Vektor $\boldsymbol{w}_0$.

Beweis. Nehmen wir entgegen der Behauptung an, es gäbe zwei Vektoren $\boldsymbol{w}_0'$ und $\boldsymbol{w}_0''$, die die Gleichung (11.76) mit $G_1(\mathrm{s}, \boldsymbol{w}_0') > 0$ und $G_1(\mathrm{s}, \boldsymbol{w}_0'') > 0$ erfüllen, dann müßte wegen (11.77) das Maximum von G_1 auch auf der gesamten, die Punkte $\boldsymbol{w}_0'$ und $\boldsymbol{w}_0''$ verbindenden Geraden angenommen werden. Da die Punkte $\boldsymbol{w}_0'$ und $\boldsymbol{w}_0''$ nach Eigenschaft 2 auf dem äußeren Rand von H' liegen müssen, geht die Verbindungsgerade dieser Punkte durch das Innere von H', und dort müßte $G_1(\mathrm{s}, \boldsymbol{w}_0) > 0$ sein im Widerspruch zur Aussage (1) von Eigenschaft 2, daß in diesem Fall die Lösungen auf dem Rand von H' liegen müssen. Damit ist die Eindeutigkeit der Lösung $\boldsymbol{w}_0$ bewiesen.

Eigenschaft 5. Das nach Eigenschaft 4 für linear separierbare Klassen ($G_1(\mathrm{s}, \boldsymbol{w}_0) > 0$) eindeutige globale Maximum von G_1 ist zugleich das einzige lokale Maximum von G_1.

Beweis. Sei $\boldsymbol{w}_0$ die nach Eigenschaft 4 existierende globale Lösung von (11.76) in H', und in $\boldsymbol{v} \neq \boldsymbol{w}_0$ liege ein lokales Maximum von G_1 vor. Dann gilt aufgrund der Eigenschaften eines lokalen Maximums, daß eine Schranke $r > 0$ existiert, so daß

$$G_1(\mathrm{s}, \boldsymbol{v}) - G_1(\mathrm{s}, \boldsymbol{w}) > 0 , \qquad \boldsymbol{w} \in \mathsf{H}' , \tag{11.78}$$

für alle $|\boldsymbol{v} - \boldsymbol{w}| \leqq r$ gilt. Wegen der Eindeutigkeit der Lösung $\boldsymbol{w}_0$ ist

$$G_1(\mathrm{s}, \boldsymbol{w}_0) > G_1(\mathrm{s}, \boldsymbol{v}) .$$

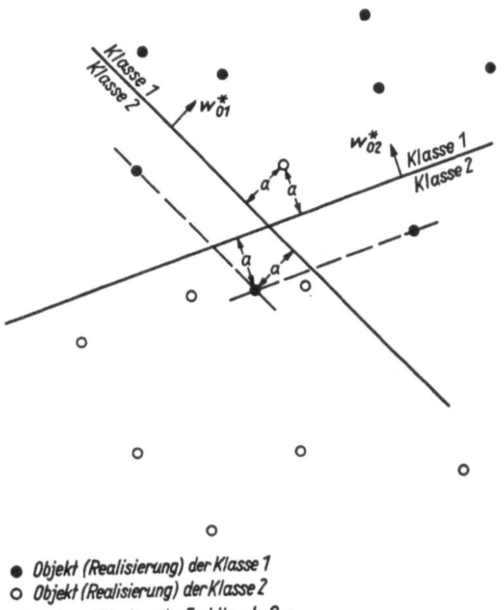

● Objekt (Realisierung) der Klasse 1
○ Objekt (Realisierung) der Klasse 2
Es gibt zwei Maxima des Funktionals G_1:
$G_1(w_{01}) = G_1(w_{02}) < 0$,
$|G_1(w_{01})| = |G_1(w_{02})| = a$.

Abb. 58. Zur Maximierung des Funktionals G_1 bei nicht linear separierbaren Punktmengen

Daraus folgt aufgrund der Konvexität von G_1 für

$$\boldsymbol{w} = \boldsymbol{v}(1 - \varkappa) + \boldsymbol{w}_0\varkappa = \boldsymbol{v} + (\boldsymbol{w}_0 - \boldsymbol{v}) \cdot \varkappa$$

die Ungleichung

$$G_1(\mathfrak{s}, \boldsymbol{w}) = G_1(\mathfrak{s}, \boldsymbol{v} + (\boldsymbol{w}_0 - \boldsymbol{v})\,\varkappa) \geqq G_1(\mathfrak{s}, \boldsymbol{v})\,(1 - \varkappa) + G_1(\mathfrak{s}, \boldsymbol{w}_0) \cdot \varkappa .$$

Für genügend kleine Werte von $\varkappa$ liegt $\boldsymbol{w}$ in H'. Ist außerdem $|(\boldsymbol{w}_0 - \boldsymbol{v})| \cdot \varkappa < r$, d. h. wegen $\boldsymbol{w}_0 \neq \boldsymbol{v}$

$$\varkappa < \frac{r}{|\boldsymbol{w}_0 - \boldsymbol{v}|},$$

so ergibt sich ein Widerspruch zu (11.78). Damit ist die Behauptung bewiesen.

Eigenschaft 6: Bei nicht linear separierbaren Klassen, d. h. bei $G_1(\mathfrak{s}, \boldsymbol{w}_0) < 0$, existiert im allgemeinen mehr als eine lokal optimale Lösung, vgl. hierzu das Beispiel in Abb. 58 für $n = 2$, das eine teilweise symmetrische Objektkonfiguration mit zwei Lösungsebenen $\boldsymbol{w}_{0_1}$ und $\boldsymbol{w}_{0_2}$ zeigt. Auch bei eindeutiger globaler Lösbarkeit existieren im allgemeinen, wie man leicht einsieht, mehrere lokale Maxima in H'.

11.4.1.2. Optimalität von G_1 für ein spezielles statistisches Modell

Wir suchen ein statistisches Modell für zwei Klassen, dessen optimale Trennebene durch Maximierung eines zu G_1 analogen Funktionals definiert werden kann. Hierzu betrachten wir ein Modell, in dem die Wahrscheinlichkeitsverteilungen der beiden Klassen von mindestens einem gemeinsamen Parameterwert bestimmt werden, so daß eine gegenseitige Abhängigkeit dieser Wahrscheinlichkeitsverteilungen — bei statistischer Unabhängigkeit der Objektrealisierungen der beiden Verteilungen — besteht. Auf eine Analogie zu dieser Modelleigenschaft werden wir am Schluß dieses Abschnitts eingehen.

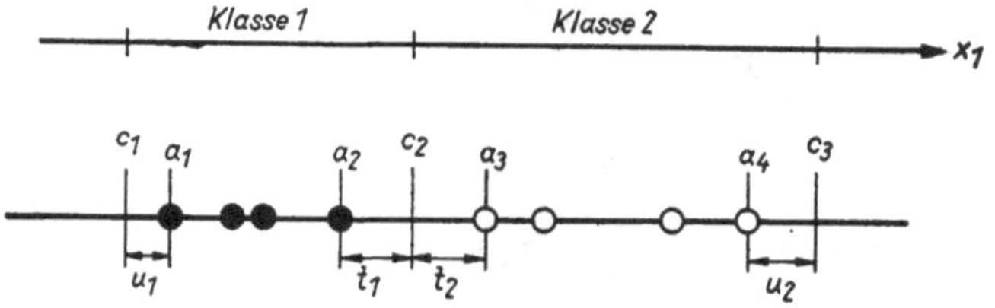

Abb. 59. Definition der Verteilungs- und Stichprobenparameter zweier homogen verteilter linear separierbarer Klassen

Wir betrachten folgendes Beispiel für ein derartiges Modell (vgl. Abb. 59). Wir wählen $\mathbf{P}_1 = \mathbf{P}_2 = \frac{1}{2}$ und setzen

$$\mathbf{P}_1\varrho_1 = \begin{cases} \dfrac{1}{2(c_2 - c_1)}, & \text{falls } x \in [c_1, c_2]\,, \\ 0 & \text{sonst}\,, \end{cases} \qquad \mathbf{P}_2\varrho_2 = \begin{cases} \dfrac{1}{2(c_3 - c_2)}, & \text{falls } x \in (c_2, c_3]\,, \\ 0 & \text{sonst}\,. \end{cases}$$

Für dieses Problem ist mit Wahrscheinlichkeit Eins $h_1 > 0$. Die optimale Trennebene dieses Problems in H' hat die Koordinaten $\boldsymbol{w}_0^T = (w_{0_1}, w_{0_2})$

$$w_{0_1} = -1 \quad (w_0^* = (-1)),$$
$$w_{0_2} = c_2 \qquad (w_{0_{n+1}} = w_{0_2} = c_2).$$

Die optimale lineare Diskriminanzfunktion in (11.73a) wird damit

$$d(\boldsymbol{x}, w_0) = c_2 - x_1 .$$

In Abb. 59 ist die Realisierung $\mathfrak{s}$ einer Stichprobe mit je $N_1 = N_2 = 4$ Objekten der beiden Klassen 1 und 2 eingetragen. Allgemein bestehe eine nach Klassen geordnete Stichprobe s eines Zwei-Klassen-Problems aus den Objekten

$$\boldsymbol{x}^{(1)}, \dots, \boldsymbol{x}^{(N_1)}$$

der Klasse 1 und den Objekten

$$\boldsymbol{x}^{(N_1+1)}, \dots, \boldsymbol{x}^{(N_1+N_2)}$$

der Klasse 2.

Für die Likelihood-Funktion findet man hiermit und mit L nach S. 138 den Ausdruck

$$L(\mathfrak{s}; c_1, c_2, c_3) = \begin{cases} (c_2 - c_1)^{-N_1} \cdot (c_3 - c_2)^{-N_2} \cdot 2^{-(N_1+N_2)}, & \text{falls} \\ \qquad \text{alle } \boldsymbol{x}^{(1)}, \dots, \boldsymbol{x}^{(N_1)} \in [c_1, c_2] \\ \qquad \text{und alle } \boldsymbol{x}^{(N_1+1)}, \dots, \boldsymbol{x}^{(N_1+N_2)} \in (c_2, c_3], \\ 0 \quad \text{sonst}. \end{cases}$$

Die ML-Schätzung der Parameter c_1, c_2, c_3 führt auf eine Abhängigkeit dieser Größen von den vier Parametern a_1, a_2, a_3, a_4 der Stichproben mit folgendem Ergebnis: Es ist leicht zu sehen, daß die Ungleichungen

$$\hat{c}_1 \leqq a_1, \qquad a_2 \leqq \hat{c}_2 \leqq a_3, \qquad a_4 \leqq \hat{c}_3$$

erfüllt sein müssen, da sonst $L(\cdot)$ verschwindet. Mit den Bezeichnungen $r_1 := a_1 - \hat{c}_1$, $r_2 := \dfrac{\hat{c}_2 - a_2}{a_3 - a_2}$, $r_3 := \hat{c}_3 - a_4$ gehen diese Ungleichungen in

$$r_1 \geqq 0, \qquad 0 \leqq r_2 \leqq 1, \qquad r_3 \geqq 0$$

über. Durch Einsetzen wird

$$2^{N_1+N_2} L(s; \hat{c}_1, \hat{c}_2, \hat{c}_3)$$
$$= ((a_3 - a_2) \cdot r_2 + r_1 + a_2 - a_1)^{-N_1} \cdot (a_4 - a_2 + r_3 - (a_3 - a_2) \cdot r_2)^{-N_2},$$

so daß im Maximum von $L(\cdot)$

$$r_1 = 0 \quad \text{und} \quad r_3 = 0$$

gilt und r_2 als Lösung der Maximierungsaufgabe

$$\sup_{r_2 \in [0,1]} f(r_2)$$

mit

$$f(r_2) := ((a_3 - a_2) \cdot r_2 + a_2 - a_1)^{-N_1} \cdot (a_4 - a_2 - (a_3 - a_2) \cdot r_2)^{-N_2},$$

erhalten wird, die in dem Spezialfall, daß N_1 und N_2 gleich groß sind — auf den wir uns in diesem Beispiel beschränken wollen — wie folgt abgeleitet werden kann:

Da die Extremalpunkte von $\log f(r_2)$ und von $f(r_3)$ identisch sind, können wir zur Bestimmung von r_2 die Funktion $f(r_2)$ durch

$$\log f(r_2) = -N_1 \left(\log(\alpha r_2 + \beta) + \log(\gamma - \alpha r_2)\right),$$

$$\alpha := a_3 - a_2, \qquad \beta := a_2 - a_1, \qquad \gamma := a_4 - a_2,$$

ersetzen. Wir erhalten die folgenden Ausdrücke für die erste und die zweite Ableitung:

$$\frac{\mathrm{d}\log f(r_2)}{\mathrm{d}r_2} = -N_1\alpha \cdot \left(\frac{1}{\alpha r_2 + \beta} - \frac{1}{\gamma - \alpha r_2}\right),$$

$$\frac{\mathrm{d}^2 \log f(r_2)}{\mathrm{d}r_2^2} = N_1\alpha^2 \cdot \left(\frac{1}{(\alpha r_2 + \beta)^2} + \frac{1}{(\gamma - \alpha r_2)^2}\right) \geqq 0 .$$

Das Maximum von f kann also, da $\frac{\mathrm{d}^2 \log f(r_2)}{\mathrm{d}r_2^2}$ in allen Punkten des Intervalls größer oder gleich Null ist, nur an den Intervallgrenzen d. h. entweder bei $r_2 = 0$ oder bei $r_2 = 1$, liegen. Die Lösung ist

$$r_2 = \begin{cases} 0, & \text{falls } \dfrac{a_2 - a_1}{a_3 - a_1} < \dfrac{a_4 - a_3}{a_4 - a_2}, \\ 1 & \text{sonst}. \end{cases}$$

Damit ergeben sich die folgenden Ausdrücke für die ML-Schätzung der Parameter c_1, c_2, c_3:

$$\hat{c}_1 = a_1, \qquad \hat{c}_2 = \begin{cases} a_2, & \text{falls } \dfrac{a_2 - a_1}{a_3 - a_1} < \dfrac{a_4 - a_3}{a_4 - a_2}, \\ a_3 & \text{sonst}, \end{cases}$$

$$\hat{c}_3 = a_4 .$$

Für das Weitere führen wir die Zufallsvariablen

$$T := \hat{c}_2 - c_2, \qquad T_1 := c_2 - a_2, \qquad T_2 := a_3 - c_2,$$

$$U_1 := a_1 - c_1, \qquad U_2 := c_3 - a_4$$

ein und setzen außerdem noch $c_3 - c_2 = c_2 - c_1 =: r$. Damit wird

$$T = T_2 \cdot H(-B) - T_1 \cdot H(B) \tag{11.79}$$

mit

$$B := \frac{r - U_2 - T_2}{r - U_2 + T_1} - \frac{r - U_1 - T_1}{r - U_1 + T_2}. \tag{11.80}$$

Den optimalen Parametervektor $\boldsymbol{w}_0$ bestimmen wir durch Einsetzen der Verteilung $L(\cdot)$ in den Ausdruck (11.41) für das Funktional g_B. Es ist leicht zu sehen, daß w_{0_1} im Maximumpunkt von g_B negativ ist. Wir setzen o. B. d. A. $w_{0_1} = -1$ und erhalten nur noch eine Abhängigkeit des Funktionals g_B von w_2:

$$g_B(w_2, c_1, c_2, c_3) = g_B(w_2, c_2)$$

$$= 1 - \frac{1}{2r}\left[(w_2 - c_2)\, H(w_2 - c_2) + (c_2 - w_2)\, H(c_2 - w_2)\right]$$

$$= 1 - \frac{1}{2r}\,|w_2 - c_2| .$$

Daraus folgt, daß das Maximum bei $w_{2_0} = c_2$ erreicht wird und daß aufgrund des Invarianzprinzips der ML-Schätzung $\hat{w}_{2_0} = \hat{c}_2$ gilt.

Für den Güteverlust γ erhält man mit (11.44)

$$\gamma = \frac{1}{2r}\mathrm{E}[T] \, .$$

Die Abweichung der ML-Schätzung des Parameters c_2 von dem wahren Wert ist durch T nach (11.79) gegeben. Die Schätzung dieser Abweichung durch Maximierung des Funktionals G_1 führt auf die Größe

$$T_{G_1} := \tfrac{1}{2}(T_2 - T_1) \, . \tag{11.81}$$

Da T_1 und T_2 voneinander statistisch unabhängig verteilt sind, hat T_{G_1} nach (11.81) den Erwartungswert Null, also ist die G_1-Schätzung $(a_2 + a_3)/2$ des Parameters c_2 eine erwartungstreue Schätzung. Aus Symmetriegründen hat aber auch T nach (11.79) den Erwartungswert Null, so daß auch $\hat{c}_2$ eine erwartungstreue Schätzung des Parameters c_2 ist. Nach dem oben Gesagten sollte die ML-Schätzung die kleinere Varianz haben, also

$$\boldsymbol{KOV}(T, T) \leqq \boldsymbol{KOV}(T_{G_1}, T_{G_1})$$

sein. Die betreffenden Ausdrücke sind

$$\boldsymbol{KOV}(T, T) = \mathrm{E}[T^2] = \mathrm{E}[T_2^2 H(-B)] + \mathrm{E}[T_1^2 H(B)] \, ,$$

$$\boldsymbol{KOV}(T_{G_1}, T_{G_1}) = \mathrm{E}[T_{G_1}^2] = \tfrac{1}{4}(\mathrm{E}[T_1^2] + \mathrm{E}[T_2^2] - 2\mathrm{E}[T_1 T_2]) \, .$$

Aus Symmetriegründen sind T_1 und T_2 identisch und unabhängig voneinander verteilt. Man kann deshalb in den Erwartungswerten T_2^2 durch T_1^2 ersetzen. Es werden so

$$\boldsymbol{KOV}(T, T) = 2\mathrm{E}[T_1^2 H(B)] \, ,$$

$$\boldsymbol{KOV}(T_{G_1}, T_{G_1}) = \tfrac{1}{4}(2\mathrm{E}[T_1^2] - 2(\mathrm{E}[T_1])^2) = \tfrac{1}{2}(\mathrm{E}[T_1^2] - (\mathrm{E}[T_1])^2) \, .$$

Die gemeinsame Dichte der (statistisch abhängigen) Variablen U_1 und T_1 ist

$$\varrho(u_1, t_1) = (N_1 - 1)\, N_1 \cdot r^{-N_1} \cdot (r - t_1 - u_1)^{N_1 - 2} \, . \tag{11.82}$$

Daraus folgt als Randverteilung für T_1 die Dichte

$$\varrho(t_1) = N_1 \cdot r^{-N_1} \cdot (r - t_1)^{N_1 - 1} \, ,$$

womit sich

$$\mathrm{E}[T_1] = \frac{r}{N_1 + 1} \, , \qquad \mathrm{E}[T_1^2] = \frac{2r^2}{(N_1 + 1)(N_1 + 2)}$$

und somit

$$\boldsymbol{KOV}(T_{G_1}, T_{G_1}) = \frac{r^2}{2} \cdot \frac{N_1}{(N_1 + 1)^2 (N_1 + 2)}$$

ergeben.

Durch Multiplikation von B mit dem fast überall positiven Produkt der beiden Nenner auf der rechten Seite von (11.80) und Vereinfachung des erhaltenen Ausdrucks kann man die Gleichung

$$H(B) = H\big(U_1 + T_1 - (U_2 + T_2)\big)$$

bestätigen, womit

$$\boldsymbol{KOV}(T, T) = 2\mathrm{E}[T_1^2 H(U_1 + T_1 - (U_2 + T_2))]$$

folgt. Für die Auswertung dieses Ausdrucks wird die Dichte $\varrho(u_1, t_1, u_2, t_2)$ benötigt. Aufgrund der statistischen Unabhängigkeit der beiden Paare (U_1, T_1) und (U_2, T_2) gilt

$$\varrho(u_1, t_1, u_2, t_2) = \varrho(u_1, t_1) \cdot \varrho(u_2, t_2) .$$

Damit ergibt sich

$$\begin{aligned} \boldsymbol{KOV}(T, T) &= 2 \int \mathrm{d}t_1\, \mathrm{d}u_1\, \mathrm{d}t_2\, \mathrm{d}u_2\, t_1^2 H(t_1 + u_1 - (t_2 + u_2)) \cdot \varrho(t_1, u_1) \cdot \varrho(t_2, u_2) \\ &= 2 \int \mathrm{d}t_1\, \mathrm{d}u_1\, t_1^2 \mathbf{P}_W(T_2 + U_2 < t_1 + u_1)\, \varrho(t_1, u_1) ,^{1)} \end{aligned}$$

worin

$$\mathbf{P}_W(T_2 + U_2 < t_1 + u_1) = \int_{\mathsf{R}(t_1+u_1)} \mathrm{d}t_2\, \mathrm{d}u_2\, \varrho(t_2, u_2)$$

ist und $\mathsf{R}(a) := \{(t_2, u_2) \in \mathsf{R}^2 \colon t_2 + u_2 < a\}$ den Bereich aller Paare (t_2, u_2) mit $t_2 + u_2 < a$ bedeutet. $\varrho(t_2, u_2)$ ist der Form nach dieselbe Funktion wie (11.82). Man findet

$$\mathbf{P}_W(T_2 + U_2 < a) = 1 - \left(\frac{r - a}{r}\right)^{N_2 - 1} \left(\frac{a}{r} \cdot (N_2 - 1) + 1\right)$$

und damit

$$\boldsymbol{KOV}(T, T) = \frac{4r^2}{(N_1 + 1)(N_1 + 2)} - \frac{4r^2(N_1 - 1) N_1(4N_2 + N - 2)}{(N - 2)(N - 1) N(N + 1)(N + 2)}$$

oder, bei Spezialisierung auf die Voraussetzung $N_1 = N_2$,

$$\boldsymbol{KOV}(T, T) = \frac{13N^2 - 10N - 8}{(N - 1)(N + 1)(N + 2)(N + 4)} \cdot r^2 ,$$

$$\boldsymbol{KOV}(T_{G_1}, T_{G_1}) = 2r^2 \frac{N}{(N + 2)^2 (N + 4)} .$$

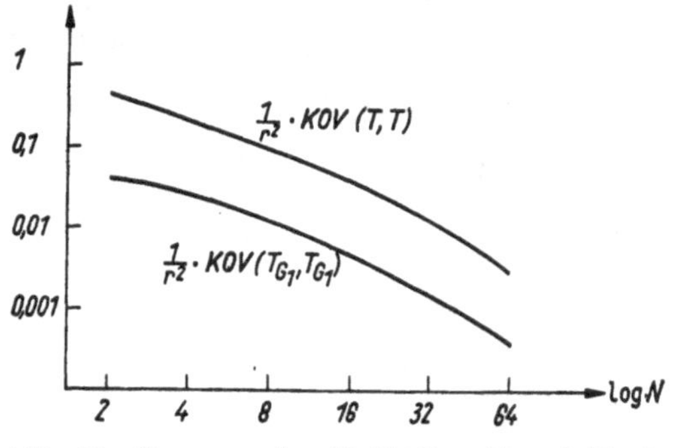

Abb. 60. Streuung der Statistiken T und T_{G_1} in Abhängigkeit vom Stichprobenumfang N

Wie aus Abb. 60 zu ersehen ist, ergibt die G_1-Schätzung wesentlich kleinere Varianzen und ist somit der ML-Schätzung überlegen. Dies ist kein Verstoß gegen die oben formulierten Optimalitätseigenschaften der ML-Schätzungen, da die dort im Lösungspunkt vorausgesetzte Existenz aller benötigten Differentialquotienten hier wegen

---

[1]) $\mathsf{P}_W(A)$ bezeichne die Wahrscheinlichkeit, mit der das Ereignis A eintritt bzw. der Ausdruck A wahr wird, unter der Voraussetzung, daß das Wahrscheinlichkeitsmaß W vorliegt.

der Unstetigkeit der Verteilungen nicht gegeben ist. Das drückt sich unter anderem darin aus, daß der Optimalwert der Größe r_2 an einer der Intervallgrenzen liegt, wo L nicht beidseitig differenzierbar ist. Im Innern des Intervalls, wo die Differentialquotienten existieren, liegt ein Minimum von L, aber nicht das Maximum.

Man stößt hier offensichtlich an gewisse Grenzen der sinnvollen Anwendbarkeit des ML-Konzepts, so daß das G_1-Verfahren auch im Rahmen statistischer Modelle und der erwartungstreuen Schätzung ihrer Parameter Beachtung verdient.

In dem hier behandelten Beispiel war der Parameter c_2 den Verteilungen der beiden Klassen gemeinsam. Eine analoge Abhängigkeit der Verteilungen wird bei Normalverteilungen etwa mit der Annahme gleicher Kovarianzmatrizen — wie sie in der Diskriminanzanalyse (vgl. Abschnitt 9.3) üblich ist — vorausgesetzt. Diese Annahme stammt aus der Theorie der Signalerkennung und entspricht dort etwa der Voraussetzung, daß eine elektrische Leitung, unabhängig davon, ob ein Signal übertragen wird oder nicht, denselben äußeren Störeinflüssen ausgesetzt ist. Analogien dazu finden sich auch in anderen Anwendungsbereichen für Erkennungs- und Klassifizierungsverfahren.

11.4.2. Fehlerkorrektur-Gütefunktional G_2

Für die Klassifizierung von Gesamtheiten, die innerhalb einer gewählten Familie E von Klassifizierungsfunktionen φ nicht separierbar sind — für die also $\sup\limits_{\boldsymbol{w} \in \mathsf{E}} G_1 < 0$ ist — hatten sich die G_1-Lösungen als nicht eindeutig erwiesen, und es ist evident, daß die mit G_1 erhaltenen Trennflächen zu stark von Zufälligkeiten der in der Stichprobe realisierten Objektkonfiguration abhängig sind (vgl. Abb. 58), so daß ein hoher Güteverlust zu erwarten ist.

Anstelle des zur Begründung des Gütefunktionals G_1 durch Gleichung (11.74) angeführten Minimumkriteriums kann man auch fordern, daß der *mittlere* Grad der korrekten Klassifizierung $d_k(\boldsymbol{x})$, gemittelt über alle falsch klassifizierten Objekte (deren (stochastische) Klassenzugehörigkeit durch die Zufallsvariable K beschrieben werde) so groß wie möglich werden soll. Man erreicht damit, daß die optimale Lage der Trennebene im Fall übergreifender Objektverteilungen nicht durch Einzelobjekte (die „am schlechtesten klassifizierten"), sondern durch eine größere Gesamtheit von Objekten gemeinsam im Detail bestimmt wird, so daß sich Zufälligkeiten der Objektkonfiguration weniger stark auswirken können. Durch Subtraktion einer Konstanten ε von der Diskriminanzfunktion $d_k(\boldsymbol{x}, \boldsymbol{w})$ läßt sich die Anzahl der als „falsch klassifiziert" in das Funktional eingehenden Objekte steuern. Man gelangt so zu dem Ansatz

$$G_2(\mathsf{s}, \boldsymbol{w}) := \frac{1}{N} \sum_{i=1}^{N} b_{k^{(i)}}\big(d_{k^{(i)}}(\boldsymbol{x}^{(i)}, \boldsymbol{w}) - \varepsilon\big)\, H[-(d_{k^{(i)}}(\boldsymbol{x}^{(i)}, \boldsymbol{w}) - \varepsilon)] \tag{11.83}$$

für ein Optimierungsfunktional. Im Interesse größerer Allgemeinheit des Ansatzes sind noch Kostenkoeffizienten b_1, b_2 zur Wichtung der Klassifizierungsfehler der Objekte beider Klassen vorgesehen, die speziell auch gleich groß gewählt und dann o. B. d. A. den Wert Eins erhalten können.

Der Güteverlust v ist der Grenzwert des Güteverlustes für den Grenzfall unendlich langer Stichproben. Das Argument der Summe in (11.83) sind die Realisierungen der

Zufallsgröße

$$D := b_K(d_K(\boldsymbol{X}, \boldsymbol{w}) - \varepsilon)\, H(-(d_K(\boldsymbol{X}, \boldsymbol{w}) - \varepsilon))\,, \tag{11.84}$$

so daß $G_2(\mathfrak{s}, \boldsymbol{w}) = \bar{D}$ geschrieben werden kann. Da der Mittelwert eine konsistente Schätzung des Erwartungswertes einer Zufallsgröße ist, gilt (vgl. 11.1.33, S. 130)

$$\begin{aligned} G_2(W, \boldsymbol{w}) &:= \lim_{N\to\infty} G_2(\mathfrak{s}_N, \boldsymbol{w}) = \mathbf{E}D \\ &= b_1\mathbf{P}_2\mathbf{E}_1(d_1(\boldsymbol{X}, \boldsymbol{w}) - \varepsilon)\, H(-(d_1(\boldsymbol{X}, \boldsymbol{w}) - \varepsilon)) \\ &\quad + b_2\mathbf{P}_2\mathbf{E}_2(d_2(\boldsymbol{X}, \boldsymbol{w}) - \varepsilon)\, H(-(d_2(\boldsymbol{X}, \boldsymbol{w}) - \varepsilon))\,. \end{aligned}$$

Anstelle von $\mathfrak{s}_\infty$ ist hier auf der linken Seite das Wahrscheinlichkeitsmaß W selbst eingesetzt, in Übereinstimmung damit, daß die rechte Seite als Erwartungswert nur noch von eben diesem Wahrscheinlichkeitsmaß — außer von der Art der Zufallsgröße D — abhängt. Mit (11.73a) erhält man den Ausdruck

$$\begin{aligned} G_2(W, \boldsymbol{w}) := {} & b_1\mathbf{P}_1\mathbf{E}_1[(d(\boldsymbol{X}, \boldsymbol{w}) - \varepsilon)\, H(-(d(\boldsymbol{X}, \boldsymbol{w}) - \varepsilon))] \\ & + b_2\mathbf{P}_2\mathbf{E}_2[(-d(\boldsymbol{X}, \boldsymbol{w}) - \varepsilon)\, H(-(-d(\boldsymbol{X}, \boldsymbol{w}) - \varepsilon))] \end{aligned}$$

oder

$$G_2(W, \boldsymbol{w}) = -(\beta_1\mathbf{E}_1[F_1H(F_1)] + \beta_2\mathbf{E}_2[F_2H(F_2)]) \tag{11.85}$$

mit $\beta_1 := \mathbf{P}_1b_1 > 0$, $\beta_2 := \mathbf{P}_2b_2 > 0$ und den von dem Parametervektor $\boldsymbol{w}$ abhängigen Zufallsvariablen

$$F_1 = -d(\boldsymbol{X}, \boldsymbol{w}) + \varepsilon\,, \tag{11.86}$$

$$F_2 = d(\boldsymbol{X}, \boldsymbol{w}) + \varepsilon\,. \tag{11.87}$$

Die Existenz und Eindeutigkeit der Lösung des Maximierungsproblems

$$G_2(W, \boldsymbol{w}_0) = \sup_{\boldsymbol{w}\in\mathsf{R}^{n+1}} G_2(W, \boldsymbol{w})$$

betreffend, hat G_2 im Fall der linearen Diskriminanzfunktion

$$d_l(\boldsymbol{x}, \boldsymbol{w}) := \boldsymbol{w}^{*T}\boldsymbol{x} + b\,, \qquad \boldsymbol{w}^T := (\boldsymbol{w}^{*T} \mid w_{n+1})\,, \qquad w_{n+1} = b\,, \tag{11.88}$$

die im folgenden dargelegten Eigenschaften, wobei die zu deren Formulierung benötigten Definitionen angegeben werden. Es werden auch die Voraussetzungen genannt, unter denen G_2 die angeführten Eigenschaften besitzt.

Definition 0. Der Raum R^{n+1} werde zu einem abgeschlossenen Raum

$$\bar{\mathsf{R}}^{n+1} = \bar{\mathsf{R}}^1 \times \dots \times \bar{\mathsf{R}}^1 \qquad (n + 1\text{-mal})$$

erweitert, wo $\bar{\mathsf{R}}^1$ den durch die Punkte $\pm\infty$ abgeschlossenen Raum R^1 bedeutet. Mit T werde der Unterraum

$$\mathsf{T} := \{\boldsymbol{w} \in \mathsf{R}^{n+1} : \boldsymbol{w}^* = \boldsymbol{O}\}$$

bezeichnet.

Voraussetzung 1. Über die Wahrscheinlichkeitsmaße W_1, W_2 der Klassen 1 und 2 wird vorausgesetzt, daß die Dichten ϱ_1, ϱ_2 der n-dimensionalen Zufallsvariablen $\boldsymbol{X}$ existieren und kontinuierlich sind und daß die Vektoren η_1, η_2 der Erwartung von $\boldsymbol{X}$ bezüglich W_1, W_2, d. h. $\eta_1 := \mathbf{E}_1[\boldsymbol{X}]$ und $\eta_2 := \mathbf{E}_2[\boldsymbol{X}]$, existieren.

Weiter wird vorausgesetzt, daß die Erwartungen $\mathbf{E}_1$, $\mathbf{E}_2$ der mit einer linearen Funktion $f_l(\boldsymbol{x}) = \boldsymbol{w}^{*T}\boldsymbol{x} + b$, $\boldsymbol{w}^* \neq \boldsymbol{O}$, definierten skalaren Zufallsvariablen

$$A = f_l(\boldsymbol{X})$$

existieren und in allen Punkten $\boldsymbol{w} \in \mathsf{R}^{n+1}$, $\boldsymbol{w}^* \neq \boldsymbol{O}$, stetig sind sowie daß die Verteilungsfunktionen

$$F_{(\boldsymbol{w})}(v) := \mathbf{P}_W(A < v), \qquad \boldsymbol{w}^T := (\boldsymbol{w}^{*T} \mid b),$$

überall nach v differenzierbar sind (d. h., daß die Dichte $\varrho_{(\boldsymbol{w})}(v)$ existiert). Ferner wird vorausgesetzt, daß $F_{(\boldsymbol{w})}(v)$ auch nach den Komponenten von $\boldsymbol{w}$ differenzierbar ist, zumindest in allen Punkten $\boldsymbol{w} \in \mathsf{R}^{n+1} - \mathsf{T}$. Die lineare Funktion f_l läßt sich auch als Skalarprodukt mit dem Vektor $\boldsymbol{w}$

$$f_l(\boldsymbol{x}) = \boldsymbol{w}^T Y$$

schreiben, wenn $Y^T := (\boldsymbol{X}^T \mid 1)$ definiert wird.

11.4.2.1. Eigenschaften von G_2

E i g e n s c h a f t 1 (Konvexität). $G_2(W, \boldsymbol{w})$ ist in $\boldsymbol{w} \in \mathsf{R}^{n+1}$ konvex.

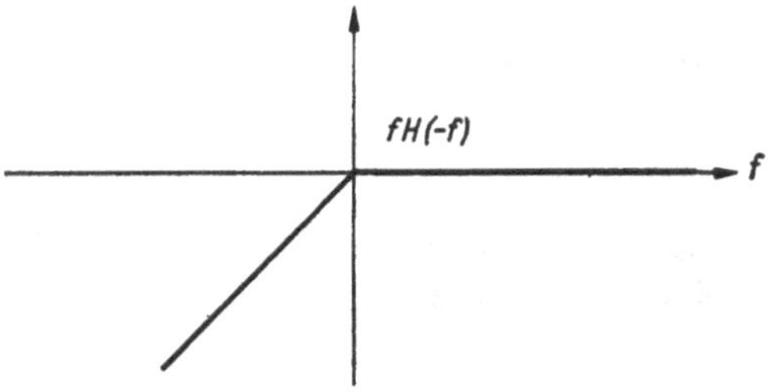

Abb. 61. Grafik der Gütefunktion zum Gütefunktional G_2

B e w e i s. Die Funktion $fH(-f)$ ist konvex in f, wie aus ihrem Verlauf (vgl. Abb. 61) unmittelbar abzulesen ist. Damit sind alle Realisierungen der Zufallsgrößen $F_1H(-F_1)$ bzw. $F_2H(-F_2)$ konvex in den Realisierungen f_1 von F_1 bzw. f_2 von F_2. Die Realisierungen f_1, f_2 sind nach (11.86) und (11.87) für jede Realisierung $\boldsymbol{x}$ von $\boldsymbol{X}$ für die Diskriminanzfunktion (11.88) trivial konvexe Funktionen von $\boldsymbol{w}$, da für zwei Vektoren $\boldsymbol{w}_1$, $\boldsymbol{w}_2$ sowohl

$$\lambda \boldsymbol{w}_1^T \boldsymbol{y} + (1 - \lambda)\, \boldsymbol{w}_2^T \boldsymbol{y} \leqq (\lambda \boldsymbol{w}_1^T + (1 - \lambda)\, \boldsymbol{w}_2^T)\, \boldsymbol{y}$$

als auch

$$\lambda(-\boldsymbol{w}_1^T)\, \boldsymbol{y} + (1 - \lambda) \cdot (-\boldsymbol{w}_2^T \boldsymbol{y}) \leqq -\, (\lambda \boldsymbol{w}_1^T + (1 - \lambda)\, \boldsymbol{w}_2^T)\, \boldsymbol{y}$$

ist, wobei hier das Gleichheitszeichen gilt (gelten muß). Damit ist jede Realisierung von $D_1 := F_1H(-F_1)$ und $D_2 := F_2H(-F_2)$ eine konvexe Funktion von $\boldsymbol{w}$. Dasselbe gilt dann für die Erwartungswerte $\mathbf{E}_1D_1$ und $\mathbf{E}_2D_2$ sowie für die mit voraussetzungsgemäß positiven Konstanten β_1, β_2 multiplizierten Erwartungswerte, so daß auch

$$G_2(W, \boldsymbol{w}) = \beta_1 \mathbf{E}_1 D_1 + \beta_2 \mathbf{E}_2 D_2 \tag{11.89}$$

als konvex bewiesen ist.

Eigenschaft 2. Für alle Maße W (für die die Erwartungswerte $E_1[D_1(\boldsymbol{w})]$ und $E_2[D_2(\boldsymbol{w})]$ für alle $\boldsymbol{w} \in R^{n+1}$ nach Voraussetzung 1 existieren), ist Null eine obere Schranke von $G_2(W, \boldsymbol{w})$.

Die Behauptung ist eine Folgerung aus der Definition der Zufallsgrößen D_1, D_2 durch $D_i = F_i H(-F_i)$, $i = 1, 2$, wonach (vgl. den Verlauf der Funktion $fH(-f)$ in Abb. 61) Null auch eine obere Schranke der Realisierungen der Zufallsvariablen D_1, D_2 selbst ist.

Da die Funktion $G_2(W, \boldsymbol{w})$ nach oben beschränkt ist, existiert ihr globales Maximum im $\bar{R}^{n+1}$, d. h., es existiert mindestens ein $\boldsymbol{w}_0 \in \bar{R}^{n+1}$, so daß

$$G_2(W, \boldsymbol{w}_0) = \sup_{\boldsymbol{w} \in \bar{R}^{n+1}} G_2(W, \boldsymbol{w}) =: M(W) \tag{11.90}$$

gilt.

Definition 1. Die Menge der $\boldsymbol{w}_0 \in R^{n+1}$, die der Gleichung (11.90) genügt, wird als *Lösungsmenge* L bezeichnet, d. h.

$$L := \left\{\boldsymbol{w}_0 \in \bar{R}^{n+1} \colon \sup_{\boldsymbol{w} \in \bar{R}^{n+1}} G_2(W, \boldsymbol{w}) = G_2(W, \boldsymbol{w}_0)\right\}.$$

Wir definieren ferner folgende Teilmengen von L: Die Menge der Triviallösungen $L_0 := L \cap T$ und die Menge der unendlichen Lösungen $L_\infty := \{\boldsymbol{w}_0 \in L \colon |\boldsymbol{w}_0| = \infty\}$.

Es ist

$$L_0 \cap L_\infty = \{(\boldsymbol{O}^T \mid +\infty), (\boldsymbol{O}^T \mid -\infty)\}.$$

Es sei

$$L_e := L - L_0 - L_\infty$$

als die Menge der eigentlichen Lösungen bezeichnet. Die Lösungsmenge L ist konvex im R^{n+1}. Das ergibt sich wie folgt: Seien $\boldsymbol{a}, \boldsymbol{b} \in L$ und sei $c = \lambda \boldsymbol{a} + (1 - \lambda)\, \boldsymbol{b}$. Aufgrund der Eigenschaft 1 ist

$$G_2(W, \boldsymbol{e}) \geqq \lambda G_2(W, \boldsymbol{a}) + (1 - \lambda)\, G_2(W, \boldsymbol{b}).$$

Da $\boldsymbol{a}, \boldsymbol{b} \in L$ gilt, sind $G_2(W, \boldsymbol{a}) = M$ und $G_2(W, \boldsymbol{b}) = M$. Jedoch ist M das absolute Maximum von G_2, also kann nur das Gleichheitszeichen gelten, so daß

$$G_2(W, \boldsymbol{c}) = M$$

sein muß. Daraus folgt aber die Aussage $\boldsymbol{c} \in L$, w. z. b. w.

Definition 2. Die Menge der Vektoren $\boldsymbol{w} \in \bar{R}^{n+1}$, für die $|\boldsymbol{w}^*| = 1$ ist und $|\boldsymbol{w}| < \infty$, bezeichnen wir mit H_0, d. h., es sei

$$H_0 = \{\boldsymbol{w} \in R^{n+1} \colon |\boldsymbol{w}^*| = 1, |\boldsymbol{w}| < \infty\}.$$

Jedem Element $\boldsymbol{w} \in H_0$ ist eindeutig

$$\{\boldsymbol{x} \in R^n \colon \boldsymbol{w}^{*T}\boldsymbol{x} + w_{n+1} = 0\},$$

d. h. eine Hyperebene des R^n, zugeordnet. Ihre Normalenrichtung ist die Richtung des Vektors $\boldsymbol{w}^*$ und ihr Abstand vom Koordinatensprung — in Richtung des Vektors $\boldsymbol{w}^*$ gemessen — ist w_{n+1}.

11.4.2.1.1. Existenz von Lösungen für linear separierbare Klassen

Definition 3. Unter *linear separierbaren Klassen mit Lücke* δ_0 seien Maße W_1, W_2 verstanden, für die ein Vektor $\boldsymbol{h} \in \mathsf{H}_0$ existiert, der die Gleichungen

$$\mathbf{E}_1\left(H\left(-\boldsymbol{h}^T\boldsymbol{y} + \frac{\delta_0}{2}\right)\right) = 0\,, \qquad \mathbf{E}_2\left(H\left(\boldsymbol{h}^T\boldsymbol{y} + \frac{\delta_0}{2}\right)\right) = 0$$

erfüllt, wobei jeder andere Vektor $\boldsymbol{h}' \neq \boldsymbol{h} \in \mathsf{H}_0$ wenigstens eine der beiden Gleichungen verletzt.

Wir betrachten das mit der linearen Diskriminanzfunktion gebildete Funktional G_2. Es lautet nach (11.85)

$$G_2(W, \boldsymbol{w}) = -\beta_1\mathbf{E}_1(\varepsilon - \boldsymbol{w}^T\boldsymbol{Y})\, H(\varepsilon - \boldsymbol{w}^T\boldsymbol{Y}) - \beta_2\mathbf{E}_2(\varepsilon + \boldsymbol{w}^T\boldsymbol{Y})\, H(\varepsilon + \boldsymbol{w}^T\boldsymbol{Y})\,.$$

Zunächst kann man zeigen, daß für ein $\boldsymbol{h}$, das der Definition 3 genügt, gilt

$$G_2(W, \boldsymbol{h}) = 0 \quad \text{für alle} \quad 0 \leqq \varepsilon \leqq \frac{\delta_0}{2}\,.$$

Beweis. Wir ziehen die Schwarzsche Ungleichung der Gestalt

$$(\mathbf{E}_i[f \cdot g])^2 \leqq (\mathbf{E}_i\,[f^2])\,(\mathbf{E}_i[g^2])$$

heran und setzen $f = \varepsilon + \boldsymbol{w}^T\boldsymbol{Y}$, $g = H(\varepsilon \pm \boldsymbol{w}^T\boldsymbol{Y})$. Damit wird, wenn man die Identität $H(a) = (H(a))^2$ beachtet,

$$(\mathbf{E}_i[(\varepsilon \pm \boldsymbol{w}^T\boldsymbol{Y})\, H(\varepsilon \pm \boldsymbol{w}^T\boldsymbol{Y})])^2 \leqq (\mathbf{E}_i(\varepsilon \pm \boldsymbol{w}^T\boldsymbol{Y})^2)\; \mathbf{E}_i H(\varepsilon \pm \boldsymbol{w}^T\boldsymbol{Y})\,. \quad (11.91)$$

Hierin sind $\mathbf{E}_i[H(\varepsilon \pm \boldsymbol{w}^T\boldsymbol{Y})] = \mathbf{P}_{W_i}(\varepsilon \pm \boldsymbol{w}^T\boldsymbol{Y} \geqq 0)$ und damit

$$\mathbf{E}_1[H(\varepsilon - \boldsymbol{w}^T\boldsymbol{Y})] = \mathbf{P}_{W_1}(\boldsymbol{w}^T\boldsymbol{Y} - \varepsilon < 0)\,,$$

$$\mathbf{E}_2[H(\varepsilon + \boldsymbol{w}^T\boldsymbol{Y})] = \mathbf{P}_{W_2}(\boldsymbol{w}^T\boldsymbol{Y} + \varepsilon \geqq 0)\,.$$

Die rechten Seiten verschwinden aber nach Definition 3, wenn $\boldsymbol{w} = \boldsymbol{h}$ und $0 \leqq \varepsilon \leqq \delta_0/2$ gesetzt werden. $\boldsymbol{h}$ ist Element von H_0, folglich existiert nach Voraussetzung 1 der Erwartungswert $\mathbf{E}_i(\varepsilon \pm \boldsymbol{w}^T\boldsymbol{Y})$, so daß die linke Seite von (11.91) verschwindet, w. z. b. w.

Damit ist $\boldsymbol{h}$ wegen Eigenschaft 2 zugleich eine Lösung des Maximierungsproblems für G_2, also $\boldsymbol{h} \in \mathsf{L}_\varepsilon$ für alle ε, $0 \leqq \varepsilon \leqq \delta_0/2$. Durch Multiplikation von $\boldsymbol{h}$ mit einer positiven Konstanten λ_1 und von ε mit einer positiven Konstanten λ_2 werden weitere Lösungen

$$\boldsymbol{w}' = \lambda_1\boldsymbol{h} \quad \text{für} \quad \varepsilon' = \lambda_2\varepsilon$$

erhalten, wenn nur $\mathbf{P}_{W_1}(\boldsymbol{w}'^T\boldsymbol{Y} - \varepsilon' < 0)$ und $\mathbf{P}_{W_2}(\boldsymbol{w}'^T\boldsymbol{Y} + \varepsilon' \geqq 0) = 0$ erfüllt bleiben. Das ist der Fall, wenn

$$0 \leqq \frac{\lambda_2}{\lambda_1} \cdot \varepsilon \leqq \frac{\delta_0}{2}$$

gilt. Also ist für die Existenz einer Lösung des Maximierungsproblems bei $\delta_0 = 0$ notwendig, daß entweder $\varepsilon' = \lambda_2\varepsilon = 0$ ist oder der Betrag λ_1 von $\boldsymbol{w}^*$ unendlich groß wird.

Wie die folgenden Betrachtungen zeigen, ist es jedoch nicht günstig, ε durch Nullsetzen aus dem Funktional zu eliminieren.

11.4.2.1.2. Nicht linear separierbare Klassifizierungsprobleme

Definition 3a. Unter *nicht linear separierbaren Klassen* werden Maße W_1, W_2 verstanden mit der Eigenschaft, daß für alle Vektoren $\boldsymbol{h} \in \mathsf{H}_0$ wenigstens eine der Ungleichungen

$$\mathrm{E}_1[-\boldsymbol{h}^T\boldsymbol{Y}\, H(-\boldsymbol{h}^T\boldsymbol{Y})] > 0\,, \qquad \mathrm{E}_2[\boldsymbol{h}^T\boldsymbol{Y}\, H(\boldsymbol{h}^T\boldsymbol{Y})] > 0$$

erfüllt ist.

G_2 besitzt dann die folgende

Eigenschaft 2a. Die Maximierungsaufgabe

$$\sup_{\boldsymbol{w} \in \mathsf{R}^{n+1}} G_2(W, \boldsymbol{w})$$

hat in dem Fall, daß das Maß W der Definition 3a genügt und $\varepsilon = 0$ ist, die einzige Lösung $\boldsymbol{w}_0 = \boldsymbol{O}$.

Beweis. Für $\varepsilon = 0$ vereinfacht sich der Ausdruck für G_2 zu

$$G_2(W, \boldsymbol{w}) = -\beta_1 \mathrm{E}_1[-\boldsymbol{w}^T\boldsymbol{Y}\, H(-\boldsymbol{w}^T\boldsymbol{Y})] - \beta_2 \mathrm{E}_2[\boldsymbol{w}^T\boldsymbol{Y}\, H(\boldsymbol{w}^T\boldsymbol{Y})]\,,$$

so daß $G_2(W, \boldsymbol{w} = \boldsymbol{O}) = 0$ wird. Da nach Eigenschaft 2 die Null eine obere Schranke von G_2 ist, gehört folglich $\boldsymbol{w} = \boldsymbol{O}$ der Lösungsmenge L an. Daß $\boldsymbol{w}_0 = \boldsymbol{O}$ in diesem Fall das einzige Element von L ist, wird in zwei Schritten gezeigt.

1. Schritt. Für jeden Vektor $\boldsymbol{a} \in \mathsf{R}^{n+1} - \mathsf{T}$ ist $G_2(W, \boldsymbol{w} = \boldsymbol{a}) < 0$.

Beweis. Da $\boldsymbol{a} \notin \mathsf{T}$ ist, hat $\boldsymbol{a}^*$ einen nicht verschwindenden Betrag, so daß sich zu $\boldsymbol{a}$ ein Vektor

$$\boldsymbol{h} = \boldsymbol{a}/|\boldsymbol{a}^*| \in H$$

bestimmen läßt. Setzt man $\boldsymbol{a} = |\boldsymbol{a}^*| \cdot \boldsymbol{h}$ in den Ausdruck für G_2 ein, so wird

$$G_2(W, \boldsymbol{a}) = -|\boldsymbol{a}^*| \cdot [\beta_1 \mathrm{E}_1[-\boldsymbol{h}^T\boldsymbol{Y}\, H(-\boldsymbol{h}^T\boldsymbol{Y})] + \beta_2 \mathrm{E}_2[\boldsymbol{h}^T\boldsymbol{Y}\, H(\boldsymbol{h}^T\boldsymbol{Y})]] < 0\,.$$

Dieser Ausdruck ist kleiner als Null, da W voraussetzungsgemäß der Definition 3a genügt.

2. Schritt. Für jeden Vektor $\boldsymbol{b} \in \mathsf{T}$, $\boldsymbol{b} \neq \boldsymbol{O}$, ist $G_2(W, \boldsymbol{w} = \boldsymbol{b}) < 0$.

Beweis. $\boldsymbol{b}$ ist Element von T, also verschwindet $\boldsymbol{b}^*$, infolgedessen wird

$$G_2(W, \boldsymbol{b}) = -[\beta_1(-b_{n+1}\, H(-b_{n+1})) + \beta_2(b_{n+1}\, H(b_{n+1}))] < 0\,,$$

da $b_{n+1} \neq 0$ sein muß wegen der Voraussetzung $\boldsymbol{b} \neq \boldsymbol{O}$ und folglich entweder der erste oder zweite Summand auf der rechten Seite größer als Null ist.

Im folgenden wird gezeigt, daß dagegen mit $\varepsilon > 0$ in diesem praktisch besonders wichtigen Fall der nicht linear separierbaren Klassen sinnvolle Lösungen erhalten werden.

11.4.2.1.3. Bedingung für die Ausschließbarkeit von Triviallösungen

Definition 4. Wir zerlegen den Erwartungswert $\mathrm{E}_i[\boldsymbol{w}^T\boldsymbol{Y}]$ für beliebiges $\boldsymbol{w} \in \mathsf{H}_0$ unter Verwendung der bedingten Erwartungswerte E_i nach dem Schema

$$\mathrm{E}_i \boldsymbol{w}^T\boldsymbol{Y} = M_i^- A_i^- + M_i^+ A_i^+\,, \qquad i = 1, 2\,,$$

mit

$$A_i^+ := \mathbf{E}_i[\boldsymbol{w}^T\boldsymbol{Y} \mid \boldsymbol{w}^T\boldsymbol{Y} \geqq 0]\,, \qquad A_i^- := \mathbf{E}_i[\boldsymbol{w}^T\boldsymbol{Y} \mid \boldsymbol{w}^T\boldsymbol{Y} < 0]\,,$$
$$M_i^+ := \mathbf{P}_{W_i}(\boldsymbol{w}^T\boldsymbol{Y} \geqq 0)\,, \qquad M_i^- := \mathbf{P}_{W_i}(\boldsymbol{w}^T\boldsymbol{Y} < 0)\,.$$

Ferner bezeichnen wir mit A_i den Erwartungswert $\mathbf{E}_i[\boldsymbol{w}^T\boldsymbol{Y}]$. So haben wir

$$A_i(\boldsymbol{w}) = M_i^-(\boldsymbol{w})\, A_i^-(\boldsymbol{w}) + M_i^+(\boldsymbol{w})\, A_i^+(\boldsymbol{w})\,.$$

Auf dieser Grundlage definieren wir den *Grad Q_1 der linearen Distanzierung* der Klasse 1 von der Klasse 2, der mit der Ebene $\boldsymbol{w}$, $|\boldsymbol{w}| = 1$, erreicht wird, durch

$$q_1(\boldsymbol{w}) := \frac{A_2(\boldsymbol{w})}{M_1^+(\boldsymbol{w})\, A_1^+(\boldsymbol{w})} \tag{11.91 a}$$

und entsprechend für Klasse 2 gegen Klasse 1

$$q_2(\boldsymbol{w}) := \frac{A_1(\boldsymbol{w})}{M_2^+(\boldsymbol{w})\, A_1^+(\boldsymbol{w})}$$

und bezeichnen deren Suprema mit Q_1 bzw. Q_2,

$$Q_1 := \sup_{\boldsymbol{w} \in \mathsf{H}_0} q_1(\boldsymbol{w})\,, \qquad Q_2 := \sup_{\boldsymbol{w}' \in \mathsf{H}_0} q_2(\boldsymbol{w}')\,. \tag{11.92}$$

Voraussetzung 2. Für die Maße W_1, W_2 existieren Konstanten $B_1, B_2 > 0$ und $\varkappa_1, \varkappa_2 > 0$, so daß $\mathbf{P}_{W_i}(|\boldsymbol{x} - \eta_i| > r) \leqq e^{-\varkappa_i r}$ für alle $r > B_i$ gilt, d. h., die Maße verschwinden im Unendlichen exponentiell.

Bedingung. Die Voraussetzungen 1 und 2 seien erfüllt, und es sei $\varepsilon > 0$. Dann ist L_0 leer, wenn die folgenden beiden Bedingungen gleichzeitig erfüllt sind:

$$\eta_1 \neq \eta_2\,, \tag{11.93}$$

$$Q_2^{-1} \leqq \frac{\beta_1}{\beta_2} \leqq Q_1\,. \tag{11.94}$$

Beweis. Wir zerlegen den abgeschlossenen Raum $\bar{\mathsf{R}}^{n+1}$ in den Raum T und sein Komplement $\bar{\mathsf{T}} = \bar{\mathsf{R}}^{n+1} - \mathsf{T}$. Es ist also $\bar{\mathsf{R}}^{n+1} = \mathsf{T} \cup \bar{\mathsf{T}}$. Wir bezeichnen die Suprema von G_2 in $\bar{\mathsf{T}}$ bzw. T mit

$$M_{\mathsf{T}} := \sup_{\boldsymbol{w} \in \mathsf{T}} G_2(W, \boldsymbol{w}) \tag{11.95}$$

bzw.

$$M_{\bar{\mathsf{T}}} := \sup_{\boldsymbol{w} \in \bar{\mathsf{T}}} G_2(W, \boldsymbol{w})\,. \tag{11.96}$$

Die Lösungsmengen der Maximierungsprobleme (11.95) und (11.96) seien

$$L_{\mathsf{T}} := \{\boldsymbol{w} \in \mathsf{T} : G_2(W, \boldsymbol{w}) = M_{\mathsf{T}}\}\,, \qquad L_{\bar{\mathsf{T}}} := \{\boldsymbol{w} \in \bar{\mathsf{T}} : G_2(W, \boldsymbol{w}) = M_{\bar{\mathsf{T}}}\}\,.$$

Aufgrund der Definition des globalen Maximums ist

$$M = \max\,(M_{\mathsf{T}}, M_{\bar{\mathsf{T}}}) \tag{11.97}$$

und folglich

$$\mathsf{L} = \begin{cases} \mathsf{L}_{\mathsf{T}}, & \text{falls } M_{\mathsf{T}} > M_{\bar{\mathsf{T}}}\,, \\ \mathsf{L}_{\bar{\mathsf{T}}}, & \text{falls } M_{\mathsf{T}} < M_{\bar{\mathsf{T}}}\,, \\ \mathsf{L}_{\mathsf{T}} \cup \mathsf{L}_{\bar{\mathsf{T}}}, & \text{falls } M_{\mathsf{T}} = M_{\bar{\mathsf{T}}}\,. \end{cases}$$

Daraus folgt, daß $\mathsf{L}_0 = \emptyset$ ist genau dann, wenn $\mathsf{L} = \mathsf{L}_{\bar{\mathsf{T}}}$ gilt, d. h. wenn $M_{\mathsf{T}} < M_{\bar{\mathsf{T}}}$ ist.

Wir führen den Beweis der Behauptung, indem wir die Bedingungen aufzeigen, unter denen die Annahme $M_\mathsf{T} \geqq M_{\bar{\mathsf{T}}}$ zu einem Widerspruch führt:

Zunächst folgt aus der Annahme $M_\mathsf{T} \geqq M_{\bar{\mathsf{T}}}$ nach (11.97) $M_\mathsf{T} = M$, so daß in jedem Punkt $\boldsymbol{w}' \in \mathsf{L}_\mathsf{T}$ das absolute Maximum von $G_2'(W, \boldsymbol{w})$ in $\bar{\mathsf{R}}^{n+1}$ angenommen wird und deshalb für einen beliebigen Punkt $\boldsymbol{w}'' = \boldsymbol{w}' + \lambda \boldsymbol{a}$ mit $\lambda > 0$ und $|\boldsymbol{a}| = 1$

$$G_2(W, \boldsymbol{w}'') - G_2(W, \boldsymbol{w}') \leqq 0$$

sein müßte. Daraus folgt, daß auch

$$G_+(\boldsymbol{a}) := \lim_{\lambda \to +0} \frac{G_2(W, \boldsymbol{w}' + \lambda \boldsymbol{a}) - G_2(W, \boldsymbol{w}')}{\lambda} \leqq 0$$

ist.

Das Maximierungsproblem (11.95) hat folgende Lösungscharakteristik: Für $\boldsymbol{w} \in \mathsf{T}$ vereinfacht sich G_2 zu

$$G_2(W, \boldsymbol{w}) = -[\beta_1(\varepsilon - w_{n+1}) \, H(\varepsilon - w_{n+1}) + \beta_2(\varepsilon + w_{n+1}) \, H(\varepsilon + w_{n+1})] \,.$$

Die Maximierung nach w_{n+1} liefert

$$\mathsf{L}_\mathsf{T} = \begin{cases} w_{0,\,n+1} = \varepsilon \,, & \text{falls } \beta_1 > \beta_2 \,, \\ w_{0,\,n+1} = -\varepsilon \,, & \text{falls } \beta_1 < \beta_2 \,, \\ w_{0,\,n+1} \in [-\varepsilon, +\varepsilon] \,, & \text{falls } \beta_1 = \beta_2 \,. \end{cases}$$

Im Fall $\beta_1 \neq \beta_2$ besteht also L_T jeweils nur aus einem Punkt. Für diesen Punkt berechnen wir den Ausdruck $G_+(\boldsymbol{a})$ und erhalten für $\beta_1 < \beta_2$

$$\begin{aligned} G_+(\boldsymbol{a}) &= \lim_{\lambda \to +0} -\frac{1}{\lambda} \{\beta_1 \mathrm{E}_1[(2\varepsilon - \lambda a^T \boldsymbol{Y}) \, H(2\varepsilon - a^T \boldsymbol{Y}) - 2\varepsilon H(2\varepsilon)] \\ &\quad + \beta_2 \mathrm{E}_2[\lambda \boldsymbol{a}^T \boldsymbol{Y} H(\lambda \boldsymbol{a}^T \boldsymbol{Y})]\} \\ &= \lim_{\lambda \to +0} \left\{ -\frac{2\varepsilon}{\lambda} \beta_1 \mathrm{E}_1[H(2\varepsilon - \lambda \boldsymbol{a}^T \boldsymbol{Y}) - 1] \right. \\ &\quad \left. + \beta_1 \mathrm{E}_1[\boldsymbol{a}^T \boldsymbol{Y}] - \beta_2 \mathrm{E}_2[\boldsymbol{a}^T \boldsymbol{Y} H(\boldsymbol{a}^T \boldsymbol{Y})] \right\} \end{aligned}$$

und für $\beta_1 > \beta_2$

$$\begin{aligned} G_+(\boldsymbol{a}) &= \lim_{\lambda \to 0_0} \mathrm{E}_2 \left[\frac{2\varepsilon}{\lambda} \beta_2 (H(2\varepsilon + \lambda \boldsymbol{a}^T \boldsymbol{Y}) - 1 \right] \\ &\quad + \beta_1 \mathrm{E}_1[\boldsymbol{a}^T \boldsymbol{Y} H(-\boldsymbol{a}^T \boldsymbol{Y})] - \beta_2 \mathrm{E}_2[\boldsymbol{a}^T Y] \end{aligned}$$

bzw., da der erste Grenzwert auf den rechten Seiten wegen Voraussetzung 2 verschwindet (siehe weiter unten den Fall $\beta_1 = \beta_2$),

$$G_+(\boldsymbol{a}) = \beta_1 \mathrm{E}_1[\boldsymbol{a}^T \boldsymbol{Y}] - \beta_2 \mathrm{E}_2[\boldsymbol{a}^T \boldsymbol{Y} H(\boldsymbol{a}^T \boldsymbol{Y})] \quad \text{für } \beta_1 < \beta_2 \,,$$

$$G_+(-\boldsymbol{a}) = \beta_2 \mathrm{E}_2[\boldsymbol{a}^T \boldsymbol{Y}] - \beta_1 \mathrm{E}_1[\boldsymbol{a}^T \boldsymbol{Y} H(\boldsymbol{a}^T \boldsymbol{Y})] \quad \text{für } \beta_1 > \beta_2 \,.$$

$G_+(\boldsymbol{a}) > 0$ bzw. $G_+(-\boldsymbol{a}) > 0$ würden die Annahme $M_\mathsf{T} \geqq M_{\bar{\mathsf{T}}}$ zum Widerspruch führen. Wir bilden deshalb die folgenden Maxima bezüglich Variationen des Vektors $\boldsymbol{a}$, $|\boldsymbol{a}| = 1$:

$$Q_2 = \max_{\boldsymbol{a}} \frac{\mathrm{E}_1[\boldsymbol{a}^T \boldsymbol{Y}]}{\mathrm{E}_2[\boldsymbol{a}^T \boldsymbol{Y} H(\boldsymbol{a}^T \boldsymbol{Y})]} \,, \qquad Q_1 = \max_{\boldsymbol{a}} \frac{\mathrm{E}_2[\boldsymbol{a}^T \boldsymbol{Y}]}{\mathrm{E}_1[\boldsymbol{a}^T \boldsymbol{Y} H(\boldsymbol{a}^T \boldsymbol{Y})]} \tag{11.98}$$

und erhalten damit die Bedingungen $G_+(\boldsymbol{a}) > 0$ bzw. $G_+(-\boldsymbol{a}) > 0$ in der Form $Q_2 > \beta_2/\beta_1$ bzw. $Q_1 < \beta_1/\beta_2$. Diese Bedingungen lassen sich auch in der gemeinsamen Gleichung

$$0 < Q_2^{-1} < \frac{\beta_1}{\beta_2} < Q_1$$

ausdrücken.

Es bleibt noch der Fall $\beta := \beta_1 = \beta_2$ zu betrachten. Hierfür wählen wir aus L_T den Punkt $\boldsymbol{w}'$ mit $w'_{n+1} = 0$ und erhalten

$$G_+(\boldsymbol{a}) = \beta(\mathrm{E}_1[\boldsymbol{a}^T Y] - \mathrm{E}_2[\boldsymbol{a}^T Y]) - \varepsilon \cdot \beta(C_1 + C_2) \tag{11.99}$$

mit

$$C_i := \lim_{\lambda \to 0} \mathrm{E}_i \left[\frac{1}{\lambda} (H(\varepsilon + (-1)^i \lambda \boldsymbol{a}^T \boldsymbol{Y}) - 1)\right], \qquad i = 1, 2 .$$

Für die Berechnung der Grenzwerte C_i wird die Ausgangsvoraussetzung $|\boldsymbol{a}^*| > 0$ benötigt. Unter der Voraussetzung 1 über die Maße W_1 und W_2 ist dann fast überall

$$H(\boldsymbol{a}^T \boldsymbol{Y}) + H(-\boldsymbol{a}^T \boldsymbol{Y}) = 1$$

erfüllt. Damit ist dann fast überall

$$\begin{aligned} C_i &:= -\lim_{\lambda \to 0} \mathrm{E}_i \frac{H[-\varepsilon - (-1)^i \lambda \boldsymbol{a}^T \boldsymbol{Y}]}{\lambda} \\ &= \lim_{\lambda \to 0} \frac{1}{\lambda} W_i\big(-\varepsilon - (-1)^i \lambda \boldsymbol{a}^T \boldsymbol{Y} > 0\big) . \end{aligned}$$

Da ε nach Voraussetzung größer als Null ist, geht $W_i(\cdot)$ mit $\lambda \to 0$ wegen Voraussetzung 2 exponentiell gegen Null, so daß die Grenzwerte C_i verschwinden. Damit bleibt

$$G_+(\boldsymbol{a}) = \beta(\mathrm{E}_1[\boldsymbol{a}^T Y] - \mathrm{E}_2[\boldsymbol{a}^T Y]) = \beta \boldsymbol{a}^{*T}(\boldsymbol{\eta}_1 - \boldsymbol{\eta}_2)$$

mit $\boldsymbol{\eta}_1 := \mathrm{E}_1[\boldsymbol{X}]$, $\boldsymbol{\eta}_2 := \mathrm{E}_2[\boldsymbol{X}]$. Hier läßt sich leicht ein Vektor $\boldsymbol{a}$ finden, für den $G_+(\boldsymbol{a})$ positiv wird, nämlich — unter der Voraussetzung $\boldsymbol{\eta}_1 \neq \boldsymbol{\eta}_2$ der Behauptung — der Vektor

$$\boldsymbol{a}^* = \frac{\boldsymbol{\eta}_1 - \boldsymbol{\eta}_2}{|\boldsymbol{\eta}_1 - \boldsymbol{\eta}_2|}, \qquad a_{n+1} = 0 .$$

Es ist leicht einzusehen, daß $Q_1, Q_2 < 1$ sind, falls die vorkommenden Erwartungswerte existieren und $\boldsymbol{\eta}_1 \neq \boldsymbol{\eta}_2$ ist (vgl. Abb. 62). Da $\boldsymbol{\eta}_1 \neq \boldsymbol{\eta}_2$ für den Nachweis der Behauptung im Fall $\beta_1 = \beta_2$ ausreichte, erfüllt $\beta_1/\beta_2 = 1$ unter dieser Voraussetzung automatisch die Ungleichung (11.99), so daß diese entsprechend der Behauptung die Bedingung für den Ausschluß trivialer Lösungen für alle Werte β_1, β_2 darstellt.

Die q_1, q_2 lassen sich auch in der Form

$$q_1 = \frac{f_2^+ - f_2^-}{f_1^+}, \qquad q_2 = \frac{f_1^+ - f_1^-}{f_2^+}$$

mit $f_i^+ := M_i^+ \cdot A_i^+$, $f_i^- := |M_i^- \cdot A_i^-|$ schreiben. $f_i^+(\boldsymbol{w})$ ist ein Maß für die Ausdehnung der Klasse i in den positiven Halbraum der Hyperebene $\boldsymbol{w}$. Es ist evident, daß eine Hyperebene $\boldsymbol{w}$, die der Klasse 2 den positiven Halbraum zuordnet, diese Klasse 2 „gut" von der Klasse 1 abtrennt, wenn sowohl die Ausdehnung der Klasse 1 im positiven Halbraum, also f_1^+, als auch die der Klasse 2 im negativen Halbraum, d. h. f_2^-,

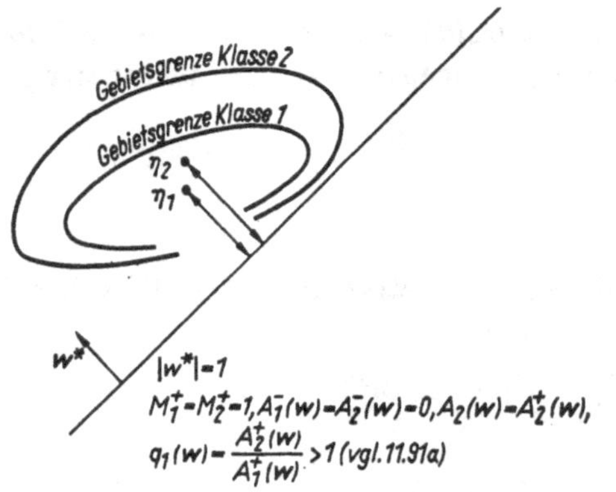

Abb. 62. Veranschaulichung der Ungleichungen $Q_1 < 1$, $Q_2 < 1$ (vgl. (11.98))

klein sind. Damit wird in diesem Fall q_1 groß (vgl. hierzu Abb. 69). Entsprechendes läßt sich zu q_2 sagen.

Für linear separierbare Klassen kann man stets eine Hyperebene $\boldsymbol{w}'$ finden, für die $f_1^+ = 0$ und $f_2^- = 0$ sind, so daß $q_1 = \infty$ und damit auch $Q_1 = \infty$ werden. Ebenso läßt sich eine Hyperebene, nämlich die Ebene $\boldsymbol{w}'' = -\boldsymbol{w}'$ (d. h. dieselbe Hyperebene, nur mit entgegengesetzter Normalenrichtung orientiert) finden, für die $f_2^+ = 0$ und $f_1^- = 0$ sind. Das ergibt sich für f_1 und f_2 aufgrund der Gültigkeit der Gleichungen

$$f_1^+(\boldsymbol{w}) = \mathbf{E}_1[(\boldsymbol{w}^T\boldsymbol{Y}H(\boldsymbol{w}^T\boldsymbol{Y})]\,, \qquad f_1^-(\boldsymbol{w}) = |\mathbf{E}_1[\boldsymbol{w}^T\boldsymbol{Y}H(-\boldsymbol{w}^T\boldsymbol{Y})]|$$

aus der Identität

$$f_1^-(-\boldsymbol{w}) = \mathbf{E}_1[-\boldsymbol{w}^T\boldsymbol{Y}H(\boldsymbol{w}^T\boldsymbol{Y})] = f_1^+(\boldsymbol{w})\,.$$

Für linear separierbare Klassen gilt demnach $Q_1 = Q_2 = \infty$, womit die Bedingung (11.94) in der Gestalt

$$0 < \frac{\beta_1}{\beta_2} < \infty$$

identisch erfüllt ist. Die Bedingung (11.93) ist schon als Folgerung aus der linearen Separierbarkeit erfüllt und braucht nicht mehr besonders gefordert zu werden.

11.4.2.1.4. Eigenschaften der eigentlichen Lösungen

Seine Differenzierbarkeit betreffend, hat das Funktional G_2 die

Eigenschaft 3 (Differenzierbarkeit). Mit Ausnahme des Unterraumes T ist das mit der linearen Diskriminanzfunktion d gebildete Funktional $G_2(\boldsymbol{W}, \boldsymbol{w})$ überall nach den Komponenten von $\boldsymbol{w}$ partiell differenzierbar, und es gilt

$$\begin{aligned}\nabla_{\boldsymbol{w}} G_2(\boldsymbol{W}, \boldsymbol{w}) &= \mathbf{E}[b_K\boldsymbol{Y} \cdot H(-[(-1)^{K-1} \cdot \boldsymbol{w}^T\boldsymbol{Y} - \varepsilon])] \\ &= \beta_1\mathbf{E}_1[\boldsymbol{Y} \cdot H(\varepsilon - \boldsymbol{w}^T\boldsymbol{Y})] + \beta_2\mathbf{E}_2[\boldsymbol{Y} \cdot H(\varepsilon + \boldsymbol{w}^T\boldsymbol{Y})]\,. \qquad (11.100)\end{aligned}$$

Beweis. Nach (11.89) ist

$$G_2(W, \boldsymbol{w}) = \beta_1 \mathbf{E}_1[D_1(\boldsymbol{w})] + \beta_2 \mathbf{E}_2[D_2(\boldsymbol{w})]$$

mit $D_i = -F_i H(F_i)$, $F_1 = -\boldsymbol{w}^T \boldsymbol{Y} + \varepsilon$, $F_2 = \boldsymbol{w}^T \boldsymbol{Y} + \varepsilon$. Damit wird die partielle Ableitung nach der Komponente w_j des Vektors $\boldsymbol{w}$

$$\frac{\partial}{\partial w_j} G_2(W, \boldsymbol{w}) = \sum_{i=1}^{2} \beta_i \lim_{h\to 0} \frac{1}{h} \left(\mathbf{E}_i[D_i(\boldsymbol{w} + h\boldsymbol{e}_j)] - \mathbf{E}_i[D_i(\boldsymbol{w})]\right),$$

wobei $\boldsymbol{e}_j$ den j-ten Basisvektor des R^{n+1} bezeichnet. Für $i = 1$ wird hierin

$$\lim_{h\to 0} \frac{1}{h} \left(\mathbf{E}_1[D_1(\boldsymbol{w} + h\boldsymbol{e}_j)] - \mathbf{E}_1[D_1(\boldsymbol{w})]\right)$$

$$= -\lim_{h\to 0} \{[\mathbf{E}_1(-\boldsymbol{e}_j^T Y)] \cdot H[-(\boldsymbol{w}^T + h\boldsymbol{e}_j^T)\, Y + \varepsilon]] + l(h)\}$$

mit den Bezeichnungen

$$l(h) := \frac{1}{h} \mathbf{E}_1[u \cdot v], \quad u := \varepsilon - \boldsymbol{w}^T \cdot \boldsymbol{Y},$$

$$v := H[\varepsilon - (\boldsymbol{w}^T + h\boldsymbol{e}_j^T) \cdot \boldsymbol{Y}] - H(\varepsilon - \boldsymbol{w}^T \boldsymbol{Y}).$$

Wir schreiben

$$v = H(u - \Delta u) - H(u) \tag{11.101}$$

mit $\Delta u := h\boldsymbol{e}_j^T \boldsymbol{Y}$. Zur Abschätzung der Größe $l(h)$ wenden wir wieder die Schwarzsche Ungleichung in der Formulierung

$$|\mathbf{E}(gf)| \leqq \left((\mathbf{E}g^2)\,(\mathbf{E}f^2)\right)^{1/2}$$

an und setzen

$$g = u \cdot |v|^{1/2}, \qquad f = (\operatorname{sgn} v)\, |v|^{1/2},$$

so daß $g \cdot f = u \cdot v$ wird. Hierin ist jetzt

$$\mathbf{E}_1[f^2] = \mathbf{E}_1[|v|],$$

wobei $|v|$ aufgrund von (11.101) wie folgt von u und Δu abhängt:

$$|v| = \begin{cases} 1, & \text{wenn } \Delta u \leqq u < 0 \text{ oder } 0 \leqq u < \Delta u \text{ ist,} \\ 0 & \text{sonst,} \end{cases}$$

also wird

$$\mathbf{E}_1(f^2) \leqq \mathbf{P}_{W_1}\left((\Delta u)^2 - u^2 > 0\right) \quad \text{bzw.} \quad \mathbf{E}_1(f^2) \leqq \mathbf{P}_{W_1}\left((h^2 \cdot p^2) - u^2 > 0\right)$$

mit $p := \boldsymbol{e}_j^T \boldsymbol{Y} = Y_j$, woraus $p^2 = Y_j^2$ folgt.

Die Zufallsvariable

$$Z(h) = h^2 p^2 - u^2$$

besitzt als Borelsche Funktion linearer Funktionen nach Voraussetzung 1 bei $\boldsymbol{w}^* = 0$ überall endliche Dichten, und ihre Verteilungsfunktion ist nach h differenzierbar. So wird wegen $\mathbf{E}_1[f^2] = 1 - F_{Z(h)}(0)$ [1]) und $F_{Z(0)}(0) = 1$

$$\lim_{h\to 0} \frac{F_{Z(h)}(0) - F_{Z(0)}(0)}{h} = \lim_{h\to 0} \frac{F_{Z(h)}(0) - 1}{h} = \left.\frac{\mathrm{d}F_Z(h)}{\mathrm{d}h}\right|_{h=0} < \infty.$$

[1]) $F_{Z(h)}$ bezeichnet die Verteilungsfunktion der Zufallsvariable $Z(h)$.

Damit ergibt sich

$$\lim \mathbf{E}_1(u \cdot v) \leqq \left[\frac{dF_z(h)}{dh}\bigg|_{h=0} \cdot \lim_{h\to 0} \mathbf{E}_1[u^2 \cdot |v|]\right]^{1/2}.$$

Hierin ist wegen $|v| \equiv v^2$

$$\mathbf{E}_1[u^2 \cdot |v|] = \mathbf{E}_1[u^2 \cdot (H(u - \Delta u) - H(u))^2]$$
$$= \mathbf{E}_1[u^2 \cdot (H(u - \Delta u) + H(u) - 2H(u)\,H(u - \Delta u))]\,,$$

wobei die Identität $H(u) \equiv (H(u))^2$ benutzt wurde. Damit ergibt sich, daß für alle $w \notin \mathsf{T}$

$$\lim_{h\to 0} \mathbf{E}_1[u^2 \cdot H(u - \Delta u)] = \mathbf{E}_1[u^2 \cdot H(u)]$$

und

$$\lim_{h\to 0} \mathbf{E}_1[u^2 \cdot H(u)\,H(u - \Delta u)] = \mathbf{E}_1[u^2 \cdot (H(u))^2] = \mathbf{E}_1[u^2 H(u)]$$

sind, so daß $\lim_{h\to 0} \mathbf{E}_1[u^2 \cdot v] = 0$ ist und damit auch $\lim_{h\to 0} \mathbf{E}_1[u \cdot v] = 0$ wird.

Damit wird schließlich

$$S_{1j} := -\lim_{h\to 0} \mathbf{E}_1[-Y_j H(+u - \Delta u)] = \mathbf{E}_1[Y_j H(\varepsilon - \boldsymbol{w}^T \boldsymbol{Y})]\,.$$

Der entsprechende Ausdruck für S_{2j} ergibt sich, indem man $\boldsymbol{w}$ durch $-\boldsymbol{w}$ ersetzt, so wird

$$S_{2j} := \mathbf{E}_2[Y_j H(\varepsilon + \boldsymbol{w}^T \boldsymbol{Y})]$$

erhalten. Damit ist die Behauptung bewiesen.

Wir beweisen noch die

Eigenschaft 4. Mit Ausnahme linear separierbarer Klassen mit Lücke $\delta_0 = 0$ existiert bei $\varepsilon > 0$ und $\beta_1, \beta_2 > 0$ für jedes Klassifizierungsproblem, dessen Maße W_1, W_2 die Voraussetzung 2 erfüllen, eine Lösung des Maximierungsproblems $\sup_{\boldsymbol{w}\in \mathsf{R}^{n+1}} G_2(W, \boldsymbol{w})$ im Endlichen, d. h., die Menge $\mathsf{L} - \mathsf{L}_\infty$ ist nicht leer.

Beweis. Die Maße W_1, W_2 sind entweder im Sinne der Definition 3a nicht linear separierbar, oder das Gegenteil ist richtig.

A) Beginnen wir mit dem Gegenteil. In diesem Fall existiert ein Vektor $\boldsymbol{h} \in \mathsf{R}^{n+1}$, so daß die beiden Gleichungen

$$\left.\begin{aligned} &\mathbf{E}_1[-\boldsymbol{h}^T Y H(-\boldsymbol{h}^T Y)] = 0\,,\\ &\mathbf{E}_2[\boldsymbol{h}^T Y H(\boldsymbol{h}^T Y)] = 0\,, \qquad |\boldsymbol{h}| = 1\,, \end{aligned}\right\} \tag{11.102}$$

erfüllt sind. Es ist

$$|\boldsymbol{h}|^2 = |\boldsymbol{h}^*|^2 + h_{n+1}^2 = 1\,.$$

Wir führen die folgende Fallunterscheidung durch:

(1) $\boldsymbol{h}^* = \boldsymbol{O}$. Es gibt die beiden Möglichkeiten $h_{n+1} = \pm 1$.

Man sieht leicht, daß die Gleichungen (11.102) nicht simultan erfüllbar sind, da genau dann, wenn die eine gleich Null ist, die andere gleich 1 ist.

Wir können uns also auf den Fall

(2) $\boldsymbol{h}^* \neq \boldsymbol{O}$

beschränken. Bei $\boldsymbol{h}^* \neq \boldsymbol{O}$ ist die Voraussetzung 2 über die Maße W_1, W_2 anwendbar, wonach das Skalarprodukt $\boldsymbol{h}^T\boldsymbol{Y}$ fast überall ungleich Null ist (bzw. wonach eine Hyperebene eine Menge vom W-Maße Null ist).

Aus der zweiten Gleichung (11.102) folgt dann, daß $\boldsymbol{h}^T\boldsymbol{Y}$ W_2-fast-überall negativ und aus der ersten, daß $\boldsymbol{h}^T\boldsymbol{Y}$ W_1-fast-überall positiv ist. Folglich können wir (11.102) auch durch

$$\mathrm{E}_1[H(-\boldsymbol{h}^T Y)] = 0\,, \qquad \mathrm{E}_2[H(\boldsymbol{h}^T Y)] = 0$$

ersetzen. Das heißt, daß die Maße W_1, W_2 linear separierbar sind. Sie können jetzt im Sinne der Definition 3 noch mit einer Lücke $\delta_0 > 0$ oder $\delta_0 = 0$ separierbar sein. Das Letztere war nach Voraussetzung ausgeschlossen. Also ist $\delta_0 > 0$. In diesem Fall aber ist die Existenz einer Lösung im Endlichen (s. Def. 3) gesichert.

B) Wir betrachten jetzt den noch verbleibenden Fall, daß die Maße W_1, W_2 nicht linear separierbar sind. Dann ist für alle $\boldsymbol{h} \in \mathsf{R}^{n+1}$, $|\boldsymbol{h}| = 1$, wenigstens eine der Gleichungen (11.102) größer als Null.

Wir führen folgende Fallunterscheidungen durch:

(1) $\boldsymbol{w}_0^* = \boldsymbol{O}$. Also liegt $\boldsymbol{w}_0$ in T. Im Beweis der Bedingung 11.4.2.1.3, S. 178, war gezeigt worden, daß $|w_{n+1}| < \infty$ ist.

(2) $\boldsymbol{w}_0^* \neq \boldsymbol{O}$. Wir schreiben

$$\begin{aligned} G_2(W, \boldsymbol{w}_0) = &-\beta_1 \mathrm{E}_1[(\varepsilon - \boldsymbol{w}_0^T \cdot \boldsymbol{Y})\, H(\varepsilon - \boldsymbol{w}_0^T \cdot Y)] \\ &-\beta_2 \mathrm{E}_2[(\varepsilon + \boldsymbol{w}_0^T \cdot \boldsymbol{Y})\, H(\varepsilon + \boldsymbol{w}_0^T Y)]\,, \end{aligned} \tag{11.103}$$

definieren den Vektor

$$\boldsymbol{e}_0 := \frac{\boldsymbol{w}_0}{(|\boldsymbol{w}_0^*|^2 + w_{0,\,n+1}^2)^{1/2}}$$

und haben dann

$$\boldsymbol{w}_0 = \lambda \boldsymbol{e}_0\,, \qquad \lambda := (|\boldsymbol{w}_0^*|^2 + w_{0,\,n+1}^2)^{1/2}\,.$$

Durch Einsetzen in (11.103) wird

$$\begin{aligned} G_2(W, \boldsymbol{w}_0) &= -\beta_1 \mathrm{E}_1[(\varepsilon - \lambda \boldsymbol{e}_0^T \boldsymbol{Y})\, H(\varepsilon - \lambda \boldsymbol{e}_0^T \boldsymbol{Y})] \\ &\quad -\beta_2 \mathrm{E}_2[(\varepsilon + \lambda \boldsymbol{e}_0^T \boldsymbol{Y})\, H(\varepsilon + \lambda \boldsymbol{e}_0^T \boldsymbol{Y})] \\ &= -\beta_1 \lambda\, \mathrm{E}_1\left[\left(\frac{\varepsilon}{\lambda} - \boldsymbol{e}_0^T \boldsymbol{Y}\right) H\left(\frac{\varepsilon}{\lambda} - \boldsymbol{e}_0^T \boldsymbol{Y}\right)\right] \\ &\quad -\beta_2 \lambda\, \mathrm{E}_2\left[\left(\frac{\varepsilon}{\lambda} + \boldsymbol{e}_0^T \boldsymbol{Y}\right) H\left(\frac{\varepsilon}{\lambda} + \boldsymbol{e}_0^T \boldsymbol{Y}\right)\right]. \end{aligned}$$

Hier sind entweder

$$\lim_{\lambda \to \infty} \mathrm{E}_1 \left(\frac{\varepsilon}{\lambda} - \boldsymbol{e}_0^T \boldsymbol{Y}\right) H\left(\frac{\varepsilon}{\lambda} - \boldsymbol{e}_0^T \boldsymbol{Y}\right) = \mathrm{E}_1[-\boldsymbol{e}_0^T \boldsymbol{Y} H(-\boldsymbol{e}_0^T \boldsymbol{Y})] > 0$$

oder

$$\lim_{\lambda \to \infty} \mathrm{E}_2 \left(\frac{\varepsilon}{\lambda} + \boldsymbol{e}_0^T \boldsymbol{Y}\right) H\left(\frac{\varepsilon}{\lambda} + \boldsymbol{e}_0^T \boldsymbol{Y}\right) = \mathrm{E}_2[\boldsymbol{e}_0^T \boldsymbol{Y} H(\boldsymbol{e}_0^T \boldsymbol{Y})] > 0$$

und somit für $\beta_1, \beta_2 > 0$ nach Voraussetzung

$$\lim_{\lambda \to \infty} G_2(W, \boldsymbol{w}_0) = -\infty\,.$$

Daß das Maximum von G_2 aber endlich ist, folgt, indem man den Wert von G_2 in einem geeignet gewählten Punkt berechnet. Wählen wir $\boldsymbol{w} = \boldsymbol{O}$, so ist

$$G_2(W, \boldsymbol{O}) = -\beta_1 \mathrm{E}_1[\varepsilon H(\varepsilon)] - \beta_2 \mathrm{E}_2[\varepsilon H(\varepsilon)]$$
$$= -\varepsilon \cdot (\beta_1 + \beta_2) > -\infty\,.$$

Damit ist gezeigt, daß die Lösung nicht im Unendlichen liegt. Der Beweis für die Eigenschaft 4 ist damit erbracht.

Eigenschaft 5. Die Maße W_1, W_2 seien nicht linear separierbar mit Lücke $\delta_0 = 0$, und es sei $\varepsilon > 0$. Unter diesen Voraussetzungen gilt folgendes: Ist $\boldsymbol{a} \in \mathsf{R}^{n+1}$ ein Punkt, in dem $\nabla_{\boldsymbol{w}} G_2(W, \boldsymbol{w})$ existiert und gleich Null ist, so ist $\boldsymbol{a} \in \mathsf{L}$.

Die Existenz von $\nabla_{\boldsymbol{w}} G_2(W, \boldsymbol{w}) = \boldsymbol{O}$ in einem Punkt $\boldsymbol{w}$ ist also bei $\varepsilon > 0$ – und wenn W_1, W_2 nicht linear separierbar sind mit Lücke $\delta_0 = 0$ – hinreichend dafür, daß $\boldsymbol{w}$ eine eigentliche Lösung der Maximierungsaufgabe $\sup_{\boldsymbol{w} \in \mathsf{R}^{n+1}} G_2(W, \boldsymbol{w})$ ist.

Beweis. Wir nehmen das Gegenteil an. Sei $\boldsymbol{a}$ ein Punkt, in dem $\nabla_{\boldsymbol{w}} G_2(W, \boldsymbol{w}) = 0$ ist und sei $\boldsymbol{a} \notin \mathsf{L}$. Folglich ist

$$r := G_2(W, \boldsymbol{a}) < M\,.$$

Da L nicht leer ist, existiert mindestens ein Punkt $\boldsymbol{w}_0 \in \mathsf{L}$. In diesem ist $G_2 = M$. Aufgrund der Konvexität von G_2 gilt für einen Punkt $\boldsymbol{c} = \lambda \boldsymbol{w}_0 + (1 - \lambda) \cdot \boldsymbol{a}$

$$G_2(W, \boldsymbol{c}) = \lambda \cdot M + (1 - \lambda)\, r\,,$$

so daß

$$\lim_{c_n \to a} \frac{G_2(W, \boldsymbol{c}) - G_2(W, \boldsymbol{a})}{|\boldsymbol{c} - \boldsymbol{a}|} = \frac{\lambda \cdot M + (1 - \lambda) \cdot r - r}{\lambda \cdot |\boldsymbol{w}_0 - \boldsymbol{a}|} = \frac{\cdot \quad r}{|\boldsymbol{w}_0 - \boldsymbol{a}|}$$

wird, da voraussetzungsgemäß $|\boldsymbol{w}_0| < \infty$ war.

Auf der linken Seite steht hier eine Richtungsableitung von G_2 im Punkt $\boldsymbol{a}$ längs der Verbindungsstrecke $\boldsymbol{a} - \boldsymbol{w}_0$, die im Widerspruch zum Verschwinden des Gradienten von G_2 in $\boldsymbol{a}$ als positiv nachgewiesen wurde.

Die Bedingung $\nabla_{\boldsymbol{w}} G_2 = \boldsymbol{O}$ kann man wie folgt umformen: Setzt man die $n + 1$-te Komponente der rechten Seite von (11.100) gleich Null, so ergibt sich die Bedingung

$$\beta_1 \mathrm{E}_1 H(\varepsilon - \boldsymbol{w}^T \boldsymbol{Y}) = \beta_2 \mathrm{E}_2 H(\varepsilon + \boldsymbol{w}^T \boldsymbol{Y})\,. \tag{11.104}$$

Damit erhält man die durch Nullsetzen der ersten n Komponenten entstehende Bedingung

$$\mathrm{E}_1(\boldsymbol{X} \mid \boldsymbol{w}^T \boldsymbol{Y} \leqq \varepsilon) = \mathrm{E}_2(\boldsymbol{X} \mid \boldsymbol{w}^T \boldsymbol{Y} \geqq -\varepsilon)\,. \tag{11.105}$$

Führt man die Wahrscheinlichkeitsmassen

$$M_i := \mathrm{E}_i[H(\varepsilon + (-1)^i\, \boldsymbol{w}^T \boldsymbol{Y})]\,, \qquad i = 1, 2$$

der jeweils falsch klassifizierten Objekte der Klassen 1 bzw. 2 ein, so läßt sich (11.104) in der Form

$$\frac{M_1}{M_2} = \frac{\beta_1}{\beta_2} \tag{11.106}$$

schreiben. Die Bedingungen (11.105) und (11.106) sind in der Abb. 63 geometrisch veranschaulicht.

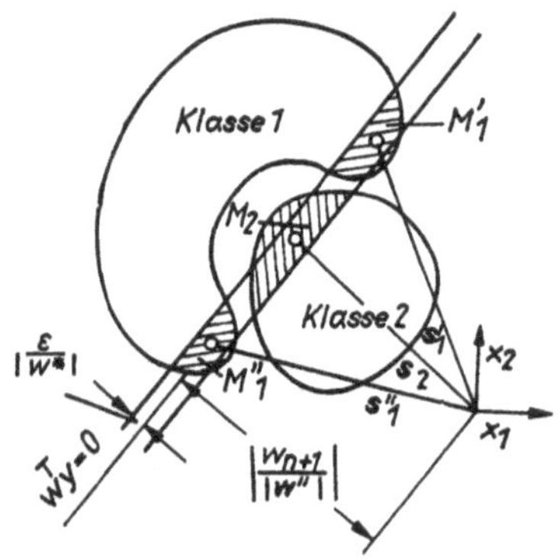

Abb. 63. Veranschaulichung der Lösungsbedingung $\nabla_w F_k = O$

11.4.2.2. Optimalität von G_2 für normalverteilte Zweiklassenprobleme gleicher Kovarianzmatrix

In Auswertung der Bedingung (11.94) benötigen wir die Erwartungswerte

$$J_+ := \mathbf{E}[FH(F)]\,, \qquad J_- := \mathbf{E}[FH(-F)]\,.$$

Es ist

$$J_+ = \int_{-\infty}^{+\infty} fH(f)\,\varrho_F(f)\,\mathrm{d}f = \int_0^{\infty} f\varrho_F(f)\,\mathrm{d}f = \int_{-\infty}^{+\infty} f\varrho_F(f)\,\mathrm{d}f - J_- = \mathbf{E}[F] - J_-$$

mit

$$J_- = \int_{-\infty}^{+\infty} fH(-f)\,\varrho_F(f)\,\mathrm{d}f = \int_{-\infty}^{0} f\varrho_F(f)\,\mathrm{d}f\,.$$

Die Auswertung von J_- durch partielle Integration ergibt

$$J_- = fF_F(f)\Big|_{-\infty}^{0} - \int_{-\infty}^{0} F_F(f)\,\mathrm{d}f\,,$$

und unter Berücksichtigung der Voraussetzung 1,

$$J_- = 0 - \Psi_F(0) = -\Psi_F(0)\,,$$

wenn man die Funktion

$$\Psi_F(a) := \int_{-\infty}^{a} F_F(f)\,\mathrm{d}f$$

definiert.

Jetzt sei F eine normalverteilte Zufallsvariable mit dem Mittelwert μ und der Standardabweichung σ, dann ist

$$F_F(f) = \Phi\left(\frac{f-\mu}{\sigma}\right),$$

wo $\Phi(a)$ die normierte Normalverteilung bedeutet. Die Funktion $\Psi_\Phi(a)$ bezeichnen wir dann mit

$$\Omega(a) = \int_{-\infty}^{a} \Phi(t)\,\mathrm{d}t\,.$$

Damit wird hierfür

$$J_- = -\int_{-\infty}^{0} \Phi\left(\frac{f-\mu}{\sigma}\right) \mathrm{d}f\,,$$

$$J_- = -\sigma \int_{-\infty}^{-\mu/\sigma} \Phi(a)\,\mathrm{d}a = -\sigma\Omega\left(-\frac{\mu}{\sigma}\right)$$

und damit

$$J_+ = \mu + \sigma \cdot \Omega\left(-\frac{\mu}{\sigma}\right).$$

Wegen der Symmetrie der Normalverteilung um μ gelten die Beziehungen

$$\Phi(-x) = 1 - \Phi(x)\,, \tag{11.107}$$

$$\Omega(-x) = \Omega(x) - x\,. \tag{11.108}$$

Mit dem Ausdruck für J_- wird dann

$$J_+ = \mu + \sigma \cdot \Omega\left(-\frac{\mu}{\sigma}\right) = \mu + \sigma \cdot \left(\Omega\left(\frac{\mu}{\sigma}\right) - \frac{\mu}{\sigma}\right) = \sigma \cdot \Omega\left(\frac{\mu}{\sigma}\right)$$

und

$$J := J_+ + J_- = \mu\,.$$

Wir erhalten damit die Ausdrücke aller in (11.92) vorkommenden Größen

$$A_i = \mu_i\,, \qquad M_i^+ A_i^+ = \sigma \cdot \Omega\left(\frac{\mu_i}{\sigma}\right)$$

mit $\mu_i(\boldsymbol{w}) := \boldsymbol{w}^{*T}\eta_i + w_{n+1}$, $\sigma(\boldsymbol{w}) := (\boldsymbol{w}^{*T}\boldsymbol{C}\boldsymbol{w}^*)^{1/2}$, wobei η_i die Mittelvektoren der Klassen ($i = 1, 2$) und $\boldsymbol{C}$ ihre gemeinsame Kovarianzmatrix sind. Man erhält so die Ausdrücke

$$Q_1 = \sup_{\boldsymbol{w} \in \mathrm{H}_0} \frac{\alpha_2(\boldsymbol{w})}{\Omega(\alpha_1(\boldsymbol{w}))}\,, \qquad Q_2 = \sup_{\boldsymbol{w}' \in \mathrm{H}_1} \frac{\alpha_1(\boldsymbol{w}')}{\Omega(\alpha_2(\boldsymbol{w}'))}$$ [1]

mit

$$\alpha_i := \frac{\mu_i(\boldsymbol{w})}{\sigma(\boldsymbol{w})} = \frac{\boldsymbol{w}^{*T}\eta_i + w_{n+1}}{\sigma(\boldsymbol{w})}\,, \qquad i = 1, 2.$$

$\boldsymbol{w}^*$ möge die Richtung des Vektors $\boldsymbol{C}^{-1} \cdot (\eta_2 - \eta_1)$ der optimalen Diskriminante haben. Es sei also

$$\boldsymbol{w}^* = \lambda \boldsymbol{C}^{-1} \cdot (\eta_2 - \eta_1)\,.$$

Mit den Bezeichnungen

$$\alpha_0 := \left((\eta_2 - \eta_1)^T \boldsymbol{C}^{-1}(\eta_2 - \eta_1)\right)^{1/2}, \qquad b := (\eta_2 - \eta_1)^T \boldsymbol{C}^{-1}\eta_1 + \frac{w_{n+1}}{\lambda}$$

[1]) Die Maximierung braucht in diesem Fall faktisch nicht auf H_0 beschränkt zu werden, sondern kann sich auf $\mathrm{R}^{n+1} - \mathrm{T}$ erstrecken, da $\alpha_i(\lambda \boldsymbol{w}) = \alpha_i(\boldsymbol{w})$ für alle $\lambda \neq 0$ gilt. Für das Folgende wurde deshalb die Beschränkung auf H_0 aufgehoben.

werden

$$\alpha_1 = \frac{b}{\alpha_0}, \qquad \sigma = \lambda\alpha_0, \qquad \alpha_2 = \alpha_0 + \frac{b}{\alpha_0}$$

und damit

$$Q_1 = \sup_b \frac{\alpha_0 + \dfrac{b}{\alpha_0}}{\Omega\left(\dfrac{b}{\alpha_0}\right)} = \sup_c \frac{\alpha_0 + c}{\Omega(c)} \tag{11.109}$$

mit $c := b/\alpha_0$. Die Darstellungen von Φ und Ω mit Hilfe des Gaussschen Fehlerintegrals $1 - \Phi_*$ und der mit Φ_* definierten Funktion

$$\Omega_*(x) := \int\limits_x^\infty \Phi_*(t)\,\mathrm{d}t$$

lauten

$$\Phi(x) = \frac{1}{2}\,\Phi_*\left(-\frac{x}{\sqrt{2}}\right), \tag{11.110}$$

$$\Omega(x) = \frac{1}{\sqrt{2}}\,\Omega_*\left(-\frac{x}{\sqrt{2}}\right). \tag{11.111}$$

Die Lösung c_0 des Maximierungsproblems (11.109) für Q_1 ist die Lösung der Gleichung

$$\alpha_0 = \frac{\Omega(c)}{\Phi(c)} - c$$

bzw. mit (11.110) und (11.111) der Gleichung

$$\alpha_0 = \sqrt{2}\,G_*(d)\,, \qquad G_*(x) := \frac{\Omega_*(x)}{\Phi_*(x)} + x\,, \qquad d := -\frac{c}{\sqrt{2}}.$$

$G_*(d)$ ist streng monoton wachsend mit d, folglich existiert die Umkehrfunktion, und es wird

$$d_0 = G_*^{-1}\left(\frac{\alpha_0}{\sqrt{2}}\right).$$

Setzt man dies in den Ausdruck für q_1, d. h. das Argument von sup in (11.109), ein, so wird für die gewählte Diskriminanzrichtung

$$Q_1 \geqq \tilde{Q}_1 := 2 \cdot \frac{\dfrac{\alpha_0}{\sqrt{2}} - G_*^{-1}\left(\dfrac{\alpha_0}{\sqrt{2}}\right)}{\Omega_*\left(G_*^{-1}\left(\dfrac{\alpha_0}{\sqrt{2}}\right)\right)}$$

erhalten. Die Beziehungen (11.107) und (11.108) gehen für Φ_* und Ω_* in

$$\Phi_*(-x) = 2 - \Phi_*(x)\,, \qquad \Omega_*(-x) = \Omega_*(x) + 2x$$

sowie

$$G_*(-x) = \frac{\Phi_*(x)}{2 - \Phi_*(x)} \cdot G_*(x)$$

über. Aus Symmetriegründen ist hier $\tilde{Q}_2 = \tilde{Q}_1 =: \tilde{Q}$. Als Funktion von α_0 ist $\tilde{Q}$ in Abb. 64 dargestellt.[1]) Man sieht, daß hier z. B. bei einer Trenngüte $\alpha_0 = 1$ $\tilde{Q} = 2{,}5$ ist, bei $\alpha_0 = 2$ $\tilde{Q} = 17{,}4$, bei $\alpha_0 = 3$ bereits $\tilde{Q} = 260$, so daß nach Bedingung 4 das Intervall der zulässigen Werte von β_1/β_2, d. h. $1/\tilde{Q} \leqq \beta_1/\beta_2 \leqq \tilde{Q}$, mit α_0 schnell wächst.

Für $\alpha_0 = 0$ zumindest ist $\beta_1 = \beta_2$ noch zulässig.

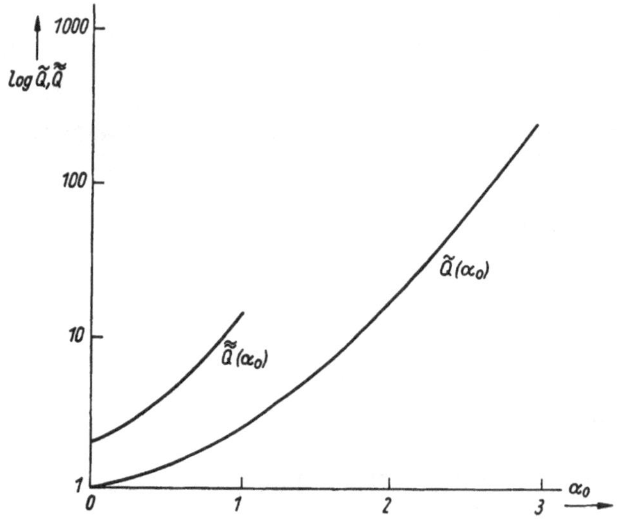

Abb. 64. Abhängigkeit der Intervallgrenzen $\tilde{Q}$ und $\tilde{\tilde{Q}}$ für β von der Trenngüte α_0

Vergleich der G_2-optimalen Trennebene mit der Bayes-optimalen

Die BAYES-optimale Trennebene ist (vgl. Abschnitt 11.6.1) durch den Vektor $\boldsymbol{w}_{0B}$ aus R^{n+1} mit den Komponenten

$$\boldsymbol{w}_{0B}^* = \boldsymbol{C}^{-1}(\boldsymbol{\eta}_1 - \boldsymbol{\eta}_2)\,,$$

$$(\boldsymbol{w}_{0B})_{n+1} = \tfrac{1}{2}\,[\log(\beta_1/\beta_2) - (\boldsymbol{\eta}_1 - \boldsymbol{\eta}_2)^T\,\boldsymbol{C}^{-1}(\boldsymbol{\eta}_1 - \boldsymbol{\eta}_2)]$$

gegeben, wobei $\boldsymbol{C}$ die gemeinsame Kovarianzmatrix der Klassen ist. Zum Vergleich betrachten wir die Lösung $\boldsymbol{w}_0$ des Maximierungsproblems

$$\sup_{\boldsymbol{w}\in\mathsf{R}^{n+1}} G_2(W, \boldsymbol{w})$$

bei fest vorgegebenem $\varepsilon > 0$. Dafür gilt:

Satz. *Seien $\beta' := \beta_1/\beta_2$, $0 < \beta' \leqq 1$, $\alpha = \alpha_0$ und $S(x, y) := \Phi_*^{-1}(y \cdot \Phi(x))$. Mit diesen Bezeichnungen gilt folgendes: Dafür, daß die Normalenrichtung der G_2-optimalen Trennebene und die der Bayes-optimalen Trennebene übereinstimmen, d. h.*

$$\boldsymbol{w}_0^* = \lambda \boldsymbol{w}_{0B}^*\,, \qquad \lambda > 0\,,$$

gilt, ist hinreichend, daß eine reelle Zahl x existiert, welche die Gleichung

$$\alpha = G(x) + G(S(x, \beta'))\,, \qquad G(x) := \frac{\Omega(x)}{\Phi(x)} + x\,,$$

[1]) $\tilde{\tilde{Q}}$ ist auf Seite 191 definiert.

und die Ungleichung

$$\alpha > x + S(x, \beta')$$

erfüllt. Im Sonderfall $\beta' = 1$ *gilt mit derselben Konstanten* λ *außerdem noch*

$$(\boldsymbol{w}_0)_{n+1} = \lambda \cdot (\boldsymbol{w}_{0B})_{n+1}\,.$$

Beweis. Für den Beweis suchen wir zunächst auf der Grundlage der Eigenschaft 5 die Menge $\tilde{\mathsf{L}}_e$ aller Punkte $\boldsymbol{x} \in \mathsf{R}^{n+1} - \mathsf{T}$, in denen $\nabla_{\boldsymbol{w}} G_2 = \boldsymbol{O}$ ist. Es ist $\tilde{\mathsf{L}}_e \subseteqq \mathsf{L}_e$. Den Ausdruck für $\nabla_{\boldsymbol{w}} G_2$ leiten wir aus der expliziten Darstellung von G_2 ab.[1])

Wir gehen von der Definitionsgleichung

$$G_2(W, \boldsymbol{w}) = -\beta_1 \mathrm{E}_1(\varepsilon - \boldsymbol{w}^T\boldsymbol{Y})\, H(\varepsilon - \boldsymbol{w}^T\boldsymbol{Y}) - \beta_2 \mathrm{E}_2(\varepsilon + \boldsymbol{w}^T\boldsymbol{Y})\, H(\varepsilon + \boldsymbol{w}^T\boldsymbol{Y})$$

für G_2 aus. Die Zufallsvariablen $\varepsilon - \boldsymbol{w}^T\boldsymbol{Y}$ bzw. $\varepsilon + \boldsymbol{w}^T\boldsymbol{Y}$ sind unter dem Maß W_i nach $N(\varepsilon - \mu_i, \sigma)$ bzw. $N(\varepsilon + \mu_i, \sigma)$ verteilt, wobei ihre Dichtefunktionen mit ϱ_+ bzw. ϱ_- bezeichnet seien. Die Auswertung des Integrals

$$G_2(W, \boldsymbol{w}) = -\beta_1 \int_0^\infty a\varrho_-(a)\, \mathrm{d}a - \beta_2 \int_0^\infty b\varrho_+(b)\, \mathrm{d}b$$

führt auf den Ausdruck

$$G_2(W, \boldsymbol{w}) = -\beta_1 \frac{\sigma}{\sqrt{2}}\, \Omega\left(\frac{\varepsilon - \mu_1}{\sqrt{2}}\right) - \beta_2 \frac{\sigma}{\sqrt{2}}\, \Omega\left(-\frac{\varepsilon + \mu_2}{\sqrt{2}}\right),$$

woraus

$$\nabla_{\boldsymbol{w}} G_2(\boldsymbol{W}, \boldsymbol{w}) = -[\delta_1 \Phi(x)\, G(x) + \delta_2 \Phi(y)\, G(y)] \begin{pmatrix} C\boldsymbol{w}^* \\ \hline 0 \end{pmatrix} + \frac{\beta_1}{2} \Phi(x) \begin{pmatrix} \boldsymbol{\eta}_1 \\ \hline 1 \end{pmatrix} - \frac{\beta_2}{2} \Phi(x) \begin{pmatrix} \boldsymbol{\eta}_2 \\ \hline 1 \end{pmatrix}$$

mit $\delta_i := (\sqrt{2}\,\sigma)^{-1} \beta_i,\ i = 1, 2,$

$$x := -(\sqrt{2}\,\sigma)^{-1} (\varepsilon - \mu_1)\,, \tag{11.112}$$

$$y := -(\sqrt{2}\,\sigma)^{-1} (\varepsilon + \mu_2) \tag{11.113}$$

folgt. Die Bedingungen (11.105) und (11.106) für das Verschwinden von $\nabla_{\boldsymbol{w}} G_2$ lassen sich dann in der Form

$$\beta' \Phi(+x) = \Phi(+y)\,, \tag{11.114}$$

$$\boldsymbol{w}_0^* = \frac{\sigma}{\sqrt{2}} (G(+x) + G(+y))^{-1}\, \boldsymbol{C}^{-1}(\boldsymbol{\eta}_1 - \boldsymbol{\eta}_2) \tag{11.115}$$

aufschreiben.

Für die Existenz eines Punktes $\boldsymbol{w}_0$, in dem $\nabla_{\boldsymbol{w}} G_2 = \boldsymbol{O}$ ist, ist also notwendig, daß eine Konstante $w_{0_{n+1}}$ gefunden wird, mit der die Gleichungen (11.114) und (11.115) unter Beachtung der Definitionsgleichungen für x und y erfüllt werden.

---

[1]) $\nabla_{\boldsymbol{w}} G_2$ kann auch direkt nach (11.100) berechnet werden. Die Übereinstimmung der auf den beiden Wegen erhaltenen Ausdrücke bestätigt die Anwendbarkeit von (11.100) in diesem Fall. Wir gehen jedoch nicht darauf ein.

Durch Vergleich mit der Aussage des Satzes findet man zunächst, daß

$$\lambda = \frac{\sigma}{\sqrt{2}} (G(+x) + G(+y))^{-1}$$

ist. Damit ist gezeigt, daß, falls eine Lösung der Gleichung $\nabla_w G_2 = \boldsymbol{O}$ (mit $\boldsymbol{w}_0^* = \boldsymbol{O}$) existiert, der Teil $\boldsymbol{w}_0^*$ des Lösungsvektors $\boldsymbol{w}_0$ entweder parallel oder antiparallel zu $\boldsymbol{w}_{0B}^*$ orientiert ist. Es sind also erstens die Bedingungen aufzuzeigen, unter denen $\nabla_w G_2 = \boldsymbol{O}$ ist und zweitens die Bedingungen, unter denen $\lambda > 0$ ist.

Durch Einsetzen von (11.115) in die Definitionsgleichung für σ, S. 186, erhält man

$$G(+x) + G(+y) = \frac{\alpha_0}{\sqrt{2}} > 0 \tag{11.116}$$

und damit aus (11.112) und (11.113) mit μ_i, S. 186,

$$\sigma = \frac{\sqrt{2} \cdot \varepsilon}{\alpha_0/\sqrt{2} - (x + y)} > 0 \tag{11.117}$$

sowie

$$w_{n+1} = -\frac{\sigma}{\sqrt{2}} \left(\frac{c}{\sqrt{2}\alpha_0} + y - x \right)$$

mit

$$c := (\eta_1 - \eta_2)^T C^{-1} \cdot (\eta_1 + \eta_2) .$$

Damit sind $\boldsymbol{w}_0^*$ und $\boldsymbol{w}_{0_{n+1}}$ allein mit den vorgegebenen Größen α und c und den Variablen x und y dargestellt. Zugleich sind durch (11.114), (11.116) und (11.117) die Bedingungen für die Existenz der Lösung von $\nabla_w G_2 = \boldsymbol{O}$ formuliert.

Wir beginnen mit Gleichung (11.114). Die Umkehrfunktion von $\Phi(a)$ ist nur für Argumente $0 < a \leqq 1$ definiert. Da nach Voraussetzung $0 < \beta' \leqq 1$ ist, ist folglich die Lösung

$$y = S(x, \beta') = \Phi^{-1}(\beta' \cdot \Phi(x)) \tag{11.118}$$

für alle $-\infty < x < +\infty$ definiert. Wir betrachten Gleichung (11.116). Diese geht mit (11.118) in

$$G(x) + G(S(x, \beta')) = \frac{\alpha_0}{\sqrt{2}} > 0 \tag{11.119}$$

über. Es ist

$$\frac{\partial S(x, \beta')}{\partial x} = \beta'(\exp(-x^2)) \exp(S(x, \beta'))^2 > 0$$

sowie

$$\frac{\partial G(x)}{\partial x} = \frac{2}{\sqrt{\pi}} \cdot \frac{\Omega(x)}{(\Phi(x))^2} \exp(-x^2) > 0 .$$

Somit sind S und G streng monoton wachsende Funktionen. Damit ist auch die linke Seite von (11.119) eine streng monoton wachsende Funktion. Ihre Grenzwerte sind

$$G(\infty) + G(S(\infty, \beta')) = \infty ,$$
$$G(-\infty) + G(S(-\infty, \beta')) = \Phi^{-1}(2\beta') .$$

Damit existiert mit Sicherheit keine Lösung der Gleichung (11.116), falls nicht

$$\alpha := \frac{\alpha_0}{\sqrt{2}} \geqq \Phi^{-1}(2\beta') \qquad (11.120)$$

ist. Wegen der Monotonie ist für solche α die Lösung x eine Funktion von α, d. h., es existiert eine Funktion ψ, so daß

$$x = \psi(\alpha)$$

gilt. Die Bedingung (11.120) bedeutet eine Einschränkung für die Werte von α nur dann, wenn $\beta' < 0{,}5$ ist, wie das folgende Schema zeigt:

β'	$\tilde{\tilde{Q}} = \frac{1}{\beta'}$	Bedingung (11.120)
0	∞	$\alpha = \infty$
0,5	2	$\alpha \geqq 0$
1,0	1	$\alpha > -\infty$

$\tilde{\tilde{Q}}$ sei die aus (11.120) folgende äquivalente Schranke für das Intervall der zulässigen Werte β_1/β_2, wie es durch (11.94) definiert ist. Die im vorangegangenen Abschnitt aus (11.98) berechneten Intervalle $[1/\tilde{Q}, \tilde{Q}]$ sind, wie Abb. 64 zeigt, in den Intervallen $[1/\tilde{\tilde{Q}}, \tilde{\tilde{Q}}]$ enthalten, da $\tilde{\tilde{Q}}(\alpha) \geqq \tilde{Q}(\alpha)$ ist. Man sieht daraus, daß die Bedingung nach 11.4.2.1.3 hinreichend, aber nicht notwendig für die Existenz eigentlicher Lösungen ist. Das aber behauptet diese auch nicht.

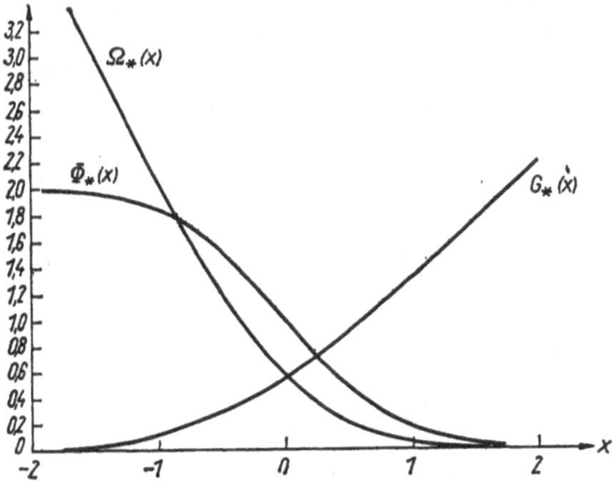

Abb. 65. Grafiken der Funktionen Φ_*, Ω_* und G_*

Wir betrachten jetzt noch Gleichung (11.117). Diese verlangt aufgrund der Voraussetzung $\varepsilon > 0$ noch die Gültigkeit der Ungleichung

$$\alpha > x + y\,,$$

die mit (11.116) in $G(x) + G(y) > x + y$ übergeht. Diese Ungleichung ist identisch erfüllt, da für alle x

$$G(x) > x$$

ist. Das ergibt sich aus

$$G(x) - x = \sqrt{2}\,\Phi_*\left(-\frac{x}{\sqrt{2}}\right)\Big/\Phi_*\left(-\frac{x}{\sqrt{2}}\right)$$

— einer Beziehung, die aus (11.110) und (11.111) folgt — sowie aus dem Verhalten der Funktionen Ω_* und Φ_*, die stets positiv sind (vgl. Abb. 65).

11.4.2.3. Eindeutigkeit der Lösung, stochastische Approximation des optimalen Parametervektors

Das Maximum des Funktionals G_2 heiße *eindeutig*, wenn die Lösungsmenge L nur einen einzigen Punkt enthält. Nach Eigenschaft 1 ist die Lösungsmenge L konvex. Daraus folgt, daß das globale Maximum zugleich das einzige lokale Maximum ist, falls ein solches existiert. Läßt sich also zeigen, daß in einem Punkt $\boldsymbol{w} \in \mathsf{L}$ ein *lokales* Maximum vorliegt, dann wird in $\boldsymbol{w}$ zugleich auch das eindeutig bestimmte *globale* Maximum von G_2 angenommen.

Setzt man die Existenz der zweiten Ableitungen voraus, so sind hinreichende Bedingungen für das Vorliegen eines relativen Maximums in einem Punkt w durch

$$\nabla_{\boldsymbol{w}} G_2 = \boldsymbol{O} \tag{11.121}$$

und

$$\boldsymbol{D} := \left\| \frac{\partial^2 G_2}{\partial w_i\, \partial w_j} \right\| \text{positiv definit} \tag{11.122}$$

gegeben. Kann man folglich diese Bedingungen in einem Punkt $\boldsymbol{w}$ bestätigen, so liegt dann dort auch das eindeutig bestimmte globale Maximum von G_2 vor. Die Aussage, daß eine konvexe Funktion höchstens ein lokales Maximum haben kann, läßt sich durch Widerlegung der Annahme, daß es mehr als eines gäbe, beweisen, da nach Eigenschaft 5 feststeht, daß genau ein globales Maximum existiert, das als solches zugleich auch lokales Maximum ist: Nehmen wir also an, G_2 hätte in $\boldsymbol{w}$ und $\boldsymbol{w}'$ lokale Maxima. Dann existieren in Übereinstimmung mit der Definition des lokalen Maximums Zahlen $d > 0$ und $d' > 0$, so daß die Ungleichungen

$$\left.\begin{aligned} G_2(\boldsymbol{a}) &< G_2(\boldsymbol{w}) \quad \text{für alle } \boldsymbol{a},\ |\boldsymbol{a} - \boldsymbol{w}| < d\,, \\ G_2(\boldsymbol{a}') &< G_2(\boldsymbol{w}') \quad \text{für alle } \boldsymbol{a}',\ |\boldsymbol{a}' - \boldsymbol{w}'| < d' \end{aligned}\right\} \tag{11.123}$$

erfüllt sind. Wir betrachten die Punkte

$$\boldsymbol{a} = (1 - \lambda) \cdot \boldsymbol{w} + \lambda \boldsymbol{w}'\,, \qquad \boldsymbol{a}' = \lambda' \boldsymbol{w} + (1 - \lambda')\, \boldsymbol{w}'$$

mit $\lambda := \frac{1}{2}\frac{d}{|\boldsymbol{w}' - \boldsymbol{w}|}$, $\quad \lambda' := \frac{1}{2}\frac{d'}{|\boldsymbol{w}' - \boldsymbol{w}|}$. Für diese gilt

$$|\boldsymbol{a} - \boldsymbol{w}| = \frac{d}{2}, \qquad |\boldsymbol{a}' - \boldsymbol{w}'| = \frac{d'}{2},$$

so daß (11.123) erfüllt ist.

Aufgrund der Konvexität von G_2 gilt jedoch auch

$$G_2(\boldsymbol{a}) \geqq (1 - \lambda)\, G_2(\boldsymbol{w}) + \lambda \cdot G_2(\boldsymbol{w}')$$

und

$$G_2(\boldsymbol{a}') \geqq \lambda' G_2(\boldsymbol{w}) + (1 - \lambda')\, G_2(\boldsymbol{w}')\,,$$

woraus in den folgenden drei möglichen Fällen die angegebenen Ungleichungen folgen:

(1) $G_2(\boldsymbol{w}) < G_2(\boldsymbol{w}')$: $G_2(\boldsymbol{a}) \geqq G_2(\boldsymbol{w})$;

(2) $G_2(\boldsymbol{w}) = G_2(\boldsymbol{w}')$: $G_2(\boldsymbol{a}) \geqq G_2(\boldsymbol{w})$;

(3) $G_2(\boldsymbol{w}) > G_2(\boldsymbol{w}')$: $G_2(\boldsymbol{a}') \geqq G_2(\boldsymbol{w}')$.

In jedem der drei Fälle widersprechen diese Beziehungen den Ungleichungen (11.123), womit die Behauptung bewiesen ist.

Wir kommen jetzt zu den Bedingungen (11.121) und (11.122) für das Vorliegen eines lokalen Maximums. Die in den Eigenschaften 3 und 4 formulierten Bedingungen für die Existenz einer eigentlichen Lösung seien erfüllt, dann liegt die Lösung in einem Bereich, in dem G_2 als differenzierbar vorausgesetzt werden kann. Nach den Regeln der Analysis ist in einem solchen Lösungspunkt die Bedingung (11.121) erfüllt. Wir setzen in diesem Punkt auch die Existenz der zweiten Ableitungen voraus. So bleiben nur noch diese zu untersuchen. Man erhält

$$\begin{aligned}\left\| \frac{\partial^2 G_2}{\partial w_i \, \partial w_j} \right\| = &-2\beta_1 \, \mathrm{E}_1[\boldsymbol{Y}\boldsymbol{Y}^T \mid \boldsymbol{w}^T\boldsymbol{Y} = \varepsilon] \cdot \mathrm{E}_1[\delta(\varepsilon - \boldsymbol{w}^T\boldsymbol{Y})] \\ &- 2\beta_2 \, \mathrm{E}_2[\boldsymbol{Y}\boldsymbol{Y}^T \mid \boldsymbol{w}^T\boldsymbol{Y} = -\varepsilon] \cdot \mathrm{E}_2[\delta(\varepsilon + \boldsymbol{w}^T\boldsymbol{Y})] \\ &+ \left(\beta_1 \, \mathrm{E}_1[H(\varepsilon - \boldsymbol{w}^T\boldsymbol{Y})] - \beta_2 \, \mathrm{E}_2[H(\varepsilon + \boldsymbol{w}^T\boldsymbol{Y})]\right) \cdot \boldsymbol{I}_{n+1} \, . \quad (11.124)\end{aligned}$$

Hierin sind

$$\tilde{\boldsymbol{M}}_{i\varepsilon} := \mathrm{E}_i[\boldsymbol{Y}\boldsymbol{Y}^T \mid \boldsymbol{w}^T\boldsymbol{Y} = (-1)^{i-1} \cdot \varepsilon]$$

die Matrizen der bedingten Momente der Zufallsvariable $\boldsymbol{Y}$ bezüglich der Maße W_i in der Hyperebene $\boldsymbol{w}^T\boldsymbol{Y} = \varepsilon$ bzw. $\boldsymbol{w}^T\boldsymbol{Y} = -\varepsilon$. Der dritte Term auf der rechten Seite von (11.124) ist der Gradient von G_2 nach $\boldsymbol{w}$ (vgl. (11.100)) und verschwindet also in dem zu betrachtenden Lösungspunkt $\boldsymbol{w}$.

Wir führen die bedingten Mittelvektoren

$$\eta_{i\varepsilon} := \mathrm{E}_i[\boldsymbol{X} \mid \boldsymbol{w}^T\boldsymbol{Y} = (-1)^{i-1} \cdot \varepsilon]$$

und die (n, n)-Matrizen der bedingten Momente des Zufallsvektors $\boldsymbol{X}$ in denselben Hyperebenen wie oben, unter den Maßen $W_{i\varepsilon}$, durch

$$\boldsymbol{M}_{i\varepsilon} := \mathrm{E}_i[\boldsymbol{X}\boldsymbol{X}^T \mid \boldsymbol{w}^T\boldsymbol{Y} = (-1)^{i-1} \cdot \varepsilon]$$

ein. Damit lassen sich die Matrizen $\tilde{\boldsymbol{M}}_{i\varepsilon}$ in der Form

$$\tilde{\boldsymbol{M}}_{i\varepsilon} = \left(\begin{array}{c|c} \boldsymbol{M}_{i\varepsilon} & \eta_{i\varepsilon} \\ \hline \eta_{i\varepsilon}^T & 1 \end{array}\right)$$

darstellen. Bezeichnen wir weiter die Dichte der skalaren Zufallsvariablen $\boldsymbol{w}^T\boldsymbol{Y}$ unter dem Maß W_i mit ϱ_i, so werden

$$\mathrm{E}_i[\delta(\varepsilon + (-1)^i \, \boldsymbol{w}^T\boldsymbol{Y}) = \varrho_i((-1)^{i-1} \cdot \varepsilon) \, .$$

Mit diesen Bezeichnungen wird die quadratische Form $-\boldsymbol{q}^T \left\| \frac{\partial^2 G_2}{\partial w_i \, \partial w_j} \right\| \boldsymbol{q}$ für einen beliebigen Vektor $\boldsymbol{q} \in \mathsf{R}^{n+1}$

$$\begin{aligned}-\boldsymbol{q}^T \left\| \frac{\partial^2 G_2}{\partial w_i \, \partial w_j} \right\| \boldsymbol{q} = &\, c_1 \boldsymbol{q}^{*T} \boldsymbol{C}_{1\varepsilon} \boldsymbol{q}^* + c_2 \boldsymbol{q}^{*T} \boldsymbol{C}_{2\varepsilon} \boldsymbol{q}^* \\ &+ c_1(\boldsymbol{q}^{*T} \eta_{1\varepsilon} + q_{n+1})^2 + c_2(\boldsymbol{q}^{*T} \eta_{2\varepsilon} + q_{n+1})^2 \, .\end{aligned}$$

Hierin sind $c_i := \beta_i \varrho_i$, $C_{i\varepsilon} = M_{i\varepsilon} - \eta_{i\varepsilon}\eta_{i\varepsilon}^T$, $q^T = (q^{*T} \mid q_{n+1})$. Den Vektor q^* zerlegen wir in zwei orthogonale Komponenten, von denen die eine die Richtung von w^* hat. Für eine dieser Komponenten erhalten wir den Ausdruck

$$q_{w^*} := \left(q^{*T} \cdot \frac{w^*}{|w^*|}\right) \cdot \frac{w^*}{|w^*|}$$

und für die andere

$$q_{\overline{w^*}} = q^* - q_{w^*}\,.$$

Damit wird

$$-q^T \left\| \frac{\partial^2 G_2}{\partial w_i\, \partial w_j} \right\| q = c_1\, q_{\overline{w^*}}^T C_{\varepsilon 1} q_{\overline{w^*}} + c_2 q_{\overline{w^*}}^T C_{2\varepsilon} q_{\overline{w^*}}$$
$$+ c_1 (q^{*T}\eta_{1\varepsilon} + q_{n+1})^2 + c_2 (q^{*T}\eta_{2\varepsilon} + q_{n+1})^2\,.$$

Eine orthogonale Transformation des R^n kann o. B. d. A. so ausgeführt werden, daß der n-te Basisvektor des R^n die Richtung von w^* erhält, dann wird

$$q_{\overline{w^*}}^T = (a^T \mid 0)\,,$$

wo a ein $n - 1$-dimensionaler Vektor im Unterraum $w^{*T}x = 0$ ist. Im transformierten Raum ist dann

$$q_{\overline{w^*}}^T C_{1\varepsilon} \cdot q_{\overline{w^*}} = a^T \tilde{C}_{1\varepsilon} a\,,$$

wo $C_{1\varepsilon}$ die bedingte Kovarianzmatrix der vektoriellen Zufallsvariablen X in der Hyperebene $w^T Y = \varepsilon$ bedeutet. Entsprechendes gilt für den zweiten Summanden. Es ist evident, daß diese transformierten Matrizen im allgemeinen positiv definit sein werden. Da die quadratischen Formen $q_{\overline{w^*}}^T C_{i\varepsilon} q_{\overline{w^*}}$, $i = 1, 2$, gegenüber orthogonalen Transformationen invariant sind, sind sie folglich auch positiv definit. Hieraus folgt, daß, wenn wenigstens einer der Faktoren c_1, c_2 — die ihrer Definition nach größer oder gleich Null sind — echt positiv ist, die Matrix

$$\left\| \frac{\partial^2 G_2}{\partial w_i\, \partial w_j} \right\|$$

negativ definit sein muß, so daß die Bedingung (11.122) erfüllt wird. Sind dann die Größen β_1, β_2 beide echt positiv, so ist einer der Faktoren c_1, c_2 positiv, wenn die Dichte $\varrho_{1\varepsilon}$ in dem Punkt ε oder die Dichte $\varrho_{2\varepsilon}$ in dem Punkt $-\varepsilon$ nicht verschwindet. Bei linear separierbaren Klassen mit Lücke $\delta_0 > 0$ sind allerdings für jeden Lösungsvektor w_0, dessen Doppelebene echt im Innern der Lücke liegt, beide Größen $\varrho_{1\varepsilon}$ und $\varrho_{2\varepsilon}$ gleich Null, so daß die Bedingung (11.122) für solche Lösungsvektoren unerfüllbar ist. Dementsprechend ist jeder Vektor w_0, dessen Doppelebene echt in der Lücke liegt, eine Lösung der G_2-Maximierung, das Gleichgewicht also indifferent, vgl. hierzu die Bemerkungen im Anschluß an Definition 3. Bei nicht linear separierbaren Klassen ist es jedoch natürlich, daß die Bedingung (11.122) erfüllt wird und eine eindeutige Lösung existiert. So sind z. B. bei normalverteilten Klassen — wie bei allen Verteilungen, bei denen die Dichte aller eigentlichen (mit $w^* \neq O$) linearen, skalaren Zufallsvariablen (vgl. die Voraussetzung 1, S. 172) nur im Unendlichen verschwindet — aufgrund der durch Eigenschaft 4 garantierten Existenz von Lösungen im Endlichen die Größen c_1, c_2 positiv.

Die erwähnte orthogonale Transformation kann man sich in jedem Fall ausgeführt denken, derart, daß durch sie der letzte Basisvektor $\boldsymbol{e}_n$ des Koordinatensystems die Richtung von $\boldsymbol{w}^*$ erhält. Bei normalverteilten Klassen sind dann nach Gleichung (11.10) die Matrizen der bedingten Kovarianzen durch

$$\boldsymbol{C}_{i\varepsilon} = \boldsymbol{C}_{i_{11}} - \boldsymbol{C}_{i_{12}}\boldsymbol{C}_{i_{22}}^{-1}\boldsymbol{C}_{i_{12}}^T\,, \qquad i = 1, 2\,,$$

gegeben und von ε unabhängig. Der Inversionsformel (11.3) für zerlegte Matrizen entnimmt man, daß

$$\boldsymbol{C}_{i\varepsilon} = ((\boldsymbol{C}_i^{-1})_{11})^{-1}$$

ist. Daß $\boldsymbol{C}_{i\varepsilon}$ positiv definit ist, wenn $\boldsymbol{C}_i$ es ist, kann man dann wie folgt ableiten: Wenn $\boldsymbol{C}_i$ positiv definit ist, so auch $\boldsymbol{C}_i^{-1}$. Also sind alle Hauptunterdeterminanten von $\boldsymbol{C}_i^{-1}$ positiv. Daraus folgt, daß auch $(\boldsymbol{C}_i^{-1})_{11}$ positiv definit ist und somit auch ihre Inverse, w. z. b. w.

Analog wird $\boldsymbol{C}_{i\varepsilon}$ im allgemeinen diese Eigenschaft auch bei anderen Verteilungen mit positiv definiter Kovarianzmatrix haben, die von der Normalverteilung abweichen.

Die Maximierung des Gütefunktionals G_2 ist unter geeigneten Verteilungsvoraussetzungen (wie z. B. der der Normalverteilung, siehe Abschnitt 11.4.2.2) eine analytisch lösbare Aufgabe, an deren Lösung man jedoch nicht interessiert ist, wenn man verteilungsfrei arbeiten möchte.

Die Methode der stochastischen Approximation führt zu einem Verfahren, mit dem die Lösung $\boldsymbol{w}_0$ einer Maximierungsaufgabe

$$G(\boldsymbol{w}_0) = \sup_{\boldsymbol{w}\in \mathsf{R}^{n+1}} \mathrm{E}[f(\Omega, \boldsymbol{w})] \tag{11.125}$$

mit Wahrscheinlichkeit 1 gefunden wird, wobei $G(\boldsymbol{w})$ der Erwartungswert einer skalaren Zufallsvariablen $f(\Omega, \boldsymbol{w})$ und $G(\boldsymbol{w})$ im R^{n+1} konvexe Funktionen sind. Das Verfahren ist durch den stochastischen Prozeß

$$\boldsymbol{W}^{(t+1)} = \boldsymbol{W}^{(t)} + \gamma_{t+1}\nabla_{\boldsymbol{w}}^0 f(\Omega^{(t+1)}, \boldsymbol{W}^{(t)})\,, \qquad t \geqq 0^{1)} \tag{11.126}$$

gegeben. Es handelt sich also um einen MARKOFFschen Prozeß der Ordnung Null, da die Stichprobenvariable

$$S_t = (\Omega^{(1)}, \dots, \Omega^{(t+1)})$$

der Länge t nur durch ihr letztes Glied vertreten ist. Der Prozeß (11.126) wird durch sein Anfangselement

$$\boldsymbol{W}^{(0)} = \boldsymbol{w}^{(0)}\,, \tag{11.127}$$

das natürlich keine Zufallsvariable ist, vollständig definiert.

Über die Konvergenz des Prozesses (11.126), (11.127) gilt:

Der Prozeß (11.126), (11.127) konvergiert für jeden Vektor $\boldsymbol{w}^{(0)}$ mit Wahrscheinlichkeit Eins gegen einen Vektor $\boldsymbol{w}^{(\infty)}$, für den

$$G(\boldsymbol{w}^{(\infty)}) = G(\boldsymbol{w}_0)$$

gilt, d. h. gegen einen Vektor der Lösungsmenge L des Maximierungsproblems (11.125), falls

$$G(\boldsymbol{w})$$

---

[1]) Die Definition des sogenannten verallgemeinerten Gradienten ∇_{w}^0 wird auf S. 196 gegeben.

und

$$D(\boldsymbol{w}) := \mathrm{E}[|\nabla^0_{\boldsymbol{w}} f(\Omega, \boldsymbol{w})|^2]$$

nach oben beschränkt sind und

$$\sum_{t=1}^{\infty} \gamma_t = \infty ,$$

$$\sum_{t=1}^{\infty} \gamma_t^2 < \infty$$

gilt.

Der Beweis kann z. B. bei DEWJATERIKOW, KAPLINSKI und CYPKIN (1969) nachgelesen werden.

$\nabla^0_{\boldsymbol{w}} f$ bezeichne den sogenannten *verallgemeinerten Gradienten* der Funktion f, der wie folgt definiert ist: Ein Vektor $\boldsymbol{a}$, der die Ungleichung

$$f(\boldsymbol{w}') - f(\boldsymbol{w}) \leqq \boldsymbol{a}^T(\boldsymbol{w}' - \boldsymbol{w}) \quad \text{für alle} \quad \boldsymbol{w}' \in \mathsf{R}^{n+1} \tag{11.128}$$

erfüllt, heißt *verallgemeinerter Gradient* $\nabla^0_{\boldsymbol{w}} f$ von f im Punkt $\boldsymbol{w}$. $\nabla^0_{\boldsymbol{w}} f$ stimmt mit $\nabla_{\boldsymbol{w}} f$ überein, wenn f in $\boldsymbol{w}$ differenzierbar ist. Die Existenz von $\nabla^0_{\boldsymbol{w}} f$ im R^{n+1}, d. h. auch in allen Punkten, in denen f nicht differenzierbar ist, ist für konvexe Funktionen f gesichert (vgl. JERMOLEW (1969)).

Für $G \equiv G_2$ ist

$$f(\omega, \boldsymbol{w}) = f((\boldsymbol{x}, k), \boldsymbol{w}) = -b_k(\varepsilon + (-1)^k \boldsymbol{w}^T\boldsymbol{x}) \cdot H(\varepsilon + (-1)^k \boldsymbol{w}^T\boldsymbol{x})$$[1]

zu setzen. Diese Funktion ist für alle $\boldsymbol{x} \in \mathsf{R}^n$ und $k \in \mathsf{K}$ eine konvexe Funktion von $\boldsymbol{w}$, somit existiert der verallgemeinerte Gradient. Es ist

$$\nabla^0_{\boldsymbol{w}} f(\omega, \boldsymbol{w}) = -b_k(-1)^k H(\varepsilon + (-1)^k \boldsymbol{w}^T\boldsymbol{x}) \cdot \boldsymbol{x} .$$

Beweis. Die Ungleichung (11.128) lautet mit $\boldsymbol{a} = \nabla^0_{\boldsymbol{w}} f(\omega, \boldsymbol{w})$

$$-b_k(\varepsilon + (-1)^k \boldsymbol{w}'^T\boldsymbol{x}) H(\varepsilon + (-1)^k \boldsymbol{w}'^T\boldsymbol{x}) - (-b_k(\varepsilon + (-1)^k \boldsymbol{w}^T\boldsymbol{x})) H(\varepsilon + (-1)^k \boldsymbol{w}^T\boldsymbol{x})$$
$$\leqq -b_k(-1)^k H(\varepsilon + (-1)^k \boldsymbol{w}^T\boldsymbol{x}) \cdot (\boldsymbol{w}'^T\boldsymbol{x} - \boldsymbol{w}^T\boldsymbol{x}) .$$

Wir können sie in die Form

$$-r' H(r') + r H(r) \leqq -H(r) \cdot (r' - r)$$

mit $r' := \varepsilon + (-1)^k \boldsymbol{w}'^T\boldsymbol{x}$, $r := \varepsilon + (-1)^k \boldsymbol{w}^T\boldsymbol{x}$ überführen. Die Ungleichung läßt sich zu

$$-r' H(r') \leqq -H(r)\, r' \quad \text{bzw.} \quad r' H(r') \geqq H(r)\, r'$$

vereinfachen. Wir unterscheiden alle Fälle für Wertebelegungen von r', r:

(1) $r' \geqq 0$: $H(r') = 1 \geqq H(r)$,

(2) $r' < 0$: $H(r') = 0 \geqq H(r)\, r'$.

Beide Ungleichungen sind wegen $H(r) \in \{0, 1\}$ für alle r erfüllt, w. z. b. w.

Damit erhalten wir den stochastischen Lernprozeß

$$\boldsymbol{W}^{(t+1)} = \boldsymbol{W}^{(t)}$$
$$- \gamma_{t+1} b_{K^{(t+1)}} \cdot (-1)^{K^{(t+1)}} H[\varepsilon + (-1)^{K^{(t+1)}} \cdot (\boldsymbol{W}^{(t)})^T \boldsymbol{X}^{(t+1)}] \cdot \boldsymbol{X}^{(t+1)} ,$$

[1]) b_k, für $k = 1, 2$ also b_1, b_2, schreiben wir hier anstelle von b_{12} bzw. b_{21}, d. h. b_1 anstelle von b_{12}, b_2 anstelle von b_{21}.

wo $W^{(t)}$ die vektorielle Zufallsvariable bedeute, deren Realisierungen die $w^{(t)}$ sind. Für die Realisierungen der Zufallsvariablen K, X und W ergibt sich daraus der Iterationsalgorithmus (Rekursion) — bzw. stochastische Lernalgorithmus —

$$w^{(t+1)} = \begin{cases} w^{(t)}, & \text{falls} \quad w^{(t)T} \cdot x^{(t+1)} \begin{cases} > \varepsilon & \text{und} \quad k^{(t+1)} = 1\,, \\ < -\varepsilon & \text{und} \quad k^{(t+1)} = 2\,, \end{cases} \\ w^{(t)} + \gamma_{t+1} b_1 \cdot x\,, & \text{falls} \quad w^{(t)T} x^{(t+1)} \leqq \varepsilon \quad \text{und} \quad k^{(t+1)} = 1\,, \\ w^{(t)} - \gamma_{t+1} b_2 \cdot x\,, & \text{falls} \quad w^{(t)T} x^{(t+1)} \geqq -\varepsilon \quad \text{und} \quad k^{(t+1)} = 2\,, \end{cases} \tag{11.129}$$

der für $\varepsilon = 0$ und $b_1 = b_2 = 1$ in den sogenannten *Fehlerkorrekturalgorithmus* (vgl. Abschnitt 10.1) übergeht.

Ist die Lösung des Maximierungsproblems für G_2 eindeutig (vgl. den vorangegangenen Abschnitt), so wird von diesem Algorithmus diese eindeutige Lösung in der Grenze für $t \to \infty$ mit Wahrscheinlichkeit 1 erreicht, da aufgrund der oben getroffenen Konvergenzaussage das Funktional G_2 (mit Wahrscheinlichkeit 1) im Punkt $w^{(\infty)}$ sein absolutes Maximum annimmt.

Die Voraussetzungen für die Anwendbarkeit der Konvergenzaussagen zu (11.126), (11.127) sind erfüllt, da G_2 nach oben beschränkt ist (vgl. Eigenschaft 2, S. 174) und dasselbe für

$$\begin{aligned} D(w) &= \mathrm{E}[b_K^2(-1)^{2K}\,[H(\varepsilon + (-1)^K\, w^T X)]^2\, |X|^2] \\ &\leqq \mathrm{E}[b_K^2 |X|^2] = b_1\beta_1\, \mathrm{E}_1[|X|^2] + b_2\beta_2\, \mathrm{E}_2[|X|^2] \end{aligned}$$

zutrifft, da die Maße W_i, $i = 1, 2$, nach Voraussetzung 1 die Existenz der zweiten Momente der Zufallsvariablen X garantieren. Auch waren das Funktional G_2 und sogar sein Argument f als konvex im w-Raum R^{n+1} bewiesen worden.

11.4.3. Verteilungsfreie Optimierung des Parametervektors w bei beschränktem Stichprobenumfang

Die Anwendung der Methode der stochastischen Approximation im Sinne des vorigen Abschnitts setzt voraus, daß beliebig viele Realisierungen der Zufallsvariable Ω verfügbar sind. Alle dort formulierten Aussagen betreffen ausdrücklich diesen Grenzfall $t \to \infty$. Bei *beschränktem Stichprobenumfang* ist diese Voraussetzung nicht erfüllt, und es sind damit diese Aussagen nicht mehr streng zutreffend.

Man kann dann eine andere Interpretation der erhaltenen Konvergenzaussagen wie folgt gewinnen: Sei Ω_s die in der konkreten Stichprobe realisierte Menge von Objekt-Klasse-Paaren. Wir definieren dann ein zugeordnetes Wahrscheinlichkeitsmaß W_s, das jedem Element von Ω_s das Maß

$$W_s(\omega) = \frac{f_\omega}{N} \quad \text{für alle} \quad \omega \in \Omega_s \tag{11.130}$$

zuordnet, wobei f_ω die Frequenz von ω in der Stichprobe s und N den Umfang der Stichprobe s bedeuten, während alle anderen Objekte aus $\Omega - \Omega_s$ das W_s-Maß Null erhalten.

Ein dem Maß W_s gehorchender stochastischer Prozeß im Sinne der (zufälligen) Realisierung s einer Folge S von statistisch unabhängig, identisch nach dem Maß W_s verteilten Zufallsvariablen Ω läßt sich dann als eine Sequenz zufälliger Auswahlen (Ziehungen) von Einzelelementen aus der Folge s erzeugen.

Ein solcher Prozeß kann programmtechnisch leicht mit Hilfe von Pseudozufallszahlen auf dem Rechner simuliert werden. Der stochastische Lernprozeß approximiert dann offensichtlich die Lösung $\boldsymbol{w}_{0_{\text{emp}}}$ der Maximierungsaufgabe

$$G_2(W_s, \boldsymbol{w}_{0_{\text{emp}}}) = \sup_{\boldsymbol{w} \in \mathrm{R}^{n+1}} G_2(W_s, \boldsymbol{w}) .$$

Es ist

$$G_2(W_s, \boldsymbol{w}) = \mathbf{E}[f(\Omega, \boldsymbol{w});\ W_s] = \frac{1}{N} \sum_{t=1}^{N} f(\omega^{(t)}, \boldsymbol{w}) .$$

Der rechts stehende Ausdruck ist aber die sogenannte *empirische Schätzung* von G. Wir schreiben deshalb

$$G_{2_{\text{emp}}}(\boldsymbol{w}) = G_2(W_s, \boldsymbol{w}) = \frac{1}{N} \sum_{t=1}^{N} f(\omega^{(t)}, \boldsymbol{w}) . \tag{11.131}$$

Damit leistet der Algorithmus (11.129) — da alle Voraussetzungen, unter denen die Konvergenzaussagen der stochastischen Approximation gelten, für W_s ebenso wie für W erfüllt sind — für das fortgesetzte stochastische Angebot von Stichprobenelementen die Maximierung der empirischen Güte $G_{2_{\text{emp}}}$.

Die Stärke der stochastischen Approximation liegt natürlich in ihrem Konvergenzverhalten für eigentliche Maße W, da $G_{2_{\text{emp}}}$ als der durch (11.131) geschlossen gegebene Ausdruck auch einer deterministischen (nicht-stochastischen) Maximierung unterworfen werden kann, die gegebenenfalls mit effektiveren Methoden (Verfahren des steilsten Anstiegs, der Gauss-Seidel-Methode u. a.) durchführbar ist (vgl. Blum und Oettli (1975)).

Aus dem durch (11.130) definierten Maß W_s lassen sich leicht die Maße W_{s_1}, W_{s_2} durch

$$W_{s_i}(\omega) := \begin{cases} \dfrac{N}{N_i} \cdot W_s(\omega)\,, & \text{falls} \quad \omega = (\boldsymbol{x}, k = i)\,, \qquad \omega \in \Omega_s\,, \\ 0 & \text{sonst}\,, \end{cases} \qquad i = 1, 2\,,$$

ableiten. Mit den Klassenwahrscheinlichkeiten

$$\mathbf{P}_{s_i} := \frac{N_i}{N}, \qquad i = 1, 2\,,$$

läßt sich dann $G_{2_{\text{emp}}}$ auch in der Form

$$G_{2_{\text{emp}}}(w) = \sum_{i=1}^{2} \mathbf{P}_{s_i} \mathbf{E}_i[f(\Omega, \boldsymbol{w});\ W_{s_i}]$$

schreiben.

Die im Abschnitt 11.4.2 für Maße W_1, W_2 nach Voraussetzung 1[1]) des Abschnitts abgeleiteten Eigenschaften von G_2 gelten jetzt ebenso für $G_{2_{\text{emp}}}$, wenn man W_1, W_2 durch W_{s_1}, W_{s_2} ersetzt. Ebenso überträgt sich der Begriff der linearen Separierbarkeit von Maßen W_1, W_2 durch Einsetzen von W_{s_1}, W_{s_2} auf die lineare Separierbarkeit von Punktmengen.

[1]) Die Existenz der Dichten wird nur für die Stabilitätsbedingungen benötigt, vgl. das Folgende.

Die Dichten der Maße W_{s_i} kann man mit Hilfe der uneigentlichen DIRACschen Deltafunktion in der Gestalt

$$\varrho_{s_i}(\boldsymbol{x}) = \sum_{\substack{\omega' \in \Omega_s \\ \text{mit } \omega' = (\boldsymbol{x}', k')}} \delta(\boldsymbol{x} - \boldsymbol{x}') \cdot W_{s_i}(\omega')$$

darstellen.

Betrachtet man jetzt die Stabilitätsbedingungen (Abschnitt 11.4.2.3), so stellt man fest, daß diese Bedingungen nicht erfüllbar sind, solange die einzelnen Ebenen der Doppelebene in dem freien Raum zwischen den Objektpunkten der Stichprobe verlaufen. Vergleicht man noch mit der Gleichgewichtsbedingung (11.105), so findet man tatsächlich, daß wegen der Zufälligkeit der Objektkonfigurationen der Stichprobe eine mathematisch strenge Übereinstimmung der Mittelvektoren der falsch klassifizierten Objekte nicht zu erwarten und äußerst selten sein wird.[1]) Wegen der Diskretheit der Objektpunkte und der dadurch bedingten sprunghaften Änderungen der genannten Mittelvektoren bei Objektkollisionen ist zu erwarten, daß iterative Maximierungsverfahren zu oszillierenden Endlagen führen. Lediglich bei mit Lücke linear separierbaren Klassen sind alle Lagen der Doppelebene im Innern der Lücke stabil. Es ist jedoch rein zufällig, welche von diesen Lagen am Ende des Iterationsprozesses eingenommen wird. Ist der Abstand der beiden Ebenen etwa von der Größe δ_0 der Lücke, dann wird sogar eine fast G_1-optimale Ebenenlage erreicht.

Bei nicht linear separierbaren Stichproben lassen sich Oszillationen um Gleichgewichtslagen vermeiden — vorausgesetzt, daß die Schrittweite des Optimierungsprozesses, also eine Größe der Art von γ in (11.126), mit t geeignet abklingt — wenn man die in den Objekten der Stichprobe konzentrierte Wahrscheinlichkeitsmasse bezüglich des Maßes W_s nach einer Abklingfunktion $K(\boldsymbol{x}, \boldsymbol{x}', \varkappa)$, wie sie etwa von PARZEN (vgl. Abschnitt 11.3.2) eingeführt wurde, auf ihre Umgebung verteilt, so daß die δ-Dichten in eigentliche Dichten übergehen. Die Funktion K muß hinreichend einfach sein, damit die Kompliziertheit des Algorithmus (11.126) oder des angewandten Optimierungsverfahrens nicht unvertretbar erhöht werden. Wir bezeichnen das so erhaltene Funktional mit $G_{2_{\text{emp}^*}}$. Es lautet, wenn wir die Dichten von W_{s^*} durch

$$\varrho_{i^*}(\boldsymbol{x}) := \frac{1}{N_i} \sum_{\omega' \in s} K(\boldsymbol{x}, \boldsymbol{x}', \varkappa) \cdot \delta_{k',i}\,, \qquad \omega' = (\boldsymbol{x}', k')\,,$$

definieren,

$$G_{2_{\text{emp}^*}}(\boldsymbol{w}) := -\sum_{i=1}^{2} b_i \frac{N_i}{N} \mathrm{E}_i[(\varepsilon + (-1)^i\, \boldsymbol{w}^T \boldsymbol{Y})\, H(\varepsilon + (-1)^i\, \boldsymbol{w}^T \boldsymbol{Y});\, \varrho_{i^*}]$$

$$= -\sum_{i=1}^{2} b_i \cdot \frac{1}{N} \sum_{\omega' \in s} \delta_{k',i} \cdot \int_{R^n} \mathrm{d}\boldsymbol{x}\, K(\boldsymbol{x}, \boldsymbol{x}', \varkappa)$$

$$\times \left(\varepsilon + (-1)^i\, (\boldsymbol{w}^{*T}\boldsymbol{x} + w^{n+1})\right) H\left(\varepsilon + (-1)^i\, (\boldsymbol{w}^{*T}\boldsymbol{x} + w_{n+1})\right)$$

$$= -\frac{1}{N} \cdot \sum_{\omega' \in s} b_{k'} \int_{R^n} \mathrm{d}\boldsymbol{x}\, K(\boldsymbol{x}, \boldsymbol{x}', \varkappa)\, \left(\varepsilon + (-1)^{k'}\, (\boldsymbol{w}^{*T}\boldsymbol{x} + w_{n+1})\right)$$

$$\times H\left(\varepsilon + (-1)^i\, (\boldsymbol{w}^{*T}\boldsymbol{x} + w_{n+1})\right).$$

[1]) Infolge der rechnerinternen Zahlendarstellung mit beschränkter Stellenzahl werden die so darstellbaren, diskreten Zahlentupel (Objektpunkte) mit kleinen, aber im allgemeinen positiven Wahrscheinlichkeiten realisiert.

Wir wählen als die Funktion K die Dichte der (speziellen) Normalverteilung $N(\boldsymbol{x}', \varkappa^2 \boldsymbol{I})$; diese lautet

$$K(\boldsymbol{x}, \boldsymbol{x}', \varkappa) = (2\pi)^{-n/2} \cdot \varkappa^{-n} \cdot \exp - \frac{1}{2} \frac{|\boldsymbol{x} - \boldsymbol{x}'|^2}{\varkappa^2} .$$

Die lineare Funktion

$$A_i := \varepsilon + (-1)^i (\boldsymbol{w}^{*T} \boldsymbol{X} + w_{n+1})$$

ist damit (vgl. hierzu Abschnitt 11.1.3.1) ebenfalls normalverteilt nach

$$N(\mu_i, \sigma), \ \mu_i = \varepsilon + (-1)^i (\boldsymbol{w}^{*T} \boldsymbol{x}' + w_{n+1}) ,$$
$$\sigma = (\boldsymbol{w}^{*T} \varkappa^2 \boldsymbol{I} \boldsymbol{w}^*)^{1/2} = \varkappa (\boldsymbol{w}^{*T} \boldsymbol{w}^*)^{1/2} . \tag{11.132}$$

Die Auswertung des Integrals verläuft ebenso wie in Abschnitt 11.4.2.2. Mit der schon dort definierten Funktion

$$\Omega(x) = \int_{-\infty}^{x} \Phi(t) \, \mathrm{d}t$$

wird für $\boldsymbol{w}^* \neq \boldsymbol{O}$

$$\int_{\mathsf{R}^n} \mathrm{d}\boldsymbol{x} \, K(\boldsymbol{x}, \boldsymbol{x}', \varkappa) \, a_i H(a_i) = \mathbf{E}[A_i \, H(A_i); N(\mu_i, \sigma)]$$
$$= \int_0^\infty \mathrm{d}a \cdot a \varrho_{A_i}(a) = \sigma \Omega \left(\frac{\mu_i}{\sigma} \right),$$

so daß sich

$$\nabla_{\boldsymbol{w}} \left[\sigma \cdot \Omega \left(\frac{\mu_i}{\sigma} \right) \right] = \left[\Omega \left(\frac{\mu_i}{\sigma} \right) - \frac{\mu_i}{\sigma} \Phi \left(\frac{\mu_i}{\sigma} \right) \right] \cdot \nabla_{\boldsymbol{w}} \sigma + \Phi \left(\frac{\mu_i}{\sigma} \right) \cdot \nabla_{\boldsymbol{w}} \mu_i \tag{11.133}$$

ergibt. Hierin sind

$$\left. \begin{aligned} \nabla_{\boldsymbol{w}} \sigma &= \varkappa (\boldsymbol{w}^{*T} \boldsymbol{w}^*)^{-1/2} \begin{pmatrix} \boldsymbol{w}^* \\ \hdashline 0 \end{pmatrix}, \\ \nabla_{\boldsymbol{w}} \mu_i &= (-1)^i \begin{pmatrix} \boldsymbol{x}' \\ \hdashline 1 \end{pmatrix}. \end{aligned} \right\} \tag{11.133a}$$

Damit wird

$$\nabla_{\boldsymbol{w}} G_{2\mathrm{emp}^*}(\boldsymbol{w}) = - \frac{1}{N} \sum_{\omega' \in s} b_{k'} \nabla_{\boldsymbol{w}} \left[\sigma \cdot \Omega \left(\frac{\mu_{k'}(\boldsymbol{x}')}{\sigma} \right) \right]. \tag{11.133b}$$

Dieser Ausdruck muß für $\varkappa \to 0$ in

$$\nabla_{\boldsymbol{w}}^0 G_{2\mathrm{emp}}(\boldsymbol{w}) = - \frac{1}{N} \sum_{\omega' \in s} b_{k'} H\big(\varepsilon + (-1)^{k'} (\boldsymbol{w}^{*T} \boldsymbol{x}' + w_{n+1})\big) \cdot (-1)^i \begin{pmatrix} \boldsymbol{x}' \\ \hdashline 1 \end{pmatrix}$$

bzw. mit den Gleichungen (11.132) und (11.133a) in

$$\nabla_{\boldsymbol{w}}^0 G_{2\mathrm{emp}}(\boldsymbol{w}) = - \frac{1}{N} \sum_{\omega' \in s} b_{k'} \, H\big(\mu_{k'}(\boldsymbol{x}')\big) \cdot \nabla_{\boldsymbol{w}} \, \mu_{k'}$$

übergehen. Mit $\varkappa \to 0$ geht $\sigma \to +0$ und damit $\Phi(\mu_i/\sigma) \to H(\mu_i)$.

Damit wird der Grenzwert des ersten Gliedes auf der rechten Seite von (11.133)

$$\lim_{\varkappa \to 0} \left[\Omega\left(\frac{\mu_i}{\sigma}\right) - \frac{\mu_i}{\sigma} \Phi\left(\frac{\mu_i}{\sigma}\right) \right] \nabla_{\boldsymbol{w}} \sigma$$

$$= \lim_{\varkappa \to 0} \left[\Omega\left(\frac{\mu_i}{\varkappa|\boldsymbol{w}^*|}\right) - \frac{\mu_i}{\varkappa|\boldsymbol{w}^*|} \cdot \Phi\left(\frac{\mu_i}{\varkappa|\boldsymbol{w}^*|}\right) \right] \cdot \varkappa \cdot |\boldsymbol{w}^*|^{-1} \cdot \begin{pmatrix} \boldsymbol{w}^* \\ \hline 0 \end{pmatrix}$$

$$= \left[\left(\lim_{\varkappa \to 0} \varkappa \Omega\left(\frac{\mu_i}{\varkappa|\boldsymbol{w}^*|}\right) \right) - \frac{\mu_i}{|\boldsymbol{w}^*|} \cdot H(\mu_i) \cdot \right] \cdot |\boldsymbol{w}^*|^{-1} \cdot \begin{pmatrix} \boldsymbol{w}^* \\ \hline 0 \end{pmatrix}. \tag{11.133c}$$

Da sich $\Omega(r)$ mit $r \to \infty$ asymptotisch der Funktion $f(r) = r$ nähert und $\Omega(-\infty) = 0$ ist, wird offensichtlich

$$\lim_{\varkappa \to 0} \varkappa \Omega\left(\frac{\mu_i}{\varkappa|\boldsymbol{w}^*|}\right) = \frac{\mu_i}{|\boldsymbol{w}^*|} H(\mu_i),$$

so daß der gesamte Ausdruck (11.133c) verschwindet. Es gilt also in der Tat (für $\boldsymbol{w}^* \neq \boldsymbol{O}$)

$$\lim_{\varkappa \to 0} \nabla_{\boldsymbol{w}} G_{2\mathrm{emp}^*}(\boldsymbol{w}) = \nabla^0_{\boldsymbol{w}} G_{2\mathrm{emp}}(\boldsymbol{w}). \tag{11.134}$$

Für $\boldsymbol{w}^* = \boldsymbol{O}$ wird

$$\nabla^0_{\boldsymbol{w}} G_{2\mathrm{emp}}(\boldsymbol{w})\big|_{\boldsymbol{w}^*=\boldsymbol{O}} = -\frac{1}{N} \cdot \sum_{\omega' \in s} b_{k'} H(\varepsilon + (-1)^{k'} \cdot w_{n+1}) (-1)^i \begin{pmatrix} \boldsymbol{x}' \\ \hline 1 \end{pmatrix}. \tag{11.134a}$$

Der Grenzwert des ersten Gliedes von (11.133) für $|\boldsymbol{w}^*| \to 0$ verschwindet ebenfalls, wie man durch eine Ableitung analog der, die zu (11.133) führte, leicht feststellt. Damit wird

$$\lim_{\boldsymbol{w}^* \to \boldsymbol{O}} \left[\nabla_{\boldsymbol{w}} \left(\sigma \Omega\left(\frac{\mu_i}{\sigma}\right) \right) \right] = \left(\lim_{\boldsymbol{w}^* \to \boldsymbol{O}} \Phi\left(\frac{\mu_i}{\sigma}\right) \right) \nabla_{\boldsymbol{w}} \mu_i = H(\mu_i) \nabla_{\boldsymbol{w}} \mu_i.$$

Also ist Gleichung (11.134) auch für $\boldsymbol{w}^* = \boldsymbol{O}$ korrekt. Da der Ausdruck (11.133b) für $\boldsymbol{w}^* = 0$ nicht definiert ist, werde in diesem Punkt der Grenzwert (11.134a) als Funktionswert festgelegt.

Um den Algorithmus einfach zu halten, wird man die Funktion $\Phi(r)$ stückweise linear approximieren, etwa in der Form

$$\tilde{\Phi}(r) = \begin{cases} 1 & \text{für } r < 1, \\ \frac{1}{2}(1 + r) & \text{für } -1 \leqq r \leqq 1, \\ 0 & \text{für } r < -1. \end{cases}$$

Damit ergibt sich

$$\tilde{\Omega}(r) = \begin{cases} \frac{1}{4}(1 + r)^2 + r - 1 & \text{für } r > 1, \\ \frac{1}{4}(1 + r^2) & \text{für } -1 \leqq r \leqq +1, \\ 0 & \text{für } r < -1. \end{cases}$$

Durch Einsetzen dieser Approximationen in (11.133) bis (11.133b) werden die genäherten Werte für die Komponenten von $\nabla_{\boldsymbol{w}} G_{2\mathrm{emp}^*}$ erhalten. Das Grenzverhalten des so approximierten Gradienten erfüllt ebenfalls die Gleichung (11.134).

Es bleibt nur eine Festlegung über die Konstante $\varkappa$ zu treffen. Diese sollte ebenfalls die in Abschnitt 11.3.2 formulierten Bedingungen erfüllen. Es ist klar, daß sie in einer Relation zur mittleren Entfernung benachbarter Objektpunkte der Stichprobe in $\mathbf{R}^n$

stehen muß. Wegen der Isotropie des Ansatzes für K erscheint es vorteilhaft, die Streuung aller empirischen Randverteilungen der Objektmenge in der Stichprobe auf den Wert 1 zu normieren. Das gelingt durch die Transformation

$$\boldsymbol{x}' = \begin{pmatrix} \frac{1}{\sigma_1} & & O \\ & \ddots & \\ O & & \frac{1}{\sigma_n} \end{pmatrix} (\boldsymbol{x} - \overline{\boldsymbol{x}}) ,$$

wenn $\sigma_1, \ldots, \sigma_n$ die Randstreuungen (das sind die Streuungen der einzelnen Merkmale in der Stichprobe) und $\overline{\boldsymbol{x}}$ den Mittelvektor der Stichprobe bedeuten. Unter dieser Voraussetzung ist $\varkappa$ proportional $1/N$ zu setzen.

Die Transformation

$$\boldsymbol{x}' = \boldsymbol{T}\boldsymbol{x} + \boldsymbol{b}$$

mit einer regulären Matrix $\boldsymbol{T}$ ist im Rahmen der Optimierung mit Hilfe von Funktionalen, in die die Objekte nur in Gestalt von Skalarprodukten $\boldsymbol{w}^T\boldsymbol{x} + w_{n+1}$ eingehen, nicht signifikant, da zu jeder Transformation $(\boldsymbol{T}, \boldsymbol{b})$ eine Transformation $(\boldsymbol{T}_w, \boldsymbol{b}_w)$ existiert, durch die der Parametervektor $\boldsymbol{w} \in \mathsf{R}^{n+1}$ in $\boldsymbol{w}' \in \mathsf{R}^{n+1}$ übergeführt wird und das Skalarprodukt $\boldsymbol{w}^T\boldsymbol{x} + w_{n+1}$ invariant bleibt. Diese Transformation lautet, wenn $\boldsymbol{T}_w$ und $\boldsymbol{b}_w$ durch

$$\boldsymbol{w}^{*\prime} = \boldsymbol{T}_w\boldsymbol{w}^* ,$$

$$w'_{n+1} = w_{n+1} + b_w$$

definiert werden:

$$\boldsymbol{T}_w = (\boldsymbol{T}^T)^{-1} ,$$

$$b_w = -\boldsymbol{w}^*\boldsymbol{T}^{-1}\boldsymbol{b} .$$

Beweis. Es ist

$$\boldsymbol{w}'^{*T}\boldsymbol{x}' + w'_{n+1} = \boldsymbol{w}^{*T}\boldsymbol{T}^{-1}(\boldsymbol{T}\boldsymbol{x} + \boldsymbol{b}) + w_{n+1} - \boldsymbol{w}^*\boldsymbol{T}^{-1}\boldsymbol{b}$$
$$= \boldsymbol{w}^{*T}\boldsymbol{x} + w_{n+1} ,$$

w. z. b. w.

Man kann damit folgende Aussagen formulieren:

1. Bei mit Lücke linear separierbaren Stichproben bzw. Klassen ist das Kriterium G_1 dem Kriterium G_2 überlegen, da G_1 eindeutig eine beste Ebenenlage definiert (vgl. Abschnitt 11.4.1.1, Eigenschaft 4).

2. Bei nicht linear separierbaren Klassen (Stichproben) ist jedoch das G_2-Kriterium dem G_1-Kriterium überlegen, da G_2 — nach „Verschmieren" des Punktmaßes W_s durch eine Parzen-Approximation des Maßes W — zu einer eindeutig bestimmten Lösung führt, während G_1 vorwiegend getrennte lokale Maxima besitzt.

Als Konsequenz wird man das Funktional G_2 bis zur linearen Separierung — falls diese erreichbar ist — maximieren und danach die Optimierung von $\boldsymbol{w}$ durch Maximieren des Funktionals G_1 weiterführen.

Ein einheitliches Funktional, mit dem die optimale Behandlung beider Fälle angestrebt wird, ist bei Stanke (1978) beschrieben. Es ist zu bemerken, daß durch Verwendung von $G_{2\mathrm{emp}^*}$ anstelle von $G_{2\mathrm{emp}}$ allgemein auch eine Verbesserung des Funktionals G_2 für die Behandlung des mit Lücke linear separierbaren Falls erreicht wird. Auf andere hier zu nennende Gütefunktionale gehen wir im Abschnitt 13.1.5 ein.

11.4.4. Vom Stichprobenumfang N abhängige Klassifikatorstruktur

Ein zu Abschnitt 11.3.2 analoger Weg der Konstruktion einesVerfahrens x ist der Nächste-Nachbarn-Ansatz. Auch bei den Verfahren dieses Typs werden nicht primär Wahrscheinlichkeitsmaße geschätzt, sondern es wird aus einer N-abhängigen Menge von Entscheidungsregeln ausgewählt. Diese ist die Menge aller Nächste-Nachbarn-Klassifikatoren (NN-Klassifikatoren), von denen jeder durch eine konkrete Stichprobe der Länge N vollständig definiert ist — dabei sei garantiert, daß von jeder Klasse mindestens ein Objekt in der Stichprobe vertreten ist. Die Auswahl erfordert also keinen Optimierungsprozeß, sondern nur die Realisierung der Stichprobenvariablen S selbst.

Im Unterschied zum Klassifizierungsverfahren nach Parzen konvergiert dieses Verfahren für $N \to \infty$ bei ineinander übergreifenden Klassen nicht allgemein, während das erste stets konvergiert (siehe hierzu Abschnitt 11.3.2).

Die Kompliziertheit der Verfahren wächst mit N langsamer, wenn beim Aufbau des Klassifikators im Schritt $t + 1$ alle diejenigen Objekte übergangen werden, die mit dem bis zum t-ten Schritt konstruierten Klassifikator bereits richtig klassifiziert werden konnten. Diese Möglichkeit wird am Beispiel der Potentialmethode, die eine enge Verwandtschaft mit dem Parzenschen Verfahren hat, von Wapnik (1974) untersucht.

Der Nachteil eines hohen Güteverlustes γ bei kleinen Stichproben kann sich jedoch dadurch nur noch verstärken.

11.5. Anwendung der Klassifizierungsprinzipien zur Behandlung des M-Klassen-Problems

Die im 11. Kapitel aufgeführten prinzipiellen Möglichkeiten zur Gewinnung von Klassifizierungsverfahren bedürfen der Ergänzung in folgenden Punkten:

1. Güteinvariante Vereinfachung der erhaltenen Sätze von Diskriminanzfunktionen;
2. Approximation von Entscheidungsstrukturen durch Strukturen geringerer Kompliziertheit auf Kosten einer Erhöhung des Güteverlustes;
3. Aufhebung der teilweisen Beschränkung auf zwei Klassen.

Bei der Behandlung dieser Punkte nehmen wir auf die entsprechenden Gliederungspunkte des Kapitels 11 bezug.

11.5.1. Methode der Diskriminanzfunktionen

Entsprechend der prinzipiellen Vorgehensweise des Abschnitts 11.3.1 (Parametrische Modelle) werden wir auf der Grundlage der Stichprobe geschätzte Klassenwahrscheinlichkeiten $\mathbf{P}_1, \ldots, \mathbf{P}_M$ und Dichtefunktionen $\varrho_1, \ldots, \varrho_M$ erhalten. Als Diskriminanzfunktionen werden die Produkte (vgl. (11.42) ff.)

$$d_i = \hat{\mathbf{P}}_i \hat{\varrho}_i$$

der Klassifizierung nach dem Entscheidungsschema

$$d_e = \max (d_1, \dots, d_M)$$

zugrunde gelegt. Jede streng monoton wachsende Funktion der d_i leistet natürlich den gleichen Dienst, so z. B. der Logarithmus, d. h., es ist

$$\log \max (d_1, \dots, d_M) = \max (\log d_1, \dots, \log d_M) .$$

Diesen Umstand kann man u. U. zur Vereinfachung des Satzes der Diskriminanzfunktionen ausnutzen.

Als Beispiel sei wieder die M-dimensionale Normalverteilung betrachtet. Wir haben dann

$$d_i = \mathbf{P}_i \cdot (2\pi)^{-n/2} \cdot (\det \boldsymbol{C}_i^{-1})^{1/2} \exp \left[- \tfrac{1}{2} (\boldsymbol{x} - \boldsymbol{\eta}_i)^T \boldsymbol{C}_i^{-1} (\boldsymbol{x} - \boldsymbol{\eta}_i)\right] .^{1)}$$

Durch Übergang zum Logarithmus entfällt die Berechnung der Exponentialfunktion des objektabhängigen Gliedes, wobei neu nur die einmalige Berechnung des Logarithmus einer klassenabhängigen Konstante hinzukommt.

Man erhält so die neuen Diskriminanzfunktionen

$$d_i'(\boldsymbol{x}) = w_{i_{n+1}} + \boldsymbol{w}_i^{*T} \boldsymbol{x} + \boldsymbol{x}^T \boldsymbol{F}_i \boldsymbol{x} \tag{11.135}$$

mit

$$w_{i_{n+1}} = \log \mathbf{P}_i - \frac{n}{2} \log 2 - \frac{1}{2} \log \det \boldsymbol{C}_i - \frac{1}{2} \boldsymbol{\eta}_i^T \boldsymbol{C}_i^{-1} \boldsymbol{\eta}_i , \tag{11.135a}$$

$$\boldsymbol{w}_i^* = \boldsymbol{C}_i^{-1} \cdot \boldsymbol{\eta}_i ,$$

$$\boldsymbol{F}_i = - \tfrac{1}{2} \boldsymbol{C}_i^{-1} . \tag{11.136}$$

Hier kann das klassen- und objektunabhängige zweite Glied in dem Ausdruck (11.135a) für $w_{i_{n+1}}$ entfallen, wir schreiben also

$$w_{i_{n+1}} = \log \mathbf{P}_i - \tfrac{1}{2} [\log \det \boldsymbol{C}_i + \boldsymbol{\eta}_i^T \boldsymbol{C}^{-1} \boldsymbol{\eta}_i] .$$

Die Diskriminanzfunktionen sind so auf Ausdrücke zurückgeführt, in denen der Objektvektor in nicht höherer als zweiter Potenz auftritt (quadratischer Klassifikator). Sind die Matrizen $\boldsymbol{F}_i$ klassenunabhängig (gleiche Kovarianzmatrizen), kann nach dem soeben erwähnten Prinzip das quadratische Glied ebenfalls fortgelassen werden, so daß ein linearer Klassifikator entsteht.

Verschwinden die Wahrscheinlichkeiten $\mathbf{P}_i$ einiger Klassen, so werden wegen $\log 0 = -\infty$ diese Klassen nie entschieden, wie es sein muß.

Betrachtet man zwei Klassen i und j, kann man wieder wie in Abschnitt 11.4 eine Funktion

$$d_{ij}(\boldsymbol{x}) := -d_{ji}(\boldsymbol{x}) := d_i(\boldsymbol{x}) - d_j(\boldsymbol{x}) \tag{11.137}$$

zur Entscheidungsfindung verwenden, mit der bei $d_{ij}(\boldsymbol{x}) > 0$, d. h. genau dann, wenn $\max (d_i, d_j) = d_i$ ist, Klasse i und bei $d_{ij}(\boldsymbol{x}) < 0$, d. h. genau dann, wenn $\max (d_i, d_j) = d_j$ ist, Klasse j entschieden wird.

---

1) Die Parameter $\boldsymbol{C}_i$ und $\boldsymbol{\eta}_i$ einerseits und ihre Schätzungen andererseits sind im folgenden nicht unterschieden.

Mit Hilfe der d_{ij} läßt sich die Maximum-Entscheidungsregel für M Klassen zur besseren Veranschaulichung der Entscheidungsgebiete auch in die Form

$$\text{Entscheide Klasse } i, \text{ wenn für alle } j \neq i \;\; d_{ij}(\boldsymbol{x}) > 0 \text{ ist}, \tag{11.138}$$

überführen. Diese Entscheidungsregel ist, bis auf Mengen vom Wahrscheinlichkeitsmaß Null, mit der Maximum-Entscheidungsregel identisch. Es existiert „fast immer" eine Ebene i, die das Kriterium (11.138) erfüllt. Für das betrachtete Beispiel der Normalverteilung ist

$$d_{ij}(\boldsymbol{x}) = w_{ij_{n+1}} + \boldsymbol{w}_{ij}^{*T}\boldsymbol{x} + \boldsymbol{x}^T\boldsymbol{F}_{ji}\boldsymbol{x}$$

mit

$$w_{ij_{n+1}} = w_{i_{n+1}} - w_{j_{n+1}},$$
$$\boldsymbol{w}_{ij}^* = \boldsymbol{w}_i^* - \boldsymbol{w}_j^* = \boldsymbol{C}_i^{-1}\,\boldsymbol{\eta}_i - \boldsymbol{C}_j^{-1}\cdot\boldsymbol{\eta}_j,$$
$$\boldsymbol{F}_{ij} = \boldsymbol{F}_i - \boldsymbol{F}_j = -\tfrac{1}{2}\,(\boldsymbol{C}_i^{-1} - \boldsymbol{C}_j^{-1}).$$

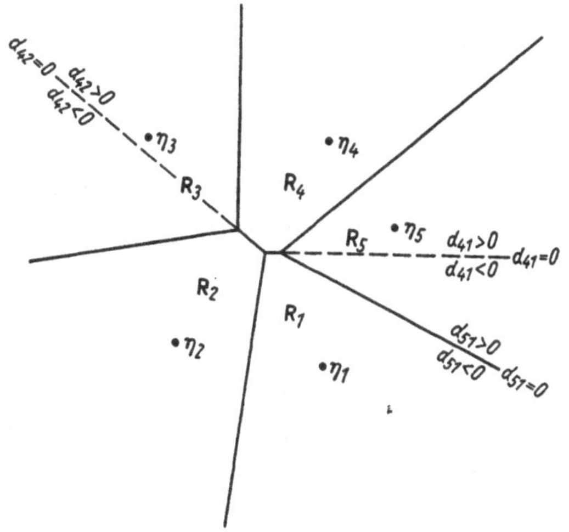

a)

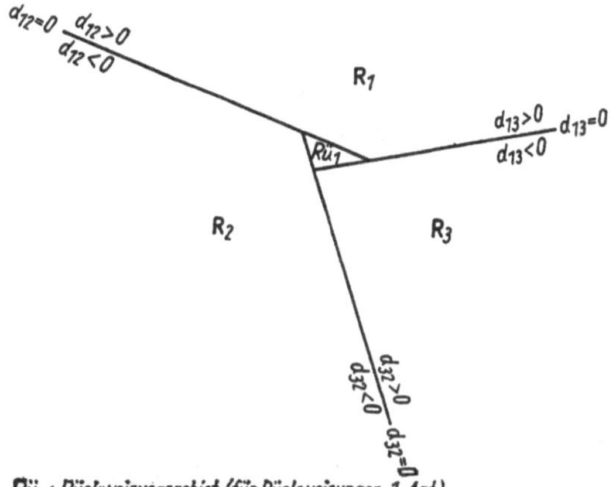

b) $Rü_1$: *Rückweisungsgebiet (für Rückweisungen 1. Art)*

Abb. 66. Entscheidungsgebiete eines 5-Klassen-Problems, die durch fünf lineare Diskriminanzfunktionen erzeugt sind

Man sieht, daß die d_{ij} wieder quadratische Funktionen des Objektvektors $\boldsymbol{x}$ sind. Der geometrische Ort der Erfüllung der Gleichung $d_{ij}(\boldsymbol{x}) = 0$ ist also eine quadratische Hyperfläche: die Trennfläche der Klassen i und j. Diese Trennfläche zerlegt den R^n vollständig in zwei Unterräume R_{ij}^+ und $\mathsf{R}_{ij}^- = \mathsf{R}_{ji}^+$. Wir definieren diese Unterräume durch

$$\mathsf{R}_{ij}^+ = \{\boldsymbol{x} \in \mathsf{R}^n : d_{ij}(\boldsymbol{x}) > 0\} \,. \tag{11.139}$$

Die R_{ij}^+ sind durch Flächen 2. Ordnung (Flächen ohne Knicke) begrenzte Gebiete des R^n. Mit ihrer Hilfe lassen sich die Entscheidungsgebiete R_i für die Klassen i nach (11.138) auch in der Gestalt

$$\mathsf{R}_i = \bigcap_{\substack{j=1 \\ j \neq i}}^{M} \mathsf{R}_{ij}^+ \tag{11.140}$$

darstellen. Diese Entscheidungsgebiete R_i sind bei mehr als zwei Klassen unstetig begrenzt. Ist beispielsweise $M = 5$ und $n = 2$ und sind $\boldsymbol{C}_1 = \boldsymbol{C}_2 = \dots = \boldsymbol{C}_5 = \boldsymbol{I}_2$, so erhält man Gebiete R_{ij} bzw. R_j wie in Abb. 66a.

11.5.2. Reduktion der Kompliziertheit N-abhängiger Strukturen

Der mit N wachsenden Kompliziertheit der Klassifikatoren nach Abschnitt 11.3.2 (Nichtparametrische Modelle (s. Seite 157)) kann man dadurch begegnen, daß man die approximierenden Dichtefunktionen der Form

$$\hat{\varrho}(\boldsymbol{x}) = \frac{1}{N} \sum_{\boldsymbol{x}' \in s} K(\boldsymbol{x}, \boldsymbol{x}', \varkappa)$$

am Ende ihres Konstruktionsprozesses in eine Reihe nach endlich vielen, z. B. orthogonalen Funktionen, entwickelt. Dabei wird im allgemeinen der Modellierungsfehler $\boldsymbol{v}$ zunehmen (vgl. hierzu van Haermsma Buma und Duin (1976)).

11.5.3. Verallgemeinerung eines Gütefunktionals für zwei Klassen zur Lösung des M-Klassen-Problems

Von den im Rahmen vorgegebener Ansätze (Abschnitt 11.4 (Seite 158)) gelösten Zweiklassenproblemen ausgehend, lassen sich auf verschiedenen Wegen effektive Klassifizierungsverfahren aufbauen:

11.5.3.1. Erstes Verfahren

(1) Zerlegung des M-Klassen-Problems in $M(M-1)/2$ Zwei-Klassen-Probleme (alle Klassenpaare).

(2) Bestimmung der $M(M-1)/2$ zugehörigen Zwei-Klassen-Trennfunktionen d_{ij}, $j > i$, durch Maximierung der einzelnen Zwei-Klassen-Gütefunktionale.

(3a) Definition einer Entscheidungsregel (Klassifizierungsfunktion) für das M-Klassen-Problem nach dem Schema (11.138) auf der Grundlage der einzelnen optimierten Trennfunktionen $d_{ij}(\boldsymbol{x})$.

Die d_{ij} sind voneinander funktional unabhängig angesetzt. Die Anzahl der zu optimierenden Parameter ist also das $(M(M-1)/2)$-fache der zur Festlegung einer einzelnen Trennfunktion benötigten Parameteranzahl, während es bei einem Ansatz nach (11.135) nur das M-fache ist.

Es existieren deshalb keine Beziehungen der Art (11.137) zwischen den d_{ij}. Aus diesem Grunde existiert auch nicht immer eine Klasse i, die das Kriterium (11.138) erfüllt. Tritt ein solcher Fall ein, so sprechen wir von einer Rückweisung (1. Art). Die Existenz solcher Gebiete ist Ausdruck der Tatsache, daß die R_i nach (11.139) und (11.140) hier nicht wie unter Abschnitt 11.3.1 eine Zerlegung des R^n bilden müssen, d. h., es ist

$$\mathsf{R}^n - \bigcup_{i=1}^{M} \mathsf{R}_i \neq \emptyset$$

(vgl. hierzu Abb. 66b).

(3b) Will man auch in den Rückweisungsgebieten eine eindeutige Entscheidung für genau eine der M Klassen erzwingen, so kann man neue Diskriminanzfunktionen z. B. durch

$$\tilde{d}_i(\boldsymbol{x}) := \min_{\substack{j \in \mathsf{N}_M \\ j \neq i}} d_{ij}(\boldsymbol{x})^{1)} \tag{11.141}$$

einführen.

Es gilt: Kann nach dem Schema (11.138) auf der Grundlage der Trennfunktionen $d_{ij}(\boldsymbol{x})$ eine Entscheidung für eine Klasse i getroffen werden, so ist diese Entscheidung mit der auf der Grundlage der Diskriminanzfunktionen $\tilde{d}_1(\boldsymbol{x}), \ldots, \tilde{d}_M(\boldsymbol{x})$ getroffenne Entscheidung identisch. Das Umgekehrte ist nicht allgemein der Fall. Es gilt also

$$\mathsf{R}_i \subseteqq \tilde{\mathsf{R}}_i\,, \qquad \bigcup_{i=1}^{M} \tilde{\mathsf{R}}_i = \mathsf{R}^n - W\text{-Maß-Nullmengen}$$

Beweis. Wir nehmen an, daß der Klassenindex i für ein Objekt $\boldsymbol{x}$ entsprechend der Voraussetzung nach dem Schema (11.138) die Ungleichungen

$$d_{ij}(\boldsymbol{x}) > 0 \quad \text{für alle} \quad j \neq i\,, \qquad j = 1, \ldots, M\,, \tag{11.142}$$

erfülle. Gleichzeitig nehmen wir an, daß für einen Klassenindex $k \neq i$ — entgegen der Behauptung — die Gleichung

$$\tilde{d}_k(\boldsymbol{x}) = \max_{r \in \mathsf{N}_M} \tilde{d}_r(\boldsymbol{x}) \tag{11.143}$$

doch erfüllt wäre. Aus (11.142) folgt mit (11.141)

$$\tilde{d}_i(\boldsymbol{x}) > 0\,, \tag{11.144}$$

Aus (11.142) ergibt sich ferner $d_{ik}(\boldsymbol{x}) > 0$ für $j = k$ und damit wegen des ersten Teiles von (11.137)

$$d_{ki}(\boldsymbol{x}) < 0\,.$$

Daraus folgt nach (11.141), daß $\tilde{d}_k(\boldsymbol{x}) \leqq d_{ki}(\boldsymbol{x}) \leqq 0$ sein muß. Nach (11.143) muß aber

$$\tilde{d}_k(\boldsymbol{x}) \geqq \tilde{d}_i(\boldsymbol{x})$$

---

1) N_L bedeutet die Menge der natürlichen Zahlen $1, 2, \ldots, L$.

sein. Aus (11.144) folgt aber dazu im Widerspruch $\tilde{d}_i(\boldsymbol{x}) > \tilde{d}_k(\boldsymbol{x})$. Damit ist die Behauptung, daß $k = i$ sein muß, bewiesen.

11.5.3.2. Zweites Verfahren

(1) Zerlegung des M-Klassen-Problems in M Zwei-Klassen-Probleme (jede Klasse gegen jeweils alle übrigen Klassen).

(2) Bestimmung von M Trennfunktionen $d_1'(\boldsymbol{x}), \ldots, d_M'(\boldsymbol{x})$ durch Maximieren der M Zwei-Klassen-Gütefunktionale.

(3a) Entscheidung für Klasse i, wenn $d_i'(\boldsymbol{x}) > 0$ ist.

(3b) Entscheidung für Klasse i, wenn

$$d_i'(\boldsymbol{x}) = \max_{j=1,\ldots,M} d_j'(\boldsymbol{x}) \tag{11.145}$$

ist.

Wir betrachten den *Spezialfall stückweise d-artiger*[1]) *Trennfunktionen* d_i', d. h., wir setzen analog (11.141) (mit $d_{ij}(\boldsymbol{x}) \equiv d(\boldsymbol{x}, \boldsymbol{w}_{ij})$)

$$d_i'(x) \equiv d'(\boldsymbol{x}, \boldsymbol{w}_i) := \min_{j=1,\ldots,L_i} d(\boldsymbol{x}, \boldsymbol{w}_{ij}), \tag{11.146}$$

wo L_i die Anzahl der Funktionen $d_{ij}(\boldsymbol{x})$ bedeutet und $\boldsymbol{w}_i$ die Gesamtheit der Parametervektoren $\boldsymbol{w}_{ij}$, $j = 1, \ldots, L_i$ bezeichnet, so ist — falls $f(a)$ konvex bezüglich a ist und $d(\boldsymbol{x}, \boldsymbol{w}_{ij})$ im $\boldsymbol{w}_{ij}$-Raum konvex ist, so daß

$$f(d(\boldsymbol{x}, \lambda \boldsymbol{w}_{ij}') + (1-\lambda)\, \boldsymbol{w}_{ij}'') \geqq \lambda f(d(\boldsymbol{x}, \boldsymbol{w}_{ij}')) + (1-\lambda)\, f(d(\boldsymbol{x}, \boldsymbol{w}_i''))$$

gilt — ist diese Funktion f auch im $\boldsymbol{w}_i$-Raum konvex, d. h., es gilt

$$f(d'(\boldsymbol{x}, \lambda \boldsymbol{w}_i') + (1-\lambda)\, \boldsymbol{w}_i'') \geqq \lambda \cdot f(d'(\boldsymbol{x}, \boldsymbol{w}_i')) + (1-\lambda)\, (fd'(\boldsymbol{x}, \boldsymbol{w}_i'')). \tag{11.146a}$$

Beweis. Zunächst folgt aus der trivialen Eigenschaft

$$\text{Wenn } a_i \geqq b_i, \qquad i = 1, \ldots, L,$$

$$\text{so } \min_{i=1,\ldots,L} a_i \geqq \min_{i=1,\ldots,L} b_i \left(\max_{i=1,\ldots,L} a_i \geqq \max_{i=1,\ldots,L} b_i \right).$$

des Min-(Max-)Operators, daß aus der Konvexität von d, d. h. aus

$$d(\boldsymbol{x}, \lambda \boldsymbol{w}_{ij}' + (1-\lambda)\, \boldsymbol{w}_{ij}'') \geqq \lambda \cdot d(\boldsymbol{x}, \boldsymbol{w}_{ij}') + (1-\lambda)\, d(\boldsymbol{x}, \boldsymbol{w}_{ij}')$$

$$\text{für alle } j = 1, \ldots, L_i,$$

$$\min_{j=1,\ldots,L_i} d(\boldsymbol{x}, \lambda \boldsymbol{w}_{ij}' + (1-\lambda)\, \boldsymbol{w}_{ij}'') \geqq \min_{j=1,\ldots,L_i} [\lambda d(\boldsymbol{x}, \boldsymbol{w}_{ij}') + (1-\lambda)\, d(\boldsymbol{x}, \boldsymbol{w}_{ij}'')] \tag{11.147}$$

folgt. Da λ und $1-\lambda$ definitionsgemäß nicht negativ sind, ist

$$\min (\lambda d(\boldsymbol{x}, \boldsymbol{w}_{ij}') + (1-\lambda)\, d(\boldsymbol{x}, \boldsymbol{w}_{ij}'')) \geqq \lambda \min_{j=1,\ldots,L_i} d(\boldsymbol{x}, \boldsymbol{w}_{ij}')$$
$$+ (1-\lambda) \min_{j=1,\ldots,L_i} d(\boldsymbol{x}, \boldsymbol{w}_{ij}''). \tag{11.148}$$

---

[1]) *Stückweise d-artig* soll heißen, daß die Funktion d' im R^n aus Stücken von Funktionsverläufen $d(\boldsymbol{x}, \boldsymbol{w}_{ij})$ mit unterschiedlichen Parametersätzen w_{ij} besteht, die stetig aneinanderschließen. Ist d eine lineare Funktion von w, dann bedeutet stückweise d-artig also *stückweise linear*.

Mit (11.146) folgt aus (11.147) und (11.148) die Konvexität

$$d'(\boldsymbol{x}, \lambda \boldsymbol{w}_i' + (1 - \lambda) \boldsymbol{w}_i'') \geqq \lambda d'(\boldsymbol{x}, \boldsymbol{w}_i') + (1 - \lambda) d'(\boldsymbol{x}, \boldsymbol{w}_i'')$$

der stückweise d-artigen Trennfunktion d' und damit, da $f(a)$ als konvex vorausgesetzt war, die von $f(\boldsymbol{w}_i)$ nach (11.146a), w. z. b. w.

Daraus folgt, daß sich ein konvexes Gütefunktional der Form

$$G(\boldsymbol{w}_{ij}) = \mathrm{E}[f(\vartheta_{ij}(K) \cdot d(\boldsymbol{X}, \boldsymbol{w}_{ij}))]$$

mit

$$k \in \mathsf{K} = \{i, j\} \quad \text{und} \quad \vartheta_{ii}(k) = \begin{cases} 1, & \text{wenn } k = i, \\ -1, & \text{wenn } k = j, \end{cases} \tag{11.149}$$

wie es im Abschnitt 11.4.2 diskutiert wurde, zu einem ebenfalls konvexen Gütefunktional

$$G_3(\boldsymbol{w}_i) = \mathrm{E}[f(\vartheta_{i\bar{i}}(K) \cdot d'(\boldsymbol{X}, \boldsymbol{w}_i))] \tag{11.150}$$

mit $k \in \mathsf{K} = \{i, \bar{i}\}$[1]) für die stückweise d-artige Trennfunktion d' erweitern läßt, da mit $f(a)$, $a \in \mathsf{R}^1$, auch $f(-a)$ eine konvexe Funktion ist und die Summe konvexer Funktionen wieder konvex ist.

Spezialfall. Die Trennfunktion $d(\boldsymbol{x}, \boldsymbol{w}_{ij})$ entspreche formal der Abtrennung der Klasse i von der Klasse j, $j = 1, \ldots, i - 1, i + 1, \ldots, M$. Betrachten wir dann eine feste Klasse i, so ist diese durch Optimierung des Funktionals (11.150) besser (im Sinne eines höheren Maximalwertes des Funktionals) von den übrigen Klassen $(\bar{i})$ abtrennbar als durch $M - 1$ Einzeloptimierungen der Funktionale (11.149). Dieser naheliegende Effekt ist nur bei nach (11.149) nicht separierbaren Klassenpaaren echt vorhanden (vgl. hierzu die Abb. 67).

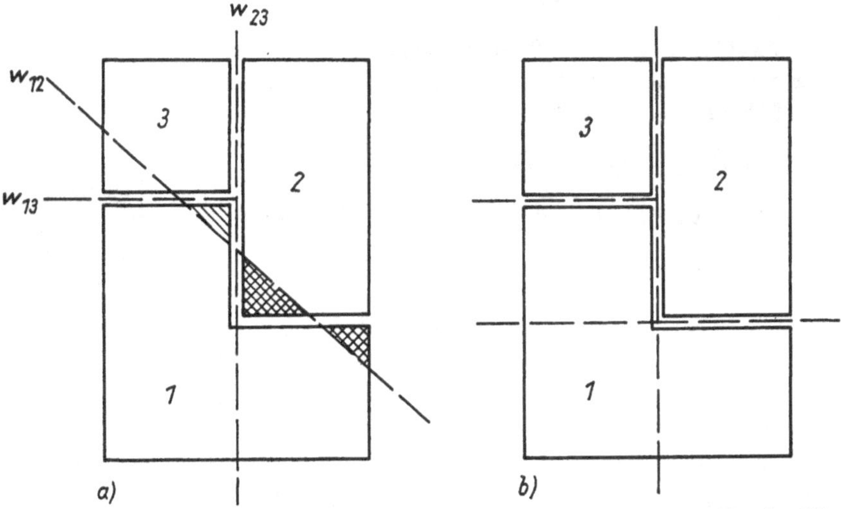

Abb. 67. a) Trennung der Klasse 2 von der Restklasse $1 \cup 3$ mit Hilfe der Klassenpaar-Trennebenen
b) Mögliches Resultat der Verbundoptimierung: Klasse 2 gegen Klasse $1 \cup 3$

[1]) $\bar{i}$ bezeichne die Vereinigung aller von der Klasse i verschiedenen Klassen.

11.5.3.3. Drittes Verfahren; Maximale Belegung der Zielbereiche R_i mit den Objekten der richtigen Klassen durch Maximierung eines Abstandsfunktionals

Es sei $\boldsymbol{w}$ ein Parametervektor, durch den die Menge der stets disjunkten Zielbereiche $\mathsf{R}_1, \ldots, \mathsf{R}_M$ der einzelnen Klassen im R^n definiert werde:

$$\mathsf{R}_i \cap \mathsf{R}_j = \emptyset\,, \qquad \text{falls} \quad i \neq j\,, \qquad i, j = 1, \ldots, M\,.$$

$A(\boldsymbol{x}, \mathsf{R}_i)$ sei eine Funktion, die einen geometrischen Abstand des Objekts $\boldsymbol{x}$ von dem Gebiet $\mathsf{R}_i \subset \mathsf{R}^n$ definiere, der auch als eine Art Zugehörigkeitsfunktion des Objekts $\boldsymbol{x}$ zu der Punktmenge R_i interpretierbar ist. A soll deshalb die Eigenschaft

$$A(\boldsymbol{x}, \mathsf{R}_i) \begin{cases} \geqq 0, & \text{falls} \quad \boldsymbol{x} \in \mathsf{R}_i\,, \\ < 0, & \text{falls} \quad \boldsymbol{x} \notin \mathsf{R}_i \end{cases} \tag{11.151}$$

haben. Nun sei entsprechend (11.149)

$$G(\boldsymbol{w}) = \mathrm{E}[f((-1)^{k-1}\, d(\boldsymbol{X}, \boldsymbol{w}))] \tag{11.152}$$

mit $k \in \mathsf{K} = \{1, 2\}$, so wird für $k = 1$ der Bereich $d > 0$, für $k = 2$ der Bereich $d < 0$ Zielbereich. Ersetzt man d durch $A(\boldsymbol{x}, \mathsf{R}_i)$, so ist für Klasse i die Größe $(-1)^{k-1}$ gleich Eins zu setzen (und damit für alle Klassen), da der Zielbereich für Klasse i durch $A(\boldsymbol{x}, \mathsf{R}_i) < 0$ gegeben ist. Folglich ist die maximale Belegung der Zielbereiche aller Klassen durch Maximierung des neuen Funktionals

$$G_4(\boldsymbol{w}) = \mathrm{E}[f(A(\boldsymbol{X}, \mathsf{R}_K(\boldsymbol{w})))] = \mathrm{E}[\zeta_4(\boldsymbol{X}, K)] \tag{11.153}$$

zu erreichen mit

$$\zeta_4(\boldsymbol{X}, K) := f(A(\boldsymbol{X}, \mathsf{R}_K(\boldsymbol{w}))\,.$$

Der Ansatz (11.153) ist (11.152) äquivalent. Man sieht das, wenn man ein Zweiklassenproblem mit $\mathsf{R}_2 = \mathsf{R}^n - \mathsf{R}_1$ betrachtet. Sei dementsprechend $A(\boldsymbol{x}, \mathsf{R}_1)$ eine Funktion, die (11.151) für $i = 1$ erfüllt, dann ist offenbar

$$A(\boldsymbol{x}, \mathsf{R}_2(\boldsymbol{w})) = -A(\boldsymbol{x}, \mathsf{R}_0(\boldsymbol{w}))$$

eine Funktion, die (11.151) für $i = 2$ erfüllt. Definieren wir jetzt

$$d(\boldsymbol{X}, \boldsymbol{w}) := A(\boldsymbol{X}, \mathsf{R}_1(\boldsymbol{w}))\,,$$

so wird

$$A(\boldsymbol{X}, \mathsf{R}_K(\boldsymbol{w})) = (-1)^{k-1}\, d(\boldsymbol{X}, \boldsymbol{w})$$

und somit (11.153) mit (11.152) identisch.

Geht man von den Trennfunktionen $d_{ij}(\boldsymbol{x})$ der Klassenpaare aus und definiert die Entscheidungsgebiete R_i der Klassen nach (11.138), so hat offensichtlich $\tilde{d}_i(\boldsymbol{x})$ wegen (11.144) die allgemeinen Eigenschaften (11.151) einer Funktion A.

Ein anderes, vorzugsweise für Hardware-Realisierungen anwendbares Schema für die Klassifizierung und Belehrung bei M Klassen auf der Grundlage der Paarprobleme, wird von Schoenborn (1978) beschrieben.

11.5.4. Gütefunktionale zur Optimierung von Diskriminanzfunktionen (in Verbindung mit der Maximumentscheidung) bei M-Klassen

11.5.4.1. Maß für die richtige Klassifizierung nach der Maximum-Entscheidungsregel

Ist $d_1(\boldsymbol{x}), \ldots, d_M(\boldsymbol{x})$ ein Satz Diskriminanzfunktionen, so sei die Entscheidungsklasse e durch

$$d_e(\boldsymbol{x}) = \max_{i=1,\ldots,M} d_i(\boldsymbol{x})$$

definiert. Ist k die tatsächliche Klasse, dann kann man als ein Maß für die Güte dieser Klassifizierung die Differenz

$$d_k(\boldsymbol{x}) - d_e(\boldsymbol{x}) = d_k(\boldsymbol{x}) - \max_{i=1,\ldots,M} d_i(\boldsymbol{x})$$

ansehen. Diese Differenz ist bei richtiger Klassifizierung gleich Null und bei falscher Klassifizierung negativ. Durch Einführen einer positiven Konstanten ε kann ein analoger Effekt wie im Fall des Funktionals G_2 erreicht werden. Man erhält so die Gütefunktion

$$\zeta_5(\omega = (\boldsymbol{x}, k), \boldsymbol{w}) = d_k(\boldsymbol{x}, \boldsymbol{w}) - \varepsilon - \max\left(d_1(\boldsymbol{x}, \boldsymbol{w}), \ldots, d_{k-1}(\boldsymbol{x}, \boldsymbol{w}), d_k(\boldsymbol{x}, \boldsymbol{w}) - \varepsilon, d_{k+1}(\boldsymbol{x}, \boldsymbol{w}), \ldots, d_M(\boldsymbol{x}, \boldsymbol{w})\right) . \quad (11.154)$$

Diese Funktion erreicht (erst dann) ihren Maximalwert Null, wenn $d_k(\boldsymbol{x}, \boldsymbol{w})$ um mindestens den Betrag ε größer ist als alle anderen Diskriminanzfunktionen $d_i(\boldsymbol{x}, \boldsymbol{w})$. So ergibt sich das Gütefunktional

$$G_5(\boldsymbol{w}) := \mathrm{E}[\zeta_5(\Omega, \boldsymbol{w})] .$$

Mit dem Vektor[1] $\boldsymbol{w} := (\boldsymbol{w}_1, \ldots, \boldsymbol{w}_M)$ und

$$d_i(\boldsymbol{x}, \boldsymbol{w}) = \boldsymbol{w}_i^{*T}\boldsymbol{x} + w_{i_{n+1}} , \qquad i = 1, \ldots, M ,$$

(linearer Klassifikator oder auch Steinbuch-Klassifikator) erhält man

$$(\nabla_{\boldsymbol{w}}\zeta_5((\boldsymbol{x}, k), \boldsymbol{w}))^T = ((\nabla_{\boldsymbol{w}_1}\zeta_5^T \mid \cdots \mid (\nabla_{\boldsymbol{w}_M}\zeta_5^T)) , \quad (11.155)$$

worin sich die Gradienten durch

$$\nabla_{\boldsymbol{w}_i}\zeta_5 = (1 - \delta_{k,e'}) \cdot (\delta_{k,i} - \delta_{e',i}) \cdot \boldsymbol{y} , \qquad i = 1, \ldots, M , \quad (11.156)$$

darstellen lassen und e' durch

$$d_{e'}(\boldsymbol{x}, \boldsymbol{w}) - \delta_{k,e'} \cdot \varepsilon = \max\left(d_1(\boldsymbol{x}, \boldsymbol{w}), \ldots, d_{k-1}(\boldsymbol{x}, \boldsymbol{w}), d_k(\boldsymbol{x}, \boldsymbol{w}) - \varepsilon, d_{k+1}(\boldsymbol{x}, \boldsymbol{w}), \ldots, d_M(\boldsymbol{x}, \boldsymbol{w})\right) \quad (11.157)$$

definiert ist. Daraus resultiert als stochastische Belehrungsregel des Klassifikators, d. h. des Vektors $\boldsymbol{w}$, im Sinne der Methode der stochastischen Approximation, d. h. nach dem Schema $\boldsymbol{w}_{t+1} = \boldsymbol{w}_t + \gamma\nabla_{\boldsymbol{w}}\zeta$ für den linearen Klassifikator $(d_i(\boldsymbol{x}, \boldsymbol{w}_i) = \boldsymbol{w}_i^T \cdot \boldsymbol{y}, i = 1, \ldots, M)$, der folgende Algorithmus:

---

[1]) $\boldsymbol{w}$ werde als eine lineare Aneinanderreihung der Vektoren $\boldsymbol{w}_i$ erklärt.

(1) Wenn im Schritt t das Objekt $\boldsymbol{y}$ ε-richtig entschieden wurde, d. h., wenn $\max_j d_j(\boldsymbol{x}, \boldsymbol{w})$ um mindestens ε größer als alle anderen $d_i(\boldsymbol{x}, \boldsymbol{w})$ ist, dann ist $k = e'$ und $\boldsymbol{w}$ bleibt ungeändert (alle $\nabla_{\boldsymbol{w}_i}\zeta_5$ nach (11.156) sind gleich Null).

(2) Im Schritt t wurde $\boldsymbol{y}$ falsch entschieden ($k \neq e'$), dann werden für $i = k$ die Hyperebene $\boldsymbol{w}_k$ um $+\gamma\boldsymbol{y}$ und für $i = e'$ die Hyperebene $\boldsymbol{w}_{e'}$ um $-\gamma\boldsymbol{y}$ „verstellt".

11.5.4.2. Einsatz des Funktionals der Form G_4

Aus den Diskriminanzfunktionen $d_1, \ldots, d_M$ kann man formal die Trennfunktionen $d_{ij} = d_i - d_j$ für die Klassenpaare ableiten und mit diesen nach (11.141) die neuen Diskriminanzfunktionen $\tilde{d}_i$ bilden. Wir setzen dann in (11.153)

$$A(\boldsymbol{x}, \mathsf{R}_k(\boldsymbol{w})) = \tilde{d}_k(\boldsymbol{x}, \boldsymbol{w}) = \min_{\substack{j=1,\ldots,M\\ j\neq k}} d_{kj}(\boldsymbol{x}, \boldsymbol{w})$$

$$= \min_{\substack{j=1,\ldots,M\\ j\neq k}} (d_k(\boldsymbol{x}, \boldsymbol{w}) - d_j(\boldsymbol{x}, \boldsymbol{w}))$$

und wählen die ζ-Funktion des Funktionals G_2, d. h.

$$\zeta_2(a) := (\varepsilon - a)\, H(\varepsilon - a)\,.$$

Als Spezialfall betrachten wir wieder den linearen Klassifikator, d. h., wir setzen

$$d_i(\boldsymbol{x}, \boldsymbol{w}_i) = \boldsymbol{w}_i^T\boldsymbol{y}\,, \qquad i = 1, \ldots, M\,.$$

Damit wird in diesem Fall

$$\zeta(A(\boldsymbol{x}, \mathsf{R}_k(\boldsymbol{w}))) = \zeta_2\Big(\min_{\substack{j=1,\ldots,M\\ j\neq k}} (\boldsymbol{w}_k^T\boldsymbol{y} - \boldsymbol{w}_j^T\boldsymbol{y})\Big)$$

mit $\boldsymbol{w}^T = (\boldsymbol{w}_1^T \mid \ldots \mid \boldsymbol{w}_M^T)$. Hieraus ergibt sich (vgl. (11.155) und (11.156)) wegen $\mathrm{d}\zeta_2/\mathrm{d}a = H(\varepsilon - a)$ der Ausdruck

$$\nabla_{\boldsymbol{w}_i}\zeta = (\delta_{k,i}\boldsymbol{y} - \delta_{e,i}\boldsymbol{y}) \cdot H(\varepsilon - s_m)$$

für den Gradienten, wobei

$$s_m := \boldsymbol{w}_k^T\boldsymbol{y} - \boldsymbol{w}_e^T\boldsymbol{y} := \min_{\substack{j=1,\ldots,M\\ j\neq k}} (\boldsymbol{w}_k^T\boldsymbol{y} - \boldsymbol{w}_j^T\boldsymbol{y})$$

$$(\boldsymbol{w}_e^T\boldsymbol{y} = \max_{\substack{j=1,\ldots,M\\ j\neq k}} \boldsymbol{w}_j^T\boldsymbol{y})$$

ist. Die Belehrungsregel ist damit wie folgt:

(1) Im Schritt t sei $s_m > \varepsilon$: In diesem Fall ist $\boldsymbol{w}_k^T\boldsymbol{y}$ um mindestens ε größer als alle anderen $\boldsymbol{w}_i^T\boldsymbol{y}$, d. h., es wurde ε-richtig entschieden. Dann ist $H(\varepsilon - s_m) = 0$, so daß $\boldsymbol{w}$ ungeändert bleibt.

(2) Im Schritt t sei $s_m \leqq \varepsilon$: Wie man leicht feststellt, ist $e = e'$ (e' von (11.157)). Die Belehrung lautet $\boldsymbol{w}_k \to \boldsymbol{w}_k + \gamma\boldsymbol{y}$ und $\boldsymbol{w}_e \to \boldsymbol{w}_e - \gamma\boldsymbol{y}$.

Damit stimmen in diesem Fall die Belehrungen nach G_3 (vgl. (11.150) und G_5 und (11.153)) miteinander überein. Das ist jedoch nicht der Fall, wenn man voneinander unabhängige Trennfunktionen d_{ij} zur Bildung der $\tilde{d}_i$ verwendet.

11.5.5. Gütefunktional des quadratischen Fehlers zur Bestimmung der Parametervektoren von Diskriminanzfunktionen

Die Methode der Regressionsanalyse erlaubt es, eine im quadratischen Mittel beste Anpassung eines Satzes von Diskriminanzfunktionen

$$d_1(\boldsymbol{x}, \boldsymbol{w}_1), \dots, d_M(\boldsymbol{x}, \boldsymbol{w}_M)$$

an die Bayes-optimalen Diskriminanzfunktionen

$$d_{B_i}(\boldsymbol{x}), \qquad i = 1, \dots, M,$$

zu finden. Es war

$$d_{B_i}(\boldsymbol{x}) = \mathrm{P}_i \cdot \varrho_i(\boldsymbol{x}).$$

Aufgrund der Invarianzprinzipien für Diskriminanzfunktionen bilden die sogenannten *A-posteriori-Wahrscheinlichkeiten* $W(k \mid \boldsymbol{x})$, $k = 1, \dots, M$ einen äquivalenten Satz, da

$$W(k \mid \boldsymbol{x}) = \frac{\mathrm{P}_k \cdot \varrho_k(\boldsymbol{x})}{\sum_{i=1}^{M} \mathrm{P}_i \varrho_i(\boldsymbol{x})} = \frac{d_{B_k}(\boldsymbol{x})}{\sum_{i=1}^{M} \mathrm{P}_i \cdot \varrho_i(\boldsymbol{x})}$$

gilt und der Nenner auf der rechten Seite eine nur von $\boldsymbol{x}$ abhängige Konstante ist. Es gilt

$$W(k \mid \boldsymbol{x}) = \mathrm{E}[Z_k \mid \boldsymbol{x}], \tag{11.158}$$

wenn man die durch

$$Z_k := \begin{cases} 1, & \text{wenn} \quad K = k, \\ 0 & \text{sonst} \end{cases}$$

definierte Zufallsgröße verwendet.

Der mittlere quadratische Fehler einer Anpassung der Funktion d_i an die Funktion $W(k = i \mid \boldsymbol{x})$ wird dann durch Maximierung des Funktionals

$$\tilde{G}_q(\boldsymbol{w}_i) := -\mathrm{E}[(W(i \mid \boldsymbol{X}) - d_i(\boldsymbol{X}, \boldsymbol{w}_i))^2]$$

minimiert. Durch Einsetzen von (11.158) entsteht

$$\tilde{G}_q(\boldsymbol{w}_i) = -\mathrm{E}[(\mathrm{E}[Z_i \mid \boldsymbol{X}] - d_i(\boldsymbol{X}, \boldsymbol{w}_i))^2].$$

Sind die $\boldsymbol{w}_i$ voneinander unabhängig, so wird ein einheitliches Funktional für $\boldsymbol{w} = (\boldsymbol{w}_i, \dots, \boldsymbol{w}_M)$ durch Summation über i erhalten:

$$\tilde{G}_q(\boldsymbol{w}) = -\mathrm{E}\left[\sum_{i=1}^{M} (\mathrm{E}[Z_i \mid \boldsymbol{X}] - d_i(\boldsymbol{X}, \boldsymbol{w}_i))^2\right]. \tag{11.159}$$

Hierbei besteht folgende Gleichheit:

$$\mathrm{E}[(\mathrm{E}[Z_i \mid X] - d_i(\boldsymbol{X}, \boldsymbol{w}_i))^2]$$
$$= \mathrm{E}[(Z_i - d_i(\boldsymbol{X}, \boldsymbol{w}_i))^2] + \text{von } \boldsymbol{w}_i \text{ unabhängige Glieder.}$$

Beweis. Es ist

$$\mathrm{E}[(\mathrm{E}[Z_i \mid \boldsymbol{X}] - d_i(\boldsymbol{X}, \boldsymbol{w}_i))^2]$$
$$= \mathrm{E}\{(\mathrm{E}[Z_i \mid \boldsymbol{X}])^2 - 2\mathrm{E}[Z_i \mid \boldsymbol{X}] \cdot d_i(\boldsymbol{X}, \boldsymbol{w}_i) + (d_i(\boldsymbol{X}, \boldsymbol{w}_i))^2\}.$$

Aufgrund der allgemeinen Beziehung

$$\mathbf{E}[\mathbf{E}[A \mid \boldsymbol{X}] \cdot b(\boldsymbol{X})] = \mathbf{E}[A \cdot b(\boldsymbol{X})]$$

für bedingte Erwartungswerte (mit den Zufallsvariablen A und $b(X)$) wird hieraus

$$\mathbf{E}[Z_i \mid \boldsymbol{X}]^2 - 2\mathbf{E}[Z_i\, d_i(\boldsymbol{X}, \boldsymbol{w}_i)] + \mathbf{E}[(d_i(\boldsymbol{X}, \boldsymbol{w}_i))^2]\,. \tag{11.160}$$

Andererseits ist

$$\mathbf{E}[(Z_i - d_i(\boldsymbol{X}, \boldsymbol{w}_i))^2]$$
$$= \mathbf{E}[Z_i^2] - 2\mathbf{E}[Z_i d_i(\boldsymbol{X}, \boldsymbol{w}_i)] + \mathbf{E}[(d_i(\boldsymbol{X}, \boldsymbol{w}_i))^2]\,. \tag{11.161}$$

Durch Vergleich der Ausdrücke (11.160) und (11.161) wird die Behauptung bestätigt.

Damit kann man anstelle von (11.159) das äquivalente Funktional

$$G_q(\boldsymbol{w}) := -\mathbf{E}\left[\sum_{i=1}^{M} (Z_i - d_i(\boldsymbol{X}, \boldsymbol{w}_i))^2\right] = \mathbf{E}[\zeta_q(\boldsymbol{X}, K)] \tag{11.161a}$$

verwenden mit

$$\zeta_q := -\sum_{i=1}^{M} (Z_i - d_i(\boldsymbol{X}, \boldsymbol{w}_i))^2\,.$$

Die Maximierung von G_q ist bei linearen Diskriminanzfunktionen analytisch lösbar. So führt die Forderung des Verschwindens des Gradienten

$$\nabla_{\boldsymbol{w}_k} G_q(\boldsymbol{w}) = \mathbf{E}[(Z_k - \boldsymbol{w}_k^T \boldsymbol{Y})\, \boldsymbol{Y}^T]$$

zu der Lösung

$$\boldsymbol{w}_{k0} = (\boldsymbol{M}_2(\boldsymbol{Y}, \boldsymbol{Y}^T; \boldsymbol{O}, \boldsymbol{O}^T))^{-1}\, \mathbf{E}[Z_k \cdot \boldsymbol{Y}]\,.$$

Hierin ist

$$\boldsymbol{M}_2(\boldsymbol{Y}, \boldsymbol{Y}^T; \boldsymbol{O}, \boldsymbol{O}^T) = \mathbf{E}[\boldsymbol{Y}\boldsymbol{Y}^T] = \begin{pmatrix} \mathbf{E}[\boldsymbol{X}\boldsymbol{X}^T] & \mathbf{E}[\boldsymbol{X}] \\ \mathbf{E}[\boldsymbol{X}^T] & 1 \end{pmatrix} = \begin{pmatrix} \boldsymbol{C} + \boldsymbol{\eta}\boldsymbol{\eta}^T & \boldsymbol{\eta} \\ \boldsymbol{\eta}^T & 1 \end{pmatrix}$$

mit

$$\boldsymbol{C} := \boldsymbol{KOV}(\boldsymbol{X}, \boldsymbol{X}^T)\,.$$

Nach dem Inversionstheorem für Teilmatrizen ergibt sich

$$(\boldsymbol{M}_2(\boldsymbol{X}, \boldsymbol{X}^T; \boldsymbol{O}, \boldsymbol{O}^T))^{-1} = \begin{pmatrix} \boldsymbol{C} + \boldsymbol{\eta}\boldsymbol{\eta}^T & \boldsymbol{\eta} \\ \boldsymbol{\eta}^T & 1 \end{pmatrix}^{-1} = \begin{pmatrix} \boldsymbol{C}^{-1} & -\boldsymbol{C}^{-1}\boldsymbol{\eta} \\ -\boldsymbol{\eta}^T\boldsymbol{C}^{-1} & 1 + \boldsymbol{\eta}^T\boldsymbol{C}^{-1}\boldsymbol{\eta} \end{pmatrix}.$$

Weiter ist

$$\mathbf{E}[Z_k \boldsymbol{Y}] = \sum_{i=1}^{M} \mathrm{P}_i \mathbf{E}_i[Z_k \cdot \boldsymbol{Y}] = \sum_{i=1}^{M} \mathrm{P}_i \mathbf{E}_i[\boldsymbol{Y}]\, \delta_{ki} = \mathrm{P}_k \begin{pmatrix} \boldsymbol{\eta}_k \\ 1 \end{pmatrix}.$$

So wird

$$\boldsymbol{w}_{k_0} = \mathrm{P}_k \cdot \begin{pmatrix} \boldsymbol{C}^{-1} & -\boldsymbol{C}^{-1}\boldsymbol{\eta} \\ -\boldsymbol{\eta}^T \cdot \boldsymbol{C}^{-1} & 1 + \boldsymbol{\eta}^T\boldsymbol{C}^{-1}\boldsymbol{\eta} \end{pmatrix} \begin{pmatrix} \boldsymbol{\eta}_k \\ 1 \end{pmatrix}$$
$$= \mathrm{P}_k \cdot \begin{pmatrix} \boldsymbol{C}^{-1}(\boldsymbol{\eta}_k - \boldsymbol{\eta}) \\ 1 - \boldsymbol{\eta}^T\boldsymbol{C}^{-1}(\boldsymbol{\eta}_k - \boldsymbol{\eta}) \end{pmatrix}, \qquad k = 1, \dots, M\,.$$

Durch Vergleich mit den Gleichungen (11.135) bis (11.136) stellt man fest, daß sich bei C_i = const. (unabhängig von i) die Diskriminanzfunktionen von denen aus dem Modell der Normalverteilung abgeleiteten außer in unwesentlichen, nur von x

abhängigen Gliedern lediglich in den klassenabhängigen Konstanten $(w_k)_{n+1}$ unterscheiden. Damit stimmen z. B. die Normalenrichtungen der durch die Diskriminanzfunktionen d erzeugten Trennflächen zwischen Klassenpaaren in beiden Fällen überein.

11.5.6. Güteverlust γ bei N-abhängiger Klassifikatorstruktur

Das in Abschnitt 11.4.4 erwähnte lokale Entscheidungsverfahren auf der Grundlage der Objektkonfiguration der Stichprobe (NN-Klassifikator) führt bei kleinen Stichproben zu großen Fehlern vom Typ γ und verlangt bei großen Stichproben einen erheblichen Speicher- und Rechenaufwand. Das im folgenden diskutierte Verfahren setzt an dieser Problematik an.

12. Ein Verfahren zur Erzeugung eines stückweise d-artigen, speziell eines linearen Klassifikators unter Einsatz der Clusteranalyse

Die Methode der NN-Klassifikation erzeugt stückweise lineare Trennflächen, deren Elemente lokal von Einzelobjekten bestimmt werden und deshalb bei kleinen Stichproben in besonderem Maße von statistischen Schwankungen betroffen sind. Andererseits ist die Modellfähigkeit für eine große Klasse von Verteilungen in Gestalt eines geringen Fehlers vom Typ ν gewährleistet.

Die Modellfähigkeit der in den Abschnitten 11.4.1 bis 11.4.3 diskutierten Verfahren mit endlichen Parametersätzen hängt wesentlich von dem gewählten Ansatz für die Diskriminanzfunktionen ab und ist z. B. für lineare Ansätze auf die optimal linear separierbaren Verteilungen beschränkt. Dagegen sind die Fehler vom Typ γ solcher Verfahren klein zu erwarten (vgl. hierzu auch Abschnitt 11.3.1.3). Bleibt man aus praktischen Gründen bei bestimmten, hier den linearen Ansätzen, so ist eine Verbesserung der Modellfähigkeit in Richtung auf den NN-Klassifikator durch Zerlegung der Stichproben der einzelnen Klassen in Teilmengen, die nur im Grenzfall zu den Einzelobjekten des NN-Klassifikators entarten, möglich. Wir bezeichnen diese Teilmengen als Cluster, wenn sie als Stichproben aus Subklassen mit einer gewissen Kompaktheit und gegenseitigen Abgrenzbarkeit — etwa mit Hilfe der in den Abschnitten 11.3 und 11.4 diskutierten Verfahren — interpretiert werden können.

Diese Subklassen kann man auch als eine Familie oder Menge einfacherer Verteilungen auffassen, aus denen etwa die komplizierteren Verteilungen der Klassen durch Superposition entstehen (Mischverteilungen), ohne daß hier präzise Voraussetzungen über den Typ dieser einfacheren Verteilungen, im Sinne eines statistischen Modells, eingeführt werden sollen.

Die Freiheitsgrade eines Verfahrens auf dieser Grundlage sind wesentlich mit dem Problem der statistischen Signifikanz gefundener Clusterstrukturen und deren möglicher Verfeinerung in Beziehung zur geforderten Klassentrennung verbunden und werden hier empirisch, durch Anwendung verteilungsfreier Schätzmethoden (vgl. Abschnitt 13.3) für den Klassifizierungsfehler, festgelegt. So werden Verfeinerungen der Cluster-(Subklassen-) Struktur, die auch zu einer größeren Kompliziertheit der Klassifikatoren führt, in Abhängigkeit von dem Resultat der Fehlerschätzung vorgenommen.

12.1. Ansätze zur Klassifizierung unter Berücksichtigung von Subklassen

Zur Formulierung verwenden wir den im 3. Verfahren, Abschnitt 11.5.3.3 benutzten Begriff des Zielbereiches.

Sei dann M_i die Anzahl der Subklassen der Klasse i, so werde mit $\mathsf{R}_{i\sigma}$, $\sigma = 1, \ldots, M_i$, der Zielbereich der Subklasse Nr. σ der Klasse i bezeichnet. Der Zielbereich der Klasse i ist dann durch die mengentheoretische Vereinigung der $\mathsf{R}_{i\sigma}$, d. h. durch

$$\mathsf{R}_i = \bigcup_{\sigma=1}^{M_i} \mathsf{R}_{i\sigma}, \tag{12.1}$$

gegeben. Die Forderung

$$\mathsf{R}_i \cap \mathsf{R}_j = \emptyset \quad \text{für alle } i \neq j, \tag{12.2}$$

d. h. $(\mathsf{R}_{i1} \cup \ldots \cup \mathsf{R}_{iM_i}) \cap (\mathsf{R}_{j1} \ldots \mathsf{R}_{jM_j}) = \emptyset$, reduziert sich wegen der Gültigkeit des Distributivgesetzes für die Verknüpfungen $\cup$ und $\cap$ auf

$$\bigcup_{\sigma=1}^{M_i} \bigcup_{\sigma'=1}^{M_j} \mathsf{R}_{i\sigma} \cap \mathsf{R}_{j\sigma'} = \emptyset$$

und damit auf die Forderung

$$\mathsf{R}_{i\sigma} \cap \mathsf{R}_{j\sigma'} = \emptyset \quad \text{für alle } \sigma, \sigma' \text{ und } i \neq j. \tag{12.3}$$

12.1.1. Zwei prinzipielle Ansätze zur Beschreibung der Klassengebiete

Es werden zwei Grundansätze betrachtet, die beide mit Basisfunktionen derselben Funktionenfamilie (z. B. der Familie der linearen Funktionen) operieren.

12.1.1.1. Erster Ansatz: Methode der Beschreibung durch Diskriminanzfunktionen

Durch Verwendung genau einer Diskriminanzfunktion $d(\boldsymbol{x}, \boldsymbol{w}_{i\sigma})$ für jede Subklasse wird nach dem Schema

$$\max_{i=1,\ldots,M} \max_{\sigma=1,\ldots,M_i} d_{i\sigma}(\boldsymbol{x}, \boldsymbol{w}_{i\sigma}) \tag{12.4}$$

bis auf W-Nullmengen genau eine Subklasse — und damit genau eine Klasse — entschieden, d. h., es sind über die Forderung (12.3) hinaus auch die Subklassengebiete derselben Klasse ($i = j$) disjunkt.

12.1.1.2. Zweiter Ansatz: Beschreibung der Subklassengebiete als Durchschnitte von Halbräumen

Die $d(\boldsymbol{x}, \boldsymbol{w})$ fungieren als Trennfunktionen. Die Subklassenbereiche werden mit Hilfe von Funktionen $d'_{i\sigma}$ nach (11.146) durch

$$\mathsf{R}_{i\sigma}(\boldsymbol{w}_{i\sigma}) := \{\boldsymbol{x} \in \mathsf{R}^n : d'_i(\boldsymbol{x}, \boldsymbol{w}_{i\sigma}) > 0\} \tag{12.5}$$

beschrieben, wobei

$$d'_i(\boldsymbol{x}, \boldsymbol{w}_{i\sigma}) = \min_{\varrho=1,\dots,L_{i\sigma}} d(\boldsymbol{x}, \boldsymbol{w}_{i\sigma,\varrho}) \tag{12.6}$$

mit

$$\boldsymbol{w}_{i\sigma}^T = (\boldsymbol{w}_{i\sigma,1}^T \dots \boldsymbol{w}_{i\sigma,L_{i\sigma}}^T)\,,$$

ist. Definiert man noch die *positiven Halbräume*[1])

$$\mathsf{HR}^{(+1)}(\boldsymbol{w}) = \{\boldsymbol{x} \in \mathsf{R}^n : d(\boldsymbol{x}_i, \boldsymbol{w}) > 0\}\,, \tag{12.7}$$

so lassen sich die $\mathsf{R}_{i\sigma}$ in der Form

$$\mathsf{R}_{i\sigma}(\boldsymbol{w}_{i\sigma}) = \bigcap_{\varrho=1}^{L_{i\sigma}} \mathsf{HR}^{(+1)}(\boldsymbol{w}_{i\sigma,\varrho}) \tag{12.8}$$

darstellen.

Beweis. Sei $\boldsymbol{x} \in \bigcap_{\varrho=1}^{L_{i\sigma}} \mathsf{HR}^{(+1)}(\boldsymbol{w}_{i\sigma,\varrho})$, so sind nach (12.7) alle $d(\boldsymbol{x}, \boldsymbol{w}_{i\sigma,\varrho}) > 0, \varrho = 1, \dots, L_{i\sigma}$. Damit ist nach (12.6) auch $d'_i(\boldsymbol{x}, \boldsymbol{w}_{i\sigma}) > 0$, also nach (12.5) $\boldsymbol{x} \in \mathsf{R}_{i\sigma}(\boldsymbol{w}_{i\sigma})$.

Ist umgekehrt $\boldsymbol{x} \in \mathsf{R}_{i\sigma}(\boldsymbol{w}_{i\sigma})$, so ist nach (12.5) $d'_i(\boldsymbol{x}, \boldsymbol{w}_{i\sigma}) > 0$. Damit sind nach (12.6) alle $d(\boldsymbol{x}, \boldsymbol{w}_{i\sigma,\varrho}) > 0$, $\varrho = 1, \dots, L_{i\sigma}$, so daß $\boldsymbol{x} \in \bigcap_{\varrho=1}^{L_{i\sigma}} \mathsf{HR}^{(+1)}(\boldsymbol{w}_{i\sigma,\varrho})$ ist, w. z. b. w.

12.1.2. Gegenseitige Abgrenzung klassenfremder Subklassen im zweiten Ansatz

12.1.2.1. Maximale Abgrenzung durch Bildung elementarer Segmente

Zur Erfüllung von (12.3) genügt es offensichtlich, daß mindestens ein Halbraum der Subklasse σ von Klasse i und mindestens ein Halbraum der Subklasse σ' von Klasse j disjunkt sind. Hierzu genügt es wiederum, daß diese beiden Subklassen einen Parametervektor $\boldsymbol{w}$ gemeinsam haben, so daß ein ϱ und ein ϱ' mit

$$\boldsymbol{w}_{i\sigma,\varrho} = \boldsymbol{w}_{j\sigma',\varrho'} \tag{12.9}$$

existieren und in der Darstellung (12.8) von $\mathsf{R}_{j\sigma'}$ an die Stelle von $\mathsf{HR}^{(+1)}(\boldsymbol{w}_{j\sigma',\varrho'})$ der *komplementäre* Halbraum $\mathsf{HR}^{(-1)}(\boldsymbol{w}_{j\sigma',\varrho'})$, der analog zu (12.7) durch

$$\mathsf{HR}^{(-1)}(\boldsymbol{w}) = \{\boldsymbol{x} \in \mathsf{R}^n : d(\boldsymbol{x}_i, \boldsymbol{w}) < 0\} \tag{12.10}$$

definiert ist, tritt.

Verfährt man so, dann muß je zwei Subklassen unterschiedlicher Klassen ein Parametervektor gemeinsam sein. Verlangt man, daß diese Parametervektoren alle voneinander unabhängig sind, so muß es mindestens

$$NWL_0 := \tfrac{1}{2}\left(NCL^2 - \sum_{i=1}^{M} M_i^2\right) \tag{12.11}$$

Parametervektoren geben. *NCL* bezeichne die Gesamtzahl aller Subklassen (Cluster). Man kann hier diese Parametervektoren umkehrbar eindeutig durch die Subklassenpaare bezeichnen, welche durch sie getrennt werden: $\boldsymbol{w}_{i\sigma,j\sigma'}$, wobei $j > i$ gelte. Wählt

---

[1]) Die $\mathsf{HR}(\boldsymbol{w})$ sind Halbräume im strengen Sinne dieses mathematischen Terminus, wenn d eine lineare Funktion ist.

man eine (lineare) Numerierung der Parametervektoren und bildet daraus einen Supervektor $\boldsymbol{w}$ in gewisser Analogie zur Bildung des WISHART-Vektors, d. h. schreibt man

$$\boldsymbol{w}^T = (\boldsymbol{w}_1^T \mid \boldsymbol{w}_2^T \mid \dots \mid \boldsymbol{w}_l^T \mid \dots \mid \boldsymbol{w}_{NWL_0}^T), \tag{12.12}$$

wobei sich die Ordnung der Einzelvektoren $\boldsymbol{w}_l$ aus dem „Laufschema" $\sigma' = 1, \dots, M_j$: $j = i + 1, \dots, M$; $\sigma = 1, \dots, M_i$: $i = 1, \dots, M - 1$ der Indizes ergibt, so erklärt man damit eine eindeutige Abbildung A_* der natürlichen Zahlen $1, \dots, NWL_0$ in die Menge der Klassenpaare und deren Subklassen, so daß

$$(i, \sigma; j, \sigma') = A_*(l), \qquad l \in \{1, \dots, NWL_0\}, \tag{12.13}$$

wird.

Auf dieser Grundlage läßt sich eine eindeutige Festlegung darüber treffen, welchen Subklassen positive Halbräume zugewiesen werden sollen. Wir numerieren dazu die Gesamtheit der Subklassen von 1 bis NCL durch. Die Abbildung

$$i = KCL(r), \qquad r = 1, \dots, NCL, \quad i \in \{1, \dots, M\}, \tag{12.14}$$

gebe an, welcher Klasse i die Subklasse r angehört.

Damit erzeugt die Abbildung A_* eine Abbildung A in die Menge der Paare der so numerierten Subklassen:

$$(r^{\mathrm{I}}, r^{\mathrm{II}}) = A(l), \qquad l = 1, \dots, NWL_0, \quad r^{\mathrm{I}}, r^{\mathrm{II}} \in \{1, \dots, NCL\}. \tag{12.15}$$

Einer Subklasse r werde jetzt durch $TAB(l, r) = +1$ der positive Halbraum der durch $\boldsymbol{w}_l$ beschriebenen Trennfunktion zugewiesen, durch $TAB(l, r) = -1$ der dazu komplementäre. Ist $TAB(l, r) = 0$, so werde vereinbart, daß keiner der beiden Halbräume an der Durchschnittsbildung der Form (12.8) — zur Definition des betreffenden Subklassenbereiches — teilnimmt. Wir definieren diese Abbildung TAB durch

$$TAB(l, r) = \begin{cases} +1, & \text{wenn } r = r^{\mathrm{I}}, \\ -1, & \text{wenn } r = r^{\mathrm{II}}, \\ 0 & \text{sonst}, \end{cases} \tag{12.16}$$

wobei $r^{\mathrm{I}}, r^{\mathrm{II}}$ durch $A(l) = (r^{\mathrm{I}}, r^{\mathrm{II}})$ eindeutig bestimmt sind. Die Darstellung der Subklassenbereiche in der Form (12.8) lautet dann

$$\mathsf{R}_r(\boldsymbol{w}) = \bigcap_{l=1}^{NWL_0} \mathsf{HR}^{(TAB(l,r))}(\boldsymbol{w}_l), \qquad \boldsymbol{w}^T = (\boldsymbol{w}_1^T \mid \dots \mid \boldsymbol{w}_{NWL_0}^T), \tag{12.17}$$

wobei

$$\mathsf{HR}^0 := \mathsf{R}^n \tag{12.18}$$

zu vereinbaren ist.

Die Anzahl der Trennebenen, die von einem solchen Verfahren benötigt wird, wächst nach (12.11) mit der Anzahl NCL der Subklassen quadratisch; deshalb ist dieses Verfahren bei mehr als 50 Clustern im allgemeinen aus Aufwandsgründen nicht mehr sinnvoll anwendbar. Darum muß nach Wegen gesucht werden, andere, weniger aufwendige Trennungen zu erhalten, ohne unangemessene Güteverluste vom Typ $\boldsymbol{v}$ hinnehmen zu müssen.

12.1.2.2. Gesteuerte Clusteranalyse, Verschmelzung elementarer Segmente durch hierarchische Zerlegung des Klassifizierungsproblems in Teilprobleme

Um mit weniger Trennebenen auskommen zu können, wird zunächst ohne Clusteranalyse, d. h. mit $NCL = M$ und $M_i = 1$, $i = 1, \dots, M$, gearbeitet, und es wird die noch zu beschreibende Belehrung der Trennebenen vorgenommen. Man kann dann aufgrund der Verwechselungsmatrix wie folgt einen Komplex schwer trennbarer Klassen bilden: Die Elemente $VM(i, j)$ einer Verwechselungsmatrix $\boldsymbol{VM}$ seien hierfür so definiert, daß sie den Bruchteil der der Klasse j angehörenden Objekte angeben, der durch den Klassifikator der Klasse i zugewiesen wird. Ist $\varphi(\boldsymbol{x})$ die Klassifizierungsfunktion, so ist also

$$VM(i, j) := \mathrm{E}_j[\delta_{\varphi(\mathbf{X}), i}] \,. \tag{12.19}$$

Da $\varphi(\boldsymbol{x}) \in \mathsf{K}$ ist, ist $\sum\limits_{i=1}^{M} \delta_{\varphi(\boldsymbol{x}), i} = 1$ und somit

$$\sum_{i=1}^{M} VM(i, j) = 1 \,. \tag{12.20}$$

Durch Fixieren einer Schwelle s kann man dann einen Komplex K_s von Klassen als die Vereinigung aller Klassenpaare r, r^{I}, für die entweder $VM(r, r^{\mathrm{I}}) \geqq s$ oder $VM(r^{\mathrm{I}}, r) \geqq s$ ist, definieren, d. h. durch

$$\mathsf{K}_s = \bigcup_{r=1}^{M} \bigcup_{\substack{r^{\mathrm{I}}=1 \\ VM(r, r^{\mathrm{I}}) \geqq s \text{ oder} \\ VM(r^{\mathrm{I}}, r) \geqq s}}^{M} \{r, r^{\mathrm{I}}\} \,, \tag{12.21}$$

dabei ist jedes Klassenpaar als zweielementige Menge aufgefaßt.

Der erhaltene Klassenkomplex wird nach dem 2. Ansatz bei maximaler Abgrenzung der Subklassen (12.1.2.1) behandelt, und es wird eine Clusteranalyse ausgeführt. In dem ursprünglichen Klassifizierungsproblem wird der neue Klassenkomplex K_s als eine einzige (Komplex-)Klasse und seine Elemente — die ursprünglichen Klassen, aus denen dieser Komplex gebildet wurde — als Subklassen dieser Komplexklasse behandelt. Dieses Verfahrensprinzip kann parallel angewandt werden — so können mehrere Komplexklassen nebeneinander auf gleichem Niveau gebildet werden. Es kann auch sequentiell angewandt werden, d. h., in einem Klassenkomplex können erneut Komplexklassen auf tieferem Niveau erzeugt werden. Es genügt deshalb, paradigmatisch nur einen einzigen Klassenkomplex, d. h. einen Klassifikator mit nur zwei Niveaus, zu betrachten — die beiden Niveaus seien durch Indizes (1) und (2) gekennzeichnet. Sei $M_{(2)}$ die Anzahl der Klassen der Komplexklasse, dann ist auf erstem Niveau (vgl. hierzu Abb. 68) die Anzahl der Klassen durch

$$M_{(1)} = M - M_{(2)} + 1 \tag{12.22}$$

gegeben; ferner ist dann auf erstem Niveau, wenn o. B. d. A. die Komplexklasse die Klasse Nr. 1 ist,

$$(M_1)_{(1)} = M_{(2)}; \qquad (M_2)_{(1)} = 1; \qquad (M_3)_{(1)} = 1; \qquad (M_{M_{(1)}})_{(1)} = 1 \,,$$

ferner ist

$$NCL_{(1)} = \sum_{i=1}^{M_{(1)}} M_{i_{(1)}} = M \,.$$

Auf zweitem Niveau sind die Anzahlen der Subklassen der einzelnen Klassen durch $M_{1_{(2)}}, \ldots, (M_{M_{(2)}})_{(2)}$, die bestimmte Werte haben mögen, gegeben. Daraus resultiert eine Gesamtanzahl

$$NCL_{(2)} = \sum_{i=1}^{M_{(2)}} M_{i_{(2)}} \tag{12.23}$$

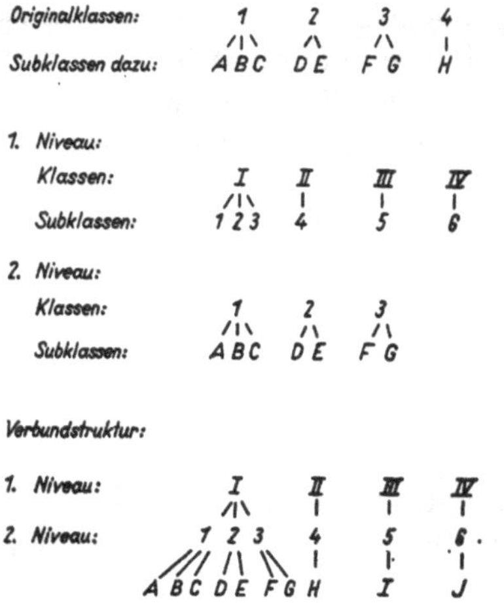

Abb. 68. Hierarchische Subklassenstruktur

von Subklassen im 2. Niveau. Bei nur einem Niveau und wenn o. B. d. A. die ersten $M_{(2)}$ Klassen die Komplexklasse eines fiktiven zweiten Niveaus bilden, erhält man

$$M = M\,, \qquad NCL = M + NCL_{(2)} - M_{(2)}\,,$$
$$M_1 = M_{1_{(2)}}, \ldots, M_{M_{(2)}} = (M_{M_{(2)}})_{(2)}\,,$$
$$M_i = 1\,, \qquad M_{(2)} < i \leqq M\,.$$

Damit ergibt sich die Anzahl der Trennebenen bei nur einem Niveau nach Gleichung (12.11) zu

$$NWL_0 = \tfrac{1}{2}\left[(M + NCL_{(2)} - M_{(2)})^2 - (M - M_{(2)}) - \sum_{i=1}^{M_{(2)}} (M_{i_{(2)}})^2\right]. \tag{12.24}$$

Bei zwei Niveaus ist dagegen nach derselben Formel die Anzahl der Trennebenen im ersten Niveau

$$NWL_{(1)} = \tfrac{1}{2}\left(M^2 - M_{(2)}^2 - (M_{(1)} - 1)\right) \tag{12.25}$$

und im zweiten Niveau

$$NWL_{(2)} = \tfrac{1}{2}\left((NCL_{(2)})^2 - \sum_{i=1}^{M_{(2)}} (M_{i_{(2)}})^2\right). \tag{12.26}$$

Man erhält so die Differenz

$$\Delta NWL = NWL_0 - NWL_{(1)} - NWL_{(2)} = (M - M_{(2)}) \cdot (NCL_{(2)} - M_{(2)})\,, \tag{12.27}$$

um die sich die Anzahl der Trennebenen verringert. Zur Illustration sei das folgende Zahlenbeispiel gegeben (Abb. 68): $M = 6$, $M_{(2)} = 3$, $NCL_{(2)} = 7$, $NWL_0 = 40$, $\Delta NWL = 12$.

12.1.2.3. Multiple Verwendung von Parametervektoren und diskriminationsabhängige Verschmelzung elementarer Segmente

In den Strukturen nach 12.1.2.1 kann eine Reduktion des Speicheraufwandes erzielt werden, wenn ein Parametervektor $\boldsymbol{w}_{r\text{I},r\text{II}}$ zur Beschreibung einer elementaren Trennfunktion $\mathrm{d}(\boldsymbol{x}, \boldsymbol{w}_{r\text{I},r\text{II}})$ nicht nur zur Trennung der Subklassen $r^{\text{I}}, r^{\text{II}}$ verwendet wird, sondern noch zur Trennung eines zweiten Paares von Subklassen $r^{\text{III}}, r^{\text{IV}}$, wobei r^{III} oder r^{IV} jeweils auch mit einer der Subklassen $r^{\text{I}}, r^{\text{II}}$ identisch sein können. In diesem Fall tritt derselbe Parametervektor $\boldsymbol{w}_{r\text{I},r\text{II}}$ an mehreren Stellen im Klassifizierungsschema auf, braucht jedoch nur einmal gespeichert zu werden. So weist man z. B. den Halbraum $\mathsf{HR}^{(+1)}(\boldsymbol{w}_{r\text{I},r\text{II}})$ der Subklasse r^{I} und $\mathsf{HR}^{(-1)}(\boldsymbol{w}_{r\text{I},r\text{II}})$ der Subklasse r^{II} zu und zugleich $\mathsf{HR}^{(+1)}(\boldsymbol{w}_{r\text{I},r\text{II}})$ auch der Subklasse r^{III} und $\mathsf{HR}^{(-1)}(\boldsymbol{w}_{r\text{I},r\text{II}})$ der Subklasse r^{IV}. Die Bedingung (12.3) der Disjunktheit der Subklassengebiete $\mathsf{R}_{r\text{I}}, \mathsf{R}_{r\text{II}}$ einerseits und $\mathsf{R}_{r\text{III}}, \mathsf{R}_{r\text{IV}}$ andererseits sind damit ebenfalls erfüllt. Natürlich sind dann die Trennungen $r^{\text{I}}, r^{\text{II}}$ und $r^{\text{III}}, r^{\text{IV}}$ nicht mehr voneinander unabhängig. Um beurteilen zu können, ob eine solche Mehrfachverwendung einer Trennfunktion zulässig ist, kann man von der Verwechselungsmatrix für Subklassen ausgehen. Seien $VM(r^{\text{I}}, r^{\text{II}})$ und $VM(r^{\text{II}}, r^{\text{I}})$ die Verwechselungsfehler der beiden Subklassen $r^{\text{I}}, r^{\text{II}}$ innerhalb des Gesamtproblems und $V(r^{\text{II}}; \boldsymbol{w}_{r\text{I},r\text{II}})$, $V(r^{\text{I}}; \boldsymbol{w}_{r\text{I},r\text{II}})$ die Verwechselungsfehler, die sich ergeben, wenn die Trennung nur durch die Trennfunktion $d(\boldsymbol{x}; \boldsymbol{w}_{r\text{I},r\text{II}})$ allein herbeigeführt wird und alle übrigen Subklassen außer r^{I} und r^{II} ignoriert werden. Dann gilt

$$V(r^{\text{II}}; \boldsymbol{w}_{r\text{I},r\text{II}}) \geqq VM(r^{\text{I}}, r^{\text{II}}) \tag{12.28}$$

und

$$V(r^{\text{I}}; \boldsymbol{w}_{r\text{I},r\text{II}}) \geqq VM(r^{\text{II}}, r^{\text{I}})\,. \tag{12.29}$$

B e w e i s. Wir bezeichnen mit $W(\mathsf{A} \mid r)$ die Wahrscheinlichkeit dafür, daß ein Objekt der Subklasse r im Bereich $\mathsf{A} \subseteq \mathsf{R}^n$ liegt $\big(W(\mathsf{R}^n \mid r) = 1\big)$. Dann sind

$$VM(r^{\text{I}}, r^{\text{II}}) = W(\mathsf{R}_{r\text{I}} \mid r^{\text{II}}) \tag{12.30}$$

und

$$V(r^{\text{II}}, \boldsymbol{w}_{r\text{I},r\text{II}}) = W\big(\mathsf{HR}^{(+1)}(\boldsymbol{w}_{r\text{I},r\text{II}}) \mid r^{\text{II}}\big)\,, \tag{12.31}$$

wenn $\mathsf{R}_{r\text{I}}$ den Zielbereich der Subklasse r^{I} bezeichnet. Voraussetzungsgemäß tritt $\mathsf{HR}^{(+1)}(\boldsymbol{w}_{r\text{I},r\text{II}})$ auf der rechten Seite der Gleichung (12.17) (für $r = r^{\text{I}}$) auf, so daß

$$\mathsf{R}_{r\text{I}} \subseteq \mathsf{HR}^{(+1)}(\boldsymbol{w}_{r\text{I},r\text{II}})$$

gilt. Wegen der Monotonie der Maße W gilt dann

$$W(\mathsf{R}_{r\text{I}} \mid r^{\text{II}}) \leqq W\big(\mathsf{HR}^{(+1)}(\boldsymbol{w}_{r\text{I},r\text{II}}) \mid r^{\text{II}}\big)\,, \tag{12.32}$$

d. h.

$$VM(r^{\text{I}}, r^{\text{II}}) \leqq V(r^{\text{II}}; \boldsymbol{w}_{r\text{I},r\text{II}})\,. \tag{12.33}$$

Damit ist die erste Ungleichung bewiesen, der Beweis der zweiten verläuft analog.

Die Ungleichungen (12.28) und (12.29) erlauben es, aus der Trennfähigkeit $V(r^{\text{I}}, r^{\text{II}}; \boldsymbol{w})$ einer elementaren Trennfunktion eine Abschätzung des Elements $VM(r^{\text{I}}, r^{\text{II}})$ der Subklassen-Verwechselungsmatrix nach oben zu gewinnen. Für eine dementsprechende statistische Abschätzung werde eine Subklasse als durch die Objektmenge eines Clusters repräsentiert angenommen. Diese Objektmengen werden wie Stichproben aus Verteilungen — den Verteilungen der betreffenden Subklassen —

behandelt. Eine Schätzung von V kann dann durch Maximierung der auf der Grundlage dieser Stichproben erhaltenen empirischen Schätzung eines der unter Abschnitt 11.4 behandelten Gütefunktionale[1]) für zwei Klassen gewonnen werden.

Von JENTSCH wurde ein *Prinzip des vertretbaren Verlustes* entwickelt, wonach zwei Subklassen r^{III}, r^{IV} als hinreichend gut durch eine Trennfunktion $d(\boldsymbol{x}; \boldsymbol{w}_{r_I r_{II}})$ abgetrennt gelten, wenn folgende Bedingungen erfüllt sind (vgl. hierzu UNGER, JENTSCH und STANKE (1974)):

1. $KCL(r^{III}) = KCL(r^{I})$ (d. h., r^{III} und r^{I} sind Subklassen derselben Klasse),

2. a) $$F1 \cdot V(r^{IV}; \boldsymbol{w}_{r_I r_{II}}) \leqq V(r^{II}; \boldsymbol{w}_{r_I r_{II}}) , \tag{12.34}$$

b) $$F1 \cdot V(r^{III}; \boldsymbol{w}_{r_{II} r_I}) \leqq V(r^{I}; \boldsymbol{w}_{r_{II} r_I}) , \tag{12.35}$$

wobei $F1 \leqq 1$ wählbar bleibt.

Darauf aufbauend wird von JENTSCH folgende Strategie zur Reduktion des Systems von Trennfunktionen angewandt: Die Trennparameter $\boldsymbol{w}_{r_I r_{II}}$ werden nach der Größe

$$v(r^{I}, r^{II}) := \max\,[V(r^{I}; \boldsymbol{w}_{r_I r_{II}}), V(r^{II}; \boldsymbol{w}_{r_{II} r_I})] \tag{12.36}$$

ihres Trennverlustes geordnet. Ist (r^{I}, r^{II}) das Paar mit dem größten Trennverlust, so werden alle Paare (r^{III}, r^{IV}) gesucht, die die Bedingungen 1 und 2 erfüllen und die betreffenden Trennparameter(vektoren) gestrichen. Unter den verbliebenen Trennparametern wird der mit dem zweitgrößten Verlustwert gesucht, und dazu werden (unter den verbliebenen) erneut Paare (r^{III}, r^{IV}), die die Bedingungen 1 und 2 erfüllen, gesucht, usw. Mit Rücksicht auf die sich anschließende Belehrung werden zu 1 und 2 noch Zusatzbedingungen eingeführt, um zufällige Trennbarkeit zweier — u. U. „weit voneinander entfernt liegender" — Clusterpaare auszuschließen. Dementsprechend werden nur „benachbarte" Clusterpaare als Partner eines betrachteten Paares im Sinne der formulierten Bedingungen zugelassen. Die Definition der Nachbarschaft benutzt die Mittelpunkte (= Mittelvektoren der die Cluster konstituierenden Objektmengen). Seien diese $\boldsymbol{\eta}_r$ mit $r = r^{I}, r^{II}, r^{III}, r^{IV}$, so lautet diese Bedingung:

3. Es existieren keine Indizes $r, \bar{r} \in \{1, \dots, NCL\}$, $KCL(r) = KCL(r^{I})$, $KCL(\bar{r}) = KCL(r^{II})$, so daß mit den Bezeichnungen

$$\boldsymbol{\eta}_m := \tfrac{1}{2}(\boldsymbol{\eta}_{r_I} + \boldsymbol{\eta}_{r_{III}}) \quad \text{und} \quad \boldsymbol{\eta}_{\bar{m}} := \tfrac{1}{2}(\boldsymbol{\eta}_{r_{II}} + \boldsymbol{\eta}_{r_{IV}})$$

die Ungleichungen

$$(\boldsymbol{\eta}_r - \boldsymbol{\eta}_m)^2 < (\boldsymbol{\eta}_{r_I} - \boldsymbol{\eta}_m)^2 = (\boldsymbol{\eta}_{r_{III}} - \boldsymbol{\eta}_m)^2$$

und

$$(\boldsymbol{\eta}_{\bar{r}} - \boldsymbol{\eta}_{\bar{m}})^2 < (\boldsymbol{\eta}_{r_{II}} - \boldsymbol{\eta}_{\bar{m}})^2 = (\boldsymbol{\eta}_{r_{IV}} - \boldsymbol{\eta}_{\bar{m}})^2$$

erfüllt sind (vgl. Abb. 69). In dieser Abbildung werden die Subklassen r^{III}, r^{IV} durch $\boldsymbol{w}_{r_I r_{II}}$ hinreichend gut getrennt, wenn $b > a$ und $d > c$ ist und die Kugeln mit den Radien R bzw. $\bar{R}$ von Subklassenschwerpunkten der Klassen i $(= KCL(r))$ bzw. $\bar{i}$ $(= KCL(\bar{r}))$ frei sind. Hierbei ist $F1 = 1$ und

$$V(r; \boldsymbol{w}_{r_I r_{II}}) = (\text{Lotlänge von } \boldsymbol{\eta}_r \text{ auf Trennebene } \boldsymbol{w}_{r_I r_{II}})^{-1}$$

[1]) Zur Umwandlung von Gütewerten in Verlustgrößen genügt Vorzeichenumkehr.

mit $r = r^{\mathrm{I}}, r^{\mathrm{II}}, r^{\mathrm{III}}, r^{\mathrm{IV}}$ gesetzt. Außerdem müssen r^{III} und r^{I} wie auch r^{II} und r^{IV} jeweils derselben Klasse angehören.

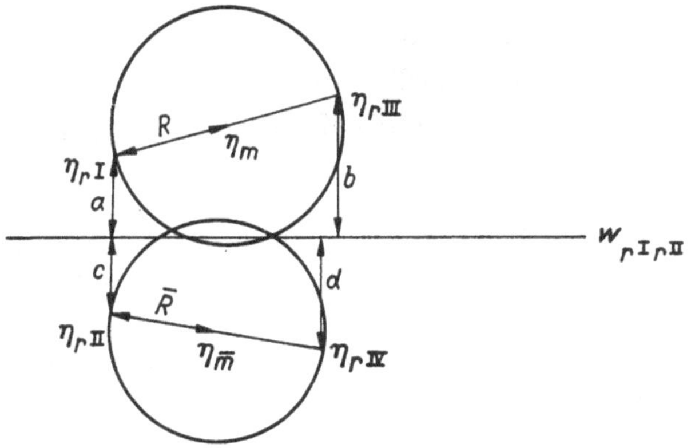

Abb. 69. Zur Abschirmrelation

Verschmelzung von Subklassengebieten

Bei einer größeren Anzahl von Subklassen kann der Fall eintreten, daß gewisse Subklassen innerhalb der Vereinigung einiger Gebiete $\mathsf{R}_{i\sigma}$ der gleichen Klasse i liegen, so daß ihre Abtrennung von klassenfremden Subklassen entfallen kann, während in den bisher beschriebenen Verfahren stets die Gebiete aller Subklassen mitgeführt wurden. Der Vorteil einer Verschmelzung liegt zum einen in einer Verringerung des Fehlers vom Typ γ — da dann in der Belehrungsphase die Lage bestimmter Trennfunktionen von größeren Objektmengen (nämlich von den Stichproben (Clustern) der vereinigten Subklassen) bestimmt werden —, zum anderen liegt ein Vorteil in einer Vereinfachung der Klassifikatorstruktur: der Modellierungsfehler läßt sich jedoch hierdurch nicht senken.

Ein heuristischer Algorithmus, der eine derartige Verschmelzung, ausgehend von dem im vorangegangenen Abschnitt beschriebenen reduzierten Trennfunktionssystem, leistet, wurde von Jentsch entwickelt. Von diesem Algorithmus werden der Reihe nach Bereiche der Art $\mathsf{R}_{i\sigma}$ (vgl. (12.17)) — d. h. Durchschnitte von Halbräumen, im folgenden als *Segmente* bezeichnet — erzeugt und versucht, möglichst viele Subklassen derselben Klasse (im folgenden wird nur noch von Clustern die Rede sein, da der Algorithmus natürlich nur über Clusterstrukturen arbeitet) in diese Segmente einzuschließen. Die Cluster werden in der oben unterstellten linearen Anordnung ($r = 1, \dots, NCL$), wie sie von der Clusteranalyse erzeugt ist, d. h. klassenweise, abgearbeitet. Das reduzierte Parametersystem werde als Menge von Parametervektoren der Gestalt $\boldsymbol{w}_{r_{\mathrm{I}}r_{\mathrm{II}}}$ mit dem Buchstaben Ξ bezeichnet, und die Gesamtheit aller Parametervektoren, von denen das gerade bearbeitete Segment gebildet wird, werde mit $\tilde{\Xi}$ bezeichnet. Die Variablen, deren Werte die Nummern des aktuell bearbeiteten Clusters bzw. der bearbeiteten Klasse sind, seien r bzw. k. Die Menge aller von k verschiedenen Klassen werde als Komplementärklasse $\tilde{k}$ bezeichnet. Die aktuell bearbeitete Teilmenge ihrer Cluster sei C; ferner werde die laufende Nummer des in $\tilde{\Xi}$ aufgenommenen Parametervektors mit l bezeichnet. Der Algorithmus läßt sich dann wie folgt schreiben:

0. $TAB := 0$, $r := 1$, $k := 1$.[1])

1. Übergang zu dem nächsten, noch nicht gestrichenen Cluster der Primärmenge $\{1, 2, \ldots, NCL\}$. $k := KCL(r)$. Wird eine neue Klasse begonnen, so wird $\mathsf{C} :=$ {Menge aller Cluster der Komplementärklasse, einschließlich der bereits abgearbeiteten Cluster} gesetzt. $\boldsymbol{\eta}_r$ sei der Mittelpunkt des Clusters r. $\tilde{\Xi} := \emptyset$.

2. Es wird der Cluster $\bar{r} \in \mathsf{C}$ bestimmt, dessen Mittelpunkt $\boldsymbol{\eta}_{\bar{r}}$ von $\boldsymbol{\eta}_r$ den kleinsten Abstand $|\boldsymbol{\eta}_{\bar{r}} - \boldsymbol{\eta}_r|$ hat.

3. In der Hyperkugel mit den Polen $\boldsymbol{\eta}_r$ und $\boldsymbol{\eta}_{\bar{r}}$ liegen nach 2. höchstens Mittelpunkte von Clustern der Klasse k. Unter diesen Mittelpunkten wird derjenige gesucht, der von $\boldsymbol{\eta}_{\bar{r}}$ den kleinsten Abstand hat; das sei der Mittelpunkt $\boldsymbol{\eta}_{r^{\mathrm{I}}}$ des Clusters r^{I} (der Klasse k).

4. Es wird ein Parametervektor gesucht, dessen Trennfunktion den Cluster r^{I} von dem Cluster $\bar{r}$ trennt. Dabei wird wie folgt vorgegangen:

4.1. $\boldsymbol{w}_{r^{\mathrm{I}}\bar{r}} \in \Xi$?
Ja: $\tilde{\Xi} := \tilde{\Xi} \cup \{w_{r^{\mathrm{I}}\bar{r}}\}$, $TAB\,(l, r^{\mathrm{I}}) := +1$,[2]) Übergang zu 5.
Nein: Übergang zu 4.2.

4.2. Suche ein Clusterpaar $(r^*, \bar{r}^*)$, so daß

$$KCL(r^*) = KCL(r) \quad (1)$$

und

$$KCL(\bar{r}^*) \neq k \quad (2)$$

gilt sowie $\boldsymbol{w}_{r^*\bar{r}^*} \in \tilde{\Xi}$, wobei $\boldsymbol{w}_{r^*\bar{r}^*}$ den Trennparameter $\boldsymbol{w}_{r^{\mathrm{I}}\bar{r}}$ — entsprechend einer der im vorangegangenen Abschnitt gegebenen Definitionen — hinreichend ersetzt.

a) $(r^*, \bar{r}^*)$ existiert: $\Xi := \Xi \cup \{\boldsymbol{w}_{r^*\bar{r}^*}\}$, $TAB(l, r^*) = +1$, Übergang zu 5.

b) $(r^*, \bar{r}^*)$ existiert nicht: Übergang zu 4.3.

4.3. Die Einschränkung $\boldsymbol{w}_{r^*\bar{r}^*} \in \tilde{\Xi}$, und nur diese, wird aufgehoben und durch $\boldsymbol{w}_{r^*\bar{r}^*} \in \Xi$ ersetzt. Existiert ein entsprechendes Paar $(r^*, \bar{r}^*)$, so wird wie unter 4.2. a) weiter verfahren, andernfalls wird zu 4.4 übergegangen.

4.4. Es wird nur noch gefordert, daß $(r^*, \bar{r}^*)$ ein minimales Clusterpaar[3]) sei. Existiert ein solches Paar, so wird der Parametervektor $\boldsymbol{w}_{r^*,\bar{r}^*}$ erzeugt, wenn er nicht bereits in Ξ enthalten war, und wie unter 4.2. a) weiter verfahren; wenn nicht, wird zu 4.5. übergegangen.

4.5. Hier wird schließlich noch die Bedingung, daß $(r^*, \bar{r}^*)$ ein minimales Paar sei, fallengelassen. Also kann $(r^*, \bar{r}^*)$ ein beliebiges Paar sein, das die Bedingungen 4.2.(1) und (2) erfüllt. Existiert ein solches, wird wieder wie unter 4.2. a) verfahren und andernfalls zu 4.6 übergegangen.

4.6. Da eine hinreichende Ersetzung des Parametervektors $\boldsymbol{w}_{r,\bar{r}}$ nicht möglich ist, wird $\boldsymbol{w}_{r,\bar{r}}$ selbst in $\tilde{\Xi}$ aufgenommen und im übrigen so wie in 4.2. a) weiter verfahren (hier ist $r^* := r$, $\bar{r}^* := \bar{r}$).

---

[1]) Die Schreibweise $f := g$ ist hier im Sinne von *f erhält den Wert g* angewandt.

[2]) Steht in Ξ anstelle von $\boldsymbol{w}_{r^{\mathrm{I}}\bar{r}}$ der Vektor $\boldsymbol{w}_{\bar{r},r^{\mathrm{I}}}$, so daß der Cluster Nr. r^{I} nicht in $\mathsf{HR}^+(w_{r^{\mathrm{I}}\bar{r}})$, sondern in $\mathsf{HR}^-(w_{\bar{r},r^{\mathrm{I}}})$ liegt, so muß $TAB(1, r^{\mathrm{I}}) = -1$ gesetzt werden.

[3]) Ein Clusterpaar $(r^{\mathrm{I}}, r^{\mathrm{II}})$ heißt *minimal*, wenn kein Cluster r existiert, $r \neq r^{\mathrm{I}}$, $r \neq r^{\mathrm{II}}$, $r \in \{1, \ldots, NCL\}$, dessen Mittelpunkt in das Innere der Hyperkugel mit den Polen $\boldsymbol{\eta}_{r^{\mathrm{I}}}$, $\boldsymbol{\eta}_{r^{\mathrm{II}}}$ fällt.

5. Aus der aktuellen Menge C der Cluster der Komplementärklasse $\bar{k}$ werden alle diejenigen Cluster $\bar{r}'$ gestrichen, für die

$$F1 \cdot V(\bar{r}'; w_{\bar{r}^*, r^*}) < V(\bar{r}^*; w_{\bar{r}^*, r^*})$$

gilt, d. h. der Cluster $\bar{r}'$ wird durch $w_{\bar{r}^*, r^*}$ ($F1-$) mindestens ebensogut wie $\bar{r}^*$ separiert.[1]) Übergang zu 2., falls C noch nicht leer ist, sonst Übergang zu 6.

6. Es werden alle Cluster der Klasse k gesucht, die „ebensogut" wie der Cluster r im Innern des nunmehr um r fertig konstruierten Segments liegen. Hierin liegt der eigentliche Verschmelzungsprozeß von Clustern (Subklassen). Ein Cluster r_0 wird als *ebensogut im Innern des Segments wie r liegend* bezeichnet, wenn für alle das Segment konstituierenden Trennparameter, d. h. für alle $w \in \Xi$, gilt

$$F1 \cdot V(r_0, w_l) < V(r, w_l) .$$

Alle r_0, die diese Bedingung erfüllen, werden als abgearbeitet aus der primären Clustermenge $\{1, \dots, NCL\}$ gestrichen, und für sie wird $TAB(l, r_0) = +1$ (oder -1) gesetzt (vgl. Fußnote zu 4.1.). Übergang zu 1.

Wenn alle Cluster der primären Clustermenge abgearbeitet sind, ist die Arbeit des Algorithmus beendet.

Durch diesen Algorithmus werde die Anzahl der Segmente von NCL auf die Zahl NSG vermindert, und die Klassenzugehörigkeit dieser Segmente durch eine entsprechend abgeänderte, neue Funktion $KCL(r)$, $r = 1, \dots, NSG$, beschrieben.

12.2. Eigenschaften des Trennfunktionen-Verfahrens

12.2.1. Zu den Güteverlusten γ und ν des zweiten Ansatzes

Das zweite Verfahren besitzt gegenüber dem ersten eine größere Modellfähigkeit durch erhöhten Parameteraufwand. Der Übergang zum zweiten Verfahren sollte deshalb, wie schon erwähnt, in Abhängigkeit von der erzielbaren (verteilungsfrei und erwartungstreu geschätzten) Güteerhöhung erfolgen.

Es ist einleuchtend, daß ein enger Zusammenhang zwischen der Dimension n des Merkmalsraumes und der Effektivität der vorgenannten Prozeduren zur Reduktion der Anzahl der Trennparameter und der Anzahl der die Klassengebiete durch Vereinigungsbildung konstituierenden Segmente besteht. So bilden bei $n = 1$ die oben als kompakt vorausgesetzten Subklassenstichproben eine lineare Intervallfolge, so daß ein einzelnes Intervall nur von einem klassenfremden Vorgänger oder Nachfolger, aber nicht von anderen klassenfremden Intervallen abgetrennt werden muß. Für $n = 2$ ist ein Resultat des Segmentierungsalgorithmus in Abb. 70 veranschaulicht. Dabei sind Cluster 1 bis 4 aus Klasse 1, Cluster 5 bis 9 aus Klasse 2. Die Ebene $w_{4,9}$ wird durch $w_{2,5}$ hinreichend ersetzt, V, S. 122, ist wie in Abb. 69. Für Cluster 1 ist

$$\tilde{\Xi} = \{w_{1,5}, w_{1,8}, w_{1,9}\} .$$

---

[1]) Der Außenraum des gerade konstruierten Segments ist die mengentheoretische Vereinigung der äußeren Halbräume der das Segment bildenden Trennfunktionen, folglich bleibt der Cluster $\bar{r}'$ auch im weiteren, während des Konstruktionsprozesses dieses Segments, in dessen Außenraum.

Das Segment trennt nur den Cluster 1 von den Clustern 5 bis 9. Für Cluster 2 ist $\tilde{\Xi} = \{\boldsymbol{w}_{2,5}\}$, das Segment trennt die Cluster 2, 3, 4 von den Clustern 5 bis 9.

Allgemein wird die Effektivität der Reduktionsalgorithmen unter sonst gleichen Bedingungen bei geringerer Dimension höher sein.

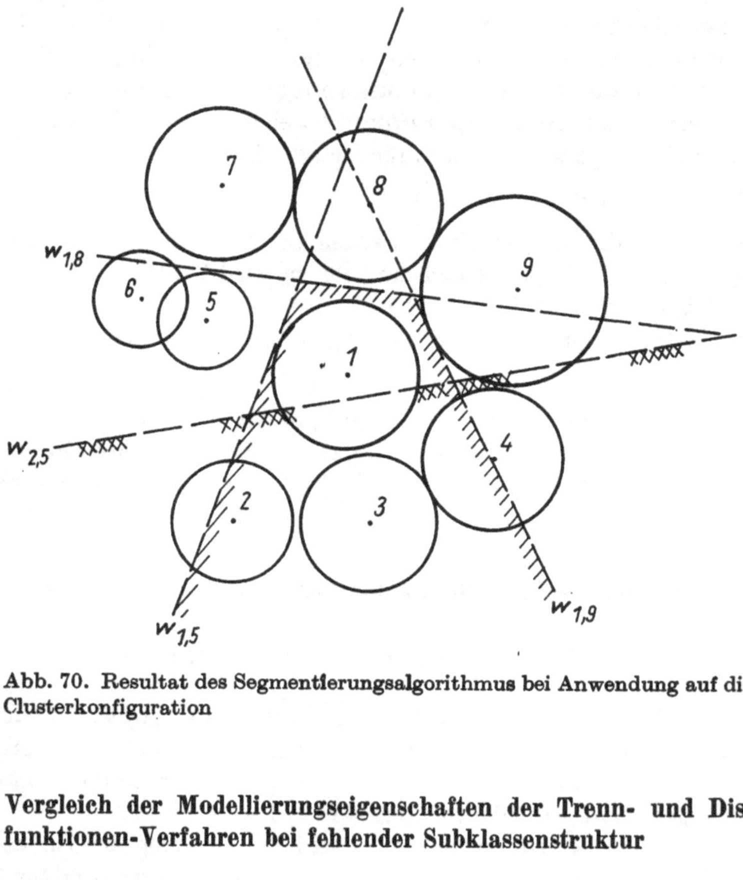

Abb. 70. Resultat des Segmentierungsalgorithmus bei Anwendung auf die dargestellte Clusterkonfiguration

12.2.2. Vergleich der Modellierungseigenschaften der Trenn- und Diskriminanzfunktionen-Verfahren bei fehlender Subklassenstruktur

Wieder sei $d(\boldsymbol{x}, \boldsymbol{w})$ die den beiden Schemata gemeinsame Elementarfunktion, die zum Aufbau stückweise d-artiger Klassifizierungsfunktionen diene. Mit den Bezeichnungen

$$d_i(\boldsymbol{x}) := d(\boldsymbol{x}, \boldsymbol{w}_i)$$

und

$$d_{ij}(\boldsymbol{x}) := d(\boldsymbol{x}, \boldsymbol{w}_{ij})$$

gilt der

Satz (Umkehrung des Satzes in Abschnitt 11.6.3, Punkt 3b): *Falls zwischen den Trennfunktionen $d_{ij}(\boldsymbol{x})$, $i = 1, \dots, M$, $j = 1, \dots, M_2$, $j \leqq i$, die Beziehungen*

$$d_{ij}(\boldsymbol{x}) = \sum_{k=j}^{i-1} d_{k+1\,k}(\boldsymbol{x}) \quad \textit{für alle } j \leqq i \tag{12.37}$$

sowie

$$d_{ij}(\boldsymbol{x}) = -d_{ji}(\boldsymbol{x}) \,, \qquad i, j \in \{1, \dots, M\} \,, \tag{12.38}$$

gelten, sind die nach (12.17) *definierten Klassengebiete* R_i *ebenso durch den Satz*

$$d_i(\boldsymbol{x}) = \sum_{k=1}^{i-1} d_{k+1,k}(\boldsymbol{x}) \,, \qquad 1 < i \leqq M \,, \quad d_1(\boldsymbol{x}) = 0 \tag{12.39}$$

von Diskriminanzfunktionen darstellbar.

Beweis. Nach Voraussetzung ist

$$\mathsf{R}_i = \{\boldsymbol{x} \in \mathsf{R}^n : \text{für alle } i, j = 1, \dots, M, j \neq i \text{, ist } d_{ij}(\boldsymbol{x}) > 0\} \,, \tag{12.40}$$

und für die Entscheidung auf der Grundlage von Diskriminanzfunktionen

$$\mathsf{R}_i^{(d)} := \{\boldsymbol{x} \in \mathsf{R}^n : d_i(\boldsymbol{x}) - d_j(\boldsymbol{x}) > 0 \text{ für alle } j = 1, \dots, M, j \neq i\} \,. \tag{12.41}$$

Für $i > j$ wird nach (12.39)

$$d_i(\boldsymbol{x}) = \sum_{k=1}^{j-1} d_{k+1,k}(\boldsymbol{x}) + \sum_{k=j}^{i-1} d_{k+1,k}(\boldsymbol{x}) \,,$$

also nach (12.39) und (12.37) $d_i(\boldsymbol{x}) = d_j(\boldsymbol{x}) + d_{ij}(\boldsymbol{x})$ bzw. $d_{ij}(\boldsymbol{x}) = d_i(\boldsymbol{x}) - d_j(\boldsymbol{x})$. Für $j > i$ erhält man analog

$$d_j(\boldsymbol{x}) = d_i(\boldsymbol{x}) + \sum_{k=i}^{j-1} d_{k+1,k}(\boldsymbol{x}) = d_i(\boldsymbol{x}) + d_{ji}(\boldsymbol{x}) \,.$$

Damit ergibt sich wegen (12.38) ebenfalls $d_{ij}(\boldsymbol{x}) = d_i(\boldsymbol{x}) - d_j(\boldsymbol{x})$; daraus folgt nach (12.40) und (12.41), daß $\mathsf{R}_i^{(d)} = \mathsf{R}_i$ ist, w. z. b. w.

Das folgende Beispiel soll zeigen, daß es, falls die Beziehung (12.37) nicht gilt, Gebiete R_i gibt, die mit Hilfe linearer Funktionen d zwar nach Schema 2, nicht aber nach Schema 1 beschreibbar sind (umgekehrt lassen sich jedoch Gebiete, die nach Schema 1 beschrieben sind, stets nach Schema 2 darstellen, vgl. Abschnitt 11.6.3). Sei $M = 3$ und seien

$$\mathsf{R}_1 = \mathsf{HR}_1^{(+1)} \cap \mathsf{HR}_2^{(+1)} (\cap \mathsf{K}_R) \,, \quad \mathsf{R}_2 = \mathsf{HR}_1^{(-1)} \cap \mathsf{HR}_3^{(+1)} (\cap \mathsf{K}_R) \,,$$

$$\mathsf{R}_3 = \mathsf{HR}_2^{(-1)} \cap \mathsf{HR}_3^{(-1)} (\cap \mathsf{K}_R) \,.$$

Hierin bedeute K_R die Kugel mit dem Radius R um den Koordinatenursprung und $\mathsf{HR}_i^{(+1)}$ den positiven Halbraum der Koordinate x_i, d. h. $\{x_i > 0\}$, $\mathsf{HR}_i^{(-1)}$ entsprechend den negativen Halbraum.

Es ist leicht zu verifizieren, daß sich die R_i nach Schema 2 mit Hilfe der folgenden sechs Trennfunktionen darstellen:

$$d_{1,2}(\boldsymbol{x}) = -d_{2,1}(\boldsymbol{x}) = x_1 \,, \qquad d_{1,3}(\boldsymbol{x}) = -d_{3,1}(\boldsymbol{x}) = x_2 \,,$$

$$d_{2,3}(\boldsymbol{x}) = -d_{3,2}(\boldsymbol{x}) = x_3 \,, \qquad \boldsymbol{x}^T = (x_1, x_2, x_3) \,.$$

Die rechte Seite von (12.37) lautet für $i = 3, j = 1$

$$\sum_{k=1}^{2} d_{k+1,k}(\boldsymbol{x}) = d_{2,1}(\boldsymbol{x}) + d_{3,2}(\boldsymbol{x}) = -x_1 - x_3 \not\equiv d_{31}(\boldsymbol{x}) = -x_2 \,.$$

Die Beziehung (12.37) ist also nicht erfüllt.

Wir prüfen jetzt die Darstellbarkeit der Gebiete R_i nach Schema 1. Die linearen Diskriminanzfunktionen lassen sich in der Form

$$d_i(\boldsymbol{x}) = \boldsymbol{w}_i^{*T} \boldsymbol{x} + w_{i0}$$

ansetzen. Die daraus ableitbaren Trennfunktionen sind durch

$$d_{12}(\boldsymbol{x}) = \boldsymbol{w}_{12}^{*T} \cdot \boldsymbol{x} + w_{12,0}\,, \qquad d_{13}(\boldsymbol{x}) = \boldsymbol{w}_{13}^{*T} \cdot \boldsymbol{x} + w_{13,0}\,,$$
$$d_{23}(\boldsymbol{x}) = \boldsymbol{w}_{23}^{*T} \cdot \boldsymbol{x} + w_{23,0} \quad \text{mit} \quad \boldsymbol{w}_{ij}^* := \boldsymbol{w}_i^* - \boldsymbol{w}_j^*$$

gegeben. Die Normalenrichtungen der Trennflächen sind aber in Wirklichkeit mit den Vektoren $\boldsymbol{n}_{12}^T = (1,0,0)$, $\boldsymbol{n}_{13}^T = (0,1,0)$ und $\boldsymbol{n}_{23}^T = (0,0,1)$ identisch.

Die Trennvektoren $\boldsymbol{w}_{ik}$ lassen sich nun stets so normieren, daß der Betrag von $\boldsymbol{w}_{ik}^*$ gleich Eins ist. Werden dann die Beträge der $\boldsymbol{w}_{ik}$ mit λ_{ik} bezeichnet, so müssen die Gleichungen

$$\left.\begin{aligned} &(\boldsymbol{w}_1^* - \boldsymbol{w}_2^*)^T = \lambda_{12}^{-1}(1,0,0)\,, \qquad (\boldsymbol{w}_1^* - \boldsymbol{w}_3^*)^T = \lambda_{13}^{-1}(0,1,0)\,,\\ &(\boldsymbol{w}_2^* - \boldsymbol{w}_3^*)^T = \lambda_{23}^{-1}(0,0,1) \end{aligned}\right\} \tag{12.42}$$

gelten. Durch Subtraktion der ersten Gleichung von der zweiten entsteht

$$(\boldsymbol{w}_2^* - \boldsymbol{w}_3^*)^T = (-\lambda_1^{-1}, \lambda_2^{-1}, 0)\,. \tag{12.43}$$

Das System der Gleichungen (12.42) und (12.43) ist nur mit $\lambda_{12} = \lambda_{13} = \lambda_{23} = \infty$ erfüllbar, d. h., es existieren keine Vektoren $\boldsymbol{w}_i$, mit denen diese Gleichungen simultan gelten.

12.2.3. Interpretation der Klassengebiete als Erfüllungsgebiete Boolescher Ausdrücke

Die in dem Ausdruck (12.17) stehenden Halbräume $\mathsf{HR}^{\varkappa}(\boldsymbol{w}_l)$ kann man auch mit den Zahlen $\varkappa$ in bezug auf einen Satz vorgegebener Trennvektoren $\boldsymbol{w}_l$ binär codieren, indem man auf der Basis eines festen Systems von Parametervektoren $\boldsymbol{w}_1, \dots, \boldsymbol{w}_{NWL}$ die Booleschen Variablen

$$b_l(\boldsymbol{x},\boldsymbol{w}_l) := \operatorname{sgn}\left(d(\boldsymbol{x},\boldsymbol{w}_l)\right)\,, \qquad l = 1, \dots, NWL\,, \tag{12.44}$$

mit

$$\operatorname{sgn}(a) = \begin{cases} 1, & \text{wenn } a > 0\,,\\ -1, & \text{wenn } a < 0\,,\\ 0, & \text{wenn } a = 0 \end{cases}$$

anstelle der ursprünglichen Merkmale $x_1, \dots, x_n$ einführt. Die Halbräume lassen sich dann auch durch

$$\left.\begin{aligned} \mathsf{HR}^{(+1)}(\boldsymbol{w}_l) &= \{\boldsymbol{x} \in \mathsf{R}^n : b_l(\boldsymbol{x}, \boldsymbol{w}_l) = 1\}\,,\\ \mathsf{HR}^{(-1)}(\boldsymbol{w}_l) &= \{\boldsymbol{x} \in \mathsf{R}^n : b_l(\boldsymbol{x}, \boldsymbol{w}_l) = -1\} \end{aligned}\right\} \tag{12.45}$$

beschreiben und die Gebiete R_r der Subklassen durch

$$\mathsf{R}_r = \left\{\boldsymbol{x} \in \mathsf{R}^n : \bigwedge_{l=1}^{NWL} b^{(TAB(l,r))} = 1,\ r = 1, \dots, NSG\right\}^{1)}, \tag{12.46}$$

---

1) $\wedge$ bezeichnet die Konjunktion $b_1 \wedge b_2 \wedge \dots$ von Booleschen Variablen. Die Variablen b_i werden mit Werten aus $\{1, -1\}$ belegt. Das Ergebnis der Verknüpfung $\wedge$ ist wieder eine Boolesche Variable, deren Wert gleich 1 ist, wenn alle b_i den Wert 1 haben, und sonst -1. Die Disjunktion $\vee$ von Booleschen Variablen b_i, d. h. $b_1 \vee b_2 \vee \dots$, ist ebenfalls eine Boolesche Variable. Sie hat per definitionem den Wert 1 genau dann, wenn die Konjunktion der negierten Variablen, d. h. $\sim b_1 \wedge \sim b_2 \dots$, den Wert -1 hat, und sonst den Wert -1.

wobei

$$b^{(\varkappa)} = \begin{cases} -b \text{ (d. h. Vorzeichenwechsel), wenn } \varkappa = -1, \\ b, \text{ wenn } \varkappa = +1, \\ \text{der Term } b^{(\varkappa)} \text{ wird aus (12.46) eliminiert, wenn } \varkappa = 0 \text{ ist,} \end{cases} \tag{12.47}$$

so daß schließlich die Klassengebiete selbst durch

$$\mathsf{R}_\iota = \left\{ \boldsymbol{x} \in \mathsf{R}^n : \bigvee_{\substack{\text{alle } r, \text{ für die} \\ KCL(r) = \iota \text{ ist}}} \bigwedge_{l=1}^{NWL} b_l^{(TAB(l,r))} = 1 \right\} \tag{12.48}$$

bestimmt sind. Nun läßt sich aber aufgrund des Entwicklungssatzes der BOOLEschen Algebra jede BOOLEsche Funktion als Alternative von Konjunktionen[1]) schreiben, so daß das Schema 2 eine allgemeine BOOLEsche Funktion über den durch (12.44) definierten BOOLEschen Variablen erzeugt.

12.2.4. Vergleich der durch das Schema 2 erzeugbaren Klassengebiete im R^n mit denen des MADALINE-Systems

Das MADALINE-System für zwei Klassen (vgl. NILSSON (1965), WIDROW (1962, 1966)) arbeitet mit einer festen BOOLEschen Funktion, der sogenannten *Majoritätsfunktion* M der BOOLEschen Variablen b_l. Diese Funktion M ist mit Hilfe der arithmetischen Summe der Variablen b_ι wie folgt darstellbar:

$$M(b_1, \dots, b_{NWL}) := \begin{cases} 1, & \text{wenn } b_1 + b_2 + \dots + b_{NWL} = 0\,, \\ -1 & \text{sonst}\,. \end{cases} \tag{12.49}$$

Die Klassengebiete des MADALINE-Systems sind dann anstelle von (12.48) durch

$$\mathsf{R}_1 = \{\boldsymbol{x} \in \mathsf{R}^n : M(b_1, \dots, b_{NWL}) = 1\}\,,$$
$$\mathsf{R}_2 = \{\boldsymbol{x} \in \mathsf{R}^n : M(b_1, \dots, b_{NWL}) = -1\}$$

definiert.

An dem folgenden konkreten Beispiel einer Klassifizierungsaufgabe mit Subklassenstrukturen läßt sich zeigen, daß das MADALINE-System nicht in der Lage ist, allgemein die durch das Schema 2 definierte Zuordnung aller durch das Trennfunktionssystem erzeugten Raumsektoren zu den Klassen 1 bzw. 2 zu realisieren: Das MADALINE-System hat, wie auch das Schema 2, bei einem fest gegebenen System $\boldsymbol{w}$ von Trennparametern noch die Freiheitsgrade der konkret zu wählenden Halbraumcodierung. Ausgehend von einer beliebigen oder zufälligen derartigen Codierung $b_1, \dots, b_{NWL}$ läßt sich jede beliebige andere durch Exponenten $\varkappa_1, \dots, \varkappa_{NWL}$ mit $\varkappa_\iota \in \{-1, +1\}$ in der Form

$$b_1^{(\varkappa_1)}, b_2^{(\varkappa_2)}, \dots, b_{NWL}^{(\varkappa_{NWL})}$$

herstellen. Für das Schema 2 ist eine solche Transformation irrelevant, da jede derartige Trennfunktion durch die Transformation

$$TAB(r, l) \to \begin{cases} TAB(r, l), & \text{wenn } \varkappa = +1\,, \\ -TAB(r, l), & \text{wenn } \varkappa = -1 \end{cases}$$

$$\text{für alle } l = 1, \dots, NWL \quad \text{und} \quad r = 1, \dots, NSG\,,$$

wieder rückgängig gemacht werden kann.

[1]) Um eine solche handelt es sich auf der rechten Seite von (12.98) nach dem Doppelpunkt.

Für das MADALINE-System sind aber die Werte der b_l infolge der a priori getroffenen Festlegung der BOOLEschen Funktion M entscheidend. In dem folgenden Beispiel werden deshalb die Variablen $b_l(\mathfrak{w}_l)$ bzw. $-b_l(\mathfrak{w}_l)$ zur Codierung der positiven bzw. negativen Halbräume in bezug auf $\mathfrak{w}_l$ benutzt (vgl. Abb. 71). Die folgende Tabelle 5 gibt (o. B. d. A.) eine zufällige Codierung der Segmente — die hier jeweils genau eine

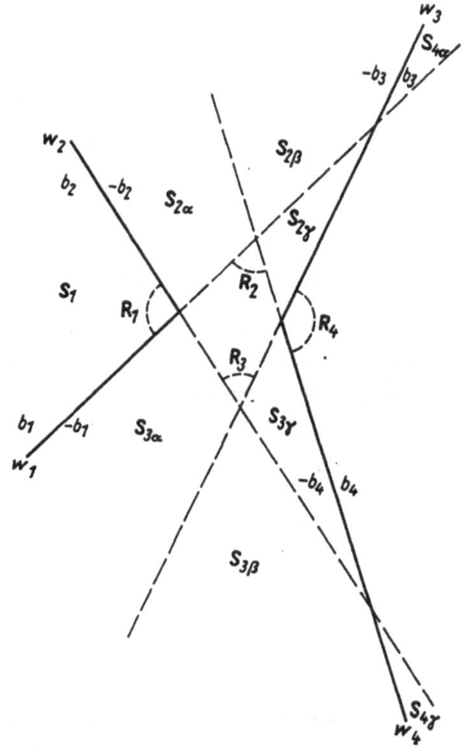

Abb. 71. Zum Vergleich mit dem MADALINE-System

Tabelle 5

Klassen (KCL)	Segmente	Sektoren	Codes der Sektoren $\mathfrak{w}_1$	$\mathfrak{w}_2$	$\mathfrak{w}_3$	$\mathfrak{w}_4$	Funktion TAB $\mathfrak{w}_1$	$\mathfrak{w}_2$	$\mathfrak{w}_3$	$\mathfrak{w}_4$
1	R_1	S_1	b_1	b_2	$-b_3$	$-b_4$	+1	+1	0	0
		$S_{2\alpha}$	b_1	$-b_2$	$-b_3$	$-b_4$				
2	R_2	$S_{2\beta}$	b_1	$-b_2$	$-b_3$	b_4	0	−1	−1	0
		$S_{2\gamma}$	$-b_1$	$-b_2$	$-b_3$	b_4				
		S	$-b_1$	$-b_2$	$-b_3$	$-b_4$				
	R_3	$S_{3\gamma}$	$-b_1$	$-b_2$	b_3	$-b_4$	−1	0	0	−1
		$S_{3\beta}$	$-b_1$	b_2	b_3	$-b_4$				
		$S_{3\alpha}$	$-b_1$	b_2	$-b_3$	$-b_4$				
1	R_4	$S_{4\alpha}$	b_1	$-b_2$	b_3	b_4	0	0	+1	+1
		$S_{4\beta}$	$-b_1$	$-b_2$	b_3	b_4				
		$S_{4\gamma}$	$-b_1$	b_2	b_3	b_4				

der Subklassen I, II, III, IV beschreiben — sowie der Sektoren und Klassen in den Variablen b_l an (linker Teil). Im rechten Teil ist die Booolesche Funktion des Schemas 2 in Gestalt der Funktion TAB für den Fall angegeben, daß die b_l alle den Wert 1 haben (das (innere) Drachenviereck ist der Sektor S).

Der Code des Sektors $\mathfrak{s}_{4\beta}$ ist in allen Stellen das Negative des Codes des Sektors $\mathfrak{s}_1$. Es ist deshalb unmöglich, mit Hilfe der Majoritätsfunktion (12.49) diese Sektoren, wie verlangt, unterschiedlichen Klassen zuzuordnen. Damit ist die behauptete Eigenschaft dieses Beispiels gezeigt.

12.3. Belehrung des Systems der Trennparameter

12.3.1. Belehrung der Parameter im 1. Klassifizierungsschema

Hier sind die Diskriminanzfunktionen der Subklassen durch den Satz

$$d(\boldsymbol{x}, \boldsymbol{w}_1), \dots, d(\boldsymbol{x}, \boldsymbol{w}_{NCL}) \tag{12.50}$$

gegeben. Die Entscheidungsregel lautet

$$\begin{aligned} &\text{Entscheide } \boldsymbol{x} \in \text{Klasse } i, \text{ wenn} \\ &d(\boldsymbol{x}, \boldsymbol{w}) = \max\left(d(\boldsymbol{x}, \boldsymbol{w}_1), \dots, d(\boldsymbol{x}, \boldsymbol{w}_{NCL})\right) \\ &\text{und } KCL(r) = i \text{ ist.} \end{aligned} \tag{12.51}$$

Nun sei $k \in \mathsf{K}$ die Klasse, der das Objekt $\boldsymbol{x}$ (aufgrund des betrachteten Elementes $\omega = (\boldsymbol{x}, k)$ der Stichprobe) angehört. Für den Maximumoperator gilt die Identität

$$\max\left(d(\boldsymbol{x}, \boldsymbol{w}_1), \dots, d(\boldsymbol{x}, \boldsymbol{w}_{NCL})\right) \equiv \max_{j=1,\dots,M}\left(\max_{\substack{r=1,\dots,NCL\\ KCL(r)=j}} d(\boldsymbol{x}, \boldsymbol{w}_r)\right). \tag{12.52}$$

Hierin ist das zweite Maximum das Teil-Maximum der Diskriminanzfunktionen der Subklassen zur Klasse j. Bei richtiger Klassifikation wird das Maximum der linken Seite gleich dem Teilmaximum der rechten Seite für $j = k$. Folglich kann man — wieder unter Einführung einer Konstanten $\varepsilon > 0$ — als *Grad der korrekten Klassifizierung* des Objekts $\boldsymbol{x}$ den Ausdruck

$$\begin{aligned} \zeta_6((\boldsymbol{x}, k), \boldsymbol{w}) := &\left(\max_{\substack{r=1,\dots,NCL\\ KCL(r)=k}} d(\boldsymbol{x}, \boldsymbol{w}_r)\right) - \varepsilon \\ &- \max_{j=1,\dots,M}\left(\max_{\substack{r=1,\dots,NCL\\ KCL(r)=j}} d(\boldsymbol{x}, \boldsymbol{w}_r) - \varepsilon \cdot \delta_{jk}\right) \end{aligned} \tag{12.53}$$

betrachten. ζ_6 ergibt sich aus ζ_5, wenn man in Gleichung (11.154) für ζ_5 anstelle der Diskriminanzfunktion $d_k(x, w)$ für die k-te Klasse den Ausdruck

$$d_k(\boldsymbol{x}, \boldsymbol{w}) = \left(\max_{\substack{r=1,\dots,NCL\\ KCL(r)=k}} d(\boldsymbol{x}, \boldsymbol{w}_r)\right) - \varepsilon$$

einsetzt. Das Optimierungsfunktional ist wie früher als Erwartungswert über ζ_6 zu definieren. Es sei hier mit G_6 bezeichnet. Die Belehrungsregel wird wieder durch Bildung des generalisierten Gradienten erhalten.

12.3.2. Belehrung der Parameter im 2. Klassifizierungsschema

Man kann diesen Fall dadurch auf den vorangehend betrachteten zurückführen, daß man die klassengebundenen Teilmaxima der Abstände $A(\boldsymbol{x}, \mathsf{R}_r(\boldsymbol{w}))$ als Diskriminanzfunktion einführt. So erhält man

$$d_j(\boldsymbol{x}, \boldsymbol{w}) = \max_{\substack{r=1,\dots,NSG\\ KCL(r)=j}} A(\boldsymbol{x}, \mathsf{R}_r(\boldsymbol{w}))\,, \qquad j = 1, \dots, M\,, \tag{12.54}$$

mit

$$A(\boldsymbol{x}, \mathsf{R}_r(\boldsymbol{w})) = \min_{l=1,\dots,NWL} A(\boldsymbol{x}, \mathsf{HR}^{(TAB(l,r))}(\boldsymbol{x}, \boldsymbol{w}_l))\,, \qquad r = 1, \dots, NSG\,, \tag{12.55}$$

wobei

$$A(\boldsymbol{x}, \mathsf{R}^n) = +\infty \tag{12.56}$$

zu setzen ist. Mit $TAB\,(\cdot)$ können wir die hier benutzten Abstandsfunktionen auch in der Form

$$A(\boldsymbol{x}, \mathsf{HR}^{(TAB(l,r))}(\boldsymbol{x}, \boldsymbol{w}_l)) = \begin{cases} f(TAB(l,r)\cdot \boldsymbol{w}_l^T \boldsymbol{y}\cdot |\boldsymbol{w}_l^*|)\,, \\ \qquad\qquad \text{falls} \quad TAB(l,r) = +1 \text{ oder } -1\,, \\ \infty \quad \text{sonst} \end{cases} \tag{12.57}$$

schreiben. Mit Hilfe der Diskriminanzfunktionen (12.54) lassen sich die Klassengebiete in der Gestalt

$$\mathsf{R}_j(\boldsymbol{w}) = \{\boldsymbol{x} \in \mathsf{R}^n : d_j(\boldsymbol{x}, \boldsymbol{w}) > 0\}\,, \qquad j = 1, \dots, M\,, \tag{12.58}$$

darstellen genau dann, wenn die Segmente durch

$$\mathsf{R}_r(\boldsymbol{w}) = \{\boldsymbol{x} \in \mathsf{R}^n : A(\boldsymbol{x}, \mathsf{R}_r(\boldsymbol{w})) > 0\}\,, \qquad r = 1, \dots, NSG\,, \tag{12.59}$$

definiert sind.

Beweis. Sei $\boldsymbol{x} \in \mathsf{R}_j(\boldsymbol{w})$, so gibt es wegen (12.1) ein Segment r mit $KCL(r) = j$, so daß $\boldsymbol{x} \in \mathsf{R}_r(\boldsymbol{w})$ ist. Nach (12.59) ist dann

$$d_j(\boldsymbol{x}, \boldsymbol{w}) = \max_{\substack{r'=1,\dots,NSG\\ KCL(r')=j}} A(\boldsymbol{x}, \mathsf{R}_{r'}(\boldsymbol{w})) \geqq A(\boldsymbol{x}, \mathsf{R}_r(\boldsymbol{w})) > 0\,. \tag{12.60}$$

Ist umgekehrt $d_j(\boldsymbol{x}, \boldsymbol{w}) > 0$, so existiert nach (12.54) ein Segment r mit $KCL(r) = i$, für das $A(\boldsymbol{x}, \mathsf{R}_r(\boldsymbol{w})) > 0$ ist. Nach (12.59) ist dann aber $\boldsymbol{x} \in \mathsf{R}_r(\boldsymbol{w})$ und, da $\mathsf{R}_r(\boldsymbol{w}) \subseteq \mathsf{R}_j$, also auch $\boldsymbol{x} \in \mathsf{R}_j$. Damit ist (12.59) bewiesen.

Nach (12.54) hat $d_j(\boldsymbol{x}, \boldsymbol{w})$ mithin die von einer Abstandsfunktion zu fordernden Eigenschaften (positiv im Innern von R_j, negativ im Außenraum, Verschwinden auf dem Rande). Wir können also mit (12.55)

$$A(\boldsymbol{x}, \mathsf{R}_j(\boldsymbol{w})) = \max_{\substack{r=1,\dots,NSG\\ KCL(r)=j}} A(\boldsymbol{x}, \mathsf{R}_r(\boldsymbol{w}))\,, \qquad j = 1, \dots, M\,, \tag{12.61}$$

schreiben. Unter Berücksichtigung von Gleichung (12.56) lassen sich damit die Relationen

$$A(\boldsymbol{x}, \mathsf{HR}_1 \cap \dots \cap \mathsf{HR}_Q) = \min\,(A(\boldsymbol{x}, \mathsf{HR}_1), \dots, A(\boldsymbol{x}, \mathsf{HR}_Q)) \tag{12.62}$$

und

$$A(\boldsymbol{x}, \mathsf{R}_1 \cup \dots \cup \mathsf{R}_P) = \max\,(A(\boldsymbol{x}, \mathsf{R}_1), \dots, A(\boldsymbol{x}, \mathsf{R}_P)) \tag{12.63}$$

formulieren. Das sind formal dieselben Regeln, die von ZADEH (1966) für die Berechnung der Zugehörigkeitsfunktion zu Durchschnitten bzw. Vereinigungen von Mengen auf Grund der Zugehörigkeiten zu den Basismengen selbst angegeben worden sind.

Die Funktion A nach (12.61) ist damit im Sinne von S. 210 (11.151) als Gütefunktion ζ zur Definition eines Belehrungsfunktionals prinzipiell geeignet. Das Funktional — wir bezeichnen es mit G_7 — hat dann die Form von G_4

$$G_7(\boldsymbol{w}) = \mathbf{E}[f(A(\boldsymbol{X}, \mathsf{R}_K(\boldsymbol{w}))] \qquad (12.64)$$

mit A nach (12.61).

Analog zum Vorgehen in Abschnitt 11.6.3 kann man die Abstände — oder, wie wir alternativ im folgenden etwa im Sinne von ZADEH sagen wollen, die Zugehörigkeiten $A(\boldsymbol{x}, \mathsf{R}_j(\boldsymbol{w}))$ zu den Klassengebieten der Klassen $j, j = 1, \dots, M$ — auch als Diskriminanzfunktionen (in Verbindung mit einer Maximumentscheidung) anwenden. Man erreicht damit — wegen der *Disjunktheit bis auf W-Nullmengen* der so erhaltenen Entscheidungsgebiete im R^n —, daß die Bedingung der Disjunktheit klassenfremder Subklassengebiete, die im Fall der statistischen Abgrenzung[1]) dieser Gebiete nicht mehr streng erfüllt war, nachträglich doch noch erreicht wird. Dies geschieht faktisch durch vollständige, stückweise d-artige Segmentierung der Überschneidungsgebiete (Rückweisungsgebiete 2. Art) (vgl. Abb. 72) der Klassen (die sich wie oben ebenfalls auf die Rückweisungsgebiete 1. Art erstreckt, vgl. Fußnote S. 208).

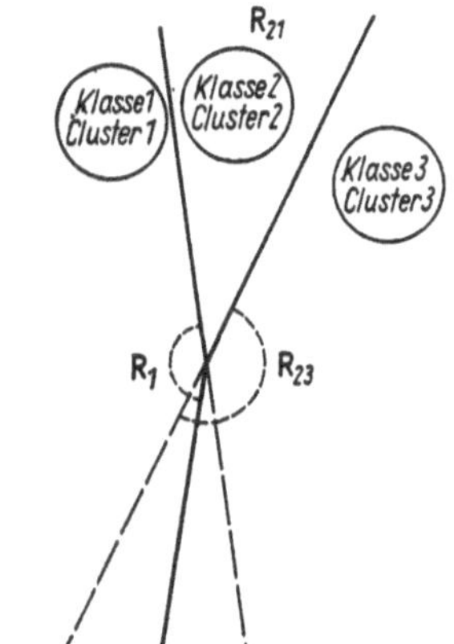

Abb. 72. Überschneidung von Entscheidungsgebieten R_1, R_{21} und R_{23} (statt „Klasse 3" lies „Klasse 2")

Zur Konstruktion einer Gütefunktion ζ setzen wir die Diskriminanzfunktionen nach (12.61) in ζ_5 nach (11.154), S. 211, ein und erhalten

$$\zeta_8((\boldsymbol{x}, k), \boldsymbol{w}) = A(\boldsymbol{x}, \mathsf{R}_k(\boldsymbol{w})) - \varepsilon - \max_{j=1,\dots,M} \left(A(\boldsymbol{x}, \mathsf{R}_j(\boldsymbol{w})) - \varepsilon \cdot \delta_{jk}\right), \qquad (12.65)$$

$$G_8(\boldsymbol{w}) := \mathbf{E}[\zeta_8(\boldsymbol{X}, K), \boldsymbol{w})] \,. \qquad (12.66)$$

[1]) „Statistische Abgrenzung" bedeutet hier, daß die Trennung der Klassenstichproben — das sind Punktmengen — wie etwa im 2. Ansatz unter 11.5.3 (3a) realisiert ist und auf die Erfüllung der Bedingung (12.3), z. B. in der Gestalt (12.9), (12.10) verzichtet wurde. Vgl. 12.1.2.3.

12.3.3. Belehrung auf der Grundlage der Zugehörigkeitsfunktionen (12.61)

$\nabla^0_{w} A(x, R_k(w))$ wird mit (12.61)

$$\nabla^0_{w} A(x, R({}_k w)) = \nabla_{w} A(x, R_{r_0}(w)) , \qquad k = 1, \dots , M , \tag{12.67}$$

wobei die Segment-Nummer r_0 durch

$$A(x, R_{r_0}(w)) = \max_{\substack{r=1,\dots,NSG \\ KCL(r)=k}} A(x, R_r(w)) \tag{12.68}$$

definiert ist. Die links stehende Zugehörigkeit wiederum ist nach (12.55) durch

$$A(x, R_{r_0}(w)) = A(x, HR^{(TAB(l_0, r_0))}(w_{l_0}))$$

erklärt, wobei der Index l_0 seinerseits durch

$$A(x, HR^{(TAB(l_0, r_0))}(w_{l_0})) = \min_{l=1,\dots,NWL} A(x, HR^{(TAB(l, r_0))}(w)) \tag{12.69}$$

definiert ist. Damit ist die Belehrungsregel vollständig beschrieben.

12.3.4. Belehrung auf der Grundlage der Gütefunktion ζ_8 nach (12.65) (d. h. Belehrung der als Diskriminanzfunktionen verwendeten Zugehörigkeitsfunktionen (12.61))

Wir bilden $\nabla^0_{w}\zeta_8((x, k), w)$ und erhalten mit (12.65)

$$\nabla^0_{w}\zeta_8((x, k), w) = \nabla_{w} A(x, HR^{(TAB(l_0, r_0))}(w_{l_0})) - \nabla_{w} A(x, HR^{(TAB(l_{00}, r_{00}))}(w_{l_{00}})) , \tag{12.70}$$

wobei die Indizes j_0, r_{00} und l_{00} durch

$$A(x, R_{j_0}(w)) - \varepsilon\delta_{j_0 k} = \max_{j=1,\dots,M} (A(x, R_j(w) - \delta_{jk}) \tag{12.71}$$

und

$$A(x, R_{j_0}(w)) = A(x, R_{r_{00}}(w)) = \max_{\substack{r=1,\dots,NSG \\ KCL(r)=j_0}} A(x, R_r(w)) \tag{12.72}$$

sowie

$$\begin{aligned} A(x, R_{r_{00}}(w)) &= A(x, HR^{(TAB(l_{00}, r_{00}))}(w_{l_{00}})) \\ &= \min_{l=1,\dots,NWL} A(x, HR^{(TAB(l, r_{00}))}(w_l)) \end{aligned} \tag{12.73}$$

zu definieren sind. Wir setzen in (12.69) im Fall stückweise linearer Trennfunktionen z. B.

$$A(x, HR^{(\varkappa)}(w)) = -(\varepsilon - \varkappa w^T y) \cdot H(\varepsilon - \varkappa w^T y) , \quad \varkappa \in \{1, -1\} , \tag{12.74}$$

in (12.70) jedoch denselben Ausdruck mit $\varepsilon = 0$ ein, da ε in (12.70) bereits in anderer Weise berücksichtigt ist. Man überzeugt sich leicht, daß bei dieser Wahl der Abstandsfunktion die Indizes der extremen Terme in (12.68) und (12.69) unabhängig von ε sind.

Die Belehrung nach (12.67) führt im Gegensatz zur Belehrung nach (12.70) auch dann zu einer endlichen Verstellung (Iteration) des Trennparameters w, wenn mit den Diskriminanzfunktionen nach (12.70) ε-richtig klassifiziert wird, das Objekt x aber im

Rückweisungsgebiet 1. Art liegt. Diese Belehrung führt zur Verkleinerung dieser Rückweisungsgebiete.

Sind die Zielbereiche der Klassen nur (statistisch) fast disjunkt, so können bei einer Belehrung nach (12.67) — wenn auch mit sehr kleiner Wahrscheinlichkeit — Objekte auftreten, die zwei oder mehr Klassengebieten gleichzeitig angehören. In diesem Fall ist es angezeigt, von der Belehrung, wie sie sich aus dem Gütefunktional G_7 ergibt, abzuweichen und eine Parameteränderung vorzunehmen genau entgegengesetzt (Vorzeichenumkehrung) zu der, die man erhält, wenn man die Funktion $H(\varepsilon - \varkappa \boldsymbol{w}^T \boldsymbol{y})$ in der Abstandsfunktion $A\big((\boldsymbol{x}, k), \mathsf{HR}(\boldsymbol{w})\big)$ nach (12.74) unberücksichtigt läßt (d. h. gleich 1 setzt).

Die beiden Belehrungsverfahren sind für die jeweils zugeordneten Entscheidungsverfahren, d. h. für die Entscheidung anhand der Zielgebiete R_i — mit möglichen Rückweisung 1. Art oder nicht eindeutiger Entscheidung — und für die Entscheidung durch Maximumauslese anhand von Diskriminanzfunktionen, optimal. Außer in der Rückweisungs- und Überlappungsgebieten sind die Entscheidungen nach den beiden Regeln identisch (der Beweis dieser Behauptung verläuft analog wie in Abschnitt 11.5.3, 1. Schema, 3b)).

Die Entscheidungsfindung anhand der Zielgebiete ist programmtechnisch und in Hardware einfacher realisierbar als die Maximumauslese der als Diskriminanzfunktionen interpretierten Zugehörigkeitsfunktionen (12.61).

12.4. Eigenschaften der Funktionale G_7 und G_8 im $\boldsymbol{w}$-Raum und damit zusammenhängende Fragen

Die Funktionale G_7 und G_8 sind nicht konvex im $\boldsymbol{w}$-Raum, folglich läßt sich die Existenz mehrerer lokaler Maxima nicht ausschließen. Deshalb ist es von besonderer Bedeutung, für die Belehrung eine Startkonfiguration des Parametersystems von hoher Trenngüte zu wählen. Die sich anschließende Optimierung mit z. B. einem Gradientenverfahren oder der stochastischen Approximation führt dann in jedem Fall zu einer Erhöhung der G_7- bzw. G_8-Optimalität dieser Anfangskonfiguration.

Wir gehen im Programm von Trennparametern $\boldsymbol{w}_{r^{\mathrm{I}}r^{\mathrm{II}}}$ aus, die sich als Lösung eines analytisch auswertbaren Optimalitätskriteriums für die gegenseitige Trennung der Subklassen r^{I} und r^{II} erhalten lassen. Hierfür wurden wahlweise das Modell der Normalverteilung gleicher Kovarianzmatrix und das Regressionsverfahren (Minimum des quadratischen Fehlers) angewandt (vgl. zu diesen Verfahren die Abschnitte 11.6.1 und 11.6.5). Um aus der Lösung der Paarprobleme auf die Lösung des gesamten Klassifizierungsproblems schließen zu können, stellen wir die folgenden Betrachtungen an: Wir legen hierfür das 1. Verfahren der Subklassenseparierung im 2. Schema zugrunde. In diesem Fall wird eine jede Subklasse (i, σ) der Klasse i gegen jede Subklasse der übrigen Klassen abgetrennt. Wir schreiben also

$$\mathsf{R}_{i\sigma} = \bigcap_{\substack{j=1,\dots,M\\ j\neq i}} \; \bigcap_{\sigma'=1,\dots,M} \mathsf{HR}^{(+1)}(\boldsymbol{w}_{i\sigma,j\sigma'}) \,. \tag{12.75}$$

Daraus folgt für den Komplementärbereich die Darstellung

$$\overline{\mathsf{R}}_{i\sigma} = \mathsf{R}^n - \mathsf{R}_{i\sigma} = \bigcup_{\substack{j=1,\dots,M\\ j\neq i}} \; \bigcup_{\sigma'=1,\dots,M} \mathsf{HR}^{(-1)}(\boldsymbol{w}_{i\sigma,j\sigma'}) \,. \tag{12.76}$$

Wegen (12.31), d. h.

$$V((i, \sigma); \boldsymbol{w}_{j\sigma', i\sigma}) = W(\mathsf{HR}^{(-1)}(\boldsymbol{w}_{i\sigma, j\sigma'}) \mid (i, \sigma)) \tag{12.77}$$

und (12.30), d. h.

$$VM((j, \sigma'), (i, \sigma)) = W(\mathsf{R}_{j\sigma'} \mid (i, \sigma)) \tag{12.78}$$

und wegen der Monotonie des Maßes W – wenn $\mathsf{C} \subseteq \mathsf{D}$, so $W(\mathsf{C}) \leqq W(\mathsf{D})$ –, aus der auch

$$W(\mathsf{A} \cup \mathsf{B}) \leqq W(\mathsf{A}) + W(\mathsf{B}) \tag{12.79}$$

folgt, gilt mit $\bigcup\limits_{\substack{j=1,\dots,M\\ j\neq i}} \bigcup\limits_{\sigma'=1,\dots,M_j} \mathsf{R}_{j\sigma'} \subseteq \bar{\mathsf{R}}_{i\sigma}$ und (12.76), (12.77)

$$\begin{aligned}\sum_{\substack{j=1\\ j\neq i}}^{M} \sum_{\sigma'=1}^{M_j} \mathsf{VM}((j, \sigma'), (i, \sigma)) &\leqq W(\bar{\mathsf{R}}_{i\sigma} \mid (i, \sigma))\\ &\leqq \sum_{\substack{j=1\\ j\neq i}}^{M} \sum_{\sigma'=1}^{M_j} V((i, \sigma); \boldsymbol{w}_{j\sigma', i\sigma}) .\end{aligned} \tag{12.80}$$

Hieraus ergibt sich, daß die Summe des links stehenden Ausdrucks über i und σ, d. h. der doppelte Gesamtverwechslungsfehler, kleiner ist oder gleich der doppelten Summe der Verwechslungsfehler aller Paarprobleme. Also ist der letztere eine obere Schranke für den ersten. Demzufolge wird durch Optimierung der Einzelprobleme diese obere Schranke des Gesamtfehlers in jedem Fall kleiner werden. In diesem Sinne wurde eine optimale Anfangslösung nach den oben genannten Kriterien gewährleistet.

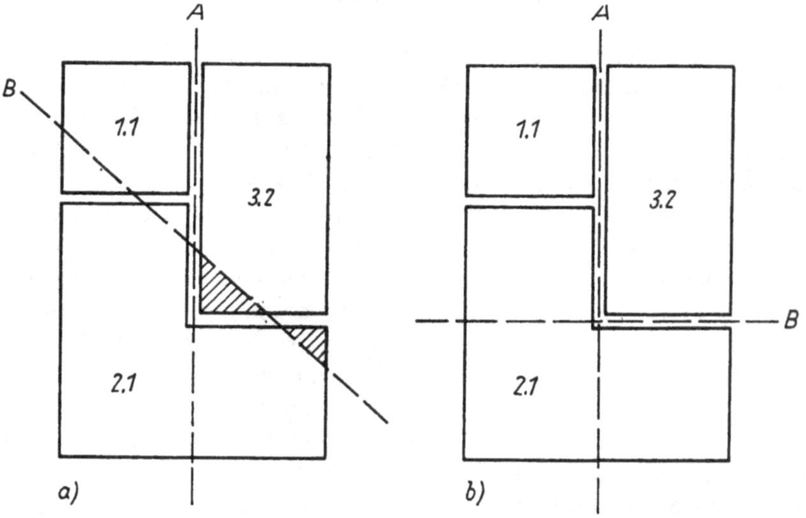

Abb. 73. Effekt der Verbundoptimierung zweier Trennebenen

Zur Güteerhöhung durch Belehrung bei gegebener Ausgangslage der Trennebenen kann gesagt werden, daß die unter einem vorgegebenen Optimalitätskriterium gelösten Paarprobleme – zusammen mit der logischen Funktion – noch nicht eine im Sinne desselben Kriteriums optimale Lösung des Gesamtproblems darstellen. Nur in dem Fall, daß die Einzelprobleme vollständig d-separierbar sind, ist auch das Gesamtproblem optimal gelöst. Im allgemeinen sind die Probleme jedoch wie in dem in Abb. 73 dargestellten extremen Beispiel gelagert.

In Abb. 73a) sind durch die Trennebene A die Objektmengen 1.1 gegen 3.2 und durch B die Objektmengen 2.1 gegen 3.2 im Sinne des Fehlerkorrekturkriteriums optimal abgetrennt — die logische Funktion ordnet das durch den Schnitt der positiven Halbräume der Ebenen A und B entstehende Gebiet der Klasse 2, den Komplementärbereich der Klasse 1 zu.

Man muß erwarten, daß durch die Clusteranalyse Objektkonfigurationen entstehen, die den in Abb. 73 dargestellten vergleichbar sind. Abb. 73b) zeigt, daß für die Ebene B im Gesamtproblem eine günstigere Lage existiert (vgl. auch Abb. 67).

Das beschriebene Klassifizierungsverfahren liefert ein interpretierbares Resultat, indem die einzelnen „Stücke" der stückweise d-artigen (z. B. linearen) Trennfunktion die Parameter der zur Trennung der Klassen benötigten (lokalen) Subklassentrennfunktionen enthalten. Diese lokalen Trennfunktionen stellen charakteristische Dimensionen (Komplexmerkmale) für die (lokal) getrennten Subklassenpaare dar. Eine Beziehung zu den Originalmerkmalen ist durch die Gewichte, mit denen sie in die Komplexmerkmale (bei linearen d-Funktionen) eingehen, gegeben.

12.5. Beispiele für Zugehörigkeitsfunktionen $A(\boldsymbol{x}, \mathsf{R})$

Es erscheint naheliegend, für allgemeine Gebiete R den wohlbekannten Mengenabstand zu verwenden. Damit würde

$$A_\alpha(\boldsymbol{x}, \mathsf{R}) := -\inf_{\boldsymbol{x}' \in \mathsf{R}} |\boldsymbol{x}' - \boldsymbol{x}| .$$

$A_\alpha(\boldsymbol{x}, \mathsf{R})$ verschwindet für $\boldsymbol{x} \in \mathsf{R}$ und ist für $\boldsymbol{x} \notin \mathsf{R}$ negativ, erfüllt also die Forderung (11.151) von S. 210 — da im oberen Teil der Ungleichung das Gleichheitszeichen gilt, kann in G_4 und G_7 die Abbildung $f(\cdot)$ entfallen. Mit dieser Methode wurden in früheren Experimenten recht gute — hier nicht referierte — Klassifizierungsergebnisse erzielt; die konkrete Berechnung des Abstandes $A_\alpha(\cdot, \cdot)$ ist jedoch aufwendig, wenn auch iterativ exakt lösbar (vgl. hierzu Jentsch, Stanke und Unger (1973), S. 29), weshalb diese Methode einstweilen wieder verlassen wurde und auf die hier dargestellte Definition von $A(\boldsymbol{x}, \mathsf{R})$ für die vorkommenden Gebiete R unter Zuhilfenahme der Formeln (12.62) und (12.63) von S. 233 übergegangen wurde. Das Problem reduziert sich damit auf die Definition von $A(\boldsymbol{x}, „\mathsf{HR}")$, wo „$\mathsf{HR}$" den d-artigen Elementarbereich, für lineare Funktionen $d(\boldsymbol{x}, \boldsymbol{w})$ den Halbraum, bedeutet.

Es ist wieder naheliegend, die Definition

$$A(\boldsymbol{x}, „\mathsf{HR}") := d(\boldsymbol{x}, \boldsymbol{w})$$

zu wählen, wobei „HR" $= \{\boldsymbol{x} \in \mathsf{R}^n\colon d(\boldsymbol{x}, \boldsymbol{w}) > 0\}$ gelte, die im Fall einer linearen Funktion $d(\boldsymbol{x}, \boldsymbol{w})$ in

$$A(\boldsymbol{x}, \mathsf{HR}) := \boldsymbol{w}^T \boldsymbol{y} = \boldsymbol{w}^{*T} \boldsymbol{x} + w_{n+1}$$

mit $\mathsf{HR} = \mathsf{HR}^{(+1)}(\boldsymbol{w})$ übergeht, d. h., daß der positive Halbraum der Trennebene $\boldsymbol{w}$ mit HR identisch ist. Man erkennt, daß A nach dieser Definition wieder die Bedingung (11.151) von S. 210 erfüllt. Die Definition bleibt jedoch bis auf einen Faktor $\lambda > 0$

unbestimmt, da

$$\mathsf{HR}^{(+1)}(\lambda \boldsymbol{w}) = \mathsf{HR}^{(+1)}(w)$$

gilt. Durch Einsetzen von $A(\boldsymbol{x}, \mathsf{HR})$ in G_4 nach (11.153) von S. 210 erhält man, wenn man f durch

$$f(a) = \begin{cases} 0 & \text{für} \quad a - \varepsilon \geqq 0\,, \\ a - \varepsilon & \text{für} \quad a - \varepsilon < 0 \end{cases}$$

definiert, die Zufallsvariable D nach (11.84), S. 172 für das Zwei-Klassen-Problem im Fall $b_1 = b_2 = 1$ in der Form

$$D = f(A(\boldsymbol{X}, \mathsf{HR}_k))\,,$$

wenn HR_k den Entscheidungsbereich der Klasse k, im linearen Fall $\mathsf{HR}_1 = \mathsf{HR}^{(+1)}(\boldsymbol{w})$, $\mathsf{HR}_2 = \mathsf{HR}^{(-1)}(\boldsymbol{w})$, wo $\mathsf{HR}^{(+1)}$ bzw. $\mathsf{HR}^{(-1)}(\boldsymbol{w})$ den positiven bzw. negativen Halbraum, der durch w definierten Hyperebene, entsprechend den oben gegebenen Definitionen (12.7), (12.10) bedeuten. Da

$$G_2(W, \boldsymbol{w}) = \mathrm{E}[D;\, W]$$

war, erscheint somit das Funktional G_2 als Sonderfall des Funktionals G_4 im Fall des Zwei-Klassen-Problems, wobei G_4 selbst den Sonderfall von G_7 für fehlende Subklassenstruktur darstellt. Im Rechenprogramm, das den linearen Fall realisiert, wurde wahlweise neben der zuerst genannten eine eindeutige Definition durch

$$A(\boldsymbol{x}, \mathsf{HR}) = \boldsymbol{w}^T\boldsymbol{y}/|\boldsymbol{w}^*|\,, \qquad \mathsf{HR}^{(1)}(\boldsymbol{w}) = \mathsf{HR} \tag{12.81}$$

vorgesehen. Das dieser Zugehörigkeitsdefinition entsprechende Funktional für zwei Klassen, das mit $G_{2(\text{norm})}$ bezeichnet werde, besitzt ein eindeutiges Maximum im gewünschten Lösungspunkt, jedoch noch relative Nebenmaxima in extrem suboptimalen Lagen der Trennebene (vgl. hierzu Unger, Jentsch, Stanke (1974)), die durch eine geeignete Startkonfiguration der Trennebenen, als welche, wie ausgeführt, die diskriminanzanalytisch optimale Trennebenenkonfiguration (d. h. optimal nach G_q von Abschnitt 11.65) gewählt wurde, leicht umgangen werden können.

Die in Kapitel 13 mitgeteilten Ergebnisse sind mit $A(x, \mathsf{HR})$ nach (12.81) erhalten worden.

13. Rechenprogramm zur Realisierung des Klassifizierungsverfahrens nach Kapitel 12

13.1. Übersicht über das Programmsystem

13.1.1. Aufruf und Dateneingabe

Die Segmente des Programms sind variabel dimensionierte FORTRAN-Routinen, die aus einem ALGOL-Steuerprogramm aufgerufen werden, das mit Hilfe eines kurzen ALGOL-Kopfprogramms gestartet wird. Parameter zur Dimensionierung und Steuerung sowie Variantenwahl werden dem Programm auf Datenkarten mitgeteilt. Die zu klassifizierende Objektmenge wird numerisch dem Job als Kartenstapel beigegeben oder vom Datenmagnetband gelesen. Das Programm läuft auf der BESM6, eine Variante für Rechner der ESER-Serie ist verfügbar.

13.1.2. Problemwahl

Es können Klassen vereinigt oder weggelassen, und es können Merkmale eliminiert werden. Eine beliebige zusammenhängende Teilfolge der Objektfolge (Objektmenge) kann als Lernfolge und der Rest als Testfolge deklariert werden.

13.1.3. Normierung

Die Merkmale werden auf Mittelwert 0 und Varianz 1 normiert. Diese Normierung kann auch übergangen werden.

13.1.4. Clusteranalyse

Mit Hilfe der Clusteranalyse werden Häufungsgebiete und die Objektmengen (Cluster) innerhalb derselben für jede Klasse getrennt aufgefunden und beschrieben. Es ist nicht erforderlich, die Anzahl der Cluster im voraus zu wählen, jedoch ist es möglich, Anzahl und Größe der Cluster durch gewisse Parameter zu beeinflussen. Die Clusteranalyse kann übergangen werden. Subklassen und Klassen fallen dann zusammen.

13.1.5. Erstellung von Trennebenen und Raumsegmenten

Zwischen je zwei Clustern unterschiedlicher Klassenzugehörigkeit wird eine Trennebene errichtet. Das System der Trennebenen kann wahlweise reduziert oder unverändert beibehalten werden. Mit Hilfe der Ebenen werden Raumsegmente konstruiert.

13.1.6. Belehrung der Segmente

Die Belehrung erfolgt mit Hilfe der Gradienten-Methode bzw. der Methode der stochastischen Approximation zur Maximierung des Gütefunktionals G_7. Die Anzahl der Durchläufe der Objektmenge kann man vorgeben.

13.1.7. Berechnung der Klassifikationsgüte (Fehlerrechnung)

Zu Beginn und am Ende jedes Belehrungszyklus werden der Reklassifikationsfehler der Lernmenge, die Verwechselungsmatrix der Klassen und der Wert des Gütefunktionals G_7 berechnet.

13.1.8. Reduktion des Merkmalssatzes

Durch Anwendung der Hauptkomponentenanalyse in Gestalt der Lösung des Eigenwertproblems der Kovarianzmatrix läßt sich der originale Merkmalssatz auf eine kleinere Anzahl von nach der Größe der Eigenwerte ausgewählten neuen Merkmalen — in Form des Skalarprodukts aus dem zugeordneten Eigenvektor und dem originalen Merkmalsvektor — reduzieren und so in gleicher Weise wie sonst weiter verarbeiten.

Wahlweise kann auch eine KARHUNEN-LOEVE-Transformation angewandt werden, durch die simultan die Kovarianzmatrix der Merkmale und die Kovarianzmatrix der M Mittelvektoren (aufgefaßt als eine M-gliedrige Objektfolge) auf Hauptachsen transformiert werden (vgl. AHRENS und LÄUTER (1974)).

13.1.9. Sequentielle Elimination von Merkmalen

Es besteht die Möglichkeit, automatisch einzelne Merkmale in eingebbarer Reihenfolge von vornherein wegzulassen. Aus dem Vergleich der mit und ohne ein bestimmtes Merkmal erhaltenen Klassifikationsgüten kann man auf die Wichtigkeit des betreffenden Merkmals schließen.

13.1.10. Das Arbeiten mit Zugehörigkeitsvektoren

Es muß nicht unbedingt von eindeutigen Klassenzugehörigkeiten der Objekte der Lernprobe ausgegangen werden, sondern es kann mit *Zugehörigkeitsvektoren* Z gearbeitet werden. Sie bringen zum Ausdruck, daß die betreffenden Objekte durch einen „Lehrer“ oder Experten (oder ein Expertenkollektiv) den einzelnen Klassen nur mit gewissen Wahrscheinlichkeiten z_i, $i = 1, \dots, M$, zugeordnet werden konnten, wobei objektiv eine eindeutige Zugehörigkeit jedes Objekts zu genau einer Klasse besteht, vgl. hierzu Abschnitt 2.1, die Klassen also disjunkt sind (so daß eine Normierung $\sum_{i=1}^{M} z_i = 1$ sinnvoll angewandt werden kann). Das Funktional

$$G(w) = \mathbf{E}[\zeta((\boldsymbol{X}, K), \boldsymbol{w})]$$

wird dann auf diese „unscharfen“ Klassenangaben in der Form

$$G(w) = \mathbf{E}\left[\sum_{i=1}^{M} Z_i \zeta((\boldsymbol{X}, i), \boldsymbol{w})\right]$$

angewandt, wo Z_i eine Zufallsgröße mit der Realisierung z_i ist. Die vom Programm berechneten Diskriminanzfunktionen eines Objekts für die einzelnen Klassen haben als Grad der Zugehörigkeit zu den Entscheidungsgebieten R_i auch den Charakter einer Zugehörigkeit zu den Klassen i (durch Maßstabstransformationen läßt sich erreichen, daß die d_i im wesentlichen Werte zwischen 0 und 1 annehmen).

13.1.11. Fortsetzung von Rechenläufen

Die wichtigsten Ergebnisse der Abarbeitung der einzelnen Segmente des Programmsystems werden auf Band gespeichert und bleiben so wieder verwendbar. Zum Beispiel kann ein früher erstellter Klassifikator mit neuer Schrittweite weiter belehrt werden.

13.1.12. Arbeit mit Leerstellen

Objektbeschreibungen, d. h. Merkmalssätze, mit Lücken, sind im Programm automatisch ergänzbar, so daß sie danach wie gewöhnlich weiter bearbeitet werden können.

Wahlweise sind ein uni- oder ein multivariantes Verfahren einsetzbar. Von beiden Verfahren wird die Klasseninformation nicht genutzt um zu vermeiden, daß die Fehlerschätzung einen vorgetäuschten, zu optimistischen Wert ergibt.

13.2. Multiple Klassenangaben

Gehört ein Objekt echt zwei oder mehreren Klassen an, d. h. sind die Klassen nicht disjunkt (z. B. bei Objekt ≙ „Patient", Klasse 1 ≙ „Patient leidet an Krankheit 1", Klasse 2 ≙ „Patient leidet an Krankheit 2" usw., und die Krankheiten sich nicht gegenseitig ausschließen, so wie es auch gewöhnlich der Fall ist), so kann man das Problem in Analogie zum Vorgehen unter Abschnitt 11.5.3, 2. Schema, wie eine Menge von M gewöhnlichen Zweiklassenproblemen behandeln. In jedem dieser Zweiklassenprobleme ist die erste Klasse eine bestimmte der vorgegebenen multiplen Klassen, z. B. die Klasse i, die Restklasse $\bar{i}$ ist jedoch nicht die Vereinigungsklasse der übrigen multiplen Klassen, sondern die logische Negation der Klasse i. Hiernach gehören der Klasse i alle diejenigen Objekte an, die eine Zugehörigkeit zur Klasse i besitzen, während alle übrigen Objekte die Restklasse $\bar{i}$ bilden. Auf diese Weise wird die vorgegebene Lernmenge vollständig und disjunkt in zwei Teilmengen zerlegt. So entstehen M Klassifikatoren für zwei Klassen. Ein zu klassifizierendes Objekt wird von jedem Klassifikator entweder der Klasse i oder der Klasse $\bar{i}$ zugeordnet. Ausgegeben wird die Menge aller Klassen i, die insgesamt von den Klassifikatoren positiv entschieden worden sind. Die einzelnen Entscheidungen werden parallel mit einem einzigen Klassifikator gewonnen.

13.3. Dichteschätzung

Das Verfahren der Clusteranalyse nach Sebestyen (vgl. den folgenden Abschnitt 13.4) ist als eine Methode zur Schätzung von Verteilungsdichten, die sich als Superposition endlich vieler Normalverteilungen darstellen lassen, konzipiert worden. Durch Schätzung der Dichten der einzelnen Klassen nach diesem Verfahren und Multiplikation mit den Klassenfrequenzen wird im Programm das Bayessche Entscheidungsverfahren im Sinne von Abschnitt 11.3 realisiert.

Die normalverteilten Komponenten $\varrho_N(\eta_i, C_i)$ der unterstellten Verteilungstypen werden in diesem Zusammenhang auch als Komponenten der Verteilung, die Verteilung ϱ selbst als multimodal oder auch als Mischverteilung bezeichnet. Die *Gewichte* der Komponenten sind die Koeffizienten r_i in der Darstellung

$$\varrho(\boldsymbol{x}) = \sum_i r_i \varrho_N(\eta_i, C_i) .$$

Als Schätzungen der Parameter $\boldsymbol{\eta}_i$ bzw. $\boldsymbol{C}_i$ werden die geometrischen Clustermittelpunkte bzw. die Formmatrizen $\boldsymbol{B}_i$ der Cluster eingesetzt (vgl. Abschnitt 13.4).

Der mit einer solchen Dichteschätzung durch $\max\limits_{i=1,\ldots,M} \mathrm{P}_i \varrho_i$ erhaltene Reklassifikationsfehler der Lernprobe wird berechnet und ausgegeben. Das Dichteschätzverfahren nach SEBESTYEN läßt sich gegen das Approximationsverfahren nach PARZEN austauschen. Es ist möglich, die Dispersion der Funktion K in eingebbarer Weise automatisch zu variieren. Da K im R^n einen kugelsymmetrischen Verlauf hat, kann es vorteilhaft sein, durch eine vorgeschaltete lineare Transformation $\boldsymbol{T}$ des Merkmalsvektors die Kovarianzmatrix in eine Einheitsmatrix überzuführen. Eine Matrix $\boldsymbol{T}$ mit dieser Eigenschaft ist

$$\boldsymbol{T} = \boldsymbol{\Lambda}^{-1/2}\, \boldsymbol{U}_C\,. \tag{13.1}$$

Hierin ist $\boldsymbol{\Lambda}$ die Diagonalmatrix der Eigenwerte der Matrix $\boldsymbol{C}$ und $\boldsymbol{U}_C$ eine orthogonale Matrix, die C nach dem Schema

$$\boldsymbol{U}_C \boldsymbol{C} \boldsymbol{U}_C^T = \boldsymbol{\Lambda} \tag{13.2}$$

auf Hauptachsen transformiert. Aus (13.2) und (13.1) folgt, daß, wie behauptet,

$$\boldsymbol{T}\boldsymbol{C}\boldsymbol{T}^T = \boldsymbol{I}_n \tag{13.3}$$

ist. Die Matrix $\boldsymbol{T}$ ist nicht eindeutig bestimmt. Jede Rotation von $\boldsymbol{T}$ mit einer orthogonalen Matrix $\boldsymbol{A}$, d. h., jede Matrix

$$\boldsymbol{T}_* = \boldsymbol{A}\boldsymbol{T}\,, \tag{13.4}$$

erfüllt ebenfalls die Gleichung (13.3). Die Transformation $\boldsymbol{T}$ kann vorgeschaltet werden.

13.4. Prinzipien der Clusteranalyse

Im Programm ist das Prinzip der Verfahrensweise nach SEBESTYEN und EDIE (1966) verwirklicht. Durch sequentielle Belehrung (updating) werden hyperelliptische Volumenbereiche

$$\mathsf{V}(\boldsymbol{\eta}, \boldsymbol{B}, \tau) = \{\boldsymbol{x} \in \mathsf{R}^n \colon |\boldsymbol{B} \cdot (\boldsymbol{x} - \boldsymbol{\eta})|^2 < \tau^2\}\,, \tag{13.5}$$

$\boldsymbol{\eta}$ Zentrumsvektor des Hyperellipsoids, τ verallgemeinerter Radius des Hyperellipsoids, $\boldsymbol{B}$ nichtsinguläre, reelle (n, n)-Matrix, erzeugt. Das Volumen $|\mathsf{V}|$ ist durch das Integral

$$|\mathsf{V}| = \int_{\mathsf{V}(\boldsymbol{\eta}, \boldsymbol{B}, \tau)} \mathrm{d}\boldsymbol{v}\,, \tag{13.6}$$

$$\boldsymbol{v} := \boldsymbol{x} - \eta \tag{13.7}$$

bzw.

$$|\mathsf{V}| = \int_{|\boldsymbol{u}|^2 < \tau^2} \mathrm{d}\boldsymbol{v}\,, \tag{13.8}$$

$$\boldsymbol{u} := \boldsymbol{B}\boldsymbol{v}\ (= \boldsymbol{B}(\boldsymbol{x} - \boldsymbol{\eta})) \tag{13.9}$$

definiert. Da $\boldsymbol{v} = \boldsymbol{B}^{-1}\boldsymbol{u}$ ist, gilt

$$\frac{\mathrm{d}\boldsymbol{v}}{\mathrm{d}\boldsymbol{u}} = \det \boldsymbol{B}^{-1} = (\det \boldsymbol{B})^{-1} \quad \text{(JACOBI-Determinante)}$$

und damit

$$|\mathsf{V}| = (\det \boldsymbol{B})^{-1} \int_{|\boldsymbol{u}|^2 < \tau^2} \mathrm{d}\boldsymbol{u} = (\det \boldsymbol{B})^{-1}\, \mathsf{V}_K(\tau)\,, \tag{13.10}$$

wobei $V_K(\tau)$ das Volumen der Hyperkugel mit dem Radius τ bedeutet. Es ist

$$V_K(\tau) = \begin{cases} \dfrac{\pi^{n/2}}{\left(\dfrac{n}{2}\right)!} \cdot \tau^n , & \text{wenn } n \text{ gerade} , \\[2ex] \dfrac{2^n \pi^{(n-1)/2} \left(\dfrac{n-1}{2}\right)!}{n!} \cdot \tau^n , & \text{wenn } n \text{ ungerade.} \end{cases} \qquad \left(\frac{1}{2}\right)! = \frac{\sqrt{\pi}}{2} , \tag{13.11}$$

Man kann ein lokales Optimalitätskriterium für die Bestimmung von Lage und Form des hyperellipsoidalen Bereichs relativ zu einer Punktkonfiguration im R^n formulieren, indem man einen Abstand a des Objekts x vom Rand des Hyperellipsoids durch

$$a(x; \boldsymbol{\eta}, \boldsymbol{B}, \tau) = (\tau^2 - |\boldsymbol{u}_*|^2) \cdot H(\tau^2 - |\boldsymbol{u}_*|^2) \tag{13.12}$$

definiert. Der Bereich V wird dann im Raum so verschoben und deformiert, daß

$$G_C := \mathrm{E}[(\tau^2 - |\boldsymbol{U}_*|^2)\, H(\tau^2 - |\boldsymbol{U}_*|^2)] \tag{13.13}$$

mit der Zufallsvariablen

$$\boldsymbol{U}_* = \boldsymbol{B}_*(\boldsymbol{X} - \boldsymbol{\eta}) , \quad \boldsymbol{B}_* := (\det \boldsymbol{B})^{-1} \boldsymbol{B} \tag{13.14}$$

ein Maximum wird.

Interpretation. Es wird ein Hyperellipsoid konstanten Volumens so lange im R^n verschoben und deformiert, bis eine Konfiguration erreicht ist, bei der ein (relatives) Maximum des Erwartungswertes des oben definierten Objektabstands a von den Grenzen des hyperellipsoidalen Bereiches erreicht wird.

Als verallgemeinerten Gradienten des Operanden

$$Q := (\tau^2 - |\boldsymbol{U}_*|^2)\, H(\tau^2 - |\boldsymbol{U}_*|^2) \tag{13.15}$$

von E in (13.13) nach dem Zentrumsvektor $\boldsymbol{\eta}$ erhält man

$$\begin{aligned} \nabla_\eta^0 Q &= \nabla_\eta^0[(\tau^2 - |\boldsymbol{U}_*|^2)\, H(\tau_2 - |\boldsymbol{U}_*|^2)] \\ &= -(\nabla_\eta^0 |\boldsymbol{U}_*|^2)\, H(\tau^2 - |\boldsymbol{U}_*|^2) \\ &= -\left(\nabla_\eta^0[(\boldsymbol{X} - \boldsymbol{\eta})^T \boldsymbol{B}_*^T \boldsymbol{B}_*(\boldsymbol{X} - \boldsymbol{\eta})]\right) H(\tau^2 - |\boldsymbol{U}_*|^2) \\ &= 2H(\tau^2 - |\boldsymbol{U}_*|^2) \cdot (\boldsymbol{B}_*^T \boldsymbol{B}_*)\,(\boldsymbol{X} - \boldsymbol{\eta}) . \end{aligned} \tag{13.16}$$

Bei einer stochastischen Approximation dieses Zentrumsvektors nach dem in Abschnitt 11.4.2.3, S. 196, angegebenen Schema kann γ_t auch eine (n, n)-Matrix $\boldsymbol{\Gamma}$ sein. Wählt man hier

$$\boldsymbol{\Gamma}_t = (\boldsymbol{B}_*^T \boldsymbol{B}_*)^{-1} \gamma_{*t} , \tag{13.17}$$

wo γ_{*t} die an γ_t gestellten Forderungen erfüllt, so erhält man das Iterationsschema

$$\boldsymbol{\eta}(t+1) := \boldsymbol{\eta}(t) + H(\tau^2 - |\boldsymbol{U}_*|^2)\,(\boldsymbol{X} - \boldsymbol{\eta}) \tag{13.18}$$

für $\boldsymbol{\eta}$. Wenn wir $\gamma_{*t} = 1/t$ setzen, wird also

$$\boldsymbol{\eta}(t+1) = \begin{cases} \boldsymbol{\eta}(t), & \text{falls } |\boldsymbol{U}_*|^2 > \tau^2 , \\ \boldsymbol{\eta}(t) + \frac{1}{2}\,(\boldsymbol{X} - \boldsymbol{\eta}(t)), & \text{falls } |\boldsymbol{U}_*|^2 \leqq \tau^2 . \end{cases} \tag{13.19}$$

In dieser Weise wird die Iteration des Zentrumsvektors $\boldsymbol{\eta}$ im Algorithmus von SEBESTYEN und EDIE vorgenommen.

Für die Iteration der Matrix $\boldsymbol{B}$ berechnen wir die Iteration von $(\boldsymbol{B}^T\boldsymbol{B})^{-1}$. Wir bezeichnen $(\boldsymbol{B}^T\boldsymbol{B})^{-1}$ mit $\boldsymbol{A}$ und haben dann nach (13.15) und (13.14)

$$Q = (\tau^2 - |\boldsymbol{U}_*|^2) \cdot H(\tau^2 - |\boldsymbol{U}_*|^2) \tag{13.20}$$

mit

$$|\boldsymbol{U}_*|^2 := (\det \boldsymbol{A})\,(\boldsymbol{X} - \boldsymbol{\eta})^T \boldsymbol{A}^{-1}(\boldsymbol{X} - \boldsymbol{\eta})\,, \tag{13.21}$$

und es wird

$$\nabla_{\boldsymbol{A}}^0 Q = -\big(H(\tau^2 - |\boldsymbol{U}_*|^2) \cdot \nabla_{\boldsymbol{A}}|\boldsymbol{U}_*|^2\big)\,, \tag{13.22}$$

$$\nabla_{\boldsymbol{A}}|\boldsymbol{U}_*|^2 = (\nabla_{\boldsymbol{A}} \det \boldsymbol{A})\,(\det \boldsymbol{A})^{-1}\,|\boldsymbol{U}_*|^2 + (\det \boldsymbol{A})\,\nabla_{\boldsymbol{A}}[(\boldsymbol{X} - \boldsymbol{\eta})^T \boldsymbol{A}^{-1} \cdot (\boldsymbol{X} - \boldsymbol{\eta})]\,.$$

Unter Benutzung der Formeln von Abschnitt 11.1.2.2, S. 125, für symmetrische Matrizen erhält man

$$(\nabla_{\boldsymbol{A}} \det \boldsymbol{A})_{ik} = \frac{2}{1 + \delta_{ik}}\,(\det \boldsymbol{A}) \cdot (\boldsymbol{A}^{-1})_{ki}\,, \qquad i, k = 1, \ldots, n\,, \tag{13.23}$$

sowie

$$\big(\nabla_{\boldsymbol{A}}(\boldsymbol{a}^T\boldsymbol{A}^{-1}\boldsymbol{a})\big)_{ik} = -\frac{2}{1 + \delta_{ik}} \cdot (\boldsymbol{A}^{-1}\boldsymbol{a}\boldsymbol{a}^T\boldsymbol{A}^{-1})_{ki} \tag{13.24}$$

und damit

$$(\nabla_{\boldsymbol{A}}^0 Q)_{ik} = \big(H(\tau^2 - |\boldsymbol{U}_*|^2)\big) \cdot \frac{2}{1 + \delta_{ik}}\,(\det \boldsymbol{A})\,[\boldsymbol{A}^{-1}[(\boldsymbol{X} - \boldsymbol{\eta})\,(\boldsymbol{X} - \boldsymbol{\eta})^T - \boldsymbol{A}] \cdot \boldsymbol{A}^{-1}]_{ik}\,. \tag{13.25}$$

Aus (13.25) folgt $\mathrm{E}(\nabla_{\boldsymbol{A}}^0 Q) = \boldsymbol{O}$, wenn

$$\boldsymbol{A} = \mathrm{E}[H(\tau^2 - |\boldsymbol{U}_*|^2) \cdot (\boldsymbol{X} - \boldsymbol{\eta})\,(\boldsymbol{X} - \boldsymbol{\eta})^T] \tag{13.26}$$

ist. Der rechts stehende Ausdruck ist die Kovarianzmatrix der im Clustervolumen eingeschlossenen Objekte.

Bei SEBESTYEN wird die Matrix $\boldsymbol{B}$ als diagonal vorausgesetzt. Damit ist auch $\boldsymbol{A}$ diagonal, somit bleiben in (13.25) nur die Glieder mit $i = k$ ungleich Null. SEBESTYEN benutzt eine Iteration, die sich aus (13.25) ergibt, wenn man $(\det \boldsymbol{A})$ sowie die Ränderung mit $\boldsymbol{A}^{-1}$ fortläßt. Setzt man wieder $\gamma_{*t} = 1/t$, so erhält man das Iterationsschema

$$\boldsymbol{A}(t + 1) = \begin{cases} \boldsymbol{A}(t), & \text{wenn } |\boldsymbol{U}_*|^2 > \tau^2\,, \\ \boldsymbol{A}(t) + \dfrac{1}{t}\,[(\boldsymbol{X} - \boldsymbol{\eta})\,(\boldsymbol{X} - \boldsymbol{\eta})^T - \boldsymbol{A}], & \text{wenn } |\boldsymbol{U}_*|^2 \leq \tau^2\,. \end{cases} \tag{13.27}$$

Bei SEBESTYEN geht hierin nicht $\boldsymbol{U}_*$, sondern $\boldsymbol{U}$ ein — in gleicher Weise wurde der Algorithmus auch hier realisiert.

Die Anfangswerte werden

$$\boldsymbol{A}(1) = \boldsymbol{B}_N\,, \tag{13.28}$$

$$\boldsymbol{\eta}(1) = \boldsymbol{x}^{(1)} \tag{13.29}$$

gesetzt: $\boldsymbol{B}_N$ ist eine Diagonalmatrix, und $\boldsymbol{x}^{(1)}$ bedeutet das erste Objekt eines Clusters. Um zu verhindern, daß sich Cluster gegenseitig überdecken, wird noch ein zweiter Radius ϑ eingeführt. Der Ablauf des Algorithmus ist dann wie folgt:

Die Objekte werden in zufälliger Reihenfolge ohne Wiederholung angeboten. Das erste Objekt $\boldsymbol{x}^{(1)}$ erzeugt nach (13.28) und (13.29) $\boldsymbol{A}(1)$ und $\boldsymbol{\eta}(1)$ des ersten Clusters. Jedes weitere Objekt veranlaßt nach (13.27) und (13.29) die Iteration von $\boldsymbol{A}$ und $\boldsymbol{\eta}$ des ersten Clusters. Das erste Objekt, das außerhalb des Hyperellipsoids mit dem verallgemeinerten Radius ϑ dieses ersten Clusters fällt, ist das Objekt $\boldsymbol{x}^{(1)}$ des zweiten Clusters zur Bestimmung von $\boldsymbol{\eta}(1)$ nach (13.29) des zweiten Clusters (und von $\boldsymbol{A}(1)$ dieses Clusters). Die Objekte, für die $\tau^2 < |\boldsymbol{U}|^2 < \vartheta^2$ ist, die also in der *Ringzone* liegen, werden bis zur Vollendung des ersten Durchlaufs aller Objekte zwischengespeichert. Sie werden anschließend gesondert noch einmal angeboten. Damit ist der erste Zyklus abgeschlossen. Weitere derartige Zyklen können sich anschließen, wobei die erreichten Formparameter $(\boldsymbol{A}, \boldsymbol{\eta})_i$ im i-ten Zyklus die Anfangskonfiguration des $i + 1$-ten Zyklus bilden.

Am Schluß der Clusteranalyse werden die Cluster in dem oben gemeinten Sinne als Elemente einer Zerlegung der Objektmenge durch eindeutige Zuordnung eines jeden Objekts zu genau einem der Formparameter erzeugt. Hierzu wird $\boldsymbol{u}(\boldsymbol{x}, (\boldsymbol{A}, \boldsymbol{\eta})_i)$ für jedes Objekt $\boldsymbol{x}$ und jeden Formparameter $(\boldsymbol{A}, \boldsymbol{\eta})_i$ berechnet, $i = 1, \dots, NCL$, und die Zuordnung $j(\boldsymbol{x})$ durch Minimierung $|\boldsymbol{u}(\boldsymbol{x}, (\boldsymbol{A}, \boldsymbol{\eta})_{j(\boldsymbol{x})})| = \min_{i=1,\dots,NCL} |\boldsymbol{u}(\boldsymbol{x}, (\boldsymbol{A}, \boldsymbol{\eta})_i)|$ erklärt.

Die Clusteranalyse erfolgt für die den einzelnen Klassen entsprechenden Objektmengen getrennt. Auch die Werte $\boldsymbol{B}_N$, τ und $TAU2 \equiv \vartheta$ werden nach Klassen getrennt festgelegt, und zwar wie folgt: Zunächst werden IZ Objektpunkte zufällig ausgewählt. Zu jedem ausgewählten Objektpunkt (Stützpunkt) werden die $TAUZ1$ (Eingabeparameter) nach dem Euklidischen Abstand nächsten Objektpunkte und für diese der Mittelvektor und die Diagonalelemente der Kovarianzmatrix berechnet sowie der Euklidische Abstand des am weitesten von seinem Stützpunkt entfernt liegenden Punktes. Die Mittelung dieser Abstände bzw. der Spurelemente der Kovarianzmatrizen über die Sützpunkte ergeben den Parameter τ bzw. die Matrix $\boldsymbol{B}_N$. Ebenso wie τ aus $TAUZ1$ wird ϑ aus $TAUZ2$ berechnet. Durch eine hier nicht zu besprechende Iteration kann noch erreicht werden, daß für die am weitesten von ihren Stützpunkten entfernt liegenden der $TAUZ1$ Objektpunkte im Mittel die Bedingung $|\boldsymbol{u}|^2 = \tau^2$ erfüllt ist. Die Werte für τ und ϑ werden in diesem Fall noch mit einem zu bestimmenden gemeinsamen Faktor multipliziert.

Cluster, deren Objektanzahl kleiner als eine Schwelle IN ist, werden aufgelöst. $TAUZ1$, $TAUZ2$ und IN sind Eingabeparameter, die für jede Klasse eigene Werte erhalten können.

13.5. Empirische (verteilungsfreie) Güteschätzung

13.5.1. Güteschätzung bei gegebener Klsssifizierungsfunktion φ (gegebenem Parametervektor $\boldsymbol{w}$)

Ein Gütemaß G war durch eine Funktion $\zeta(\omega, \boldsymbol{w})$ als Erwartungswert

$$G(\boldsymbol{w}) = \mathbf{E}[\zeta(\Omega, \boldsymbol{w})] \tag{13.30}$$

definiert. Nehmen wir an, daß der Parametervektor $\boldsymbol{w}$ bekannt ist, so ist auch die Klassifizierungsfunktion $\varphi(\boldsymbol{x}, \boldsymbol{w})$ definiert. Die empirische Schätzung von $G(\boldsymbol{w})$ ist

$$G(\boldsymbol{w})_{\text{emp}} = \frac{1}{N_T} \sum_{i=1}^{N_T} \zeta(\omega^{(i)}, \boldsymbol{w}) , \tag{13.31}$$

wobei

$$\mathsf{s} = (\omega^{(1)}, \dots, \omega^{(N_T)}) \tag{13.32}$$

eine Folge von Realisierungen der Zufallsgröße Ω ist. Definiert man die Folge

$$\mathsf{S}_T := (\Omega^{(1)}, \dots, \Omega^{(N_T)}) \tag{13.33}$$

statistisch unabhängiger, jedoch identisch nach W verteilter Zufallsvariablen, so kann man eine skalare Zufallsgröße H_{N_T} und eine Funktion h durch

$$H_{N_T}(\boldsymbol{w}) := h(S_T, \boldsymbol{w}) := \frac{1}{N_T} \sum_{i=1}^{N_T} \zeta(\Omega^{(i)}, \boldsymbol{w}) \tag{13.34}$$

definieren, wobei $G(\boldsymbol{w})_{\text{emp}}$ eine Realisierung der Zufallsgröße $H_{N_T}(\boldsymbol{w})$ wird. Es ist ohne weiteres zu sehen, daß

$$\mathbf{E}[H_{N_T}(\boldsymbol{w})] = G(\boldsymbol{w}) \tag{13.35}$$

und

$$\boldsymbol{KOV}(H_{N_T}, H_{N_T}) = \frac{1}{N_T} \boldsymbol{KOV}(\zeta, \zeta) \tag{13.36}$$

gilt. Also ist $H_{N_T}(\boldsymbol{w})$ eine erwartungstreue Schätzfunktion für $G(\boldsymbol{w})$.

13.5.2. Güteschätzung bei unbekannter Klassifizierungsfunktion φ (unbekanntem Parametervektor $\boldsymbol{w}$)

Der Parametervektor $\boldsymbol{w}$ und damit die Klassifizierungsfunktion seien unbekannt und folglich aufgrund einer Lernfolge s_B zu bestimmen. Zur Lösung dieser Aufgabe sind die hier diskutierten Klassifizierungsverfahren χ geeignet. Wir schreiben deshalb in geringer Abänderung der Definition von χ, S. 136,

$$\boldsymbol{w} = \chi(\mathsf{s}_B) , \tag{13.37}$$

wo wieder s_B die Realisierung der Zufallsvariablen

$$\mathsf{S}_B := (\Omega^{(1)}, \dots, \Omega^{(N_B)}) \tag{13.38}$$

sei und die $\Omega^{(i)}, i = 1, \dots, N_B$ wieder eine Folge statistisch unabhängiger und identisch nach W verteilter Zufallsgrößen sind. Setzt man $\boldsymbol{w}$ nach (13.37) in (13.30) ein und ersetzt s_B durch S_B, so erhält man eine Zufallsgröße

$$G(\chi(\mathsf{S}_B)) , \tag{13.39}$$

deren Erwartungswert die mittlere Güte

$$g_\chi(N_B) := \mathbf{E}[G(\chi(\mathsf{S}_B))] \tag{13.40}$$

des Klassifizierungsverfahrens χ bei einer Lernfolge der Länge N_B ist. Eine Schätzung der Größe $g_\chi(N_B)$ kann als zweistufiger Prozeß realisiert werden. Dementsprechend sei die Funktion $h_\chi(\mathsf{S}_T, \mathsf{S}_B)$ (vgl. (13.34)) durch

$$h_\chi(\mathsf{S}_T, \mathsf{S}_B) := \frac{1}{N_T} \sum_{i=1}^{N_T} \zeta(\Omega^{(i)}, \chi(\mathsf{S}_B)) = \frac{1}{N_T} \sum_{\Omega \in \mathsf{S}_T} \zeta(\Omega, \chi(\mathsf{S}_B)) \tag{13.41}$$

definiert. Wir unterscheiden dann die Fälle:

1. $\mathsf{S}_T = \mathsf{S}_B \equiv :\mathsf{S}:$ (13.42)

Wir nennen $h_\chi(\mathsf{S}, \mathsf{S})$ die *Reklassifizierungsgüte* und führen die Streuungen $\sigma_{\chi,N,R}$ und $\varkappa_{\chi,N,R}$ durch

$$\boldsymbol{KOV}(\zeta(\Omega^{(i)}, \chi(\mathsf{S})), \zeta(\Omega^{(j)}, \chi(\mathsf{S})) = \begin{cases} \sigma^2_{\chi,N,R} & \text{für } i = j\,, \\ \varkappa_{\chi,N,R} & \text{für } i \neq j \end{cases} \tag{13.43}$$

ein. Damit wird, wie man leicht nachrechnet,

$$\boldsymbol{KOV}(h_\chi(\mathsf{S}, \mathsf{S}), h_\chi(\mathsf{S}, \mathsf{S})) =: \frac{1}{N} \sigma^2_{\chi,N,R} + \frac{N-1}{N} \varkappa_{\chi,N,R}\,. \tag{13.44}$$

Der für alle i gleiche Erwartungswert von ζ sei

$$g_{\chi,N,R} := \mathbf{E}[\zeta(\Omega^{(i)}, \chi(S))]\,. \tag{13.45}$$

Damit wird

$$\mathbf{E}[h_\chi(\mathsf{S}, \mathsf{S})] = g_{\chi,N,R}\,. \tag{13.46}$$

Da $\Omega^{(i)} \in \mathsf{S}$ für alle $i = 1, \ldots, N$ ist, gilt für jedes gute Klassifizierungsverfahren

$$g_{\chi,N,R} \geqq g_\chi(N) \tag{13.47}$$

mit dem Gleichheitszeichen für $N \to \infty$. Die Schätzung $h_\varkappa(\mathsf{S}, \mathsf{S})$ ist also optimistisch.

2. $\mathsf{S}_T \cap \mathsf{S}_B = \emptyset$ (Testfolge und Lernfolge sind elementfremd)

Wir nennen $h_\chi(\mathsf{S}_T, \mathsf{S}_B)$ die *Güteschätzung nach der H-Methode* (hold out method). Es sei vorausgesetzt, daß die Zufallsvariablen in S_T und S_B (innerhalb von S_T und S_B) sowie zwischen S_B und S_T statistisch unabhängig sind. In diesem Fall ist offensichtlich

$$\boldsymbol{KOV}(\zeta(\Omega^{(i)}, \chi(\mathsf{S}_B)), \zeta(\Omega^{(j)}, \chi(\mathsf{S}_B))) =: \sigma^2_{\chi,N_B,H} \cdot \delta_{ij}\,, \qquad \Omega_i, \Omega_j \in \mathsf{S}_T \tag{13.48}$$

und es ist

$$\mathbf{E}[\zeta(\Omega^{(i)}, \chi(\mathsf{S}_B))] =: g_{\chi,N_B,H} = g_\chi(N_B)\,. \tag{13.49}$$

Weiter ist

$$\boldsymbol{KOV}(h_\chi(\mathsf{S}_T, \mathsf{S}_{B\chi}), h(\mathsf{S}_T, \mathsf{S}_B)) = \frac{1}{N_T} \sigma^2_{\chi,N_B,H}. \tag{13.50}$$

Die Schätzung $h_\chi(\mathsf{S}_T, \mathsf{S}_B)$ für eine Lernfolge der Länge N_B ist nach (13.49) erwartungstreu. Sie ist nach (13.50) umso besser, je größer N_T und N_B sind. Steht eine Stichprobe der Länge N zur Verfügung, so wird man in jedem Fall

$$N_T + N_B = N \tag{13.51}$$

wählen. Es entsteht das Problem, wie N am günstigsten in N_T und N_B zu zerlegen sei. Günstiger als eine einmalige Zerlegung von S in S_T und S_B ist die folgende

3. π-Methode

S sei vollständig in q Teilfolgen $\mathsf{S}_T^{(1)}, \ldots, \mathsf{S}_T^{(q)}$ der Länge N_T zerlegbar, so daß

$$N = q \cdot N_T \tag{13.52}$$

ist. Wir betrachten jetzt die Schätzfunktion

$$h_{\chi,q,\pi}(\mathsf{S}) := \frac{1}{q}\sum_{j=1}^{q} h_\chi(\mathsf{S}_T^{(j)}, \mathsf{S} - \mathsf{S}_T^{(j)}) \tag{13.53}$$

oder mit (13.41)

$$h_{\chi,q,\pi}(\mathsf{S}) = \frac{1}{N}\sum_{j=1}^{q}\sum_{i=(j-1)\cdot(N/q)+1}^{j\cdot(N/q)} \zeta(\Omega^{(i)}, \chi(\mathsf{S} - \mathsf{S}_T^{(j)})) \tag{13.54}$$

mit

$$\mathsf{S}_T^{(j)} = (\Omega^{((j-1)\cdot(N/q)+1)}, \dots, \Omega^{(j\cdot(N/q))})\,. \tag{13.55}$$

Es sind

$$\boldsymbol{KOV}(\zeta(\Omega^{(i')}, \chi(\mathsf{S} - \mathsf{S}_T^{(j')})), \zeta(\Omega^{(i'')}, \chi(\mathsf{S} - \mathsf{S}_T^{(j'')}))$$

$$=: \begin{cases} \sigma^2_{\chi,(1-(1/q))\cdot N,F}\cdot\delta_{i'i''} & \text{für } j' = j''\,, \\ \varkappa_{\chi,(1-(1/q))\cdot N,\pi} & \text{für } j' \neq j''\,, \end{cases} \quad \Omega^{(i')} \in \mathsf{S}_T^{(j')}\,, \Omega^{(i'')} \in \mathsf{S}_T^{(j'')}\,. \tag{13.56}$$

Damit wird

$$\boldsymbol{KOV}(h_{\chi,q,\pi}(\mathsf{S}), h_{\chi,q,\pi}(\mathsf{S})) = \frac{1}{N}\sigma^2_{\chi,(1-(1/q))N,H} + \left(1 - \frac{1}{q}\right)\cdot\varkappa_{\chi,(1-(1/q))N,\pi}\,. \tag{13.57}$$

Dabei ist

$$\mathrm{E}[h_{\chi,q,\pi}(\mathsf{S})] = g_{\chi,(1-(1/q))N,H} = g_\chi\left(\left(1 - \frac{1}{q}\right)N\right). \tag{13.58}$$

Somit ist auch die Schätzung $h_{\chi,q,\pi}(\mathsf{S})$ erwartungstreu für eine Lernfolge der Länge $(1 - (1/q))\,N (= N_B)$.

Vergleicht man die Streuung nach (13.57) mit der Streuung (13.50) der H-Methode bei gleicher Länge $(1 - (1/q))\cdot N$ der Lernfolge und gleicher Länge N der zur Verfügung stehenden Stichprobe, so ergibt sich für die H-Methode

$$\boldsymbol{KOV}(h, h)_H = \frac{1}{N - \left(1 - \frac{1}{q}\right)N}\cdot\sigma^2_{\chi,(1-(1/q))N,H} = \frac{q}{N}\sigma^2_{\chi,(1-(1/q))N,H} \tag{13.59}$$

und damit nach (13.57)

$$\boldsymbol{KOV}(h, h)_\pi = \frac{1}{q}\cdot\boldsymbol{KOV}(h, h)_H + \left(1 - \frac{1}{q}\right)\varkappa_{\chi,(1-(1/q))N,\pi}\,. \tag{13.60}$$

Die π-Methode stellt also eine q-fache Verbesserung der äquivalenten H-Methode dar, sofern der zweite Term in (13.60) vernachlässigt werden kann.

Je größer q ist, umso länger sind die im Mittel zur Belehrung herangezogenen Lern-Teilfolgen der Stichprobe, so daß im Mittel mehr Information zur Konstruktion der Klassifikatoren genutzt wird — das mittlere Schätzergebnis müßte also genauer ausfallen. Gleichzeitig steigt der Aufwand, so daß ein geeigneter Optimalwert, meist $q = 10$, gewählt werden muß.

4. Spezialisierung von ζ auf ζ_B (Schätzung der Trefferquote)

Eine Vereinfachung der Formeln ergibt sich, wenn die Gütefunktion ζ_B verwendet wird, die nur die zwei Werte 0 (falsche Klassifikation) und 1 (richtige Klassifikation) annehmen kann. In diesem Fall ist

$$\zeta_B^2(\Omega, \boldsymbol{w}) \equiv \zeta_B(\Omega, \boldsymbol{w})\,, \tag{13.61}$$

und nach (13.43) wird

$$\sigma^2_{\chi,N,R} = \mathbf{E}[\zeta^2(\Omega^{(i)}, \chi(\mathsf{S}))] - \mathbf{E}[\zeta(\Omega^{(i)}, \chi(\mathsf{S}))]^2 , \tag{13.62}$$

und somit wegen (13.61) und (13.45)

$$\sigma^2_{\chi,N,R} = g_{\chi,N,R} - g^2_{\chi,N,R} = g_{\chi,N,R} \cdot (1 - g_{\chi,N,R}) . \tag{13.63}$$

Analog ergibt sich nach (13.48) und (13.49)

$$\sigma^2_{\chi,N_B,H} = (g_\chi(N_B)) \cdot (1 - g_\chi(N_B)) . \tag{13.64}$$

13.6. Realisierung der π-Methode

Die Übereinstimmung der Lernfolgen der einzelnen Zyklen in gewissen Teilfolgen ihrer Elemente sollte weitgehend zur Verkürzung der Rechenzeit — gegenüber der q-maligen Erstellung und Anwendung des Klassifikators — ausgenutzt werden. So können u. U. verfahrensspezifisch gewisse Teilresultate der Belehrung abgespeichert und in nachfolgenden Läufen wieder verwendet werden, ohne jene Berechnungen wiederholen zu müssen.

Theoretische Betrachtungen zu diesen Fragen sind, soweit sie die besonders aufwendige Maximierung des Funktionals G_1 betreffen, bei Wapnik (1974) enthalten.

Im Programm ist die π-Methode im wesentlichen durch q-malige Belegung eines Feldes der Länge N mit Nullen und Einsen realisiert, wobei eine 1 das betreffende Objekt als Element der Testmenge und eine 0 es als Element der Lernmenge kennzeichnet.

Bei der Belehrung (einschließlich des Aufbaus des gesamten Klassifikators) werden die mit 1 belegten Objekte übergangen; bei der Güteberechnung mit dem optimierten Klassifikator dagegen die mit 0 belegten. Dasselbe wiederholt sich q-mal, dabei werden die von (13.54) geforderten Summationen vorgenommen und nach den Klassen $k^{(i)} \in \mathsf{K}$ und den vom Klassifikator gefällten Entscheidungen $e^{(i)} \in \mathsf{K}$ in Form einer Güte-Verwechselungsmatrix untersetzt.

Die Objektmenge wird zuvor pseudostochastisch geeignet angeordnet, so daß in den einzelnen Gruppen möglichst gleichviele Objekte einer jeden Klasse vertreten sind, um Streuungen, die durch die Realisierung der Klassenwahrscheinlichkeiten $\mathbf{P}_i$ allein bedingt wären, klein zu halten.

13.7. Klassifizierung einer Objektgesamtheit (Population) mit abweichenden Klassenwahrscheinlichkeiten

13.7.1. Ermittlung der unbekannten Klassenwahrscheinlichkeiten in einer zu klassifizierenden Gesamtheit

Die Population, aus der die Lernfolge entnommen ist, sei durch die Wahrscheinlichkeiten

$$\mathbf{P}_{i(L)} \cdot \varrho_i(\boldsymbol{x}) , \qquad i = 1, \dots, M , \tag{13.65}$$

die zu klassifizierende Population durch

$$\mathbf{P}_{i(K)} \cdot \varrho_i(\boldsymbol{x}) , \qquad i = 1, \dots, M , \tag{13.66}$$

charakterisiert. Hierin sind $\mathrm{P}_{i(L)}$ die bekannten Klassenwahrscheinlichkeiten der *Lernfolgen-Population*, $\mathrm{P}_{i(K)}$ die unbekannten Klassenwahrscheinlichkeiten der zu klassifizierenden Population.

Ein aufgrund der Lernfolge konstruierter Klassifikator definiert eine Verwechselungsmatrix

$$||VM(e,j)|| = ||W(E = e \mid K = j)|| \,. \tag{13.67}$$

Hierin sei E die Entscheidungszufallsvariable mit Realisierungen $e \in \mathsf{K}$ und K die Klassenzufallsvariable. E ist unmittelbar durch die Klassifizierungsfunktion φ in der Form

$$E = \varphi(K) \tag{13.68}$$

gegeben.

Die Wahrscheinlichkeit einer Entscheidung e ist allgemein

$$\mathrm{P}_{*e} = \sum_{j=1}^{M} VM(e,j) \cdot \mathrm{P}_j \tag{13.69}$$

oder in Matrizenform

$$\boldsymbol{P}_* = \boldsymbol{VM} \cdot \boldsymbol{P} \tag{13.70}$$

mit $\boldsymbol{P}_*^T = (\mathrm{P}_{*1}, \dots, \mathrm{P}_{*M})$, $\boldsymbol{P}^T = (\mathrm{P}_1, \dots, \mathrm{P}_M)$, $\boldsymbol{VM} = ||VM(i,j)||$ gegeben. Durch Klassifikation einer Probe der zu klassifizierenden Population läßt sich $\boldsymbol{P}_{*(K)}$ schätzen, so daß $\boldsymbol{P}_{*(K)}$ als bekannt angesehen werden kann. Wir erhalten damit aus (13.70)

$$\boldsymbol{P}_{(K)} = \boldsymbol{VM}^{-1} \boldsymbol{P}_{*(K)} \,.$$

Es besteht die Normierung

$$\boldsymbol{VM}^T \cdot \mathbf{1} = \mathbf{1} \,, \text{[1]} \tag{13.71}$$

die aus der Definition (13.67) von $VM(e,j)$ als bedingte Wahrscheinlichkeit (die Summe der Wahrscheinlichkeiten für die einzelnen Entscheidungen e bei festgehaltener Klasse k ist gleich 1, $k = 1, \dots, M$) folgt. Für die Summe der Wahrscheinlichkeiten $\mathrm{P}_{i(K)}$ ergibt sich daraus

$$\boldsymbol{P}_{(K)}^T \cdot \mathbf{1} = \boldsymbol{P}_{*(K)}^T \cdot (\boldsymbol{VM}^T)^{-1} \cdot \mathbf{1} \,. \tag{13.72}$$

Durch Multiplikation von (13.71) von links mit $(\boldsymbol{VM}^T)^{-1}$ folgt

$$(\boldsymbol{VM}^T)^{-1} \cdot \mathbf{1} = \mathbf{1} \tag{13.73}$$

und damit

$$\boldsymbol{P}_{(K)}^T \mathbf{1} = \boldsymbol{P}_{*(K)}^T \mathbf{1} = 1 \,,$$

so daß gesichert ist, daß auch die Summe der Klassenwahrscheinlichkeiten $\mathrm{P}_{i(K)}$ gleich 1 ist.

13.7.2. Adaptierung des Klassifikators an die zu klassifizierende Population

Die Elemente eines Feldes PI werden mit den Werten

$$PI(i) = \frac{\mathrm{P}_{i(K)}}{\mathrm{P}_{i(L)}}, \qquad i = 1, \dots, M \,, \tag{13.74}$$

[1] $\mathbf{1}^T$ bezeichne den M-dimensionalen Vektor $(1, 1, \dots, 1)$.

belegt. Dies sind die Faktoren, mit denen die Klassenwahrscheinlichkeiten der Lernfolgen-Population in die der zu klassifizierenden Population übergeführt werden. Durch Berücksichtigung dieser Faktoren bei der Iteration der Gewichtsvektoren $\boldsymbol{w}$ wird das Gütemaximum der zu klassifizierenden Verteilung simuliert.

13.8. Merkmalsbewertung unter Berücksichtigung statistischer Eigenschaften bis zur zweiten Ordnung

Die oben beschriebene Merkmalsbewertung durch sequentielle Elimination von Merkmalen (Abschnitt 13.1.9) ist zwar bei allen Klassifizierungsvarianten des Programmsystems anwendbar, es werden jedoch — wenn auch im Kontext aller übrigen Merkmale — nur Einzelmerkmale bewertet. Um multiple korrelative Wechselbeziehungen der Merkmale untereinander annähernd zu erfassen, müßte das schlechteste Merkmal gestrichen und die gesamte Prozedur danach auf die restlichen Merkmale erneut angewandt werden, usw. Bei komplizierten Klassifizierungsverfahren läßt sich ein derartiges Prinzip aus Aufwandsgründen nicht durchführen.

Man entschließt sich deshalb zu einem Kompromiß und setzt ein analytisch maximierbares, hinreichend einfaches Gütefunktional an die Stelle eines Klassifizierungsverfahrens mit Fehlerschätzung.

Ein für M-Klassen-Probleme leicht handhabbares Gütefunktional ist das des quadratischen Fehlers (siehe Abschnitt 11.5.5). Die Lösung der Maximierungsaufgabe für das Funktional von (11.151 a) war

$$\boldsymbol{w}_{i_0} = \mathbf{P}_i \cdot \boldsymbol{M}^{-1}\begin{pmatrix}\eta_i \\ 1\end{pmatrix}, \qquad i = 1, \dots, M . \tag{13.75}$$

Setzt man diese Lösung in das Funktional G_q ein, so erhält man

$$\begin{aligned} G_{q,0} &= \sum_{i=1}^{M} \mathbf{E}\left[\left(Z_i - \mathbf{P}_i \boldsymbol{Y}^T \cdot \boldsymbol{M}^{-1}\begin{pmatrix}\eta_i \\ 1\end{pmatrix}\right)^T \left(Z_i - P_i \boldsymbol{Y}^T \boldsymbol{M}^{-1}\begin{pmatrix}\eta_i \\ 1\end{pmatrix}\right)\right] \\ &= \sum_{i=1}^{M} \left(\mathbf{E}[Z_i^2] - \mathbf{P}_i^2(\eta_i^T \mid 1)\, \boldsymbol{M}^{-1}\begin{pmatrix}\eta_i \\ 1\end{pmatrix}\right) . \end{aligned} \tag{13.76}$$

Mit $\boldsymbol{M}^{-1}$ nach Abschnitt 11.5.5 und wegen $Z_i^2 = Z_i$ (bei $z_i \in \{0, 1\}$) sowie $\sum_{i=1}^{M} Z_i = 1$ folgt

$$G_{q,0} = 1 - \sum_{i=1}^{M} \mathbf{P}_i^2(\eta_i^T - \eta)^T \boldsymbol{C}^{-1}(\eta_i - \eta) \tag{13.77}$$

$$= 1 - \operatorname{Spur} \boldsymbol{C}^{-1}\boldsymbol{A} , \tag{13.78}$$

wo

$$\boldsymbol{A} = \sum_{i=1}^{M} \mathbf{P}_i^2(\eta_i - \eta)\,(\eta_i - \eta)^T \tag{13.79}$$

die *Kovarianzmatrix* der Mittelvektoren bedeutet $\left(\eta := \sum_{i=1}^{M} p_i\eta_i\right)$. Es genügt natürlich, als Gütefunktional zur Bewertung der Merkmale den zweiten Summanden auf der rechten Seite von (13.78) zu benutzen. Auf einen im wesentlichen[1]) analogen Ausdruck kommt man auch auf der Grundlage testtheoretischer Betrachtungen.

[1]) Für $\boldsymbol{P}_i \doteq 1/M$ ist dieser Ausdruck mit einem testtheoretisch begründbaren Ausdruck (vgl. (9.7)) bis auf unwesentliche Faktoren identisch.

$\boldsymbol{A}$, $\boldsymbol{C}$ und die $\mathbf{P}_i$ werden natürlich aufgrund einer Stichprobe geschätzt. Wir schreiben

$$G_{q\,\max}(\boldsymbol{Ps}) = -\operatorname{Spur}(\boldsymbol{C}^{-1}\boldsymbol{A}), \tag{13.80}$$

wobei $\boldsymbol{C}$ und $\boldsymbol{A}$ wie früher definiert sind mit dem Unterschied, daß sie aus einer durch Fortlassen von Merkmalen reduzierten Datenmatrix $\boldsymbol{Ps}$ hervorgegangen sind. Diese Reduktion läßt sich wie folgt beschreiben: Sei $\boldsymbol{s}$ die Matrix

$$\boldsymbol{s} := \begin{pmatrix} \boldsymbol{x}^{(1)}\boldsymbol{x}^{(2)} \dots \boldsymbol{x}^{(N)} \\ \hdashline \boldsymbol{z}^{(1)}\boldsymbol{z}^{(2)} \dots \boldsymbol{z}^{(N)} \end{pmatrix}, \tag{13.81}$$

wobei $\boldsymbol{z}^{(i)}$ den M-dimensionalen Spaltenvektor der Klassenzugehörigkeiten des i-ten Objekts bedeutet. Ferner sei $\boldsymbol{P}$ ein n-dimensionaler Vektor von Nullen und Einsen, wobei die Nullen angeben, welche Merkmale eliminiert werden sollen. Mit Hilfe von $\boldsymbol{P}$ werde eine Matrix $\boldsymbol{B}$ wie folgt definiert: Sei n_a die aktuelle Anzahl der Merkmale, d. h.

$$n_a := \sum_{j=1}^{n} (\boldsymbol{P})_j, \tag{13.82}$$

dann sei $\boldsymbol{B}$ eine $(n_a + M, n + M)$-Matrix der Form

$$\boldsymbol{B} = \begin{pmatrix} \boldsymbol{B}_{11} & \boldsymbol{O} \\ \boldsymbol{O} & \boldsymbol{I}_M \end{pmatrix} \tag{13.83}$$

mit einer (n_a, n)-Matrix $\boldsymbol{B}_{11}$, deren Elemente durch

$$(\boldsymbol{B}_{11})_{rs} = \begin{cases} 1, & \text{falls } \sum_{j=1}^{s} (\boldsymbol{P})_j = r, \\ 0 & \text{sonst} \end{cases} \tag{13.84}$$

gegeben sind. Allgemein gilt (bei eindeutigen Klassenangaben) die Beziehung

$$\boldsymbol{ss}^T = \begin{pmatrix} \boldsymbol{M}_x & \mathbf{P}_1\eta_1 \mid \dots \mid \mathbf{P}_M\eta_M \\ \mathbf{P}_1\eta_1^T & \boldsymbol{P}_1 \quad\quad \boldsymbol{O} \\ \vdots & \\ \mathbf{P}_M\eta_M^T & \boldsymbol{O} \quad\quad \boldsymbol{P}_M \end{pmatrix} \cdot N \tag{13.85}$$

mit

$$\boldsymbol{M}_x = \frac{1}{N} \sum_{i=1}^{N} \boldsymbol{x}^{(i)}\boldsymbol{x}^{(i)T} = \boldsymbol{C} + \eta\eta^T. \tag{13.86}$$

Da

$$\boldsymbol{Bs}(\boldsymbol{Bs})^T = \boldsymbol{B}(\boldsymbol{ss}^T)\,\boldsymbol{B}^T \tag{13.87}$$

gilt, kann die Reduktion direkt an der Matrix (13.85) durch Ränderung derselben mit $\boldsymbol{B}$ und $\boldsymbol{B}^T$ nach (13.87) erfolgen. Sind $\boldsymbol{B}'$ und $\boldsymbol{B}''$ die $\boldsymbol{B}$-Matrizen zweier Merkmalssätze, so werde die Gütedifferenz dieser Merkmalssätze durch Einsetzen der Matrizen $\boldsymbol{B}'$ und $\boldsymbol{B}''$ in (13.80) als die Differenz $G_{q\,\max}(\boldsymbol{B}'\boldsymbol{s}) - G_{q\,\max}(\boldsymbol{B}''\boldsymbol{s})$ gemessen, wobei die Auswertung über (13.85) und (13.87) und durch Inversion von $\boldsymbol{C}$ erfolgt.

Das Gütefunktional G_q läßt sich leicht auf den Fall einer vorgegebenen Gütematrix $\boldsymbol{\Gamma}$ für die Bewertung von Entscheidungen e bei einer gegebenen Klasse k verallgemeinern, indem man einen Vektor $\boldsymbol{Z}_e$ von Zugehörigkeiten zu gewünschten Entscheidungen, anstelle von $\boldsymbol{Z}$ im quadratischen Mittel approximiert. Die Größen $\boldsymbol{Z}_e$ lassen sich mit der (M, M)-Matrix $\boldsymbol{\Gamma}$ durch

$$\boldsymbol{z}_e := \boldsymbol{\Gamma}\boldsymbol{z} \tag{13.88}$$

definieren. Wieder soll die Normierung

$$z_c^T 1 = z^T \Gamma^T 1 = 1 \tag{13.89}$$

gelten, wenn

$$z^T 1 = 1 \tag{13.90}$$

erfüllt ist. (13.89) wird wegen (13.90) erfüllt, wenn

$$\Gamma^T 1 = 1 \tag{13.91}$$

gilt, d. h., wenn jede Spaltensumme der Matrix Γ den Wert 1 ergibt. Im übrigen ist in den Formeln z durch z^* zu ersetzen. In dieser Weise ist die Bewertung der Merkmale programmiert. Es sind sowohl Abbau- wie auch Aufbauverfahren, die beide zu Bewertungen und damit zu Rangfolgen der Merkmale führen, realisiert.

13.9. Realisierung von Rückweisungsgebieten und Berücksichtigung von Kostenmatrizen

Die Wahrscheinlichkeit, mit der im Volumenelement $d\boldsymbol{x}$ ein Objekt der Klasse k angetroffen wird, ist $\mathrm{P}_k \varrho_k(\boldsymbol{x})$. Ist Z_k eine Zufallsvariable, die gleich 1 ist, wenn $K = k$ ist, und sonst gleich 0, dann ist folglich

$$\begin{aligned} \mathrm{E}[Z_k \mid d\boldsymbol{x}] &= \sum_{j=1}^{M} \mathrm{P}_j \mathrm{E}_j[Z_k \mid d\boldsymbol{x}] = \mathrm{P}_k \mathrm{E}_k[Z_k \mid d\boldsymbol{x}] \\ &= \mathrm{P}_k \mathrm{E}_k[1 \mid d\boldsymbol{x}] = \mathrm{P}_k \varrho_k \,. \end{aligned} \tag{13.92}$$

Ist nun $\|\Gamma(i, j)\|$ mit $i = 1, \dots, M + 1$ und $j = 1, \dots, M$ eine Kostenmatrix, so sind bei gegebenen Wahrscheinlichkeiten P_k, ϱ_k (vgl. Anhang) die kostenabhängigen Diskriminanzfunktionen durch

$$d_i(\boldsymbol{x}) = \sum_{j=1}^{M} \Gamma(i, j)\, P_j \varrho_j(\boldsymbol{x}) \,, \qquad i = 1, \dots, M + 1 \,, \tag{13.93}$$

definiert, und die Entscheidung wird durch Minimumauslese der d_i erhalten. Durch eine solche Entscheidungsstrategie wird die Erwartung der Entscheidungskosten minimiert. An die Stelle von Kosten kann man Güten (Gewinne) setzen. In diesem Fall ist Γ als Gütematrix zu interpretieren und die Entscheidung durch Maximumauslese der d_i zu erhalten. Dieser Fall wird hier betrachtet. Mit Hilfe von (13.92) erkennt man, daß die Zufallsvariablen

$$Z_{ci} := \sum_{j=1}^{M} \Gamma(i, j)\, Z_j \,, \qquad i = 1, \dots, M + 1 \,, \tag{13.94}$$

an die Stelle der Z_i treten, wenn Kosten berücksichtigt werden sollen und Rückweisungen zugelassen sind.

Die Transformation (13.94) wird durch ein Vorprogramm ausgeführt, das ein möglicherweise eindeutiges Klassifizierungsproblem in ein solches mit echten Zugehörigkeiten überführt, das — nach Erhöhung der Klassenanzahl M um 1 — von dem Klassifizierungsprogramm wie sonst gelöst wird.

War das Problem ursprünglich eindeutig und wird — was sinnvoll ist — die Matrix $||\Gamma(i, j)||$ so gewählt, daß

$$\Gamma(M + 1, j) < \max_{i=1,\dots,M+1} \Gamma(i, j)$$

für alle $j = 1, \dots, M$ gilt, dann können auch abweichende Klassenwahrscheinlichkeiten (vgl. Abschnitt 13.7) eingegeben werden. Die Verteilung der nicht rückgewiesenen Objekte auf die Klassen und Entscheidungen kann der Verwechselungsmatrix entnommen werden. Die Realisierung von Rückweisungsgebieten ist außerdem auch dadurch möglich, daß nur ε-richtige Klassifikationen als Entscheidungen des Klassifikators gewertet werden und alle anderen als Rückweisungen. Eine entsprechende Variante der Abarbeitung ist durch Parameterwahl einstellbar.

14. Anwendungsbeispiele

Die im folgenden aufgeführten praktischen Klassifizierungsprobleme sind nicht in vollem Umfang diskutiert. Vielmehr geht es uns nur darum, an Beispieldatensätzen aus den betreffenden Gebieten die Funktionsweise der Algorithmen zu erläutern. Eine adäquate Behandlung der praktischen Nutzung dieser Ergebnisse würde den Rahmen dieser Darstellung überschreiten, da die Nutzung als Entscheidungshilfe die Optimierung eines größeren Systems einschließt, in das — im Fall der medizinischen Diagnosestellung — außer dem Klassifikator auch das Entscheidungsverhalten des Arztes sowie explizite Risikofaktoren für den Patienten einbezogen werden müssen. In jedem Fall wird es zumindest nötig sein, Rückweisungen vorzusehen, sofern die Unsicherheit der Rechnerentscheidung eine bestimmte Schwelle überschreitet, so daß die rückgewiesenen Objekte einem neuen Entscheidungsprozeß, ggf. unter Ausnutzung neuer Informationen, zugeführt werden können (vgl. hierzu Abschnitt 13.9).

14.1. Fehlerschätzung im Modell der Normalverteilung mit gleicher Kovarianzmatrix bei einem Problem der medizinischen Diagnose von Hörschäden

Die formalen Parameter dieses Klassifizierungsproblems waren $M = 3$, $N_1 = 76$, $N_2 = 30$, $N_3 = 15$ (N_i: Anzahl der Objekte in Klasse i, $i = 1, \dots, M$), $n = 50$ ($N = 121$).

Zur Semantik des Problems sei bemerkt:

- $x^{(i)} = (x_1, \dots, x_{50})$ ist der Objektvektor des i-ten Objekts, $i = 1, \dots, 121$, und enthält die Meßwerte des akustisch evozierten EEG-Potentials des i-ten Patienten (Probanden), wobei die Indizes $1, \dots, 50$ fünfzig äquidistante Zeitpunkte, vom Ende der akustischen Reizung an gerechnet, bezeichnen (es handelt sich um die über 100 Reizzyklen statistisch gemittelten Potentialwerte)
- Die drei Klassen sind der Reihe nach Hörgesunde, Patienten mit Lärmschäden und Patienten mit Hörsturz.

Die Merkmale wurden in eine Rangfolge mit dem besten Einzelmerkmal als erstem Merkmal in der Folge gebracht und fortan so numeriert. Es wurden die R-Methode der Fehlerschätzung $F(R)$ und die π-Methode $F(\pi)$ mit $q = 10$ für die i stärksten Merkmale angewandt, und die Anzahl i der Merkmale wird im Bereich $1, \ldots, 50$ variiert. Das Ergebnis ist in Abb. 74 dargestellt. In Übereinstimmung mit den Betrachtungen in Abschnitt 11.7 wird bei einer mittleren Anzahl i von Merkmalen das beste Voraussageergebnis erzielt, wenn man die $(q = 10)$-π-Methode oder eine durch Wichtung der Fehler der R- und $(q = 10)$-π-Methode definierte Schätzmethode (vgl. Toussaint und Sharpi (1975), Toussaint (1974)) zugrunde legt.

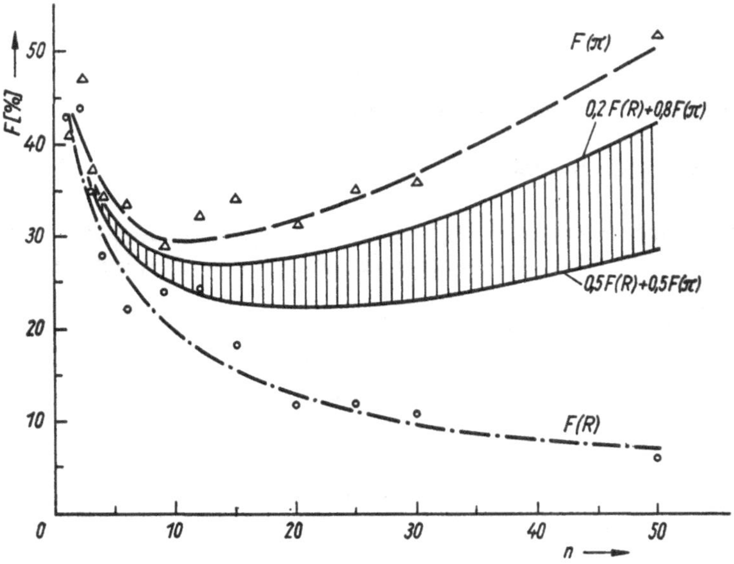

Abb. 74. Abhängigkeit der Güteschätzungen für ST2 von der Dimension des Merkmalsraumes

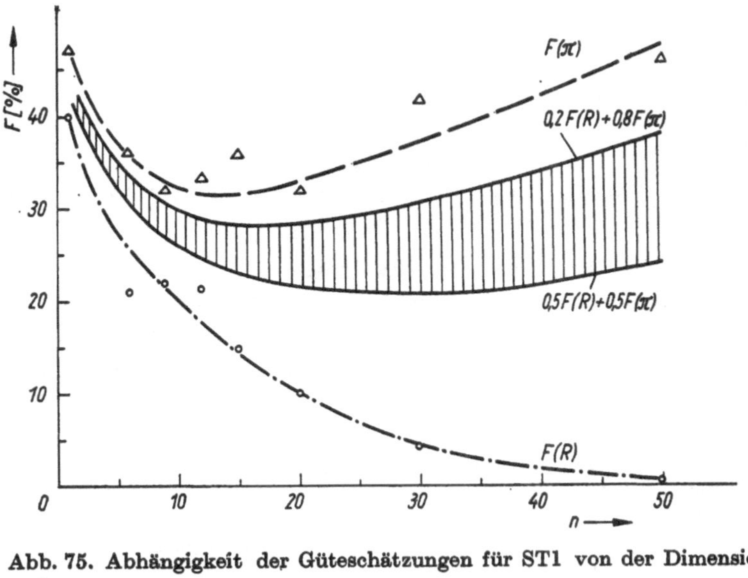

Abb. 75. Abhängigkeit der Güteschätzungen für ST1 von der Dimension des Merkmalsraumes

Diesem Verlauf sei der von Abb. 75 gegenübergestellt, der durch Anwendung von Belehrungen im Trennebenenansatz erhalten wurde. Es zeigt sich eine Verbesserung der Fehlerschätzungen von R- und ($q = 10$)-π-Methode besonders bei größerer Anzahl der Merkmale, nicht dagegen bei mittlerer Anzahl. Die Belehrungsmenge zeigte keine signifikante Struktur, die eine Güteverbesserung durch Einsatz der Clusteranalyse und von Belehrungen ermöglicht hätte. Eine solche Struktur könnte erst, wenn sie überhaupt vorhanden wäre, bei größerem Stichprobenumfang — man rechnet das 3- bis 5fache der Anzahl der Merkmale pro Klasse — in Erscheinung treten.

14.2. Effekt von Clusteranalyse und Belehrung bei einem Problem der allgemeinmedizinischen Früherkennung

Das Problem hatte die formalen Parameter $M = 7$, $N_i = 44$, $i = 1, \dots, 7$, $n = 11$ ($N = 308$).

Die elf Merkmale $x = (x_1, \dots, x_{11})$ waren entweder anamnestische Daten oder Symptome. Die sieben Klassen entsprachen sieben für die Früherkennung wichtigen Krankheitsgruppen.

Wieder wurde eine Rangfolge der Merkmale hergestellt und das Klassifizierungsverfahren auf die ersten n_a Merkmale dieser Rangordnung angewandt; die Zahl n_a wurde variiert. Das Ergebnis ist in der Tabelle 6 dargestellt.

Tabelle 6

Programm	ohne Clusteranalyse und ohne Nachbelehrung		mit Clusteranalyse und Nachbelehrung		Anzahl der Merkmale
	R-Methode	10-π-Methode	R-Methode	10-π-Methode	
ST2	31,81	39,94		28,63	11
	35,71	41,23	32,14 (37,01)	40,91 (44,48)	8
	44,80	41,70	35,06	46,43 (50,00)	5
ST1	27,92	35,39	20,80	27,70	11
	29,87	32,88	26,29 (32,79)	37,01 (39,61)	8
	41,98	44,48	—	40,31 (44,48)	5

Die eingeklammerten Werte wurden ohne Nachbelehrung erhalten.

ST2 bzw. ST1 sind die Programmnamen des linearen Diskriminanzfunktionenansatzes bzw. des Trennfunktionenansatzes (siehe diese beiden Ansätze in Abschnitt 12.1.1).

Zum Vergleich waren die Fehler des SEBESTYENschen Ansatzes und die des PARZENschen 38 bzw. 31,8 [1]). Bei den Verfahren wurden alle elf Merkmale normiert (vgl. Abschnitt 13.1.3) eingegeben. Die Abhängigkeit der PARZENschen Fehlerwerte von

[1]) Die Berechnung der Dichtefunktion erfolgt unter Auslassung des zu klassifizierenden Objekts, so daß die Fehlerschätzung annähernd der ($q = LG$)-π-Methode, die auch als U-Methode bezeichnet wird, entspricht. Aus der Optimierung des Parameters $\varkappa$ resultiert eine gewisse Verfälschung der π-Methode infolge stärkeren Eingehens auf die Stichprobe (R-Methoden-Effekt in Gestalt eines überoptimistischen Schätzverhaltens).

dem Parameter α ist in Abb. 76 (mittlere Kurve) dargestellt. Zu den Grenzwerten dieser Kurve ist zu bemerken, daß $\alpha = 0$ dem NN-Klassifikator (Nächster-Nachbarn-Klassifikator) entspricht, während bei $\alpha = \infty$ allein nach dem Maximum der geschätzten Werte $\mathbf{P}_i$ entschieden wird, d. h., daß alle Objekte derselben Klasse zugeordnet werden (wenn wie hier alle Schätzwerte für $\mathbf{P}_i$ gleich groß sind, entsteht ein Fehler von $100 \cdot (1 - (1/M))\%$ (vgl. hierzu auch Abschnitt 15.1). Die untere Kurve wird erhalten, wenn man bei der Entscheidung vorgegebene Klassenwahrscheinlichkeiten (in diesem Fall die Werte 0,15 , ... , 0,15, 0,20, 0,05 für die sieben Klassen) berücksichtigt. Das Fehlerminimum lag niedriger, weil die 7. Klasse schlechter als

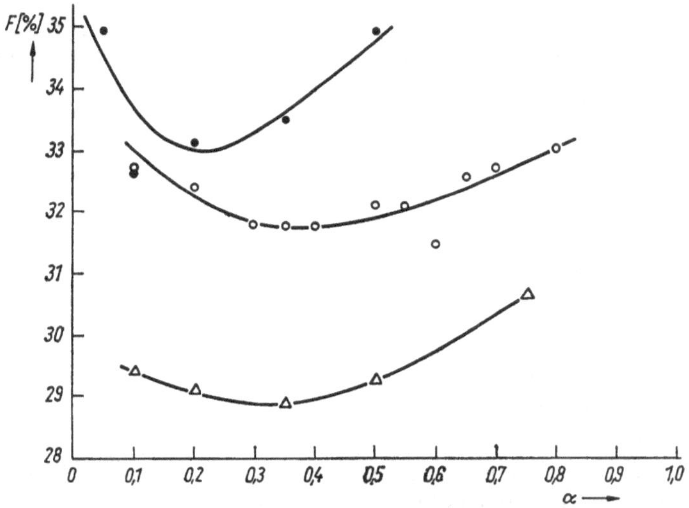

Abb. 76. Fehler des Ansatzes von SEBESTYEN und des von PARZEN

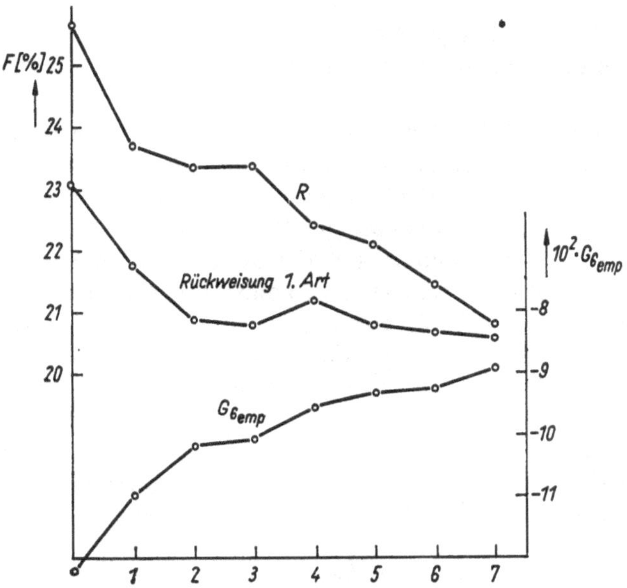

Abb. 77 Fehler der R-Methode (statt G_6 lies G_7)

die 6. Klasse erkannt wurde. Die Anwendung der durch diese Klassenwahrscheinlichkeiten veränderten Entscheidungsregel auf den Fall übereinstimmender Klassenwahrscheinlichkeiten ($P_i = 1/7$, $i = 1, \ldots, 7$) ergibt die in diesem Fall natürlich suboptimale obere Kurve.

Es zeigte sich, daß das Trennebenenverfahren bei geringerem Aufwand in beiden Fällen bessere Resultate liefert: die 10-π-Methode bei Berücksichtigung der genannten Klassenwahrscheinlichkeiten ergab bei 11 Merkmalen eine Fehlerschätzung von 27,7% (ST1), vgl. Tabelle 6. Die Fehlerschätzung nach der R-Methode in Abhängigkeit von der Anzahl der Belehrungszyklen zeigte den in Abb. 77 dargestellten Verlauf.

Tabelle 7

LZYK	R-Methode	10-π-Methode	Anzahl der Merkmale
1	27,3 (ST2: 32,4)	36,2 (ST2: 42,1)	28
3	24,4	33,5	28
5	23,8	33,7	28
8	24,2	30,5	28
1	33,3 (ST2: 35,2)	39,0 (ST2: 39,8)	15
3	32,8	39,6	15
5	23,8	33,7	15

Für ein anderes, nichtmedizinisches Problem mit den formalen Parametern $M = 2$, $N_1 = 242$, $N_2 = 233$, $n = 28$ ($N = 475$) ergibt sich für ST1 eine Abhängigkeit des mit 10-π- bzw. R-Methode geschätzten Fehlers bei Clusterung entsprechend der Tabelle 7. Man erkennt einen ausgeprägten Effekt der Belehrung. Es ist aber auch zu erkennen, daß die Abnahme des Fehlers nicht immer ganz gleichmäßig verläuft.

14.3. Das Arbeiten mit Klassenzugehörigkeiten bei einem medizinischen Problem der Früherkennung

Zu dieser Frage wurde ein Problem der Früherkennung von Herz-Kreislauf-Krankheiten behandelt. Die formalen Parameter hatten die Werte $M = 4$, $N_1 = 368$, $N_2 = 287$, $N_3 = 124$, $N_4 = 111$, $n = 30$ ($N = 890$).

Die Merkmale x_1 bis x_{30} waren die Längen von Meßstrecken zur Beschreibung der Kontur des Herzschattens auf einer dorsoventralen Röntgenaufnahme — in diesem Fall dem Schirmbild eines Teilnehmers an der Volksröntgen-Reihenuntersuchung. Die vier Klassen können als eine Codierung des optimalen ärztlichen Handelns in dieser Screening-Situation interpretiert werden (vgl. Richter et al. (1974)). Die Klassen schlossen sich ihrer Definition nach gegenseitig logisch aus (disjunkte Klassen).[1])

Jedes Mitglied eines Kollektivs von vier Experten hatte (unabhängig von den anderen) die einzelnen Röntgenaufnahmen der Lernfolge zu beurteilen. Dazu mußte jeder der Experten eine Gesamtzahl von 10 Punkten auf die einzelnen Klassen ver-

[1]) Es handelt sich um eine problemorientierte Klassenbildung, die den Aufgaben eines vorbeugenden medizinischen Screenings speziell angepaßt ist (vgl. Richter et al. (1974)).

teilen. Durch Mittelung der von den Mitgliedern des Kollektivs für eine Klasse vergebenen Punktzahlen und Normierung dieser Mittelwerte der einzelnen Klassen eines Objekts auf Summe = 1 wurde für jedes Objekt der Lernfolge der Vektor $\boldsymbol{z}$ der vier Klassenzugehörigkeiten erhalten.

Für die Arbeit mit dem Vektor $\boldsymbol{z}$ nach Abschnitt 13.1.10 stehen im Programm zwei Varianten zur Verfügung:

14.3.1. Reduktion auf eindeutige Klassenangaben

Zu den Zugehörigkeitswerten werden hinreichend kleine (Pseudo-)Zufallszahlen, z. B. in dem Intervall $[0, 10^{-10}]$ gleichverteilter Zahlen addiert und die Klasse mit maximaler Zugehörigkeit zur Klasse des betreffenden Objekts erklärt. Weiter wird dann wie bei eindeutigen Klassenangaben verfahren.

14.3.2. Echte Verarbeitung von Zugehörigkeitsvektoren

Die Zugehörigkeiten werden nach 13.1.10 echt verarbeitet. Die sich dem Aufbau von Klassifikatoren anschließende Fehlerberechnung für die Entscheidungen, die auf der Grundlage der adaptierten Diskriminanzfunktionen von ST2 oder ST1 erhalten werden, kann auf drei Arten erfolgen:

Erste Fehlerdefinition (f_z). Sei $e = \varphi(\boldsymbol{x}) \in \mathsf{K}$ die Entscheidung eines Klassifikators für ein Objekt $\boldsymbol{x}$, dessen Klassenzugehörigkeiten die z_i, $i = 1, \ldots, M$, sind, dann wird als Fehler die Summe der Zugehörigkeiten aller von e verschiedenen Klassen definiert, d. h.

$$f_z := \sum_{\substack{i=1 \\ i \neq e}}^{M} z_i \tag{14.1}$$

oder bei normierten Zugehörigkeiten wegen $\sum_{i=1}^{M} z_i = 1$

$$f_z = 1 - z_e \,. \tag{14.2}$$

Zweite Fehlerdefinition (f). Die zweite Fehlerdefinition ist die übliche (BAYESsche), d. h.

$$f := \delta_{e,k}\,, \tag{14.3}$$

wenn k durch

$$z_k = \max_{i=1,\ldots,M} z_i \tag{14.4}$$

definiert ist.

Dritte Fehlerdefinition (f_1). Sei f_0 der sich unabhängig von jedem Klassifizierungsverfahren ergebende Fehler vom Typ f_z, wenn man die Entscheidung bereits aufgrund der A-priori-Zugehörigkeiten z_i trifft, d. h.

$$f_0 := 1 - z_k \,. \tag{14.5}$$

f_0 ist bei einem gewöhnlichen Klassifizierungsproblem gleich Null.

$$f_1 := f_z - f_0 \tag{14.6}$$

kann als der durch die mangelnde Modellfähigkeit des Klassifikators verursachte Zusatzfehler zu f_0 interpretiert werden. Mit (14.6) und (14.2) wird

$$f_1 = \left(\max_{j=1,\dots,M} z_j\right) - z_e = z_k - z_e \geqq 0 . \tag{14.7}$$

Sowohl f_z als auch f und damit auch f_1 werden nach den Vorschriften der R- oder π-Methoden über die Objekte der zur Verfügung stehenden Stichprobe gemittelt. Die betreffenden Mittelwerte werden mit F_z, F bzw. F_1 bezeichnet.

Bei den ausgeführten Fehlerschätzungen der R-Methode ergaben sich bei fünf Belehrungszyklen ohne Clusteranalyse die Ergebnisse nach Tabelle 8.

Tabelle 8

Modus der Erstellung des Klassifikators	R-Methode		4-π-Methode		Fehlerart
	ST2	ST1	ST2	ST1	
Reduktion auf eindeutige	44,45	41,47	—	—	F_z
Klassenangaben	18,67	16,28	—	—	F
	36,85	33,40	43,37	42,36	F_1
Verarbeitung echter	44,00	41,00	48,36	46,00	F_z
Klassenzugehörigkeiten	18,72	15,88	23,16	21,16	F
	33,00	33,00	45,05	42,20	F_1

Man sieht, daß durch die Verarbeitung echter Klassenzugehörigkeiten eine geringe Verbesserung der Resultate erreicht wird. F_0 hatte hier den Wert 25,20.

14.4. Multiple Klassifizierung bei einem allgemeinmedizinischen Screening-Problem

Die formalen Parameter des Problems waren $M = 9$, $n = 34$, ($N = 1675$). Die neun Klassen entsprachen den Begriffen

Klasse i := „Patient leidet an Krankheit K_i", für $i = 1, \dots, 9$.

Die Klassen schlossen sich damit **nicht** gegenseitig logisch aus. Den Objekten wurde für jede Klasse, für die eine positive Zugehörigkeit bestand, in der betreffenden Komponente des Zugehörigkeitsvektors eine 1 eingetragen, so daß in einem Vektor mehrere Komponenten gleich 1 sein konnten. Die oben angegebene Normierung der Zugehörigkeiten auf Summe 1 war hier nicht sinnvoll anwendbar und wurde außer Kraft gesetzt.

Der Fehlerbegriff von Abschnitt 14.3, Gleichung (14.1), kann bei entsprechender Verallgemeinerung übernommen werden. In Übereinstimmung mit Abschnitt 13.2 wird man den Klassifizierungsfehler f_m eines Objekts, dessen Vektor der A-priori-Klassenzugehörigkeiten $\boldsymbol{z} = (z_1, \dots, z_M)$ sei, wie folgt definieren: Sei $\boldsymbol{h} = (h_1, \dots, h_M)$ der durch $h_i = 1$, falls der Klassifikator für Klasse i eine Entscheidung ausgibt, $h_i = 0$ sonst, definierte Entscheidungsvektor, dann werde

$$f_m = |\boldsymbol{h} - \boldsymbol{z}|^2$$

gesetzt (da $\boldsymbol{h}$ und $\boldsymbol{z}$ Vektoren mit binären Komponenten sind, ist $|\boldsymbol{h} - \boldsymbol{z}|^2 \equiv (\boldsymbol{h} - \boldsymbol{z})^T (\boldsymbol{h} - \boldsymbol{z})$ gleich dem HAMMING-Anstand dieser Vektoren). Für dieses Fehlermaß wurde eine Schätzung nach der R-Methode vorgenommen und durch

Belehrung bei 15 Clustern eine Fehlersenkung von $F_m = 22{,}2\%$ auf $F_m = 5{,}9\%$ erreicht ($LZYK = 10$).

15. Erhöhung der Effektivität von Klassifizierungsverfahren durch Nutzung von A-priori-Wissen

15.1. A-priori-Wissen und Merkmalsbildung

Wenn man von den Grundbegriffen: *Objektraum* X, *Klassenmenge* K, *Wahrscheinlichkeitsmaße* $W_1, W_2, \dots, W_K$, *Menge* E *von Klassifizierungsfunktionen als Menge eindeutiger Abbildungen* $\varphi: \mathsf{X} \to \mathsf{K}$ der statistischen Klassifizierung/Erkennung ausgeht, so läßt sich die sogenannte Merkmalsbildung als Problem der Auswahl einer geeigneten Menge E von Klassifizierungsfunktionen aus dem Universum U_φ beschreiben oder, falls mit statistischen Modellen gearbeitet wird, als Problem der Auswahl einer geeigneten Familie von Modellmaßen $W_1, \dots, W_{\mathsf{K}}$.

Wir wollen diese Aussagen ausführlicher an folgenden Beispielen erläutern:

1. Beispiel. Sei X die Menge aller Grauverteilungen auf einem Bildfeld vorgegebener Größe ($A \times B$) und gehe es darum, einfache, das Bildfeld etwa ausfüllende Bilder zu erkennen, so wird man in Abhängigkeit von den zu erkennenden Bilderklassen eine geeignete Rastergröße d für eine digitale Bildbeschreibung in Form einer Matrix von N Zeilen und M Spalten, so daß $N \cdot d = A$ und $M \cdot d = B$ ist, angeben können. Im einfachsten Fall ist die Bildbeschreibung dann eine (N, M)-Matrix von Nullen und Einsen. Bezeichnet man die Prozedur, die dem Grauwert einer jeden Zelle eine der Zahlen Null oder Eins zuordnet, als *Codierung* des Bildes und die Zahl selbst als *Code* des Grauwertes, so kann dieser Code z. B. so festgelegt werden, daß er den Wert Eins hat, wenn der mittlere Grauwert eine Schwelle b überschreitet, und sonst den Wert Null.

Eine Konsequenz einer solchen Codierung ist z. B., daß bestimmte Grauverteilungen $\boldsymbol{x} \in \mathsf{X}$ an Hand ihrer Codierung nicht mehr unterschieden werden können — nämlich alle diejenigen, die zu demselben Code für das Bild führen, falls, was vorausgesetzt sei, alle künftigen Entscheidungsschritte nur über dem Code operieren.

Auf Grund des Vorwissens — falls es korrekt ist — über das zu behandelnde Klassifizierungsproblem ist aber eine solche Unterscheidbarkeit für die Lösungsfindung auch nicht erforderlich.

Faßt man eine solche Codierung als Teil des Klassifizierungsprozesses auf, so wird durch sie effektiv eine Einschränkung von U_φ herbeigeführt, die man wie folgt beschreiben kann: Zunächst läßt sich X in Teilmengen

$$\mathsf{X}_c := \{\boldsymbol{x} \in \mathsf{X}: \text{Code von } \boldsymbol{x} = c \in \mathsf{C}\}$$

vollständig zerlegen, so daß, wenn C die Menge aller Codes ist,

$$\mathsf{X} = \bigcup_{c \in \mathsf{C}} \mathsf{X}_c$$

die Menge aller Objekte ist. Nehmen wir X als endlich an, so wird mit $M := |\mathsf{K}|$

$$|\mathsf{U}_\varphi| = |\mathsf{X}|^M .$$

Durch die der Klassenentscheidung vorgeschaltete Codierung wird zwangsweise jedem x aus derselben Teilmenge X_a dasselbe Klassensymbol zugeordnet. Damit ergibt sich die Gesamtzahl der Klassifizierungsfunktionen in diesem Fall zu

$$|(U_\varphi)_c| = |C|^M .$$

Nimmt man alle $|X_c|$ als gleich groß an, so tritt also wegen

$$|X| = |C| \cdot |X_c|$$

eine Reduktion von $|U_\varphi|$ im Verhältnis

$$\frac{|U_\varphi|}{|(U_\varphi)_c|} = \frac{|C|^M \cdot |X_c|^M}{|C|^M} = |X_c|^M$$

ein, die umso größer ist, je mächtiger X ist.

Das Vorwissen, das zur Codierung führte, garantiert, daß dabei kein Güteverlust v eintritt. Die Senkung von $|U_\varphi|$ auf $|(U_\varphi)_c|$ bringt natürlich zwangsläufig eine A-priori-Beschränkung des Umfangs $|E|$ der tatsächlich verfügbaren Menge von Entscheidungsregeln nach oben mit sich. Das wiederum führt zu einer Senkung des durch Informationsmangel begründeten Güteverlustes γ, wobei es sich um einen zur Elimination irrelevanter Merkmale analogen Effekt handelt.

2. Beispiel. Wir betrachten die Klassifikation binärer Vektoren der Länge n, d. h. von Vektoren x der Form

$$x = (x_1, \dots, x_n)$$

mit $x_i \in \{0, 1\}$, $i = 1, \dots, n$. Die Menge X sei durch die Menge aller derartigen Vektoren der Länge n gegeben.

Die Klasse 1 bestehe aus allen Objekten, für die $p := \sum_{i=1}^{n} x_i$ eine gerade Zahl ist, und Klasse 2 damit aus allen anderen Objekten, für die p ungerade ist (Null wird als gerade Zahl definiert). Es ist $|X| = 2^n$. Weiter gilt:

Sei $X_1 := \{x \in X: p \text{ gerade}\}$ und $X_2 = X - X_1$, dann ist $|X_1| = |X_2|$.

Beweis. Der Beweis kann nach der Methode der vollständigen Induktion geführt werden: Für $n = 1$ ist die Behauptung richtig, da $X_1(n = 1) = \{(0)\}$ und $X_2(n = 1) = \{(1)\}$ also $|X_1(1)| = |X_2(1)| = 1$ ist.

Wird die Behauptung für $n =: k > 1$ als richtig angenommen, so kann man daraus ihre Gültigkeit wie folgt für $n = k + 1$ ableiten:

Durch Anhängen einer Null an die Vektoren der Menge $X(k)$ werde eine Menge $X_{i0}(k + 1)$ von Vektoren der Länge $k + 1$ erhalten, entsprechend durch Anhängen einer Eins die Menge $X_{i1}(k + 1)$, $i = 1, 2$. Damit wird

$$X_1(k + 1) = X_{10}(k + 1) \cup X_{21}(k + 1)$$

und

$$X_2(k + 1) = X_{11}(k + 1) \cup X_{20}(k + 1) ,$$

so daß sich wegen $|X_{ij}(k + 1)| = |X_i(k)|$, $i = 1, 2$; $j = 0, 1$, und der Induktionsvoraussetzung $|X_1(k)| = |X_2(k)|$ die Behauptung

$$|X_1(k + 1)| = |X_2(k + 1)|$$

ergibt, w. z. b. w.

Damit wird $|\mathsf{X}_1| = |\mathsf{X}_2| = 2^{n-1}$.

Wir setzen voraus, daß ein Wahrscheinlichkeitsmaß W existiert, das allen Objekten die gleiche Auftrittswahrscheinlichkeit zuordnet; aus diesem resultiert das diskrete Wahrscheinlichkeitsmaß

$$\mathbf{P}(\boldsymbol{x}) = 2^{-n} \quad \text{für alle } \boldsymbol{x} \in \mathsf{X} .$$

Auf Grund der schon definierten Klassenzugehörigkeit der Objekte folgt damit für die Klassen 1, 2

$$\mathbf{P}_1 \cdot \mathbf{P}_1(\boldsymbol{x}) = \begin{cases} 2^{-n}, & \text{falls } \boldsymbol{x} \in \mathsf{X}_1 , \\ 0 & \text{sonst} , \end{cases} \quad \mathbf{P}_2 \cdot \varrho_2(\boldsymbol{x}) = \begin{cases} 2^{-n} & \text{falls } \boldsymbol{x} \in \mathsf{X}_2 , \\ 0 & \text{sonst} , \end{cases}$$

und wegen der Normierungsbedingung $\sum_{\boldsymbol{x} \in \mathsf{X}} \mathbf{P}_i(x) = 1$, $i = 1, 2$, werden die Auftrittswahrscheinlichkeit der Klassen

$$\mathbf{P}_1 = \sum_{\boldsymbol{x} \in \mathsf{X}} \mathbf{P}_1 \mathbf{P}_1(\boldsymbol{x}) = \tfrac{1}{2} , \qquad \mathbf{P}_2 = \sum_{\boldsymbol{x} \in \mathsf{X}} \mathbf{P}_2 \varrho_2(\boldsymbol{x}) = \tfrac{1}{2} .$$

Als Gütekriterium werde g_B verwendet. Eine beste Entscheidungsregel werde durch Maximierung der empirischen Schätzung von g_B ausgewählt, d. h. nach dem Kriterium

$$\max_{\varphi \in \mathsf{E}} g_{B_{\text{emp}}} \quad \text{mit} \quad g_{B_{\text{emp}}}(\varphi) = \frac{1}{N} \sum_{i=1}^{N} \delta(\varphi(\boldsymbol{x}^{(i)}), k^{(i)}) ,$$

wo N den Stichprobenumfang bedeutet. Wählt man $\mathsf{E} = \mathsf{U}_\varphi$ und besteht a priori keine Relation zwischen den Werten $\varphi(\boldsymbol{x}_1)$ und $\varphi(\boldsymbol{x}_2)$ für $\boldsymbol{x}_1 \neq \boldsymbol{x}_2$, $\boldsymbol{x}_1, \boldsymbol{x}_2 \in \mathsf{X}$, sind also die $\varphi(\boldsymbol{x}_i)$, $\boldsymbol{x}_i \in \mathsf{X}$, voneinander unabhängig und für alle $x_i \in \mathsf{X}$ frei wählbar, dann wird das Maximum von $g_{B_{\text{emp}}}(\varphi)$ bei

$$\varphi(\boldsymbol{x}) = \varphi_{\text{opt}}(\boldsymbol{x}) = \begin{cases} k^{(i)}, & \text{falls ein Index } i \in \{1, \dots, N\} \\ & \text{existiert, so daß } \boldsymbol{x} = \boldsymbol{x}^{(i)} \text{ ist} , \\ \text{unbestimmt sonst} \end{cases} \tag{15.1}$$

erreicht. Damit existiert bei $\mathsf{E} = \mathsf{U}_\varphi$ zu einer Stichprobe s keine eindeutige Klassifizierungsfunktion $\varphi(\boldsymbol{x})$, d. h., es existiert keine eindeutige Funktion $\chi(\mathsf{s})$, die einer Realisierung s der Stichprobenvariablen S in Gestalt von $\varphi = \chi(\mathsf{s})$, $\varphi \in \mathsf{U}_\varphi$, eine Klassifizierungsfunktion zuordnet.

Da die zugrunde gelegten Klassen deterministisch gebildet sind, ist die Klassifizierungsfunktion $\varphi_{\text{opt}}(\boldsymbol{x})$ für alle Objekte, die in der Stichprobenrealisierung s auftreten, korrekt. Die Klassifizierung dieser Objekte aus X mit Hilfe von φ_{opt} ist also fehlerfrei.

Zur Reduktion der Unbestimmtheiten einzuführendes Vorwissen kann, statt von vornherein global eine bestimmte Teilmenge E_v von U_φ auszuzeichnen, auch eine derartige Teilmenge in Abhängigkeit von der gerade realisierten Stichprobe s festlegen. Von dieser Art ist das Nächste-Nachbarn-Klassifizierungskonzept. Seine Anwendung setzt voraus, daß über der Menge X eine Ähnlichkeitsmetrik r erklärt ist, etwa mit den Eigenschaften

$$r(\boldsymbol{x}, \boldsymbol{x}') = r(\boldsymbol{x}', \boldsymbol{x}) \quad \text{(Symmetrie)} , \tag{15.2}$$

$$\sup_{\boldsymbol{x}' \in \mathsf{X}} r(\boldsymbol{x}, \boldsymbol{x}') = r(\boldsymbol{x}, \boldsymbol{x}) \quad \text{(Jedes Objekt ist sich selbst am ähnlichsten).} \tag{15.3}$$

Man erklärt dann

$$\varphi^*_{\text{opt}}(\boldsymbol{x}) = \begin{cases} k^{(i)}, & \text{falls } r(\boldsymbol{x}, \boldsymbol{x}^{(i)}) = \sup\limits_{j \in \{1, \dots, N\}} r(\boldsymbol{x}, \boldsymbol{x}^{(j)}) \\ & \text{und } i \text{ eindeutig bestimmt ist,} \\ \text{unbestimmt sonst}. \end{cases} \tag{15.4}$$

Wählt man als Metrik r die HAMMING-Nähe

$$h(\boldsymbol{x}, \boldsymbol{x}') := n - \sum_{j=1}^{n} |x_j - x_j'| ,$$

so ist mit $h(\boldsymbol{x}, \boldsymbol{x}) = n$ offenbar (15.3) erfüllt; selbstverständlich ist auch (15.2) richtig. Offensichtlich gilt $\varphi^*_{\text{opt}}(\boldsymbol{x}) = \varphi_{\text{opt}}(\boldsymbol{x})$, falls ein Index $i \in \{1, \dots, N\}$ existiert, für den $\boldsymbol{x}^{(i)} = \boldsymbol{x}$ ist. Damit besteht die Wertgleichheit zwischen φ und φ^* für alle in der Stichprobe vertretenen Objekte. Betrachten wir jetzt die übrigen, nicht in s vertretenen Objekte. Sie bilden die Menge $\mathsf{X} - \mathsf{X}_{\mathsf{s}}$, wenn X_{s} die Menge derjenigen Objekte ist, die in s vorkommen. Für jedes Objekt $\boldsymbol{x} \in \mathsf{X} - \mathsf{X}_{\mathsf{s}}$ wird durch

$$\sup_{j \in \{1, \dots, N\}} r(\boldsymbol{x}, \boldsymbol{x}^{(j)}) = \sup_{\boldsymbol{x}' \in \mathsf{X}_{\mathsf{s}}} r(\boldsymbol{x}, \boldsymbol{x}')$$

— bei eindeutiger Lösbarkeit dieses Maximierungsproblems — genau ein Objekt $\boldsymbol{x}' \in \mathsf{X}_{\mathsf{s}}$ bestimmt, dessen Nähe $r(\boldsymbol{x}, \boldsymbol{x}')$ zu $\boldsymbol{x}$ wegen $\boldsymbol{x}' \neq \boldsymbol{x}$ kleiner als n ist.

Das Maximum der Ähnlichkeit zwischen einem Objekt $\boldsymbol{x} \in \mathsf{X} - \mathsf{X}_{\mathsf{s}}$ und einem Objekt $\boldsymbol{x}' \in \mathsf{X}_{\mathsf{s}}$ hat den Wert $n - 1$. In diesem Fall unterscheiden sich $\boldsymbol{x}$ und $\boldsymbol{x}'$ in genau einer Stelle. Damit gehören aber $\boldsymbol{x}$ und $\boldsymbol{x}'$ — entsprechend der Definition der Klassenzugehörigkeit — unterschiedlichen Klassen an, d. h. aber, daß alle nächsten Nachbarn eines Objektes $\boldsymbol{x}$ zu $\boldsymbol{x}'$ klassenfremd sind. Das Nächste-Nachbarn-Klassifizierungskonzept versagt in diesem Fall[1]); es stellt ein nichtkorrektes Vorwissen dar. Es ist daher besser, dieses „Wissen" zu ignorieren und zufällig zu entscheiden. Man muß dann für alle nicht entscheidbaren Objekte mit einem Klassifizierungsfehler von 50% bei zwei Klassen rechnen. Damit wird die mittlere Güte der Entscheidungsregel (15.1) für das vorausgesetzte Wahrscheinlichkeitsmaß W

$$g_B = \mathbf{E}\left(1 - 0{,}5 \frac{|\mathsf{X} - \mathsf{X}_{\mathsf{s}}|}{|\mathsf{X}|}\right), \tag{15.5}$$

wobei sich der Erwartungswert über die mit bestimmten Wahrscheinlichkeiten zufälligen Realisierungen s der Zufallsvariablen S erstreckt.

Wählt man eine bestimmte Numerierung der Elemente der Menge X, so kann man die Auftrittshäufigkeiten der Elemente $\boldsymbol{x} \in \mathsf{X}$ in X_{s} durch den Vektor $(f_1, f_2, \dots, f_{2^n})$ beschreiben mit $\sum_{i=1}^{2^n} f_i = N$. Offensichtlich wird nach (15.5)

$$g_B = 1 - \frac{0{,}5}{|\mathsf{X}|} \mathbf{E}|\mathsf{X} - \mathsf{X}_{\mathsf{s}}| . \tag{15.6}$$

Der Erwartungswert $\mathbf{E}|\mathsf{X} - \mathsf{X}_{\mathsf{s}}|$ ist die Erwartung der Anzahl f_i-Werte, die gleich Null sind. Man hat die Darstellung

$$|\mathsf{X} - \mathsf{X}_{\mathsf{s}}| = \lim_{k \to \infty} \sum_{i=1}^{2^n} \mathrm{e}^{-k \cdot f_i} = \lim_{k \to \infty} \sum_{i=1}^{2^n} (\mathrm{e}^{-k})^{f_i} . \tag{15.7}$$

[1]) Die Aussage bezieht sich natürlich auf die hier gewählte HAMMING-Metrik, die bei binären Merkmalen mit der EUKLIDischen identisch ist.

Setzen wir die Verteilung der in der Stichprobe realisierten Vektoren $(f_1, \dots, f_{2^n})$ polynomial, d. h. mit

$$W(f_1, \dots, f_{2^n}) = \frac{N!}{f_1! \dots f_{2^n}!} \prod_{i=1}^{2^n} \mathbf{P}_i^{f_i} \tag{15.8}$$

voraus, wo die $\mathbf{P}_i$ die Realisierungswahrscheinlichkeiten für die Objekte $\boldsymbol{x}_i \in \mathsf{X}$ seien, so erhalten wir mit der Bezeichnung $L := |\mathsf{X}|$

$$\mathbf{E}|\mathsf{X} - \mathsf{X}_s| = \lim_{\beta \to 0} \sum_{f_1, \dots, f_L} \frac{N!}{f_1! \dots f_L!} \left(\prod_{j=1}^{L} \mathbf{P}_j^{f_j} \right) \sum_{i=1}^{L} \beta^{f_i}$$

$$= \lim_{\beta \to 0} \sum_{i=1}^{L} \sum_{f_1, \dots, f_L} \frac{N!}{f_1! \dots f_L!} \mathbf{P}_1^{f_1} \dots \mathbf{P}_{i-1}^{f_{i-1}} (\mathbf{P}_i \cdot \beta)^{f_i} \mathbf{P}_{i+1}^{f_{i+1}} \dots \mathbf{P}_L^{f_L}$$

mit $\beta := e^{-k}$. Die zweite Summe auf der rechten Seite ergibt

$$(\mathbf{P}_1 + \dots + \mathbf{P}_{i-1} + \mathbf{P}_i\beta + \mathbf{P}_{i+1} + \dots + \mathbf{P}_L)^N = \left(1 - \mathbf{P}_i(1 - \beta)\right)^N .$$

Damit wird

$$\mathbf{E}|\mathsf{X} - \mathsf{X}_s| = \sum_{i=1}^{L} (1 - \mathbf{P}_i)^N . \tag{15.9}$$

Setzt man nach Voraussetzung $\mathbf{P}_i = 2^{-n}$ für alle $i = 1, \dots, L$ und $L = 2^n$ ein, so erhält man

$$\mathbf{E}|\mathsf{X} - \mathsf{X}_s| = \frac{(2^n - 1)^N}{2^{n(N-1)}} \tag{15.10}$$

und damit nach (15.6)

$$g_B = 1 - 0{,}5 \frac{(2^n - 1)^N}{2^{n \cdot N}} . \tag{15.11}$$

In dem konkreten Fall $n = 3$, $N = 2$ gibt es $2^3 = 8$ verschiedene Objekte und $8^2 = 64$ zweielementige Lernfolgen. Die acht Objekte seien $\boldsymbol{x}_1, \boldsymbol{x}_2, \dots, \boldsymbol{x}_8$. Dann sind acht Lernfolgen vom Typ $(\boldsymbol{x}_i, \boldsymbol{x}_i)$, $i = 1, \dots, 8$, und 56 Lernfolgen der Form $(\boldsymbol{x}_i, \boldsymbol{x}_j)$ mit $i \neq j = 1, 2, \dots, 8$ möglich. Die mittlere Anzahl der nicht in der Lernfolge vorkommenden Objekte ist damit

$$\frac{7 \cdot 8 + 6 \cdot 56}{64} = \frac{49}{8}$$

n Übereinstimmung mit $\mathbf{E}|\mathsf{X} - \mathsf{X}_s| = \frac{(2^3 - 1)^2}{2^{3 \cdot 1}}$. Für dieses Beispiel ergibt sich $g_B = 1 - 0{,}5 \frac{49}{2^6} = 0{,}617$. Eine Näherungsformel für g_B für große n ist

$$g_B = 1 - 0{,}5\,(1 - 2^{-nN}) , \quad \text{asymptotisch} ,$$

so daß sich g_B mit wachsendem n von oben asymptotisch dem Wert 0,5 annähert.

Die Verallgemeinerung der Gleichung (15.11) von 2 auf M Klassen lautet

$$g_B = 1 - \left(1 - \frac{1}{M}\right) \frac{(L - 1)^N}{L^N} . \tag{15.12}$$

Den durch Nutzung eines Vorwissens erzielbaren Gewinn wollen wir an dem Fall demonstrieren, in welchem ein Vorwissen darüber vorhanden ist, daß die Klassenzugehörigkeit eines Objekts nur von der Anzahl der mit Eins belegten Komponenten des binären Vektors x abhängt. In diesem Fall darf man auf Grund des Vorwissens die Objekte durch das einzige skalare Merkmal

$$y = \sum_{i=1}^{n} x_i ,$$

das an die Stelle des binären Vektors $(x_1, \dots, x_n)$ tritt, beschreiben. Da y nur $n + 1$ verschiedene Werte annehmen kann, sinkt der Umfang der Objektmenge von 2^n auf $n + 1$. Bezeichnen wir die neuen Objekte mit x_y' so wird die neue Objektmenge

$$\mathsf{X}' = \{x_0', x_1', \dots, x_n'\}$$

erhalten. Der Klasse 1 gehören dann die Objekte $x_0', x_2', x_4', \dots$, der Klasse 2 die Objekte $x_1', x_3', x_5', \dots$ an.

Das vorgegebene Wahrscheinlichkeitsmaß erzeugt neue Wahrscheinlichkeiten $\mathbf{P}_0', \mathbf{P}_1', \mathbf{P}_2', \dots, \mathbf{P}_n'$ für diese Objekte, und zwar, da es $\binom{n}{y}$ Objekte aus X mit demselben y-Wert gibt, sind es die Werte

$$\mathbf{P}_y' = 2^{-n} \binom{n}{y}, \qquad y = 0, 1, 2, \dots, n . \tag{15.13}$$

Die Erwartung von $|\mathsf{X} - \mathsf{X}_s|$ wird jetzt mit (15.13) nach (15.9), wenn $j = y = i - 1$ gesetzt wird,

$$\mathbf{E}|\mathsf{X} - \mathsf{X}_s| = \sum_{j=0}^{n} \left(1 - 2^{-n} \binom{n}{j}\right)^N . \tag{15.14}$$

Der mit Hilfe von (15.6), (15.14) und (15.11) gebildete Quotient

$$\mu := \frac{1 - g_B}{1 - g_B'} = \left[\frac{1}{n + 1} \sum_{j=0}^{n} \left(\frac{1 - 2^{-n} \binom{n}{j}}{1 - 2^{-n}} \right)^N \right]^{-1}$$

ist die durch Vorwissen erzielbare relative Verlustsenkung. Für $N = 2$ erhält man die Abhängigkeit

n	1	2	3	4	5	6	7
μ	1	1,266	1,322	1,342	1,321	1,296	1,268

Es zeigt sich ein Maximum bei $n = 4$. Darin drückt sich das allgemein zu erwartende Verhalten der durch Vorwissen erzielbaren relativen Verlustsenkung wie folgt aus:

1. *Sehr kleine Stichproben.* Unter der Voraussetzung, daß das Vorwissen über die Klassifizierung der Objekte unvollständig ist, d. h. nicht bereits die gesamte Klassifizierungsregel beinhaltet, wird zur Aufstellung der Klassifizierungsfunktion noch Stichprobeninformation benötigt. Ohne und mit Vorwissen ist diese Information bei zu kleinen Stichproben unzureichend, so daß die Klassifizierungsfunktion in jedem Fall die obere statistische Verlustschranke vom Betrag $1 - (1/M)$ erreichen wird, d. h., es wird $\mu = 1$.

2. *Sehr große Stichproben.* Die von der Stichprobe bereitgestellte Information ist zur Aufstellung einer fehlerfreien Klassifizierungsregel ausreichend. Das Vorwissen erbringt darüber hinaus praktisch keine Verbesserung mehr.

Hierbei ist zu beachten, daß die bei 2. benötigte Stichprobengröße u. U. praktisch nicht erreichbar ist, so daß die Nutzung des Vorwissens für die Problemlösung entscheidend werden kann.

15.2. Nutzung von A-priori-Wissen durch Projektion des Parameterraumes statistischer Klassifizierungsmodelle auf einen Unterraum

Der Konzeption der mit statistischen Modellen arbeitenden Verfahren der Klassifizierung liegt die Hypothese zugrunde, daß das vorgelegte Klassifizierungsproblem einer Familie

$$\{F(\omega, \boldsymbol{\theta}) : \boldsymbol{\theta} \in \Gamma\}, \qquad \omega \in \Omega = \mathsf{X} \times \mathsf{K}, \tag{15.15}$$

von Verteilungsfunktionen angehöre. Jede Verteilungsfunktion F induziere eine Dichte

$$L(\mathbf{s}; \boldsymbol{\theta}, N) \tag{15.16}$$

der Stichprobenrealisierung $S = \mathbf{s}$ vom Umfang N im Stichprobenraum; L ist die Likelihood-Funktion des Problems.

Man kann die hier getroffene Auswahl eines Ansatzes der Form (15.15) selbst als durch ein Vorwissen über die Klasse der Probleme, denen die vorgelegte Klassifizierungsaufgabe angehört, begründet ansehen. Darüber hinausgehendes Vorwissen wird als mit jenem kompatibel vorausgesetzt, es führt damit lediglich zu Restriktionen in dem Raum Γ der Parameterwerte $\boldsymbol{\theta}$ (vgl. Morgera und Cooper (1976)).

Wir betrachten nun den speziellen Fall, daß durch das Vorwissen der Raum Γ auf einen Unterraum Γ_v eingeschränkt wird und daß diese Einschränkung durch eine lineare Projektionsoperation Y erzeugbar ist. Also soll

$$\Gamma_v(Y) = \{\boldsymbol{a} \in \Gamma\text{: Es existiert ein } \boldsymbol{\theta} \in \Gamma, \text{ so daß } \boldsymbol{Y\theta} = \boldsymbol{a}\} \tag{15.17}$$

sein. Die hier benötigten Eigenschaften eines linearen Projektionsoperators sind (vgl. Noguchi (1976), Watanabe (1974)):

1. Γ sei ein linearer Vektorraum. Ist $\boldsymbol{x} \in \Gamma$, so $\boldsymbol{Yx} \in \Gamma$ für alle $\boldsymbol{x} \in \Gamma$. $\boldsymbol{Yx}$ heißt *Projektion* von $\boldsymbol{x}$.
2. Die Projektion von $\boldsymbol{Yx}$ ist wieder $\boldsymbol{Yx}$, d. h.

$$\boldsymbol{Y}(\boldsymbol{Yx}) = \boldsymbol{Y}^2\boldsymbol{x} = \boldsymbol{Yx} \quad \text{(Idempotenz)}. \tag{15.18}$$

3. $\boldsymbol{Y}(\boldsymbol{x} + \boldsymbol{y}) = \boldsymbol{Yx} + \boldsymbol{Yy}$ (Linearität).
4. Orthogonale Projektionsoperatoren: Ein Vektor $\boldsymbol{x}$ läßt sich mit Hilfe des Identitätsoperators $\boldsymbol{I}$, für den $\boldsymbol{Ix} = \boldsymbol{x}$ gilt, in zwei Bestandteile entsprechend

$$\boldsymbol{x} = \boldsymbol{Yx} + (\boldsymbol{I} - \boldsymbol{Y})\,\boldsymbol{x}$$

zerlegen. Diese beiden Bestandteile sind für alle $\boldsymbol{x}$ zueinander orthogonal, wenn $\boldsymbol{Y}^T = \boldsymbol{Y}^T\boldsymbol{Y}$ ist. Diese Gleichung ist auf Grund der 2. Eigenschaft für symmetrische $\boldsymbol{Y}$, für die also $\boldsymbol{Y}^T = \boldsymbol{Y}$ zutrifft, erfüllt, wie $\boldsymbol{Y}^T\boldsymbol{Y} = \boldsymbol{Y}^2 = \boldsymbol{Y} = \boldsymbol{Y}^T$ zeigt.

5. Diagonalisierung des Projektionsoperators durch eine Ähnlichkeitstransformation $\boldsymbol{V}^{-1}\boldsymbol{YV}$: Es sei $\boldsymbol{a}_1, \boldsymbol{a}_2, \ldots, \boldsymbol{a}_q$ ein nicht notwendig orthogonales System von Basisvektoren des Raumes Γ, $\boldsymbol{b}_1, \boldsymbol{b}_2, \ldots, \boldsymbol{b}_q$ sei das dazu adjungierte System von Basis-

vektoren, so daß

$$a_i^T b_j = \delta_{ij} = b_j^T a_i \tag{15.19}$$

gilt. Damit läßt sich ein Operator

$$A := \sum_{i=1}^{q} \lambda_i a_i b_i^T$$

bilden. Es wird $A^2 = AA = \sum_{i=1}^{q} \sum_{j=1}^{q} \lambda_i \lambda_j a_i b_i^T a_j b_j^T$. Wegen (15.19) ist

$$A^2 = \sum_{i=1}^{q} \lambda_i^2 a_i b_i^T ,$$

und A wird idempotent, wenn für alle i

$$\lambda_i^2 = \lambda_i \tag{15.20}$$

gilt. Die Lösung ist für reelle λ_i

$$\lambda_i = 0 \text{ oder } 1 . \tag{15.21}$$

Damit läßt sich

$$Y = \sum_{i=1}^{q} \lambda_i a_i b_i^T , \qquad \lambda_i \in \{0, 1\} , \tag{15.22}$$

schreiben. Y ist symmetrisch, d. h. stimmt mit $Y^T = \sum_{i=1}^{q} \lambda_i b_i a_i^T$ überein, wenn die Basis a selbstadjungiert und damit orthogonal ist, vgl. hierzu die 4. Eigenschaft.

Es gilt

$$Y a_k = \lambda_k a_k ,$$

wie man durch Anwendung der Gleichung (15.22) auf a_k feststellt. Also ist a_k Eigenvektor von Y zum Eigenwert λ_k. Die Eigenwerte von Y sind also nur entweder gleich Null oder gleich Eins. Bildet man eine Matrix V durch $V_{ij} = (a_j)_i$, $i, j = 1, \ldots, q$, dann ist

$$(V^{-1})_{ij} = (b_i^T)_j , \qquad i, j = 1, \ldots, q .$$

Wir können auch

$$V = (a_1, \ldots, a_q) \quad \text{und} \quad V^{-1} = \begin{pmatrix} b_1^T \\ \hline \vdots \\ \hline b_q^T \end{pmatrix}$$

schreiben. Die Transformation $V^{-1}YV$ führt dann offensichtlich für alle Projektionsoperatoren nach (15.22) auf die Diagonalmatrix

$$\begin{pmatrix} \lambda_1 & & \\ & \ddots & \\ & & \lambda_q \end{pmatrix} \tag{15.23}$$

der Eigenwerte.

Da sich jeder beliebige Vektor x aus Γ mit Hilfe von q Zahlen $r_1, \ldots, r_q$ in der Form

$$x = \sum_{i=1}^{q} r_i a_i , \qquad r_i = b_i^T x ,$$

darstellen läßt, kann man mit Hilfe von (15.22)

$$\boldsymbol{Yx} = \sum_{i=1}^{q} \lambda_i r_i \boldsymbol{a}_i = \sum_{\substack{i=1\\ \lambda_i=1}}^{q} r_i \boldsymbol{a}_i$$

bilden und stellt fest, daß die Projektion $\boldsymbol{Yx}$ von $\boldsymbol{x}$ in einem Raum liegt, der genau von denjenigen Eigenvektoren $\boldsymbol{a}_i$ des Operators $\boldsymbol{Y}$ aufgespannt wird, deren zugeordnete Eigenwerte gleich Eins sind.

(Im folgenden beschränken wir uns auf Projektionsoperatoren, die sich in der Form (15.22) darstellen lassen. Man kann zeigen, daß diese Darstellung für alle linearen Projektionsoperatoren existiert und eindeutig ist.)

Die Spur einer beliebigen, quadratischen Matrix $\boldsymbol{A}$ ist invariant gegen Ähnlichkeitstransformationen, wie folgende Gleichungskette zeigt:

$$\begin{aligned}\text{Spur}\, \boldsymbol{V}^{-1}\boldsymbol{AV} &= \sum_{i=1}^{n} \sum_{j=1}^{n} \sum_{k=1}^{n} (\boldsymbol{V}^{-1})_{ij} A_{jk} V_{ki} \\ &= \sum_{j=1}^{n} \sum_{k=1}^{n} \left(\sum_{i=1}^{n} V_{ki} (\boldsymbol{V}^{-1})_{ij} \right) A_{jk} \\ &= \sum_{j=1}^{n} \sum_{k=1}^{n} \delta_{jk} A_{jk} = \sum_{j=1}^{n} A_{jj} = \text{Spur}\, \boldsymbol{A}\,. \end{aligned} \tag{15.24}$$

$\boldsymbol{Y}$ ist nach (15.22) eine quadratische (q, q)-Matrix. Als Ähnlichkeitstransformation wählen wir die durch die 5. Eigenschaft definierte und erhalten nach (15.23)

$$\text{Spur}\, \boldsymbol{Y} = \text{Spur}\, \boldsymbol{V}^{-1}\boldsymbol{YV} = \sum_{i=1}^{q} \lambda_i\,.$$

Nun sind die λ_i-Werte genau dann gleich Eins, wenn $\boldsymbol{a}_i$ ein Vektor aus der Menge der Basisvektoren des Unterraumes Γ_V ist. Da die n-dimensionale Basis $a_1, \ldots, a_n$ eine (vollständige) Basis von Γ_V enthält, ist

$$\text{Spur}\, \boldsymbol{Y} = m\,,$$

wenn m die Dimension des Unterraumes Γ_v bedeutet.

15.2.1. Beziehungen zwischen den Maximum-Likelihood-Schätzungen im Originalraum Γ und im Unterraum Γ_V

Es sei

$$\boldsymbol{Y}\Gamma := \{\boldsymbol{Ya} : \boldsymbol{a} \in \Gamma\}\,. \tag{15.25}$$

Man sieht leicht, daß

$$\Gamma_V(\boldsymbol{Y}) = \boldsymbol{Y}\Gamma \tag{15.26}$$

ist. Der Projektionsoperator $\boldsymbol{Y}$ soll wie folgt durch eine (n, m)-Matrix $\boldsymbol{B}$ erzeugbar sein. Zunächst ist

$$\mathsf{F} := \{\boldsymbol{B\vartheta} : \boldsymbol{\vartheta} \in \mathsf{R}^m, m < q\}$$

ein Unterraum von Γ $(= \mathsf{R}^q)$. $\boldsymbol{B}^T\boldsymbol{B}$ ist eine (m, m)-Matrix und werde als invertierbar vorausgesetzt. Damit läßt sich

$$\boldsymbol{B}^T\boldsymbol{\theta} = \boldsymbol{B}^T\boldsymbol{B\vartheta}\,, \qquad \boldsymbol{\theta} = \boldsymbol{B\vartheta}\,, \tag{15.27}$$

nach $\boldsymbol{\vartheta}$ auflösen und ergibt

$$\boldsymbol{\vartheta} = (\boldsymbol{B}^T\boldsymbol{B})^{-1}\,\boldsymbol{B}^T\,. \tag{15.28}$$

Durch nochmalige Multiplikation von links mit $\boldsymbol{B}$ entsteht

$$\boldsymbol{B\vartheta} = \boldsymbol{B}(\boldsymbol{B}^T\boldsymbol{B})^{-1}\,\boldsymbol{B}^T\boldsymbol{\theta}\,.$$

Die linke Seite ist definitionsgemäß ein Vektor im Unterraum F. Die rechte Seite ist jedoch für jedes $\boldsymbol{\theta} \in \Gamma$ definiert, das damit in den Unterraum F projiziert wird. Wir setzen

$$\boldsymbol{Y} = \boldsymbol{B}(\boldsymbol{B}^T\boldsymbol{B})^{-1}\,\boldsymbol{B}^T \tag{15.29}$$

und sind dazu berechtigt, da die rechte Seite alle Eigenschaften eines Projektionsoperators hat. Wie man sieht, handelt es sich um einen symmetrischen und linearen Projektionsoperator. Damit wird $\Gamma_V = \mathsf{F}$ eine orthogonale Projektion von Γ.

Die Punkte des Unterraumes Γ_V werden umkehrbar eindeutig durch

$$\boldsymbol{\theta} = \boldsymbol{B}\,, \qquad \boldsymbol{\theta} \in \Gamma_V\,, \qquad \boldsymbol{\vartheta} \in \mathsf{R}^m\,,$$

den Punkten des R^m zugeordnet. Wir können deshalb die Bedingungen, denen eine ML-Schätzung in Γ_V genügen muß, in der Form

$$\nabla L(\mathsf{s}\,;\boldsymbol{B\vartheta}, N) = 0\,, \tag{15.30}$$

$$\nabla^2 L(\mathsf{s}\,;\boldsymbol{B\vartheta}, N) \quad \text{negativ definit}$$

schreiben, wobei Gleichung (15.30) nach $\boldsymbol{\vartheta}$ aufzulösen ist. Die in Γ_V gelegene ML-Schätzung ist dann durch

$$\hat{\boldsymbol{\theta}} = \boldsymbol{B\vartheta}$$

gegeben.

Für den als Funktion von $\boldsymbol{\vartheta}$ dargestellten Logarithmus der Likelihood-Funktion

$$\log L(\mathsf{s}\,;\boldsymbol{\theta}, N) = \log L(\mathsf{s}\,;\boldsymbol{B\vartheta}, N)\,, \qquad \boldsymbol{\theta} = \boldsymbol{B\vartheta}\,,$$

folgt aus der Kettenregel

$$\frac{\partial \log L}{\partial \vartheta_i} = \sum_k \frac{\partial \log L}{\partial \theta_k}\frac{\partial \theta_k}{\partial \vartheta_i}$$

der Ausdruck

$$\nabla_{\vartheta} \log L = \boldsymbol{B}^T \nabla_{\theta} \log L\,, \qquad \boldsymbol{\theta} = \boldsymbol{B\vartheta}\,, \tag{15.31}$$

sowie

$$\nabla_{\vartheta}^2 \log L = \boldsymbol{B}^T(\nabla_{\theta}^2 \log L)\,\boldsymbol{B}\,, \qquad \boldsymbol{\theta} = \boldsymbol{B\vartheta}\,. \tag{15.32}$$

Wir wollen den Fall der n-dimensionalen Normalverteilung betrachten. Die Kovarianzmatrix $\boldsymbol{C}$ des Problems werde als invertierbar vorausgesetzt, so daß man als Parameter der Verteilung das Paar $(\boldsymbol{\eta}, (\boldsymbol{C})^{-1})$, bestehend aus dem Mittelvektor $\boldsymbol{\eta}$ und der reziproken Kovarianzmatrix $\boldsymbol{C}^{-1}$, wählen kann. Damit wird

$$\boldsymbol{\theta} = (\boldsymbol{\eta}, \boldsymbol{C}^{-1})\,. \tag{15.33}$$

Die Dichte der Normalverteilung ist

$$\varrho(\boldsymbol{x}) = (2\pi)^{-n/2}\,(\det \boldsymbol{C}^{-1})^{1/2} \exp - \tfrac{1}{2}\,\mathrm{Spur}\,\boldsymbol{C}^{-1}\,\boldsymbol{A}(\boldsymbol{x}) \tag{15.34}$$

mit der Matrix

$$\boldsymbol{A}(\boldsymbol{x}) := (\boldsymbol{x} - \boldsymbol{\eta})\,(\boldsymbol{x} - \boldsymbol{\eta})^T\,. \tag{15.35}$$

Die Likelihood-Funktion ist dann durch

$$L(\mathfrak{s}) = \prod_{\boldsymbol{x} \in \mathfrak{s}} \varrho(\boldsymbol{x}) \tag{15.36}$$

gegeben, wenn $\boldsymbol{x}$ die Realisierung der n-dimensionalen Zufallsvariablen X und $\mathfrak{s}$ die Realisierung der zufälligen Stichprobe S, welche eine N-stellige Folge identisch, aber statistisch unabhängig nach $N(\eta, \boldsymbol{C})$ verteilter Zufallsvariablen $X_1, X_2, \ldots, X_N$ sei, bedeuten.

Aus (15.34) und (15.35) folgt

$$\log L = -\frac{n}{2} \log 2\pi + \frac{N}{2} \log \det \boldsymbol{C}^{-1} - \frac{N}{2} \operatorname{Spur} \boldsymbol{C}^{-1}\boldsymbol{Z} \tag{15.37}$$

mit

$$\boldsymbol{Z} := \frac{1}{N} \sum_{\boldsymbol{x} \in \mathfrak{s}} \boldsymbol{A}(\boldsymbol{x}) = \frac{1}{N} \sum_{\boldsymbol{x} \in \mathfrak{s}} (\boldsymbol{x} - \boldsymbol{\eta})(\boldsymbol{x} - \boldsymbol{\eta})^T . \tag{15.38}$$

Damit werden

$$\nabla_\eta \log L = N \cdot \boldsymbol{C}^{-1}(\overline{\boldsymbol{x}} - \boldsymbol{\eta}) , \tag{15.39}$$

$$\nabla_\eta^2 \log L = -N \cdot \boldsymbol{C}^{-1} , \tag{15.40}$$

$$\frac{\partial \log L}{\partial (C^{-1})_{ik}} = \frac{N}{1 + \delta_{ik}} (\boldsymbol{C} - \boldsymbol{Z})_{ik} , \tag{15.41}$$

$$\frac{\partial^2 \log L}{\partial \eta_r \, \partial(\boldsymbol{C}^{-1})_{ik}} = \frac{N}{1 + \delta_{ik}} \left(\delta_{kr}(\overline{\boldsymbol{x}}_i - \eta_i) + \delta_{ir}(\overline{\boldsymbol{x}}_k - \eta_k)\right) , \tag{15.42}$$

$$\frac{\partial^2 \log L}{\partial(\boldsymbol{C}^{-1})_{jr} \, \partial(\boldsymbol{C}^{-1})_{ik}} = -\frac{N}{(1 + \delta_{jr})(1 + \delta_{ik})} (C_{ir}C_{jk} + C_{ij}C_{rk}) . \tag{15.43}$$

Eine alternative Ableitung mit $\boldsymbol{C}$ anstelle von $\boldsymbol{C}^{-1}$ führt auf die Ausdrücke

$$\frac{\partial \log L}{\partial C_{ik}} = -\frac{N}{(1 + \delta_{ik})} (\boldsymbol{C}^{-1} + \boldsymbol{C}^{-1}\boldsymbol{Z}\boldsymbol{C}^{-1})_{ik} ,$$

$$\frac{\partial^2 \log L}{\partial \eta_r \, \partial C_{ik}} = -\frac{2N}{1 + \delta_{ik}} (\boldsymbol{C}^{-1})_{ri} \left(\boldsymbol{C}^{-1}(\overline{\boldsymbol{x}} - \boldsymbol{\eta})\right)_k ,$$

$$\begin{aligned}\frac{\partial^2 \log L}{\partial C_{jn} \, \partial C_{ik}} = \frac{N}{(1 + \delta_{ik})(1 + \delta_{jn})} &[(\boldsymbol{C}^{-1} + \boldsymbol{C}^{-1}\boldsymbol{Z}\boldsymbol{C}^{-1})_{in} (\boldsymbol{C}^{-1})_{jk} \\ &+ (\boldsymbol{C}^{-1} + \boldsymbol{C}^{-1}\boldsymbol{Z}\boldsymbol{C}^{-1})_{ij} (\boldsymbol{C}^{-1})_{nk} + (\boldsymbol{C}^{-1})_{in} (\boldsymbol{C}^{-1}\boldsymbol{Z}\boldsymbol{C}^{-1})_{jk} \\ &+ (\boldsymbol{C}^{-1})_{ij} (\boldsymbol{C}^{-1}\boldsymbol{Z}\boldsymbol{C}^{-1})_{nk}] .\end{aligned}$$

Die Elemente einer symmetrischen Matrix $\boldsymbol{A}$ sind definitionsgemäß bereits durch die Elemente oberhalb der Diagonalen und durch die Diagonalelemente eindeutig bestimmt; infolgedessen genügt es, nur diese zu betrachten. Man kann sich diese Elemente linear angeordnet denken in der Reihenfolge

$$A_{11}, \ldots, A_{1n}, A_{22}, \ldots, A_{2n}, \ldots, A_{n-1\,n-1}, A_{n-1n}, A_{nn} . \tag{15.44}$$

Der entstehende Vektor heißt WISHART-Vektor. Wir bezeichnen die den Matrizen $\boldsymbol{C}^{-1}$, $\boldsymbol{C}$ und $\boldsymbol{Z}$ eineindeutig zugeordneten WISHART-Vektoren in dieser Reihenfolge mit $\boldsymbol{\zeta}_-$, $\boldsymbol{\zeta}$ und $\boldsymbol{z}$. Diese Vektoren sind Elemente eines $\mathsf{R}^{n'}$ mit $n' = n(n + 1)/2$. Da $\boldsymbol{C}$

und damit $\boldsymbol{C}^{-1}$ symmetrische Matrizen sind, brauchen die Indexpaare (j, r) und (i, k) in den Ausdrücken (15.41) bis (15.43) nur die Elementpositionen der oberen Dreiecksmatrix von $\boldsymbol{C}^{-1}$ und ihrer Diagonalen zu durchlaufen.

Die Projektion in Γ soll durch zwei $\boldsymbol{B}$-Matrizen $\boldsymbol{D}$ und $\boldsymbol{E}$ erzeugbar sein. $\boldsymbol{D}$ beschreibe die Projektion von $\boldsymbol{\eta}$ auf einen Raum mit weniger als n Freiheitsgraden, dessen Elemente wir mit $\boldsymbol{\mu}$ bezeichnen wollen. Damit wird

$$\boldsymbol{\eta} = \boldsymbol{D}\boldsymbol{\mu} . \tag{15.45}$$

Analog werde

$$\zeta_{-*} = \boldsymbol{E}\varkappa \tag{15.46}$$

gesetzt (vgl. die Definition von ζ_{-*}, S. 273).

1. Fall. $\boldsymbol{E} = \boldsymbol{I}_n$. Mit (15.31) und (15.39) ergibt sich

$$\nabla_\mu \log L = N \cdot \boldsymbol{D}^T \boldsymbol{C}^{-1}(\overline{\boldsymbol{x}} - \boldsymbol{D}\boldsymbol{\mu}) .$$

Die Bedingung (15.30), d. h. $\nabla_\mu \log L = \boldsymbol{O}$, führt damit auf die Gleichung

$$\boldsymbol{D}^T \boldsymbol{C}^{-1} \overline{\boldsymbol{x}} = \boldsymbol{D}^T \boldsymbol{C}^{-1} \boldsymbol{D}\boldsymbol{\mu} .$$

Wenn $\boldsymbol{\mu}$ m-dimensional ist, $m < n$, so ist $\boldsymbol{D}^T \boldsymbol{C}^{-1} \boldsymbol{D}$ eine (m, m)-Matrix, die als invertierbar vorausgesetzt werde. Durch Multiplikation mit $(\boldsymbol{D}^T \boldsymbol{C}^{-1} \boldsymbol{D})^{-1}$ von links ergibt sich so die Lösung

$$\hat{\boldsymbol{\mu}} = (\boldsymbol{D}^T \boldsymbol{C}^{-1} \boldsymbol{D})^{-1} \boldsymbol{D}^T \boldsymbol{C}^{-1} \overline{\boldsymbol{x}} \tag{15.47}$$

und daraus durch Multiplikation von links mit $\boldsymbol{D}$ nach (15.45) der zugeordnete n-dimensionale Vektor

$$\hat{\boldsymbol{\eta}}^p := \boldsymbol{Y}_\eta \boldsymbol{\eta} \tag{15.48}$$

mit

$$\boldsymbol{Y}_\eta := \boldsymbol{D}(\boldsymbol{D}^T \boldsymbol{C}^{-1} \boldsymbol{D})^{-1} \boldsymbol{D}^T \boldsymbol{C}^{-1} \tag{15.49}$$

und $\hat{\boldsymbol{\eta}} := \overline{\boldsymbol{x}}$. Dabei ist $\boldsymbol{\eta}$ die ML-Schätzung in Γ; sie wird aus (15.47) im Grenzfall $\boldsymbol{D} = \boldsymbol{I}_n$ erhalten. $\boldsymbol{Y}_n$ ist ein Operator, der $\boldsymbol{\eta}'$ in $\hat{\boldsymbol{\eta}}^p$, d. h. in die ML-Schätzung in Γ_V, übergeführt. Es ist

$$\begin{aligned} \boldsymbol{Y}_\eta^2 = \boldsymbol{Y}_\eta \boldsymbol{Y}_\eta &= \boldsymbol{D}(\boldsymbol{D}^T \boldsymbol{C}^{-1} \boldsymbol{D})^{-1} \boldsymbol{D}^T \boldsymbol{C}^{-1} \boldsymbol{D}(\boldsymbol{D}^T \boldsymbol{C}^{-1} \boldsymbol{D})^{-1} \boldsymbol{D}^T \boldsymbol{C}^{-1} \\ &= \boldsymbol{D}(\boldsymbol{D}^T \boldsymbol{C}^{-1} \boldsymbol{D})^{-1} \boldsymbol{D}^T \boldsymbol{C}^{-1} = \boldsymbol{Y}_\eta , \end{aligned}$$

also $\boldsymbol{Y}_\eta$ ein Projektionsoperator[1]). Die Projektion ist jedoch nicht orthogonal (vgl. Eigenschaft 4, S. 267), da

$$\boldsymbol{Y}_\eta^T = \boldsymbol{C}^{-1} \boldsymbol{D}(\boldsymbol{D}^T \boldsymbol{C}^{-1} \boldsymbol{D})^{-1} \neq \boldsymbol{Y}^\eta . \tag{15.50}$$

Wenn die Matrix $\boldsymbol{C}$ und damit auch $\boldsymbol{C}^{-1}$ positiv definit ist, wird von $\hat{\boldsymbol{\eta}}$ auch die zweite der Gleichungen (15.30) erfüllt. Daß dasselbe auch für $\hat{\boldsymbol{\eta}}^p$ zutrifft, ersieht man aus Gleichung (15.32), die mit $\boldsymbol{B} = \boldsymbol{D}$ und $\boldsymbol{\theta} = \boldsymbol{\eta}$ sowie (15.40)

$$\nabla_\mu^2 \log L = -N \boldsymbol{D}^T \boldsymbol{C}^{-1} \boldsymbol{D}$$

lautet.

---

[1]) Auf Grund der Linearität der Matrixmultiplikation ist die Linearität (Eigenschaft 3, S. 267) erfüllt.

Es ist nur zu prüfen, ob die Matrix $\boldsymbol{D}^T\boldsymbol{C}^{-1}\boldsymbol{D}$ positiv definit ist. Wir bilden hierzu mit einem beliebigen Vektor $\boldsymbol{b} \in \mathsf{R}^m$ die quadratische Form

$$\boldsymbol{h}^T\boldsymbol{D}^T\boldsymbol{C}^{-1}\boldsymbol{D}\boldsymbol{h} .$$

Hierin ist $\boldsymbol{f} := \boldsymbol{D}\boldsymbol{h}$ ein Vektor aus R^n, also

$$\boldsymbol{h}^T\boldsymbol{D}^T\boldsymbol{C}^{-1}\boldsymbol{D}\boldsymbol{h} = \boldsymbol{f}^T\boldsymbol{C}^{-1}\boldsymbol{f} > 0 ,$$

weil $\boldsymbol{C}$ positiv definit war. Damit ist gezeigt, daß auch $-\boldsymbol{D}^T\boldsymbol{C}^{-1}\boldsymbol{D}$ negativ definit ist und somit $\hat{\eta}^p$ als legitime ML-Schätzung in Γ_V bewiesen.

2. Fall. $\boldsymbol{D} = \boldsymbol{I}_n$. Wir berechnen jetzt die ML-Schätzung der Kovarianzmatrix in Γ_V. Hierzu bezeichnen wir eine Matrix, die aus einer Matrix $\boldsymbol{A}$ durch Halbieren ihrer Diagonalelemente hervorgeht, mit $\boldsymbol{A}_*$. Anstelle von (15.41) können wir dann schreiben

$$\frac{\partial \log L}{\partial(\boldsymbol{C}^{-1})_{ik}} = N(\boldsymbol{C}_* - \boldsymbol{Z}_*)_{ik} . \qquad (15.51)$$

Die WISHART-Vektoren der Matrizen $\boldsymbol{C}_*$ und $\boldsymbol{Z}_*$ seien mit $\boldsymbol{\zeta}_*$ und $\boldsymbol{z}_*$ bezeichnet. (15.51) geht damit in

$$\nabla_{\zeta_-} \log L = N(\boldsymbol{\zeta}_* - \boldsymbol{z}_*) \qquad (15.52)$$

über.

Für die weitere Auswertung benötigen wir folgende

Definitionen. ξ sei die Operation, die einer symmetrischen Matrix $\boldsymbol{A}$ ihren WISHART-Vektor $\boldsymbol{\alpha}$ zuordnet, d. h., es sei

$$\boldsymbol{\alpha} = \xi(\boldsymbol{A}) .$$

Wegen der umkehrbaren Eindeutigkeit dieser Zuordnung existiert die Umkehrfunktion ξ^{-1}, für die dann

$$\boldsymbol{A} = \xi^{-1}(\boldsymbol{\alpha})$$

gilt. Mit Hilfe der Funktion ξ werden die folgenden Beziehungen erklärt:

$$\xi^{-1}(\boldsymbol{\alpha}) =: \boldsymbol{A} , \qquad \xi^{-1}(\boldsymbol{\alpha}_-) = \boldsymbol{A}^{-1} , \qquad \xi^{-1}(\boldsymbol{\alpha}_*) = \boldsymbol{A}_* ,$$

$$\xi^{-1}(\boldsymbol{\alpha}_{*-}) = (\boldsymbol{A}_*)^{-1} , \qquad \xi^{-1}(\boldsymbol{\alpha}_{-*}) = (\boldsymbol{A}^{-1})_* ,$$

$$(\boldsymbol{A}_\otimes)_{ik} = \begin{cases} A_{ik}, & \text{falls } i \neq k , \\ 2A_{ik}, & \text{falls } i = k . \end{cases}$$

Damit wird $(\boldsymbol{A}_*)_\otimes = (\boldsymbol{A}_\otimes)_* = \boldsymbol{A}$. Entsprechend wird definiert

$$\xi^{-1}(\boldsymbol{\alpha}_\otimes) = \boldsymbol{A}_\otimes , \qquad \xi^{-1}(\boldsymbol{\alpha}_{\otimes -}) = (\boldsymbol{A}_\otimes)^{-1} ,$$

$$\xi^{-1}(\boldsymbol{\alpha}_{-\otimes}) = (\boldsymbol{A}^{-1})_\otimes , \qquad \xi^{-1}(\boldsymbol{\alpha}_{*\otimes}) = \xi^{-1}(\boldsymbol{\alpha}_{\otimes *}) = \boldsymbol{A} ,$$

$$\xi^{-1}(\boldsymbol{\alpha}_{*\otimes -}) = \xi^{-1}(\boldsymbol{\alpha}_{\otimes * -}) = \boldsymbol{A}^{-1} , \qquad \xi^{-1}(\boldsymbol{\alpha}_{-*\otimes}) = \xi^{-1}(\boldsymbol{\alpha}_{-\otimes *}) = \boldsymbol{A}^{-1} ,$$

$$\xi^{-1}(\boldsymbol{\alpha}_{--}) = (\boldsymbol{A}^{-1})^{-1} = \boldsymbol{A} .$$

Wegen der umkehrbaren Eindeutigkeit der Funktion ξ folgen daraus u. a. die Regeln

$$\boldsymbol{\alpha}_{*\otimes} = \boldsymbol{\alpha}_{\otimes *} = \boldsymbol{\alpha} , \qquad \boldsymbol{\alpha}_{-*\otimes -} = \boldsymbol{\alpha} , \qquad \boldsymbol{\alpha}_{*--\otimes} = \boldsymbol{\alpha} .$$

Die Gleichung (15.46) läßt sich in der Form

$$\zeta_* = (\boldsymbol{E}\varkappa)_{\otimes -*} \tag{15.53}$$

nach ζ_* auflösen. Durch Anwendung der Gleichung (15.31) mit $\boldsymbol{B} = \boldsymbol{E}$ auf (15.52) und Einsetzen von ζ_* nach (15.53) folgt

$$\nabla_\varkappa \log L = N\boldsymbol{E}^T((\boldsymbol{E}\varkappa)_{\otimes -*} - \boldsymbol{z}_*) .$$

Die Forderung $\nabla_\varkappa \log L = \boldsymbol{O}$ führt damit auf

$$\boldsymbol{E}^T(\boldsymbol{E}\varkappa)_{\otimes -*} = \boldsymbol{E}^T\boldsymbol{z}_* . \tag{15.54}$$

Diese Gleichung beschreibt folgende Operationen:

Ein Operator $\boldsymbol{E}$ erzeugt zu einem Vektor $\varkappa$ aus R^p einen WISHART-Vektor $\boldsymbol{E}\varkappa$, der der WISHART-Vektor einer Matrix $(\boldsymbol{A}^{-1})_*$ ist. $(\boldsymbol{E}\varkappa)_{\otimes -*}$ ist dann definitionsgemäß der WISHART-Vektor von $(\boldsymbol{A})_*$. Durch $\boldsymbol{E}^T(\boldsymbol{E}\varkappa)_{\otimes -*}$ wird diesem Vektor ein Vektor $\sigma \in \mathsf{R}^p$ zugeordnet und durch $\boldsymbol{E}^T\boldsymbol{z}_*$ dem WISHART-Vektor von $\boldsymbol{Z}_*$ ein Vektor $\pi \in \mathsf{R}^p$, so daß sich die Forderung nach Übereinstimmung von π mit σ stellt, die durch ein geeignetes $\varkappa \in \mathsf{R}^p$ erfüllt werden soll.

Man kann formal einen (nichtlinearen) Operator $\boldsymbol{Q}$ definieren, der $\varkappa$ in $(\boldsymbol{E}\varkappa)_{\otimes -*}$ abbildet, der also der Gleichung

$$\boldsymbol{Q}\varkappa := (\boldsymbol{E}\varkappa)_{\otimes -*} , \qquad \varkappa \in \mathsf{R}^p , \tag{15.55}$$

genügt. Durch Einsetzen in (15.54) wird

$$\boldsymbol{E}^T\boldsymbol{Q}\varkappa = \boldsymbol{E}^T\boldsymbol{z}_* , \qquad \varkappa \in \mathsf{R}^p , \qquad \boldsymbol{z}_* \in \mathsf{R}^{n'} , \tag{15.56}$$

erhalten.

Wir wollen annehmen, daß die Operation $\boldsymbol{E}^T\boldsymbol{Q}$ invertierbar ist, so daß man nach $\varkappa$ in der Form

$$\varkappa = (\boldsymbol{E}^T\boldsymbol{Q})^{-1}\,\boldsymbol{E}^T\boldsymbol{z}_* \tag{15.57}$$

auflösen kann. Daraus erhalten wir den projizierten Lösungsvektor

$$\hat{\zeta}^p_{-*} = \boldsymbol{E}\varkappa = \boldsymbol{E}(\boldsymbol{E}^T\boldsymbol{Q})^{-1}\,\boldsymbol{E}^T\boldsymbol{z}_* , \tag{15.58}$$

der den WISHART-Vektor der Maximum-Likelihood-Schätzung $\hat{\boldsymbol{C}}^{-1}$ der reziproken Kovarianzmatrix in Γ_V darstellt.

15.2.2. Trivialer Grenzfall: $p = n'$, $\boldsymbol{E} = \boldsymbol{I}_n$, $\boldsymbol{E}^T = \boldsymbol{E}$

In diesem Fall ist $\boldsymbol{Q}\varkappa = \varkappa_{\otimes -*}$, $\boldsymbol{Q}^{-1}(\varkappa) = \varkappa_{\otimes -*}$ und damit nach (15.58)

$$\hat{\zeta}^p_{-*} = \hat{\zeta} = \boldsymbol{Q}^{-1}\boldsymbol{z}_* = (\boldsymbol{z}_*)_{\otimes -*} = \boldsymbol{z}_{-*} , \tag{15.59}$$

so daß $\hat{\boldsymbol{C}}^{-1} = \boldsymbol{Z}^{-1}$ oder $\hat{\boldsymbol{C}} = \boldsymbol{Z}$ werden.

Gleichung (15.58) können wir, ausgehend von (15.55), noch wie folgt umformen: Durch Einsetzen von $\boldsymbol{E}\varkappa$ nach (15.46) in den Ausdruck (15.54) wird

$$\boldsymbol{Q}\varkappa := (\zeta_{-*})_{\otimes -*} = \zeta_* ,$$

so daß durch Anwendung von $\boldsymbol{Q}$ auf beide Seiten der Gleichung (15.57)

$$\hat{\zeta}^p_* = \boldsymbol{Q}(\boldsymbol{E}^T\boldsymbol{Q})^{-1}\,\boldsymbol{E}^T\boldsymbol{z}_* \tag{15.60}$$

und durch Einsetzen von $z_* = \hat{\zeta}_*$ nach (15.59)

$$\hat{\zeta}_*^p = Y_C \hat{\zeta}_* \tag{15.61}$$

mit

$$Y_C := Q(E^T Q)^{-1} E^T \tag{15.62}$$

erhalten wird. Offensichtlich gilt wieder

$$Y_C^2 = Q(E^T Q)^{-1} E^T Q (E^T Q)^{-1} ET = Q(E^T Q)^{-1} E^T = Y_C ,$$

so daß Y_C abermals Projektionsoperator ist, jedoch ist Y_C wieder unsymmetrisch — die Projektion nicht orthogonal. Desgleichen ist Y_C nichtlinear.

Gleichung (15.32) lautet mit $B \equiv E$, $\theta \equiv \zeta_-$ und $\vartheta \equiv \varkappa$

$$\nabla_\varkappa^2 \log L = E^T (\nabla_{\zeta_-}^2 \log L)\, E \, .$$

Bildet man die quadratische Form mit einem beliebigen Vektor $\beta \in \mathrm{R}^p$, d. h. den Ausdruck

$$K := \beta^T E^T (\nabla_{\zeta_-}^2 \log L)\, E\beta \, ,$$

so ist $\sigma = E\beta$ nach (15.53) wieder ein Vektor aus $\mathrm{R}^{n'}$ und damit

$$K = \sigma^T (\nabla_{\zeta_-}^2 \log L)\, \sigma \, .$$

ζ_- und σ sind also Vektoren aus $\mathrm{R}^{n'}$ von gleicher Länge. So sind etwa

$$\zeta_- = (\zeta_{-1}, \zeta_{-2}, \dots, \zeta_{-n'}) \, , \qquad \sigma = (\sigma_1, \sigma_2, \dots, \sigma_{n'}) \, .$$

Statt dieser einfachen Indizierung der Elemente von ζ_- und σ können wir auch die Doppelindizierung nach (15.44),

$$\zeta_- = (\zeta_{-11}, \dots, \zeta_{-1n}, \dots, \zeta_{-nn}) \, , \qquad \sigma = (\sigma_{11}, \dots, \sigma_{1n}, \dots, \sigma_{nn}) \, ,$$

verwenden. Damit wird

$$(\nabla_{\zeta_-}^2 \log L)_{ik,lm} \frac{\partial^2 \log L}{\partial (C^{-1})_{ik}\, \partial (C^{-1})_{lm}}$$

oder durch Einsetzen des Ausdrucks (15.43)

$$(\nabla_{\zeta_-}^2 \log L)_{ik,lm} = -\frac{N}{(1+\delta_{ik})\,(1+\delta_{lm})} (C_{lk} C_{im} + C_{li} C_{km}) \, , \quad k \geqq i \, , \quad m \geqq l \, . \tag{15.63}$$

Man erhält damit

$$-K = -\sum_{i=1}^{n} \sum_{k \geqq i=1}^{n} \sum_{l=1}^{n} \sum_{m \geqq l=1}^{n} \sigma_{ik} (\nabla_{\zeta_-}^2 \log L)_{ik,lm}\, \sigma_{lm} \, . \tag{15.64}$$

Wir definieren jetzt doppelt bzw. vierfach indizierte Größen A, B, R mit unbeschränkter Kombinierbarkeit der Einzelindizes $1 \leqq i, k, l, m \leqq n$ zu Indexpaaren wie folgt:

$$A := \begin{cases} \sigma_{ik} \, , & \text{falls} \quad k \geqq i \, , \\ \sigma_{ki} \, , & \text{falls} \quad k < i \, , \end{cases} \tag{15.65}$$

$$B := \begin{cases} -(\nabla_{\zeta_-}^2 \log L)_{ik,lm} \, , & \text{falls} \quad k \geqq i \text{ und } m \geqq l \, , \\ -(\nabla_{\zeta_-}^2 \log L)_{ki,lm} \, , & \text{falls} \quad k < i \text{ und } m \geqq l \, , \\ -(\nabla_{\zeta_-}^2 \log L)_{ik,ml} \, , & \text{falls} \quad k \geqq i \text{ und } m < l \, , \\ -(\nabla_{\zeta_-}^2 \log L)_{ki,ml} \, , & \text{falls} \quad k < i \text{ und } m < l \, , \end{cases} \tag{15.66}$$

$$R_{ik,lm} := A_{ik} B_{ik,lm} A_{lm} \, .$$

Damit wird

$$-K = \sum_{p\in O} \sum_{q\in O} R_{p,q} + \sum_{p\in O} \sum_{q\in D} R_{p,q} + \sum_{p\in D} \sum_{q\in O} R_{p,q} + \sum_{p\in D} \sum_{q\in D} R_{pq} ,$$

wo mit p das Paar ik und mit q das Paar lm bezeichnet seien; $p \in O$ bedeutet: $i > k$, $p \in D$ bedeutet: $i = k$; O und D sind die Mengen der den entsprechenden Bedingungen genügenden Indexpaare (O $\doteqdot$ obere Dreiecksmatrix, D $\doteqdot$ Diagonale). Dasselbe gilt analog für q bezüglich l, m. Auf Grund der Definitionen (Symmetrie in i, k und l, m) gelten die Gleichungen

$$\sum_{p\in O} \sum_{q\in V} R_{pq} = \sum_{p\in U} \sum_{q\in V} R_{pq} , \qquad \sum_{p\in V} \sum_{q\in O} R_{pq} = \sum_{p\in V} \sum_{q\in U} R_{pq} ,$$

wo U die untere Dreiecksmatrix ($k < i$ bzw. $m < l$) und V eine beliebige der Mengen O, D, U sein kann. Man verifiziert leicht, daß sich der Ausdruck $-K$ mit Hilfe der Größe $\boldsymbol{R}$ dann auch wie folgt darstellen läßt:

$$\begin{aligned} -K = & \sum_{p\in O} \sum_{q\in O} \tfrac{1}{4} R_{pq} + \sum_{p\in O} \sum_{q\in U} \tfrac{1}{4} R_{pq} + \sum_{p\in U} \sum_{q\in O} \tfrac{1}{4} R_{pq} + \sum_{p\in U} \sum_{q\in U} \tfrac{1}{4} R_{pq} \\ & + \sum_{p\in O} \sum_{q\in D} \tfrac{1}{2} R_{pq} + \sum_{p\in U} \sum_{q\in D} \tfrac{1}{2} R_{pq} + \sum_{p\in D} \sum_{q\in O} \tfrac{1}{2} R_{pq} + \sum_{p\in D} \sum_{q\in U} \tfrac{1}{2} R_{pq} \\ & + \sum_{p\in D} \sum_{q\in D} R_{pq} , \end{aligned}$$

so daß

$$-K = \tfrac{1}{4} \sum_{i=1}^{n} \sum_{k=1}^{n} \sum_{l=1}^{n} \sum_{m=1}^{n} R^*_{ik,lm} \tag{15.67}$$

mit $R^*_{ik,lm} := A_{ik} B^*_{ik,lm} A_{lm}$ und $B^*_{ik,lm} := (1 + \delta_{ik})(1 + \delta_{lm}) B_{ik,lm}$ wird.

Unter Berücksichtigung der Definition (15.66) und der Gleichung (15.63) ergibt sich hieraus

$$B_{ik,lm} = N(C_{lk} C_{im} + C_{li} C_{km}) ,$$

also nach (15.67)

$$-K = \frac{N}{4} \sum_{i=1}^{n} \sum_{k=1}^{n} \sum_{l=1}^{n} \sum_{m=1}^{n} A_{ik}(C_{lk} C_{im} + C_{li} C_{km}) A_{lm} .$$

Da die beiden Matrizen $\boldsymbol{A}$ und $\boldsymbol{B}$ (n, n)-Matrizen sind, ist ihre Multiplikation erklärt; bei Berücksichtigung der Symmetrie von $\boldsymbol{A}$ und $\boldsymbol{C}$ ergibt sich damit

$$-K = \frac{N}{2} \operatorname{Spur} (\boldsymbol{CA})^2 .$$

Da die Spur invariant gegenüber Ähnlichkeitstransformationen ist, d. h., da für beliebige Matrizen $\boldsymbol{A}$

$$\operatorname{Spur} \boldsymbol{V}^{-1} \boldsymbol{A} \boldsymbol{V} = \operatorname{Spur} \boldsymbol{A}$$

ist, kann man schreiben

$$-K = \frac{N}{2} \operatorname{Spur} \boldsymbol{V}^{-1} (\boldsymbol{CA})^2 \boldsymbol{V} = \frac{N}{2} \operatorname{Spur} \boldsymbol{V}^{-1} \boldsymbol{CV} \boldsymbol{V}^{-1} \boldsymbol{AV} \boldsymbol{V}^{-1} \boldsymbol{CV} \boldsymbol{V}^{-1} \boldsymbol{AV} . \tag{15.68}$$

Wir bezeichnen

$$\boldsymbol{H} := \boldsymbol{V}^{-1} \boldsymbol{AV} . \tag{15.69}$$

Für die symmetrische Matrix $\boldsymbol{C}$ existiert eine Matrix $\boldsymbol{V}$ (die zudem noch orthogonal ist, d. h., für die $\boldsymbol{V}^{-1} = \boldsymbol{V}^T$ gilt), so daß $\boldsymbol{V}^{-1}\boldsymbol{C}\boldsymbol{V}$ diagonal wird:

$$(\boldsymbol{V}^{-1}\boldsymbol{C}\boldsymbol{V}_{ik}) = \lambda_i \delta_{ik}\,, \qquad \boldsymbol{V}^{-1} = \boldsymbol{V}^T\,. \tag{15.70}$$

Durch Einsetzen von (15.69) und (15.70) in (15.68) folgt

$$\begin{aligned} -K &= \frac{N}{2} \sum_{i=1}^{n} \sum_{k,l,m} \lambda_i \delta_{ik} H_{kl} \lambda_l \delta_{lm} H_{mi} \\ &= \frac{N}{2} \sum_{i=1}^{n} \sum_{l=1}^{n} \lambda_i H_{il} \lambda_l H_{li}\,. \end{aligned}$$

Wegen der Orthogonalität von $\boldsymbol{V}$ nach (15.70) und $\boldsymbol{A}^T = \boldsymbol{A}$ ist

$$\boldsymbol{H}^T = (\boldsymbol{V}^T\boldsymbol{A}\boldsymbol{V})^T = \boldsymbol{V}^T\boldsymbol{A}^T\boldsymbol{V} = \boldsymbol{V}^T\boldsymbol{A}\boldsymbol{V} = \boldsymbol{H}\,,$$

folglich ist $\boldsymbol{H}$ symmetrisch und damit

$$-K = \frac{N}{2} \sum_{i=1}^{n} \sum_{l=1}^{n} \lambda_i \lambda_l (H_{il})^2\,.$$

Die Kovarianzmatrix $\boldsymbol{C}$ war positiv definit, so daß alle ihre Eigenwerte λ_i größer oder gleich Null sind. Damit ist gezeigt, daß für alle Vektoren

$$-K \geqq 0$$

bleibt und folglich die Matrix $\nabla^2_{\xi_-} \log L$ negativ definit ist. Die projizierte ML-Schätzung nach (15.61) ist ebenfalls als eine legitime, d. h. als eine eigentliche Lösung des ML-Kriteriums nachgewiesen.

15.2.3. Senkung des Minimums des Güteverlustes vom Typ γ durch Vorwissen in Gestalt von Y

Der durch Informationsmangel bedingte mittlere Güteverlust ist in quadratischer Näherung, vgl. (11.45), S. 145,

$$\gamma = \tfrac{1}{2} \boldsymbol{E}((\boldsymbol{T} - \boldsymbol{\theta})^T \boldsymbol{A} (\boldsymbol{T} - \boldsymbol{\theta})) \tag{15.71}$$

mit $\boldsymbol{A} := -\nabla^2_{\boldsymbol{t}}\, g(\boldsymbol{t}, \boldsymbol{\theta})$ im Punkt $\boldsymbol{t} = \boldsymbol{\theta}$. Hierin ist $\boldsymbol{T}$ eine erwartungstreue Schätzung, aufgefaßt als Zufallsvariable, für den Parametervektor $\boldsymbol{\theta}$. $g(\boldsymbol{t}, \boldsymbol{\theta})$ ist die Güte eines Klassifikators, der mit $\boldsymbol{T} = \boldsymbol{t}$ als Schätzung für $\boldsymbol{\theta}$ berechnet wurde, wenn $\boldsymbol{\theta}$ der wahre Parametervektor ist, wobei die Konsistenzforderung

$$\sup_{t \in \Gamma} g(\boldsymbol{t}, \boldsymbol{\theta}) = g(\boldsymbol{\theta}, \boldsymbol{\theta})$$

als erfüllt vorausgesetzt werde. Die Differenzierbarkeit von g nach $\boldsymbol{t}$ bis zur zweiten Ordnung wird ebenfalls vorausgesetzt. Die Matrix $\boldsymbol{A}$ ist dann, da bei $\boldsymbol{t} = \boldsymbol{\theta}$ das Funktional g ein Maximum annimmt, nicht negativ definit.

Offensichtlich läßt sich γ in die Form

$$\gamma = \tfrac{1}{2} \operatorname{Spur} (\boldsymbol{A} \cdot \boldsymbol{E}(\boldsymbol{T} - \boldsymbol{\theta})\,(\boldsymbol{T} - \boldsymbol{\theta})^T) = \tfrac{1}{2} \operatorname{Spur} (\boldsymbol{A}\, \boldsymbol{COV}(\boldsymbol{T}, \boldsymbol{T})) \tag{15.72}$$

überführen, wenn $\boldsymbol{T}$ erwartungstreu ist.

15.2.4. Zentrale Momentenmatrix der projizierten Parameterschätzung $\hat{\theta}^p$

Zur Auswertung des Ausdrucks (15.72) für den Güteverlust γ im Fall der projizierten Parameterschätzung $T = \hat{\theta}^p$ wird die Matrix

$$V^{(p)} := E(\hat{\theta}^p - \theta)(\hat{\theta}^p - \theta)^T \tag{15.73}$$

benötigt. Die Untersuchungen im vorangegangenen Abschnitt zeigten, daß in den betrachteten Fällen

$$\hat{\theta}^p = Y\hat{\theta} \tag{15.74}$$

galt, wobei Y ein Projektionsoperator ist. Wir wollen deshalb für das Folgende einen Zusammenhang der Form (15.74) voraussetzen, wobei Y ein linearer[1]) Projektionsoperator sei. (15.73) lautet damit

$$\begin{aligned} V^{(p)} &= E(Y\hat{\theta} - \theta)(Y\hat{\theta} - \theta)^T \\ &= E(Y\hat{\theta} - EY\hat{\theta} + EY\hat{\theta} - \theta)(Y\hat{\theta} - EY\hat{\theta} + EY\hat{\theta} - \theta) \\ &= KOV(Y\hat{\theta}, Y\hat{\theta}) + \big(E(Y\hat{\theta} - Y\theta)\big)(Y\theta - \theta)^T \\ &\quad + (Y\theta - \theta)\,E(Y\hat{\theta} - Y\theta)^T + (Y\theta - \theta)(Y\theta - \theta)^T . \end{aligned} \tag{15.75}$$

Wir wollen voraussetzen, daß $\hat{\theta}$ erwartungstreu ist.

In den im vorangegangenen Abschnitt betrachteten Beispielen war $\hat{\eta} = \bar{x}$ erwartungstreu. $\hat{C} = Z$ ist nicht erwartungstreu, aber $\hat{C}_0 := N/(N-1)\,Z$ ist es. $\hat{C}_0$ geht aus $\hat{C}$ durch Multiplikation mit einer positiven Konstanten $a := N/(N-1)$ hervor. Dasselbe gilt für die zugeordneten WISHART-Vektoren, so daß ebenfalls $(\hat{\zeta}_*)_0 = az_*$ gilt. In (15.60) ist dann $z_* = a^{-1}(\hat{\zeta}_*)_0$ einzusetzen; so entsteht

$$\hat{\zeta}_*^p = Q(E^TQ)^{-1}\,E^Ta^{-1}E^T(\hat{\zeta}_*)_0 .$$

Aus (15.55) und (11.56) ist abzulesen, daß wegen der Linearität von E^T und E für jeden skalaren Multiplikator λ die Gleichung $E^TQ\lambda\varkappa = \lambda E^TQ\varkappa$ erfüllt ist. Durch Multiplikation dieser Gleichung von links mit $(E^TQ)^{-1}$ folgt weiter

$$\lambda\varkappa = (E^TQ)^{-1}\,\lambda E^TQ\varkappa .$$

Man kann daraus die Eigenschaft $(E^TQ)^{-1}\lambda s = \lambda(E^TQ)^{-1}s$, $s \in R^p$, der Operation $(E^TQ)^{-1}$ ablesen. Durch Einsetzen in den Ausdruck für $\hat{\zeta}_*^p$ folgt

$$\hat{\zeta}_*^p = Qa^{-1}(E^TQ)^{-1}\,E^T(\hat{\zeta}_*)_0 .$$

Da aus (15.55) auch $Q\lambda\varkappa = \lambda Q\varkappa$ abgeleitet werden kann, wird schließlich

$$\hat{\zeta}_*^p = a^{-1}Y_C(\hat{\zeta}_*)_0 ,$$

so daß sich $(\hat{\zeta}_*^p)_0 = Y_C(\hat{\zeta}^*)_0$ für $(\hat{\zeta}_*^p)_0 = a\hat{\zeta}_*^p$ ergibt. Somit steht $(\hat{\zeta}_*^p)_0$ mit $(\hat{\zeta}_*)_0$ in derselben Beziehung wie $\hat{\zeta}_*^p$ mit $\hat{\zeta}_*$.

Ausdruck der Erwartungstreue von $\hat{\theta}$ ist

$$\mathrm{E}[\hat{\theta}] = \theta . \tag{15.76}$$

Damit wird $\mathrm{E}(Y\hat{\theta} - Y\theta) = Y\mathrm{E}[\hat{\theta}] - Y\theta = 0$, und durch Einsetzen in (15.75) erhält man

$$V^{(p)} = KOV(Y\hat{\theta}, Y\hat{\theta}) + (Y\theta - \theta)(Y\theta - \theta)^T . \tag{15.77}$$

Die Linearität von Y hat

$$EY\hat{\theta} = YE\hat{\theta}$$

[1]) Der nichtlineare Projektionsoperator Y_C kann für geringe Abweichungen der Schätzung $\hat{\theta} \equiv \hat{C}$ von $\theta \equiv C$ approximativ als linear vorausgesetzt werden.

und damit

$$\begin{aligned} \boldsymbol{KOV}(\boldsymbol{Y}\hat{\boldsymbol{\theta}}, \boldsymbol{Y}\hat{\boldsymbol{\theta}}) &= \boldsymbol{E}(\boldsymbol{Y}\hat{\boldsymbol{\theta}} - \boldsymbol{EY}\hat{\boldsymbol{\theta}})\,(\boldsymbol{Y}\hat{\boldsymbol{\theta}} - \boldsymbol{EY}\hat{\boldsymbol{\theta}})^T \\ &= \boldsymbol{YE}(\hat{\boldsymbol{\theta}} - \boldsymbol{E}\hat{\boldsymbol{\theta}})\,(\hat{\boldsymbol{\theta}} - \boldsymbol{E}\hat{\boldsymbol{\theta}})\,\boldsymbol{Y}^T \\ &= \boldsymbol{Y}\,\boldsymbol{KOV}(\hat{\boldsymbol{\theta}}, \hat{\boldsymbol{\theta}})\,\boldsymbol{Y}^T \end{aligned} \tag{15.78}$$

zur Folge. Wir benötigen hier die folgende

Definition. Liegt der wahre Modellparameter des Problems, also $\boldsymbol{\theta}$, tatsächlich im Unterraum Γ_Y, gilt also

$$\boldsymbol{Y\theta} = \boldsymbol{\theta}\,, \tag{15.79}$$

so werde das Vorwissen als *korrekt* bezeichnet.

Für korrektes Vorwissen verschwindet der zweite Term in Gleichung (15.77). Bei nicht korrektem Vorwissen tritt in dem Ausdruck (15.72), d. h. in γ, noch ein Term auf, der den Charakter eines durch die Projektion erzeugten Modellierungsfehlers hat. Durch Einsetzen der Ausdrücke (15.77) und (15.78) in den ersten Teil von (15.72) entsteht

$$\gamma = \tfrac{1}{2}\,\mathrm{Spur}\,\boldsymbol{AY}\,\boldsymbol{KOV}(\hat{\boldsymbol{\theta}}, \hat{\boldsymbol{\theta}})\,\boldsymbol{Y}^T + \tfrac{1}{2}\,\mathrm{Spur}\,\boldsymbol{A}(\boldsymbol{Y\theta} - \boldsymbol{\theta})\,(\boldsymbol{Y\theta} - \boldsymbol{\theta})^T\,. \tag{15.80}$$

Der Modellierungsfehler wird damit

$$\begin{aligned} \boldsymbol{\nu} &:= \tfrac{1}{2}\,\mathrm{Spur}\,\boldsymbol{A}(\boldsymbol{Y\theta} - \boldsymbol{\theta})\,(\boldsymbol{Y\theta} - \boldsymbol{\theta})^T \\ &= \tfrac{1}{2}\,(\boldsymbol{Y\theta} - \boldsymbol{\theta})^T \boldsymbol{A}(\boldsymbol{Y\theta} - \boldsymbol{\theta}) \geqq 0\,, \end{aligned} \tag{15.81}$$

wobei die Ungleichung daraus folgt, daß $\boldsymbol{A}$ nicht negativ definit ist. Als *Verringerung des Güteverlustes vom Typ γ durch Vorwissen* bezeichnen wir die Differenz

$$\Delta\gamma := \gamma - \gamma_p\,,$$

wobei

$$\gamma := \tfrac{1}{2}\,\mathrm{Spur}\,\boldsymbol{AS}\,, \tag{15.82}$$

$$\gamma_p := \tfrac{1}{2}\,\mathrm{Spur}\,\boldsymbol{AYSY}^T \tag{15.83}$$

und

$$\boldsymbol{S} := \boldsymbol{KOV}(\hat{\boldsymbol{\theta}}, \hat{\boldsymbol{\theta}}) \tag{15.84}$$

sind.

Wir betrachten den im vorangegangenen Abschnitt diskutierten Fall des Operators $\boldsymbol{Y}_\eta$.

Sei also $\boldsymbol{Y} = \boldsymbol{Y}_\eta$; $\boldsymbol{A} = \boldsymbol{A}_\eta$. Es ist

$$\boldsymbol{S} = \boldsymbol{S}_\eta := \boldsymbol{KOV}(\hat{\boldsymbol{\eta}}, \hat{\boldsymbol{\eta}}) = \frac{1}{N}\boldsymbol{C}\,. \tag{15.85}$$

Mit dem Gütekriterium

$$g = g_F(\boldsymbol{w}, \boldsymbol{\eta}) = (\boldsymbol{w}^T\boldsymbol{\eta})^2\,(\boldsymbol{w}^T\boldsymbol{C}\boldsymbol{w})^{-1} \tag{15.86}$$

von Fisher und der Definition der optimalen Parametervektoren $\hat{\boldsymbol{w}}_0$ und $\boldsymbol{w}_0$ eines Klassifikators durch

$$g_F(\hat{\boldsymbol{w}}_0, \hat{\boldsymbol{\eta}}) = \sup_{\boldsymbol{w}} g_F(\boldsymbol{w}, \hat{\boldsymbol{\eta}}) \quad \text{und} \quad g_F(\boldsymbol{w}_0, \boldsymbol{\eta}) = \sup_{\boldsymbol{w}} g_F(\boldsymbol{w}, \boldsymbol{\eta})$$

wird in 2. Näherung

$$\hat{w}_0 - w_0 = -(\nabla^2_w g_F(w, \eta))^{-1}\,|_{w=w_0}\,(\nabla_w \nabla_\eta g_F(w, \eta))\,|_{w=w_0}\,(\hat{\eta} - \eta)\,.$$

Hier sind im Fall der Normalverteilung

$$\nabla^2_w g_F = 2\left(\frac{1}{g_{F_0}}\eta\eta^T - C\right), \qquad w_0 = C^{-1}\eta \tag{15.87}$$

sowie

$$\nabla_w \nabla_\eta g_F = -2\left(\frac{1}{g_{F_0}}\eta\eta^T - C\right)C^{-1} \tag{15.88}$$

mit

$$g_{F_0} := g_F(w_0, \eta) = \eta^T C^{-1}\eta\,. \tag{15.89}$$

Damit wird

$$A = A_\eta = -(\nabla_w \nabla_\eta g_F)^T (\nabla^2_w g_F)^{-1} \nabla_w \nabla_\eta g_F$$

$$= -2 \cdot C^{-1}\left(\frac{1}{g_{F_0}}\eta\eta^T - C\right)C^{-1}\,. \tag{15.90}$$

Durch Einsetzen in (15.82) ergibt sich mit (15.85) und (15.89)

$$\gamma = \frac{1}{N}\,\text{Spur}\, C^{-1}\left(C - \frac{1}{g_{F_0}}\eta\eta^T\right) = \frac{1}{N}\left((\text{Spur}\, I_n) - \frac{\eta^T C^{-1}\eta}{g_{F_0}}\right)$$

$$= \frac{1}{N}(n-1) = \frac{n-1}{N}, \tag{15.91}$$

sowie

$$\gamma_p = \frac{1}{N}\,\text{Spur}\, R \tag{15.92}$$

worin $R = C^{-1}\left(C - \frac{1}{g_{F_0}}\eta\eta^T\right)C^{-1}Y_\eta \cdot CY_\eta^T$ ist. Nach (15.49) war

$$Y_\eta = D(D^T C^{-1} D)^{-1} D^T C^{-1}\,.$$

Damit wird

$$R = C^{-1}\left(C - \frac{1}{g_{F_0}}\eta\eta^T\right)C^{-1}D(D^T C^{-1}D)^{-1} D^T C^{-1} D(D^T C^{-1} D)^{-1} D^T$$

$$= C^{-1}\left(C - \frac{1}{g_{F_0}}\eta\eta^T\right)C^{-1}D(D^T C^{-1} D)^{-1} D^T$$

$$= C^{-1}\left(C - \frac{1}{g_{F_0}}\eta\eta^T\right)Y_\eta^T = Y_\eta^T - \frac{1}{g_{F_0}}C^{-1}\eta\eta^T Y_\eta^T$$

und mit diesem Ausdruck für R

$$\gamma_p = \frac{1}{N}\left(\text{Spur}\, Y_\eta^T - \frac{1}{g_{F_0}}\,\text{Spur}\, C^{-1}\eta\eta^T Y_\eta^T\right). \tag{15.93}$$

Wegen der 5. Eigenschaft (vgl. S. 269) eines Projektionsoperators ist Spur Y_η^T = Spur $Y_\eta = m$, wobei m die Dimension des Unterraumes Γ_V war. Weiter ist

$$\text{Spur}\, C^{-1}\eta\eta^T Y^T = \eta^T Y^T C^{-1}\eta = \eta^T C^{-1} D(D^T C^{-1} D)^{-1} D^T C^{-1}\eta = \vartheta^T F_p \vartheta$$

mit $\boldsymbol{\vartheta} := \boldsymbol{C}^{-1}\boldsymbol{\eta}$, $\boldsymbol{F}_p := \boldsymbol{D}(\boldsymbol{D}^T\boldsymbol{C}^{-1}\boldsymbol{D})^{-1}\boldsymbol{D}^T$. Wir erhalten

$$\gamma_p = \frac{1}{N}\left(m - \frac{1}{g_{F_0}} \cdot \boldsymbol{\vartheta}^T\boldsymbol{F}_p\boldsymbol{\vartheta}\right) \quad \text{und} \quad \gamma = \frac{1}{N}(n-1),$$

da für $\boldsymbol{D} = \boldsymbol{I}_n$ die Matrix $\boldsymbol{F}_p = \boldsymbol{C}$ und $\boldsymbol{\vartheta}^T\boldsymbol{F}_p\boldsymbol{\vartheta} = g_{F_0}$ wird. So findet man für $\Delta\gamma$ den Ausdruck

$$\Delta\gamma = \gamma - \gamma_p = \frac{1}{N}\left[n - m - \left(1 - \frac{1}{g_{F_0}}\boldsymbol{\vartheta}^T\boldsymbol{F}_p\boldsymbol{\vartheta}\right)\right]. \tag{15.94}$$

Hierin können wir

$$\boldsymbol{F}_p = \boldsymbol{C}^{1/2}\boldsymbol{V}(\boldsymbol{V}^T\boldsymbol{V})^{-1}\boldsymbol{V}^T\boldsymbol{C}^{1/2} = \boldsymbol{C}^{1/2}\boldsymbol{Y}_0\boldsymbol{C}^{1/2} \tag{15.95}$$

mit

$$\boldsymbol{Y}_0 := \boldsymbol{V}(\boldsymbol{V}^T\boldsymbol{V})^{-1}\boldsymbol{V}^T \tag{15.96}$$

und

$$\boldsymbol{V} := \boldsymbol{C}^{-1/2}\boldsymbol{D} \tag{15.97}$$

schreiben. $\boldsymbol{Y}_0$ ist ersichtlich ein Projektionsoperator. Damit wird

$$\boldsymbol{\vartheta}^T\boldsymbol{F}_p\boldsymbol{\vartheta} = \boldsymbol{b}^T\boldsymbol{Y}_0\boldsymbol{b}, \qquad \boldsymbol{b} := \boldsymbol{C}^{1/2}\boldsymbol{\vartheta} = \boldsymbol{C}^{-1/2}\boldsymbol{\eta}. \tag{15.98}$$

Da $\boldsymbol{Y}_0$ symmetrisch ist, existiert nach Eigenschaft 5 eines Projektionsoperators ein orthogonales System $\boldsymbol{U}$ von Eigenvektoren von $\boldsymbol{Y}_0$, so daß

$$\boldsymbol{U}^T\boldsymbol{Y}_0\boldsymbol{U} = \begin{pmatrix} \boldsymbol{I}_m & \boldsymbol{O} \\ \boldsymbol{O} & \boldsymbol{O} \end{pmatrix}$$

wird. Wir erhalten damit und mit $\boldsymbol{c} := \boldsymbol{U}\boldsymbol{b}$

$$\boldsymbol{\vartheta}^T\boldsymbol{F}_p\boldsymbol{\vartheta} = \boldsymbol{b}^T\boldsymbol{U}\begin{pmatrix} \boldsymbol{I}_m & \boldsymbol{O} \\ \boldsymbol{O} & \boldsymbol{O} \end{pmatrix}\boldsymbol{U}\boldsymbol{b} = \boldsymbol{c}^T\begin{pmatrix} \boldsymbol{I}_m & \boldsymbol{O} \\ \boldsymbol{O} & \boldsymbol{O} \end{pmatrix}\boldsymbol{c}.$$

Zerlegen wir $\boldsymbol{c}$ analog in Teilvektoren, so daß $\boldsymbol{c} = \begin{pmatrix} \boldsymbol{c}_1 \\ \hdashline \boldsymbol{c}_2 \end{pmatrix}$ wird, so ergibt sich

$$\boldsymbol{\vartheta}^T\boldsymbol{F}_p\boldsymbol{\vartheta} = \boldsymbol{c}_1^T\boldsymbol{c}_1 = |\boldsymbol{c}_1|^2,$$

während nach (15.89)

$$g_{F_0} = \boldsymbol{\eta}^T\boldsymbol{C}^{-1}\boldsymbol{\eta} = \boldsymbol{\eta}^T\boldsymbol{C}^{-1/2}\boldsymbol{C}^{-1/2}\boldsymbol{\eta}$$

gilt. Mit $\boldsymbol{b}$ nach (15.98) wird daraus

$$g_{F_0} = \boldsymbol{b}^T\boldsymbol{b} = \boldsymbol{b}^T\boldsymbol{U}\boldsymbol{U}^T\boldsymbol{b} = \boldsymbol{c}^T\boldsymbol{c} = |\boldsymbol{c}|^2,$$

da $\boldsymbol{U}\boldsymbol{U}^T = \boldsymbol{I}_n$ wegen der Orthogonalität von $\boldsymbol{U}$ ist. Damit wird schließlich

$$g_{F_0} = |\boldsymbol{c}_1|^2 + |\boldsymbol{c}_2|^2$$

und nach (15.94)

$$\Delta\gamma = \frac{1}{N}\left[n - m - \left(1 - \frac{|\boldsymbol{c}_1|^2}{|\boldsymbol{c}_1|^2 + |\boldsymbol{c}_2|^2}\right)\right] = \frac{1}{N}\left(n - m - \frac{|\boldsymbol{c}_2|^2}{|\boldsymbol{c}_1|^2 + |\boldsymbol{c}_2|^2}\right). \tag{15.99}$$

Hiermit ist gezeigt, daß

$$\Delta\gamma \geqq \frac{n-m}{N} \tag{15.100}$$

ist.

15.2.5. Anwendung auf die Klassifizierung von Zeitfunktionen

Ist das zu klassifizierende Objekt der zeitliche Verlauf einer stetigen Meßgröße in einem definierten Zeitintervall, so werden auch die Mittelvektoren der einzelnen Klassen und die Zeilen (Spalten) der Kovarianzmatrizen als Kurvenverläufe interpretierbar.

Auf Grund eines Vorwissens über die Verlaufscharakteristika der ungestörten Meßgröße und der Störungen kann ein Unterraum Γ_V des Parameterraumes des verwendeten statistischen Modells der Klassen ausgezeichnet sein. Der Unterraum ist eine lineare Projektion, falls das Vorwissen die Ausführung bestimmter Glättungsoperationen nahelegt. Diese können in Analogie zu Prozeduren der Bildverarbeitung lokale Operationen sein, wobei einem jeden Funktionswert der Kurve in einem Zeitpunkt i ein neuer Funktionswert der geglätteten Kurve auf Grund von Informationen über die Funktionswerte in benachbarten Zeitpunkten zugeordnet wird.

Sehr stark vereinfacht kann das gesamte Zeitintervall in Fenster unterteilt werden, welche die Reichweite einer Glättungsoperation angeben. Innerhalb eines Fensters wird mit Hilfe einer Rechteckmatrix $\boldsymbol{F}$ die Zuordnung des digitalen n/L-dimensionalen Kurvenabschnitts zu den Punkten eines m/L-dimensionalen Raumes hergestellt, wenn L die Anzahl der Fensterintervalle des Zeitintervalls ist.

Die Matrix $\boldsymbol{B}$ wird auf diese Weise eine Diagonalmatrix aus den Elementarmatrizen $\boldsymbol{F}$. Das in (15.49) vorkommende Matrizenprodukt vom Typ

$$\boldsymbol{H} := \boldsymbol{B}^T \boldsymbol{G} \boldsymbol{B}$$

hat, wenn

$$\boldsymbol{G} = \begin{pmatrix} \boldsymbol{G}_{11} & \dots & \boldsymbol{G}_{1n} \\ \vdots & & \vdots \\ \boldsymbol{G}_{n1} & \dots & \boldsymbol{G}_{nn} \end{pmatrix}$$

die zur Zerlegung von $\boldsymbol{B}$ homologe Zerlegung der Matrix $\boldsymbol{G}$ ist, die Form

$$\boldsymbol{H} = \begin{pmatrix} \boldsymbol{F}^T\boldsymbol{G}_{11}\boldsymbol{F} & \dots & \boldsymbol{F}^T\boldsymbol{G}_{1n}\boldsymbol{F} \\ \vdots & & \vdots \\ \boldsymbol{F}^T\boldsymbol{G}_{n1}\boldsymbol{F} & \dots & \boldsymbol{F}_T\boldsymbol{G}_{nn}\boldsymbol{F} \end{pmatrix}.$$

$\boldsymbol{H}$ ist invertierbar, wenn die Matrizenprodukte $\boldsymbol{F}^T\boldsymbol{G}_{ii}\boldsymbol{F}$ es sind, was als erfüllbar angesehen werden kann. Damit existieren die projizierten ML-Schätzungen für η und $\boldsymbol{C}$ und lassen sich berechnen.

Die Breite des Fensters stellt zusammen mit dem gewählten Ansatz für die Kurvenapproximation (linear, quadratisch u. a.) ein Vorwissen dar, das dem Experimentator aus der Anschauung eines Problems zugänglich ist. Ein entsprechendes Rechenprogramm zur Ermittlung der ML-Schätzung der Kovarianzmatrix eines 3-Klassen-Problems und zur Berechnung der Diskriminanzfunktionen im Rahmen des statistischen Modells der mit gleicher Kovarianzmatrix normalverteilten Klassen wurde aufgestellt. Die Anwendung auf ein Problem der medizinischen Diagnosenstellung von Hörschäden auf Grund evozierter EEG-Potentiale, die digital durch 50 in äquidistanten Zeitpunkten abgegriffene Meßwerte repräsentiert sind, ist in Vorbereitung.

Anhang. Determinierte oder stochastische Entscheidung?

Eine stochastische Entscheidungsregel für ein Objekt $\boldsymbol{x}$ werde durch eine diskrete Zufallsvariable E mit Werten aus der Menge E der Entscheidungen und der diskreten Wahrscheinlichkeitsverteilung

$$W(E = e) = \mathbf{P}(e) \quad \text{für alle} \quad e \in \mathsf{E}$$

repräsentiert, wobei jede Realisierung von E eine Entscheidung ist.

Für jedes Objekt $\boldsymbol{x} \in \mathsf{R}^n$ sollte grundsätzlich eine andere Wahrscheinlichkeitsverteilung möglich sein. Wir schreiben deshalb

$$W(E = e \mid X = \boldsymbol{x}) = \mathbf{P}(e \mid \boldsymbol{x})$$

mit der Normierung $\sum_{e \in \mathsf{E}} \mathbf{P}(e \mid \boldsymbol{x}) = 1$. Von vorherein soll eine Gütefunktion $0 < \zeta(k, e)$ gegeben sein, durch die für jede Realisierung e von E und jede Realisierung k der diskreten Zufallsvariablen K mit Werten aus K die Güte der Entscheidung e für k bewertet wird.

Außerdem existiere eine Verbundwahrscheinlichkeit $\mathbf{P}(X, K)$, die das gemeinsame Auftreten von $X = \boldsymbol{x}$ und $K = k$ regelt. Damit läßt sich der Erwartungswert von $Z := \zeta(K, E)$ in der Form

$$\begin{aligned} \mathbf{E}[Z] &= \int_{\mathsf{R}^n} \mathrm{d}\boldsymbol{x} \sum_{k \in \mathsf{K}} \sum_{e \in \mathsf{E}} \mathbf{P}(e \mid \boldsymbol{x})\, \mathbf{P}(\boldsymbol{x}, k) \cdot \zeta(k, e) \\ &= \int_{\mathsf{R}^n} \mathrm{d}\boldsymbol{x} \sum_{e \in \mathsf{E}} \mathbf{P}(e \mid \boldsymbol{x})\, g(e, \boldsymbol{x}) \end{aligned}$$

mit

$$g(e, \boldsymbol{x}) := \sum_{k \in \mathsf{K}} \mathbf{P}(\boldsymbol{x}, k) \cdot \zeta(k, e)$$

darstellen. $g(e, \boldsymbol{x})$ ist die mittlere Güte der Entscheidung e für das Objekt $\boldsymbol{x}$. Ist nun das Wahrscheinlichkeitsfeld $\mathbf{P}(e \mid \boldsymbol{x})$ für jedes Objekt $\boldsymbol{x}$ frei wählbar, so ist offensichtlich, daß $\mathbf{E}[Z]$, also die gesamte mittlere Güte des Entscheidungsverfahrens, dann am größten sein wird, wenn für jedes Objekt $\boldsymbol{x}$

$$\mathbf{P}(e \mid \boldsymbol{x}) = \begin{cases} 1, & \text{falls} \quad g(e, \boldsymbol{x}) = \max\limits_{e \in \mathsf{E}} g(e, \boldsymbol{x}), \\ 0 & \text{sonst} \end{cases}$$

gewählt wird. Diese Regel setzt die Eindeutigkeit des Maximums voraus, da sonst $\mathbf{P}(e \mid \boldsymbol{x}) = 1$ wäre für mehr als ein $e \in \mathsf{E}$. Eine Vorschrift, die das berücksichtigt, erhält man durch nachträgliche Normierung in der Form

$$\mathbf{P}'(e \mid \boldsymbol{x}) = \begin{cases} 1, & \text{falls} \quad g(e \mid \boldsymbol{x}) = \max\limits_{e \in \mathsf{E}} g(e, \boldsymbol{x}), \\ 0 & \text{sonst} \end{cases}$$

mit

$$\mathbf{P}(e \mid \boldsymbol{x}) = \frac{\mathbf{P}'(e \mid \boldsymbol{x})}{\sum\limits_{e' \in \mathsf{E}} \mathbf{P}'(e' \mid \boldsymbol{x})}.$$

So ergibt sich, daß bei Verwendung einer Gütefunktion ζ zur Bewertung der Entscheidung e bei k, durch die Maximierung der mittleren Entscheidungsgüte $\mathbf{E}[Z]$ die deterministische Entscheidung der Form (1) bzw. (2) gegenüber jeder anderen stochastischen Entscheidung favorisiert ist.

Literatur

Literatur zu Teil A

ASHBY, W. R.: An Introduction to Cybernetics. Chapman and Hall, London 1956.

BAIRD, M. L., and D. KELLY: A Paradigm for Semantic Picture Recognition. Patt. Recogn. **6** (1974), 61–75.

BLUTNER, R.: Generalisierung und Hypothesenbildung im Prädikatenkalkül. In: Forschungsbericht Nr. 542 des Zentralinstituts für Kybernetik und Informationsprozesse der AdW, Berlin 1977.

BRUNER, J. S., J. J. GOODNOW, and G. A. AUSTIN: A Study of Thinking. John Wiley, New York 1956.

Быховский, М. Л.: Вероятностная логика построения самообучающегося диагностического процесса на математических машинах. Экспериментальная хирургия и анестезиологика (1962), № 1.

Быховский, М. Л.: Теоретические основы обучения в диагностических системах. Экспериментальная хирургия и анестезиология (1964), № 4.

DÖRNER, D., W. LUTZ und K. MEURER: Informationsverarbeitung beim Konzepterwerb. Z. Psychol. **174** (1967), 3/4, 194–230.

KUKLA, F.: Untersuchungen zu Eigenschaften und Erwerbsbedingungen unscharfer Klassen. Forschungsbericht Nr. 131 des Zentralinstituts für Kybernetik und Informationsprozesse der AdW, Berlin 1972.

KUKLA, F.: Experimentalpsychologische Untersuchungen zur Merkmalsbildung in Klassifizierungsprozessen. Forschungsbericht Nr. 198 des Zentralinstituts für Kybernetik und Informationsprozesse der AdW, Berlin 1973.

KUKLA, F.: Zur Bildung unscharfer Klassen in Lernprozessen. In: KLIX, F., H. SYDOW und F. WYSOTZKI (Hrsg.), Kybernetikforschung, H. 4, Erkennungs- und Klassifizierungsprozesse. VEB Deutscher Verlag der Wissenschaften, Berlin 1974.

MCCARTHY, J.: Towards a Mathematical Science of Computation. Proceedings of the IFIP-Congress 1962, North Holland, Amsterdam 1963, 21–27.

MCCARTHY, J.: A Basis for a Mathematical Theory of Computation. In: BRAFFORT, P., and D. HIRSHBERG, Computer Programming and Formal Systems. North Holland, Amsterdam 1963.

MEYER-BRÖTZ, G., und I. SCHÜRMANN: Methoden der automatischen Zeichenerkennung. Akademie-Verlag, Berlin 1970.

FEIGENBAUM, E.: The Simulation of Verbal Learning Behavior. In: FEIGENBAUM, E., and J. FELDMAN (Eds.), Computers and Thought. McGraw-Hill, New York 1963.

FEINSTEIN, A.: Foundations of Information Theory. McGraw-Hill, New York 1958.

FU, K. S.: Sequential Methods in Pattern Recognition and Machine Learning. Academic Press, New York, London 1968.

GOEDE, K., und F. KLIX: Lernabhängige Strategien der Merkmalsgewinnung und der Klassenbildung beim Menschen. In: KLIX, F., W. KRAUSE und H. SYDOW (Hrsg.), Kybernetik-Forschung, H. 1, Zeichenerkennungs- und Klassifizierungsprozesse in biologischen und technischen Systemen. VEB Deutscher Verlag der Wissenschaften, Berlin 1972.

GUZMAN, A.: Decomposition of a Visual Scene into Bodies. Proceedings of the Fall Joint Computer Conference, AFIPS, Washington 1968.

HAYES-ROTH, F.: Representation of Structured Events and Efficient Procedures for Their Recognition. Patt. Recogn. 8 (1976), 141–150.

HAYES-ROTH, F.: Uniform Representations of Structured Patterns and an Algorithm for the Induction of Contingency-Response Rules. Inf. Contr. **33** (1977) 2, 87–116.

HAYES-ROTH, F.: Learning Sturctured Patterns from Examples. Proceedings of the III. International Joint Conference on Pattern Recognition. IEEE, New York 1976, 419–423.

HINTEREGGER, J.: Ein verbessertes Verfahren zur Feststellung der Isomorphie endlicher Graphen. Dissertation, Universität Innsbruck 1976.

HINTZMAN, D. L.: Explorations with a Discrimination Net Model for Paired-Associate Learning. J. Math. Psychol. **5** (1968) 1, 123–162.

HOFFMANN, J.: Experimentelle Analyse menschlicher Informationsverarbeitung beim Erwerb eines speziellen Begriffstyps. In: KLIX, F., H. SYDOW und F. WYSOTZKI (Hrsg.), Kybernetik-Forschung, H. 4, Erkennungs- und Klassifizierungsprozesse. VEB Deutscher Verlag der Wissenschaften, Berlin 1974.

HUNT, E. B.: Concept Learning: An Information Processing Problem. John Wiley, New York, London 1962.

HUNT, E. B., J. MARIN, and P. J. STONE: Experiments in Induction. Academic Press, New York, London 1966.

KLIX, F.: Information und Verhalten. VEB Deutscher Verlag der Wissenschaften, Berlin 1971.

KLIX, F., und F. WYSOTZKI: Wege und Prinzipien der „Künstlichen Intelligenz". In: KLIX, F., et al. (Hrsg.), Modellbildung in Naturwissenschaft und Technik, Akademie-Verlag, Berlin 1976.

NADLER, M.: „Empyreum", an Alternative Paradigm for Pattern Recognition. Patt. Recogn. **1** (1968), 147.

PERSOON, E.: Dynamic Sequential Pattern Recognition Applied in Medical Diagnosis. Purdue University, Lafayette, School of Electrical Engineering, TR-EE 71–24, July 1971.

PICARD, C.: Theorie des Questionnaires. Gauthier-Villars, Paris 1965 (dt. Übers.: Theorie der Fragebogen. Akademie-Verlag, Berlin 1973).

PLOTKIN, G. D.: A Note on Inductive Generalization. Machine Intelligence **5** (1970), 153–163.

PLOTKIN, G. D.: A further Note on Inductive Generalization. Machine Intelligence **6** (1971), 101–124.

PÖTSCHKE, D., F. SOBIK, P. ULBRICH und F. WYSOTZKI: Algorithmische Entwicklung von Entscheidungsbäumen für statistische Klassenbildungen. Forschungsbericht Nr. 196 des Zentralinstituts für Kybernetik und Informationsprozesse der AdW, Berlin 1973.

PÖTSCHKE, D., F. SOBIK, P. ULBRICH und F. WYSOTZKI: Verfahren zur Entwicklung von Entscheidungsbäumen für Klassifizierungsaufgaben bei Objekten mit kontinuierlich (stetig) variierenden Merkmalen. Forschungsbericht Nr. 292 des Zentralinstituts für Kybernetik und Informationsprozesse der AdW, Berlin 1974.

RAO, C. R.: Lineare statistische Methoden und ihre Anwendungen. Akademie-Verlag, Berlin 1973.

RICHTER, K., H. G. BLOCK, H. COBET, F. KUKLA, S. UNGER und F. WYSOTZKI: Thorax-Schirmbildaufnahmen als Screeningmethode für Herz-Kreislauf-Krankheiten. Rad. diagn. **5** (1974), 567–587.

RICHTER, K., G. BÖCK und W. KÖHLER: Über eine neuartige Klassifikation pathologischer Röntgenbefunde des Herzens und ihre Anwendung bei Schirmbilduntersuchungen. Dtsch. Ges.Wesen **21** (1968), 975.

SCHMIDT, H.-D.: Allgemeine Entwicklungspsychologie. VEB Deutscher Verlag der Wissenschaften, Berlin 1972.

SHERMAN, R., and G. W. ERNST: Learning Patterns in Terms of Other Patterns. Patt. Recogn. **1** (1969) 4, 301–313.

TINHOFER, G.: Zur Bestimmung der Automorphismen eines endlichen Graphen, Computing **15** (1975), 147–156.

TINHOFER, G.: Zum algorithmischen Nachweis der Isomorphie von endlichen Graphen. Applied Computer Science 4, Hanser-Verlag, München, Wien 1976.

TINHOFER, G.: On the Isomorphism of Structures. Preprint 1977.

THATCHER, J. W.: Charakterizing Derivation Trees of Context Free Grammars through a Generalization of Finite Automata Theorie. J. Comp. Syst. Sci. **1** (1967), 317–322.

THIELE, H.: Eine graphentheoretische Realisierung von Retrievalsystemen und äquivalente Umformungen derartiger Realisierungen. Manuskript, Humboldt-Universität, Berlin 1976.

THIELE, H.: Ein Ansatz zur graphentheoretischen Modellierung von Rechercheprozessen. Manuskript, Humboldt-Universität, Berlin 1976.
THIELE, H.: Ein graphentheoretisches Modell zur Beschreibung von Klassifizierungsprozessen bei nichtdisjunkten Systemen von Klassen. Symposium „Diskrete Mathematik", Friedrich-Schiller-Universität, Jena 1976.
TOUSSAINT, G. T.: Bibliography of Misclassification. IEEE Trans. Information Theory IT-20. 4 (1974), 472–479.
Трахтенброт, Б. А., и Я. М. Барздин: Конечные автоматы. Наука, Москва 1970.
ULBRICH, P., und F. WYSOTZKI: Metaalgorithmen zur Konstruktion von Klassifizierungsalgorithmen und ihre Simulation auf Rechenautomaten. In: KLIX, F., W. KRAUSE und H. SYDOW (Hrsg.), Kybernetik-Forschung, H. 1, Zeichenerkennung und Klassifizierungsprozesse in biologischen und technischen Systemen. VEB Deutscher Verlag der Wissenschaften, Berlin 1972.
ULBRICH, P., und F. WYSOTZKI: Weiterentwicklung von Metaalgorithmen zur Erzeugung von Klassifizierungsalgorithmen (Entscheidungsbäumen). Forschungsbericht Nr. 132 des Zentralinstituts für Kybernetik und Informationsprozesse der AdW, Berlin 1972.
VERE, S.: Induction of Concepts in the Predicate Calculus. Proceedings of the IV. International Joint Conference on Artificial Intelligence, Tbilissi 1975. The Artificial Intelligence Laboratory Publ. Dept., Cambridge (Mass.) 1975, 281–287.
WEISFEILER, B.: On Construction and Identification of Graphs. Springer-Verlag, Berlin, Heidelberg, New York 1976.
WINSTON, P.: Learning Structural Descriptions from Examples. Dissertation , MAC TR-76, MIT Cambridge (Mass.) 1970.
WYSOTZKI, F., und H. RÖSSLER: Ein Metaalgorithmus zur Konstruktion von Klassifizierungsalgorithmen. In: KLIX, F., U. RÖSLER und H. SYDOW (Hrsg.), Kybernetik-Forschung, H. 3, Lernende Systeme. VEB Deutscher Verlag der Wissenschaften, Berlin 1973.
WYSOTZKI, F.: Ein Metaalgorithmus zur Approximation statistischer Klassenbildungen durch Entscheidungsbäume. In: KLIX, F., H. SYDOW und F. WYSOTZKI (Hrsg.), Kybernetik-Forschung, H. 4, Erkennungs- und Klassifizierungsprozesse, VEB Deutscher Verlag der Wissenschaften, Berlin 1974.
YOUNG, T. Y., and TH. W. CALVERT: Classification, Estimation and Pattern Recognition. Elsevier, New York, London, Amsterdam 1974.
ZADEH, L. A.: Fuzzy Sets. Inf. Contr. 8 (1965), 338–363.

Literatur zu Teil B

AHRENS, H., und J. LÄUTER: Mehrdimensionale Varianzanalyse. Hypothesenprüfung. Dimensionserniedrigung. Diskrimination bei multivariaten Beobachtungen. Akademie-Verlag, Berlin 1974.
BLUM, E., und W. OETTLI: Mathematische Optimierung, Springer Verlag, Berlin, Heidelberg, New York 1975 (Kap. 5).
BURY, K. V.: Statistical Models in Applied Science. John Wiley, New York 1975.
Девятериков, И. П., А. И. Каплинский и Я. З. Цыпкин: О сходимости алгоритмов обучения. Автоматика и телемеханика **10** (1969), 83—89.
DUDA, R. O., and P. E. HART: Pattern Classification and Scene Analysis. John Wiley, New York 1973.
FISHER, R. A.: The Use of Multiple Measurements in Taxonomic Problems. Ann. Eugen. 7 (1936), 179–188.
FRASER, D. A. S.: Necessary Analysis and Adaptive Inference. — J. Amer. Statist. Assoc. 71 (1976), No. 353; Invited Paper, Section Theory and Methods.
FRITZSCH, K.: Merkmalsbildung durch lernfähige Systeme. EIK 9 (1973) 4/5, 275–287.
VAN HAERSMA BUMA, C. E., and R. P. W. DUIN: Computation of Piecewise Linear Discriminant Functions Using Chebyshev Polynomials. IEEE Trans. on Comp. C 25 (1976), No. 2, 178–186.
JENTSCH, W., G. STANKE und S. UNGER: Klassifizierung und Merkmalsauswahl mit Hilfe linearer Trennfunktionen. Forschungsbericht Nr. 197 des Zentralinstituts für Kybernetik und Informationsprozesse der AdW, Berlin 1973.

Ермолев, Ю. М.: О методе обобщенных стохастических градиентов о стохастических квазифейеровских последовательностях. Кибернетика 2 (1969), 73—83.

Kukla, F.: Untersuchungen zu Erwerbsbedingungen unscharfer Klassen. Forschungsbericht Nr. 131 des Zentralinstituts für Kybernetik und Informationsprozesse der AdW, Berlin 1972.

Kukla, F.: Experimentalpsychologische Untersuchungen zur Merkmalsbildung in Klassifizierungsprozessen. Forschungsbericht Nr. 198 des Zentralinstituts für Kybernetik und Informationsprozesse der AdW, Berlin 1973.

Kukla, F.: Zur Bildung unscharfer Klassen in Lernprozessen. In: Klix, F., H. Sydow und F. Wysotzki (Hrsg.), Kybernetik-Forschung, H. 4, Erkennungs- und Klassifizierungsprozesse. VEB Deutscher Verlag der Wissenschaften, Berlin 1974.

Meisel, W. S.: Computer Oriented Pattern Recognition. Academic Press, New York 1972.

Morgera, S. D., and D. B. Cooper: On the Rôle of Dimensionality and Sample Size for Unstructured and Structured Covariance Matrix Estimation. Proceedings of the III. International Joint Conference on Pattern Recognition 1976, IEEE, New York 1976, 467—472.

Neyman, I., and E. S. Pearson: Contributions to the Theory of Testing Statistical Hypothesis. Stat. Res. Mem. 1 (1936), 1.

Nilsson, N.: Learning Machines. McGraw-Hill, New York 1965.

Noguchi, Y.: Subspace Method of Feature Extractions Using Non-Symmetric Projection Operators. Bull. Electrotechn. Lab. 40 (1976), 7, 571—587.

Novikoff, A.: On Convergence Proofs for Perceptrons. Proceedings of the Symposium on Mathematical Theory of Automata. Polytechnic Institute of Brooklyn, Vol. XII, 1963.

Parzen, E.: On Estimation of a Probability Density Function and Mode. Ann. Math. Statistics 33 (1962), 1065—1076.

Peipmann, R.: Grundlagen der technischen Erkennung. Verlag Technik, Berlin 1975.

Rao, C. R.: Lineare statistische Methoden und ihre Anwendungen, Akademie-Verlag, Berlin 1973.

Richter, K., H. G. Block, H. Cobet, F. Kukla, S. Unger und F. Wksotzki: Thorax-Schirmbildaufnahmen als Screeningmethode für Herz-Kreislauf-Krankheiten. Rad. diagn. 5 (1974), 567—587.

Rosenblatt, F.: Principles of Neurodynamics: Perceptrons and the Theory of Brain Mechanisms. Spartan Books, Washington 1962 (p. 14ff.).

Schoenborn, W.: Klassifikation mit adaptiven Mehrfachschwellenwertelementen. Nachrichtentechnik · Elektronik 28 (1978) 11, 469—473.

Schürmann, J.: Polynomklassifikatoren für die Zeichenerkennung: Ansatz, Adaption, Anwendungen. Oldenbourg-Verlag, München, Wien 1977.

Sebestyen, G., and J. Edie: An Algorithm for Non-Parametric Pattern Recognition. IEEE TC-Vol. EC-15, No. 6, Dec. 1966.

Stanke, G.:Adaption paralleler Klassifikationsebenen zur kostenoptimalen Lösung von Zweiklassenproblemen. Vortrag, gehalten auf der Frühjahrsschule 1978 des Zentralinstituts für Kybernetik und Informationsprozesse der AdW Dannenwalde.

Steinbuch, K.: Die Lernmatrix. Kybernetik 1 (1961) 1, 36—45.

Steinhagen, H.-E., und S. Fuchs: Objekterkennung: Einführung in die mathematischen Methoden der Zeichenerkennung. Verlag Technik, Berlin 1976.

Toussaint, G. T.: Bibliography of Misclassification. IEEE Trans. on Inf. Theory, IT-20, No. 4 (1974), 472—479.

Toussaint, G. T., and P. M. Sharpi: An Efficient Method for Estimating the Probability of Misclassification. Comput. Biol. Med. 4 (1975), 269—278.

Unger, S., und G. Stanke: Untersuchungen und konzeptionelle Studien zu einem komplexen Klassifizierungssystem. Forschungsbericht Nr. 133 des Zentralinstituts für Kybernetik und Informationsprozesse der AdW der DDR, Berlin 1972.

Unger, S., und G. Stanke: Eigenschaften einer erzeugenden Regressionsfunktion für Klassifizierungsalgorithmen nach dem Fehlerkorrekturprinzip. In: Klix, F., H. Sydow und F. Wysotzki (Hrsg.), Kybernetikforschung, H. 4, Erkennungs- und Klassifizierungsprozesse. VEB Deutscher Verlag der Wissenschaften, Berlin 1974.

Unger, S., and G. Stanke: Properties of a regression function generating classification algorithms of the so-called error correction type. Proceedings of the II. Joint Int. Conference on Pattern Recognition, August 12—15, 1974, Lyngby-Copenhagen.

UNGER, S., W. JENTSCH und G. STANKE: Stückweise lineare Klassifizierung durch Maximierung eines statistischen Gütefunktionals über einem automatisch erzeugten minimalen System von Trennebenen. Forschungsbericht Nr. 122 des Zentralinstituts für Kybernetik und Informationsprozesse der AdW, Berlin 1974.

WALD, A.: On a Statistical Problem arising in the Classification of an Individual into Two Groups. Ann. Math. Statistics 15 (1944), 145–163.

WALD, A.: Statistical Decision Functions. John Wiley, New York 1950.

Вапник, В. П., и А. Я. Червоненкис: Теория распознавания образов. Наука, Москва 1974 (dt. Übers.: Theorie der Zeichenerkennung, Akademie-Verlag, Berlin 1979).

WATANABE, S. M.: Transactions of the Seventh Prague Conference on Information Theory, Statistical Decision Functions, and Random Processes 1974. Academia, Prag 1978.

WEBER, E.: Einführung in die Faktorenanalyse. Fischer-Verlag, Jena 1974 (S. 127ff.).

WIDROW, B.: "Bootsharp Learning" in Threshold Logics, Proceedings of the Third Congress of the IFAC, London 1966.

WIDROW, B.: Generalization and Information in Networks of Adaline Neurons. Self-Organizing Systems, Washington 1962.

YOUNG, T. Y., and T. W. CALVERT: Classification, Estimation, and Pattern Recognition. Elsevier, Amsterdam, New York 1974.

ZADEH, L. A.: Fuzzy Sets, Information and Control 8 (1966), 338–363.

Sachverzeichnis

FSC
www.fsc.org
MIX
Papier | Fördert gute Waldnutzung
FSC® C083411

Kolibri 360 GmbH
Ferdinand-Jühlke-Straße 7
99095 Erfurt, Deutschland
produktsicherheit@kolibri360.de